基础教育改革与发展丛书
（第四辑）

丛书总主编　朱林生

手脑结合概论

SHOUNAO JIEHE GAILUN

殷建连　孙大君 ○ 著

苏州大学出版社
Soochow University Press

图书在版编目(CIP)数据

手脑结合概论 / 殷建连,孙大君著. —苏州：苏州大学出版社,2017.12
(基础教育改革与发展丛书. 第四辑)
ISBN 978-7-5672-2360-8

Ⅰ.①手… Ⅱ.①殷… ②孙… Ⅲ.①基础教育-教学研究 Ⅳ.①G632.0

中国版本图书馆 CIP 数据核字(2017)第 321949 号

书　　名	手脑结合概论
著　　者	殷建连　孙大君
责任编辑	倪锈霞
出版发行	苏州大学出版社
	(地址：苏州市十梓街1号　邮编：215006)
印　　刷	南通印刷总厂有限公司
开　　本	700 mm×1 000 mm　1/16
字　　数	449 千
印　　张	28.25
版　　次	2017 年 12 月第 1 版
	2017 年 12 月第 1 次印刷
书　　号	ISBN 978-7-5672-2360-8
定　　价	75.00 元

苏州大学出版社网址　http://www.sudapress.com

"基础教育改革与发展丛书"第四辑
编委会

主任委员：朱林生

副主任委员：纪丽莲　赵宜江　张元贵

委　　　员：（按姓氏笔画排序）

　　　　　　王志祥　孔凡成　任建波　孙智宏

　　　　　　李相银　吴克力　宋明镜　邵广侠

　　　　　　柏传志　顾书明

前 言

倘若你有暇徜徉于浩瀚书海,便会发现,有关脑的著作可谓汗牛充栋,而涉及手的专著却凤毛麟角。据笔者所知,关于手的专著可以追溯到达尔文时代的英国外科医生查尔斯·贝尔。贝尔曾因其在人脑和神经系统领域的开创性贡献而闻名,并于1833年完成并出版了人类有史以来第一部关于手的著作——《手、手的机制和作为设计体现的重要功能》(简称《手》)。贝尔认为,人的手经过上帝完美的设计,并且和这位造物主创造出来的所有东西相同,有其特殊的功能和用意。值得一提的是,该书中的全部插图亦皆为其本人所绘。在这一论述手的里程碑式的开山之作中,贝尔特别提道:"人的优越性归功于他们的手。我们几乎不可能对此感到惊讶。"[1]贝尔认为人类被赋予手是"因为人是最聪明的动物","人手提供一切工具,手与智慧相一致便使人类成为全世界的主宰"[2]。而且,"人的手就像一个完美的工具"[3]。贝尔推论,手的结构与智力的完美匹配表明了——既揭示又证实——上帝的旨意:安排人类作为生物界的主宰者。[4] 在贝尔看来,每个肢体或者器官的感觉,都经过独立的神经渠道通向大脑,所以人们能够区分各种不同的感觉。贝尔认为手在创造的过程中是很重要的,他做了许多实验,借以证明与眼睛看到的图像比起来,手的触感输送给大脑的信息更为可靠——前者往往产生一些虚假的、错误的表象。[5] 即使在近两个世纪后的今天,研读这部不朽的名著,仍然会让人有耳目一新、振聋发聩之感。因为本书所阐述的独特的观点——忽视手的重要性就不能够对人类生活做出认真的描述,仍然散发着鲜明的时代特征,

---

[1] 弗兰克·R. 威尔逊:《手的奥秘》,邢锡范等译,辽宁教育出版社2008年版,第212页。
[2] 达尔文:《人手是怎样形成的》,参见黎先耀:《大自然的召唤》(人与自然卷二),科学普及出版社1999年版,第155页。
[3] 弗兰克·R. 威尔逊:《手的奥秘》,邢锡范等译,辽宁教育出版社2008年版,第88页。
[4] 弗兰克·R. 威尔逊:《手的奥秘》,邢锡范等译,辽宁教育出版社2008年版,第212页。
[5] 理查德·桑内特:《匠人》,李继宏译,上海译文出版社2015年版,第182页。

因而也具有强烈的现实针对性。

再一本关于手的著作则是20世纪下半叶由美国的约翰·拉塞尔·内皮尔教授所撰写的关于人类手的解剖学、功能和演化方面的书——《手》。在该书中,内皮尔博士对人类和动物"手"的适应进行了极为精彩的研究。内皮尔博士曾经对手着迷,并花费了约30年的时间致力于了解手的一切。他"发现从美学上看,手是人体最优雅的部分";"在大自然以外,没有一种东西可以与人手相媲美"。他认识到,"一只生动的手是一个生动大脑的产物。手所包含的动作可以从脸上看出来,而脸本身又是大脑的一面镜子"。内皮尔认为:"人手,以及作为运动的主要媒介,是第五感官——触觉——的主要器官。和眼睛一起,手成为我们和自然环境接触的主要出发点。"①内皮尔感叹,"虽然我们的手是如此奇妙的器官,但是我们却觉得它天经地义。动物园的游客对于大象用它的长鼻拾取苹果感到非常兴奋,看见松鼠用它的爪子拿东西吃而感到入迷,但是他们却丝毫未想一想自己的手那不可言喻的能力"②。

另一部关于手的研究专著是20世纪末由神经病学家、美国加州大学医学院的弗兰克·威尔逊所著的《手的奥秘》(亦译为《手:其用途如何影响了大脑、语言和人类文化》)。威尔逊也像内皮尔一样,在惊叹手的灵巧的同时,感到人们对自己的双手缺少应有的关注:"我们的生活充满着许多习以为常的经历。在这些经历中,手的使用是那么熟练和自然,因此我们极少想到自己实际上根本离不开手。我们只在洗手、剪指甲、手上出现令人苦恼的棕色小斑点或皱纹,以及手被划破或受伤的时候才在注意和关心自己的双手。"威尔逊极为推崇贝尔在其所著的《手》一书中所强调的"忽视手的重要性就不能够对人类生活做出认真的描述"的观点,并认为这一观点"仍然像这部书第一次出版时那样切实有效。对认知科学来说,这一观点应该作为一条告诫特别加以重申"③。威尔逊"坚持认为,关于人类智力的任何理论,只要是忽视手的功能和脑的功能的互相依赖关系,忽视这一关系的历史起源,或者忽视其发展过程对现代人类进化动力的影响,都是靠不住的,只能使人产生误解"④。该书作为"关于手的一部沉思录",弗兰克·威尔逊所"沉思"的核心问题是:手与

---

① 约翰·内皮尔:《手》,陈淳译,上海科技出版社2001年版,第8页。
② 约翰·内皮尔:《手》,陈淳译,上海科技出版社2001年版,第8页。
③ 弗兰克·R.威尔逊:《手的奥秘》,邢锡范等译,辽宁教育出版社2008年版,第4页。
④ 弗兰克·R.威尔逊:《手的奥秘》,邢锡范等译,辽宁教育出版社2008年版,第4页。

脑动态的相互作用是如何发展起来和改进的,这个过程是如何与思想、成长和创造力这些人类独有的特征建立联系的。应当说,威尔逊所沉思的并不仅仅是一个生理学方面的问题,实际上也是一个触及了现代教育核心和灵魂的重要课题:即教育过程中如何发挥作为人类重要器官之一的手的教育价值,进而有效地实现手脑结合的问题。威尔逊认为,自工业革命以来,父母一直期待着有组织的教育系统将会培养他们的孩子,使他们的孩子现代化,并且"为他们的生活做好准备",这样的期望已成为一种理论。但是教育——仪式化了的,至少是正规的教育——并不是一个解决年轻人缺乏经验、智力发育未全问题的通用办法。为了让受教育者为按成功的传统标准模式化了的生活做好准备,学校系统强行规定了学生的教育形式和内容,由此导致了他们在学校的"痛苦经历",进而又招致了他们对"在学校度过的时光提出强烈的批评"。

威尔逊认为,现代教育除了也许可以被叫作"右脑通道"的理论勉强得到了认可,在我们的教育理论当中还有什么重视在认识个体的大脑和行为变化的过程中的生物学原理?教育系统确实应该考虑如何重视这样一个事实,即"手在人类生活当中的核心作用""手与人类的知识有着直接关系""手不仅仅是人类的象征和符号,而且实际上经常是成功的、真正充实的生活的活动中心——它起着杠杆或发射台的作用"。①

威尔逊明确指出,人的双手和大脑本来就是密不可分的:"如果手的挥动不仅仅来自手腕的底端,那么大脑也不是一个孤立的指挥中心,自由自在地飘浮在自己舒适的颅舱里。身体运动和脑活动从功能上讲是互相依赖,互相依存的,而且其协同作用具有很强的系统性……手的动作是如此广泛地体现在脑的活动上……"②

在威尔逊看来,人之成为人,是受惠于"手脑综合体"的形成。人类"手脑综合体"是随着两足运动和手的结构变化形成的。在大约200万年以前开始出现的所有情况的影响下,这个具有已改变的抓握潜能的手也许成为至少对一些通过遗传拥有它的人科动物而言史无前例、异常成功的生存策略的一部分。对这样的手在人科动物中出现似乎存在一个非同寻常的合适时机,而他们的运气随着"手脑综合体"的进化而继续得到改善。我们最早的祖先,在创

---

① 弗兰克·R.威尔逊:《手的奥秘》,邢锡范等译,辽宁教育出版社2008年版,第8页。
② 弗兰克·R.威尔逊:《手的奥秘》,邢锡范等译,辽宁教育出版社2008年版,序言第5页。

造性地使用工具和利用各种手势作为符号表达、讲授和交流的手段的极大帮助下,把危险的游牧生活转变成了全球性的迁移。与直立人的全球性疏散恰恰相符,与手和大脑的共同进化相一致的是,出现了现代智人和我们所说的人类智力。①

威尔逊认为,"手脑综合体"的概念揭示了所有经典的脑体二分法的虚假性。当我们细想一下最复杂的、以文化为起源的行为形式时,旧的脑体分离的说法就经不起仔细检验了。像魔术戏法和运动竞技这样一些纯粹的"身体"技能,不仅要掌握程序性知识和陈述性知识,还需要沿着与那些成功的数学家、雕塑家和科研人员所遵循的相同道路发展,这样才能获得高水平的成就。

威尔逊指出,在那些解释人类起源的工作中,我们不断发现的证据表明,从一开始,人科动物的手及其不断增加的所有动作就都与行为、文化和认知能力的进化过程中所发生的事情密不可分。所以,似乎最有可能的是,就像舍伍德·沃什伯恩提示的那样,在手把其迅速兴起的感觉和运动复杂性及其新的可能性写入大脑的同时,大脑也提升了手的技能。而人类是带着"这个星球上其他动物所不具备的手和大脑,以及依我们自己的本能、技能和判断建立信任的能力"而来到这个星球上。这也充分彰显了"手脑综合体"亦即"革命性的手脑结合"的价值和意义。

但是,关于手在人的产生和发展过程中的重要性,人们往往缺乏应有的重视。恩格斯就曾在《劳动在从猿到人转变过程中的作用》一文中表露了对忽视手的重要作用的忧虑。他指出:"迅速前进的文明完全被归功于头脑,归功于脑的发展和活动,人们已经习惯于从他们的思维而不是从他们的需要来解释他们的行为……在这种唯心主义的影响下,没有认识到劳动在这中间所起的作用。"②这表明,恩格斯已经意识到头与手的分离相当严重地限制了科学的历史发展进程。"在以前的日子里,这种思想阻碍了科学院从事广泛的实验和经验性检验工作。古希腊的科学受阻于这种局限,贵族思想家不从事平民艺人的体力工作。中世纪的理发匠兼医生不得不处理战场上的伤亡。他们对医学实践的推进远远超过很少接触病人的学院医生。学院医生的治疗知识来自盖伦和厚厚的教科书。假如我们能听进去恩格斯的话,并且认识

---

① 弗兰克·R.威尔逊:《手的奥秘》,邢锡范等译,辽宁教育出版社2008年版,第210页。
② 恩格斯:《劳动在从猿到人转变过程中的作用》,引自黎先耀《大自然的召唤》,科学普及出版社1999年版,第146页。

到我们将纯研究看得很优越的原因——是由于社会的偏见,我们就必须促进科学家将理论与实践结合起来,对于一个摇摇欲坠即将崩溃的世界来说,太需要这种结合了。"①

现实中我们常把人类的文明归功于我们的大脑。当然,由于人类有一个令生物界的其他所有动物所望尘莫及的大脑,它可以绽放出人世间最美丽的花朵——思维。但这种花朵是不可能凭空绽放出来的,它必须借助于外界环境的某种刺激作用。皮亚杰认为,人的思维,既不是起源于先天的成熟,也不是起源于后天的经验,而是起源于主体的动作,更进一步地说,主要是起源于人的双手的动作。其实,如果把大脑的思维比作"花朵"的话,那么,双手的动作就可以看作是辅助大脑的"绿叶",而花朵的绽放离不开绿叶的扶持。此即是说,脑和手的关系是相辅相成、相得益彰的。我们常说脑是思维的器官,这当然没有错。但这并不意味着只有脑才是思维的器官。按照恩格斯的观点,在某种意义上,手也是思维的器官。著名哲学家康德也认为,"手是人外在的大脑"。

人们常把曾经在教育史上引起哥白尼式革命的教育家杜威形象地称作教育思想的"蓄水池"②,意即他的教育思想有着重要的承前启后的作用。我们既可以从他的教育思想中窥见先贤们各种教育思想的影子,同时,后来的教育学家又往往都会从他的教育思想中汲取营养。其实,陶行知的手脑结合理论又何尝不是教育史上的"蓄水池"呢?

关于教育活动中动手与动脑的关系问题,教育史上曾有过不少的争论,其中最典型的是"形式教育"与"实质教育"之争。"形式教育"与"实质教育"是在教育的历史发展过程中形成的两种相对立的教育理论。概括说来,前者认为教育旨在使学生的天赋官能或能力得到发展,后者则认为教育在于使学生获得知识;前者是所谓"形式目的"的,后者是所谓"实质目的"的。尽管就形式教育与实质教育理论本身而言,早已成为历史,现在很难找到一位自称是形式教育论者或实质教育论者的教育学家或教育家。但就形式教育与实质教育理论的实质——知识与能力的关系——而言,它们始终以各种各样的形式,若隐若现地表现在教育理论和实践中。从这个意义上说,这是一个具

---

① 斯蒂芬·杰·古尔德:《姿势造就了人类》,引自黎先耀《大自然的召唤》,科学普及出版社1999年版,第154页。
② 袁振国:《教育新理念》,教育科学出版社,2002年版,第178页。

有普遍意义的问题,甚至是一个永恒的课题。

与"形式教育"与"实质教育"之争相联系的,是教育心理学领域所存在的两个大的学派,即认知、信息加工学派与行为主义学派。前者特别强调认知的重要,后者则认为操作和行为对人的成长关系重大。其实,这两个学派都有各自的科学道理,但都存在着一定程度的偏颇和不足。我们只有把这两个学派主张中的合理成分加以综合与贯通,找到它们深层次的、在脑科学中的相似性,才更为符合客观实际。

应当说,教育理论与实践中所出现的上述偏向问题,内在地联系着手与脑的关系问题。抑或说,上述有关教育的偏向问题在很大程度体现为动手与动脑的关系问题。而手脑结合的教育实质上也就是"形式教育"与"实质教育"的融合,或者说是认知、信息加工学说与行为主义学说相统一的教育。

手脑结合作为一种科学教育理论,长期以来为诸多中外思想家、教育家所高度重视。手脑结合理论是在我国古代的"知行学说"以及西方早期的人文主义与自然主义思想,尤其是在杜威的实用主义教育思想的基础上孕育和发展起来的,这一理论的形成以陶行知的"教学做合一"思想的诞生为标志。陶行知作为我国现代教育史上伟大的教育家,他在积极进行教育理论和实践探索的过程中,从中国国情和教育现实出发批判地吸收了中国传统的教育理论,扬弃并借鉴了西方现代进步主义教育的合理因素,创造了"手脑结合"理论,为人类的教育事业做出了极为重要的贡献。我国教育家陈鹤琴、黄元培以及苏联教育家苏霍姆林斯基、赞可夫等也都为这一理论的丰富和完善发挥了应有的作用。

手脑结合理论的研究,契合了知识经济时代对创新的客观需要,同时也策应了我国的素质教育以及基础教育课程改革对培养学生的创新精神和实践能力的需要。手脑结合首先表现为一种创造性的教育观。应当说,人类的一切创造活动,无不是建立在手脑结合的"做",亦即"在劳力上劳心"的基础上的。陶行知认为,"只有手到心到才是真正的做,就是在劳力上劳心的人,手脑并用的人才有可能是世界上最有贡献的人"。他主张,"要能造就会用脑指挥手,手开动脑筋的手脑健全的人"[①]。手脑结合就是要"在劳力上劳心",就是在"动手去做"的同时,"用脑去想",这样方能"以人力胜天工,世界上的一切发明都是从这里来的"。陶行知认为,"由行动而发生思想,由行动而产

[①] 陶行知:《陶行知全集》(第3卷),湖南教育出版社1985年版,第213页。

生新价值,这就是创造的过程"。"人类个人最初都由行动而获得真知,故以行动始,以思考终,再以有思考之行动始,以更高一级融会贯通之思考终,再由此而跃入真理之高峰"。因而,"手和脑在一块儿干,是创造教育的开始;手脑双全,是创造教育的目的"。陶行知还通过研究世界上许多著名科学家的传记发现,那些"有发明的人,都是头脑指挥他的行动,以行动的经验来充实他的头脑"[①]。"一个人要有贡献于社会一定要手与脑缔结大同盟",脑筋与手联合起来才可产生力量把"弱"与"愚"都去掉,才能培养和造就"手脑双挥",即"在劳力上劳心的人"。

手脑结合思想和科学教育思想也是一脉相承的。陶行知认为:"中国教育之通病是教用脑的人不用手,不教用手的人用脑,所以一无所能。中国教育革命的对策是使手脑联盟,结果是手与脑的力量都可以大到不可思议。"[②]而"要教学做必要有手脑的结合,与思想和生活的结合"。其实,科学教育绝不是把专业人员发现或发明的成果(科学知识体系)传递或灌输给学生,而是创造学生从事科学探究的情境,让学生在真实的探究活动中产生自己的科学思想。这就是说,学科学是学生主动积极地参与的能动的过程。学科学是学生们要自己实践的事。首先,学生们要亲自动手做,而不能由别人来代劳,不是要别人做给他们看。其次,"动手"的实践活动自不可少,但是这还不够,学生们还必须有"动脑"的理性体验。学科学的过程应该是体与脑共同活动的过程,不仅要有动手的活动,而且要有动脑的活动,更多的则需要既动手又动脑的活动。在这种手脑结合的科学探究过程中,青少年在尝试像科学家那样进行的探究过程中,他们勇于探索的科学精神,严谨求实的科学方法,以及创造性地解决问题的能力都得到了升华和提高。

值得一提的是,随着时代的发展,尤其是世界范围内风起云涌的教育变革,该理论也被不断地注入新的时代元素,或者说,手脑结合理论的精髓已广泛地渗透到当今世界的各种教育教学的理论之中。回眸近一个世纪以来的各种教育教学改革,无不深深地打上了手脑结合的烙印。这也表明,手脑结合理论正以其所特有的生命力在现实的教育理论与实践的长河中流淌着、演绎着。这实际上也彰显着手脑结合研究的理论与实际意义。

---

① 何国华:《陶行知教育学》,广东教育出版社1997年版,第263页。
② 江苏省陶行知思想研究会等:《陶行知文集》,江苏教育出版社1991年版,第304页。

目录 Contents

第一章 手脑结合理论的形成

第一节 "教学做合一"理论的产生 … 1
一、陶行知的生活教育理论 … 1
二、"教学做合一"的形成过程 … 6

第二节 "教学做合一"即手脑结合 … 14
一、以"真人"为目标 … 15
二、以"做"为核心 … 18
三、以"劳力上劳心"为关键 … 22
四、以"创造"为宗旨 … 26

第三节 陈鹤琴、黄炎培的手脑结合思想 … 33
一、陈鹤琴的"活教育"幼教理论 … 33
二、黄炎培的"手脑联动"职教思想 … 39

第四节 苏霍姆林斯基、赞可夫的探索与实践 … 44
一、苏霍姆林斯基的手脑教育观 … 44
二、赞可夫的手脑并用发展观 … 53

第二章 手脑结合的理论基础

第一节 哲学基础 … 64
一、全面发展观 … 64
二、实践本质观 … 73
三、主体价值观 … 79

第二节　脑科学基础 …………………………………… 87
　一、左右脑的功能特点 ……………………………… 87
　二、手脑间的密切联系 ……………………………… 92
　三、发挥大脑的整体功能 …………………………… 99
第三节　创造学基础 …………………………………… 107
　一、创造活动的一般过程 …………………………… 107
　二、创造是言传与意会的互补 ……………………… 110
　三、创造是理性与非理性的契合 …………………… 114
　四、创造是意识与无意识的协同 …………………… 120

第三章　手脑结合的实践基础

第一节　活动教育基础 ………………………………… 129
　一、人是活动的主体 ………………………………… 129
　二、活动凸显儿童的天性 …………………………… 133
　三、活动彰显教育的本质 …………………………… 136
第二节　科学教育基础 ………………………………… 143
　一、科学教育的轨迹 ………………………………… 143
　二、科学以探究为核心 ……………………………… 147
　三、科学教育重在探究 ……………………………… 151
第三节　杜威的"从做中学" …………………………… 156
　一、以儿童为中心 …………………………………… 159
　二、以活动为载体 …………………………………… 163
　三、以经验为基础 …………………………………… 165
　四、以思维为关键 …………………………………… 168

第四章　手脑结合理论的时代演绎

第一节　贯穿于多元智能理论 ………………………… 173
　一、多元智能理论的缘起 …………………………… 173
　二、多元智能理论的内涵 …………………………… 175
　三、多元智能理论的价值 …………………………… 178
　四、手脑结合思想的扩充 …………………………… 183

第二节　渗透入建构主义思想 …… 193
一、建构主义理论的兴起 …… 193
二、建构主义理论的旨趣 …… 198
三、手脑结合思想的深化 …… 201

第三节　汇聚入全人教育思潮 …… 205
一、全人教育思想的起源 …… 206
二、全人教育的思想意蕴 …… 211
三、全人应该具备的素质 …… 218
四、手脑结合思想的拓展 …… 223

第五章　手的动作与脑的思维

第一节　手的解放与脑的发展 …… 229
一、直立与手的解放 …… 229
二、手的解放与脑的发展 …… 234
三、手是人外在的大脑 …… 239

第二节　智慧自动作始 …… 244
一、动手激励着动脑 …… 244
二、动作内化为智慧 …… 250
三、内化是教育的真谛 …… 256
四、手脑结合转识成智 …… 261

第三节　动手能力不可或缺 …… 268
一、手的动作的发展 …… 268
二、君子也该会动手 …… 275
三、操作学习与发展 …… 280
四、动手能力的培养 …… 288

第六章　手脑结合与脑功能开发

第一节　大脑有巨大潜能 …… 297
一、人的未特定化 …… 297
二、大脑的超剩余性 …… 300
三、大脑的可塑性 …… 303

四、大脑的潜能 ………………………………… 307
　第二节　左右脑活动的协同性 …………………… 311
　　一、大脑分工的相对性 ………………………… 312
　　二、左右脑需要协同活动 ……………………… 316
　第三节　手与脑需要协调发展 …………………… 323
　　一、经验塑造着脑 ……………………………… 324
　　二、大脑越用越灵 ……………………………… 328
　　三、手巧激励心灵 ……………………………… 331
　　四、手脑需要结合 ……………………………… 338

第七章　手脑结合与创新能力培养

　第一节　形象与抽象并重 ………………………… 345
　　一、形象思维至关重要 ………………………… 346
　　二、抽象思维不可或缺 ………………………… 356
　　三、两种思维相得益彰 ………………………… 361
　第二节　情感与认知交融 ………………………… 370
　　一、不可冷落情感 ……………………………… 370
　　二、情感需要体验 ……………………………… 377
　　三、情感关乎创造 ……………………………… 385
　　四、情知需要交融 ……………………………… 390
　第三节　动手与动脑相济 ………………………… 400
　　一、观察获得表象 ……………………………… 400
　　二、动作创造表象 ……………………………… 405
　　三、表象触发想象 ……………………………… 411
　　四、想象孕育创造 ……………………………… 415

参考书目 ………………………………………………… 429

第一章　手脑结合理论的形成

手脑结合理论是陶行知从中国国情和教育现实出发,在批判地吸收了中国传统的教育理论,扬弃并借鉴了西方现代进步主义教育的合理因素的基础上产生的。陶行知所创造的手脑结合理论,为人类的教育事业做出了极为重要的贡献。我国教育家陈鹤琴、黄元培以及苏联教育家苏霍姆林斯基、赞可夫等也都为这一理论的丰富和完善发挥了积极的作用。

第一节　"教学做合一"理论的产生

长期以来,在我国传统教育中存在着重视教师的教,轻视学生的学,忽视学生主体性的不良倾向。在这方面,国外像德国教育家赫尔巴特也尤为强调教师的主宰作用,注重强制性的纪律和教师的权威作用,而忽视儿童在教育中的地位,不注重引导儿童的自主活动;过分注意知识的传授,而忽视儿童能力的培养。而稍早于赫尔巴特的法国启蒙思想家卢梭则主张教育要顺应自然,发展儿童的本性,重视儿童身心发展的年龄特征。作为陶行知导师的美国实用主义教育家杜威提出了"儿童中心主义"的教育主张,反对传统学校把学科或教材当作教育中心的观点,主张尊重儿童,将儿童作为组织一切教育活动的中心。陶行知在借鉴卢梭、杜威教育思想的基础上,提出了有着丰富主体性教育内涵的生活教育理论及其"教学做合一"思想。

一、陶行知的生活教育理论

陶行知的生活教育理论是在批判中国旧教育、西方洋教育的基础上,吸收中外优秀教育的成果,经过不断探索、试验而形成的符合中国实际、有中国特色的教育理论体系。生活教育思想作为陶行知教育思想的核心,集中反映了他在教育目标、内容和方法等方面的主张,反映了陶行知探索适合中国国情和时代需要的教育理论的不懈努力。陶行知的"生活教育理论"包括:"生活即教育"——这是陶行知生活教育理论的中心;"社会即学校"——这是"生活即教育"思想在学校与社会关系问题上的具体化;"教学做合一"——

这是"生活即教育"在教学方法问题上的具体化。应当说,陶行知的生活教育理论无论是强调学校教育与社会生活、生产劳动相结合,还是要求手脑并用、在劳力上劳心,都是对学校与社会割裂、书本与生活脱节、劳心与劳力分离的传统教育的反对。虽然当今时代与陶行知先生生活的时代已不可同日而语,但陶行知的生活教育理论恰似对我们时下的教育有感而发,仍然有着明确的针对性,依然散发出浓郁的时代气息。

陶行知强调,教育就以生活为中心,"没有生活为中心的教育是死的教育"①。所谓生活,按陶行知的理解,"有生命的东西,在一个环境里生生不已的就是生活"。而"生活教育是生活所原有,生活所自营,生活所必须的教育"②。生活教育具体有如下三个方面的含义:"(一)生活的教育;(二)为生活而教育;(三)为生活的提高、进步而教育。"③从陶行知先生上述关于生活教育的定义不难发现,在陶行知看来,"生活即教育","生活与教育是一个东西,不是两个东西。在生活教育的观点看来,它们是一个现象的两个名称"。④而"'生活即教育'是叫教育从书本的到人生的,从狭隘的到广阔的,从字面的到手脑相长的,从耳目的到身心全顾的"⑤。

生活教育是一种与传统教育有着本质不同的教育。陶行知对传统教育弊端深恶痛绝。他认为那是吃人的教育,是"教学生读死书、死读书。它消灭学生的生活力、创造力,它不是教学生动手、用脑,在教室里只许教师讲,不许问"。这样从小学到大学,读书的结果竟与一个吸食海洛因的家伙无异。他们"肩不能挑,手不能提,面黄肌瘦,弱不禁风,再加以要经过那些月考、学期考、毕业考、升学考等考试,到了一个大学毕业出来,足也瘫了,手也瘫了,脑子也用坏了,身体健康也没有了。大学毕业,就进棺材,这叫读书死"。而生活教育是"要教人做人,它要教人生活,健康是生活的出发点,它第一就注重健康,它反对杀人的各种考试,它只要创造的考成,也就是它不教人赶考赶人死。简单地说,他是教人读活书、读书活"。他又说:"活的书只能活用,不可

---

① 江苏省陶行知思想研究会等:《陶行知文集》,江苏教育出版社1991年版,第250页。
② 陶行知:《生活教育》,中国陶行知研究会:《陶行知教育思想的理论和实践》,安徽教育出版社1991年版,第72页。
③ 陶行知:《教育生活漫忆》,中国陶行知研究会:《陶行知教育思想的理论和实践》,安徽教育出版社1991年版,第86页。
④ 叶上雄:《生活教育十讲》,四川教育出版社1989年版,第33页。
⑤ 叶上雄:《生活教育十讲》,四川教育出版社1989年版,第31页。

死读,新时代的学生是用活书去生产、去实验、去建设。"传统教育是"教人劳心而不劳力,它不教劳力者劳心"。① 这也就是说,生活教育是教、学、做合一,是教人劳力上劳心,教人手脑并用的教育。

陶行知生活教育理论是在西方资本主义发展趋于成熟,工业化大生产空前发展的国际背景下创立的。资本主义的发展,要求改革传统的教育,以适应现代经济文化迅速发展的需要,从而导致了一些先进资本主义国家的教育以不可阻挡之势冲破中世纪封建教育的樊篱。与此同时,一些具有新教育思想的教育家也如雨后春笋般地涌现出来。17 世纪资产阶级早期教育家夸美纽斯的《大教育论》等亦重新受到人们的重视。夸美纽斯所倡导的"普及教育"思想,亦早为资产阶级所接受。夸美纽斯主张,"只有受过一种合适的教育之后,人才能成为一个人"。"具有权力的人们,国王、亲王、官吏、牧师与教师,他们要有智慧,正如向导要有眼睛,活人要能说话,喇叭要出声音,或者刀要有刃是一样的。"②

随着各资本主义发达国家的教育在冲破中世纪封建桎梏而得以迅速发展后,在 18 世纪下半叶至 19 世纪上半叶,一批又一批的教育家们的教育思想,接踵联袂地影响着世界,诸如卢梭、裴斯泰洛齐、福禄贝尔等。在 19 世纪下半叶至 20 世纪初,又接连出现了一批新的教育家。如美国实用主义进步教育运动的代表人物杜威,欧洲以提倡新教育而著称的蒙台梭利、怀特海、罗素等。他们都反对传统教育,主张尊重儿童个性,以儿童活动为中心,让儿童在活动中自动、自学、自己"管理"自己,做自己感兴趣的事,自由甚至放纵地发展,以培养资本主义所需要的人才。他们认为教育就是生活,而不是生活的预备,提倡在实际的生活中、经验中学习。尽管他们的说法不一,但基本的要求却是共同的,即要使教育适应资本主义工业社会的新发展,而突出的趋势就是学校教育与社会生活的联系。教育家从教育学、心理学、生理学等不同角度的研究中,日益认识到智力的、学业的成败,很大程度上取决于早期的经验。一个人智力的发展,与一个人所处的环境条件很有关系。幼儿时期被剥夺了智力刺激的儿童,也就永远达不到他们本可达到的水平,因而教育对儿童的成长至关重要。

---

① 何国华:《陶行知教育学》,广东教育出版社 1997 年版,第 45 页。
② 胡国枢:《生活教育理论——陶行知教育思想研究》,浙江教育出版社 1991 年版,第 46 页。

陶行知于1917年带着杜威的实用主义教育思想回国,抱着教育救国的理想,企求以杜威的教育思想和美国现代教育的经验来改造中国旧的教育制度,改变中国的落后状况。从1923年开始,陶行知积极倡导和推行平民教育运动,教平民识字。可是在实践中陶行知深感杜威实用主义教育理论不适合中国国情,平民教育运动也达不到救治中国的目的。于是,他从中国国情出发,将杜威的"教育即生活""学校即社会"的教育主张翻了半个筋斗,变成了"生活即教育""社会即学校"。这样,就使杜威的实用主义教育思想根本的变了一个方向,从而形成了他自己的生活教育理论。诚如陶行知所说:"我可以说'教育即生活'是杜威先生的教育理论,也就是现代教育思潮的中流。我从民国六年起便陪着这个思潮到中国来。八年的经验告诉我说'此路不通'。在山穷水尽的时候才悟到教学做合一的道路。"①

陶行知从1926年开始,就将注意力从平民识字教育转向乡村教育。他认为中国是以农立国,85%的人民生活在乡村里。他企求通过改造一百万个乡村来改变中国贫穷落后的面貌。陶行知调查、总结了江苏省的燕子矶国民学校等学校的办学经验,于1926年年底在中华教育改进社召开的第一次乡村教育联合研究会上宣读了《我们的信条》,提出了"生活是教育的中心""教育应当培植生活力,使学生向上长""教法学法做法合一"②等主张,初步构建了生活教育理论的框架;继而又深入乡村,调查研究乡村小学教育的实施计划,提出教育要培养"活的乡村教师""活的学生""活的国民""造成中华民国的伟大的新生命"。同时,陶行知与赵叔愚着手筹办试验乡村师范学校,其目的一方面为乡村教育事业培养师资;另一方面,试验生活教育理论。1927年3月,南京晓庄试验乡村师范学校正式成立,标志着陶行知生活教育实践的开始和生活教育理论的诞生。

陶行知在主持晓庄试验乡村师范学校的三年间,与全校师生一起艰苦办学,努力实践生活教育理论,探索新的教育思想,除"生活即教育""社会即学校""教学做合一"外,他还提出了"行是知之始""手脑相长""在劳力上劳心""生活工具主义""以教人者教己"以及"艺友制"教育等主张。通过三年的教育实践与理论探索,较全面地阐述并发展了其生活教育理论。

---

① 江苏省中等师范学校选修教材编写组:《陶行知教育思想研究》,江苏教育出版社1991年版,第49页。

② 江苏省陶行知思想研究会等:《陶行知文集》,江苏教育出版社1991年版,第144页。

陶行知的生活教育理论是在对杜威教育思想的汲取和改造的基础上建立起来的。师承杜威的陶行知对杜威的教育思想有一个吸收、引进和扬弃、创新的过程。他不像同时代的一些学者那样"食洋不化"甚至主张"全盘西化",而是像郑板桥所说的那样,"十分学七要抛三,各有灵苗各自探",最终探寻出了一条适合中国国情的生活教育的新路。杜威以及师承杜威的陶行知都极为重视生活与教育的联系。杜威认为,"教育是生活的过程",主张"教育即生活"。1919年,陶行知在《介绍杜威先生的教育学说》中曾经指出,"杜威先生素来所主张的,是要拿平民主义做教育的目的,试验主义做教学方法"。他认为杜威的主张"必定与我们教育的基本改革上有密切关系"。可以说,陶行知吸取了杜威生活教育理论的正确方面,把教育的目的从适应自然与适应社会发展到征服自然、改造社会,把杜威的两句名言颠倒为"生活即教育""社会即学校"。这亦表明,陶行知的生活教育和历史上的生活教育是有很大的变化和区别的。

陶行知所倡导的生活教育理论,强调了教育源于生活,用于生活。教育源于生活表明了生活决定教育,它突出了教育的根基和源泉,要求教育不能脱离社会生活。"从效力上说,教育要通过生活才能发出力量而成为真正的教育。"①这是因为,教育的目的、内容、原则、方法都由生活所决定。教育即为"生活所原有",教育的目的就是为了"生活所必需",不能为教育而办教育。教育的内容也是根据生活的需要,有什么样的生活就应当有什么样的教育。所以,教育的原则和方法就必然要求与生活紧密联系,教育必须在生活中进行,"是生活就是教育""不是生活就不是教育"②,要"受什么教育,过什么生活",而不能只关在学校的小鸟笼内教死书、读死书。而且,生活客观上也是教育的不竭源泉,因为"到处是生活,到处是教育"。教育用于生活彰显了教育要改造生活,为改造社会服务的基本功能。陶行知认为,"教育的根本意义是生活之变化",教育的作用就是促进生活与生活发生摩擦,进而引起生活的火花,促使生活的变化,发挥教育改造生活的巨大作用和效力。需要强调的是,教育改造生活重在使生活向着好的方向发展,"我们要拿好的生活来改造

---

① 陶行知:《谈生活教育——致一位朋友》,《陶行知全集》(第5卷),湖南教育出版社1985年版,第477页。
② 江苏省陶行知思想研究会等:《陶行知文集》,江苏教育出版社1991年版,第243页。

坏的生活,拿前进的生活来引导落后的生活"①。教育对生活的改造、促进作用最终也来自生活,"生活无时不变,即生活无时不含有教育的意义"②,它能够引起生活变化的"伟大的力量"。因而,"生活教育是给生活以教育,用生活来教育,为生活的向前向上的需要而教育"③。当然,生活教育理论所强调的教育源于生活、用于生活这两个方面又是相互联系的。旧教育把教育任务看作是唯一传授书本知识,为考试、升学而读书,必然形成教育脱离生活实际,致使很多毕业生不了解国情,缺乏动手操作能力。由于适应社会需要的知识能力很差,也就谈不上为改造社会服务。

历史地看,尽管生活教育的思想在19世纪西方的一些教育家中已经萌芽,然而把教育与生活,把人的培养与发展同整个社会的改造与新社会的建设统一起来,作为一个整体来对待,使教育成为广大人民实现现代化的工具,却是深深地植根于中国大地的。把它付诸实施,倡导生活教育运动,则更是陶行知在20世纪30年代的卓越贡献。因而,生活教育理论是东西方两大文化潮流交汇与融合所结出的硕果,有深刻的历史政治与文化背景。更重要的是,陶行知运用辩证唯物主义思想武器,在批判传统教育、洋化教育思想,从事人民教育的实践中,在经过了一个不断探索、不断改进和不断完善的过程之后,初步构建了生活教育理论的框架,并最终形成了在我国教育史上影响广泛而深远的生活教育理论。

二、"教学做合一"的形成过程

手脑结合理论的形成以陶行知的"教学做合一"思想的诞生为标志。"教学做合一"作为生活教育的方法论,是陶行知教育思想的重要组成部分,是实施生活教育的根本方法。"教学做合一"思想作为我国教育史上影响广泛而深远的教育思想,它是在陶行知接受了"从做中学"等进步教育思想的熏陶之后,回到国内并积极投身改革我国传统教育的伟大实践,在经过了一个不断探索、不断改进和不断完善的基础上最终形成的。为了准确地把握陶行知"教学做合一"的科学内涵,我们有必要回溯一下这一思想形成的历史轨迹,厘清其来龙去脉。

---

① 陶行知:《生活教育目前的任务》,《陶行知全集》(第3卷),湖南教育出版社1985年版,第292页。
② 陶行知:《生活教育》,《陶行知全集》(第2卷),湖南教育出版社1985年版,第634页。
③ 胡国枢:《生活教育理论——陶行知教育思想研究》,浙江教育出版社1991年版,第125页。

1. 从"教学分离"到"教学合一"

在传统教育中,教师讲、学生听这种教与学相分离的现象由来已久,根深蒂固,且已习以为常。自从有了学校教育以来,几乎都是这样。当历史的车轮进入20世纪,面对甲午战争中国惨败的现实,一些有识之士如维新派的康有为、梁启超等开始重新审视日本何以迅速富强,且都认为日本的胜利缘于日本的近代化,尤其是其教育的近代化。由此,国人逐渐认识到教育对国家富强的重要性。故而,"教育救国论"渐盛。清政府迫于内外压力,于1901年诏令改书院兴学堂,以普及基础教育。与此同时,我国也开始从日本引进教育理论和方法。比如,清末民初学校进行教学方法改革时,普遍采用了从日本移植过来的赫尔巴特的五段教学法。这种方法简单易行,颇受广大教师青睐。

在这一时期,诸如设计教学法、道尔顿制等欧美教育思潮亦逐渐流入我国,而由于以儿童活动为本位的这些新教学方法更关注学生的兴趣和活动,这些方法也受到了陶行知的赞赏。陶行知就曾在《活的教育》一文中,用肯定的口吻提到这两种当时时髦的教学方法。他说:"我觉得设计教学法是活的教育上最不可少的,依计划去实现法,那更是一件紧要的事了。"而这里的"依计划去实现法"指的就是当时风靡一时的道尔顿制。尽管这些方法一经试行就引起较大轰动,但深入试行后,人们逐渐认识到,这些新的教学方法不仅没有充分考虑中国的实际情况,其缺点也日渐暴露,如设计教学法虽和实际生活接近,但计划是教师设计出来,往往与学生生活无关,且偏离了系统知识传授。而且,它太过于机械和形式,不自觉地将教学分离,忽视了学生兴趣和个体差异,当然也不免继续落入传统的教学分离的俗套。道尔顿制下的学生虽然较为自由,但过于看重书本,与学生实际生活依然无关。而且,由于它偏重学习学科知识,过分强调个性差异,以及废除班级授课制等做法在推行时往往形成了教学上的放任自流而走上了另一个极端。

其实,对我国传统教学中教学相分离的现象,陶行知从美国回国之初就已十分关注。面对传统的赫尔巴特教育思想和旧的封建复古教育在中国盛行的现实,深受杜威思想影响的陶行知,便幻想以实用主义教育取代旧的传统教育。在他受聘于南京高师任教时,提出要将"教授法"改为"教学法",但是他的这一意见遭到保守势力的反对,并未能在南京高等师范学校校务会议上通过,足见当时教育改革的阻力之大。1919年"五四"运动前夕,陶行知认识到,教和学分离的本质,是教师没有尽到做教师的责任。旧学校里教师只管教,学生只管学,学生学好学坏,教师一概不问。教学分离的恶果是学生不会学,只会为应付考试死记硬背一些没有经过消化的知识,成为书呆子。陶行知面对传统的旧学校中"重教"而"轻学",教和学相分离的现实感到痛心疾首,同时对新式学校的徒有其名亦甚为愤慨。有鉴于此,他撰写了《教学合一》一文,对当时教育中教和学的分离,名不副实的情况大加鞭挞:"论起名字来,居然是学校;讲起实在来,却又像教校。这都是因为重教太过,所以不知不觉将教和学分离了。"他认为教学两者,"实在是不能分离的,实在是应当合一的"。① 他提出了"教学要合一"的三个理由:首先,先生的责任不在教,而在教学,教学生学。他反对把学生当成"书架子""字纸篓",使学生处于被动地位,而主张在教师的指导下,让学生自动自得。他认为只有这样,才能使学生自己去"探知识本源,求知识归宿"。他认为,大凡世界上的先生又可分为三种:一种是只会教书,只会拿一本书要儿童来读它、记它。另一种先生不是教书,乃是教学生;他所注意的中心点,从书本上移到学生身上来了。还有一种好的先生不是教书,不是教学生,乃是教学生学。就是把教和学联络起来,一方面要先生负指导的责任,另一方面要学生负学习的责任。这里,陶行知从指导思想上明确了教师的职责,纠正了教和学的分离,从而使学生能够"学有所得"。其次,"教的法子必须根据学的法子"。学生怎样学,教师就怎样教。还要注意学生的兴趣和才能,使学生乐学,教师也可费力少而成功多。在这里,陶行知又从具体方法上指出了教和学的统一,从而使先生"费力少而成功多",学生"就能够乐学了";另外,"先生不但要拿他教的法子和学生学的法子联络,并须和他自己的学问联络起来。做先生的,应该一面教,一面学,并不是贩卖些知识来,就可以终身卖不尽的"。② 只有这样,才能教学相长。他认为没有先生的进步,也就没有学生的进步。教师只有"学而不厌",然后才能"诲人不倦"。在这里,陶行知从知识更新上提出了纠正教和学分离的措施,教师只有不断学习新知识,学生才能不断进步。

这一时期,陶行知已经认识到教学分离这个直接危害学生学习的现实问题。他在深入研究后尖锐地指出:"好像先生是专门教学生些书本知识的人。

① 江苏省陶行知思想研究会等:《陶行知文集》,江苏教育出版社1991年版,第13页。
② 江苏省中等师范学校选修教材编写组:《陶行知教育思想研究》,江苏教育出版社1991年版,第64页。

他似乎除了教以外,便没有别的本领。除书之外,便没有别的事做。而在这种学校里,学生除了受教之外,也没有别的功课。……这都是因为重教太过,所以不知不觉地就将它和学分离了。"①当然,这一时期陶行知的教学思想还不够明朗,他的教学思想除了对美国实用主义的一种简单的推广和模仿之外,仍与设计教学法、道尔顿制纠合在一起。他对试验主义、知识的认识,都充满了实用主义和经验主义色彩,他提倡通过直接的体验、活动来学习,对教学更多的是一些充满直觉色彩的思辨。

伴随着欧美教育思潮在中国教育实践中所暴露出的一些弊端,陶行知逐渐认识到,仅仅靠照搬套用欧美的一些所谓时髦的教学方法是难以奏效的。因为这只不过是由"老八股"变为"洋八股",同样是"教育自教育,生活自生活,依然渺不相关"。这表明,陶行知已经认识这些教学方法的改革脱离了中国的实际情况。

2. 从"教学合一"到"教学做合一"

陶行知认为,我国传统教育注重机械灌输,呆读死记,重教轻学,脱离实践,重知轻行,手脑分离,束缚学生。教学中采取填鸭式(注入式)教学法,不顾学生实际情况,一味死灌。教师讲,学生听;教师写,学生抄;教师问,学生答。教师主宰整个教学过程,学生无任何主动性和积极性。而且,"先生教而不做,学生学而不做",教师为教而教,学生为学而学,教与学都与"做"脱离,轻视行动,手脑分家,"教用脑的人不用手,不教用手的人用脑","读书的人除劳心以外,不去劳力;除读书以外,不去做工,以致不能生产;而做工的人除劳力以外,不去劳心,除做工以外,不去读书,以致不能自保其利益,而受他人的横搜直刮"。② 针对这一严峻的现实问题,陶行知于1919年年初撰写了《教学合一》一文,提出了的基本主张。但这时,他还没有涉及"做"的内容。时隔不久,他在"教学合一"的实践中发现了"做"在"教"和"学"中的重大作用。

继《教学合一》一文后,陶行知于1919年10月撰写了《学生自治问题之研究》一文,并首次明确提出了"学"和"做"合一的主张。他说:"从学习的原则看起来,事怎样做,就须怎样学。譬如游泳要在水里游,学游泳,就须在水里学。若不下水,只管在岸上读游泳的书籍,做游泳的动作,纵然学了一世,

---

① 江苏省陶行知思想研究会等:《陶行知文集》,江苏教育出版社1991年版,第13页。
② 陶行知:《目前中国教育的两条路线——教劳心者劳力,教劳力者劳心》,参见中国陶行知研究会:《陶行知教育思想的理论和实践》,安徽教育出版社1991年版,第18页。

到了下水的时候,还是要沉下去的。"①在这里,陶行知以游泳为例,说明了"学做合一"的道理。

应当说,这时的陶行知在重视"教学合一"的同时,似乎更为注重"学做合一"。而从"教学合一"到"学做合一",反映了陶行知教学思想的深化、发展。至此,"教学做合一"也就水到渠成、呼之欲出了。在后来的教学实践中,陶行知又进一步把"教学合一"与"学做合一"二者有机地统一起来。到1922年,陶行知"教学做合一"的教育思想已经基本上酝酿成熟,只是当时还没有正式形成这个命题。

1924年7月陶行知参观南京燕子矶国民学校时,看到"这个学校不但教学生读书,并且教学生做事",而这正是他"天天求它实现而不可得"的,它使"我们心中所存的理想"成为了"事实",因而信心百倍。1924年12月在《南京安徽公学创学旨趣》中,陶行知提出了"我们要在'必有事焉'上下手。我们要以'事'为我们活动的中心,研究学问要以事为中心,改造环境要以事为中心,处世应变也要以事为中心"②。当然,"事"与"做"是不可分割的,陶行知这里所说的"事"其实质也就是"做"。

根据陶行知自述,1925年在南开大学演讲时,"我仍然用'教学合一'为题,张伯苓先生拟改为'教学做合一',我于是豁然贯通,直称为'教学做合一'"③。由此形成了"教学做合一"这一重要的教育命题。继而,到了1926年,陶行知又在《中国师范教育建设论》一文中,对"教学做合一"的原理进行了系统的论述。他指出:"教的法子要根据学的法子,学的法子要根据做的法子。教法,学法,做法是应当合一的……事怎样做就怎样学;怎样学就怎样教。"④1927年,陶行知又创办了晓庄试验师范学校,并发表了题为《教学做合一》的演讲,对"教学做合一"原理做了更为深入的阐释。

陶行知在关于《教学做合一》的演讲中指出:"教学做是一件事,不是三件事。我们要在做上教,在做上学。在做上教的是先生,在做上学的是学生。从先生对学生的关系来说,做便是教。从学生对先生的关系来说,做便是学。先生拿做来教,乃是真教,学生拿做来学,方是实学。不在做上用功夫,教固

---

① 江苏省陶行知思想研究会等:《陶行知文集》,江苏教育出版社1991年版,第19页。
② 江苏省陶行知思想研究会等:《陶行知文集》,江苏教育出版社1991年版,第61页。
③ 江苏省陶行知思想研究会等:《陶行知文集》,江苏教育出版社1991年版,第185页。
④ 江苏省陶行知思想研究会等:《陶行知文集》,江苏教育出版社1991年版,第135页。

不成为教,学也不成为学。……比如种田这件事,是要在田里做的,便须在田里学,在田里教。游泳也是如此。游泳是在水里做的事,便须在水里学,在水里教。"①接着,他又在《晓庄试验乡村师范学校创校概况》中提出,"本校全部生活,是'教''学''做',教的法子根据学的法子,学的法子根据做的法子。我们的实际生活,就是我们全部的课程。我们的课程,就是我们的实际生活"②。并且,他把"教学做合一"作为晓庄试验师范学校的校训,表明陶行知在办学实践中推广和应用"教学做合一"思想的决心。不久,他又在《劳力与劳心》一文中赋予"做"一个全新的含义,即"在劳力上劳心"。在陶先生此后的著述和活动中,"教学做合一"作为一条基本的理论原则得到全面的贯彻和体现,成为生活教育理论和生活教育运动的重要特色。

晓庄时期无疑是陶行知实践和发展"教学做合一"思想的一个重要历史时期。通过晓庄师范的实践,陶行知于 1931 年发表了《教学做合一之教科学书》,这是陶行知有关教学做合一的一篇篇幅最长的文章。在该文中,陶行知再次强调:"教的方法根据学的方法;学的方法根据做的方法。事怎样做便怎样学,怎样学便怎样教。教与学都以'做'为中心。"但他同时又指出,"做"既是教学的中心,就有特殊说明的必要,因为做很容易被当作招牌,流于盲目的行动。这里陶行知已经意识到以往对"做"解释过分强调生活,而忽视了做背后对知识的掌握。因此,他认为"做"具有三个特征:(1)行动;(2)思想;(3)新价值之产生。不难看出,陶行知对"做"的理解要更趋深刻,强调做的过程中要形成思想,产生新的发现。这也意味着"教学做合一"理论被赋予了创新的内涵。

值得一提的是,作为陶行知这一时期"教学做合一"思想成熟的一个标志,是陶行知与道尔顿制和设计教学法的分道扬镳。陶行知认识到,道尔顿制下的"学生比旧式学校里要自由的多。可惜它太看重了书本,而且须初中以上的程度才能行";"设计教学法比道尔顿制要好些。就精神来说,它与教学做合一的道理也很相近。但既称为教学,往往把做字忘掉,便与教学做合一不符合。行这个方法的学校,往往从先生的脑袋里设出计划出来,也有时与学生的生活渺不相关"。这就划清了"教学做合一"与道尔顿制及设计教学

---

① 江苏省陶行知思想研究会等:《陶行知文集》,江苏教育出版社 1991 年版,第 185 页。
② 陶行知:《晓庄试验乡村师范学校创校概况》,参见中国陶行知研究会:《陶行知教育思想的理论和实践》,安徽教育出版社 1991 年版,第 266 页。

法之间的界限。

由此可见,"教学做合一"理论是陶行知在长期的教育改革实践中,逐步形成和发展起来的,它是针对我国传统教育中根深蒂固的教学分离、坐而论道、述而不作的弊端所开出的一剂猛药。在其形成和发展的过程中,它经历了从初期的"教学合一"到后来的"教学做合一"的一个发展和完善的过程。应当说,从"教学合一"到"教学做合一",尽管在形式上只是一字之差,实际上却产生了质的飞跃,进入了一个新的境界。

应当说,"教学做合一"的理论不是一朝一夕完成的,在前后十多年的时间内,陶行知先生经过思考、吸收、鉴别、试验,所谓"豁然贯通"是经验积累和长期探索的结果。这一过程是陶行知先生在中国教育里摸黑路所见着的光明,表现了他的开辟精神、创造精神。他说:"从'教授'写到'教学',从'教学'写到'教学做',人家怕要疑我前后矛盾,其实我的矛盾处,便是我的长进处。"①这是陶行知先生追求真理、做真人的生动表白,完全符合认识发展的辩证法,这也是先生的可贵处、高超处。正由于陶行知先生求实求真,不断扬弃,大胆超越,所以能在许多人未能达到的高度和境界中向真理逼近,并做出重大的理论建树。

3. "教学做合一"的思想根源

从陶行知"教学做合一"理论的产生过程我们可以看出,无论是对中国古代文化遗产还是外国经验,陶行知所采取的既不是盲目崇拜和全盘接受,也不是闭关自守和一概排斥,而是立足于中国国情,根据国家和社会的需要,批判地继承和汲取,并且经过加工改造,赋予其新的生命力。而如果我们追溯"教学做合一"理论的产生根源,除了前面所阐述的他所洞悉的我国传统教育的弊端之外,还有如下一些方面的原因。

一是总结了民间传统的师徒制经验。陶行知在剖析了传统教育中理论和实践完全脱节弊端的基础上,通过总结借鉴我国民间传统的师徒制的经验,进而发现了教学的基本规律。在民间的师徒制中,无论是木工、泥工,还是精湛的工艺品的制作和传授,无不是在教、学、做三方面合一的过程中进行的。在教育实践中,"教学合一"的理论,固然能使学生掌握一些知识,但不能解决运用问题,或者说仅仅有了这些知识,还是做而论道、述而不作,还是不

---

① 胡国枢:《生活教育理论——陶行知教育思想研究》,浙江教育出版社1991年版,第58页。

能形成运用知识分析和解决实际问题的能力,亦即学生所学的知识还是派不上用场。陶行知觉得,"与其把学生当天津鸭儿填入一些零碎知识,不如给他们几把钥匙,使他们可以自动去开发文化的金库和宇宙的宝藏"①。这也让陶行知感觉到:"教而不做,不能算教;学而不做,不能算学。""先生教而不做,学生学而不做,有何用处?于是'教学做合一'的理论乃应运而起。"

二是从教育哲学的高度总结出"教学做合一"的新理论。陶行知认为,"人类与个人最初都由行动而获得真知,故以行动始,以思考终,再以有思考之行动始,以更高一级融会贯通之思考终,再由此而跃入真理之高峰"。他的"行—知—行"的认识论,体现了"实践出真知"的思想,同时也包含着创造性的辩证思想。他说:"由行动而发生思想,由思想而产生新价值,这就是创造的过程","所以我们主张'行动'是中国教育的开始,'创造'是中国教育的完成"。他运用诗的语言概括为:"行动是老子,知识是儿子,创造是孙子。""行以求知知更行……努力创造新天地。"这样,就把教学过程变为行的过程,做的过程,实践的过程,教师在做中教,学生在做中学。由此,陶行知创立了"教学做合一"的新理论。

三是继承并发展了杜威的"从做中学"。毋庸讳言的是,陶行知曾经是杜威的学生,他在美国求学期间美国盛行的进步主义教育思想,如杜威的"从做中学"等无疑对他有着极为深刻的影响,并成为陶行知教育改革和探索的重要目标之一。也可以说,"教学做合一"的直接源头便是"从做中学"。而且,尽管当时的中国与美国相比,经济发展水平及社会制度上存在诸多差异,但传统教育中所存在的弊端却是共同的,杜威所极力抨击的旧教育中各种不良现象在我国的教育中同样也广泛地存在着,甚至有过之而无不及。正如陶行知所一针见血指出的,我国传统教育是脱离生活、脱离劳动的"教死书,死教书,教书死,读死书,死读书,读书死"的教育,这种教育所造成的社会是"做死工,死做工,做工死"的社会。教、学、做三者不仅自身死气沉沉,而且彼此不相闻问。面对与当年美国教育中所存在的相类似的情形,深受美国盛行的进步主义教育思想影响、并且曾作为杜威学生的陶行知,不可能不想到杜威为诊治美国教育顽疾所开出的一剂猛药——"从做中学"。应当说,"教学做合一"理论的形成,客观上是以杜威的"从做中学"为基础的。当然,陶行知的

---

① 何国华:《陶行知教育学》,广东教育出版社1997年版,第45页。

"教学做合一"并不是"从做中学"的翻版。其实,由"从做中学"到"教学做合一",并不仅仅是简单的移植和继承,更是一个脱胎换骨的批判、改造和创新的过程。而且,陶行知的"教学做合一"与杜威的"从做中学"是有本质差异的。陶行知的"教学做合一"是以"行是知之始,知是行之成"这一具有唯物主义因素的认识论为依据的,而杜威的"做中学"则是以主观唯心主义经验论为基础的。在教学理论和实践上,前者所说的"做",是同"教"与"学"紧密结合、三位一体的;后者的"做",却同"教"与"学"无内在的联系。至于在教育目的方面,两者更是大相径庭。与杜威的"从做中学"旨在培养能够适应资本主义社会发展需要的人才不同的是,陶行知的"教学做合一"旨在反对"死的书本"的"伪知识",求得"实际生活"的真知;反对老八股、洋八股教育把学生培养成"只会读书不会做事"的"书呆子""字纸篓",而要培养"在劳力上劳心",能运用"活的知识",有"行动"能力、"生活力"和"创造力"的新人。[①]

"教学做合一"理论是陶行知在长期的教育改革实践中,逐步形成和建立起来的一种符合中国实际,具有中国民族特色的新的教学理论。它虽然同实用主义教育思想具有必然的内在联系,也可以说,陶行知是在杜威实用主义思想的影响下,在挑战传统教育,探索教和学的关系的过程中,在探索中国教育发展和社会改造的实践中,创造性地形成了自己的教育方法论——"教学做合一"的理论。以此方法论为基础,陶行知把自己的眼光从做事投向生活,投向社会,将教育与社会生活联系在了一起,从而开出了治疗中国教育弊端的一剂药方。在晓庄师范,他以"生活即教育,社会即学校"为指导思想,以"教学做合一"的方法为基础,通过实验和总结,终于形成了生活教育的理论体系,同时也奠定了其辩证唯物主义的教育哲学观。

第二节 "教学做合一"即手脑结合

陶行知先生在批判地吸收了中国传统的教育理论,扬弃并借鉴了西方现代进步主义教育的合理因素基础上形成了"教学做合一"理论。"教学做合一"作为陶行知生活教育理论的重要组成部分,是"生活教育的核心方法论和教学法"。"教学做合一"的内涵无疑是极为丰富的,我们在学习领会其丰富内涵的同时,更要注重把握其精神实质。陶行知认为,"教学做合一的实质就

[①] 周洪宇:《陶行知生活教育学说》,湖北教育出版社 2011 年版,第 213 页。

是'手脑联盟',教学做合一的目的就是手脑联盟的人"①。

一、以"真人"为目标

鉴于教育是一种培养人的事业,对于培养什么人的问题陶行知尤为关注。纵观陶行知生活教育思想的人才观,不难发现,他是以培养个性全面和谐发展的"真人"为目标的。

陶行知的生活教育理论重视人才,把人才的培养看成是事业成功的保证。他在培养什么人的问题上,有着自己独到的见解。培养"真人",这是贯穿在他的整个教育思想中的根本宗旨。陶行知在他的"做真人"的人生观的指导下,经过长期的思考和探索,在20世纪40年代明确提出了"千教万教,教人求真;千学万学,学做真人"的教育理念。

可以说,"教人求真""学做真人",关键在一个"真"字上。教人做真人,就是要培养有真知识、真本领、真道德的人,亦即"整个的人"。"求真""做真人",离不开实践,离不开生活。只有在实践中、在生活中,才可能不断地去追求真理,才可能为发现真理去探索、去创造、去奋斗,以至于献身。那种读死书、死读书、读书死的方法,必须坚决摒弃。正是从这点出发,陶行知早在20世纪20年代就"树起了新教育的旗帜"。他在教育实践中,彻底改革了一味说教、孤立进行教育的那一套传统的育人方法,坚持在生活教育的各个方面去实施教育,坚持在"教学做合一"的基础上,通过手脑结合的活动,去培养德才兼备、行知合一的创造性人才。

应当说,陶行知的"真人"观,是与其培养"整个的人"的教育观相联系的。早在20世纪30年代中期,他就提出了"要做一个整个的人"的思想。他认为,这种"整个的人"有三种要素:一要有健康的身体;二要有独立思想,有判断是非的能力;三要有独立的职业。为此,他又提出了"全面教育"的主张。陶行知所倡导的"全面教育"就是"心、脑、手并用。学政治、学经济、学文化相结合。健康、科学、劳动、艺术及民主将构成和谐的生活"②。从陶行知提出的"做一个整个的人"的思想,以及"全面教育"思想,联系到他办晓庄师范、育才学校的"宗旨",可以看出:他要塑造的"真人"是"心脑手并用""在劳力上劳

---

① 江苏省中等师范学校选修教材编写组:《陶行知教育思想研究》,江苏教育出版社1991年版,第69页。

② 陶行知:《全民教育》,参见中国陶行知研究会:《陶行知教育思想的理论和实践》,安徽教育出版社1991年版,第237页。

心"的人,是"知情意""智仁勇""真善美"都能得到和谐发展的人。尽管他并没有将这一思想概括为时下流行的"德、智、体"等方面全面发展的说法,但从根本上说,陶行知所倡导的"真人"其实也就是德、智、体等方面全面发展的"真人才"。因而,陶行知这种全面发展的教育思想与马克思的全面发展教育思想可谓一脉相承。

陶行知出于让学生全面发展的考虑,主张学校要使学生"全部发育","身体和精神,要全体顾到,不可偏于一面。譬如在体育上,耳目口鼻手足,统要使他健全;在智育上,既要使他自知,又要使他能够利用天然界的事物;在德育上,公德和私德都不可欠缺的"①。这表明,陶行知所倡导的"全面发展",实质上就是德、智、体三育并重。陶行知批评中国旧的传统教育存在着严重的偏智化倾向,它只偏重于教孩子读、写、算,而且一味在读、写、算本身上来学习读、写、算。旧教育只是以书本为中心,严重脱离生活实践,旧教育也只是以考试为目的,考试所要的必须教,考试所不要的则不必教,"于是唱歌不教了,图画不教了,体操不教了,家事不教了,农艺不教了,工艺不教了,科学的实验不教了,所谓课内外的活动都不教了,所要教的只是书,只是考的书,只是《会考指南》!教育等于读书,读书等于赶考"②。陶行知一针见血地指出,这是不完备的教育,是残废的教育,是摧残儿童的教育。

陶行知认为,儿童教育必须是全面发展的教育。他在为晓庄师范所制定的培养目标上,就明确要求学生要有"健康的体魄,农民的身手,科学的头脑,艺术的兴趣,改造社会的精神"。陶行知认为,人是一个整体,德智体、智仁勇、知情意、真善美诸要素必是互相渗透、互相制约、不可分割的。所以全面发展的教育不仅是德智体合一的教育,也是"知情意合一"的教育。陶行知在《育才学校教育纲要草案》中指出,"育才学校办的是知情意合一的教育……知情意的教育是整个的、统一的"③。他还主张:"我们要求在统一的教育中培养儿童的知情意,启发其自觉,使其人格获得完备的发展。"全面发展的教育同时也是"智仁勇合一"的教育。同样是在《育才学校教育纲要草案》一文

---

① 江苏省中等师范学校选修教材编写组:《陶行知教育思想研究》,江苏教育出版社1991年版,第97页。

② 江苏省中等师范学校选修教材编写组:《陶行知教育思想研究》,江苏教育出版社1991年版,第97页。

③ 陶行知:《育才学校教育纲要草案》,《陶行知全集》(第3卷),湖南教育出版社1985年版,第368页。

中,陶行知指出,我们"办的是智仁勇合一的教育","智仁勇三者是中国重要的精神遗产,过去它被认为是'天下之达德',今天依然不失为个人完满发展的重要指标","我们需要智仁勇兼修的个人"。① 所以,"育才学校不仅是以智仁勇为其局部训练之目标,而且是通过全部生活与课程以达到智仁勇之鹄的"②。全面发展的教育同时还是心脑手并用的教育。他主张培养德才兼备、"手脑双挥",有生活力、创造力,"善于征服自然,改造社会"的能人,亦即"心脑手并用、真善美合一、具有创造性的全面发展的真人"。③ 这种创造性的全面教育的理念,凸显了对人的终极关怀。把教育从工具理性回归到人的生活世界,回归到人的身心潜能素质的全面和谐发展。不难看出,陶行知所指的知情意、智仁勇及心脑手合一的教育,实际上就是以培养德、智、体等方面的全面发展的人才为目的的。

关于全面发展人才的教育问题,陶行知主张要"每天四问":第一问,我的身体有没有进步？第二问,我的学问有没有进步？第三问,我的工作有没有进步？第四问,我的道德有没有进步？通过"每天四问",把是否坚持全面发展作为每人每天必须反省的主要问题。他认为如能灵活运用地行到做到,"必然可以见出每一个人身体健康上有着大的进步,学问进修上有着大的进步,工作效能上有着大的进步,道德品格上有着大的进步"④。

值得一提的是,在德、智、体诸育中,陶行知还始终把体育放在重要的位置。"因为健康第一,没有了身体,一切都完了！""有学识道德而无健全之身躯,则筋骨不能劳,体肤不能饿,心意不能困,咸施夸毗之病夫,又何能运起学识道德,以树不世之业,而为人类造莫大之福哉。"⑤因而,陶行知认为,"体健是人生的一个最要目的,也是学问的一个最要目的。学生是学习人生之道的人,学以厚生则可,学以伤生是断断乎不可的"。要使身体健康,除了开展儿童的体育运动外,注意饮食起居卫生,加强疾病防治,以建立"科学的健康堡垒",这也是必不可少的。总之,德、智、体一起抓,才能克服传统教育偏智化

---

① 陶行知:《育才学校教育纲要草案》,《陶行知全集》(第3卷),湖南教育出版社1985年版,第368页。
② 何国华:《陶行知教育学》,广东教育出版社1997年版,第228页。
③ 白媛媛等:《陶行知生活教育理论及其现代价值》,《鞍山师范学院学报》2007年第2期。
④ 陶行知:《育才学校教育纲要草案》,《陶行知全集》(第3卷),湖南教育出版社1985年版,第464页。
⑤ 叶上雄:《生活教育十讲》,四川教育出版社1989年版,第150页。

的倾向,才能使儿童健康地成长。

必须指出,全面发展的"真人"观,既不是单纯地从体力、脑力的结合着眼,也不是德、智、体等诸要素的机械凑合,而是建立在洞察人的社会本质的深邃的基础之上,与生活教育理论的总体目标、人类解放的理想联系在一起的。马克思指出过:如果一个人只为自己而劳动,即使他能成为一个绝顶聪明的人,他也决不会成为完人和伟人。只为个人私利钻营的人的智力与服务大众、为正义而奋斗的人的智力"是有根本区别的"。陶行知说的"真人"的培养,不能离开改造社会的崇高事业,这正是生活教育人才观的灵魂。

陶行知的"真人"教育观对于今天我们培养社会主义现代化建设人才是有借鉴价值的。在过去一段时期里,由于种种原因,我们的教育工作中存在着只重视智育,忽视德育、体育、美育和劳动教育的现象。培养出来的人,难以胜任社会主义现代化建设的需要。而今这种状况虽然已有所改变,但还不能说问题已经全部解决,这就需要我们进一步贯彻落实全面发展的教育方针,像陶行知那样,重视人的德、智、体等方面的全面发展,强调情操与知识并重的教育。"智识与品行分不开,思想与行为分不开,课内与课外分不开,做人做事与读书分不开,即教育与训育分不开。"[①]通过这种整体教育与全面要求,来培养全面发展的具有独立个性的一代新人。

二、以"做"为核心

陶行知"教学做合一"的理论大厦是建立在"做"的基础上的。在陶行知看来,"教学做合一是生活现象之说明,即是教育现象之说明。在生活里,对事说是做,对己之长进说是学,对人之影响说是教。教学做只是一种生活之三方面,而不是三个各不相谋的过程。同时,教学做合一是生活法,也就是教育法。它的含义是:教的方法根据学的方法;学的方法根据做的方法。事怎样做便怎样学,怎样学便怎样教。教与学都以'做'为中心。在做上教的是先生,在做上学的是学生。在这个定义下,先生与学生失去了通常的严格的区别,在做上相教相学倒成了人生普遍的现象"[②]。

其实,"教学做是一件事,不是三件事。我们要在做上教,在做上学"。做是学的中心,也是教的中心。离开了"做",也就没有真正意义上的教和学。

[①] 陶行知:《晓庄三岁敬告同志书》,《陶行知全集》(第2卷),湖南教育出版社1985年版,第210页。

[②] 周洪宇:《陶行知生活教育学说》,湖北教育出版社2011年版,第211页。

教与学都是基于做进行的,"从先生对学生的关系说,做便是教;从学生对先生的关系说,做便是学"。教学"须在做上教,在做上学"。① 这就是说,教学本身就是一种"做",一种实践活动,只有通过做,才能把教与学联结起来。教学就是通过"在做上教,在做上学",进而使学生学会做。"教学做合一"旨在让教与学在"做"上相统一。教学绝不是教人,更不是教人学,乃是教人学做事。

教学做合一以"做"为中心,也就是以实践为中心。"所谓'做'是包涵广泛意味的生活实践的意思",是人类生活中一切有意义的活动。具体地说,"做是发明,是创造,是实验,是建设,是生产,是破坏,是奋斗,是探寻出路",还包括文艺等精神活动。② 教学做合一以"做"为中心,主张理论联系实际,学校与社会联系,传授社会生活所需要的知识,重在实践中学习,培养社会有用的人才。教学做合一的精神实质就是强调在"行""生活""活动"中去认识世界,增长才干。学习的目的又是为了有效地改造世界,以解决群众切身的政治、经济等问题。"行动"是人类主体与客观世界发生联系的中间环节,是人类获取知识、经验的基础。人们学习知识首先必须在"行动"中获取感性知识和实际经验,继而又以个人的感性知识、实际经验、原有知识为基础,通过智力活动去理解、汲取他人的认识成果——间接经验,将间接经验转化为自己的知识财富,从而形成较稳固又能灵活运用的知识结构。

教学做合一以"做"为中心,也就是以"做事"为中心。陶行知认为,"教学做有一个公共的中心,这'中心'就是事,就是实际生活。实际生活说得明白些,便是日常生活"③。所谓"做",就是要"在必有事焉上下功夫",即从事实出发,以现实生活为基础的行动。在一件事情的教学做过程中,"做"乃是中心,是矛盾的主要方面,是起决定作用的。因此,事怎么做就怎样学,怎么学就怎样教,做的方法决定学的方法,学的方法又决定教的方法。教学做的"所有问题都是从生活中发生出来的,从生活中发生出来的困难和疑问,才是实际的问题。用这种实际问题来要求解决,才是实际的学问,它的实验室是大自然和大社会"。这就是说,教学必须根据生活的需要,在生活、实践中进行,方能收到教学的效果,引起生活的变化,产生教育的力量。在陶行知看来,教

---

① 叶上雄:《生活教育十讲》,四川教育出版社1989年版,第44页。
② 周洪宇:《陶行知生活教育学说》,湖北教育出版社2011年版,第280页。
③ 胡国枢:《生活教育理论——陶行知教育思想研究》,浙江教育出版社1991年版,第119页。

学的原则和方法最根本的就是要通过生活实践,"在做上教,在做上学"。比如,教学种水稻,教师是为种稻而讲解,不是为讲解而讲解;学生是为种稻而看书,不是为看书而看书。教师为种稻而教,就是做;学生为种稻而看书,也是做。这就是种稻的"教学做合一"。当然,由于种稻是田里的事,便须在田里教,在田里学。如果只在教室里,就不能算种稻的"教学做合一"。由此看来,陶行知的"教学做合一",实质是根据生活的需要而教、而学,通过生活实践去教学,以达到做的目的。

陶行知的"教学做合一",强调以"做"为中心,使教学双方在"做"上、在实践中统一起来。在这里,主体与客体、教者与学者得到了高度的统一,各自在认识世界、改造世界的过程中发挥其主观能动性,从而使生活教育这一教学系统工程充分地发挥出它的整体作用和综合功能。因而,陶行知教学做合一的"做"充分体现了理论与实践相结合,脑力劳动与体力劳动相结合的辩证唯物主义观点,并且已将人类认识客观事物的一般规律运用于"做",指导着"做"了。教学做合一的原则,使教学双方在"做"上、在实践中统一起来,"在做上相教相学组成了人生普遍现象"。

陶行知强调要让学生掌握"做"的技能,使他们成为自食其力的劳动者。陶行知作为我国现代职业教育积极创导者之一,其职业教育的宗旨,就在于使青年一代掌握一种谋生的劳动技能。有了一技之长,才能过独立的生活。他认为:"好教育应当给学生一种技能,使他可以贡献社会。换言之,好教育是养成学生技能的教育,使学生可以独立生活。譬如社会上的农夫、裁缝、商人、工人、教员……使他们都有贡献社会的技能,他们各人贡献他们所做的事,可以使社会得着许多便利。倘若一个人没有能力,则此人必分大家的利,而造成社会的恐慌了!所以,教育的成绩,就是'技能';教育就是'技能教育'。"[1] 为了帮助学生掌握一定的劳动技能,陶行知大力倡导"艺友制"。他认为一个人想掌握某种劳动技能,最好的途径是与精通某种工艺的师傅交朋友,拜他为师,虚心跟他学习有关的劳动本领,让师傅在做上教,学徒在做上学,让师徒双方做到"共教、共学、共做方为真正之艺友制,亦唯艺友制始能实现教学做合一的原则"[2]。当然,在陶行知看来,劳动的过程也并不排斥书本

---

[1] 陶行知:《陶行知全集》(第1卷),湖南教育出版社1984年版,第260页。
[2] 何国华:《陶行知教育学》,广东教育出版社1997年版,第238页。

知识。陶行知认为,书本知识只是进行科学实验、观察、思考的指南,为其提供方法论上的参考。而且,"各种知识有可以从书本上求的,是不妨从书本上去得来;有不可以从书本上求的,那应该从别处去得他了"①。而"做一件事,要想做得好,须用锄头用锄头,须用斧头用斧头,须用书本便用书本,须合用数样、数十样工具,便合用数样、数十样工具"②。

"教学做合一"理论是与传统的教育观相对立的。传统的教育是以知识为中心,教与学分家,教育等于读书,学校与社会割裂,漠视切身的政治经济问题,理论脱离实际。陶行知曾一针见血地揭露了旧教育严重脱离实际的弊端。他认为由于这种弊端,在旧社会制度下就形成了劳心与劳力的分家。专门劳心的人,成为高等游民,愚弄无知,或者成为书呆子式的寄生虫。专门劳力者埋头干活,受人制裁。陶行知认为这种旧教育已经走上了绝路,必须彻底改革,另寻生路。他主张教育与生活实践相结合,按照"教学做合一"的原则,使学生在亲知的基础上学到真知识、真本领,在改造社会、改造自然中发挥自己的作用。

同时需要指出的是,"教学做合一"并非只重视实践的技能而忽视理论知识,只强调个人的狭隘经验而轻视间接的经验和系统的知识。它强调的是教育是以社会生活实际的"做"为中心,行动(劳力)和思想(劳心)结合才能取得"真知"。陶行知深信"行是知之始,知是行之成"的道理,他一贯主张认识要以生活、实践、行为为基础。在陶行知看来,接知如接枝,没有直接经验、没有感性知识和旧有知识做基础,也就无法吸取别人的认识成果,更无法掌握应用知识解决实际问题的技能。因而,"亲知"是获得一切知识的根本,"闻知""说知"都"必须立根于亲知里面方能发生效力"。有人误解,以为陶行知强调的"做"为中心,似乎有轻视知识、轻视间接经验之嫌疑。其实,恰恰相反,陶行知是非常重视知识的,他认为,"做一个现代人必须取得现代的知识,学会现代的技能,感觉现代的问题,并以现代的方法发挥我们的力量"③。而陶行知强调"做"为中心,是因为他坚信,生活实践是知识的源泉,一切间接经验都植根于直接经验。因此,离开了"做"这个中心,就不可能达到教学的目

---

① 陶行知:《新教育》,《陶行知全集》(第1卷),湖南教育出版社1984年版,第87页。
② 陶行知:《到开封去——致晓庄全体同志》,《陶行知全集》(第5卷),湖南教育出版社1985年版,第205页。
③ 叶上雄:《生活教育十讲》,四川教育出版社1989年版,第46页。

的,就无从掌握知识,即使靠死教、死学一些知识,也不可能有什么实际的用处。陶行知的这种主张有助于加强理论与实际的联系,加强教育与生产劳动、社会生活的联系,培养学生手脑并用,消除劳心与劳力的对立,促进人的智力、体力和谐发展。其实,就像"教学做合一"本身就是理论与实践相结合的产物一样,"教学做合一"所主张的是,既反对单纯"劳心",只读死书不去行动的书呆子教育,亦反对单纯"劳力",只知埋头干活的经验主义教育。

三、以"劳力上劳心"为关键

"教学做合一"以"做"为中心,那么什么是"做"呢?对此,陶行知有过多次解释。1927年,他在晓庄讲《教学做合一》的第二天,就以《在劳力上劳心》为题对"做"给予诠释。他认为:"单单劳力,单单劳心都不是真正的做。真正之做须是在劳力上劳心","只有手到心到才是真正的做","在劳力上劳心是一切发明之母"。① 陶行知还特别给"做"下了定义,"这定义便是:在劳力上劳心,单纯的劳力,只是蛮干,不能算做;单纯的劳心,只是空想,也不能算做,真正的做只是在劳力上劳心。我们做一件事便要想如何可以把这件事做好,如何运用书本,如何运用别人的经验,如何改造用得着的一切工具,使这件事做得最好。我们还要想到这事和别事的关系,想到这事和别事的相互影响。我们要从具体想到抽象,从我相想到共相,从片断想到系统。这都是在劳力上劳心的功夫,不如此,便不是在劳力上劳心,便不是做"②。

应当说,"在劳力上劳心",从严格意义上说,并不确切。这是因为,人的活动都是受人体的司令部——大脑支配的,因而,劳力与劳心本不可分。但陶行知的意思是要"手脑并用",藉此说明"做"不能是盲目的,即不能与理论分开,不能使理论脱离实际。他认为,就是读书学习也是需要用脑去思考的,只有有智慧、善思考的人,才能在较短时间内得到更多的知识。知识的获取单凭读书式的学习是不行的,那样只会事倍功半,只有学习与思考结合,边学边思,才能提高学习效率,获取真知。不仅读书学习是这样,而且实践学习也需要思考,不会思考就解决不了困难与问题,不善思考就没有创新。"我们是要在行动中追求真知识。行动遇着困难便不能不思想,思想贯通便取得了真知识。运用真知识以行动,便走上了创造之路。"③学习与行动都需要有思想

---

① 江苏省陶行知思想研究会等:《陶行知文集》,江苏教育出版社1991年版,第187页。
② 江苏省陶行知思想研究会等:《陶行知文集》,江苏教育出版社1991年版,第224页。
③ 申国昌等:《中国学习思想史》,科学出版社2006年版,第313页。

的参与，方可达到预期目的。这表明，陶行知强调"在劳力上劳心"，让学生将"做"与"思"、"手"与"脑"相结合，这是"教学做合一"能够得以正确贯彻实施的有效措施，也是生活教育的一个基本原则，同时也是让生活教育得以升华成为创造教育的根本保证。

陶行知认为，"'教学做合一'是生活法亦即教育法。为要避去瞎做、瞎学、瞎教，所以提出'在劳力上劳心'，以期理论与实践之统一"①。这就是说，陶行知所主张的"教学做合一"中的"做"，既不是盲目行动，也不是胡思乱想。而是"在劳力上劳心"，"用心以制力"，"用心思去指挥力量"，即在思想指导下有目的有计划的自觉行动，就是"以期理论和实践之统一"。这种"做"具有行动、思想、新价值的产生三个特征。当然，在陶行知看来，这种"做"不排斥传统的讲授、谈话、练习、考试等方法，它只要求将这些具体方法统一在实践上，要求教与学都要与实践相结合，从实践中去追求真知识。

陶行知为育才学校所规定的教育方法，就是"注重教学做合一，在劳力上劳心，理论与实践并重"。它一方面要求学生参加社会实践，变革现实，改造自然和社会；另一方面也要求全社会的人"活到老，做到老"。由此，他主张教育与生活联系，学校与社会沟通，反对"先理论而后实习，把一件事分作两截"，也反对幼学而壮行，先劳力后劳心那种自诩为劳力上劳心并重的观点，感到这"实在是一人之身分为两段：一段是劳心生活，一段是劳力生活。这种人的心与力都是没有意识的"②。在他那里，劳力与劳心，动手与动脑，理论与实践是统一的，贯彻始终的，或者说是熔为一炉的。而两者的分离，从认识路线上说，就意味着认识过程的终止，当然也就不成为一个教育过程了。

陶行知所强调的"劳力上劳心"，其实质就在于手脑结合。陶行知认为，"中国有两种病。一种是'软手软脚病'，一种是'笨头笨脑病'。害'软手软脚病'的人，便是读书人，他的头脑一定靠不住，是呆头呆脑的。而一般工人农民都是害的'笨头笨脑病'，所以都是粗手粗脚"。这两种病的长期流行，不仅害了人，也害了国。造出了一代又一代的两种畸形发展的人。陶行知认识到，中国害上这"两种病"，中国的教育难辞其咎。而"中国教育之通病是教用脑的人不用手，不教用手的人用脑，所以一无所能。中国教育革命的对策是

---

① 陶行知：《谈生活教育——致一位朋友》，《陶行知全集》（第5卷），湖南教育出版社1985年版，第477页。
② 叶上雄：《生活教育十讲》，四川教育出版社1989年版，第134页。

使手脑联盟。"①而"要教学做必要有手脑的结合,与思想和生活的结合"②。"一个人要有贡献于社会,一定要手与脑缔结大同盟",脑筋与手联合起来才可产生力量把'弱'与'愚'都去掉,才能培养和造就"手脑双挥"即"在劳力上劳心的人"。

"在劳力上劳心"强调我们的双手及耳、目、口、舌等,统统是受人脑指挥的。做事时,需要在大脑指挥下有的放矢地进行。做一事,用得着什么器官便用什么器官,这才是把"做"字看活了。再者,在做的时候,还要分清有意义的做和无意义的做。"人家怎样做,我也怎样做而不求其所以然,便是无意义的做,在劳力上劳心,手到、心到才是有意义的做"。与此同时,为了要把这件事做好,还必须从"这事"想到"别事",以及它们之间的关系和影响。即在"做"的过程中,不能就事论事,孤立地进行,还要由此及彼,研究事物间的关系和联系,"以明对象变化的道理"。另外,在"做"或"行"的过程中,取得直接经验后,还要经过"从具体到抽象""从我相到共相"(从个别到一般)"从片断到系统"的思维加工过程,使感性认识逐步上升到理性认识,以把握事物的本质和发展规律。他举了很多事例说明:"只要谨守'在劳力上劳心'的原则,自然会从具体归向理论,从片断走向系统。"唯有如此,才能"做有意义,即学有意义,教有意义"。

应当说,陶行知所强调的"在劳力上劳心"的"劳心",不是单靠个人的经验和主观意识,还必须运用人类的已有知识经验,以及这些知识经验物化的"一切工具"。他认为,"经验原有两种意思,一种是个人的,一种是人类全体的","经验又有直接间接的分别"。这里的"经验"包括个人的和人类全体的经验,直接经验和间接经验。所谓"工具",他认为耳、目、口、鼻、四肢百体等器官都是工具,望远镜、显微镜、锄头、斧头、笔杆、书本都是工具。做什么事,用什么工具,做什么事,读什么书;但这些工具、书本只能活用活读,不能死用死读。真正的"做"不是单纯的劳力,要"看书""问人""用工具",要将劳力与劳心相结合。

陶行知把劳力与劳心对立或分离称为二元论,二元论的哲学把劳力的和劳心的分成两个阶级,使劳力、劳心相对立,在此基础上,当然也就不存在真

---

① 江苏省陶行知思想研究会等:《陶行知文集》,江苏教育出版社1991年版,第304页。
② 江苏省中等师范学校选修教材编写组:《陶行知教育思想研究》,江苏教育出版社1991年版,第69页。

正的"做"。陶行知认为"在劳力上劳心是真的一元论",而那种二元论的哲学是把劳力和劳心截然分开来,劳力者专门在力上讨生活,劳心者专门在心上做功夫。前者只管闷起头来干,后者则只管闭起眼睛来想,两者形成两个对立的阶级,"劳心者治人,劳力者治于人"。在陶行知看来,"劳力而不劳心,则一切行动都囿于故常,不能开创新的途径;劳心而不劳力,则一切思想难免玄之又玄,不能印证于经验。而劳力与劳心分家,则一切进步都不可能了"①。此种不合理的现象对学校教育产生的直接影响就是崇尚"万般皆下品,唯有读书高"的陈腐观念,从而加剧了学校教育中教学做的分离。

陶行知认为,这种"劳力"与"劳心"相脱节的现象必须改变,必须以一元论的哲学来指导教学方面的改革。在教学过程中,要突出以"做"为中心,"在劳力上劳心","用心以制力"。他认为,"在劳力上劳心是真的一元论","是一切发明之母"。"事事在劳力上劳心,便可得事物之真理。人人在劳力上劳心,便可无废人,便可无阶级"。他要把人间的劳心者、劳力者、劳心兼劳力者都化为在劳力上劳心的人,教育应该为此努力。教育必须以"实际生活"为中心,反对教育与社会生活脱离,强调"手脑双挥""手脑联盟"。他强调要教用脑的人用手,用手的人用脑。他规定晓庄师范的培养目标就是"农夫的身手,科学的头脑,改造社会的精神"。

陶行知所倡导的"教学做合一"的"做"既是"劳心",也是"劳力";既要动手,又要动脑。"'教学做'不是片断而是一个整体,要'教学做'先须有手脑的结合,与思想和行动的结合。"②这表明,在劳力上劳心,就是手脑结合,只有手脑结合,才是"活的教学做",不是"死的教学做"。而"唯独贯彻劳力上劳心的教育,才能创造劳力上劳心的人类;也唯独在劳力上劳心的人类,才能征服自然,创造大同社会"。应当说,陶行知所倡导的"教学做合一"既反对"用脑不用手",也反对"用手不用脑"。质言之,"教学做合一"的实质就在于手脑结合,"'教学做合一'的目的在于培养在劳力上劳心、手脑双挥的人,它克服了传统教育重教而不重学、重知而不重行、重教师主导作用而忽视学生主体作用的不足,有助于加强教与学的结合、学与用的结合、教育与产生劳动的结

---

① 陶行知:《在劳力上劳心》,参见江苏省陶行知思想研究会:《陶行知文集》,江苏教育出版社1991年版,第187页。
② 江苏省中等师范学校选修教材编写组:《陶行知教育思想研究》,江苏教育出版社1991年版,第69页。

合、劳力与劳心的结合、知识分子与工农群众的结合、理论与实际的结合,促进人的智力、体力和谐发展。可以断言,这种'实践教学法'将会丰富我们现有的教学论和教学法,将教学论和教学法发展到一个崭新的阶段"。①

四、以"创造"为宗旨

陶行知的"教学做合一"是以手脑结合为基础,以新价值的产生或者说创造为宗旨的。陶行知认为"做"并非是单纯的体力劳动,而是在行动中思想,用思想指导行动,思想和行动最终指向的是新价值的产生。也就是说,"教学做合一"是一种以实践为基础的思想和行动相统一的创造性学习。因为"教学做合一"可以使学生利用实践活动检验并深入理解教师传授的知识,提高自身的动手能力、活动能力,以及发现问题与解决问题的实际能力,最终达到新思想、新价值之产生的创新能力养成的目的。

陶行知明确指出,行动产生思想,思想的贯通就是创造。而且,行动产生思想,行动创造价值。这种思想价值又可以指导新的行动,创造新的价值。他在《生活教育之特质》中说:"行动产生理论,发展理论。行动所产生发展的理论,还是为了要指导行动,引着整个生活冲入更高的境界。为了争取生活之满足与存在,这行动必须是有理论、有组织、有计划的战斗的行动。"②他认为,"我们所要追求的是行动的真理,真理的行动"。其实,这就是"行—知—行"的理论,也就是他所说的"做"的特征。这客观上反映了他的"实践、认识、再实践、再认识"的唯物主义认识观。

为了说明行动与思想的关系,陶行知在其《思想的母亲》一文中指出,行动是思想的母亲,科学是从把戏中玩出来的。陶行知还以鲁滨逊在荒岛上烧制瓶子解决喝水问题为例,说明了行动、思想、新价值的产生之间的关系:"我们把这件事情分析起来,可以发现三点:他用手捧水喝,到黑夜发生了困难,是他的行动;发现泥土通过火烧变成坚固且硬的东西,也是他的行动;把泥土塑成瓶,希望同烧过的土一样的坚固,是他的思想。结果,他瓶子盛水的计划成功了,是新价值的产生。由行动而发生思想,由思想产生新价值,这就是创造的过程。"③由此可见,如果没有行动,鲁滨逊就不会有因行动而发生的思想,更不可能有由思想产生的新价值。那样的话,鲁滨逊怕是只能饿死荒岛

---

① 周洪宇:《陶行知生活教育学说》,湖北教育出版社2011年版,第280页。
② 江苏省陶行知思想研究会等:《陶行知文集》,江苏教育出版社1991年版,第529页。
③ 徐明聪:《陶行知创造教育思想》,合肥工业大学出版社2009年版,第47页。

了。关于行动、知识、创造之间的关系,陶行知还作了一首非常形象的比喻诗:"行动是老子,知识是儿子,创造是孙子。"就像没有老子就没有儿子,从而也就不会有孙子一样;没有行动就没有知识,没有知识也就不会有创造。由此可见,在学校教育中,如果没有以"做"为核心的"教学做合一",就谈不上是创造的教育,更谈不上培养创造型人才。因此,以"做"为核心的"教学做合一"是创造教育的前提。

其实,人类的一切创造活动,无不是建立在手脑结合的"做",亦即"在劳力上劳心"的基础上的。陶行知认为,"只有手到心到才是真正的做,就是在劳力上劳心的人,手脑并用的人才有可能是世界上最有贡献的人"。他主张,"要能造就会用脑指挥手,手开动脑筋的手脑健全的人"①。他认为,"不鼓励使用双手,的确达不到发展脑的目的"②。而"手脑结合"就是要"在劳力上劳心",就是在"动手去做"的同时,"用脑去想",这样方能"以人力胜天工,世界上的一切发明都是从这里来的"。否则,手与脑分离,劳力与劳心分家,就会出现"劳心者治人,劳力者治于人",阻碍社会进步和科学发明。因而,"手和脑在一块儿干,是创造教育的开始;手脑双全,是创造教育的目的"。陶行知还通过研究世界上许多著名科学家的传记发现,那些"有发明的人,都是头脑指挥他的行动,以行动的经验来充实他的头脑"③。而从上面的分析中我们亦不难看出,陶行知所强调的"真正在做",就其本质而言,就是一种基于手脑结合的创造性活动。

在陶行知看来,手脑结合的劳动也是培养人的创造能力的一个有效途径。陶行知主张,教育要培养人的创造能力,创造财富的能力。陶行知认为,对读书人而言,要通过"脑化手",手脑并用,才能解决他们的创造力,成为对国家、对民族有利的人。他感觉到,"中国读书的人不去生利,是一个极不好的现象。现在的教育者要把他们的头脑灌输成科学化,使他们为自己创造,为社会创造,为国家创造,为民族创造。更要把他们的一双手解放开来,使他们为自己生利,为社会生利,为国家生利,为民族生利,这才是对的"④。陶行

---

① 陶行知:《陶行知全集》(第3卷),湖南教育出版社1985年版,第213页。
② 陶行知:《陶行知全集》(第2卷),湖南教育出版社1985年版,第211页。
③ 何国华:《陶行知教育学》,广东教育出版社1997年版,第263页。
④ 陶行知:《目前中国教育的两条路线》《陶行知全集》(第2卷),湖南教育出版社1985年版,第599页。

知主张,为了改变"对于中国现代化无能的教育",使教育从传统的、脱离实际的、因循守旧的枷锁中解放出来,培养有创造力的,能用脑又用手的新人。"在头脑的指挥下,把双手从长袖里伸出来,左手拿着教科书,右手弄着机器、生产、建设、创造","开辟出一个新天地来"。①

在陶行知看来,创造教育也可以说是"行动的教育"。因此,他主张"为行动而读书,在行动上读书",他反对旧学校以文字为中心而没有行动的读死书,死读书。他主张,学校不应是"鸟笼""鱼缸"。他认为,孩子"有天赋的行动本能",行动的教育,必须从小抓,要解决小孩的自由,让他们做有意思的活动,发展他们的才能。他也同时告诫我们,单纯的行动也是不能创造的,例如农夫只劳力不劳心,数千年来墨守成规,毫无创造,所以还得有知识,有思想,老子毕竟得有儿子最后有孙子。这表明,陶行知充分地认识到手脑结合所蕴含的巨大创造潜能,"手脑联盟,则污秽的垃圾可以用来点灯烧饭,窒人的氮气可以用来做养人的肥田粉,煤黑油里可以取出几千种颜料,一粒种子可以长成几百粒谷,无饭大家饿的穷国可以变成有饭大家吃的富社会"②。

陶行知指出:"教育是什么? 教育是教人发明工具、制造工具、运用工具","敢探未发明的新理,敢人未开化的边疆"。陶行知认为,要创造发明,要建设生产,就要有知识,要有知识,就要到行动中去求。"行动"就得动手做,去"求"就得动脑子,"你能行动,行动才生困难,想法解决了困难,才是真知识的获得"。陶行知指出,只有"在劳力上劳心","在用脑的时候,同时用手去实验;用手的时候,同时用脑去想",才有可能进行创造。世界上许多著名的科学家、有发明的人,都是以头脑指挥他的行动,以行动的经验来充实他的头脑。"'行动'是中国教育的开始,'创造'是中国教育的完成"。显而易见,创造主要靠人的大脑和双手的活动来完成,成功的创造教育须努力培养学生的动脑与动手的水平与能力,使之成为真正的创造者。

陶行知对中国传统教育中的一些不良现象深恶痛绝。他一针见血地指出,传统教育"教学生读死书,死读书,它消灭了学生的生活力、创造力"。它不教学生动手、用脑。所谓"教师讲,学生听,堂上记笔记,课后抄笔记,一切为考试,考完全忘记"。在课堂里,通常是只需听教师讲,不许问;好一点的,

---

① 陶行知:《教学做合一下之教科书》《陶行知全集》(第 2 卷),湖南教育出版社 1985 年版,第 205 页。

② 何国华:《陶行知教育学》,广东教育出版社 1997 年版,第 249 页。

在课堂里允许提问了,但不许学生到大社会里、大自然里去活动。一个人受这种教育,"从小学到大学,十六年的教育一下来,便等于一个吸了鸦片的烟虫;肩不能挑,手不能提,面黄肌瘦,弱不禁风……到了一个人大学毕业出来,足也瘫了,手也瘫了,脑子也用坏了,身体的健康也没有了"。陶行知认为:"培养教育人和种花木一样,首先要认识花木的特点,区别不同情况给以施肥、浇水和培养教育,这叫'因材施教'。人像树木一样,要使他们尽量长上去,不能勉强都长得一样高,应当是:立脚点上求平等,于出头处谋自由。活的人才教育不是灌输知识,而是将开发文化宝库的钥匙,尽我们知道的教给学生。""与其把学生当天津鸭儿填入一些零碎知识,不如给他们几把锁匙,使他们可以自动去开发文化的金库和宇宙之宝藏。"①

陶行知一直认为,儿童天生就具有潜在的创造力。他说:"儿童的创造力是千千万万祖先,至少经过五十万年与环境适应斗争所获得而传下来之才能之精华。发挥或阻碍,加强或削弱,培养或摧残这创造力的是环境。"②这就是说,创造力是儿童先天就有的,是蕴藏在儿童头脑中的脑矿,发挥或阻碍它,加强或削弱它,是后天的教育环境。而旧的传统教育由于观念上、方法上的各种错误,只能是阻碍、削弱甚至扼杀儿童的创造力。陶行知进一步指出,中国传统的封建教育所培养的实际上是心力都不劳的书呆子,它仅是作为一种知识的容器而以接受一些现成的知识为前提和结果的。而在劳力上劳心,实际上是对这种旧的教育方法的一种革命,而不是对其进行简单修补的改良。陶行知反对那种"挂的招牌是教劳力上劳心","教少爷小姐生产",实际上是只教人劳心而不劳力的做法。甚至在陶行知看来,那种工与读完全无关的半工半读,同样是使劳力上劳心分家,当然也是不可取的。而由此不难发现,陶行知所强调的在劳力上劳心就是要使人们真正的手脑并用,实现真正的手与脑的有机结合,把行动、学习、思想始终结合在一起来进行,让手与脑达到那种你中有我,我中有你,融会贯通,浑然天成,须臾而不曾分离的境界。

陶行知分析了科学发明的过程,指出一切发明都是"行是知之始,知是行之成"。比如,富兰克林放了风筝才知道电可以由一根线从天空引到地上;瓦特烧水,看见蒸汽推动壶盖方知道蒸汽也能推动机器。陶行知还研究了世界

---

① 何国华:《陶行知教育学》,广东教育出版社1997年版,第45页。
② 叶上雄:《生活教育十讲》,四川教育出版社1989年版,第199页。

上许多著名科学家的传记,并曾亲自撰文介绍牛顿、伽利略、诺贝尔、爱迪生、法拉第、富兰克林、马可尼等科学家发明创造的史实,认为他们的发明创造都是从行动开始,产生思想,然后以思想指挥行动,从而产生辉煌的新价值。然而,中国的传统教育历来是只有思想没有行动。教书的人"充其量只是做一个活书橱,贩卖智识而已。除此之外,他们的一双手总是不肯拿来使用"①。这种教育的结果最终只能导致"创造了两种怪人":一种是头脑被知识塞得发胀,却很少有机会使用双手的"大脑袋小手"的怪人,这种人"看起来有点像只袋鼠,只有提笔写几行字的力气";另一种是会用手不愿用脑的"大手小脑袋"的怪人。针对这种现象,陶行知提出用新教育来"恢复这两种怪人的正常生活"。他认为:"新教育是有行动的","新中国将从行动中生出来"!他说:"我们需要的教育,要能造就会用脑指挥手,手开动脑的手脑健全的人。"而光会用脑不愿动手的人,或光会动手不愿用脑的人都不能产生新价值,只有"手脑双挥"的人,才能做出"开天辟地"的创造之举。

陶行知主张将质疑与创造相结合。陶行知崇尚北宋理学家张载的质疑思想。他说:"'学贵知疑,大疑则大进,小疑则小进,不疑则不进。'这个'疑'字我当重用它。"因为只有产生了疑问,才能激发学习者去想办法解决的热情,在解决问题的过程中就培养了创造力。所以陶行知要求学习者大胆质疑,他特别推崇孟子的观点,"孟子说:'尽信书则不如无书',在书里没有上过大当的人,决不能说出这一句话来。连字典在时也不可以太相信"。陶行知主张:"我们不论研究什么学科,总要看一个明白,想一个透彻,多发些疑问,切不可武断盲从。"质疑的目的是为了创造。他批评那些光会读书、信书而不会质疑与创造结合的书呆子,"许多书呆子,书尽管读得多,也不能创造"。在陶行知看来,"敢探未发明的新理,即是创造精神;敢入未开化的边疆,即是开辟精神"。这就是说,创造就是在质疑前人成果的基础上,敢于大胆地开拓新领域、提出新见解。学习就是要这种开拓创新精神,这是文化进步与科学发展的源泉与动力所在。而创造的过程又是一个手脑并用的学习过程,"要创造,非你在用脑的时候,同时用手去实验;用手的时候,同时用脑去想不可"。学习就是做到质疑与创造相结合,文化的创造与科学的创造也

---

① 徐明聪:《陶行知创造教育思想》,合肥工业大学出版社2009年版,第151页。

是"为社会创造,为国家创造,为民族创造"①。

陶行知认为,中国传统的旧教育根本看不起孩子,对儿童显露的才能不仅不注意因材施教,反而报之以冷眼、讥笑,于是在这些"糊涂先生"的教鞭下,冷眼里,讥笑中,把一个个瓦特、牛顿、爱迪生都赶跑了。他主张,对儿童的创造教育也从小时候抓起。这其中至关重要的是,要把孩子的"双手解放开来,使他们为自己生利,为社会生利,为国家生利,为民族生利",这其实也就是创造教育的目的。他强调不能忽视孩子潜在的创造力,并以爱迪生小时候曾被斥为"坏蛋",牛顿小时候也并不聪明等为例来证明这一点。他还以大科学家富兰克林和爱迪生两人的成长过程为例,说明主要由于父母的关心,他俩从小养成了对科学的兴趣。他深切"希望中国的父亲,都学做富兰克林的父亲;中国的母亲,都学做爱迪生的母亲"②。

陶行知认为儿童创造之培养的基本途径是有计划、有目地地组织参加集体的生产劳动和生活实践,使学习体会到思维和行动的力量,所创造之新价值,从而也就能从小培养他们的创造思维,创造能力了。他明确表示,"我希望在创造劳动的洪炉里,他们会渐渐地克服自己的弱点,把自己造成手脑双挥的小主人"③。在陶行知所创办的学校里,既要组织学生参加各种类型的生产劳动和实践活动,并通过这些活动来培养学生独立的生活、学习和工作各方面的能力和创造力。陶行知认为,教育自身不能创造什么,它的功能是"启发解放儿童的创造力以从事于创造之工作"。因此,要求解放儿童的头脑、双手、眼睛、嘴巴和空间、时间。他认为这些得到解放之后,再给以儿童体力和心理上的营养,使其养成良好的生活习惯,才能从事于高级的思虑追求,因材施教,使他们的特长能得到发挥,施以民主教育,使他们学会民主而有纪律的生活,从而使儿童的创造力得到发挥。

陶行知主张,教育者要启发培养儿童的创造力,首先应真诚地与孩子生活在一起,了解儿童,发现儿童的创造力,进一步把儿童的创造力解放出来,他提倡的"教学做合一"实际上就是理论联系实际。他提出要编出引导人去做,引导人去想,引导人产生新的价值的,有助于培养创造性的新的教科书来。他主张在教学中贯彻理论与实践结合和学以致用的原则,注重培养学生

---

① 申国昌等:《中国学习思想史》,科学出版社2006年版,第313页。
② 何国华:《陶行知教育学》,广东教育出版社1997年版,第256页。
③ 陶行知:《育才二周年前夜》,《陶行知全集》(第3卷),湖南教育出版社1985年版,第443页。

独立思考和解决问题的能力，启发引导，因材施教。他在《创造的儿童教育》中还明确提出了儿童创造力"六大解放"的主张：（1）解放儿童的头脑，撕掉束缚儿童创造的迷信、成见、曲解、幻想的层层裹头布，让儿童去想、去思考。（2）解放儿童的双手，打破封建教育不让儿童动手，摧残儿童创造力的旧传统，给孩子以动手的机会，使他们在手脑并用中发展创造力。（3）解放儿童的眼睛，不要让儿童"带上封建的有色眼镜，使眼睛能看事实"。教育要破除封建教育使儿童脱离社会实际生活的做法，应培养儿童对大自然、大社会进行观察和分析，养成分析和解决问题的能力，使儿童的性情得到陶冶，意志得到锻炼。（4）解放儿童的嘴，使儿童获得言论的自由、发问的自由。陶行知认为"儿童应当有言论自由，有话直接和先生说，而且高兴和心甘情愿和先生说。首先先生知道儿童们的一切痛苦"。儿童只有有了问的自由，才能充分发挥他的创造力。1924年，他在《每事问》一诗中写道："发明千千万，起点是一问。禽兽不如人，过在不会问。智者问的巧，愚者问的笨。人工胜天工，只有每事问。"发明创造的起点就是问。（5）解放儿童的空间，因为创造需要广博的基础，鸟笼式的学校不利于学生创造力的发展，"解放了空间，才能搜集丰富的资料，扩大认识的眼界，以发挥其内在之创造力"。（6）解放儿童的时间，"创造的儿童教育首先要为儿童争取时间之解放，时间的解放，可以使儿童有时间从容地消化、思考所学知识，去接受自然和社会的宝贵知识，积极去创造"。

把小孩子的头脑、双手、嘴巴、眼睛、空间和时间都解放出来后，我们还要对儿童的创造力予以"适当之培养"。其一，要给予小孩的体力和心理适当的营养，使儿童的生理、心理都健康发展，这样才能产生高度的创造力。其二，需要因材施教，根据儿童的不同特点，给予适当之肥料、水分、太阳光，使之欣欣向荣，否则也难免会枯萎。其三，需要民主的环境。"创造力最能发挥的条件是民主"，民主应用在教育上有三个要点，一是教育机会均等，即"教育为公，文化为公"，使儿童都能受到教育，都有发挥创造力之机会；二是宽容和了解，教育者要"像爱迪生母亲那样宽容爱迪生"，"像利波老板那样宽容法拉第"，这样，儿童的创造力就能发挥得充分；三是在民主生活中学习民主，"只有民主才能解放最大多数人的创造力，而且使最大多数人之创造为发挥到最高峰"[①]。

---

① 江苏省中等师范学校选修教材编写组：《陶行知教育思想研究》，江苏教育出版社1991年版，第107页。

创造能力是现代教育培养人才的重要目标,而"教学做合一"的最终目的是要培养能运用"活的知识"、有"生活力"和"创造力"的人。陶行知认为:"教育是要在儿童自身的基础上,过滤并运用环境的影响,以培养加强发挥这创造力,使他长得更有力量,以贡献于民族与人类。"① 陶行知反对教师一味讲、学生被动听的注入式教学,认为教师的责任重在如何教学生会学、会自己主动地学习以及会有效地学习,主张教师应该教给学生学习的方法。其实这也就是"授之以鱼莫若授之以渔"的道理。

应该指出,"陶行知'手脑相长'的观点与马克思主义教育学'人的全面发展'的思想是基本相符的。马克思主义认为,自从人类社会出现两大分工后,尤其是脑力劳动和体力劳动的分离和对立,导致了人的智力和体力的片面发展。而在未来的社会里,教育对于所有已满一定年龄的儿童来说,就是生产劳动同智育和体育的结合,它不仅是提高社会生产的一种方法,而且也是造就全面发展的人的唯一方法。尽管陶行知早期还不是一个马克思主义教育家,他的'手脑并用'的观点并不出自马克思主义关于两大分工的理论,但他'手脑并用'的观点毕竟已含有马克思主义有关教育与生产劳动相结合,以促进人的全面发展的思想因素。"② 此既是说,陶行知的手脑结合理论客观上蕴含着马克思主义教育与生产劳动相结合以促进人的全面发展的思想因素,亦即陶行知的手脑结合与马克思主义的人的全面发展有着内在的逻辑联系。

第三节 陈鹤琴、黄炎培的手脑结合思想

在手脑结合理论的建立和发展过程中,我国教育家陈鹤琴、黄炎培等也做出了其应有的贡献。陈鹤琴秉承陶行知先生所提出的"活教育"幼教理论,以及黄炎培先生就现代职业教育所提出的"手脑联动"思想,无疑都在一定程度上充实和丰富了手脑结合理论。

一、陈鹤琴的"活教育"幼教理论

曾经作为陶行知先生同事及挚友的陈鹤琴先生是我国现代著名教育家、儿童心理学家和儿童教育专家,是我国现代幼儿教育的奠基人,被誉为"中国幼教之父""中国的福禄贝尔"。作为中国近代学前儿童教育理论和实践的开

---

① 陶行知:《陶行知全集》(第6卷),湖南教育出版社1985年版,第492页。
② 周洪宇:《陶行知生活教育学说》,湖北教育出版社2011年版,第234页。

创者,他怀着热爱祖国、振兴中华民族之志,以培养民族幼苗为己任,认为儿童是祖国的未来,民族的希望,提出了"热爱儿童、了解儿童、尊重儿童""一切为儿童"的教育理念。陈鹤琴一生致力于从中国国情以及当时的时代背景出发,学习和引进西方教育思想和方法,经过不断的理论创新和实践探索,逐渐形成了自己独特的、完整而富有民族特色的"活教育"理论体系,在为中国学前教育事业做出了巨大的贡献的同时,也充实和丰富了手脑结合思想。

"活教育"思想是陈鹤琴先生于 20 世纪上半叶所创立的教育理论体系。它既是陈鹤琴长期教育实践的概括和总结,又有着深厚的理论基础,是中西文化与教育思想融合的产物。"活教育"理论的产生同样可以追溯到杜威的"从做中学",当然主要源于陶行知的"生活教育"思想。其实,陶行知还是"活教育"的最早倡导者。陶行知在 1922 年就曾以《活教育》为题专门做过演讲,并将当时的教育分为死的、不死不活的和活的三种形式。陶行知认为,教育就是"活"的,"活的教育,我们希望它更活",应"朝着最新、最活的方向做去"。① 当然,最终完成这一理论并付诸实践的是陈鹤琴。"活教育"理论的三大目标是"做人,做中国人,做现代中国人""做中学,做中教,做中求进步"和"大自然、大社会都是活教材"。这三个目标是针对中国传统的旧教育抄袭外国,空谈理论,教学分家,不知道怎样教怎样学,更不知道怎样求进步,只知道死读书、读死书,及至唯书为上,孤陋寡闻的"惨状"而提出的。这种教育不但不能为面临危亡的国家培养有用的人才,反而有可能误人子弟,最终贻误整个民族。所以,必须进行彻底的改革。陈鹤琴"活教育"的三大目标分别构成他的"活教育"的目的论、方法论和课程论。②

陈鹤琴认为,要了解儿童心理,认识儿童,才能谈到教育儿童,这是"活的教育",而不是死的教育。所谓"活教育",按陈鹤琴的解释,"就是反对埋没人性的死教育,反对读死书的死教育。它要摧毁传统教育的锁链,让新中国的主人,从独断、淫威的痛苦深渊中解救出来"。陈鹤琴在 20 世纪初就抓住了中国半封建、半殖民地旧教育的要害,对传统教育思想的主要弊病——"死"进行了透彻批判。他认为这个"死"字主要表现在:教育目的是读死书,而不是教人做人,教育脱离实际,固定的课程,呆板的教材,不问儿童是否了解,不

---

① 孙培青:《中国教育思想史》(第 3 卷),华东师范大学出版社 1995 年版,第 439 页。
② 张凤琴:《世界著名教育思想家陈鹤琴》,北京师范大学出版社 2012 年版,第 164 页。

管时令季节是否合适,一节节地上,一切教学集中在教师"讲",学生"听"上。针对此种弊端,陈鹤琴力求在批判中建立自己新的教育理论和教育方法体系。陈鹤琴认为,我们要活的教育,教材是活的,方法是活的,课本也是活的。我们一起为儿童谋福利。他主张要尽量利用儿童的手、脑、口、耳、眼睛,打破只用耳朵听,眼睛看,而不用口说话,用脑子想事的教育。陈鹤琴引证了陶行知描写中国现在教育的情形时的两句警语:教死书,死教书,教书死;读死书,死读书,读书死。并且,反其道而行之,将其改为:教活书,活教书,教书活;读活书,活读书,读书活,进而使"活教育"成为由我国学者提出的第一套系统的教育理论和方法体系。

如果我们对陈鹤琴的"活教育"思想稍做梳理则不难发现,陈鹤琴的"活教育"是建立在"做"的基础上的。"做"既是"活教育"的出发点,也是贯穿其全部思想体系的灵魂与核心。陈鹤琴根据儿童心理规律及教育实践经验,将杜威的"从做中学"发展为"做中学,做中教,做中求进步"。一个"做",诠释了陈鹤琴关于"活教育"教学论的所有主张,它强调的是儿童在学习过程中的主体地位和直接经验的获得,是"活教育"的灵魂所在。他强调"教学的基本原则在'做'。所谓'做'并不限于双手做,凡是耳闻、目睹(观察),调查研究都包括在内,也就是我们通常说的'实践'。'做'是儿童对生活直接的体验,儿童对任何事物有了直接的体验后,才知道事物的真相,才能了解事物的性质,才能明了事物的困难所在。儿童要获得真实的知识,一定要'做中学',而教师也应在'做中教',共同在'做中求进步'"。

"做"是"活教育"思想的出发点,这也表明"活教育"与杜威的"从做中学"以及陶行知的"教学做合一"存在着天然的联系,因为它们都是建立在"做"的基础上的。"活教育"体现了一种以"做"为中心并使"教学做"融为一体的方法论精神,它贯穿于"活教育"的整个教学过程和所有教学原则之中。在"活教育"方法论体系中,"做"有两个方面的意义:一是强调儿童在学习过程中的主体地位,二是强调直接经验。他主张教学中应注重儿童直接经验的掌握,教师应积极地鼓励儿童去实践,去获得直接经验。他认为"活教育"的教学应着重于室外的活动,着重于生活的体验,以实物作研究对象,以书籍作辅佐参考。

"活教育"的教学原则中首先提出:"凡是儿童自己能够做的,应当让他自己做;凡是儿童自己能够想的,应当让他自己想。"小孩子生来好动,要让儿童用自己的手和脑去做、去想,做事的兴趣会越做越浓,做事的能力会越做越强,即使开始做得不好,甚至失败也是必经的步骤,应当让他去做、去试验、去学习。一切的学习不论是肌肉的、感觉的或是神经的都是靠"做"即自身的实践来实现的。他总结了让儿童用手用脑的三条好处:可以发展孩子的肌肉、思想和智能;可以养成勤俭、爱劳动等品质,知道做事不易,世务艰难;可以培养创造精神和独立生活能力。如果不让用手用脑则会阻碍肌肉、智能、思想的发展,使孩子从小懒惰、不会劳动,长大会成为不尽职的人。他认为,一切教学不仅在做上打基础,还应当在思想上下功夫,最危险的是儿童没有思想的机会。他还提出,要解放儿童的双手和大脑,要解放儿童学习的时间和空间,教师不应把儿童禁锢在幼稚园里,局限于课堂教学中,主张让儿童到广大的自然和社会中去探索。而取自大自然、大社会的"直接的书",正是"活教育"所需要的"活教材"。要让儿童在与自然、社会的直接接触中,在亲身观察中获取经验和知识,让儿童在积极的探索活动中发现自己的世界,开拓其眼界,丰富其体验,培养其思维能力、自动能力和创造精神。①

陈鹤琴不赞成教育过程一味地满足于老师说、学生听的做法。他主张努力创设直观性教学的环境。教学中的直观性原则强调学生感性经验作用,强调教学与学生生活经验的联系。而且,用眼的学习比用耳的学习具有生动准确的优势,因而他强调要通过视觉作用获得直观感性经验。其视觉作用的对象不是书本,不是文字,而是客观事物本身的生动形象。他认为,"实物的观察和实地的试验,总要充分地利用才是"②。他鼓励儿童去发现他自己的世界,大自然、大社会都是儿童自己的世界。儿童的世界多么大,有伟大的自然,急待他去发现;有广博的大社会,急待他去探索。而在学校里,"把一本教科书摊开来,遮住了儿童的两只眼睛,儿童所看见的,不过是一本6寸高8寸阔的书本而已。一天到晚要儿童在这个渺小的书本世界里面去求知识,去求学问,去学做人,岂不是等于梦想吗?"③所以,陈鹤琴主张要让儿童探讨神秘的大自然,研究广博的大社会,因为儿童的世界是要靠儿童自己去探讨、发现的。只有他自己所求来的知识才是真知识,只有他自己所发现的世界才是真世界。

---

① 张凤琴:《世界著名教育思想家陈鹤琴》,北京师范大学出版社2012年版,第89页。
② 张凤琴:《世界著名教育思想家陈鹤琴》,北京师范大学出版社2012年版,第147页。
③ 张凤琴:《世界著名教育思想家陈鹤琴》,北京师范大学出版社2012年版,第179页。

陈鹤琴认为,"'做'这个原则,是教学的基本原则,一切的学习,不论是肌肉的,不论是感觉的,不论是经验的,都要靠'做'的"。"所以,凡是儿童能够做的就应当让他自己做"。① 在陈鹤琴看来,小孩子生来就有一种好动心,外界的一切事物他都想去弄它、碰它,并设法弄明白,自己的事情也总想自己去做。他通过许多实例说明了儿童"做了就与事物发生直接的接触,就得着直接的经验,就知道做事的困难,就认识事物的性质"。因为儿童"不看花卉,不能欣赏花卉的美丽","不尝甜酸苦辣,哪会知道甜酸苦辣的味儿呢"?尽管有时候可能做得不太好,但也要允许他去试验,不做不试验就总也学不会。殊不知,儿童做事的兴趣是越做越浓厚,做事的能力是越做越强大。

陈鹤琴还根据儿童心理的学说和个人的教学经验所提出的"活教育"的一些具体教学原则,也都是以"做"为中心的,陈鹤琴的教学法也是以"做"为中心的,强调"做"在教育过程中的作用。让学生在实践中学习,让"学生在做的时候去学习,教师在做的时候认真去指导,然后学生得到的知识技能,才能正确无误,教师指导的时候,才不致空言无补了"。② 陈鹤琴主张"凡是儿童能够做的,就应当教儿童自己做";"凡是儿童自己能够想的,应当让他自己想";"你要儿童怎么做,就应当教儿童怎样学";等等。他在主张老师鼓励并指导儿童主动去做的同时,尤为强调这种指导不是干预,而是有启发性的暗示指导,进而保证儿童的"做"也是完全按自己的思维方式展开的自主行为。陈鹤琴还归纳出了"活教育"教学的步骤课程组织形式。其中教学步骤包括实验观察、阅读思考、创作发表和批评研讨,这四个步骤旨在培养孩子的自动研究的精神、创造能力和独立活动能力,体现了以"做"为基础的学生主动学习,以及儿童的主体地位和教师的指导作用。陈鹤琴创造性地提出了活动中心和活动单元的形式,即以儿童健康活动、社会活动、科学活动、艺术活动、文学活动为内容的"五指活动",这相对于传统按学科组织体系,也体现出了"活"的特点,突出了儿童生活的整体性和连贯性。

需要指出的是,陈鹤琴所说的"做",不仅限于动手的肌肉运动,而且包括思想行为。思想是行动之母,思想没有得到锻炼,行动就等于盲动,且思想也易流于妄动。而学校那种注入式教学中,教师讲学生听的教学方式,却剥夺

---

① 张凤琴:《世界著名教育思想家陈鹤琴》,北京师范大学出版社2012年版,第179页。
② 张凤琴:《世界著名教育思想家陈鹤琴》,北京师范大学出版社2012年版,第147页。

了儿童独立思想的机会。陈鹤琴认为,"学校里面的各种活动,各种教学,都不应该直接去告诉他种种结果,应当让儿童自己去试验,去思想,去求结果"。① 尽管儿童做的方法不一定对,思想也不一定正确,获得的结果也不一定满意。做教师的责任,就是从旁指导儿童,怎样研究,怎样思想。

在幼儿教育中,陈鹤琴主张以"游戏"作为幼儿园活动,即"做"的主要形式。陈鹤琴认为,"喜好游戏"是幼儿心理的突出特点,也是"儿童的本性"。所以他说:"儿童既然有这种强烈的本性,我们就可以利用这个动机去教导他。"他不仅认为通过游戏可以发展儿童的身体,培养儿童良好的品德,促进儿童的智力发展,而且认为幼稚园的课程都应该游戏化。所以教育者"不要随意终止儿童的游戏",要给儿童提供游戏的机会,指导儿童游戏。

其实,相比传统的"死教育",陈鹤琴"活教育"教学论的"活"主要表现在突出幼儿的主体性,克服传统教育中学生只是被动地接受学习,积极性、主动性、创造性被抹杀的不良倾向;强调直接经验的获得,克服传统教育往往只重视书本理论知识的习得,片面强调死板的间接经验获得;还有就是强调教师的启发性指导而不是完全地限制与刻板地传授,以及重视幼儿游戏等。

陈鹤琴认为,传统的教育课程是以儒家的四书五经为主,千百年来,尊孔崇儒在社会大众的思想中早已根深蒂固,即便是鸦片战争后新的思想传入中国,但四书五经在教育内容中的重要地位始终没有改变。对于幼儿,人们只重视其在学堂或私塾里对"之乎者也"摇头死记,而忽略了幼儿与大自然的亲密接触,鲁迅先生笔下的"三味书屋"及"那片高墙围起来的四四方方的天"正是旧社会中国学前教育的真实写照。与传统"死教育"相比,陈鹤琴所倡导运用"活教育"无疑给教育注入了新的生命的活力。首先,以四书五经为主体的儒家思想在一定时期内可以看作是固定不变的,而大自然、大社会却是动态的,时时在变,处处在变,具有很大的灵活性;其次,在学堂或私塾里,孩子们只能按照老师的要求去做,思想、行为完全被限制了,而在大自然中,孩子们可以根据自己的想法去探索周围的世界,随着自然的变化而改变探索方式,或者玩游戏进行竞赛,或仔细观察,不仅是空间范围扩大了,更重要的是思想的舞台也变得无限宽广。当然,陈鹤琴虽然主张从自然和社会中直接获知,但他并未绝对强调经验,否定书本。陈先生认为书本知识是现实世界的写

---

① 张凤琴:《世界著名教育思想家陈鹤琴》,北京师范大学出版社2012年版,第179页。

照,可以在自然和社会中得到印证,并能够反映幼儿的身心特点和生活特点,只要恰当地做参考资料,书本还是有用的。总之,陈鹤琴追求的是让自然、社会、儿童生活和学校教育内容形成一个有机联系的整体,他的"活教育"思想体系与陶行知的手脑结合理论有着异曲同工之妙。

二、黄炎培的"手脑联动"职教思想

黄炎培是中国近现代民主主义教育家,是中国职业教育的奠基人和理论家,他以毕生精力专注于中国的职业教育事业,为改革脱离社会生活和生产的传统教育,建设中国的职业教育,也做出了应有的贡献。尤其是其所大力倡导的"手脑联动"职业教育思想,更是实践并丰富了陶行知的手脑结合理论。

长期以来,由于受"学而优则仕""劳心者治人,劳力者治于人"等传统观念的影响,人们往往把受教育当作晋升仕途的主要手段,"书中自有黄金屋"就是这方面的生动写照。黄炎培作为一个从封建教育中走出来的知识分子,他从青少年时期就对传统知识分子轻视实践、崇尚书本的恶习十分反感,他自己在青少年时代就曾身体力行做一些在一般读书人看来根本不屑一顾的事情。他曾说:"社会积习重士而轻农、工、商,贵劳心而贱劳力,千百年养成之,非一朝一夕所能返,流毒至极。"他认为,这种流传千百年来的成见是职业教育的"大难",是存在于人们心理,看不见、摸不着,但却无时不在起作用的"暗礁"。他认为劳力与劳心都是神圣的。

黄炎培反对清末以来实业教育中"只重读书,轻视实习"的做法,认为这种教育使学生"富于欲望而贫于能力"。针对这种状况,黄炎培指出,"实习非注重,则能力无自养成",他意识到偏重理论知识是职业教育的大忌。他主张,"职业教育的目的在于养成实际的、有效的生产能力,欲达此种境地,需要手脑并用"①。因而,黄炎培反复强调,"单靠读书,欲求得实用的知识和技能,有人说,只等于陆地上学泅水,是万万学不成的"②。这说明书本的理论知识,可以用来指导实践,指导技能的形成,但技能的形成,还在于实际的动手操作,纸上谈兵学不到真正的技能,应将做、学二者结合起来。

黄炎培清醒地意识道:"故今日之患,不患人之不信仰学校,而患在学校

---

① 孙培青:《中国教育思想史》(第3卷),华东师范大学出版社1995年版,第195页。
② 孙培青:《中国教育思想史》(第3卷),华东师范大学出版社1995年版,第195页。

之无法使人信仰。"他针对当时的教育弊端尖锐地指出："今青年毕业于学校，失业于社会者，比比皆是。苟长此不已，教育愈发达，失业者愈多，满地皆高等游民，成何世界！"因此，黄炎培强调"职业学校的基础是完全筑在社会的需要上"，办什么样的学校，设什么科，怎样确定修业年限，设置怎样的课程等问题，都要调查了解当地社会生产和人民生活的需要，然后做决定，不可"拘系统而忽供求"。并且，黄炎培已明察到"社会的需要"是不断发展、与时俱进的，所以他还强调社会日趋进步，职业日趋分化，职业学校的设科，各系科的课程、教材，尤需赶上科学的发展，使学生不至于落于社会形势、科学发展之后。

黄炎培先生认为，职业教育是一种进行职业意识、职业思想和道德、职业知识与技能、职业习惯养成与职业纪律的教育，是一种综合的职业素质教育。要求受教育者首要的是具备能够身体力行的基本素养。不单单是在课堂里学，更多的还要在与职业有关的实际职业环境里做，切切实实地做。没有做，就没有职业教育，就不可能实现培养目标的要求。因此，"做"在整个职业教育的过程中，处于一种主导的地位。可以说，它是黄炎培职业教育思想的核心。

纵观黄炎培职业教育思想，可以发现其有一个统摄全局、贯通前后的核心理念，那就是"手脑联动，做学合一"。"手脑联动，做学合一"这一理念的形成，是植根于黄炎培先生大量的社会调研和亲身的教育实践的基础上的。早在20世纪初，他就指出，"今科学之昌明，皆人类手与脑二者联络发达之成绩"，"故手、脑二者联络训练，一方增进世界文明，一方发展个人天赋之能力，而生活之事寓其中焉"；"手脑联合训练，确是人类生活教育上最基本的工夫"；"手脑联合训练，适合青年期身心发展的自然要求"，"使动手的读书，读书的动手，把读书和做工并起家来"。黄炎培认为，职业教育的目的在养成实际的、有效的生产能力，欲达此种境地，需手脑并用。他还提出了"职业教育应做学合一，理论与实习并行、知识与技能并重"的教学原则，强调动手能力的培养和基本技能的训练，造就实用人才。在黄炎培看来，"职业教育，则专重实用，纯为生活起见"。而为了避免实业教育中所存在的流弊，黄炎培在自己的教育实践中，明确把手脑并用、做学合一、理论与实际并行、知识与技能并重，作为职业教育最基本的教学原则。他认为，理论与实习并授，"虚实互证,趣味自浓",既可以"药呆读死书之弊",又可以"发挥尊重劳动之精神"。①

"手脑联动,做学合一"是黄炎培在长期的理论研究与实践探索中形成的、具有鲜明特色的职业教育思想理论体系。他所强调的"手脑联动",就是要把技能的培养作为贯穿整个教育过程的中心;"做学合一",就是要求职业教育注重实用、注重技能。"手脑联动,做学合一"不仅是黄炎培职业教育思想体系中教学方法的一项重要原则,同时也是一个关乎办学宗旨和教育目的、培养目标和教育内容的重要理念。在黄炎培职教思想中,赋予了这一思想以丰富的内涵。具体地说,就是在办学宗旨和教育目的上,倡导和要求服务社会、服务平民;在训育方针和德育标准上,倡导和要求做人第一、敬业乐群;在人才类型和教育内容上,倡导和要求注重实用、注重技能;在教学过程和教学方法上,倡导和要求手脑联动,做学合一。

应当说,"手脑联动"概念的提出,其针对性首先是当时的教育与社会生产和民众生活相脱节、读书与动手相分家的弊端。黄炎培在《职业教育该怎么办》一文中讲:"中国的读书人顶怕用手,除掉写字和吃饭、穿衣、上茅厕以外,简直像天没有给他两手似的。在糊里糊涂中,把社会分做两下:一是号称士大夫,是死读书老不用手的;一是劳动者,是死用手老不用读书的,好罢!吾们来矫正一下。使动手的读书,读书的动手,把读书和做工并起家来。要使人们明了,世界文明是人类手和脑两部分联合产生出来的。作工自养,是人类最高尚、最光明的生活。"而"鉴于我国今日教育之弊病,在为学不足以致用,而学生积习,尤在轻视劳动而不屑为,致学生毕业于学校而失业于社会者比比。补救之道,唯在提倡职业教育尊重劳动工作,以沟通教育与实际生活"。也正是基于此,他创办了我国近现代教育史上第一所专门从事职业教育的学校——中华职业学校,并进行"使动手的读书,读书的动手,把读书和做工并起来"的试验和示范。

在黄炎培看来,职业教育不唯着重"知",尤着重在"能",职业教育要"帮助学生养成实际的、有效的生产能力"。② 在黄炎培看来,培养学生具有将来从事职业所必需的专业知识和专业技能是职业教育最基本的培养目标,其中

---

① 牛岩红:《黄炎培"培养健全优良之分子"的职业教育培养目标》,《中国职业技术教育》2009年第10期。

② 牛岩红:《黄炎培"培养健全优良之分子"的职业教育培养目标》,《中国职业技术教育》2009年第10期。

知识是基础,能力是重点。他从提倡职业教育之初就主张教育之本义在发展人的能力,使学生在手和脑、智力和体力、知识和劳动技能上得到均衡发展。他认为,职业教育要培养学生具有开展职业活动所需要的实际有效的生产能力。

黄炎培认为,改变学生能力欠缺的状况,促进其能力的提高,必须选择适合青年的方法,革除病根。为此,他提倡"手脑联动,做学合一"的教学原则,也就是要"一面做,一面学。从做里求学。从随时随地的工作中间,求得系统的知能"。在黄炎培看来,真正的学问不在书本上,而在事物上,如果只注重书本知识而不去实地参加工作,是"知而不能行",这种"知"不是"真知"。黄炎培认为,只有"手脑并用,做学合一,理论与实习并行,知识与技能并重",才能得真知。因此,他要求广大欲得真实学问的青年学子,"必须在书本以外,就各人环境的接触,或生活的需求,用种种方法,研究最适当的处理方法,即是一种获取真实学问的途径"。针对中国读书人"死读书老不用手"和劳动者"死用手老不读书"的陋习,他提出"使动手的读书,读书的动手,把读书和做工两个并起家来"。为革除这一陋习,保证"手脑联动,做学合一"原则的实施,他认为要"一步一步地实地练习,由易而难,由简而繁",即使在校授课,也"必须与实习相联络,使他们知与行双方并进"。他提倡实行半工半读,学生白天做工,晚上读书,真正做到"理论与实际并行""知识与技能并重"。

为了培养学生精熟的技能,黄炎培在对当时受教育者提高能力的迫切需要和青少年身心发展的自然要求进行深入研究分析的基础上,极力倡导采取"手脑联动、做学合一"的教学原则。他认为职业教育"不唯训练人之脑,尤当训练人之手",只有手脑并用,才能实现"养成实际的、有效的生产能力"这一目的;只有"手脑联络训练",才能解决生活问题,才能"发展其本能"和"个人天赋之能力"。如果职业教育能够真正做到手脑联合,"则最大多数之幸福即在乎是"。由于手脑联合训练"适合青年身心发展的自然要求",因而"大得学生同情",被黄炎培视为"人类生活教育上最基本的功夫"。而且,"手脑联合训练,适合青年期身心发展的自然要求"。为了强调这样的教学原则,他亲自确定上海中华职业学校的教育方针就是"双手万能""手脑并用",中华职业教育社社徽图案就十分鲜明地突出了这种教育观的真谛。该校校歌中所强调的"用我手,用我脑,不单是用我笔,要做,不单要说"更是成为指导其办学育人的"金科玉律"。

应当说,"手脑联动,做学合一"确实是贯穿于黄炎培整个职业教育思想的一根"红线"和"精髓",或者说是他整个职业教育思想的一个"核心"的关键。黄炎培倡导这一职教理念着重要解决培养什么样的人,以及向学生教什么的问题,具体地说,就是要培养"去实地应用"的人才,即能够对己谋生、对群服务,增进生产力的实用型人才,教给学生社会需要的技能,"尤着重在'能'"。在他的思维视野中,坚持"手脑联动、做学合一"的教学原则,不仅是由"手脑并用"的办学宗旨和教育目的、培养目标和教育内容所规定了的,而且是人类文明生成历史中的基本事实和必然规律,又是青年期身心发展的自然要求。黄炎培提出这一教学原则是对传统教育的革命性挑战。这个教学原则实现了教学与做工、理论与实践、思想品德教育与操作技能训练的有机结合,是培养人格健全、知识实用、技能过硬的职业人才的最佳选择。

黄炎培改革旧教育,倡导"手脑联动,做学合一"为核心理念的职业教育,以沟通教育与职业的联系,顺应了当时的社会需要和历史要求。以服务人民大众为目的的"手脑并用"职教理念,符合民众生存发展的内在需要。黄炎培当年提出"手脑并用"职教主张,思想基础是"劳工神圣""双手万能""职业神圣""职业平等",要解决的现实问题是平民的生计(就业)问题。如今,一方面我国经济社会发展了,人民群众的物质和文化需求提高了,而几千年积淀形成的"学而优则仕""劳心者治人"的旧观念还不可能一下子清除,而客观地说,任何社会所可能提供的"仕"的岗位,亦即"劳心者"只能是相对的极少数,在这种情况下,广泛普及"手脑并用"的职业教育观,大力发展"手脑并用"的职业教育,对于广大民众的生存发展来说,才是至关重要的;另一方面,随着我国经济形式的多样化和阶层的分化,弱势群体的就业已成为值得关注的社会问题,要构建和谐社会,解决就业和再就业问题必须依靠"手脑并用"的职业教育和培训。

世易时移,人世沧桑。尽管黄炎培在近一个世纪之前提倡、推广的"手脑联动,做学合一"职业教育理念时的客观现实环境,以及他所面临的问题与我们今天的情况已是不可同日而语,黄炎培呕心沥血在推动中国职业教育发展过程中所形成和采取的一系列方法、措施,也未必都完全适合于今天,但应当说,黄炎培的职业教育思想和实践活动在今天仍然有着非常强烈的现实意义。这或许正像当年黄炎培在考察美国教育时,在总结中、美两国教育(也可以说是东、西方教育)诸方面的不同之后所说的那样:"凡此不同之点,皆本于其思想,而方法从之。故方法不足究,亦不胜究也。愿治教育者究其本而已。"此即是说,学习、借鉴美国(西方)教育,不能仅仅局限于具体的方法,因为方法是学不胜学的,往往因时、因地而异;重要的是要探讨隐藏在诸种方法之后的思想,这才是值得深入探究的。应当说,黄炎培的"手脑联动"理念,鲜明地体现了教育的内在规律。通过"手脑联动"理念所包含的服务社会、服务平民,做人第一、敬业乐群,注重实用、注重技能,手脑联动、做学合一的内涵意蕴,不难看出,它体现了教育的这种本质要求。因而,黄炎培"手脑并用"教育思想在今天仍然充满着强大的生命力。它不仅是各类职业学校必须一以贯之秉持和恪守的教育理念,而且该思想对包括基础教育在内的其他各种类型的学校教育同样具有重要的借鉴指导意义。而且,从一定意义上说,我国的教育教学模式改革能否取得突破性的进展,关键要看"手脑并用"理念被接受和应用的程度,也即"手"与"脑"相分离、相脱离的办学宗旨和教育目的、训育方针和德育标准、人才规格和教学内容、教学过程和教学方法得以矫枉的程度。

第四节 苏霍姆林斯基、赞可夫的探索与实践

手脑结合思想源远流长。进入 20 世纪后,手脑结合思想亦得到了包括苏联教育家苏霍姆林斯基、赞可夫等的高度重视。他们针对当时在普通教育中所出现的,比较偏重于死记硬背,致使学生缺乏思维的灵活性和创造性等问题,相继从不同的角度提出了通过手脑结合、手脑并用,促进学生的个性全面和谐发展以及"一般发展"的问题,从理论与实践的结合上对手脑结合理论的丰富和发展做出了不可磨灭的贡献。

一、苏霍姆林斯基的手脑教育观

把自己的一生都献给了教育,把自己的整个心灵都献给了孩子的苏联著名教育理论家和教育实践家苏霍姆林斯基,被誉为"教育思想的泰斗"。他的教育活动被称为 30 年的"教育实验",他的帕夫雷什中学则是他毕生进行教育耕耘的"试验田",而他的著作则被认为是人类"先进教育经验的完整的总结"。苏霍姆林斯基关于手脑结合理论的不懈探索,则是其教育思想理论百花园中绽放着的一朵瑰丽多彩的奇葩。

苏霍姆林斯基的手脑结合教育思想,是在对苏联过去的学校比较偏重于死记硬背,致使学生缺乏思维的灵活性和创造性,以及对此的矫枉过正,过分

强调接触生活实际,特别是一味追逐于"劳动学校"的"现代教育"等错误倾向的博弈与扬弃中形成的。苏霍姆林斯基注重引导学生重视课堂教学,着力于艰苦的脑力劳动,培养学生多读书,多观察,多思考,多运用;他也要求学生重视并积极参加多种课外自由活动,进行多样化的创造性的体力劳动;他注意学习知识与实际的联系,从而使教育、教学与实践相结合,使智力劳动与体力劳动相结合;他成功地克服了片面强调课堂教学与书本知识学习,特别是教师强行灌注,学生机械背诵的"传统"错误教育观点,而引导学生既要努力掌握科学基础知识,尽可能多地吸收人类一切宝贵的文化财富,又要多动脑勤动手,学会有益生活、有益社会、有益人类发展进步的实际有用的知识技能。与此同时,还必须要使学生的智力很快得以发展,使认识、理解、分析、判断事物和问题的能力大幅度提高,从而把掌握、积累科学知识与培养智能,发展智力有机地统一起来了。

苏霍姆林斯基的手脑结合思想是和其劳动教育思想相联系的,或者说主要是贯穿于其创造性劳动教育思想之中的。在苏霍姆林斯基看来,"脱离劳动,没有劳动,就没有,也不可能有教育","劳动,这是渗透一切、贯通一切的东西"。① 需要指出的是,苏霍姆林斯基所说的劳动,是一个广义的概念,它不单纯指体力劳动,同时也不排除智力劳动或日常活动这些方面。并且,苏霍姆林斯基往往也把学生的学习活动纳入了劳动活动的范畴。在苏霍姆林斯基的教育思想中,劳动又往往是和智力活动以及创造性劳动相联系的,劳动理应是一个动手动脑的、充满创造性的活动。苏霍姆林斯基不相信,同时也反对那种只机械地动手的所谓"纯体力"劳动,而那种最单调的纯粹动手的体力劳动即使有,也只能被看作是实现最终目的的、进行真正劳动的开始。而真正的劳动是手脑并用的劳动,是体力和智慧并用的劳动,是创造性劳动。

苏霍姆林斯基认为,"只有通过有汗水、有老茧和有疲乏的劳动,人才具有用心灵去认识周围世界的能力。劳动儿童和劳动少年对人们的看法和没有真正劳动的人是完全不同的"②。而"在童年和少年时期,手上磨厚厚的老茧,这是人的心灵的最可贵的财富,是一把打开通往和谐教育世界之门的金钥匙"③。而"在把人摆在首要地位的社会里,任何劳动都可以提高到创造性

---

① 《湖南教育》编辑部:《苏霍姆林斯基教育思想概述》,湖南教育出版社1983年版,第40页。
② 苏霍姆林斯基:《给教师的一百条建议》,周蕖等译,天津人民出版社1981年版,第152页。
③ 苏霍姆林斯基:《给教师的建议》,杜殿坤编译,教育科学出版社1984年版,第492页。

的高度",关键就在于能否"使劳动充满丰富的智力活动",能否让学生"在劳动中动手又动脑"。当然,"要迫使一个学生参加一点体力劳动是容易的,然而要教会他把双手和智慧结合起来却要困难得多。然而正是在这种结合中,才能找到培养学生(哪怕是最消极的学生)对劳动的兴趣和热爱的真正有效的钥匙"①。

苏霍姆林斯基对生理、心理学的某些论点深表赞同,确认千百年来,人基本上是靠肌肉的力量和勇敢、残酷、顽强这样一些神经系统的粗野特征在争取生存的斗争中获胜的。但最近一二百年来,人的生存能力却几乎完全取决于神经系统的各个最精细、最复杂的机构。确切地说,早前时期的人主要靠粗莽笨重的体力劳动谋生存,而现在则已转入更多凭借向体力劳动中注入智慧或融体力劳动、脑力劳动于一体而谋取生存条件,提高生存福利,创造更美好的环境来提供物质的和精神的充分享受。苏霍姆林斯基十分肯定地说:"体力劳动在社会现阶段更加隶属于智力创造活动;体力劳动越来越要求丰富的知识,以至于体力劳动仅起着达到脑力劳动目的之手段的作用。正因为如此,脑力劳动与体力劳动的差别才会逐渐消除。如今,任何一种'纯体力'劳动都要求丰富的知识、很高的文化和教育程度。"②这也就是苏霍姆林斯基所理解的人类社会进入创造劳动时代的含义。因此,苏霍姆林斯基明确指出,"必须使劳动充满丰富的智力活动,使科学技术渗透在日常的劳动活动之中"。由此可见,苏霍姆林斯基所说的创造性劳动的首要条件是体力劳动必须充满丰富的智慧活动。质言之,也就是必须有双手与大脑的有机结合。

苏霍姆林斯基认为,创造性劳动是使劳动充满丰富的智力活动的劳动,是体力劳动和脑力劳动的结合与统一。只有创造性劳动,才既能发展体力,提高劳动技能,使双手更灵巧,又能发展智力,提高思维能力,使思维更敏锐、更深刻、更灵活,收到心灵手巧之效。那些体现丰富的智慧内容和精巧技艺的劳动都属于创造性劳动。创造性劳动要求体力劳动时要多动脑,勤思考,善于运用才智,使体力劳动和思维融成统一体。没有构思,没有新意念,没有思维的活跃开展,就谈不到创造,就谈不上创造性劳动。创造性劳动与劳动参与者的才能、天资和兴趣的发展有直接联系。创造性劳动本身就意味着人

---

① 苏霍姆林斯基:《给教师的建议》,杜殿坤编译,教育科学出版社1984年版,第271页。
② 王天一:《苏霍姆林斯基教育理论体系》,人民教育出版社1992年版,第235页。

的天资、才能、兴趣、爱好、特长的充分发展和发挥。反过来，人的才干、倾向、志趣发挥得越充分，则劳动的创造精神就越旺盛；劳动的技艺、技巧掌握得越高超，劳动产品或所创造的珍品就越精美。创造性劳动也要求用新技术取代传统劳动程式，减轻劳动强度，提高劳动效率。

在苏霍姆林斯基看来，劳动的创造性，就在于"脑力和体力相结合"①。"我们认为体力劳动和智力劳动的结合对才能的发展有重大的意义。一个人只有当他对于所做的一切都要经过预先思考的时候，他才能成为有才能的、有才干的车工、机械师、植物栽培家、畜牧家。"②正是这种在劳动过程中始终注意到边劳动、边思考，边思考、边劳动的"普通的体力劳动，同时又是思考者的劳动"。由思考者投入的体力劳动或思考中的体力劳动，才是苏霍姆林斯基所希望的创造性劳动。苏霍姆林斯基认为，劳动的最理想的目标，就是把握高超的技艺，就是创造。而创造和高超技艺都与新思想分不开。所以，苏霍姆林斯基辩证地说，创造是组织劳动的目的，而思维的频繁活动，只是劳动创造的开始。"凡在劳动过程中能使构思得以实现和发展的那种（手工）劳动，都能促使智力品质中这样一些品质的发展，如思维的批判力、灵活性、广度和活跃性，以及对判断和结论做出批判性检验的能力。"③一句话，凡是促进思维得以发展的劳动，就会呈现出劳动的创造性。

创造性劳动不仅要求多思考，开展积极的思维活动，产生新的构思和设想，而且要使这些设计和构思得以实现。这种劳动，才能真正促进思维的灵活性、思维的广度和活跃性，以及对判断和结论做出检验等。这种能力本身就具有明显的创造性。这种创造性与劳动的融合，就产生了创造性劳动。创造性劳动是劳动时善于动脑，善于不断发挥自己的聪明才智，并把它应用到创造性地解决各种艰巨的问题中去。并且，在未来的劳动生产中，人的双手将听命于人的智慧和创造的意图。苏霍姆林斯基坚信，现今的劳动要求学生有充分发达的智力，而"劳动中创造是发展少年智力的最强烈的一种刺激因素"。而"通过创造性劳动激发起了崇高的精神；由于意识到我是自己这一行的能工巧匠，我有一双灵巧的手而感到自豪"。④ 而且，现今的劳动还要求学

---

① 苏霍姆林斯基：《给教师的建议》，杜殿坤编译，教育科学出版社1984年版，第496页。
② 苏霍姆林斯基：《帕夫雷什中学》，赵玮等译，教育科学出版社1983年版，第416页。
③ 王天一：《苏霍姆林斯基教育理论体系》，人民教育出版社1992年版，第239页。
④ 王天一：《苏霍姆林斯基教育理论体系》，人民教育出版社1992年版，第236页。

生心灵手巧，既会动手又会动脑，而创造性劳动则充分表明，"手的动作和思想有不断的联系：思想检验、矫正和改善劳动过程，手则似乎把详细情况报告给思想，劳动发展着人的智力，教人逻辑连贯地思维，深入了解各种事实和现象之间无法直接观察的依从关系"。①

苏霍姆林斯基认为，劳动过程本身就是一个手脑结合、手脑相互作用的过程。在劳动过程中，手的动作和思维之间进行着不断的传导，思维在检查、纠正、改善着劳动的过程，而手似乎把各种细节详情报告给大脑。这样手的劳动就发展了智慧，教给学生合乎逻辑地思考，深入那些不能够直接观察到的某些事实和现象之间的依存关系中去。例如，少年学生们在教学工厂里搞些设计、构造活动，分析各种零件的相互关系，在头脑里构思零件或示意图，进行拼接和装配，就特别明显地表现出脑力和双手动作的相互结合，而正是在这种时刻，大脑的创造性区域才受到激发。苏霍姆林斯基发现，许多在职青年业余班的学员尽管没有时间完成家庭作业，上课也不经常，但他们掌握数理化的知识却比全日制学生深刻得多。究其原因就在于他们有灵巧工作着的双手，这成为激发他们智力才能的一个强大刺激物。而那些精细的、耐心的、用脑的创造性工作，使他们变成了无师自通的人。苏霍姆林斯基认为，"借助双手的创造性劳动活动而领会和理解了的相互作用，会给思维的活动带来新质：人能够用思维的'眼光'一下子把握许多相互联系的现象的链条，把它们看成是一个统一的整体"②。因而，在帕夫雷什学校办学治校的实践中，他极为重视培养学生手脑结合的动手操作能力。他主张，"要帮助学生动手去做某一件事，并且使双手成为他的智慧的老师"③。从一年级起，就要求学生的双手能做出准确的、有成效的动作。在手工劳动课上，在课外小组里，学生们就学习用纸剪出或者用木料雕出精细的图画。他们被要求尽量使用精确的工具，双手和手指做复杂的动作。用手工工具精细地加工塑料、木料和软质金属，对于培养学生的智慧起着重要的作用。并且，在教给学生使用手工工具的过程中，同时完成了智育的重要使命。

苏霍姆林斯基深刻认识到，基于手脑结合的劳动在实现学生"精神上提高和日臻完美"有着极为重要的作用。首先，手脑结合的创造性，提高了学生

---

① 王天一：《苏霍姆林斯基教育理论体系》，人民教育出版社1992年版，第236页。
② 苏霍姆林斯基：《给教师的建议》，杜殿坤编译，教育科学出版社1984年版，第110页。
③ 苏霍姆林斯基：《给教师的建议》，杜殿坤编译，教育科学出版社1984年版，第248页。

的"形成着明显的好钻研的头脑",提高了学生的"观察力、钻研精神、洞察力、专注精神和研究能力"①。一句话,就是增强了探究的兴趣和能力。苏霍姆林斯基指出,单靠用手的简单劳动或只凭大脑苦思冥想的人,这一点无论如何是难以达到的。其次,手脑结合的复杂的创造性劳动,能增强学生的思想素养,培养对事物的深刻认识和判断的能力,进而深入分析事物的现象和本质、相互联系及因果关系。正如苏霍姆林斯基所说,手和脑的真正的联系、结合,使"儿童和少年的手已经掌握或正在掌握的技巧越高明,他就越聪明,他深入分析事实、现象、因果关系、客观规律的能力也就表现得越突出"②。再次,手脑充分结合的创造性劳动,要求学生一面动手,一面动脑,手脑并用,其结果,"手的细致的动作产生同样细致的思想,少年们逐渐成为有才智的思想家、研究家和开拓真理的人",成为"善于理解并概括抽象真理的含义的人"③,这种人的思想已达到很高的地步。最后,手脑统一的创造性劳动的最高阶段是使人的精神生活具有独特的性质和风格。"那些在大多数情况下不可能发展、不能直接观察到的现象逐渐成为思考的对象。思考这些现象,掌握这些现象——这就是在学校里把劳动和理智统一起来的最高阶段"④。而"人的文明最精细地表现在情感的文明里。学校里学习的许多东西,会随着时间的流逝而被遗忘,但是人的思想接触过的文化财富,会在我们的心灵里——首先在我们的情感和内心感受里留下痕迹"⑤。

　　苏霍姆林斯基还研究了手脑的联系和结合的具体过程。他认为,在手脑结合的劳动中,首先是使双手和劳动工具融合成一体,成为动作灵活、轻巧、优美的工具,成为与大脑联系十分密切的工具。同时,再使脑和思维融成一体,使思维成为脑的一部分,成为指挥全身活动和手的活动的中心。手的劳动和脑的思维的实际结合,就是手脑同时对劳动对象做精巧加工。"信号在每一瞬间多次从手传到脑,又从脑传到手,脑教导手,手又发展和教导脑。人的构思在这时不仅付诸实现,而且不断地发展、加深和变化。思路在这时是不能中断的。"⑥在这样的手脑直接频繁的联系和作用过程中,思想不断地检

---

① 苏霍姆林斯基:《把整个心灵献给孩子》,唐其慈等译,天津人民出版社1981年版,第315页。
② 苏霍姆林斯基:《给教师的一百条建议》,周渠等译,天津人民出版社1981年版,第90页。
③ 苏霍姆林斯基:《让少年一代健康成长》,黄之瑞等译,教育科学出版社1984年版,第344页。
④ 苏霍姆林斯基:《让少年一代健康成长》,黄之瑞等译,教育科学出版社1984年版,第347页。
⑤ 《湖南教育》编辑部:《苏霍姆林斯基教育思想概述》,湖南教育出版社1983年版,第182页。
⑥ 王天一:《苏霍姆林斯基教育理论体系》,人民教育出版社1992年版,第247页。

验、矫正和改善着劳动过程,手几乎是在不断把详细情况报告给思想。劳动加工在继续进行中,思维活动也不能中途停顿。劳动技艺随之而愈益增进、提高,劳动加工对象也在不断改善并日臻精巧。手与脑这样反复地作用与反作用,"就能够训练出各个系统优美、敏捷的协同动作:手—大脑,身体—大脑,劳动—大脑"①。

可以看出,在手脑的这种密切联系配合及其相互促进、协调发展中,劳动起着巨大作用,即"手的细腻、敏捷的动作以及它与大脑的联系首先是在劳动中训练出来的"②。劳动不但在培养着手的熟练技巧和劳动的习惯,而且还能培养好学不倦的进行创造性劳动的智慧。无论对身体的发展,对双手的训练,或对心智的发展,对头脑的磨炼来说,劳动都占有极重要的地位,是绝对不可忽视的。苏霍姆林斯基认为,"要培养出机敏的、富于创造性的智力,不能想象不学会用自己的手和思想"③进行劳动怎能实现。可见,在苏霍姆林斯基看来,如果没有劳动和劳动的教育,特别是如无创造性的劳动和创造性劳动的教育,手和脑都将很难得到发展,个人也不会成为真正具有创造性劳动的人。

苏霍姆林斯基极为重视人的双手在创造性劳动中的作用。苏霍姆林斯基确信:劳动的双手是"智慧的创造者","儿童的智慧出在他的手指上",而且,"手是脑的老师"。"人的手可以做出几十亿种动作,它是意识的伟大的培育者,是智慧的创造者。"④这是因为"在人的脑海里,有一些特殊的、最积极的、最富创造性的区域,依靠把抽象思维跟双手的精细的、灵巧的动作结合起来,就能激发起这些区域积极活跃起来。如果没有这种结合,那末大脑的这些区域就处于沉睡状态。在童年和少年时期,如果没有把这些区域的活动激发出起来,那末它们就永远也不会觉醒了"⑤。而且,"在手和脑之间有着千丝万缕的联系,这些联系起着两方面的作用:手使脑得到发展,使它更加明智;脑使手得到发展,使它变成创造的聪明工具,就成思维的工具和镜子"⑥。苏霍姆林斯基发现,那些双手灵巧的儿童,热爱劳动的儿童,能够形成聪明的、

---

① 苏霍姆林斯基:《让少年一代健康成长》,黄之瑞等译,教育科学出版社1984年版,第102页。
② 苏霍姆林斯基:《让少年一代健康成长》,黄之瑞等译,教育科学出版社1984年版,第102页。
③ 苏霍姆林斯基:《给教师的一百条建议》,周渠等译,天津人民出版社1981年版,第92页。
④ 苏霍姆林斯基:《给教师的建议》,杜殿坤编译,教育科学出版社1984年版,第111页。
⑤ 苏霍姆林斯基:《给教师的建议》,杜殿坤编译,教育科学出版社1984年版,第112页。
⑥ 苏霍姆林斯基:《给教师的建议》,杜殿坤编译,教育科学出版社1984年版,第110页。

好钻研的智慧;手所掌握的和正在学习的技艺越高超,他对事实、现象、因果联系、规律性进行深入思考和分析的能力就表现得越鲜明。复杂性的、创造性的、有思想、有巧妙的技能和技艺的劳动(不是随便什么样的劳动),它的各个操作步骤之间都有依存性,而且它要求高度的注意力、精神专注和动脑筋思考。苏霍姆林斯基认为对手的训练,可以促进思维的发展。在低年级开设的手工劳动课上,孩子们学会了使用雕刻刀,能写出漂亮的字,他就会对稍有一点偏差的地方都很敏感,不能容忍马虎了事。这种敏锐的感觉会迁移到思维上去。手能教给思维以精确性、工整性和明确性。苏霍姆林斯基认为,在生产劳动实践中,可以开发学习有困难的孩子的智力。

苏霍姆林斯基认识到,"手能使头脑变聪明"①,"要使双手成为他的智慧的老师"②,这是因为"双手的工作跟有意义的创造紧密地结合。思考和双手的联系越紧密,劳动就越加深刻地进入学生的精神生活,成为他心爱的事情。劳动中的创造是发展学生智力的最强有力的刺激之一"③。相反,"如果不能使双手成为智慧的老师,那末学生就会失去对知识的兴趣,教学过程就会缺少一种强有力的刺激"④。苏霍姆林斯基说,一个人的智慧就在他的手指头上。这句形象的话,充分说明了手与脑、劳动与思维的密切联系。他反复强调,从劳动的角度来看,人的双手不仅使人灵巧、技艺高超,而且也使人变得聪明、智慧。这是因为"手脑之间有着千丝万缕的联系:手使脑得到发展,使之更明智,脑使手得到发展,使手成为从事创造性劳动的聪明工具,成为思想的工具和镜子"⑤。由于在手脑结合的操作过程中,"特别明显地表现智慧努力和双手动作的相互结合。这样,信息就通过两条相向而行的途径传递着——由手传到大脑和由大脑传到手。手也在'思考',而正是在这种时刻,对于相互关系、相互作用的理解居于首要地位。思维从整体转移到局部,从一般转移到具体,而手在这种转移中起着积极参与的作用"⑥。

苏霍姆林斯基感到,"体力劳动与智力培养紧密相联。手的技艺是头脑的好钻研、聪颖、创造精神的物质体现。使每个孩子在童年就能用自己的双

---

① 苏霍姆林斯基:《给教师的建议》,杜殿坤编译,教育科学出版社1984年版,第251页。
② 苏霍姆林斯基:《给教师的建议》,杜殿坤编译,教育科学出版社1984年版,第248页。
③ 苏霍姆林斯基:《给教师的建议》,杜殿坤编译,教育科学出版社1984年版,第249页。
④ 苏霍姆林斯基:《给教师的建议》,杜殿坤编译,教育科学出版社1984年版,第247页。
⑤ 王天一:《苏霍姆林斯基教育理论体系》,人民教育出版社1992年版,第246页。
⑥ 苏霍姆林斯基:《给教师的建议》,杜殿坤编译,教育科学出版社1984年版,第113页。

手实现自己的意图,是非常重要的"①。因为,在劳动过程中,通过手的探索(操作活动)、眼睛的观察,人与周围世界发生着积极的相互作用,掌握了技巧,提高了认识,获得了知识,增强了智能。与此同时,必须靠思维的源泉(脑)的指导,即手的活动传入脑,脑又提醒手应注意什么。如此反复作用,手的动作越来越准确,越来越灵巧,脑的创造性思维(活动)随之更鲜明、更敏锐、更灵活。技巧靠双手的劳动活动越来越高超,智慧有赖于头脑的活动越来越敏锐、越深刻。智力随技巧完善程度的提高而提高。"手越巧,(人)就越聪明"。②

苏霍姆林斯基一贯强调要给学生提供较为充分的动手机会,让他们的双手和大脑做复杂的工作。同时,他也反对那种仅仅把学生作为一种发出体力能量的器官,而远非一种创造的工具的说法。他认为,"双手无所事事,也像不假思索地随便找点体力负担让他有事可干一样,这种做法对于少年的智力发展是同样有害的"③。他意识到,"要进行智力性劳动很难,而进行体力劳动却相当容易"④。因而,他特别强调在学生动手劳动时多动脑,勤思考,善于运用才智,使体力劳动和思维融成统一体。这样的劳动不仅能出好的成果,而且还能产生新构想、新方案、新产品,更能练就高超的技艺。

值得一提的是,苏霍姆林斯基在重视动手操作能力培养的过程中,还特别强调要重视左手的操作。苏霍姆林斯基发现,"会用双手从事劳动的能工巧匠们,似乎在同样的一个现象中,能够比只会用右手工作的人看到更多的东西"⑤。为此,他明确指出,"人的发展的历史过程造成这样的结果:那些与思维相联系的,在手指尖上体现出思维的最'聪明'的劳动操作,都是由右手来完成的。左手在完成创造性劳动过程时只起着辅助性作用。我们用右手来握工具,用右手来捏钢笔和铅笔,画家用右手来创作出不朽的绘画作品"。"人单靠右手就上升到了他已经达到的智力素养的高峰。但是,如果所有的人单靠右手掌握的那些极精细的劳动动作能够同时也是左手的功劳,那么某些人的劳动技巧、劳动艺术和智力发展就能改善得更加迅速"。⑥ 有鉴于此,

---

① 苏霍姆林斯基:《把整个心灵献给孩子》,唐其慈等译,天津人民出版社1981年版,第317页。
② 苏霍姆林斯基:《把整个心灵献给孩子》,唐其慈等译,天津人民出版社1981年版,第315页。
③ 苏霍姆林斯基:《给教师的建议》,杜殿坤编译,教育科学出版社1984年版,第111页。
④ 苏霍姆林斯基:《帕夫雷什中学》,赵玮等译,教育科学出版社1983年版,第417页。
⑤ 苏霍姆林斯基:《给教师的建议》,杜殿坤编译,教育科学出版社1984年版,第110页。
⑥ 苏霍姆林斯基:《给教师的建议》,杜殿坤编译,教育科学出版社1984年版,第110页。

他教给孩子们用双手工作。学会用右手和左手装配复杂模型的部件,学会用左手和右手在木料车床上工作。从中他欣喜地看到:"在这些孩子的活动中,创造性的因素逐年地有所发展。这些孩子的创造性的典型特点,就是不断产生新构思和具有发明创造精神。会用双手从事劳动的能工巧匠们,似乎在同样的一个现象中,能够比只会用右手工作的人看到更多的东西。在用工具加工材料时,我的这些学生表现出的特点,就是劳动动作极其精细、柔和、可塑性大。他们都爱上了自己从事的'聪明的'创造性劳动。"①在这里,我们不能不钦佩苏霍姆林斯基的远见卓识,因为,他的左右脑协同开发的思想不但让我们普通人叹为观止,甚至也让后来的研究者斯佩里不无惊讶。

二、赞可夫的手脑并用发展观

作为一位与苏霍姆林斯基同时代的苏联著名教育家、心理学家,赞可夫面对在苏联占据统治地位几十年之久的传统教学体系所导致的偏重于死记硬背,学生的思想缺乏灵活性和创造性,远远落后于时代发展要求的现状,立志从传统的教育营垒中走出来。基于长期的"教学与发展关系"的实验研究,从而建立了自己的教育思想体系。他的"教学与发展"理论和美国布鲁纳的"结构主义"课程论、德国根舍因的"范例教学论"一起,被誉为课程现代化的典型代表。

赞可夫在他的教学实验中,潜心于研究教育学与心理学的相互关系,并成功地把心理学的研究方法有机地应用到教学论的研究中来。他在教学目的、教学原则、课堂生活、教师工作等方面提出了自己的独特见解。他以唯物辩证法为教学论的指导思想,把从学生和生活实际出发,和实践保持密切的联系作为教学论思想的一条重要指导原则。他主张,教学旨在促进学生的一般发展和学习。所谓"一般发展"是相对于某一门学科或某一组学科引起的独特的发展(即"特殊发展")而言的,指的是由各门学科引起的共同一致的发展,是学生身体和心理的全面发展,即包括了智力发展,情感、意志、道德品质、个性特点和集体主义精神的发展及身体的发育等各个方面,是所有这些方面"由简单到复杂、由低级到高级的运动,由旧的质状态到新的更高的质状态的上升运动、更新过程及新事物的产生和旧事物的死亡"②。

---

① 苏霍姆林斯基:《给教师的建议》,杜殿坤编译,教育科学出版社1984年版,第111页。
② 杜殿坤:《赞可夫的教学论思想》,华东师范大学教育系教育学研究室编:《教育学参考资料》,人民教育出版社1980年版,第328页。

赞可夫认为,传统的"教学法不能引起学生创造性的认识活动,教科书中的习题千篇一律,内容肤浅"。他还认为,"传统教学法的主要特点就是要进行多次的、单调的重复,而在儿童的发展上所下的功夫是极其薄弱而无系统的"[1]。为此,赞可夫打破了教学实际上只传授知识、技能和技巧的旧模式,把教学同发展联系起来,建立了一套新的教学体系,从而大大提高了学生掌握知识和技巧的能力,把教学推上了一个新台阶,这是教学论中一次根本性的改革。赞可夫认为,"在我们这个时代,学生的发展对他们将来的生活有着非常重大的意义!不管教学大纲编得多么好,男女青年在中学毕业后不可避免地要碰到他们不懂的科学发现和新技术。他们必须独立地并且迅速地弄懂不熟悉的东西并掌握它。只有具备一定的品质,有较高发展水平的人,才能更好地应付这种情况"[2]。这就是说,学生在学校里只掌握现成的知识和技能并通过练习达到能准确地再现它们,这已经远远不够了。还必须使学生通过掌握知识的过程,发展他们的智慧、意志、才能和天赋,发展他们的独立性和创造性,以便能够解决未来工作中不断出现的新问题。学校教学必须估计和预见到未来社会发展的前景,为未来发展的需要而培养人才。

赞可夫着眼于一般发展的素质教育目标是他的实验教学体系的主导思想,这一目标的提出是战后科技的迅猛发展对人才的要求的反映,赞可夫敏锐地洞察到人的一般发展的重要性,认为"我们所处的这个时代,不仅要求一个人具备广博而深刻的知识,而且要求发展他的智慧、意志、情感,发展他的才能和天资"。因而,在赞可夫的发展性教学思想体系中,手脑并用有着重要的地位。赞可夫认为,现代社会需要"手脑并用"的人,脑力劳动者也需要实际操作,"劳动操作的特点就是脑力活动与手的活动相结合"[3]。因此,实际操作能力是学生发展的重要因素。学校培养的人既要善于动脑,也要善于动手。他强调学校不能培养那种"只会说,不会做"的人。为此,他把操作能力与观察能力、思维能力一起作为"使学生获得比现在更高的智力发展水平"的重要途径。其实,在其著名的发展性教学实验中,也"是按三条线索来研究学

---

[1] 崔录等:《现代教育思想精粹》,光明日报出版社1987年版,第6页。
[2] 赞可夫:《和教师的谈话》,杜殿坤译,教育科学出版社1980年版,第147页。
[3] 赞可夫:《和教师的谈话》,杜殿坤译,教育科学出版社1980年版,第94页。

生的发展的,这就是:观察力、思维能力和实际操作能力"①。而一个人一旦具有"手脑并用"的能力,他也就具有了赞可夫所说的"一定的品质"和"较高发展水平",他也就具备了"终身发展"的基础和素质。从这个意义上说,在培养学生的观察力、思维能力和实际操作能力的过程中促进学生的"手脑并用",也是赞可夫教学与发展思想的一个重要闪光点,同时也为手脑结合理论的花丛增添了一枝鲜艳、瑰丽的花朵。

赞可夫十分注重学生观察能力的发展。赞可夫认为,观察对学生智力的发展具有极其重要的作用。观察能力作为人类智力发展的第一道门户,是构成人的创造力的始发因素,客观上也就成为实现学生发展的"基石"。赞可夫十分重视激发、培养儿童的观察兴趣。"作为观察的组成部分的知觉在这里是与思维有机地联系着的,在观察成分中有特殊的思维形式,这些思维过程直接地依赖于对现实的感性认识。"②赞可夫尤为重视发挥观察在促进学生"发展"过程中的作用。他指出,"在对某一客体或现象的观察中,主要的、基本的因素是知觉——即与外界的直接联系:儿童所看到的东西反映到他的意识里。这就是说我们要设法使儿童在周围的客体和现象中觉察它们独有的特征"③。赞可夫认为,人有时候可能是视而不见的,虽然看了,觉察到的东西却很少。一个人对周围事物视而不见,其精神世界就会很贫乏。如果他的亲身观察很有限,他的知识就是浮光掠影式的,他的认识就缺乏坚实的基础,就会流于空谈。这种人对许多事情都能谈论一通,但是他的认识缺乏观察的坚实基础。他们即使是对一些最平常的现象的"直观经验"也是非常肤浅的。

赞可夫认为,观察的客体是直接被感知的对象,观察是个复杂的活动,"作为观察的组成部分的知觉在这里是与思维有机地联系着的,在观察成分中有特殊的思维形式,这些思维过程直接地依赖于对现实的感性认识。"④因此,观察力对学者以及许多其他专业的工作者都是不可或缺的品质,特别是搞自然科学的学者。达尔文在他的自传里就写道:"我既没有突出迅速的理解力,也没有过人的机智。只是在觉察那些稍纵即逝的事物并对其进行精细

---

① 杜殿坤:《赞可夫的教学论思想》,华东师范大学教育系教育学研究室编:《教育学参考资料》,人民教育出版社 1980 年版,第 332 页。
② 周川:《为素质而教——来自国外的启示》,苏州大学出版社 1999 年版,第 77 页。
③ 赞可夫:《和教师的谈话》,杜殿坤译,教育科学出版社 1980 年版,第 156 页。
④ 赞可夫:《教学与发展》,杜殿坤等译,文化教育出版社 1980 年版,第 149 页。

观察的能力上,我可能在中人之上。"①巴甫洛夫更是把"观察,观察,再观察"作为其座右铭。

赞可夫认为,如果一个学生有比较强的观察力,他在参观时就会获得很多知识,就会从课堂上展示的直观教具上发觉事物的特征;相反,如果观察能力很差,尽管他"瞪大双眼"去看,所能看见的东西也很少。因而,敏锐的观察力对于学习同样是重要的。赞可夫根据他对后进生的长期研究,认为"后进生"的普遍特点之一就是观察力薄弱。我们经常看到,一些成年人(像家长、老师)总是责怪儿童思想不集中而在作业里弄出许多错误,其实根本原因倒常常是由于没有培养儿童的观察力的缘故。因而,应当在教学及日常生活中引导孩子仔细地观察各种事物,启发他们从一件事物上看到更多的东西。而且,"最为重要的一点,是要向儿童解释清楚自然现象之间的联系。当然,进行观察是很可贵的:儿童能够积累关于自然界的表象,同时还能掌握仔细观察事物的技能。应当在认识自然界上占有重要的地位"②。通过观察能力的培养,"不仅使儿童能看出更多的东西,而且使观察力发生了质变,使观察力得到了改造"③。

赞可夫认为,在教学过程中,在日常生活中引导儿童仔细地观察各种事物,启发他们从一件事物上看到更多的东西。培养了观察力就等于启发了学生的求知欲,使学生越来越强烈地感到有跟大自然、跟劳动、跟科学和艺术领域打交道的需要,也使学生学到更多的知识,产生对知识的需要感。同时,观察越是细致,就越能发现问题和提出问题,学生认错或写错了字,往往并不是由于精神不集中,而是由于观察力差,没有仔细观察,许多后进生之所以学业不尽人意,在很大程度上是由于观察力不强的缘故。而孩子们越是进行精细的观察,就越能提出更多的"为什么",就越想弄懂这些问题。赞可夫还从实验班与普通班的对照比较中,得出了教师是否在教学活动中培养学生的观察力,其结果也是大相径庭的结论。这实际上也从另一个侧面告诉我们,虽然"看"是观察的主要途径,但观察从来就不是简单地"瞪大双眼"去看,而是建立在对客体感知基础上的"眼"与"脑"的并用。赞可夫通过对观察的研究指

---

① 杜殿坤:《赞可夫的教学论思想》,华东师范大学教育系教育学研究室编:《教育学参考资料》,人民教育出版社1980年版,第332页。
② 赞可夫:《和教师的谈话》,杜殿坤译,教育科学出版社1980年版,第54页。
③ 赞可夫:《和教师的谈话》,杜殿坤译,教育科学出版社1980年版,第162页。

出:"这是个复杂的活动。作为观察的组成成分的知觉在这里是与思维有机地联系着,在观察成分中有特殊的思维形式,这些思维过程直接地依赖于对现实的感性认识。"①因此,着眼于观察力的培养,让学生具有敏锐、细致的观察能力是促进学生一般发展的重要方面。

赞可夫极为重视学生思维能力的发展。赞可夫认为,思维能力作为人的智力发展的核心,同时也是学生实现发展的一个强有力的"翅膀"。在个体发育中,思维的发展首先而且主要表现在思维具有从低级到高级的方向性的质的变化上。思维形式的多样性,思维形式的主要的相互关系和思维形式运动的相互制约性的论点,是研究学生思维活动发展的基础。而且,"当理论思维发展的时候,无论是感觉运动思维(直观动作思维),还是直观形象思维当然都没有消失,而是得到改造,得到完善,提到高级阶段。在它们中间形成极其复杂的,有时是个体变异的相互关系"②。

赞可夫认为,尽管观察在认识自然界方面具有重要作用,但是,不应当仅仅局限于观察,而要使儿童从自己的直接观察中前进一步,深入就里。在赞可夫看来,"作为主体与客观现实'面对面'相遇的观察活动,我们是取其这样一些长处:可为思维愈来愈多地、而且愈来愈习惯地活动开辟广阔的前景"③。此即是说,观察在很大程度上是服务于思维的,是为了给思维提供丰富的素材。但令赞可夫感到遗憾的是,现在对于自然界的认识,也还是完全没有超出外表现象的范围。例如,作业里包括这样的问题:天上降下来的都有哪些东西?落叶是什么时候开始的?等等。赞可夫主张,不应为观察而观察,观察应当努力和思想相结合,通过观察引发儿童的思维,进而培养儿童的思维能力。赞可夫相信,"儿童能够去捉摸自然界里存在的因果依赖性,即现象的必然联系,一事物(因)对另一事物(果)的制约性"。④ 质言之,就是要在观察所获得的感性认识的基础上,通过思维认识事物的本质特征。因而,观察以及操作并不是目的,从一定意义上说,观察以及操作是为思维提供丰富的感性认识材料,亦即提供思维所必需的素材,从而使儿童能够去捉摸自然界里存在的"因果依赖性"。赞可夫通过研究发现,早在一年级,学生已经完

---

① 赞可夫:《教学与发展》,杜殿坤等译,文化教育出版社1980年版,第149页。
② 赞可夫:《教学与发展》,杜殿坤等译,文化教育出版社1980年版,第168页。
③ 赞可夫:《和教师的谈话》,杜殿坤译,教育科学出版社1980年版,第146页。
④ 赞可夫:《和教师的谈话》,杜殿坤译,教育科学出版社1980年版,第55页。

全能够理解自然现象的某些因果依赖性。当然,这里指的是相对简单的依赖性。举例来说,街上有水潭,因为刚下过雨。这就是因(下过雨)果(街上的水潭)之间的依赖性。一年级学生不仅能够理解这种依赖性,而且能够自己发现它。上述的依赖性具有这样一个特点:儿童看到事物的"果"(水潭),而后根据自己以往的经验,把它和"因"(下雨)联系起来。而如果事物的因和果都是儿童尚未知觉过的,那么情况就两样了。在这种情况下,教师要采取适当的教学法方式,才能使一年级学生意识到因果依赖性。这在很大程度上取决于现象的性质——复杂还是简单,也取决于其他条件。

赞可夫特别重视培养学生思维的灵活性和创造性。赞可夫十分赞同乌申斯基关于"发展学生的思维具有重要意义"的观点,他认为,"乌申斯基在学生的智力发展上有两条工作途径。一条是在获得知识的过程中'顺便地'进行智力练习;另一条则在更大的程度上指向发展本身,然而在这里学生的活动也是凭借一定的教学材料进行的。这第二条途径首先引向逻辑思维的形成。"[①]赞可夫既注重通过知识的获得以促进思维的发展,又直接对思维能力的培养予以关注。赞可夫"在他所研究的思维活动中有分析和综合,抽象和概括,但是它们都服从于以下事实:从一定的角度看客体,从几个角度看客体,或从改变角度看客体,这都取决于解决任务的进程"[②]。赞可夫主张采用灵活多样的方法训练和鼓励学生的创造性思维。例如,当学生发现一个数学问题的一种不是靠死记硬背得来的、不同常规的解题方法的时候,赞可夫认为他取得了一种迅速而又准确地把握新材料并把它在思想中加以改造的能力,即高效率的或者创造性的思维能力。他认为,培养思维能力是一项复杂的、多方面的任务,各科教学都要利用一切可能来发展学生的思维能力。为了检验学生的思维能力的发展状况,赞可夫对实验班和普通班学生的思维活动进行了对照研究,研究结果表明,着眼于思维能力培养的实验班学生在第二学期末就与普通班学生的思维特征存在着明显的差别。思维能力的发展在赞科夫关于一般发展的素质教育目标中处于核心地位。

操作能力的发展也是赞可夫着重强调的一个方面。观察力和思维能力都是属于认识周围世界方面,属于脑力劳动方面;劳动教学中的劳动操作则

[①] 周川:《为素质而教——来自国外的启示》,苏州大学出版社1999年版,第77页。
[②] 崔录等:《现代教育思想精粹》,光明日报出版社1987年版,第12页。

属于实际操作范围。但应当充分注意的是实际操作是手脑并用的活动,比如学生着手制作一样物品时,具体地用彩色纸制成小花篮,用纸板依照样品做纸盒等,会遇到这种问题:计划一下要完成哪些操作,按什么顺序进行操作,制作过程和计划有没有出入,如在制作中出错时如何发现并加以改正等,而这些问题的解决一刻也离不开智力活动的积极参与。所以,赞可夫指出:"实际操作能力是儿童一般发展的一个重要方面。有实际对象的活动,不仅具有运动的技能和技巧本身的特点,其中也以一定方式反映出感觉、空间观念和思维活动。在进行实际操作时克服一些困难,又可发现某些情绪意志方面的心理活动。"①

赞可夫认为实际操作是手脑并用的活动,实际操作能力是实现学生发展的必要"阶梯"。赞可夫相信,手脑并用的劳动"正是由于它本身的特点(我是指脑力活动和手的活动的结合),本来能够在其他学科的效力所达不到的地方做出巨大的成绩的"②。在赞可夫看来,"观察和思维更多地接近于心理分析的第一个方面,即智力活动的方面(在当代的心理学参考书中,通常把智力活动称为'认识过程'),但是,无可置疑的是,在学生完成了为研究他们的观察和思维状况而提出的那些作业时,属于意志范围的因素占着很重要的地位,这种因素通常被称为'意识到行为的目标''使自己的行为服从于既定的任务''进行意志努力'等。至于在制作物质产品的实际操作中,认识过程不可能跟意识动作分开,这是早已十分清楚的"③。

赞可夫认为,"学生在劳动教学过程中所完成的操作就是实际操作。实际操作的特征就是包含着手工操作,其结果是制作出所指定的物品"④。并且养成一系列有关的智力和意志品质(做东西前先设计,计划好操作步骤,能使用工具,计算和节约原材料,节省操作时间,注意准确和精密,误差及早纠正,采用或迅速改用更合理的方案,弄懂作业中的物理、机械等方面的原理,坚持做完一件事,等等)。赞可夫认为,现代社会需要"手脑并用"的人,脑力劳动者也需要实际操作。学校培养的人既要善于动脑,也要善于动手,因此,实际操作能力是学生发展的重要因素。

---

① 赞可夫:《教学与发展》,杜殿坤等译,文化教育出版社1980年版,第192页。
② 赞可夫:《和教师的谈话》,杜殿坤译,教育科学出版社1980年版,第101页。
③ 周川:《为素质而教——来自国外的启示》,苏州大学出版社1999年版,第77页。
④ 赞可夫:《和教师的谈话》,杜殿坤译,教育科学出版社1980年版,第170页。

赞可夫反对那种"只要求学生学一点手工技巧,而且是老师指点一步,学生照做一步的,毫无创造性、独立性可言"的机械做法,他主张要"将制作的客体和考虑制作该客体的过程结构有机地结合起来"。他希望在学生的操作中"没有那种亦步亦趋的做法",不应出现"教师把现成的操作计划和完成工序的方法都交给学生,而学生只要照样执行别人交代的事情就算了"这种只动手而不动脑的"单纯训练技能技巧"的机械操作。而"无论是对劳动教学本身来说,还是对学生的发展来说,很重要的是两件事:不仅要让学生独立分析样品和计划眼前的工作,而且要把实际操作跟认识某些物理现象结合起来"[1]。"不仅要动手做,而且要思考制作某种物品时所观察到的现象"[2]。这样,"不仅能达到劳动技能有较高的质量,而且能促进学生的一般发展,因为实际操作跟思考活动有机地结合起来了"[3]。

在具体教学方法上,他既要求学生掌握基本的手工操作技巧,以要求学生说明有关物理的、机械的原理,并且有意识地模拟实际生产中的技术革新的各个环节。例如,做一个推土机模型,就让学生先看实物、看图纸、看各个部件及其装配方法,而后分工去做,在制作过程中,让学生随时提出合理化方案。如果有更省工省料的方案,则不惜把旧方案推翻重来。赞可夫主张,要把"实际操作跟思考活动有机地结合起来",而"把认识活动有机地渗入劳动操作中去,这一点具有原则性的意义。从最开头起,就要给学生'定好调子':不仅要用手做,而且要思考制作某些物品时所观察到的现象"[4]。而由此可见,在赞可夫所强调的实际操作能力中,操作的"动作"是和大脑的"思维"密切联系着的,或者说,操作的过程始终是与主体的"动作思维"相联系的。动作思维是在思维过程中以具体、实际动作为支柱而进行的思维,这种思维所要解决的任务目标一般总是直观具体的,像推土机模型的制作、实验电路的连接及故障排除等。由于动作思维是从动作到动作,加之动作对象所具有的变化性、奇特性及非预期性等特点,因而动作思维也就呈现出快捷、突发、跳跃等特征,与此同时,这种依赖于动作的思维也就更多地与顿悟与灵感等创造性思维相联系。科学史上,很多重大的发现与发明也都是在"做"的实践中

---

[1] 赞可夫:《和教师的谈话》,杜殿坤译,教育科学出版社1980年版,第103页。
[2] 赞可夫:《和教师的谈话》,杜殿坤译,教育科学出版社1980年版,第104页。
[3] 赞可夫:《和教师的谈话》,杜殿坤译,教育科学出版社1980年版,第108页。
[4] 赞可夫:《和教师的谈话》,杜殿坤译,教育科学出版社1980年版,第104页。

获得的,像诺贝尔发明的安全炸药、奥斯特发现的电流的磁效应等,其原因皆缘于此。

赞可夫不赞成操作过程那种"千方百计地使儿童杜绝错误,预防错误"的做法。赞可夫认为,固然,让技能和技巧的掌握放任自流,那是不正确的。如果儿童懂得应当做什么和应当怎样做,但是在完成的过程中犯了某些错误,那倒没有什么可怕的。何况,这样的错误倒是有助于理解儿童做了些什么以及用什么方法去完成作业才算正确。有一句聪明的格言:"要学会游泳,就得下水。"这句格言不仅对于劳动教学,而且对于低年级全部教学工作方法来说,都是很有教益的。如果总是用一根背带牵着儿童走路,他们长大了就会成为意志薄弱、消极被动的人。当他们升入以后的各个年级而必须独立地掌握复杂的教材时,他们就会显得束手无策。

操作与思维是密不可分的,操作对思维的影响是不容忽视的。实际操作能力是学生思维发展的重要元素。它有助于学生养成一系列有关的智力和意志品质。而"在实际操作的研究中,起决定作用的是预测(要求对所提出的样品进行视觉分析)即将制作的客体和考虑制作该客体的过程有机地结合起来"[①]。当然,这种实际操作的过程,"不仅是手的动作,而且应当像伊·彼·巴甫洛夫院士所说的那样,把手和脑结合起来"[②]。其实,做东西的过程总是伴随着思考的过程,动作进行的每一步,以及下一步可能产生的结果的预测,都离不开大脑的积极思维。而且,手的操作客观上也激励着脑的思维。我们也可能都有这样的体会,当我们在解一个物理题或几何题的时候,我们一边作图,一边思考,往往图作好了,思路也就出来了,其实就是这个道理。其实,我们不仅在进行实际操作时需要有这种思维积极参加,同时在解决复杂问题、验证科学假设时也需要伴随这种思维。我们平常所说的手脑结合,实际上就是动作思维与抽象思维的结合。所以,赞可夫特别强调指出,实际操作的特征就是包含着手工操作,但这当中不仅是手的动作,而且应当"把手与脑结合起来。因此,不仅应当研究手怎样完成操作,而且应当研究操作是怎样规划的。学生在着手制作一样物品之前,是否能够计划一下,要完成哪些操作,按什么顺序进行操作?物品的实际制作过程跟学生预先的规划有没有出

---

① 赞可夫:《和教师的谈话》,杜殿坤译,教育科学出版社1980年版,第170页。
② 赞可夫:《和教师的谈话》,杜殿坤译,教育科学出版社1980年版,第170页。

人?如果在制作中出现了错误,儿童是否能及时发现并加以改正?"①应当说,赞可夫所强调的发展学生实际操作能力的过程,包括了方案设计,操作步骤的计划,操作工具的使用,计算和节约原材料,节省操作时间,注意准确和精密,以及有偏差及早纠正,采用或迅速改用更合理的方案,并弄懂其中的物理、机械等方面的原理等环节。

在学校里,主要是通过劳动课来培养实际操作能力的。赞可夫说,学生动手操作的劳动课有它独特的促进学生发展的可能性。不像语文、数学那样接触的是词句和数字,劳动课上学生接触的是实物,更有利于既掌握操作技能,又发展思维和创造能力,养成必要的意志品质和集体主义思想。值得一提的是,在苏联的教育中,"劳动"是一个广义的概念,学生的动手操作也被纳入了劳动教学的范畴。赞可夫认为,劳动操作的特点就是脑力活动和手的活动相结合。赞可夫不赞成那种多年以来占统治地位的所谓分工序教学法。该方法是指对一件指定物品的制作,被划分成一系列依次完成的工序。教师演示和说明应当怎样完成第一道工序。当第一道工序完成后,再接着进行下一道的演示和说明,直到制成整个物品。他认为,这种做法的教学效果是很特别的,甚至可以说是令人可悲的,因为它"实质上就是把学生的独立性和首倡精神完全抹杀了"②。赞可夫反对这种死教硬练的做法,他感叹说:"难道就不能这样来做,就是让儿童完全独立地设计未来的产品,而不要使用别人塞给他的拐棍吗?"③

赞可夫感到,"我向来没有从劳动课得到过满足。我也知道,劳动课在培养学生的宝贵品质和掌握技能技巧方面,本来是能够取得很大成果的。但是我始终感到,劳动教学法里好像缺少一种什么东西,因为劳动教学正是由于它本身的特点(我是指脑力活动和手的活动的相结合),本来能够在其他学科的效力所达不到的地方做出巨大成绩的"。④ 他主张,"应当利用这种可能性,来发展学生的独立思考,发展他的意志品质(制作一样东西要有计划,做得认真、精确,把工作做到底)"⑤。

---

① 赞可夫:《和教师的谈话》,杜殿坤译,教育科学出版社1980年版,第171页。
② 赞可夫:《和教师的谈话》,杜殿坤译,教育科学出版社1980年版,第95页。
③ 赞可夫:《和教师的谈话》,杜殿坤译,教育科学出版社1980年版,第96页。
④ 赞可夫:《和教师的谈话》,杜殿坤译,教育科学出版社1980年版,第101页。
⑤ 赞可夫:《和教师的谈话》,杜殿坤译,教育科学出版社1980年版,第101页。

需要指出的是，赞可夫的"手脑并用"思想，是针对"学生失去了学习的主动性"，教学过程"无法教给学生创造性地自己思考问题或提出富于想象力的、探讨性的问题"等不良现象提出来的，而这种在半个多世纪前苏联教育中所存在的不良现象，在我们现在的教育中也一定程度上还存在着，甚至还在被我们不自觉地沿袭着和演绎着。而今，当我们感受着知识经济时代临近的阵阵脚步，当我们重温赞可夫的"手脑并用"思想的时候，我们会更加深切地感到，赞可夫通过观察、操作及思维等途径促进学生的手脑结合，培养学生的发展能力的思想，对我们培养学生的创新精神和实践能力依然有着重要的现实意义和参考价值。

第二章　手脑结合的理论基础

手脑结合作为人的本质力量的显现，是人之成为人的一个基本特征。手脑结合作为一种科学的教育理论，与教育学、心理学等无疑有着天然的、内在的联系，但鉴于这方面的论述颇多，而且在前书中亦已有所述及，故不再赘述。这里拟另辟蹊径，从哲学、现代脑科学以及创造学的视角，进一步挖掘手脑结合的理论基础。

第一节　哲学基础

哲学为一切自然科学和社会科学提供了普遍的基础，它为科学的研究设定方向或开辟道路，并决定着人类科学活动的一切主要方面。因而，正如恩格斯所说："不管自然科学家采取什么样的态度，他们还是得受哲学的支配。"① 而马克思主义哲学中有关人的全面发展的思想、实践本质观以及主体价值观等为手脑结合理论奠定了重要的哲学基础。

一、全面发展观

人的全面发展既是马克思主义经典作家孜孜以求的理想目标，也是贯穿于马克思主义教育理论中的一个核心思想。在马克思看来，所谓人的全面发展，是指"人以一种全面的方式，也就是说，作为一个完整的人，占有自己的全面的本质"②。"使自身的自然沉睡着的潜力发挥出来"，是"人类全部力量的全面发展"，"作为目的本身的人类能力的发挥"③。概括地讲，就是指"人的各种潜能素质的充分发展，人的个性的丰富完整，人的本质力量的充分显现等"④。"全面发展"的实质"是指人在发展上的自由、自主、和谐、丰富以及流动和变化。在全面发展的状态下，人所感受到的是幸福和愉悦，是自我价值

---

① 丁长青：《科学技术学》，江苏科学技术出版社2003年版，第486页。
② 马克思恩格斯：《马克思恩格斯选集》（第1卷），人民出版社1995年版，第121页。
③ 万资姿：《人的全面发展：从理论到指标体系》，中央编译出版社2011年版，第60页。
④ 金建萍：《人的发展和社会发展的一致性研究》，中国社会科学出版社2013年版，第71页。

和尊严的实现和确立"。① 这也就意味着,人的全面发展实质上是人的本质力量的全面显现,以及人的能力的充分发挥及人的充分的、最大限度的发展。

人的最根本的东西是人的本质,讲人的发展其实是指人的本质力量的发展;劳动是人与动物的本质区别,是人的本质力量的表现,人的发展的实质是人的劳动能力的发展。马克思在《1844年经济学哲学手稿》中指出,自由自觉的活动是人类的特性。作为类存在物,人的本质是自由自觉的活动即实践活动,其最集中的表现是劳动。马克思主义认为,人类历史是通过劳动自我生成、自我创造的历史,也是自然界对人而言的生成史。人是实践活动的主体,也是实践活动的产物;人通过实践活动既改造客观世界同时也改造着自身,在实践活动的发展中获得自身的发展。实践是人类所特有的本质活动,人和人类社会是在劳动实践中形成和发展的,规定人的本质的社会关系也正是在人的社会实践活动中不断丰富和发展的。因而,人的社会实践活动的全面发展是人的全面发展的本质规定和重要源泉。在现代社会,人的社会实践活动的全面性日益表现为体力劳动与脑力劳动、生产劳动与管理劳动、物质生产与精神生产的统一。由于实践活动的全面发展,狭隘地域的个人转变为"世界历史性的个人",为人的全面发展创造了自由时间和发展空间,而且"使自身的自然中沉睡着的潜力发挥出来"②。在这一意义上,人的全面发展就是人的实践活动及其能力的全面发展。

马克思主义认为,人的全面发展,就其最基本的意义而言,首先是指人能够适应不同的劳动需求,把不同的社会职能当作互相交替的活动方式。劳动是人以自身的活动来引起、调整和控制人和自然界之间的物质、能量、信息的交换过程。马克思始终坚持在劳动发展史中来考察人的发展问题。他坚持认为没有劳动,社会和个人都不可能存在,更谈不上什么人的发展。因此,任何时候也不能把生产劳动从人的发展问题中排除出去。正是在这一意义上,他认为人类的生产劳动领域"始终是一个必然王国"。马克思深刻地分析了资本主义生产方式下的劳动的性质,以及个人发展在劳动中的片面性、局限性,个人能力表现的不充分、不协调。他把资本主义生产下的人的片面发展具体化为两个方面:一方面是个人体力上的片面发展。工厂手工业压抑工人

---

① 扈中平:《"人的全面发展"内涵新析》,《教育研究》2005年第5期。
② 马克思恩格斯:《马克思恩格斯选集》(第23卷),人民出版社1979年版,第202页。

的多种多样的生产志趣和生产才能,人为地培植工人片面的技巧,把工人的身体变成畸形物,其结果是"个体本身也被分割开来,成为某种局部劳动的自动的工具"。另一方面是个人在智力上的片面发展。生产过程中劳动者的智力因素逐渐地分离出来,"工场手工业分工的产物,就是物质生产过程的智力作为别人的财产和统治工人的力量同工人相对立"①。由于终生从事简单的重复的操作,其结果是工人在智力上越来越愚蠢和无知。

人在进行社会实践活动时必然会发展自身各方面的能力。恩格斯曾指出,全面发展的人,应是"各方面都有能力的人",人的全面发展,就是要"使社会全体成员的才能得到全面发展"②。人的能力是人类表现和确证自己社会本质的内在力量,是"人的本质力量的公开的展示"。因此,人的能力的全面发展也是人的全面发展理论中的一个主要内容。所谓人的能力是指人类在生存和发展过程中表现出来的调控人与自然、人与社会的关系及人自我认识、自我调整的实际本领和心理状态,在此基础上形成了相应的物质生产、精神生产和人本身生产的能力。而从内在的角度看,能力就是指蕴藏在人的活的机体中的肉体的能力和精神的能力或者体力和智力的综合,一般侧重于指称人的劳动能力。

人的劳动能力包括多方面的内容,但主要还是指人的体力和智力。人必须从事一定的物质资料的生产劳动,在这个过程中,蕴含于身体之中的体力、智力得到发挥和运用,人的劳动能力得以对象化和现实化。其实,人的任何活动都是体力和智力的支出,因而人的全面发展主要是体力和智力的全面发展,是体力劳动和脑力劳动相结合意义上的全面发展。马克思在《资本论》中指出:"我们把劳动力或劳动能力,理解为人的身体,即活动的人体中存在的,每当人生产某种使用价值时就运用的体力和智力的总和。"③人的劳动能力的全面发展,就是人改造和征服客观世界能力的发展。构成人的劳动能力的主要条件是体力和智力,体力是人体所具有的自然力,智力是精神方面的生产力,包括人的劳动技能、生产经验和科学文化知识。恩格斯亦曾指出,作为生

---

① 黄济等:《现代教育论》,人民教育出版社1996年版,第236页。
② 郭晓君:《人的全面发展理论初探》,《中国人民大学学报》1997年第2期。
③ 马克思恩格斯:《马克思恩格斯全集》(第23卷),人民出版社1972年版,第190页。

产要素的人"包括他们的肉体活动和精神活动"①。可见,马克思主义是把人看作身体与精神的统一体,只有既能从事体力劳动,又能从事脑力劳动的人,才是全面发展的人,而且,体力和智力的统一发展,是人的其他各方面能力发展的基础。马克思针对旧制度和旧分工造成的体力和智力分离的情况,特别强调要发展人们的体力和智力,使人的体力和智力都得到发展。

  按照马克思主义的认识,人的能力是多方面的,各方面能力的发展即"体力和智力、自然力和社会力、个体能力和集体能力、潜力和现实能力等"②多方面能力的发展。因而,一个完整的和完善的人,应该是在天赋潜能、活动能力和道德品质等方面都获得充分统一发展的人。亦即"全面地发挥他们各方面的才能",不能只发展人的"能力的某一方面而偏废了其他各方面"。此即是说,人的全面发展旨在达到人的智力和体力的统一,精神劳动、物质劳动和享受的统一,生存和发展的统一,并使人的潜能和天资、兴趣和才能得到空前丰富地发展。当然,智力和体力的发展是人的全面发展的核心和关键,因为智力与体力的协调发展,是人的能力发展的主要途径,是人的天赋和潜能得以充分发挥的必由之路,同时也是人的其他能力得以全面发展的前提和基础。但由于人的能力是一个由多种因素有机结合而成的复杂系统,除了包括体力和智力之外,还包括人的志趣、情感、精神、道德、个性和审美情趣等精神方面的全面而又充分的发展。而且,在马克思人的全面发展理论中,人的发展既包含着人类的每一个个体都得到发展,也包含着每一个个体的人的丰富个性都普遍地得到发展,这两个方面的完整统一,构成了人的全面发展,而舍弃了其中任何一个,就不是人的全面发展。

  教育与人的全面发展有着非常直接和密切的关系。教育担负着培养和造就全面发展的人的重要任务。就个体的人而言,人并非生下来就是真正的人,只有在社会中学习和接受教育,经过文化的"濡化",他才能成为真正的人。人的成长历程,就是不断接受教育的过程。就人类而言,人的全面发展是一个历史过程。在人的发展过程中,后代人必然继承前代人所创造的一切成果,要在较短的、有限的时间内领悟和掌握前人创造的物质与精神财富,就必然要通过教育这一人类社会赖以生存和发展的基本手段。

---

  ① 石书臣:《人的全面发展的本质涵义和时代特征》,《河北大学学报》(哲学社会科学版)2002年第2期。
  ② 万资姿:《人的全面发展:从理论到指标体系》,中央编译出版社2011年版,第67页。

教育是个人发展和社会生活延续的手段，它通过培养人为社会生产和社会生活发展服务。教育可以提高人的劳动能力，消除由于分工给人的发展造成的局限，为人的身心发展提供必要条件；可以对人的才能、志趣等起到一定的改善和促进作用，并对人的思想和道德产生潜移默化的重要影响。人只有靠教育才能成才，人完全是教育的结果。如果不受教育，人的各种能力可能会永远停留在愚昧落后的未开发状态，人的全面发展和社会的全面进步将不可避免地成为泡影。没有教育，人类的发展就会中断。只有通过教育，后代人才能在前人创造的基础上获得更高级的发展。

其实，教育和学习同劳动一样，也是人类认识世界、改造世界的手段和工具。然而，进入私有制社会以后，教育成了少数人的特权，于是，教育也成为人的"异己"，成为人片面发展的工具。脑、体的分家使教育和人的发展都朝着片面的方向发展。马克思通过对资本主义社会的深入考察，深刻地认识到造成人的片面发展的根本原因就在于私有制条件下的旧式分工。如果说分工是导致人的片面发展的根本原因，那么，教育就是实现人的全面发展的现实路径。在马克思生活的那个年代，由于大工业的发展，教育已成为使年轻人很快熟悉整个生活系统的必要手段，它可使他们根据社会的需要或个人的爱好，轮流从一个生产部门转移到另一个生产部门。马克思通过对大工业生产下的教育问题做深入的考察，以其锐敏的洞察力发现，未来社会全面发展的教育已经在工厂制度中萌发出来，教育已成为使他们摆脱旧式分工为每个人造成的片面性的重要途径。"要改变一般人的本性，使他获得一定劳动部门的技能与技巧，成为发达的和专门的劳动力，就要有一定的教育和训练。"[①]"教育可使年轻人很快就能够熟悉整个生产系统，它可使他们根据社会的需要或他们自己的爱好，轮流从一个生产部门转到另一生产部门。因此，教育就会使他们摆脱现在这种分工为每个人造成的片面性。"[②]

教育担负着培养和造就全面发展的人的历史任务，每个人的成长和发展都要通过教育来实现，教育是在人们社会生产的基础上来实现个人的全面发展。恩格斯在《反杜林论》中指出："通过社会生产，不仅可能保证一切社会成员的富足和一天比一天充裕的物质生活，而且还可能保证他们的体力和

---

① 陈素红：《人的全面发展的内涵及实现路径》，《湖北社会科学》2007年第6期。
② 马克思恩格斯：《马克思恩格斯全集》（第3卷），人民出版社1972年版，第223页。

智力获得充分的自由的发展和运用。"①教育又能够反过来促进人的生产能力,实现个人能力的全面发展。空想社会主义者欧文在设想未来理想社会的儿童教育时曾经指出:"培养他们的智德体行方面的品质,把他们教育成全面发展的人。"在欧文看来,未来社会的新人,从出生到成熟,都应生活在优良的美德环境之中,接受合理的教育,并一直参加劳动,成长为理性与道德力量充分发展的人。马克思对欧文的教育实验及其思想见解也十分赞赏:"正如我们在罗伯特·欧文那里可以详细看到的那样,从工厂制度中萌发出了未来教育的幼芽,未来教育对所有已满一定年龄的儿童来说,就是生产劳动同智育和体育相结合,它不仅是提高社会生产的一种方法,而且是造就全面发展的人的唯一方法。"②

马克思认为,未来教育将实现教育与生产劳动相结合。在未来的社会组织中,由于"生产劳动给每一个人提供全面发展和表现自己全部的即体力和脑力的能力的机会……因此,生产劳动就从一种负担变成一种快乐"③。换句话说,生产劳动将"重新获得它由于分工而丧失的那种吸引人的力量"。因此,教育与生产劳动的结合必将"既使多方面的技术训练也使科学教育的实践基础得到保障"。换言之,只有教育与生产劳动相结合,才能造就出全面发展的人。列宁亦曾指出:"没有年轻一代的教育和生产劳动的结合,未来社会的理想是不能想象的,无论是脱离生产劳动的教学和教育,或是没有同时进行教学和教育的生产劳动,都不能达到现代技术水平和科学知识现状所要求的高度。"④因此,教育应该"把教育同物质生产结合起来"。教育的性质决定了其双重功能:一是提高社会生产,二是塑造全面发展的人,但归根到底是为了促进人的全面发展。

马克思还意识到,教育能弥补不同的人先天的差异,甚至超越人的天赋。由于生产劳动是人类最基本的实践活动,它不仅和自然界一起,是物质财富的源泉,而且是人的体力和智力发展的源泉,社会生产劳动对人的发展起着重大作用。马克思曾经说过:"劳动首先是人和自然之间的物质变换过程。

---

① 安琪等:《教育的异化与人的全面发展》,《天水师范学院学报》2008年第6期。
② 马克思恩格斯:《马克思恩格斯全集》(第23卷),人民出版社1972年版,第530页。
③ 马克思恩格斯:《马克思恩格斯全集》(第3卷),人民出版社1995年版,第644页。
④ 王虎学等:《论教育与人的全面发展——从马克思的一个科学论断谈起》,《甘肃理论学刊》2011年第2期。

人自身作为一种自然力与自然物质相对立。为了在对自身生活有用的形式上占有自然物质,人就使他身上的自然力——臂和腿,头和手运动起来。当他通过这种运动作用他身外的自然并改变自然时,他就同时改变他自身的自然。他使自身的自然沉睡着的潜力发挥出来,并是这种力的活动受他自己控制。"① 这表明,人是在劳动过程中形成的,劳动不仅是一切物质财富的源泉,而且是人本身发展的源泉,劳动创造了人本身。劳动是人体力和智力活动的显示和享受,人的个性、才能和世界观正是在劳动过程中形成的。人的智力是按照人如何学会改变自然而发展起来的。劳动把人和自然界联系在一起,不仅引起自然界的变化,而且成了人本身天赋的源泉。

马克思还把劳动和教育的结合作为克服体力劳动和脑力劳动分离和对立,劳动者畸形发展的社会弊病的抗毒素。马克思主义创始人预示:生产者占有生产资料,劳动者成为劳动过程的主人后,未来的这种教育"可使年轻人很快熟悉整个生产系统,它可使他们根据社会的需要或他们自己的爱好,轮流从一个生产部门转到另一个生产部门。因此,教育就会使他们摆脱现代分工为每个人造成的片面性"②。人的全面发展将为社会造就新的生产力,而社会生产力的提高又为彻底消灭阶级创造物质条件,从而最终实现人的解放和社会的解放,完成人类从必然王国进入自由王国的飞跃。生产力的发展与人的全面发展的辩证统一,正是人类历史前进的必然。

马克思直接把教育和个人全面发展联系在一起。他认为,通过这种教育,实现那种"把不同社会职能当作互相交替的活动方式的全面发展的个人,来代替只是承担一种社会局部职能的局部个人"的社会理想。那为了促进人的全面发展,究竟需要进行哪些方面的教育,或者说,全面发展教育包括哪些内容和组成部分呢?关于此,马克思曾经"把教育理解为以下三件事:第一,智育。第二,体育,即体育学校和军事训练所教授的那些东西。第三,技术教育,这种教育要使儿童和少年了解生产各个过程的基本原理,同时使他们获得运用各种生产的最简单的工具的技能"③。马克思主张应根据不同年龄对儿童和少年工人循序渐进地授以智育、体育和技术教育课程。应当说,马克思当时所提出的智育、体育和技术教育这三件事,主要是作为向资产阶级学

---

① 马克思恩格斯:《马克思恩格斯全集》(第 23 卷),人民出版社 1972 年版,第 202 页。
② 马克思恩格斯:《马克思恩格斯全集》(第 1 卷),人民出版社 1972 年版,第 223 页。
③ 马克思恩格斯:《马克思恩格斯全集》(第 16 卷),人民出版社 1964 年版,第 218 页。

校所要求的东西,作为对付童工身心过分受摧残的"一种必要的抗毒素"。但同时,这三件事客观上也体现了马克思所主张的"生产劳动同智育和体育相结合"这一"造就全面发展的人的唯一方法"的基本思想。而且,这一思想在当下的学校里,仍将"占据应有的位置"。

教育应当致力于实现人的全面发展。而传统教育的弊端就在于它导致了人的片面发展。马克思主义的奠基人一再强调要通过教育与生产劳动相结合的途径来彻底改变这种情况。马克思主义提出教育与生产劳动相结合,体力劳动与脑力劳动相结合,培养人的全面发展,是从时代的要求出发的。人的全面发展是人类社会的一个理想境界,同时人的全面发展这个概念也应当随着社会的发展而不断发展。受教育者在德、智、体及身、心诸方面的全面发展,总是在具体的时代条件下进行的,倘若脱离了时代的要求,脱离了所处的生产力水平、文化传统、社会政治条件、民族特性,也就没有任何意义。因而,全面发展教育的组成因素也并非是一成不变的,它随着社会的发展也会有所变化。换言之,全面发展的教育也是一种与时俱进的教育。与此同时,全面发展有着万变不离其宗的一些基本面,像马克思针对资本主义条件下所提出的旨在保证人不至于出现严重的片面乃至畸形发展三个方面(智育、体育和技术教育)内容,理应是任何时代人的全面发展所不可或缺的基本内容。在社会主义初级阶段的时代背景下,全面发展教育同样地应当包括这些基本内容。

人的全面发展是马克思关于人类发展的伟大理想,也是"马克思主义关于人的思想的核心"。人的全面发展是一个动态的历史过程,是社会发展的客观规律。人的全面发展既不是浪漫的幻想,也不是未来的乌托邦。它具有现实性。社会主义与人的全面发展是内在统一的,人的全面发展既是社会主义的方向和目的,也是建设社会主义的重要手段。社会主义不仅应大力加强人的全面发展的理论研究,更应顺应人的发展规律,自觉创造条件,制定正确的方针政策,积极推进人的全面发展进程。人的全面发展是全社会共同的现实任务,是我们当前一切工作的出发点和归宿。但社会主义在推进人的全面发展的历程上也要从现实的条件出发,不能犯"左派幼稚病"。全面发展教育是造就全面发展的人的重要手段,教育同社会实践的结合是实现人的全面发展的根本途径,当代教育改革应以人的全面发展为方向和目的。针对当前我国基础教育改革从传统教育对人的全面发展的漠视,到对这个问题有了新的认识,即归因到受教育者是"未来的社会人"这一价值目标上——既不是负载某种空洞理念的工具,也不是承纳某些知识的容器,从而使教育趋向造就健全人格体系的面向全人类的理想境界,让每一个人都"作为一个完整的人,占有自己的全面本质"。

联合国教科文组织国际教育发展委员会编著出版的《学会生存》的报告中提出,教育应把社会的发展和人的潜力实现作为它的目标;教育要把体力、智力、情绪和伦理等各方面的因素结合起来,使人成为一个完善的人。[1] 这就是说,"未来的教育决不能满足于给学生一点知识和技能,它必须将学生置于一个有尊严、有个性、有巨大发展潜能的活的生命体的位置上,全面关注他们的发展需要,关注他们的精神生活,开发他们的创造潜能,激发他们的创新精神,不断提高他们的生命质量和生存价值,进而使他们在生动活泼、主动和谐的发展中真正为自己一生的幸福做好准备"[2]。我们知道,人之作为人,一个重要的标志就在于人有一个聪慧的大脑和一双灵巧的手,这二者实际上也是人不可多得的"两件宝"。人类社会之所以能够脱离动物界,从社会方面说,是由于他们进行了长期的劳动。他们的劳动和创造工具的活动是在大脑意识的支配下进行的。劳动创造了大脑,大脑支配了劳动活动。因此,马克思指出,"正如在自然机体中头和手组成一体一样,劳动过程把脑力劳动和体力劳动结合在一起了。后来它们分离开来,直到处于敌对的对立状态"[3]。而实现人的全面发展,就是要从根本上消除这种不应有的"敌对的对立状态"。

马克思主义把人看作是身体与精神的统一体,把手与脑、身体与精神的协调发展看作是人的全面发展。马克思主义认为,现代社会应当"给每一个人提供全面发展和表现自己的全部的即体力和脑力的能力的机会"[4]。马克思主义所强调的智育与体育的结合,从根本上说,也就是体力与脑力、动手与动脑能力的结合。就是说,一个人既能从事体力劳动,又能从事脑力劳动,体脑界限完全消失,才能成为真正的全面发展的人。但在严密的社会分工的条

---

[1] 联合国教科文组织国际教育发展委员会:《学会生存——教育世界的今天和明天》,教育科学出版社1996年版,第195页。

[2] 田慧生等:《在自主活动中培养学生的创新精神和实践能力》,选自中央教育科学研究所《创新教育研究实验》课题组:《创新教育——面向21世纪我国教育改革与发展的抉择》,教育科学出版社1999年版,第62页。

[3] 马克思:《资本论》(第一卷),人民出版社1954年版,第555页。

[4] 成有信:《教育与生产劳动相结合问题新探索》,湖南教育出版社1998年版,第39页。

件下,往往使本来统一于人一身的体力与脑力处于不应有的分离与对立的状态,即体力劳动与脑力劳动的分家,只能造就出片面发展、畸形发展的人。其实,人们所从事的活动,不外乎认识活动与实践活动。前者要求动脑、智力操作,后者要求动手、实际操作。手脑结合就是动脑与动手、智力操作与实际操作的结合。而基于手脑结合的活动,是实现学生发展的必由之路。学生主体活动是认知、情感、行为发展的基础,无论学生的思维、智慧的发展,创新精神的培养,还是情感、态度、价值观的形成,都是通过主体与客体相互作用的过程实现的,而主客体相互作用的中介正是主体亲身参与的手脑结合的活动。教育要改变学生,要实现学生的发展,就必须首先让学生作为主体去进行手脑结合的活动。

应当说,"按照马克思主义的观点,未来真正全面发展的人,是消灭了体力劳动与脑力劳动的界限的人。而体脑界限的消灭,则是以使人获得真正全面发展的必要的条件(还有另一个条件是城乡差别的消灭)。但这一点在现阶段还做不到,现阶段只能要求做到手脑结合。具体地说,在教育实践中,我们应当创造条件,既要让学生动脑,又要让他们动手"[①]。但长期以来脑力劳动与体力劳动的分离和对立,造成了教育中动脑与动手的脱节。在某种意义上,手脑脱节同理论与实际分离互为因果关系。传统教育中手脑分离的现象相当严重,现代教育思想特别强调手脑结合。由于手脑结合往往也就联系着体脑结合,并且在很大程度上也就意味着教育与生产劳动的结合,因而,它客观上也就是培养马克思主义所倡导的全面发展的人的基本途径。

二、实践本质观

人类社会的发展就像是一条奔腾不息的长河,后人总是在前人的基础之上不断发展的,正所谓"长江后浪推前浪"。前人积累的知识除了依靠人们的习惯和传统不断延续之外,大量地包含在"书本"知识之中。离开了"过去",就无所谓"现在"。但必须强调的是,一切书本知识都是从实践中发源的。书本知识只是"流"而不是"源"。就像你要知道梨子的滋味,你就得亲口尝一尝;你要想学会游泳,就得亲身下水,在水中学会游泳;同样的,你要知道原子的组织同性质,你就得进行物理学和化学的实验,变革原子的情况一样。这就是说,一切真知都是从直接经验发源的。尽管我们不应忽视书本知识,

---

[①] 燕国材:《素质教育论》,江苏教育出版社1997年版,第121页。

但应当认识到,知识之最深厚之根源乃在于实践之中。实践是知识之"源",书本乃是知识之"流"。①

马克思主义哲学认为,"实践是人们能动地改造世界变革现实的物质活动"。它是人最基本的活动,正是它促进了人类认识及历史的发展。在马克思主义看来,"个人是什么样的,这取决于他们进行生产的物质条件"②。人成为什么样的人,这由他们的实践活动来决定,而实践活动则受活动的方式和组织性所达到的水平制约。马克思把人的实践活动理解为社会活动。不仅如此,马克思还强调感性的、物质的实践活动。他指出:"从前的一切唯物主义——包括费尔巴哈的唯物主义——的主要缺点是:对事物、现实、感性,只是从客体的或者直观的形式去理解,而不是把它们当作感性的人的活动,当作实践去理解。"③他将实践的概念引入认识论时,给它一个严格的唯物主义含义:活动的起初形式和基本形式乃是实际的感性活动,在活动中人们与周围世界的对象进行实际接触,并依据它们的客观属性,对它们施加作用。这就是马克思主义的实践论与唯心主义实践论——只承认抽象的、思辨形式的活动——的根本区别。

马克思实践活动观的"出发点是从事实际活动的人"。用这种实践活动观来审视人自身,就是把人看作是为实践活动的、能动创造着的主体,这种活动的主体不由人的自然性决定,而是由人自身的实践活动所决定。对此,马克思曾直言不讳地指出:"我们不是从人们所说的、所设想的、所想像的东西出发,也不是从口头说的、思考出来的、设想出来的、想像出来的人出发,去理解有血有肉的人。我们的出发点是从事实际活动的人,而且从他们的现实生活过程中还可以描绘出这一生活过程在意识形态上的反射和反响的发展。"④在这里,马克思是从现实的感性世界和实际活动的人出发,来理解和把握人与世界及其关系的哲学世界观再明显不过了。为建立起关于实际活动的人或"感性活动的人"的理论,马克思始终坚持从现实的、感性的、实际活动的、社会历史的人出发,批判黑格尔将人等同于"自我意识"和费尔巴哈用自然主义和直观主义去看待现实的实际活动的人。马克思既承认人"直接是自然存

---

① 高峡:《活动课程的理论与实践》,上海科学教育出版社 19974,第 48 页。
② 马克思恩格斯:《马克思恩格斯选集》(第 1 卷),人民出版社 1972 年版,第 25 页。
③ 马克思恩格斯:《马克思恩格斯选集》(第 1 卷),人民出版社 1972 年版,第 16 页。
④ 马克思恩格斯:《费尔巴哈》,人民出版社 1988 年版,第 16 页。

在物",即把自然人当作主体的生物学前提,又不停留于此,而是在肯定人的自然属性的基础上,把人作为人看待,承认意识为人与动物区别的显著特征;承认"人是类存在物",认为"这样一种存在物,它把类当作自己的本质看待;或者说把自己本身当作类的存在物来对待"。① 这就是说,人无论在实践上还是在观点上,都把自己和其他人看作有类的、社会本性的动物,并能自觉地意识到这种类的、社会的本质。不仅如此,马克思还进一步揭示了人的深层本质,认为人是"对象性的存在物",这是马克思新哲学观在主体这一问题上最富特色的成果之一,它意味着人是实际活动和实践创造着的现实主体,他和他周围世界具有相互依存、相互设定的关系,在这种关系中,人作为周围对象的对象,是以他之外的对象的现实存在为前提的,而周围的对象之所以是人的对象,则是以作为对象的人的存在以及人被赋予了对象性本质为条件的。这就是说,"人"(主体)既不是理性、观念和自我意识的"化身",也不是只有生物肉体而没有社会性、能动性和创造性的"自然人",他是一种包含着自然属性、社会属性和思维属性的实际活动着、发展着的人。

马克思主义认为,人的本质具有实践性、社会性、主体性。生产劳动和社会实践是人的本质的表现。马克思创造性地提出了能动的、唯物的实践观,把人定义为能动的、实践的个体(即相对于客体的主体)。人的思维、认识的本质即是能动的革命的改造自然、社会和自身的实践。"人的思维是否具有客观的真理性,这并不是一个理论的问题,而是一个实践的问题。"②人与动物的根本区别之一在于,动物只能被动地适应自然,人则能够通过生产劳动改造自然以满足人不断发展的需要。同样,人类社会虽然是由个体所组成的,但个体也不会被动地适应社会,而是要通过社会实践改造社会,使社会关系更合理,更有利于个体生命力量的发展与发挥。人正是通过改造世界的实践来提高认识、改造自己,并获得自己的本质属性的。实践即人的生活样式和生存方式。人的实践活动具有社会性。人类的实践活动本质上是社会性活动,人作为社会实践活动的主体,通过实践活动作用于包括人自身在内的客观世界。不仅生产劳动和其他实践活动本身,就是生产劳动和社会活动经验的摸索、获得、保存和传递也是社会性的,通过社会进行的;即使是个体的实

---

① 马克思:《1844年经济—哲学手稿》,人民出版社1956年版,第120页。
② 马克思恩格斯:《马克思恩格斯选集》(第1卷),人民出版社1972年版,第16页。

践及其经验,也是由社会发展的需要引起的,在社会所提供的一定物质和文化条件下进行并实现的。因此,"人的本质并不是单个人所固有的抽象物,在其现实性上,它是一切社会关系的总和"①。但人类的活动也具有主体性。这是因为,人类社会首先是由个体组成的,人是作为个体存在于社会的,个体与个体之间存在着丰富多样的个性。人不仅是作为社会活动的主体存在,更是作为个体活动的主体存在。个体是社会主体和个体主体的统一。但人的主体性并不是与生俱来的,而是通过社会实践、通过活动交往形成、表现和确证的。作为个体的人和作为类的人的成长、发展和社会化都离不开将人与人联系起来的人们的社会实践,人需要参与各种实践活动,不断充实自己的主体力量,促进自身的社会化。

马克思主义认为,人的类特性恰恰在于自由自觉的活动。人的历史也只不过是一部实践活动的历史。在马克思主义看来,人是在改变周围世界的活动中使自身得到改变和发展,由自在存在转变为自为存在的。因而人的认识、精神、个性的发展是与他们的认识活动及全部对象活动相一致的。人只有通过活动,通过实践活动,在其中与自然、社会、他人进行广泛的联系和交往,才能使自然界成为人的物质与精神生活的一部分,与此同时,不断地实现自我的价值,生产出新的规定性。换言之,实践活动是人存在和发展的基本方式,是人形成、完善和丰富的现实基础。也就是说,实践活动是人的生活的本质要求。

人类的实践活动具有能动性。马克思认为:"哲学家们只是用不同的方式解释世界,而问题在于改变世界。"②他认为,人们一方面作用于外部世界,另一方面改变着外部世界,改变着人自身。其实,实践唯物主义与其他形态的唯物主义的根本分歧就在于对待实践的态度上。实践唯物主义"要求从'实践'出发,以人类自身的实践活动格局来说明世界、社会、人类和思维,并要求随着实践格局的时代性的转换,形成新的哲学的结构"。

人在实践活动中接触外界事物时,对信息的接受加工有选择性,都要经过过滤和筛选。马克思指出,人们"积极的活动,通过活动来取得一定的外界物,从而满足自己的需要,由于这一过程的重复,这些物能使人们'满足需要'

---

① 马克思恩格斯:《马克思恩格斯选集》(第1卷),人民出版社1972年版,第16页。
② 马克思恩格斯:《马克思恩格斯选集》(第1卷),人民出版社1972年版,第19页。

这一属性,就铭记在他们的头脑中,人……就学会'从理论上'把能满足他们需要的外界物同一切其他的外界物区别开来"①。主观世界并不是客观世界自动分化的结果,也不是对客观世界"直观"的结果,更不是由各种"先天范畴"构成思维之网。主观世界和客观世界的关系形成于人的实践活动中,实践是主观世界最直接的基础。实践活动中,物质世界被反映在人的头脑中,并内化为主观世界。此即是说,实践是认识的源泉,是认识的基础,是认识发展的动力,是认识的目的,实践同时也是检验认识的真理性标准。

  应当说,人之所以要活动是由人的本质所规定的,那么,人怎样实现自由自觉的活动性呢?首先得赋予人活动的机会。学校教育以传承文化,促进青少年个性全面自由发展,以使他们为未来生活做准备为主要职能。毫无疑问,学校教育应以传授人类历史文化精华为主要手段,在课程设置上尽管学科课程所占比重较大,但是,学校教育本身也应使学生自由自觉活动,不能因为未来生活的准备而忽略准备期学生的活动,也不能因为未来生活的准备而使学生现行的生活与现实、社会相脱离。同时,学校教育为未来生活做准备决不等于未来生活的复制(这一不可能,二不经济),学校教育与现实社会生活相联系也决不等于社会现实生活。一方面社会生活变化无穷,学校教育有相对的滞后性;另一方面,学校教育只能为学生提供部分的稳定的社会生活方式。所以,学校教育要为学生提供恒定的具有张力的文化和社会生活方式,才能使学生离开学校后,以"不变应万变"。同时,学校教育也要提供适合学生身心发展的活动,提供与社会现实生活密切联系的活动,这样,学生在接受学校教育期间的学校生活才会丰富多彩,学生也才是活生生的实际活动着的人。从此意义上讲,学校既要设置学科课程,又要建设活动课程,学科课程积淀着人类文化之精华,设置学科课程,可以提高学校教育的效益,显得尤其经济。设置活动课程,一方面可使学生习得活动的方式,使学习成为一种自我满足的活动;另一方面也可使学科课程的学习与学生的学习实际、生活实际靠近,使学科课程的学习进一步巩固、深化。概言之,用人的自由自觉活动这一本质审视学校课程建设,首先,应肯定的是,学生是一个实实在在的人,作为人应当追求自由自觉的活动。其次,学生作为人与一般意义上的人又有着质的不同。这不同在于,他是一个发展着的人,而且是在一个特殊的环境

---

① 马克思恩格斯:《马克思恩格斯全集》(第19卷),人民出版社1963年版,第405页。

中发展的人，这个特殊的环境是一个简化的环境，纯化的环境，平衡的环境：它简化了人类长期历史发展过程中积累起来的纷繁复杂的文化因素，使之精确化、根本化，成为人之为人必须习得的文化共同要素；它将学校环境从纷繁复杂的社会大环境中提炼出来，将社会中影响学生发展的要素加以过滤，同时也将学校从整个社会历史发展的长河中纯化出来，去掉了学校发展与社会发展相悖的因素，进而使学校的可靠性、科学性不断提高；它还使学校生活与现实社会生活平衡起来，使学校与现实社会紧密相联（但不相等），要求学校在需要的时候选择融合社会现实要素的机会。所以，学生在学校这个特殊环境的生存和发展显然离不了凝聚着历史文化精华的学科和学生现实的自由自觉的活动。①

马克思主义的实践观也为我们正确理解人的认识活动以及作为一种特殊的认识活动的教学提供了方法论钥匙。以这种思想来关照学校的课程与教学活动，我们得知，实践即人本身，实践贯穿于人生的全过程。作为个体作用于外在（包括自身）的活动方式，实践在人生教育的各个阶段上，有着不同的特殊表现形式：在学前教育期间，实践主要表现为游戏，幼儿的"学习"（不是狭义的而是广义的"学习"）主要是通过游戏进行的，或曰"游戏即学习"；在义务教育阶段，实践即"体验性学习活动"（学习中的观察、实习、实验、调查以及实做等，即准实践）；在高中乃至大学阶段，实践即"亲历性学习活动"（探究、实验、实做等）；在成人阶段，实践才真正成为一般意义上的改造自然、社会和人自身的活动。人的认识有两种来源和途径，从根本上说源于实践。因此，课程与教学，从根本上应当重视并充分发挥实践的重要作用。这些思想及其在这些思想指导下的课程教学实践，为我们今天开展实践性的综合实践活动课程提供了理论依据和历史与实践的渊源。

教育发展史上，中国教育家，从孔子、墨子到王夫之、颜元再到黄炎培、陶行知，都强调教学应当做到学知行结合，教学做合一。西方教育家，从希腊的亚里士多德到捷克的夸美纽斯、法国的卢梭、美国的杜威再到后现代主义，也都重视实践（做、过程、活动）的课程教学论价值。亚里士多德重视实践和练习在教学中的积极作用；夸美纽斯从感觉论出发，主张不唯依靠书本而应尽可能通过实地观察去学习以培养其独立性和创造性；黑格尔从理论上论证了

---

① 李臣：《活动课程引论》，教育科学出版社1998年版，第100页。

实践活动之于教育的重要价值,认为只有通过创造即实践活动,个体才能在世界历史中实现自己和确证自己;卢梭反对传统知识灌输式教学,主张儿童通过对实际生活的观察、探索以获得真正的知识,将儿童的活动高扬到教育生活的极端;杜威更是从实用主义、经验主义出发,提出了以"活动"和"做"为核心的课程与教学思想,他说:"学校科目相互联系的真正中心,不是科学,不是文学,不是历史,不是地理,而是儿童本身的社会活动。""儿童的社会活动是他的一切训练或生长的集中或相互联系的基础。"他强调,"使儿童认识到他的社会遗产的唯一方法是使他去实践那些使文明成其为文明的主要的典型的活动"。他举例说:烹调、缝纫、手工等活动性科目应该在学校课程结构中占有重要地位,而不应是"附加在其他许多科目之外,作为一种娱乐、休息的手段,或者作为次要的技能的特殊科目而提出来的"。因为这些活动科目"代表社会活动的类型和基本形态"。这些思想对后来世界课程与教学论的发展产生了极大影响。后现代主义课程论的主要代表人物多尔从建构主义课程观角度提出,课程不是预先设定的,而是"通过参与者的行为和相互作用而形成的",因此,应当"鼓励、要求教师和学生自由地通过(实践)相互作用(合作)发展他们自己的课程"①。

长期以来,我们的教育一直注重基础知识与基本技能的掌握,也的确造就了一大批基础扎实的人才,但学校不关注学生动手能力的培养,学生实践能力明显不足的问题依然存在。早在半个多世纪以前,陶行知先生就曾经批评过,"中国教育之通病是教用脑的人不用手,不教用手的人用脑",正切中我国教育长期以来忽视实践体验的弊端。而且,长期的闭门读书可能使人产生错觉,以为所有的知识都来源于书本。手脑结合的教育则力图向人们展示,实践是知识取之不尽用之不竭的源泉。它力图使学生对学习的概念有一个崭新的理解。它鼓励学生到广阔天地里去学习,到实践中去学习。

三、主体价值观

联合国教科文组织编辑出版的《学会生存》一书指出:"教育既有培养创造精神的力量,也有压制创造精神的力量。"②"如果任何教育体系只为持消极态度的人们服务;如果任何改革不能引起学习者积极地亲自参加活动,那么,

---

① 张传遂:《综合实践活动课程论》,广东教育出版社2005年版,第47页。
② 联合国教科文组织国际教育发展委员会:《学会生存——教育世界的今天和明天》,教育科学出版社1996年版,第188页。

这种教育充其量只能取得微小的成功。"①我们都知道,拿破仑曾经把中国比作是一头沉睡的雄狮,而这头雄狮能否实现怒吼,一个重要的因素就在于人的主体性能否从沉睡中清醒过来。当我们面向世界,反省自己的时候,一种危机感就会油然而生——我们培养的人缺少主体性,缺乏自主的精神、创新的精神。②

我们在前面讨论了马克思主义的实践观,其实,实践唯物主义高扬人的主体性,从主体实践的角度来理解物质世界,马克思主义的实践原则也就是主体原则,主体不是精神主体,而是实践主体,而实践是人类的自主活动,两者是贯通的。"重视以实践活动为基础的人的主体性是马克思主义的'新唯物主义'区别于旧唯物主义以及唯心主义的一个显著特征。"③主体性表明人是这一世界的主角,是历史的创造者,也是人自身发展的原因。关于主体性的内涵,马克思有许多论述,概括起来主要指,人作为活动主体在对客体的作用过程中所表现出来的能动性、自主性和创造性。

主体的能动性是主体性最基本的特性。人类最初的能动性是在长期劳动中逐步发展起来的,劳动促进了作为劳动工具的手和作为主要认识器官的大脑及思维以及作为社会交往工具的语言的发展,使人终于成为有自觉意识,可以能动认识和改造世界的人。马克思认为,"人是能动的自然物"。这种能动性表现在对象性活动中,具有目的性,能根据外界事物的特性和自身的需要确定实践目标,为我所用;具有超前性,在活动未开始之前,便对活动的过程、结果或成效做了超前的思考,在观念中便形成了、存在了;具有可控性,能按预期目标,想方设法加以实现。这样一来,人开始改变了受制于物的被动境地,开始置客观事物于为我所用的能动境地,开始了人类社会改造世界的历程。

在教育过程中,儿童的能动性是在他与外界包括教育的相互作用下发展起来的。它由一个人的认知力和内驱力所构成。首先决定于认知力,即决定于个人获得的直接经验和人类积累的基本知识的情况以及与此相关的智能的发展情况;其次还取决于由需要、兴趣、爱好、价值观所构成的内驱力。有

---

① 联合国教科文组织国际教育发展委员会:《学会生存——教育世界的今天和明天》,教育科学出版社1996年版,第265页。
② 张天宝:《主体性教育》,教育科学出版社1999年版,第1页。
③ 袁贵仁:《马克思的人学思想》,北京师范大学出版社1996年版,第98页。

了认知力、内驱力,加上人的自然体力,人就能够能动地认识、改造世界和自身。

人的主体性一方面是主体对于主客体关系的自觉性。马克思指出:人"使自己的生命活动本身变成自己的意志和意识的对象。他的生命活动是有意识的"。① 另一个方面是主体的选择性。人的活动目标、手段和方式,都是主体能动选择的结果。他认为,人的活动是根据"物种的尺度"和人的"内在的尺度"进行的,也就是根据客体的规律和主体的需要、目的进行的,活动的每一个步骤都要反复思量,慎重选择,权衡利弊。真正的主体必然是具有主动性的主体,即自主活动的主体。"这种自主活动就是对生产力总和的占有以及由此而来的才能总和的发挥。"②人的主体性的高级表现是创造性,马克思指出,"劳动是积极的创造性的活动",主体是"从全部才能的自由发展中产生的创造性的生活表现"。人类的历史就是一部人不断创造的过程,"人离开狭义的动物愈远,就愈是有意识地自己创造自己的历史"③。

时代呼唤着人的主体性,人们也殷切期望教育能弘扬人的主体性,以适应当前社会发展的需要。然而长期以来,我国教育界由于受传统教育思想的束缚,对人的价值和人的地位问题的重视不够。在教育目的的价值取向上,把社会价值和个人价值人为地对立起来,并过分注重教育适应社会的价值而忽视教育促进个人发展的价值,当社会价值和个人价值发生矛盾和冲突时,一味地以牺牲个人价值为代价去迎合社会的需要,不重视人在教育中的主体地位。反映在教育过程中,则仅仅把学生当作教育的对象和客体,片面强调学生受动的一面,抹杀了能动的一面,压抑了学生在教育过程中的主动性、积极性和创造性,也束缚了学生主体性的发展,这与我国社会主义现代化建设需要的人才相距甚远。因此,大力倡导主体性教育,是当今时代的呼唤和我国教育教学改革的必然走向。

主体性教育要求尊重和培养学生的主体性。应当说,这一思想有着悠久的历史渊源。早在两千多年前,大教育家孔子就提出了因材施教、启发诱导和学思结合的教学思想。他的至理名言是:"不愤不启,不悱不发,举一隅不以三隅反,则不复也。"就是说,教师只有当学生进入积极的思维状态,心求知

---

① 马克思恩格斯:《马克思恩格斯全集》(第42卷),人民出版社1979年版,第96页。
② 马克思恩格斯:《马克思恩格斯选集》(第1卷),人民出版社1972年版,第74页。
③ 但武刚:《活动教育的理论与方法》,华中师范大学出版社2005年版,第123页。

而未知，口欲言而不能的时候，适当地进行启发和诱导才能收到举一反三的效果；如果学生不能积极思维、举一反三，教学就不能再展开。他还十分精辟地阐述了学与思的辩证关系，"学而不思则罔，思而不学则殆"，只学习不思考就会迷乱而不明，只思考而不学习就会空泛而不实。学思结合、学思并重是孔子启发式教学的一条重要原则。我国最早的一部教育论著《学记》在反面对照当时注入式教学的弊端的基础上，再三强调"善喻"，"喻"就是善于诱导之意。书中提出了实施启发式教学的三条原则："道而弗牵；强而弗抑；开而弗达。"即引导学生却不牵着他们走，激励学生学习而不压抑他们，启发学生的思维但不直接告诉结果。人民教育家陶行知先生在中国教育史上则首倡"创造教育"，他认为，小孩子多少都有其创造的能力，我们应当启发、解放儿童的创造力，"解放小孩子的头脑，解放小孩子的空间，解放小孩子的时间，解放小孩子的嘴"。他特别要求教师在教学中应正确处理教与学、教师与学生的关系，以使学生能够在学习上做到自得自动，充分发挥自己在教学过程中的主体作用，"教的法子根据学的法子，怎样学就须怎样教；学得多，教得多；学得少，教得少；学得快，教得快；学得慢，教得慢"，"先生的责任不在教，而在教学，而在教学生学"，"好的先生不是教书，不是教学生，乃是教学生学"。

在国外，上至苏格拉底、柏拉图，下至近现代的教育理论，也都包含了大量的有关主体性教育思想的真知灼见。例如，苏格拉底认为，"教育不是灌输，而是点燃心灵的火焰"。教师的任务并不是要臆造和传播真理，而是要做一个新思想的"产婆"，激发学生的思维，使之主动寻求问题的答案，既获得新知识，又学到如何获得知识的本领。卢梭强调，对儿童进行教育，必须遵循自然的要求，顺应人的自然本性，反对成人不顾儿童的特点，干涉或限制儿童的自由发展。他在其教育小说《爱弥儿》一书中指出："问题不在于教他各种学问，而在于培养他有爱好学问的兴趣，而且在这种兴趣充分增长起来的时候，教他以研究学问的方法。毫无疑问，这是所有一切良好的教育的一个基本原则"，并一再要求教师应该"巧妙地使他产生学习的愿望，向他提供满足他的愿望的办法"，"向他指出通向科学的道路"，"教他怎样在需要的时候取得知识"，等等。德国教育家第斯多惠更坦诚地指出，"不好的教师是奉送真理，好的教师是叫学生去发现真理"，在教学中，"如果使学生习惯于简单的接受和被动的工作，任何方法都是坏的，如果能激发学生的主动性，任何方法都是好的"。而"教育的艺术不在于传授的本领，而在于激励、唤醒和鼓舞"。另一位德国的著名教育学家斯普朗格也曾说过:"教育的最终目的不是传授已有的东西,而是要把人的创造力量诱导出来,将生命感、价值感唤醒。"实用主义教育家杜威针对传统教育中存在的死记硬背、置儿童于被动地位、压制儿童个性、不考虑儿童的心理特点的发展等弊端提出:"现在我们教育中将引起的改变是重心的转移。这是一种变革,这是一种革命,这是和哥白尼把天文学的中心从地球转到太阳一样的那种革命。这里,儿童变成了太阳,而教育的一切措施则围绕着他们转动,儿童是中心,教育的措施便围绕他们而组织起来","教师与学生两方面愈不觉得一方面是在那里教,一方面是在那里受教,那么所得的结果愈好"。他批评说,传统教育之所以失败的根本原因,是因为不能在教学过程中给学生以"引起思维"的情境,不让学生从事主动的活动,而只让他们被动地死读书本知识。因此,他认为,教学方法必须应使学生能够能动地活动,积极地思考,并重视学生的兴趣、需要、爱好等。在此基础上,他还提出了反省思维的五个阶段的理论,即"问题—观察—假定—推理—检验",并认为教育要使儿童获得能够共同参与社会生活的经验,就必须按照上述反省思维的五个步骤组织好每一次教学活动。

不难发现,主体性教育并不是凭空产生,而是有它深刻的历史渊源。这时的主体性教育思想尚处于萌芽状态和局部探索,其特征是散见、个别、思辨,多是直观的、感性的经验描述,缺乏系统的、概括的理论探索。尽管如此,正如黑格尔所言,"萌芽虽然还不是树本身,但在它自身中已有着树,并且包括着树的全部力量"[①]。

主体性教育的基本思想主要体现在两个方面。从教育的目的来看,主体性教育主张教育以培养、发展和弘扬儿童的主体性为根本目的。首先,发展人的主体性这一目的,是在人与社会的辩证统一、个体发展需要与社会发展需要的辩证统一这一认识基础上确定的。马克思主义认为,人是构成社会的基础,社会是人的存在形式,因此,社会离不开人,人也离不开社会。一方面,人作为一定历史条件下的人,必然要受到社会环境的制约,一定历史条件下的社会关系总和规定了人的活动方向和性质;另一方面,在人与社会的关系中,人是受动和能动的统一体,人并不是完全听命于社会关系摆布的被动生存物,而是能够自觉地、能动地认识和改造社会。当社会不能满足人的生存

[①] 张天宝:《主体性教育》,教育科学出版社 1999 年版,第 30 页。

和发展需要时,人能够以自己的行为来改变世界,从而改变自己的生活、生存条件,创造一个有利于自己发展的社会环境。一部社会发展史,归根结底是一部人的发展史,一部人类追求自身完善和解放的斗争史。因此,在人与社会的关系上,在人的发展与社会发展的链条上,人是推动社会发展的根本力量,社会要前进,就必须首先着眼于人的发展。其次,发展人的主体性这一目的,也是根据马克思主义的科学的人的发展观提出的。马克思认为,造成人的片面发展的根本原因在于私有制条件下的旧的分工,它把人的活动强制地固定在某一活动范围内。这样,人本身的活动对人来说就成了一种异己的、与他对立的力量,"这种力量驱使着人,而不是人驾驭着这种力量",因此,人在自身的发展中完全丧失了自由,劳动成了人们自主活动的假象。正是在这个意义上,马克思特别强调在全面发展基础上的个人独创的和自由的发展。按照马克思主义的观点,人的全面发展同时也是人的自由发展;全面发展的个人,同时也应该是具有个性和主体性的人。

　　人类的主体性是浓缩人类总体的精华特性。人的主体性不是与生俱来的,人只有通过实践才能形成主体性,才能表现和确认其主体性。从哲学的角度来看,实践活动是人的存在和发展的唯一方式。人的活动即主体的活动,是个体自觉地与客体发生相互作用的过程。人只有通过活动,才能对客观世界发生作用,才能主动地去认识和改造客观现实,并在这一过程中改造、发展和完善人本身。活动是人的主体性的生成和发展机制。也即是说,人的主体性是活动生成,活动赋予,并在活动中实现的。对于个体来说,只有在社会的实践和交往活动中才能使自己的能力获得发展,个性获得丰富,才能在从事不同性质和不同水平的活动中逐步获得人类的主体意识和主体能力。总之,人只有在活动中才能形成主体性,表现出主体性;活动是影响人的主体性发展的决定性因素。在活动过程中,个体对活动客体和活动手段、方式的选择,对活动目的、步骤、计划的确定,对活动过程的控制等,都离不开个体自主性、能动性和创造性的参与。因此,教育作为一种有目的地培养人的活动,要有效地促进主体性的发展,就不能不重视学生在教育过程中的各种活动。"教育学离开了活动问题,就不可能解决任何一项教育、教学发展的任务"①。

---

① 瞿葆奎主编,吴慧珠等选编:《教育学文集·课外校外活动》,人民教育出版社1991年版,第3页。

这为教育在学生主体性发展中的主导作用的发挥指明了方向,客观上要求教育要有效地促进学生主体性的发展并起到应有的作用,就必须根据一定社会的要求和学生主体性发展的规律,开展有利于学生主体性发展的各种教育活动,并加以有效的规范、科学的组织和正确的引导,从而为学生主体性的发展提供机会、创造条件。否则,如果没有学生的主体活动,不精心设计和科学组织各种教育活动,学生的发展就会落空,教育在人的发展中的作用就只能是一个良好的愿望,而难以成为现实。

判断教学是否发展了学生的主体性有两个标准:一是自觉参与,二是主动探索。教学过程中是侧重书本知识灌输还是着眼于通过学生的自主参与、主动探索去培养学生的创造能力和实践能力,这是教学过程的主体性是否得以有效体现的根本标志。

自觉参与,意味着学生作为学习主体,不是被动的而是有目的、有兴趣、全身心地投入教学过程。这时的主体,不仅具有活动倾向,而且进入有准备的状态。这是"活动"成功的心理因素和先决条件,是学生主体的独立性、自主性的直接表现。是否体现主体性并不简单地取决于教学的直观与否,不论是教师用实物演示,还是学生亲自摆设实物,都不能以此确定为体现主体性。诚然,实物的直观教学对帮助学生理解抽象概念、原理有直接作用,但它仅仅只提供感官形象材料,既没有说明学生是否具有活动倾向和有准备状态,更没有表明学生由实物及外部动作所引起的内部思维活动。总之,没有表明学生是否自觉地参与和全身心地投入。因为"为灌输知识而组织的实物教学,不管有多少,绝不能代替关于农场和田园动植物的直接知识,这种直接知识是通过在动植物中的实际生活和照料动植物而获得的"[①]。

主动探索,意味着学习主体不仅自觉地参与、全身心地投入教学过程,而且对未知积极主动地探求。这时,主动性的变革性、选择性和构建性得到综合地运用,具体表现为,对学习内容不仅是做到一般的理解和应用,即只能做到复述性回答和模仿性练习,更重要的是能够对学习内容有新的理解和创造性应用。从心理过程看,经历了两个转化,一是从外部活动内化为相应的心理因素,如认知的、情意的或技艺的;二是这种新构建的内部心理因素外化为创造性行为,如语言的、操作的创造性表现。这条标准同样可以使我们把体

[①] 约翰·杜威:《学校与社会》,人民教育出版社 1986 年版,第 30 页。

现主体性的教学活动与重复性操作练习活动区分开。不论是体育课的为掌握某个技巧的重复练习活动,还是美术课的绘画练习活动,以及计算机课、音乐课、劳动课等的重复性操作练习活动,都不能简单地以具有明显的外部活动特征而被称为"活动教学"。因为这些活动的直接目的都是为了形成某种技能技巧,一般地说,没有学生的主动探索活动。教学过程中是侧重书本知识灌输还是着眼于学生的自主参与、主动探索去培养以创造能力和实践能力为核心的主体性,这是突出主体性的教学与传授式教学的根本区别。[1]

应当说,学习的过程犹如教人学游泳,教的人所要做的就是把学游泳的人推下水去,其结果是这个学习游泳的人或是被淹死或是学会游泳,当然教师的作用是必须绝对保证这个人不能被淹死,还要让人能够在不被淹死的自我努力挣扎中学会游泳。学习的过程也与此类似,教师的教授不等同于学生的学习,教学应该要调动学生自觉学习的积极性,发挥学生的主体作用,让学生感受到学习的乐趣,能够主动探究、发现、实践和学习。对教师而言,科学、适时的指导是必要的,但无谓占用学生所必要的自主学习时间是徒劳和有害的。

手脑结合要求学习者能够"在劳力上劳心","手脑双挥",借助"做"这一社会实践活动展现人的主体精神。马克思认为,人的社会实践活动是人的本质力量的对象化,只有在实践活动的过程中,学习主体的潜能才能得到充分发挥。手脑结合各种以学习者为参与主体的实践活动,在教育教学活动过程中居于中心性位置,学习者因此具有了展现自我活动能力的机会和舞台。换言之,假如学习者能够在这样的实践活动中充分唤醒内在的活动潜能、张扬其主体的实践精神,学习者作为学习主体、发展主体的地位才意味着真正的确立和实现。[2]

从以上关于主体性教育的理论中我们可以看出,主体性教育理论无论在教育的目的上还是在教育的过程上,都把发挥人的主体性摆在了十分突出的位置。事实也正是如此,任何教育教学活动都离不开学生个体的积极参与和自主活动(包括脑内活动和动作活动)。有鉴于此,马克思才会说,"教育绝非单纯的文化传递,教育之为教育,正是在于它是一种人格心灵的唤醒。因此

---

[1] 黄根东等:《活动与发展:活动教学实验研究》,学苑出版社1999年版,第76页。
[2] 张惠娟等:《教学做合一:转识成智的一种路径》,《现代教育论丛》2007年第11期。

说教育的核心所在就是唤醒"。倘若我们的教育总是让学生处于昏昏欲睡的状态,那还有什么主动性可言？其实,教育者的任务不仅在于传授知识,更为重要的是要在教育教学过程中充分激发和调动学生的能动性、自主性和创造性,培养学生的手脑结合探究态度和发展学生的探究能力,这是学生进行探究性学习必不可少的条件之一,也是手脑结合教学应该遵循的一条基本原则。①

第二节 脑科学基础

伟大的哲学家康德曾经说过：世界上有两件事最神秘,一是遥远的星空,二是深沉的心灵。法国著名作家雨果也曾说：世界上最广阔的是海洋,比海洋更广阔的是人的心灵。当然,先哲们所说的心灵,实际上指的是人的大脑。人的大脑,是大自然对于人类的慷慨赋予,是人世间最神秘的物质。近几十年来,随着现代科学与技术的迅速发展,大脑研究技术、手段的不断改进,在大脑研究特别是左右脑功能差异方面取得了许多重要的进展。这不但极大地丰富了人类关于自身大脑的知识,而且还使我们从新的视角认识到左右脑在人类创造性活动中的不同作用及协调统一,进而也从脑科学的角度为手脑结合理论提供了重要的理论支撑。

一、左右脑的功能特点

应当说,人类对关于左右脑的机能分工问题的认识可追溯到19世纪中叶。这一问题最初是从脑损伤或脑疾病的临床实践中发现的。其实,早在语言中枢发现以前,医生们就知道左脑损伤引起语言障碍的事实,脑外伤以后出现失语现象是很常见的。"失语症"的说法在古希腊时代就有,但当时却没有和脑的机能定位相联系。1861年,法国医生布洛卡利用临床观察和验尸的方法发现,凡是右侧偏瘫患者,其左半球额下回稍后方均有不同程度的损伤,而这样的病人都同时伴有言语运动障碍,即能听懂别人的话,但自己不能说话。布洛卡据此确定左半球额下回为运动性言语中枢。现在人们称左半球的这一区域为"布洛卡区",称此区受损所导致的说话能力的丧失,为"运动性失语症"。

1874年,德国神经病理学家威尔尼克发现并确定了大脑左半球颞叶的感

---

① 靳玉乐：《探究教学论》,西南师范大学出版社2001年版,第57页。

觉性言语中枢,现称"威尔尼克区"。此区域受损的病人虽能讲话,但语无伦次;虽能听到讲话声音,但不解其意,完全丧失了感受言语的能力,这种疾病叫"感觉性失语症"。以后,不少人又陆续发现,各种言语活动,阅读和写字、理解力和命名、计算等心理活动,也都是由于左半球损伤而发生障碍的,从而支持了布洛卡和威尔尼克的结论。由于这些研究都未在右半球的对应区域发现因损伤而引起的言语障碍,而语言和思维又被认为是人类心理活动的核心,这样,人们逐渐形成了大脑两半球功能不对称性的传统观念,并将左脑的语言优势扩大为全面优势,而将右脑的视为劣势,误认为右脑处于从属地位。即认为左半球是一个全能的优势半球,右半球则是个从属的、次要的、相对落后的半球。应当说,这一观念的形成主要根据神经病学家对脑损伤病人的临床观察结果,并且,日常生活中大多数人右手优于左手的现象也加深了对这一观念的印象。因为语言中枢的定位与使用手的习惯有关,由于90%以上的人都是右利手,绝大多数人的语言中枢都在左脑。于是,左侧大脑半球为"优势半球"的传统观念持续了一个世纪,直到20世纪中期才开始转变。

  在"左脑优势"概念盛行的年代,也有人产生疑问:长期生物进化形成和发展起来的结构岂有无用或浪费之理?难道向来吝啬的大自然会让如此复杂的神经结构闲置不用吗?难道作为人脑另一半的右脑果真不能展示其才华吗?直到20世纪60年代,斯佩里等人完成了对"裂脑人"(因治病需要而切断了胼胝体)的卓越研究,发现了右脑也存在着许多高级认知功能,才改变了这一观念。斯佩里的研究结果表明,左右两半球有严格的机能分工,各有各的优势。左脑擅长言语表达、抽象思维、形成概念、逻辑分析、数学计算以及完成许多复杂的连续性的活动等,而右脑则在空间知觉、图形建构、整体综合、音乐、绘画、舞蹈、情感与情绪、创造性和综合活动等方面占有优势。据此,有人将左脑称为理性脑,右脑称为感性脑。斯佩里等人的研究修正了长期以来人们把左半球看作优势半球的观念,有利于人们对右半球的重要功能形成科学认识,同时也有利于我们更科学地使用大脑,开发大脑的潜力和功能。

  斯佩里等人的研究向人们展示了大脑两半球功能专门化的崭新图景,"使我们能够深入地了解大脑的内部世界"。它不仅改写了一百多年来人们对大脑左右半球功能的传统认识,充分肯定了右脑功能在人类思维特别是创造性思维活动中的重要价值,而且为进一步探索和开发人脑的更高级功能

"提供了一个全新的轮廓"。同时,也为我们对人类思维发展进程进行深入的考察和反思提供了可靠的科学依据和新的视角。但毋庸讳言的是,也正如斯佩里在诺贝尔奖获奖感言中所言,"关于认识模式的左一右两分法只是一种很易放肆无羁的观念,在正常状态中,两半球看来是紧密地结合得如同一个单位而进行工作的,而不是一个开动着另一个闲置着。所有这些问题中还有许多有待于解决,甚至关于不同的左右认识模型的这个主要观念仍处于挑战之下"。布莱克斯利的名著《右脑与创造》中也指出:"人类的最高成就,都是共同使用了人脑两个半球的完备的能力。"[1]

其实,人的大脑的左右两半球之间并非是截然分开的,恰恰相反,它们是友好合作的伙伴。它们之间是靠胼胝体联结并进行频繁的信息交换。胼胝体由2亿根乳白色神经纤维束组成。胼胝体不仅将两半球联结在一起,而且促成两半球的协同活动。如果胼胝体发育不全,则会造成个体智力能力的降低。正因为胼胝体具有协调两半球的功能,所以据此推测:由大脑左右两半球的协同活动,可使非语言思维有机会借助运作和图像的思维进行。从"智力图像"形成的角度看,直觉思维显然涉及左半球与右半球大脑皮层的交互作用,以及胼胝体的联接作用。因此,有人主张应从左右半球的联合以及胼胝体的机能上考察直觉思维的脑生理基础。

美国康奈尔大学教授卡尔·萨根曾写过一本《伊甸园的飞龙》,是美国的畅销书。在此书中,萨根对斯佩里的脑研究材料进行了分析。他认为,在日常生活中,大脑两半球的相对独立表现比较明显。在许多时候,人们难以用左半球所具有的言语功能来描述右半球主司的感觉过程。许多精美的动作,包括体操在内,以及大量的音乐才能主要来自右半球。外界事物通过感觉器官而投射在左右半球上的映像有比较明确的区分。但萨根同时又认为,对于左右半球的独立性不应当估计过高,应当强调大脑左右两半球的彼此协同合作。他指出:像胼胝体这样复杂的电缆系统的存在,必将意味着两半球的交互作用是人维持生命所必需的。如果两半球的联系被削弱甚至切断,那么就会产生许多莫名其妙的现象。他认为,人类的许多创造性活动都有赖于这两半球功能的结合。萨根专门分析了凯库勒发现苯环结构式的创造过程。他指出,凯库勒的活动是一个典型的图形识别练习,而不是分析活动,这种创造

---

[1] 托马斯·R.布莱克斯利:《右脑与创造》,傅世侠等译,北京大学出版社1992年版,第60页。

行为是右半球而不是左半球的活动。同时,他又指出:要有效地获得知识,则需要两个半球的协同工作。他认为:没有经过左半球的详尽研究,就无法断言通过右半球推断出来的模式是现实的还是虚构的。所以,在骤变的环境中要解决复杂问题就需要两半球的共同活动。通过胼胝体沟通大脑两个半球,是通向未来的唯一途径。萨根进而还指出,只有通过大脑左右半球的合作,才有可能实现人类在科学、艺术等方面的创造活动。因此,我们可以说,人类的文明就是胼胝体的功能。总而言之,如果没有大脑左右半球的协同,没有胼胝体的联结,是不会形成那种既具有抽象的性质,又具有形象的特征的直觉思维的。这就是人类许多创造得以成功的保证。日本东洋大学教授、日本创造学会委员长恩田彰也认为:头脑两半球功能的联合以及两半球的关系是创造性研究的很有希望的研究领域。

由于左、右脑担任的功能不同,每个人对左、右脑利用的程度不同,因此,每个人左、右脑发展水平也有差异。于是,左脑占优势与右脑占优势的孩子的行为也有了明显的区别,如左脑型的孩子运算、逻辑能力强,自然、算术、语文是其擅长的领域;而右脑型的孩子形象思维、绘画、音乐方面强,运动、手工和音乐成为他们的擅长领域;而左、右脑发展均衡的孩子,在各个领域都比较出色,但这样的孩子较少。应该说他们"各有千秋",但在现实的教育环境中,右脑型的孩子往往处于劣势,被认为是笨孩子。其实,右脑在我们人类文明的进化中也是发挥了相当巨大的作用,即使在那些被认为左脑擅长的领域,如数学、物理,右脑的直观能力也很重要,实际上在学者中直观思维型的居多,并且有好多人爱好音乐;在数学家中,这样的人就更多了,在欧洲几乎没有不搞音乐的数学家。这就提醒我们在教育实践中要重视右脑型的孩子,不能用传统的标准去衡量他们的能力,也提醒我们每个人要重视我们右脑的发展,开发自己右脑的潜能。

人们在考察科学和艺术上有所成就的人们时,发现他们大多是左、右脑都很发达的人。如伟大的科学家爱因斯坦既对事物的性质有深刻的理解,又有杰出的理性思维,能用数学方法使他的洞察力变成逻辑的符号。再如文艺复兴时期的达·芬奇,既是科学家又是艺术家、工程师、建筑师,也是雕塑家和画家。他的科学著作包括许多有关自然和人体解剖的精美插图,这些插图在艺术上超过他那个时代的任何人;他的艺术著作充满了对形象化概念的精辟分析,以致经过几个世纪还未能得到充分的鉴赏。我们的大脑虽没有天才那样尽善尽美,但我们的脑与他们的脑有着相似的功能,他们用脑的特点为我们开发自己的脑潜能指明了方向。我们在强调从整体上开发大脑的同时,也不得不承认由于先天脑结构和后天用脑特点的差异,不同人的大脑有不同的特点。这就提醒我们,在专业方向和职业选择上,一个人要选适合自己大脑特点的学科或工作。如果一个人在学习中选错了专业或在工作中选错了职业,那么,就会发生悲剧。比如,一个对绘画或音乐毫无兴趣,而且在这方面又比较笨拙的人,即使考上了美术或音乐大学,他的学习也不会有长进,他的特长也不会得到发挥,他的生活会变得十分痛苦;同样,见了计算机和理论头痛的人,如果进入数理系,情况也会如此。

我国著名的脑科学家杨雄里院士认为:"尽管脑存在着功能分区定位,但脑的高级功能,特别是认知、思维等功能,实际上依赖于全脑的活动即使随着脑成像技术的发展,揭示了某个脑区在某种认知活动中起了特殊的作用,但就认知过程整体而言,绝对是各个脑区协调活动的结果。"①因而,尽管左、右脑在功能上确实存在高度的专门化,但我们对此不应做绝对的理解。事实上,大量的研究结果也表明,两半球在功能上不仅有分工,而且还有一定的互补能力;它们在一些具体功能上虽然存在着主次之分,但一般来说都是相对而言的,而不是一种"全或无"的关系;它们既各司其职,又相互密切配合。比如言语功能,在词意和连续性方面依赖于左脑,但其声调还需要由右脑来控制。因此,左、右脑就好比是个不同类型的信息加工控制系统,两者间存在着密切的相辅相成、协调统一的工作关系。

应当说,如果你的大脑是左脑型,那么你拥有的是思想家的潜质;如果你的大脑是右脑型,那么你拥有的是艺术家的天赋;如果你的左、右脑发展均衡,那么你既可以成为思想家,也可以成为艺术家;如果天生不幸,你的大脑两半球都不具有优势,那么你也不要气馁,因为你的大脑依然具有无限的潜能,等待你在生活中去积极开发。为了我们更美好的未来,让我们充分认识自己脑的特点,充分发挥左、右脑的作用,让这两位亲密的兄弟精诚合作,携手共创我们更幸福、更美好的生活吧。

左、右脑如同两种不同类型的信息加工系统,它们相互补充、相互代偿、相互制约、相互协作,以共同完成人类高级的心理活动。而大脑两半球偏侧

---

① 杨雄里:《脑科学和素质教育刍议》,《教育理论与实践》2002 年第 2 期。

化和所谓功能优势都是在相对意义上说的。随着科学的发展,大脑两半球的协同活动已成定论。① 因此,要提高智慧,就要使左、右脑均衡地发展,使左、右脑协调地工作。此即是说,"重要的是要学会使两种类型的特有思维都得到充分的利用。所有的变革都会有一种矫枉过正的倾向;而我们所希望的正是这种右脑的革命,尤其是能以对右脑的过分强调来弥补我们当前对左脑的过分强调"②。

二、手脑间的密切联系

人的大脑两半球的表面覆盖着一层灰质皮层,即大脑皮层,它是人类发展进化的产物。在进化过程中,那些本来属于低级脑部位的功能,在高等动物中逐渐向大脑皮层转移。机体的各种机能在大脑皮层中都有最高调节中枢。大脑皮层通过对其他较低级神经结构的调整与控制作用,成为机体内一切活动的最高管理者与支配者。人类的大脑皮层得到最显著和最完善的发展,它不仅控制和调节人体的各种身体运动和内脏活动,而且还是思维的器官。

大量实验表明,大脑皮层的不同部位具有不同的功能。亦即在大脑皮层中存在着与人体功能相对应的各种分区,这些分区能将有关指令投射到由其"管辖"的区域。当然,这些被"管辖"的区域也可将有关信息反馈到大脑中的特定功能区域。人类大脑皮层主要的功能代表区有运动区、感觉区等。大脑皮层的运动区主要在中央前回,与躯体运动有着密切的联系,它发出动作指令,支配并调节身体的空间位置、姿势及身体各部分的运动。感觉区包括视觉区、听觉区和机体感觉区,它们分别接受来自眼睛的光刺激,来自耳朵的声音刺激,以及来自皮肤表面和内脏的各种刺激等,是接受和加工外界信息的功能区。大脑皮层的机体感觉代表区位于中央后回,它与体表各种感觉有密切的关系,是体表感觉的主要投射区,它接受由皮肤、肌肉和内脏器官传入的感觉信号,产生相应的触压、温度、痛、运动和内脏感觉等。躯干、四肢在体感区的投射关系是左右交叉、上下倒置的。中央后回最上端的细胞,主宰下肢和躯干部位的感觉;由上往下的另一些区域主宰上肢的感觉。

大脑皮层中主管包括手在内的运动中枢位于中央前回,人体的各运动部

---

① 李蔚等:《提倡研究左脑和右脑的协同活动》,《教育研究》1994年第11期。
② 托马斯·R.布莱克斯利:《右脑与创造》,傅世侠等译,北京大学出版社1992年版,第61页。

位在这里都占有自己的一席之地,即具有各自的投射区。投射区所占相应面积的大小并不以其本身体积的大小为标准,而是取决于这一部位在机能方面的重要程度,抑或其动作发展和灵巧程度。使用得多的部位,感觉灵敏的部位,负责精细工作的部位,通常也都是重要的部位,主管的脑区就大些;反之,相应的脑区就小些。这种情况无论对感觉区还是运动区都适用。具体地说,对感觉区而言,机体在感觉区的投影面积就取决于这一部位的感觉灵敏程度,或者说是它在感觉机能上的重要程度。像手、舌、唇在人类生活中有重要作用,因而在机体感觉区的投影面积就较大。而对运动区来说,像手与脚的大小差不多,但是,由于手重要些,使用也多些,所做的活儿比较精细,这样,大脑中主管手的部位就要比主管脚的部位大得多。大脑中某个脑区越发达,它所主管的身体的相应功能就越强。反过来也是这样,这个部位有关的功能越强,相应的脑区也就越大。由于人手的肌肉是由许多块小肌肉组成的,手可以做出许多复杂的动作。因此,手在大脑皮层上所占的面积是最大的,几乎达到相应投射区中面积的 1/4~1/3。同样,由于人手的各个指头的重要性也是不一样的,因而在大脑中管各个手指的脑区,大小也就不一样,大拇指最重要,使用得也最多,因而主管的脑区就最大,大拇指所占的区域几乎与身体的整个躯干相同。大脑中与手指尤其是大拇指相对应的脑区之所以特别发达,这是因为手是劳动的器官,而手的劳动和手指的关系十分密切。在所有手指中,大拇指的作用又特别重要。它最有力,也最灵巧。或许一个人少了一个小指,劳动不会受到太大的影响,而若少了一个拇指,影响就非常大了。

由于手的活动涉及大脑的较大区域的皮层活动。这样,当人的手部活动时,大脑皮层较广阔的区域范围也就处在活动状态下,亦即处于激活状态。人们常说,"十指连心",其实也就是这个道理。当然,这里的"心"实际上指的是脑。此即是说,人的双手并非是单纯的被动的执行器官。其实,人的手,既是劳动的器官,也是智慧的器官。生理学的研究还表明,每个手指的指尖上约有 140 个由页片状细胞组成的"迈森触摸体",它能把所接触到的各种信息源源不断地传送到大脑,同时也能原原本本地接受来自大脑的各种指令,完成大脑交代的各项任务。除此之外,手指及手的其他部分还有各种各样的"接触感受器",它们各司其职,及时地与大脑进行联系与沟通。

手指与大脑的这种关系,可以用来开发人的大脑。手指和大脑,经常互为因果。人们常常说,心灵手巧,就是说,心灵是手巧的原因,这当然是对的。

反过来能不能成立呢？也能成立：手巧则心灵。就是说，对手指的锻炼可以锻炼大脑。瑞士儿童心理学家皮亚杰指出，智慧是动作的内化。就是说，手的锻炼可以推动智慧的发展。这是很有道理的。

手对大脑发展的作用可以从多个方面得到证明。在人类发展史上，劳动是大脑发展的主要推动力。大脑随着劳动的发展而不断发展。劳动的器官主要是手，劳动过程主要是手的活动。因此，劳动对大脑的发展，也可以看作是手的锻炼推动着智慧的发展。从个体发展史看，儿童的游戏主要表现为手的锻炼，它对于儿童智慧的发展也有明显的作用。

手的高度灵活是和其在大脑中对大脑皮层"大面积占有"联系在一起的。而手对大脑皮层的"大面积占有"既是在人类长期的不断进化的历史长河中我们祖先的"手"不断努力的结果，同时也是与现实中的每一个具体的"手"的努力程度息息相关的。为了说明这一点，不妨让我们看一下20世纪60年代美国加利福尼亚大学伯克利分校的生物学家、心理学家与神经解剖学家用老鼠做过的一系列著名实验。他们将一大批实验室繁殖的老鼠分成三组，分别放到三个不同的笼子里。第一组老鼠被关在铁丝网笼子里；第二组老鼠被单独关在三面都不透明的笼子里，其中光线昏暗，几乎听不见外面的声音；第三组老鼠则生活在一个大而宽敞、光线充足、设施齐全的笼子里，里面有秋千、滑梯、木梯以及各种各样的玩具。几个月以后，科学家对不同组老鼠的脑进行解剖，发现第三组老鼠大脑皮层的重量远远高于其他两组老鼠的。不仅如此，他们还发现：这些老鼠大脑皮层中"灰质"的厚度增加了；皮层在整个大脑中的比重增加了；皮层中每个神经细胞增大了15%。此外，越来越多的研究提供了相同的证据。科学家们用沙鼠、松鼠、猴子等动物做实验都获得了同样的结果。不仅如此，一些研究还证明，只要环境条件合适，动物的脑在接受刺激后的几秒钟内就会发生明显的改变。

另一项颇有意思的研究是对猴子进行的触觉训练。科学家们让成年猴只用一个或两个手指触摸一个旋转的、表面粗糙的圆碟。几个月以后，科学家们发现这些指头在大脑皮层中所对应的部位变大了几倍。科学家们在对人脑变化的研究中也发现，盲人用来阅读盲文的手指、音乐家用来演奏弦乐器的手指在皮层中的相应代表部位也发生了显著的变化。

而对长期经受虐待的孩子进行的研究则发现，由于孩子从一开始就失去了与家人的积极交流与情感互动，他们的脑发育也和正常儿童有非常明显的差别,受虐待孩子的脑发育,明显不如正常儿童。尤其是在与情绪有关的颞叶部位,他们几乎没有什么发展。

可见,经验可以改变我们的脑。适宜的环境可以促进脑的发展,不良的环境则会损伤我们的脑,在刺激过度、刺激不足或在消极的情绪刺激环境中,脑的结构与功能的正常发育将受到严重阻碍。就人类而言,丰富的刺激和富有积极意义的情感体验,这对于全面地锻炼脑的不同部位是极其重要的。

苏霍姆林斯基曾经指出,"手与脑之间有着千丝万缕的联系","手使脑得到发展,使它更聪明,脑使得手得到发展,使它变成创造的、聪明的工具,变成思维的工具和镜子"。为了认清手与脑之间本质的、必然的联系,需要我们跳出狭隘地将手定位于"单纯的运动器官"的传统框框,代之以将"手"置于"人的手是一个特殊的认知器官"的高度来认识。其实,正如顾玉东院士所指出的,"手是智慧的代表,是人的第二个大脑、第二张面孔、第二双眼睛,是创造一切的法宝,包括创造我们人类自己以及整个人类世界"。

现代脑科学研究表明,手的动作可以促进大脑相应部位的发展。因此,日本心理学家提出:如果要发展人智力品质的广阔性和培养头脑聪明的孩子,那就必须经常锻炼他们的手指,因为手指的活动能刺激大脑皮层中手指运动中枢,从而使智力得到提高。而且,运动肢体还可以促进人的记忆能力和思维能力。从记忆的类型来看,有动作记忆、形象记忆、逻辑记忆、情绪记忆等。在这些记忆中,以动作记忆的内容记得最牢固,最不容易遗忘。这就是平时人们所说的"眼看千遭,不如手过一遍"的原因。从思维的类型来看,有直觉行动思维、具体形象思维、抽象逻辑思维和辩证思维等。在婴幼儿期,儿童的思维就是由运动所支配的。他们思维时需要运动的参与,如果运动停止了,思维也随之结束。到学龄期,儿童的思维处于具体形象思维阶段。如果在思维时加上肢体的运动,就会深化思维的内容。青少年期的思维处于抽象逻辑阶段,他们的思维有时仍然离不开肢体运动的参与。辩证思维虽然是人类的最高级思维,但无论其形式还是内容,都与实践有密切的关系。"实践出真知"说的就是这个意思。

从生理学的角度看,位于大脑中央前回的运动中枢,是通过包括脑神经、脊神经在内的周围神经系统和双手建立联系的,而且这种联系(或者说作用)是双向的、相互的。例如,当外部刺激作用于双手(如使双手运动)时,人体的感受器(皮肤下的神经末梢),就把这种刺激转换为神经兴奋,神经兴奋经传入神经到达运动中枢,运动中枢经过分析综合,发出的神经兴奋再经传出神经到达双手,发生反应活动。这个过程实际上就是人们通常所说的反射。而当神经兴奋沿着传出神经到达双手引起反应活动时,双手的反应活动又构成新的刺激,引起神经兴奋返回传入运动中枢,即将返回信息报告运动中枢。这种通过双手的运动引起的传入运动中枢的传入神经兴奋叫作返回传入或反馈。它给运动中枢报告关于双手运动变化情况的信息,即通知大脑,双手执行着从运动中枢所得到的命令。如果相应的行动完成得不好,大脑根据返回信息就可发现偏离所给予的行动计划的情况,并立即发出信息校正这种行动的信号,进而按照预先拟定的计划指导双手的活动。借助这种反馈,可以把双手行动的结果与头脑中超前发生的预定目标相对照,对双手的活动进行评定。并据此调节、校正双手的行动,进而保证其动作更加精确。而由此可见,手脑间的联系,是借助周围神经系统的途径进行的,是通过反射或反馈等形式实现的。这同时也表明,手脑结合,是人体的一项基本机能。

事实上,缘于人手的各种感觉和知觉以及动手能力无一不是与大脑密切联系的。或者说,正是由于人手和大脑的密切结合,才使人手具有令人叹为观止的认识和实践功能。

临床儿科专家也指出,对大脑的发育和提高智能来说,最重要的是手指的运动。大脑从手指得到的感觉信号非常多,给手下达的指令也最为频繁。正因为有这种通达的"热线"联系,从手上传来的各种感觉(触觉、热觉、痛觉)信号能既迅速又准确地传到大脑,在大脑的指挥下,手便可做出千变万化的精细动作来,所以在手被练巧的同时,少儿的大脑也得到了开发。

在动手过程中,不仅有视觉的刺激,也有触觉、肢体感觉的参与。由于个体的外部空间受大脑的双通道视、触神经元所支配,该神经元上面每个部位都有细胞对触觉和视觉刺激进行反应。这种神经元既可感受视觉,又可感受触觉,在视觉、触觉两种表象积累基础上,触觉就能完成原来由视、触两种表象完成的动作。这就是为什么动手操作达到一定熟练之后,人们可以不用视觉只凭触觉或肢体感觉来完成动作所要达到的目标。同样,对那些因故而失明的人来说,由于其触觉功能的强化,也更容易实现这样的效果。像伦敦的塔特展览馆还安排了一个特地为盲人举办的雕塑展以鼓励其无限的手工艺潜力。因此,在自然史博物馆里,让孩子们用手触摸装架展品来感受皮毛的厚度和皮肤的肌理而不只是仅仅让他们站着观赏,那将会让他们学到更多的东西。美国华盛顿特区的史密森研究院在主要展览旁边陈列了一张巨大的大象的皮,他们鼓励孩子们尽情用手感受。再如,人们耳熟能详的"庖丁解牛"的故事讲的是古代梁惠王的厨师(庖丁),宰牛三年以后,目无全牛,只凭触觉宰割牛的故事。一些能工巧匠的成长过程也是这样。他们在入门伊始,都是依据示范动作来进行的,可以说这时主要用的是视觉。但经过反复多次练习,当他们找到正确动作的肢体感觉以后,他便可根据这种感觉纠正练习中多余的或错误的动作,使技术达到完善的地步,从而成为某方面的能工巧匠。这就说明在技能形成过程中,思维起着重要的作用,其中有视觉表象的参与,也有动觉表象的参与。这就是动手与动脑的关系。动手与动脑是相互促进的。动作的精细,促进思维向细致发展;思维的细致发展,又促进手的精巧。由于形象思维是没有语言的,动手过程中的思维活动有时是无意识的。

生理学与神经科学的研究告诉我们:人在动手操作的过程中,肌肉和关节是以最直接的方式参与运动的,感觉器官和神经系统则担负着随时监视这一运动过程的职能。而大脑呢?不但要参与行为发动时的决策,而且要综合由神经系统传入的、动态的反馈信息,并根据其已有知识和经验对这些信息进行分析、封断、推理……再通过神经系统指挥肌肉和关节进行不断的校正,从而使人的行为方式越来越合乎规范,越来越准确、精细。事实上,在复杂的运动中,人的大脑是需要调动数不胜数的、不同的神经成分与肌肉成分以一种高度整合和协调的方式参与的。例如,动手修补一件东西,或用手去抛掷或抓住一个对象,这其中便包括着眼与手之间极为复杂的交互作用。人的很多举动,尤其是在那种已经熟练了的、自动化的、无意识的活动中,整个运动序列在大脑中是以一种完整的单位而展开的。所以,只有在人的大脑中建构起这种高度程序化了的序列才能使科学实验,能工巧匠的熟练操作,钢琴家、打字员或运动员的快速反应成为一种可能。而这一运动序列程序的建立和固化则需要通过反复地实际操作才能实现。所以,从某种意义上说,手巧才能心灵。[①]

人的动手与动脑是密不可分的。动手能力作为一种作用于客观世界的能力,我们常说这一过程是思维的外化。但应当说,在这一过程中,无论是理性思维,还是非理性思维的培养,都不能仅归功于大脑,从根本上源自具有无

[①] 张光鉴:《脑科学研究与学生素质培养》,《教育理论与实践》2001 年第 11 期。

限创造潜力和无限演变与延异功能的身体。如果青少年缺乏与身体相关的实践，他们就难以有效发展认知和思维能力。思想与手的紧密结合，体现了真正丰富的智力生活，而这恰恰是手脑结合的独特价值所在。正如杜威所言，"平常人以为手工只是肌肉训练的一种功课，或者还以为是裨助将来的职业的一种功课，这话似乎很对；实则手工的最大功用是造就发动能力，对于理智方面的训练与创造精神蓬蓬勃勃地开发，必定大有利益"①。苏霍姆林斯基根据多年的教育经验指出："当人用双手借助于手工工具或机械工具加工东西的时候，就会出现一种极为复杂的现象：在每一瞬间，信号多次地由手传导到脑，又由脑传导到手；脑教了手，手也发展和教了脑。"②因此他认为，儿童的智慧在他的手指尖上。而这一点也得到了当代脑科学研究的证实，人的左脑一般具有抽象思维功能，右脑具有形象思维功能，如果仅着眼于左脑或者右脑教育，将抑制另一个脑的发展，而所谓天才，是左脑和右脑同时优异，并且两者取得平衡发展的人。因而，未来的教育必须由行之过头的左脑型教育回归正常的左、右脑平等型教育中来。从这个意义上来说，手脑结合的学习使得左、右脑得以平衡发展，从而实现了人的智力结构的协调发展。③

顾玉东院士认为，人有两个宝，双手和大脑。这是人类区别于动物的根本。生物进化的进程证明：从鱼类的鳍—爬虫类和两栖类动物的四肢—猴，手一步步进化、成形。而意义最重大的是从猴到猿的进化，关键就在于使前肢独立了出来，使手具有了对掌的功能。手从此得到了解放，成为一种特殊的工具。猿人用手拿石头撞击出了火，由于有了火，人类才开始进行生产制造。从石器时代—火器时代—机器时代，直至今天进入信息时代，人类所有的文明成就，都建立在手的解放的基础上。由于手的活动，引发了脑的思维，脑的思维又通过手的实践去完成、完善。手和脑在如此不断的循环中相互促进、进化，从而造就了人类文明不断进步的历史。可以说，没有手，就不可能有人的脑，人脑是在人手活动的基础上形成的。

其实，从人类发生的意义上说，人的智慧是随着手的解放和脑的发展而发生发展的，从个体智力发生发展看，也是借助外部对象动作和内部智慧动

---

① 约翰·杜威：《杜威在华教育讲演》，单中惠等编，教育科学出版社 2007 年版，第 216 页。
② 苏霍姆林斯基：《给教师的建议》，杜殿坤编译，教育科学出版社 1980 年版，第 80 页。
③ 陈向阳：《走向澄明之境——技术哲学视阈中的技术教育》，南京师范大学 2012 年博士学位论文，第 88 页。

作获得的。在学习过程中,学生的活动既包括对实物的操作活动(即外部活动),又包括对观念的操作活动(即内部活动),这二者之间通常表现出互动的关系,即"心灵"(内部智力动作)激励着"手巧"(外部对象动作),"手巧"更促进着"心灵"。因而,德国哲学家康德说,"手是外在的大脑",因而,包括苏霍姆林斯基在内的许多教育家、心理学家都认为,人的智慧就是其动作内化的结果。

三、发挥大脑的整体功能

所谓整体是相对于部分而言的,一个系统作为整体可以分为若干部分。关于整体与部分的关系,很早就引起了诸多先哲们的关注。早在古希腊时期,赫拉克里特、德谟克利特、亚里士多德等思想家就曾对整体与部分的关系做过论述。赫拉克里特认为"世界是包括一切的整体"。德谟克利特认为,世界万物都是由原子构成的。亚里士多德则明确提出了自己的整体性思想,认为整体是由"若干部分组成,其总和并非只是一种堆积,而其整体又不同于部分"。而"一般说来,所有的方式显示全体并不是部分的总和"。他并首先提出了"整体大于部分之和"的判断。后来,著名哲学家黑格尔曾对"整体等于部分之和"的观点进行驳斥:"一个化学家取一块肉放在它的蒸馏器上,加以多方的割裂分解,于是告诉人说,这块肉是氮气、氧气、炭气等元素构成。但这些抽象的元素已经不复是肉了。"①柏斯卡亦曾经指出,"不认识整体就不可能认识部分,同样地,不特别地认识各个部分也不可能认识整体"②。

现代系统科学认为,任何客观存在着的事物都是一个系统,由相互联系、相互作用、相互制约、相互依存的诸多因素组成,这些因素共同构成一个有机的整体,从而具有综合的属性、功能和规律。整体性是系统的一个最重要的特性。所谓整体性,是说系统不是各部分因素的简单相加,而是为了完成某个(或几个)目标的有机组合,其总体(功能)大于各个组成部分(功能)的总和。具体地说,就是人们对于系统内部的各个组成部分,如果能对之进行科学的组合,就会产生奇妙的和新的协同力,进而使系统具有组成它的各部分所不具有的整体功能。所谓"三个臭皮匠胜过诸葛亮"说的就是这个道理。其实,像大家所熟知的我国古代的四大发明之一的黑火药,其实质就是用"一

---

① 黑格尔:《小逻辑》,商务印书馆 1980 年版,第 413 页。
② 孙小礼等:《科学方法中的十大关系》,学林出版社 2004 年版,第 74 页。

硫二硝三木炭"的组合。同样,作为诺贝尔所发明的炸药的基础部分的硝化甘油其实也就是 1 份硝酸和 2 份硫酸与甘油的混合液。正是这种组合,产生了系统各部分原本不具有的爆炸效应,亦即产生了 $1+1>2$ 的效果。

同样,在经济领域,分工协作是提高劳动效率的基本手段。经济学的主要创立者亚当·斯密曾提出过一个关于分工与协作关系的理论。按照该理论,在知识型组织中,人才个体具有异质但又相关或相近的人力资本,分工可以使每个人专注于自己领域内的工作,有利于提高工作和整体的效益,同时也有助于人才个体经验的积累和知识的完善。亚当·斯密认为,分工促进劳动生产率的原因有三:第一,劳动者的技巧因专业而日进;第二,由一种工作转到另一种工作,通常需损失不少时间,有了分工,就可以免除这种损失;第三,许多简化劳动和缩减劳动的机械发明,只有在分工的基础上方才可能。因而,分工也可以实现 $1+1>2$ 的效果,其溢出的一部分便是分工产生的效益。这方面的一个典型例子就是制作绣花针的过程。一个人做一根针需要 48 天,但是将工序分为 48 道,让 48 个人分别负责一道工序,那么一天下来可以做 1 000 根针,平均每个人每天做 20 多根针,从而使效益得以大大提高。这也被称作协同效应。这表明,人才群体的协作可以达成个体之间的优势互补,产生一种集群生产力和创造力,这是人才个体单独、离散的能力所无法比拟的。

分工把一个由一个人完成的完整的工作内容划分成多个人完成的工作内容以提高生产效率。从这个意义上来说,其实分工是效率要求的必然产物,但分工的同时要想把工作内容进行有机整合,再衔接才能有效提高效率,这就必然要求人与人之间的协调合作,可以说分工导致了合作,有分工就有协作,分工越是发展,生产专业化程度越高,合作也就越加发展和密切。分工与合作是矛盾的也是统一的。分工与合作是劳动过程的两个侧面,分工合作的产生与发展,可以使生产资料得到更好的利用和节约,促进生产力诸因素得到更有效的结合,在短时期内完成某种工作,降低单位产品的劳动消耗,从而提高劳动生产率。因而,分工是效率要求的必然产物,分工是提高劳动效率和技术水平的有力手段。在一定意义上讲,分工就是生产力。分工和联合是互为条件的,分工的发展推动着生产过程的统一、联合、协作,形成社会化的生产,并不断开辟着新的生产领域。分工发展的程度是生产力发展水平的重要标志。分工协作的产生和发展,意味着人们改造自然能力的加强,是推动生产力发展的重要因素,从而是生产力发展的一个重要标志。

关于分工与协作的关系,一位体育教练说得好,"一名球员什么都行意味着什么都不突出,也就意味着什么都不行,一群没有特点的球员组成的球队,你再怎么训练和提高,他们上升的空间都不大,只有那些在各个位置都有特点的球员组成一个团队,那个时候,你才能组建一支非常有特点、有特色、有实力的球队"。打球是这样,现实生活中的情况又何尝不是如此。由于现实生活对人的才能的需要是多方面的。倘若一个人当他需要桌凳的时候,就去学木匠;当他需要镰锄的时候,就去学铁匠;当他需要造屋的时候,又去学瓦匠。试设想,这种就像小学语文课本里的那只"一会儿捉蜻蜓,一会儿捉蝴蝶"的贪玩的小猫似的,其劳动效益又怎么会很高呢?他又怎么可能成为一名能工巧匠呢?

柏拉图认为,分工是用人所长,进而把各项事情做得更好。"木匠做木匠的事,鞋匠做鞋匠的事,其他的人也都这样,各起各的天然作用,不起别种人的作用,这种正确的分工乃是正义的影子。"[1]就像"为了把大家的鞋子做好,我们不让鞋匠去当农夫,或织工,或瓦工。同样,我们选拔其他的人,按其天赋安排职业,弃其所短,用其所长,让他们集中毕生精力专搞一门,精益求精,不失时机"[2]。其实,正像汉代思想家王充在《论衡·书解篇》中所说的那样,"人有所优,固有所劣;人有所工,固有所拙"。就是说,人有某种长处,一定有某种短处;精于某一事务,一定在另外的事务上显得笨拙。而那种处处都长,行行都精的完人、全才现实生活中是不可能存在的。也正是基于此,才需要社会分工,才需要人才的专业化,才需要造就更多的术有专攻、业有所精的各行各业的专门人才,才能让"三百六十行,行行出状元",进而让人尽其才,才尽其用,有效地实现社会的文明和进步。

通过上面的讨论,不难发现,分工是系统发展到一定阶段的必然产物,分工是实现专业化的前提条件,专业化则是提高系统整体效益的必要条件,而系统整体效益的真正实现还需要有分工基础上的协作。离开了协作,分工也就失去了应有的意义和价值。因而,分工与协作互为条件,彼此相辅相成,相得益彰。

---

[1] 柏拉图:《理想国》,郭斌和等译,商务印书馆 1986 年 8 月版,第 172 页。
[2] 柏拉图:《理想国》,郭斌和等译,商务印书馆 1986 年 8 月版,第 66 页。

其实，"一个整体的大脑，以及大脑的各个特殊的子系统（大脑半球和它的各机能区），只能作为具有不可还原性的整体来对待，它们绝不是大量神经细胞的堆积。因为人脑中各个神经细胞之间存在着很复杂的相互关联，使大脑具有各个神经细胞所没有的多种功能。大脑整体的工作过程不能仅仅还原为物理学、化学规律支配的具体过程，它还有自身的整体的规律"[1]。

就人类的学习过程而言，为了获得人类学习的最佳效果，需要发挥大脑的整体功能。因为"创造力往往很少能借助于言语的左脑过程而发挥作用；但大多数创造性工作，却要求直觉思维和逻辑思维之间的有效协作"[2]。"左脑与右脑之间的这种协同关系，乃是创造力的真正基础"[3]。美国的奥恩斯坦教授发现"如果一个人在使用大脑的一个'半球'方面或多或少地能使另一'半球'相对地表现出无能。不但如此，而且在那些特别需要用到同另一'半球'很有关系的支配能力的情况下，也是如此"。奥恩斯坦还发现，"如果对两'半球'中的'未开垦处'给予刺激，激发它积极配合另一'半球'的作用，结果大脑的总能力和效率会成倍的提高。"这就是说，当"一个'半脑'发挥作用时，'加'到另一个'半脑'上时，产生的效果常常是五至十倍"[4]。

脑科学的研究告诉我们，在人的大脑内部，各个部分是互相协作、互相依赖的，同时也在发挥着整体的功能。例如，大脑边缘系统、新皮质、杏仁核及前额叶既相对独立，又彼此互补，其协调合作的优劣，既决定了智力，也决定了情感智力的高下。脑科学家们发现，情绪的神经通路在新皮质之外专门管辖情绪事务的杏仁核，在大脑整体结构中作为情感中枢起关键作用。作为情绪前哨，杏仁核占据着优势，有能力造成大脑神经中枢"短路"。情绪对脑的功能，包括对思维都有着重要影响。从日常经验中我们知道，当人处于过度焦虑、紧张状态时，就会出现大脑空白、思维停顿、语无伦次、举止局促，这就是情绪影响人的智力和行动的一个很好的例子。当上一堂你喜欢的课时，你会发现，你的手在写，眼睛在看，耳朵在听老师讲课或同学的反应，脑中在记忆和思考，当老师讲得很精彩时，你会感到很兴奋；当老师讲一个幽默故事

---

[1] 孙小礼等：《科学方法中的十大关系》，学林出版社 2004 年版，第 81 页。
[2] 托马斯·R.布莱克斯利：《右脑与创造》，傅世侠等译，北京大学出版社 1992 年版，译者重印说明，第 31 页。
[3] 托马斯·R.布莱克斯利：《右脑与创造》，傅世侠等译，北京大学出版社 1992 年版，第 42 页。
[4] 邵永富：《开发人的右半脑》，上海文化出版社 1988 年版，第 11 页。

时，也许你会开怀大笑。我们来看，整个上课过程也可以说是学习过程，你的许多系统都被调动起来了，人体的每个系统都有专门的功能，但它们都相互作用、相互影响和相互依赖来维持人体作为一个整体的功能。神经系统直接控制着人体各种各样的组织，大脑也从人体的许多组织中接收信息，并给这些组织发出信号来维持恰当的功能发挥。这就是说，大脑也是作为一个整体发挥功能的。例如，大脑不能把情感和认知分开。因此，脑研究挑战这样一种观点，即教学能够被分为认知的、情感的和心理动机领域，这种人为的分类或许可以方便于研究，但实际上，它扭曲了我们对学习的真正理解。脑研究越来越多的证据表明，情感在人类学习中起着不可低估的作用。情感与认知并不是对立的两个过程，而应当理解为两个并行的过程。它们以特殊的方式联系在一起，对有机体有不同的意义或价值，都是脑神经整体功能的体现，反映出神经活动的效率。①

我们知道，"大脑里有个胼胝体，它是连接大脑左右运动皮层的纽带。这个纽带在两者之间传送控制身体动作的信号"②。我们在现实中所进行的各种机能活动，都不是单靠一个半球来完成的。就学习而言，不管什么科目，既与左脑有关，也与右脑有关。只用左脑或右脑就能学习的科目是根本没有的。就拿几何课来说，首先必须看懂题目的文字，这可能与左脑关系较大，但当描画图形和进行空间思维时，这就又需要右脑了。而当书写解答过程和结果时，又需要左脑的帮助。左脑和右脑相互作用、协同活动，才能顺利完成一个科目的学习任务。所以，开发大脑不要单讲两个半球的差别，更要注重怎样在实际操作中运用左右脑的配合和协同。人的大脑两半球的机能是一个对立统一的关系。两者互不相同，又谁也离不开谁。正是由于两个半球的特化，才更需要两个脑子的配合，有了分工才更需要配合。

发挥大脑的整体功能，要求给学生提供丰富的环境刺激。从某种程度上讲，教学是一种手段，这里更倾向于把教学作为一种环境刺激，一种更加有计划、有意识、有目的的、专门化的环境刺激。把教学作为一种环境刺激，其目的是想通过教育者的精心设计，以外部刺激激发内部动机，更好地发挥学习者的学习能力，促进学习者更好地发展。从前面的介绍我们会发现，无论是

---

① 吕萍：《脑科学视野中的教学研究》，上海师范大学 2004 年硕士学位论文，第 32 页。
② 理查德·桑内特：《匠人》，李继宏译，上海译文出版社 2015 年版，第 201 页。

大脑的发育还是学习的发生,环境、刺激都是关键因素。从教育学和心理学的角度来看,环境也是人成长和发展必不可少的因素。脑科学家彼德·罗塞尔认为:"对天才和有天赋的儿童的许多研究表明,智力不像红头发蓝眼睛或者耳垂那样是遗传的。我们的智力似乎是早期的环境质量,特别是出生前后的环境质量决定的。所有有天赋的儿童几乎都是在丰富多彩并有充分学习机会的环境中长大的。"①但是,丰富多彩的环境并不是无意识的、无选择的环境,还要注意把握环境刺激的"度"。美国教育家杜威认为:"有意识的教育就是一种特别选择的环境,这种选择所根据的材料和方法都特别能朝着令人满意的方向来促进生长。"②同时,环境对激发人的学习动机也必不可少。每个教师都能体验到,在教学中创造一些使全体学生都能愿意努力学习的客观条件是绝对必要的。经验证明,同一个学生在不同教师的课上,学习情况是大不相同的。就是在同一节课上,学生也是以不同程度的努力来学习的,问题的实质是要引起每个学生努力学习的动机。可见,丰富的环境对人的身心发展都具有不可忽视的作用。通过创设丰富、轻松的学习环境,调动起学生内部的学习积极性,即学习动机,使内部环境、内部动机和外部环境达成一致并有机结合,那么处于这种状态中的学生就会积极主动地学习,不仅学习和记忆得最好,而且解决问题的能力和创造力也会有很大的提高,这是一个良性循环。因而,创设适合学生学习的丰富环境,让学生沉浸在学习环境中,不仅对他们的大脑有积极的作用,而且也对他们的学习和发展至关重要。

发挥大脑的整体功能,要求调动学习者的多种感官。脑科学研究证实,大脑的生理变化是经验的结果,而大脑功能的水平在很大程度上取决于其工作时所处的环境状态,服从"用进废退"的规则,不能缺乏足够的刺激。脑科学的研究表明,学习需要整个生理系统的参与,充分运用人的各种感官,对于学习者进行学习和记忆具有重要意义。人的大脑受到外界的刺激越多,就越具有灵活性。我们每个人都有五种天赋的感觉能力,即视、听、嗅、味、触觉,而给予这些感觉器官以均衡合理的刺激和综合利用,每个人都会学习得更好。《学习的革命》一书中也认为,"几乎所有的事物都是通过五大感官被我们感知到的。在生命早期,婴儿尝试着触摸、嗅、尝、听和看周围的东西,因

---

① 彼德·罗塞尔:《大脑的功能与潜力》,付庆功等译,中国人民大学出版社1988年版,第8页。
② 约翰·杜威:《民主主义与教育》,王承绪译,人民教育出版社1990年版,第45页。

此,从一开始就要鼓励他们"①。而"要想快速有效地学习任何东西,你必须看它、听它和感觉它"②。其实,"无论如何强调调动所有感官的必要性都不为过","因此,尽量运用不止一个感官进行学习"③。"如果孩子们跳舞、品尝、触摸、听闻、观看和感觉信息,他们几乎能学一切东西。"④在电视和个人电脑日益普及的情况下,现代人过于依赖视觉,导致听觉、味觉、嗅觉、触觉等原始感觉得不到充分利用。脑科学研究发现,调动多种感觉会使人学习和发展得更好、更协调。同时,每个人的感觉偏爱也是不同的,通过调动起人的多种感觉器官,也是为了适应每个学生的学习风格的需要。因此,教学应该是多面的,以允许所有学生表达视觉的、触觉的、听觉的和情感的偏好。

从认识论的角度来讲,认识是从感性认识上升到理性认识的过程。也就是说,人的认识最初是从对事物和现象的感性知觉开始的,而正是因为有了人的感觉器官才可能有感性知觉,人们才能与外部世界建立联系。夸美纽斯早就指出,教导应尽可能通过感官去进行,使它能费较少的劳力被记住。他还认为,在可能的范围内,一切事物都应该尽量地放到感官跟前,一切看得见的东西都应该放到视官的跟前,一切听得见的东西都应该放到听官的跟前,气味应当放到嗅官的跟前,尝得出和触得着的东西应当分别放到味官和触官的跟前。假如有一件东西能够同时在几个感官上面留下印象,它便当和几种感官去接触。而我们以往的教学却更多地强调学生的"视",而忽视了其他感官的参与。这不能不说是我们时下教育中的一个缺陷。

发挥大脑的整体功能,需要让学生动手动脑。人要变得聪明,一个非常重要的生理条件是神经系统的灵敏性与选择性,而这种神经系统的建构则必须在动手操作过程中,通过手和脑的巧妙配合才能完成。所以,人的判断能力和思考能力,也是随着双手活动经验的积累而发展起来的。动作对儿童的动作技能与心智技能有着重要的影响。而动作技能是心智技能形成的最初依据,也是它经常的伴随者,而心智技能又是外部动作的协调者。当两者密切结合,同向共进时,人创造性解决问题的能力就会形成。在科学学习活动中,两者并重,也就是人们常说的手脑并用,对个体的心智发展无疑是十分有

---

① 珍妮特·沃斯等:《学习的革命》,上海三联书店1998年版,第223页。
② 珍妮特·沃斯等:《学习的革命》,上海三联书店1998年版,第283页。
③ 珍妮特·沃斯等:《学习的革命》,上海三联书店1998年版,第139页。
④ 珍妮特·沃斯等:《学习的革命》,上海三联书店1998年版,第58页。

益的。①

　　大量的试验已经证明：人类大脑皮层发展到一定程度，就能够摆脱与感觉器官的直接联系，进行综合的抽象思维。因此，从表面上看，人们的综合的抽象思维能力与动手并没有什么直接的关系，但这种能力的形成，同样离不开长期动手经验的积累。人的一切基于身体动作的各种能力更是如此。一个人要学会一项本领，不但要掌握其中的道理，而且要进行大量的、相似的动手练习，才能真正领会操作的要领，才能真正把知识转化为能力，才能真正做到心灵手巧，才能真正培养出高素质的人才。

　　左右脑的分工十分重要，但是左右大脑半球的协同作用更为重要。人类各种复杂的认知活动和智能操作都是大脑左右半球协同配合的结果。一般认为创造性思维中左脑比右脑更有优势，但是研究者对超常儿童的研究发现，创造性思维与左右脑综合性加工特点有更加显著的相关，与纯左脑或纯右脑加工特点的相关不明显，因此创造性思维是左右脑协同活动综合加工的产物。

　　长期以来，我们的教育理论与实践中都在一定程度上存在着"重左轻右"的情况。就现实的教育而言，无论教育计划、教育内容、教育方式还是评价方式上，都存在着重抽象、轻形象，重分析、轻体验的现象，也就是说我们的教育是重左脑、轻右脑的教育。脑科学的研究告诉我们，这种教育是片面的，不符合人脑发育规律的，我们应该建立"全脑开发"的观点。而且，片面强调左脑在创造性思维中的作用，忽视右脑的训练，其结果是学生的右脑思维能力得不到平衡和协调发展，使学生形成只习惯于用左脑进行思维的定势，缺乏创造性和开拓性。由于人脑的创造功能是建立在皮质联合区占皮质 80% 的脑生理特点及相应脑功能基础上的，创造能力是脑的综合功能活动的结果，"左脑和右脑之间的相互协同相关，是创造力的真正基础"②。

　　今天，脑科学的发展使我们越来越接近对大脑的真理性认识：大脑在结构上是一个系统，在功能上也是紧密联系的，每一种功能的发展都受制于其他功能的发展，创造性思维也是如此。它要求将动手与动脑、情绪与认知、形象思维与抽象思维、科学与艺术等多方面因素在教育教学中统筹安排、综合

---

① 顾长明：《做中学：在"动手"与"动脑"间追寻》，《中小学教师培训》2013 年第 8 期。
② 托马斯·R. 布莱克斯利：《右脑与创造》，傅世侠等译，北京大学出版社 1992 年版，译者重印说明，第 42 页。

实施,这是脑的最佳认知活动方式的要求,也是发展儿童创造力的要求,因此我们应致力于学生的全脑开发,促进人脑两半球的特化和协同。此即是说,在当前的教育改革中,我们只有科学、正确、合理地开发和利用学生大脑的功能,才能使学生左右脑思维得到平衡、协调发展,发挥出最佳的创造性思维能力。而"教育如果能够转移它的努力方向,而致力于使言语的思维和直觉的思维之间取得平衡的发展,那么,它给我们提供的东西就将比技术进步给我们的东西要多得多:我们将由此而得到一个这样的世界,在那个世界上,人们不仅能够体验到生命的智能方面的力量,也能体验到生命的情感方面的意义"①。

第三节 创造学基础

手脑结合是人类创造活动的源泉。手脑结合并非仅仅是人的手与脑的结合,它同时还内蕴着言传与意识、理性与非理性以及意识与无意识等一些相辅相成或相反方面内容的结合。而这些方面的结合,作为一种从对立中去发现统一,从统一中去把握对立的辩证思维方法,正是人类创造活动的基础。因为,"同时积极地构想出两个或更多并存的概念、思想或印象。在表面违反逻辑或者反自然法则情况下,具有创造力的人物制定了两个或更多并存和同时起作用的相反物或对立面,而这样的表述产生了完整的概念、印象和创造"②。而"敢于正视矛盾的两极,善于在对立的两极保持必要的张力,恰恰是爱因斯坦的认识论和方法论的一大特征,也是他在科学探索活动中取得成功的秘诀"③。同时,这也是通向人类创造殿堂的必由之路。

一、创造活动的一般过程

人类的创造活动过程本质上也就是创造性思维活动的过程,它是要解决前人所没有解决过的新问题,因而它必然具有开创性和新颖性,必然是没有现成的答案可以遵循的探索性的活动过程。一般地说,创造思维并不限于迸发某种新思想的一闪念之间,它通常有一个孕育与发展的相对完整的历程。

---

① 托马斯·R.布莱克斯利:《右脑与创造》,傅世侠等译,北京大学出版社1992年版,译者重印说明,第92页。
② 傅世侠等:《科学创造方法论——关于科学创造与创造力研究的方法论探讨》,中国经济出版社2000年版,第367页。
③ 李醒民:《善于在对立的两极保持必要的张力》,《中国社会科学》1986年第4期。

也就是说，尽管创造性活动的过程纷繁多样，而且往往具有强烈的特殊的个性色彩，亦即创造性活动可能会因人而异，或因事而殊。但只要认真分析这些多样性背后的心理过程，仍然可以发现创造性活动中一些共性的东西，这就意味着，我们还是可以从中总结出某些共同的阶段来。

关于创造性活动的过程，英国心理学家华莱士根据前人的研究（包括科学家的传记和回忆录）认为，任何创造性活动的过程都包括准备、酝酿、明朗和验证四个阶段。华莱士关于创造过程的研究也得到了后来的法国数学家阿达马的认同，阿达马将创造过程划分为准备、酝酿、豁朗和完成四个阶段，可以说与华莱士的四阶段论大同小异。① 在由美国心理学家克雷奇等人编写的《心理学纲要》中，基本上也沿袭了这一划分方法。克雷奇等人在该书中还强调指出："创造性思维的出现，一般分为四个阶段：准备、孕育、明朗和验证。虽然这个模式仅仅提供了一个关于解决问题过程的粗略描绘，而且往往颠倒了事件的实际顺序，但对于进一步的分析，它却证明了是一个有用的参照体系。"② 兹将这一过程的阶段特征介绍如下：

准备阶段包括发现问题、收集资料以及从前人的经验中获取知识和得到启示。在这一阶段，思维主体认识了问题的特点，由刺激模式引起了多方面的联想。这种联想虽然受问题的需要所支配，但带有相当自由的性质。这一阶段中，创造主体已明确自己所要解决的问题，需要做好充分准备，然后围绕这个问题收集资料信息，并试图使之概括化和系统化，形成自己的知识，了解问题的性质，澄清疑难的关键等；同时，开始尝试和寻找初步的解决方法，但往往这些方法行不通，问题的解决出现僵持状态。心理学家在划分时，有时将创造主体有关知识的学习、技能的训练等创造之前的必备条件包括在这一阶段内。

酝酿阶段主要是冥思苦索，其中也包括利用传统的知识和方法，对问题做各种试探性解决。这一阶段最大的特点是潜意识的参与。对创造主体来说，需要解决的问题被搁置起来，主体并没有做什么有意识的工作。由于问题是暂时表面搁置而实际上则在继续思考，因此，这一阶段也常常叫作求索解决问题的潜伏期或孕育阶段。

---

① 燕良轼：《创新素质教育论》，广东教育出版社 2002 年版，第 222 页。
② 克雷奇等：《心理学纲要》（上册），文化教育出版社 1980 年版，第 224 页。

明朗阶段也就是在上阶段酝酿成熟基础上脱颖而出，豁然开朗，亦即突然出现灵感或产生顿悟的时期。只有这个阶段才摆脱了旧经验、旧观念的束缚，产生超常的新观念、新思想。进入这一阶段后，创造主体往往突然间被特定情景下的某一个特定启发所唤醒，创造性的新意识猛地发现，以前的困扰顿时——化解，使问题顺利解决。所谓顿悟或理性的直观往往发生在这一阶段。也就是说思维过程在这个阶段往往发生突然的飞跃，不经过逻辑推理，从一种想法过渡到另一种想法。与此同时，情绪强烈而明显地发生变化，这一情绪变化是在面临问题解决的一刹那出现的，是突然的和完整的、强烈的，给创造主体以极大的快感。这一阶段也常称为灵感期、顿悟期。

验证阶段也即对灵感突发时所得到的初具轮廓的新想法进行检验和证明。这也是利用逻辑的力量，以检验其理论上的合理性与严密性；利用观察、实验等方式证明其事实上的可能性等，不完备处则可在验证阶段予以修正。这个阶段也是把抽象的新观念落实在具体操作的层次，提出的解决方法必须详细地、具体地叙述出来并加以运用和验证。如果试验并检验是好的，问题也就得以解决了。如果提出的方法失败了，则上述过程必须全部或部分重新进行。

C.帕特里克在他的《什么是创造性思维》一书中则将创造性思维分成这样四个阶段，即准备阶段、酝酿阶段、领悟阶段、证实和修正阶段。应当说，这种划分方法与华莱士的四阶段模式也是大同小异。帕特里克认为，作为创造性思维第一阶段的准备阶段，研究者的目的在于要获得更多的有关所研究问题的信息。在这个时期研究者思想活跃，能迅速地从一种思路转移到另一种思路，思维活动可以是有意识的，也可以是没有目的的。研究者经历着怀疑和困惑，需要有坚强的意志和毅力来支持这一阶段的工作。酝酿阶段的主要特征是某些主要思想的反复出现，这些思想往往最后被采纳为问题的解决方案。这些思想的反复出现是自动的，并且每次出现都会有某种修改，直到某些观念明晰化。这个阶段在时间上也是可长可短，因人而异的。到了领悟阶段，酝酿阶段所酝酿的思想取得了明确的形式，理智的洞察力在这个阶段起重要的作用。证实和修正阶段就是对领悟所得的思想进行验证和修正。这四个阶段可以交叉、重叠，如酝酿可以出现在准备阶段，修正也可能从领悟阶段就开始。①

布莱克斯利在《右脑与创造》一书中还指出：在创造过程的"这四个阶段，既适合于一个整体的问题，而且也适合于把整体的问题自然划分成许多问题的各个低层次的问题。有成效的思想家们都懂得把这四个思维阶段交织在一起，因此，尽管一个问题还处在准备阶段之中，而另一个问题便能在酝酿阶段中'接受煎熬'"②。

二、创造是言传与意会的互补

关于认识的起源问题是一个重大而复杂的课题，从主体方面看主要涉及生理机制、心理机制如何转变为认识能力的问题，这就不可避免地与思维方式协同的问题发生交汇。人类的认识能力经历了极其漫长的发生、发展与变革的历程。不仅有自然选择的巨大压力，更重要的是由于人类的丰富的实践活动充当了主客体之间的认识关系的中介物，提供了认识发展的无可比拟的社会动力，并反馈到人脑本身，促进其结构与功能向登峰造极的高度发展，使之绽开智慧之花，最终人类才脱离动物界成了地球的统治者。

英国当代著名科学哲学家波兰尼独具匠心地提出了划分人类知识和认识的新视角，他认为"人类的知识有两种。通常所指的用书面的文字、图表或数学公式表达出的知识，仅仅是知识的一种形式；而非系统阐述的知识，像我们行为中的某些东西，是知识的另一种形式。如果我们称前一种知识为言传的知识，后一种则为意会的知识。可以说，我们总是意会地了解那些被我们确实看成言传的知识的"③。波兰尼还认为意会知识不仅是知识的合法形式，而且在逻辑上先于言传的知识。这对于研究认识的起源是很有启发的，也是合乎实际的。

波兰尼所说的言传知识与意会知识也常被称作明确知识和默会知识。波兰尼对意会知识给予极大的重视。意会知识也称为个体知识，对每个个体而言："意会知识比言传知识更基本。我们能够知道的比我们能说出来的东西多，而不依靠不能言传的了解我们就什么也说不出来。"④这就是说，意会知

---

① 章士嵘：《科学发现的逻辑》，人民出版社1986年版，第85页。
② 托马斯·R.布莱克斯利：《右脑与创造》，傅世侠等译，北京大学出版社1992年版，第41页。
③ 萧静宁：《论人脑潜力的开发》，人民出版社2004年版，第192页。
④ 刘仲文：《波兰尼及其个体知识》，《现代外国哲学》（第5辑），人民出版社1984年版，第267页。

识是言传知识的基础,没有意会在先,就无法产生言传。当然,另一方面,我们还应看到意会对言传的依赖。实际上每一项有认知意义的活动,都包含着意会与言传两种因素的交织与互补,只不过没有把意会提到知识的高度来认识。

哲学家 J. H. 吉尔在阐发波兰尼的意会知识与言传知识概念时,进一步把"言传知识定义为集中觉察和概念化(或言语)活动的作用。因此,它显示了这样的特征:精确分析、言语表达……另一方面,意会知识可定义为附带觉察和体验化活动的作用。因此,它显现了下述特征:直觉的发现,体验的表达,微妙的识别……"吉尔进而顺理成章地把大脑左右两半球的功能与言传的和意会的认知巧妙地关联起来了。他指出:"似乎可以很自然地认为,既然言传认识是大脑左半球的功能,那么意会认识就是右半球的功能了。"[1]应当说,无论从认识的种系发生或个体发生来看,无论从逻辑推断或从多学科提供的证据出发,均可认为意会先于言传。从意会认识发展到言传认识,是人类认识史上最重大的转折,它与大脑半球优势的转声和新的认识结构的形成同步发展。人类大脑的"两院制"是经过了漫长的演化发展而来的。从认识的史前研究看,人类早期仅凭借简单的、无语言文字的形象化的、直觉式的右脑思维方式而与生存搏斗,在劳动和社会化的进程中,人类逐渐脱离动物界,经过几十万年的缓慢发展,在亿万年进化的解剖生理先天结构的基础上,人类的社会化进程到了非要开口说话不可了,才形成了人类特有的语言功能。当人类开始以原始的图画文字来唤起视觉表象时,人类也就踏上了以语言为核心的抽象化、逻辑化思维的轨道。由于左脑语言、逻辑思维的力量汇入右脑意会认识的背景中去,使意会与言传互相渗透、补充、反馈,不断向新的高度发展,从而推动思维形式的互补。可以认为,所有认知都永远包含着意会与言传因素的相互作用,这就大大扩大和深化了知识的范围,必将有助于思维科学的研究。[2]

按照现代知识观,人是在活动和觉察中获得知识经验的,人的活动是一个由概念化活动为一极、身体化活动为另一极构成的连续统一体,而人的觉察是由有意识的集中觉察为一极、无意识的附带觉察为另一极构成的连续统

---

[1] J. H. 吉尔:《裂脑与意识知识》,《自然科学哲学问题丛刊》1985 年第 1 期。
[2] 萧静宁:《论人脑潜力的开发》,人民出版社 2004 年版,第 193 页。

一体；概念化活动和集中觉察形成了人的言传知识（普遍知识），身体化活动和附带觉察形成了人的意会知识（个体知识）。他还指出，人的身心是达到意会知识的工具；意会知识带有情感色彩，具有整体领悟能力，意会知识比言传知识更基本、更丰富，它不仅是知识的合法形式，而且在逻辑上先于后者。研究者以为，意会知识的产生是动作学习、感知学习、潜意识学习的综合结果，事实上，由于语词在人的意识领域盘踞了过大的位置，意会知识有时候又是未被意识的。这样，如果要再加分析，我们可以设想把人的知识分成言传知识—意会知识—潜意知识三个层次，从潜意知识进入言传知识须经过意会知识，意会知识可以比较容易地进出往返于两极，使两者得以沟通交流。

这种不脱离认识主体、没有言传出来的意会知识并不是个体与生俱来的先天知识，而是来自个体以其全身心参加的实践活动，或者如波兰尼所说，是来自对客观事物特征的"附带觉察"。这样得到的意会知识虽然难以言传，甚至不可言传，但并不是不可捉摸、虚无缥缈、神秘莫测的东西，而是"体现"在认识主体的非语言的行为或活动之中，是"附带觉察"和"身体化活动"的交融汇合，因而是可以"身传"的。而且，这种意会知识也不是同言传知识隔绝而一成不变的东西，而是和言传知识辩证统一、共同处于一个"知识连续统一体中"，它们互相渗透、互相转化。因而，每一现实知识都不可避免地是意会因素与言传因素的统一。意会能力是个体认识外界和接受知识的最基本的能力，意会知识构成言传知识的基础、背景或框架，而言传知识则构成意会知识发展的趋势。认识的发展过程告诉我们，意会知识可以在一定条件下向言传知识转化，而言传知识也可以在一定条件下向意会知识转化，从而促使意会知识和言传知识两者的深化与提高，推动认识活动的矛盾运动的螺旋式上升过程。

波兰尼十分重视个体的身体化运动、特别是技能活动在科学认知中的基础作用。不仅是科学家的特有技能参与了科学认识活动，而且包括体育、舞蹈、音乐、美术及工艺等广阔的充满技巧的特殊认识领域中，在各种技巧的学习中，意会能力均起到心领神会的作用，充分表现出个人的技艺与个体本身的体验与领悟能力总是息息相关，蕴含着一种无法言传的意会知识。

从传授方面看，这些活动用言语表达确实很难，往往只能意会，不可言传，即使有了某些言传的口诀或动作要领，也常常需动作示范来补充。因为语言是静态的，有限的，而技巧是复杂的，动态连续的。从学的方面看，熟悉要领固然重要,但更根本的是把大师或师傅的表演作为样板,用全身心来学习,视觉与动觉结合,把这个看到的样板从内心纳入自己的身体活动,在反复排练中,通过内心探索,接受大师或师傅的言传身教,从而把他们的"意会知识"化为自己的意会知识。在这个基础上,学艺者在自己反复实践的过程中,又会获得新的意会知识,从而在技巧活动上推陈出新,达到新的高度,进而总结出新的技巧要领或言传经验来。这种意会与言传互相促进的情况不仅存在于技巧性活动领域,实际上也存在于一切认知领域,只不过在技巧性活动领域,意会认知更为显著罢了。

其实,一切创造性活动,都具有认识的意义,但都不能完全归结为逻辑的、概念的、言传认知的活动。在哲学史上,为了求得对创造性活动的理解,往往把它归结为一种直观、顿悟、灵感,甚至强调是所谓天才的灵感等。但这并没有说明问题,因为直观等本身就还需要说明。其实,无论艺术上或科学上的美感、直观、灵感、顿悟等都带有明显的意会成分。意会认识正如波兰尼所指出的是一种从部分上升到整体的领悟,他说"心灵的纯意会作用是一种领会(悟)过程"。这样,意会认识就显示出了直觉的发现、美感的体验、微妙的识别等特征,而与探索性、创造性活动特别有关。其实,科学家、艺术家的创造性活动除了遗传素质和人类以往的成就所形成的文化心理素质之外,还要靠他们无数次的实践与认识。他们的创造性成果的产生是一种典型的实践与认识、感性与理性、言传与意会的双重活动的过程。

由于人的这种沉没在言传知识的"冰山"之下的意会知识具有理论上的优先性,其在逻辑上先于言传的知识。"缄默知识比明确知识更基本,我们能够知道的比我们能说出来的东西多,而不依靠不能言传的了解我们就什么也说不出来。""缄默知识可定义为附带觉察和体验化活动的作用。因此,它显现了下述特征:直觉的发展,体验的表达,微妙的识别……"[①]缄默知识本质上是一种理解力,是一种领会,它把握经验,重组经验,以实现理智的控制能力。没有这种个体缄默知识的参与,就不会有真正意义上的学习活动,也不会有任何科学技术上的创新。因而,在自我发展或创业的征程中,仅有"明确知识"是远远不够的。不幸的是,多少年以来,我们的教育功能又主要定位在

---

① 朱小蔓:《情感教育论纲》,人民出版社2007年版,第55页。

传授明确知识方面。其实,"科学的创新根源于默会的力量"①。

三、创造是理性与非理性的契合

现代脑科学的研究表明,人脑依次分为三个层次:最深的是"爬行类脑",中间是"哺乳类脑",最上层是"灵长类脑",人的行为是随人脑的进化而进化的。这也意味着,由于人脑中遗留着动物脑的基本成分,因而人不可能完全摆脱兽性。其实,"西方文化对人性的理解并不那么强调人与动物的区别,相反,认为人就是野兽与天使的混合物,认为人一半是野兽,一半是天使,也就是说,人身上具有动物性和神性两种特性,把人与动物看成是一个连续体。教育的任务就是怎样提高人的神性减少兽性的问题。正是这种人性观才能孕育出达尔文和他的进化论,才能孕育出弗洛伊德和他的精神分析学说"②。因而,人类文明史实际上就是一部"人性"与"兽性"交织的历史。同样,人类创造活动的历史也是理性与非理性相统一的历史。

理性指在认识过程中出现的合乎逻辑的思维形式和运用逻辑程序、手段、方法进行认识活动的能力。这里的逻辑是广义上的,它指思维的规律和规则,包括形成逻辑、辩证逻辑以及从感性认识到理性认识循序渐进的、合乎规律的思维过程。非理性指逻辑范围内所不能包容的,又在认识过程中发挥有效作用的思维形式和各种心理因素,它包括直觉、灵感、无意识、情感、意志、信仰等。理性活动主要形成人的理性精神,非理性活动主要形成人的非理性精神或人文精神。完整的人的发展是理性精神和非理性精神的协调发展和统一。理性与非理性的统一主要表现为逻辑思维与非逻辑思维的统一。

对人类认识活动过程的理解,长期以来一直存在着理性与非理性的冲突。尽管对人具有理性和非理性的成分这一点,并不是现代人才认识到的。古希腊的柏拉图和亚里士多德就把人的灵魂划分为理性与非理性两个部分。在柏拉图的哲学中,理性是指灵魂中倾向于理解和克制欲望的能力,非理性指的是人的感官欲望和意志力。亚里士多德也把人的灵魂分为理性灵魂和非理性的生殖、营养灵魂。以后的西方哲学基本上继承了这一传统,但承认理性与非理性的存在是一回事,如何看待它们的作用及其相互关系又是另一回事。西方近代哲学基本上是崇尚理性的,现代的一些人本主义哲学则把非

---

① 廖哲勋:《我的教学本质观》,《课程·教材·教法》2005 年第 7 期。
② 袁振国:《教育新理念》,教育科学出版社,2002 年版,第 142 页。

理性的直觉、信仰、情感、意志及本能的冲动作为其哲学的出发点。

人类的创造活动过程作为人类最重要、最有价值的认识过程,对这一过程的认识同样也伴随着理性与非理性的对立。有的人认为,科学创造的本质就在于它的非逻辑性甚至非理性,因为科学要有突破性的进展,必须突破原有的思维轨道和逻辑框架。这种观点的理论前提似乎是"逻辑即理性";也有的人认为,科学就是逻辑过程,科学一定要合乎理性,易走向这两种极端。"其实,这两种看法都太片面,真正的科学认识过程中,两者是相辅相成的。现在,心理学、创造学、科学哲学、科学方法论都开始研究非逻辑思维。逻辑思维需要非逻辑思维的升华和突破,非逻辑思维需要逻辑思维的铺垫和证明,二者缺一不可,共同融会在学习和创造的过程中。"[1]

傅世侠等在其《科学创造方法论》一书中指出:"所谓创造性思维,乃是认识主体在科技实践中,由于发现合适问题的引导而以该问题的解决为目标前提下,基于其意识和无意识两种心理能力的交替作用,当暂时放弃意识心理主导而由无意识心理驱动时,突然出现认知飞跃而产生出新观念,并通过逻辑和非逻辑两种思维形式协作互补以完成其过程的思维。"[2]应当说,"灵感、直觉、形象等思维发生机制从本质上讲是非逻辑的,但从思维发生过程来看,又时有逻辑渗透在其中,并成为这些思维不可缺少的条件;这些呈现出逻辑方式与非逻辑方式的互补,从而形成思维发生的重要规律"[3]。

创新性思维产生的机理,历史上的经验论者、唯理论者这两个派别分别做出了各自的回答。虽然他们都承认创新性思维的飞跃性,但两派对"飞跃"的具体内容的理解却大相径庭。经验论者认为,新的知识从逻辑角度说靠归纳而来,从心理角度说靠联想而来。联想是归纳的重要心理机制,归纳则是联想的一种逻辑功能。所以,经验论者从心理学上总是表现为联想主义者。唯理论者认为,感性事实中根本不包含什么真理性和必然性,因此,无论我们怎样对它分析、综合、归纳、概括,都无法抓住任何必然性。要形成知识,就要超越感性材料,超越联想,诉诸我们的直觉。所以,唯理论者一般用直觉来解释知识的形成。

唯理论者和经验论者的观点,都有片面性。这种片面性集中表现在,他

---

[1] 孙小礼等:《科学方法中的十大关系》,学林出版社2004年版,第327页。
[2] 傅世侠等:《科学创造方法论》,中国经济出版社2000年版,第285页。
[3] 刘奎林等:《思维科学导论》,工人出版社1989年版,第210页。

们都割裂了感性和理性的关系。唯理论者强调直觉,由于他们否认感性,所以没有意识到直觉是由感性到理性的飞跃过程。经验论者强调联想,相信感性,但很难说明由感性怎样飞跃到理性。其实,人类的思维过程,总是各种方式、形式的思维之交叉、综合和相互作用。在创新活动中,创新者往往是在前人知识所铺就的逻辑大道上继续往前探索的,当在逻辑道路上走不通了,产生了悖论或者用当时流行的理论难以解释的矛盾以后,才会诉诸直觉,试图探索新的路径。因此,邦格说:"没有漫长而且有耐心的演绎推论,就没有丰富的直觉。"而当创新者获得了直觉成果后,随即便是对直觉成果进行逻辑加工和整理,即进行"去粗取精、去伪存真、由此及彼、由表及里"的加工制作。爱因斯坦在总结自己经验时说过:"从特殊到一般的道路是直觉性的,而从一般到特殊的道路则是逻辑性的。"①

　　大量研究成果告诉我们,对于大多数创造性工作而言,必须重视非理性的作用,并将理性与非理性,亦即逻辑思维与非逻辑思维有机地统一起来。当代科学巨匠爱因斯坦根据自己创造性思维活动的特征生动地概括出了两个思维阶段。爱因斯坦在阐述科学发现的思维过程时指出:"写下来的词句或说出来的语句在我的思维机制里似乎不起任何作用。那些似乎可用来作为思维元素的心理实体,是一些能够'随意地'使之再现并且结合起来的符号和多少有点清晰的印象……在创造性思维同语词或其他可以与别人交往的符号的逻辑构造之间有任何联系之前,这种结合的活动似乎就是创造性思维的基本特征……对我来说,上述那些元素是视觉型的,也有一些是肌肉型(或译'动作型')的。只有在第二阶段中,当上述联想活动充分建立起来并且能够随意再现的时候,才有必要费神地去寻求惯用的词或其他符号。"②爱因斯坦所谓的思维的第一阶段是以"视觉的"和"动觉的"思维元素进行广泛的自由联想和组织复杂的表象,只是在以这种方式发现有可能解决问题之后,才进入第二阶段,运用逻辑能力进行创造性成果的表达。这表明,逻辑的和非逻辑的契合对于创造性活动而言,是富有成效的,具有普遍的意义。其实,在创造性思维活动的准备、酝酿、明朗和验证四个阶段中,第一阶段的活动主要是收集资料、分析整理、找出问题、确定目的、选择突破口,主要是发挥言语逻

---

① 贺善侃:《创新思维概论》,东华大学出版社2006年版,第146页。
② 萧静宁:《论人脑潜力的开发》,人民出版社2004年版,第191页。

辑的力量；第二阶段在于充分发挥想象、直觉等非逻辑思维功能；第三阶段的思维是跳跃式的，以顿悟的方式突如其来，如江河一泻千里，如黑夜明灯照亮，问题迎刃而解，这显然主要是非逻辑的力量；第四阶段是使新的发现、创造能形成完美的、严密的观念形态，须借助于语言、逻辑的抽象思维的力量。这同时也表明，创造力的真正基础，在于充分发挥逻辑的与非逻辑的力量。其实，任何创造性成果都是两种力量高度契合的产物。创新思维是在长期的逻辑思维基础上对客观规律的深刻揭示而产生的。没有严格的逻辑思维的作用，创新是难以想象的。科学创造若没有逻辑思维的规范，必将脱离客观规律而陷入荒谬。进一步说，创新思维也可以说是一种以逻辑思维为基础的"超逻辑思维"。

因此，完成一个创造过程不外以两种类型的思维方式——逻辑的与非逻辑的思维形式进行。从开发创造性思维的角度看，其根本的区别在于：前者主要是运用一般智力和逻辑思维，以线性的、集中式或收敛式思维方式，指向问题的解决。它对于解决方案或程序基本上业已确定的情况具有重要意义，所以它的作用主要体现在创造过程的前阶段（即准备阶段）和后阶段（即验证阶段）。后者则主要是运用创造性思维，以非线性的、发散式的思维方式指向问题的解决。它面临的是需要自由进行而无确定解决方案的情况，这正是创造过程中实现创新的中心环节，主要表现形式便是灵感、想象与直觉。由于"直觉思维是人脑对客观世界及其关系的一种非常迅速的识别和猜想。它不是分析性的、按部就班的逻辑推理，而是从整体上做出的直接把握。所谓顿悟，很好地概括了它的特点。在直觉思维的情况下，人们不仅利用概念，而且利用模型和形象。大脑中长期储存的各种'潜知'都被调动出来，它们不一定按逻辑的通道进行组合，即用一种出乎意料的形式造成新的联系，用以补充事实和逻辑链条中的不足。由于提供了缺环，往往导致创造性的结论"①。其实，逻辑的和非逻辑的思维方式对于创造过程都是必需的。尽管直觉等非逻辑思维在人类创造活动中起着关键的作用，但"直觉在其原始的形态中通常是不正确的。当人类学会了用逻辑来检验直觉的洞察力时，知识的力量才最终实现出来。对于投掷一块石头来说，直觉可能是出色的，而要推断火箭发射绕地球旋转的特定轨道的速度与角度，它就无效了。直觉与左脑的分析一

---

① 刘大椿：《科学技术哲学导论》，中国人民大学出版社 2005 年版，第 216 页。

起,其作用才有可能扩展到如此的规模"①。

其实,人类"大多数创造性工作,却要求直觉思维和逻辑思维之间的有效协作。例如,在大量的凭理智行事的领域中,真正创造性的突破都是直觉的结果。然而,直觉本身,在没有能够得到言语的和逻辑的确证和描述之前,一般说是没有什么用处的"②。这就是说,"想象、直觉和灵感等非逻辑方法在科学创造中的作用无疑是非常重要的。但是,强调非逻辑方法的重要,并不是意味着要贬低逻辑方法的作用,更不能认为科学的创造过程完全可以脱离逻辑方法而只靠非逻辑方法完成的。实际上,在任何科学创造过程中,两者都是互为补充的。(在逻辑方法走不通的地方,科学就需要用非逻辑方法开辟新的通路;而当非逻辑方法已经打开通路后,又必须及时地在从旧认识到新认识之间的'深渊'上架起'逻辑的桥梁'。)……所以,一个足以完成科学创造过程的完整的创造性思维方法,必定是逻辑与非逻辑方法的辩证统一和综合应用"③。此即是说,科学发现不能简单地理解为智慧火花瞬间的迸发,它应该包括从最初形成假设到最后公布或直至将假设纯化为理论的完整的过程,因而不可能不能对之进行逻辑分析,而且在科学研究的任何一点上都会出现评价和决策等包含有发现的因素,都是导致科学发现最终完成的必要条件。所以,科学发现应当理解为一个既有量的准备酝酿阶段又有质的飞跃和触发阶段的完整的认识过程,它不仅包括多种逻辑思维方法和模式的运用,而且发现本身就包含着证明的要素。如果说在科学发现过程中,某些新观念、新概念的最初产生是依靠直觉的洞察或无才的顿悟的话,那么它的表述、修正与系统化却不能不依靠逻辑思维。而"一个确定结论的论证,可能建立一种发现"。而且,随着科学发现的逻辑的研究深入,人脑在下意识水平上所完成的某些判断的操作也可能是规范的、有一定模式的,只不过我们现在还没有认识到而已。④

应当说,逻辑思维和形象思维是人类理性认识中思维的两种基本方式。相比于形象思维的研究只有一个多世纪的历史而言,人类关于逻辑思维的研究已有两千多年的历史。形象思维与抽象思维都是在感性认识的基础上开

---

① 托马斯·R.布莱克斯利:《右脑与创造》,傅世侠等译,北京大学出版社1992年版,第90页。
② 托马斯·R.布莱克斯利:《右脑与创造》,傅世侠等译,北京大学出版社1992年版,第31页。
③ 关士续等:《自然辩证法概论》,高等教育出版社1991年版,第165页。
④ 章士嵘:《科学发现的逻辑》,人民出版社1986年版,第20页。

始的,分别运用不同的思维元素,并且以不同的途径实现了从感性认识向理性认识的飞跃。二者虽采取不同的方式,但殊途同归,各显其能,共同探究事物的奥秘。

从社会实践根源分析,在工业社会中,几乎一切活动都"机械化"了,社会管理、生产操作等都必须遵守严格的逻辑程序,甚至动物和人的活动也被看作是有生命的机械的运动,从而形成了一种思维定势。人们思考问题的思路往往按着单一性、必然性、确定性、重复性和不可逆性发散出去,而没有或很少考虑偶然性、可能性、选择性和不确定性的地位。在这种背景下,自然而然突出了逻辑思维的地位,形成逻辑思维一统天下的局面。

20世纪末,美国集中力量组织出版的《普及科学——美国的2061计划》一书中就指出:"科学是逻辑和想象的混合体","尽管各种想象和思想都要同假设和理论一起使用,但是,科学论点迟早要符合逻辑推理原理。也就是说,通过采用某些参照标准,通过示范和常识来验证这些论点的正确性。科学家们常常对某些特别证据的价值持有疑义,对假设的恰当与否表示疑问,进而,不同意判定的结论。但是,他们同意把证据和假设同结论联结起来的逻辑推理原理"。① 笛卡尔也曾经把理智的直觉和演绎的推理作为科学发现的逻辑的两块基石。② 直觉思维实际上是逻辑思维的简化和浓缩,创造性思维中的想象和直觉,应当是一种理性的想象和直觉,它是运用概念和判断进行思考的;创造性思维中直觉更是在长期逻辑思维基础上的一种思维跳跃,直觉绝不会凭空出现,而是长期理性思考的结果;在创造性思维中,借助于概念、判断所进行的理性的想象与直觉要比感性的想象与直觉更科学,更可靠;在创造性思维中不仅需要思维的跳跃,也需要思维的稳定对已有的知识或传统理论进行整合与升华,而逻辑思维是一种相对稳定的思维模式;创造性思维虽然很灵活,但它绝不是胡拼乱凑,更不是胡思乱想,而是有序的,逻辑思维把已有的知识、信息按照一定的逻辑结构,有层次地存储在大脑中,为创造性思维的流畅性提供了保证;而且一些想象与联想、直觉与灵感等非逻辑思维随着人类认识的提高也会逐步转变成为逻辑思维。

如前所述,理性与非理性的契合主要表现为逻辑思维与非逻辑思维的契

---

① 张光鉴:《科学教育与相似论》,江苏科学技术出版社2000年版,第14页。
② 章士嵘:《科学发现的逻辑》,人民出版社1986年版,第67页。

合。这就是说,在人类的创造活动中,理性与非理性是互补的,它们各有其局限性和片面性。"完整的认识过程必然是两种因素共同作用的结果,当然这并不否认理性方法、非理性方法各自的特点,否认它们在相应研究领域中的优势地位。"①总之,理性与非理性在认识过程中是相互作用的,认为理性高于非理性,是站不住脚的;反之亦然。当代认识论对人的认知发展提出整合发展的理论。认为认识发展的过程是情绪与逻辑思维过程相互作用的过程。当个体发展时,情绪过程与概念的联系越来越紧密,它们之间的相互作用使想象、象征同常规思维产生了联系,从而成为认识创造的源泉。②

四、创造是意识与无意识的协同

在人脑形形色色的心理活动中,有一些可以被本人清晰地觉察,例如欣赏美景、阅读书籍、记忆单词等,这种心理活动被称作意识。而另一些心理活动,如非注意情况下的心理活动却不能被本人清晰地觉察,这种心理活动被称作无意识。心理学家常常用海上的冰山来形象地比喻意识与无意识。"意识犹如冰山浮出水面的一角,而潜意识,就是埋藏在水面下那不知多厚、多深的部分。"③这就是说,就一个人的全部心理活动世界而言,就像一座冰山露在海平面以上的那一小部分是能被这个人清晰地、真实地知道的一样,代表着他的意识世界;而处于海平面以下的那一部分并不能被这个人清晰地知道,代表着他的无意识世界。

无意识也称潜意识或下意识。它是一种不能言明或意识不到的存在,而客观上又起影响作用的心理活动。无意识是你向内或向外如何搜索都搜索不到的意识,也是你意识不到却又实实在在影响你的心理活动的意识。无意识作为主体所意识不到的意识,亦即没有意识参与的一种意识,它不像意识世界那样为人所知,往往带有神秘的色彩。然而,它却在我们的学习和生活中无处不在。或许,无意识世界的魅力也正在于此。科学的进步越来越让人相信,人的无意识世界的确是一个精彩无比的纷繁世界,它与人类的认识以及创造活动息息相关。

无意识是人的认识活动和实践活动中的非常重要的机制,在一定意义上,没有这种"无意识"的机制,人们的思维无法得到发展,而且人类要是一直

---

① 杜时忠:《科学教育与人文教育》,华中师范大学出版社 1998 年版,第 140 页。
② 朱小蔓:《情感教育论纲》,南京出版社 1993 年版,第 17 页。
③ 程鸿勋:《生命发展阶梯——阶梯式学习法》,新世界出版社 2003 年版,第 42 页。

处于"有意识"状态下,他的心理、思维、神经很快就会承受不了,甚至进入一种"崩毁"情景。在人的认识与思维过程中,意识与无意识需要保持一定的协调与平衡状态。一旦二者功能失调引起脑物质的变化,就会导致人的不幸,如疯癫、痴呆等。

人的意识与无意识是对立统一的,犹如数轴上的有理数与无理数那样相互联结、密不可分的。意识与无意识,在信息处理上的"潜式"与"显式",在推论上的"逻辑"与"非逻辑",在思维过程中的"渐进"与"突变"是辩证统一的。一般地说,意识停止,无意识更加活跃。从意识的发生历史分析,无意识既包含本能的下意识,又包含意识的沉淀。具体地说,从无意识的形成来看,它由以下几种因素所决定:第一,在人类长期种族发展中,被遗传记录下来的各种因素;第二,人类社会发展中,已经成为社会习惯性的现象、知识、方式,成为人的思维和行为中的某些惯性现象;第三,个人实践中,长期习惯性的思维过程和行为过程的内化,形成的某种固定的格局。①

随着现代认识论对意识本身认识的深化,人们已经认识到,人作为万物之灵,他的生存竞争和思维活动不是单一依靠意识功能进行的,而是依靠意识功能和无意识功能的相互交叉、相互制约、相互补充来接收、加工和处理信息的,从而才在整体上保障了人的正常思维活动。这就是说,人的思维都是由意识和无意识两部分组成的,这在人的动作中表现很明显。有些动作是有意识的,是意识指使的,但大部分动作是无意识的,而不必加以思考的。人的思维活动也是这样,一方面,思维以"问题解决"的形式,积极开展活动,探索事物的内在机制,一旦理解后,它又转化为习以为常的过程,成为某种不必再思考的问题,进而转向无意识;另一方面,意识在其解决问题时,无意识也自发地参与人的意识活动,使意识受到一种仿佛是"灵感""顿悟"的启示。而所谓"灵感""顿悟",其实也就是无意识的自动思维功能。

记忆的过程同样也依赖于人的无意识。记忆分作无意识记忆和有意识记忆两种。一个人毕生的记忆,大量的是通过无意识识记获得的。没有目的,不做任何努力,也不讲究什么方法,每个人阅历深了以后,都会记下浩如烟海的东西。无意识能够摄取事物的一些重要特征,在意识未曾顾及的那些方面默默地尽着自己的职责,它还能把捕捉到的信息大量储存起来,造成无

---

① 李淮春:《现时代与现代思维方式》,河北人民出版社 1987 年版,第 45 页。

意识记忆,供意识随时提取。唐代文学家韩愈说的"目濡耳染,不学以能",大概就是这个意思。值得指出的是,这种记忆有一个特点,就是第一次的强烈印象,有时候哪怕只有一次,也会终生难忘。我们可以把首次强烈印象有助于记忆的这个规律加以利用,作为有意识识记的一种方法。其实,当我们面对浩如烟海的信息时,大多是先经过无意识的筛选、处理后,才使少量有用的信息进入意识。然后,这个过程往往不被自己所察觉,甚至不被认识。

  人的学习活动同样也离不开无意识的参与。现代脑科学的研究表明,学习总是包含有意识和无意识的过程。我们学习的许多内容不仅仅被有意识地理解,外部刺激往往在学习者无意识的情况下进入大脑的,并在无意识的水平上发挥作用。无意识的学习是一种无须意志努力的内隐学习。这种学习的特点在于人们无意识地获得某种知识,而且无须意志努力就可以将这些知识提取出来,并应用于特定任务的操作中。人对注意范围之外刺激的感知就是一种无意识过程。当你学习的时候,当你获取信息、储存信息的时候,你的无意识也同你一起捕捉信息、储存信息,而且还能捕捉到你意识顾及不到的地方的信息。当你刻苦、努力认识事物时,无意识很可能比较好地摄取到事物的一些重要的本质的特征。正像无意识是人的全部意识的主要部分一样,无意识学习是人的整体学习的一个重要组成部分,学习没有无意识的参与是不可思议的。

  动作与技能的学习过程也是建立在无意识参与的基础上的。大概我们都曾有这样的体验:起初学骑自行车时,即使自己花费专门的注意和较大的精力来保持车的平衡,也难以保持车达到应有的平衡。而一旦熟练之后,似乎不再需要有意识的考虑如何平衡的问题了。这真是"有心栽花花不开,无意插柳柳成荫"。其实,这在心理学上被称作"随意化"或"自动化"状态。而在这种状态下,监控车子平衡的职能被"托管"给人的无意识了。再比如下象棋,那些象棋大师并不是较一般棋手能想出数目多得多的棋步,而在于他在积累了对棋盘上可能出现的成千上万的棋局的经验的基础上,他的潜意识在发挥着作用。按照西蒙的估计,象棋大师至少在记忆中存贮了五万个棋局。[①]当然,这些棋局是深藏在人的无意识之中的。虽然我们的意识并没有意识到这种无意识的存在,但它却实实在在的默默发挥着作用。也许,潜意识世界

[①] 曹南燕:《认知学习理论》,河南教育出版社1991年版,第296页。

的魅力也正缘于此。此即是说,"我们人类有一个基本特点是,我们知道许多我们自己都不知道的东西,我们知道许多连我们自己都意识不到的东西。譬如说走路。""为什么机器人走路那么难,人走路却极其轻松?因为我们人已经积淀了一大批我们自己完全无知的关于走路的技巧。"①

无意识同样还与人类的创造活动密切相关。人类的无意识、右脑、感性往往可以看作是同一东西,是我们的情绪和能力之所在。不能进行推理,常被人称作主观心理(通过直觉);意识、左脑是我们大脑的另一方面,可以进行推理和选择,常被称为客观心理(通过身体的五大感官认知客观事物的过程)。情感来自于潜意识。想象对潜意识的影响与实际经历对潜意识的影响一样。意识与潜意识二者相互配合,亦相互制衡。人生最大能力和成就的状态出现在二者携手一致的时候。潜意识就如同土壤,意识就如同种子。潜意识需要通过意识来表现自己。

斯佩里等人的左右脑研究表明,非优势的右半脑事实上是所有类型的特殊功能的栖息地。右半脑虽不适宜于进行线性的、分析性的思考,却与直觉、艺术能力、某些创造力和超感官能力密切相关。"直觉判断不是按照一个步骤接着一个步骤的方式达到的,而是顷刻之间达到的;这种判断乃是把一大堆有代表性的资料平行地纳入考虑之中,而不是分别去考虑各个因素;最后,直觉判断是不可能用言语加以说明的。"②其实,"当我们沉浸在右脑和身体动作或直觉思维中时,我们却并没有感觉到是无意识的。我们甚至能够感受到这种思维过程,只不过我们不能够用话语把它描述出来罢了"③。对超感官能力的心理实验做进一步的精神分析实验,其结果认为:右脑半球在超感官能力现象的处理中,实际起着关键的作用。有些科学家认为"沉默寡言"的右半球可能是弗洛伊德所说的那种"无意识"行为的主控部位。而且,超感官能力定量研究的开创者——美国杜克大学心理学家 J. B. 莱因,经过大量的实验和数据分析得出一个重要的结论:超感官知觉的产生是潜意识所固有的。

如果我们分析一下人类创造活动的过程则不难发现,人类的创造活动与无意识紧密相连。具体地说,有意识的努力和下意识的作用,相互之间有如下关系:在科学发现的过程中,有意识的努力给下意识一个寻找问题答案的

---

① 吴国盛:《技术哲学讲演录》,中国人民大学出版社 2009 年版,第 55 页。
② 托马斯·R. 布莱克斯利:《右脑与创造》,傅世侠等译,北京大学出版社 1992 年版,第 42 页。
③ 托马斯·R. 布莱克斯利:《右脑与创造》,傅世侠等译,北京大学出版社 1992 年版,第 28 页。

参考范围;下意识则从知识积累的材料中、从个人以往和现在的经验中,选择某种可用概念的结合;然后,把下意识的想法交给有意识的见解去鉴定,如果证明它们是有用的就保留下来,要不然就自行消失。下意识活动的主要特点是联想,它是不受控制的,因而有可能提出完全出乎意料的思想。在科学发现中,下意识活动的主要形式是直觉。英国动物病理学家贝弗里奇在他所著的《科学研究的艺术》一书中认为,直觉这种现象的心理作用虽未被充分理解,但一般的意见认为,直觉产生于头脑的下意识活动,大脑"以某一问题不再进行思考时产生的直觉……很可能下意识地头脑仍在继续考虑这个问题,并突然找到一种重要的配合"①。他引用华勒斯的话说:"直觉总是出现在意识的边缘而不是中心。"因而,要花力气去捕捉直觉,密切注视出现在思想中的激流和回浪。② 可以把直觉理解为思维推论的缩减性,就是说,人们在直觉中,思维采用了逻辑推论进程的缩减性,忽略了推论的全过程,但把握住了个别的、最重要的环节,特别是最终结论。③ 直觉实际上并不是什么天外来客,而是一种无意识的信息加工。它是个体本能地在无意识的情况下根据以往的经验,对当时的特定情境进行信息加工的结果。而在作为创造性活动的关键的中间两个阶段(即酝酿和明朗阶段)则"真正地与'无意识'过程联系着"④。正如布莱克斯利在《右脑与创造》一书所指出的:"一个人在这个世界上的成功,多半还是依靠他的直觉方面曾经得到过多大程度上意外发展。""若干世纪以来,富于创造性的人们都曾谈到过这种创造性曾利益于某种神奇的'无意识的'过程。"⑤

其实,直觉并非神不可测,它不过是以浓缩的形式包含了社会的认识发展的成果,归根结底,它是实践活动的产物,是持久探索和思考的结晶。现代生理心理学研究结果认为,直觉的产生是显意识与潜意识相互作用的结果。长期紧张工作的优势兴奋中心一旦被抑制,按照巴甫洛夫所揭示的高级神经活动的诱导规律,就会自发地引起该中心区外围皮层细胞的兴奋。这时,平时积沉在传统思路外围的潜在观念、知识经验的科学家、艺术家凭借其高度

---

① 付秋芳等:《大脑的潜能开发》,山东人民出版社 2001 年版,第 207 页。
② 章士嵘:《科学发现的逻辑》,人民出版社 1986 年版,第 123 页。
③ 刘大椿:《科学技术哲学导论》,中国人民大学出版社 2005 年版,第 215 页。
④ 托马斯·R. 布莱克斯利:《右脑与创造》,傅世侠等译,北京大学出版社 1992 年版,第 41 页。
⑤ 托马斯·R. 布莱克斯利:《右脑与创造》,傅世侠等译,北京大学出版社 1992 年版,第 39 页。

发达的直觉力、类推力能够迅速地选取其中最有希望的一个或几个,从而引起打破自觉思维定势的"智力叛逆"。由此可见,正是有意识思维的常规搜寻活动规范启动了潜意识的逆向闪现,而潜意识的逆向闪现则反过来打破显意识的思维定势,并在意识领域完成顿悟解题。在这里,大脑皮层优势兴奋中心区的暂时抑制,是显意识诱发潜意识的必要条件。①

作为人类创造性思维重要形式的直觉,通常是建立在意识与无意识结合的基础上的。法国物理学家德布罗意指出:"无论基础方面还是方法方面本质上都是理性的科学,只有当科学家表现出所谓想象和直觉的能力,也就是摆脱严格推理的桎梏的能力,从而取得冒险的突进时,它才会达到辉煌的成就。"②德国数学家施特克洛夫认为,创造"过程是无意识地进行的,形式逻辑在这里一点也不参与,真理不是通过有目的的推理,而是凭着我们称作直觉的感觉得到的……"③这就是说,直觉是一种无意识的思维,不像逻辑思维是我们有意识地按照推理规则进行的。因此,直觉像是思维的"感觉";人们通过感官的感觉,只能认识事物的现象,可是用直觉就能够认识事物的本质和规律性,所以直觉也可以说是思维的洞察力。科学史上凭借直觉做出重大发现的事例不胜枚举:古希腊的阿基米德在沐浴时顿悟了浮力原理;文艺复兴时代的达·芬奇凭借物理直觉,预见到惯性原理;牛顿在目击苹果坠地时领悟到万有引力;爱因斯坦凭借直觉创立了相对论。

美国数学家雅克·阿达玛对包括爱因斯坦在内的全美著名数学家的调查表明:"大多数人的心理画面,却经常都是视觉型的,但这些心理的画面也可能是其他的类型,例如动觉型的。"④美国化学家普拉特等对创造性思维所进行的调查也表明,有83%的化学家或是经常或是偶尔得益于无意识的直觉。"若干世纪以来,富于创造性的人们都曾谈到过这种创造性曾得益于某种神奇的'无意识的'过程。发现了我们的右脑能够以其自身独立的思维秩序超越于我们的自觉意识,这就为我们提供了一个对于该过程的自然科学的解释。我们大多数的觉醒生活,都是在我们的左脑意识控制之下的。而当我

---

① 熊梅等:《启发教育的心理机制及产生条件》,《西南师范大学学报》(哲学社会科学版)1996年第3期。
② 付秋芳等:《大脑的潜能开发》,山东人民出版社2001年版,第205页。
③ 周昌忠:《创造心理学》,中国青年出版社1983年版,第199页。
④ 托马斯·R.布莱克斯利:《右脑与创造》,傅世侠等译,北京大学出版社1992年版,第37页。

们受惠于一种创造性的'顿悟一闪'时,便往往都会突然表现出一副完全大吃一惊的样子。看来这似乎正是某种真实的'思维'的最后结果,而这种'思维'则是我们所未曾察觉的。"①

　　创造性过程中的灵感,也是基于意识与无意识的协同而产生的。灵感是指人脑有意无意地突然出现某些新的形象、新的思想,产生一种顿悟,使一些曾集中精力、长期反复探索而尚未解决的问题得以澄清的现象。在创造性思维活动的过程中,既有长时期的准备和积累,又有短时间的攻关和突破;既有经久的沉思,又有一时的顿悟,灵感就是在长期创造性实践和思考活动的基础上,思维运动发展到一定关节点时,产生的一种质的飞跃。大量事例表明,灵感常受某种启发而产生。在我们周围的客观世界中,无处不隐蔽着大量的启示,使人们能取得丰富的创造性设想,从变化的背景和改变了形式的事物中将所需要的再认出来,这往往是创造性突破的关键一步,而这种模式再认正是右脑的一大特长。几百年来这种"无意识"的灵感一直被人们所提及,这一发现给我们提供了一种解释。在大多数灵感出现时,主体往往处于一种长期紧张工作之后的暂时松弛状态,比如说散步、钓鱼、听音乐、观花赏月乃至睡梦中,此时,主体精神放松,抑制解除,有着丰富的遐想和活跃的想象,右脑的无意识思维处于积极活动状态之中。所以,灵感一顿悟易于涌现。②

　　其实,人处于创造性活动时的灵感与直觉状态其实质就是人的无意识。钱学森所说的"意识可以直接控制,但潜意识却控制不了,也没法控制,但它却实在工作,就是不知道它是怎么工作的,它的工作状态怎样,有时苦思冥想,不得其门,找不到出路,然而,不知怎么回事,它却突然来了,这就叫灵感"③。直觉及灵感的产生是意识流动的中断,同时也是无意识活动的开始。意识活动的中断是为了给无意识活动创造条件,但要使得无意识活动启动还必须进行有意识的暗示,才能形成无意识活动的相继作用。无意识活动的条件是在同一时间区间内意识活动在原有方向上中断,以减缓思维活动的惯性,并使脑物质能量集中于无意识活动上来,同时有助于无意识活动结果的显化。意识活动的中断不等于停止,而是使原有强力思维的方向得到转移,使紧张的大脑得到松弛,以便对显化的无意识活动结果及时做出反应。有效

---

① 托马斯·R. 布莱克斯利:《右脑与创造》,傅世侠等译,北京大学出版社1992年版,第39页。
② 董奇:《儿童创造力发展心理》,浙江教育出版社1993年版,第163页。
③ 程鸿勋:《生命发展阶梯——阶梯式学习法》,新世界出版社2003年版,第42页。

的心理暗示是启动无意识活动的关键。直觉与灵感的到来不是守株待兔式的被动等待,而根据其本质和规律,需要将其非理性的一面转变为理性控制因素,使整个思维活动过程在总体上能够有目的、有计划、有步骤的进行。直觉与灵感的诱发是形象思维与抽象思维协同,意识与无意识相互作用的结果;其产生的基础或前提是主体对确定对象的感觉经验和一定量度的理性思考;其作为方法的实用性要诀是张弛有度,善于使用心理暗示并有适合放松大脑的方式和方法;以勤补拙,及时地记录直觉与灵感信息是提高利用率的有效手段;直觉与灵感思维真正价值,在于进一步的延伸发展。[①]

由于潜意识学习摆脱了意识的严格控制,因而较容易自然地形成最佳的暂时神经联系,孕育学习的灵感。潜意识所具有的创造力历来受到科学家们的青睐。爱因斯坦曾说,我们的思维不用符号(词)绝大部分也都能进行,而且在很大程度上是无意识进行的。法国大数学家彭加勒说,他的数学发明的灵感,常常发生在"不自觉的工作"之后。在他的观点基础上形成的关于创造过程的无意识理论,把无意识作为新思想酝酿的关键阶段。

虽然无意识学习机制还是一个尚未被认识清楚的"黑箱",但这并不意味着人们对它无所作为。教育方面开发和利用无意识学习能力的最好例子,是保加利亚精神病医疗心理学家乔治·卢扎洛夫首创的暗示教学法。这种教学法认为,在人的大脑中,始终交织地进行着有意识和无意识的活动,一切意识活动都以无意识为基础;只有这两种活动处于最和谐的状态,才能产生最大的精神效率。暗示教学法精心设计教学环境,启发联想和想象,协调智力、体力的练习,把音乐、电影、戏剧、舞蹈等艺术形式综合运用于教学,通过暗示巧妙地利用人的潜意识活动,使学生在轻松愉快的体验下达到最有效的学习。在这样的学习条件下,学生不仅从有意识的语言指导中得到行为定向,而且从教师的语调、身姿、手势中获得信息,甚至环境中颜色、声响、气味的影响都可以被利用。这不能不说是个体与人化世界的关系的进一步全息化和融洽化。

应当说,人类的意识与无意识是相辅相成的。直觉及灵感等创造性思维的产生,既是人类无意识活动的成果,同时也离不开意识的作用。法国著名数学家雅克·阿达玛曾经指出:"如果不是经过好多天的有意识的努力,尽管

[①] 魏发辰:《创新实践论》,清华大学出版社 2010 年版,第 46 页。

这些努力没有产生结果,完全是一种盲目的探索,那么突然的灵感是不会产生的。如果没有这些艰苦努力,无意识机器是不会开动起来的,从而什么灵感是不会出现。"[1]正像阿基米德所说的那样:"灵感总是偏爱勤于思考的头脑。"否则,就是像瓦特那样"即便是最伟大的天才尽管朝朝暮暮躺在青草地上,让微风吹来,眼望着天空,那温柔的灵感也始终不会光顾他的。"[2]就像没有长时间对皇冠真伪问题的冥思苦想、魂牵梦萦,阿基米德即使有再多的洗澡也不可能发现浮力定律。同样,离开了对引力问题解决的梦寐以求,即使有再多的苹果砸向牛顿,也不大可能使他产生万有引力的灵感。无论对创造过程还是学习过程都是这样。而就学习过程而言,充分发挥潜意识学习能力的根本途径,恐怕还在于有意识学习本身的努力。只有在意识的最大限度地完成了自身任务的情况下,无意识才能达到令人十分满意的作用。[3]

---

[1] 佟健华:《数学创新思维的魅力》,《数学教育学报》2000年第3期。
[2] 张之沧:《当代科技创新中的非理性思维和方法》,《自然然辨证法研究》2008年第10期。
[3] 陈建翔等:《新教育:为学习服务》,教育科学出版社2002年版,第66页。

第三章 手脑结合的实践基础

长期以来,在中外历史上,虽然不时会涌现一些思想家、教育家关注人类实践活动的教育价值,强调"知行结合",如中国历史上的墨子、颜元以及西方的夸美纽斯、黑格尔、卢梭等,但他们都没能实现教育过程中动手与动脑的有机结合。尽管说长期以来学校教育脱离社会实践生活,但这并不等于说,人类一直忽视手脑结合的实践教育的重要性,也不意味着人类压根儿就没有这方面的实践探索。事实上,中外历史上的活动教育、科学教育的理论与实践,以及杜威的"从做中学"等客观上也都为手脑结合理论奠定了一定的实践基础。

第一节 活动教育基础

活动是一切生命体的本质属性,也是人类生存的基本条件和基本要求。在语言和文字尚未产生的古代,教育就是在生活和生产活动中进行的。人的活动可分为两大类,一类是为本能所支配的生物性行为,另一类是靠意识所支配的社会性行为。然而,不论哪一类行为都属于一个人生存的基本条件和基本需求。人的生长、发展的一切规律都因此而展开、演变,教育当然也不例外。尽管长期以来,书本知识的传授代表着东西方的教育发展的主流,但若仔细考察世界各国在不同时期所存在的教学实践形式,及流行的各种教育思想、观点等,人们亦不难发现,在主流教育形式之外,仍然活跃着一种极富创造性的教育实践形式和有关思想,它们共同构成了世界教育史纷繁耀目的景观,同时也为手脑结合理论提供了理论的支撑。

一、人是活动的主体

所谓主体,用最直白的话说,就是指从事认识和实践活动的人。在马克思主义哲学中,主体是一个认识论和活动论的命题。一个人能不能成为主体,要看他在与一定的客体关系中,能不能通过自觉能动的作用,获得客体的主动态势。而人的主体性,就是人作为活动主体在同客体的相互作用中所表现出来的功能特征,如选择性、自主性、能动性和创造性等。

活动是主体存在和发展的方式。所谓主体就是指从事现实活动的人,指活动的承担者和发动者。主体与客体是在对象化活动中相互形成的,主体与客体作为相互对立、相互依存的两极,不是预先给定的,而是在活动中生成和建构起来的。主体,就是指从事认识和实践活动的人。主体是人但不等于人,人并非总是主体,只有在与一定客体的关系中通过自己自学能动活动而获得对客体的主动态势,发挥出能动的积极作用并取得支配地位的人,才会成为主体。① 此即是说,人的主体性并非与生俱来的,而是后天赋予的。正如人一出生时并不是个社会人一样,人的主体性也是在后天作为主体而参与的社会生活、教育及其他社会实践中逐渐形成的,而且只有当人具有能主导和支配自身活动的力量时,换言之,只有当他是一个社会人时,其主体性才有了一种感性的存在,否则,主体性的存在只是一种哲学意义上的实体存在和关系存在而已,没有什么现实意义。要使得个体的主体性成为一种真实的品质生长并表现在个体的生活实践之中,必然有赖于个体亲身亲历的实实在在的活动。人只有通过实践活动才能形成主体性,才能表现和确认其主体性。

主体是现实活动的主体,活动是主体的现实活动。人的主体性是在活动中生成和发展的。不管是人类的主体性,还是个人的主体性,都不是主观自生的,不是主观精神的固有属性。从根本上来说,人的主体性是活动生成,活动赋予,并在活动中发展。

活动之所以在个体的主体性发展中起决定作用,这是由活动所具有的独特的功能和作用决定的。第一,活动可以使个体的既有素质和所处的社会环境成为影响个体主体性发展的现实因素,使个体在既有的素质和社会环境的相互作用中获得发展。对于每一个具体的个人来说,他只有在社会的实践和交往活动中使自己的能力获得发展,个性获得丰富,也只有通过自己与他人、族类总体的普遍交往活动,使自己转变为社会的与世界历史性的存在时,才能获得社会性的个性与世界历史性的个人本质的规定,也才能使自身的主体性得到发展。个体从事不同性质、不同水平的活动,形成不同层次和不同水平的个体主体性。个体在从事各种性质和水平的活动中逐步获得人类的主体意识和主体能力。个人的实践活动水平的发展重演着人类主体实践活动

---

① 张天宝:《主体性教育》,教育科学出版社1999年版,第5页。

水平的发展状况,并随着人类主体实践活动水平的发展而不断发展和提高。第二,活动有利于培养和发挥个体的自主性、能动性和创造性。建立在对对象世界改造基础上的人的对象性活动,是人类本质力量和主观能动性实现的过程,"正是通过对对象世界的改造,人才实际上确认自己是类的存在物"。在活动过程中,个体对活动客体、活动手段、活动方式的选择,对活动目的、步骤和计划的确定,活动诸环节之间的调节,活动过程的控制等,无不需要个体自主性、能动性和创造性的参与。第三,自由自觉的活动是人的最高需要,活动能够为个体的主体性发展提供满足需要的对象。从根本上说,个体的活动就是力求实现对需要的满足的过程。如果个体没有对满足的需要,就会失去活动的动力,就会削弱个体活动的主动性和能动性的水准。个体在活动过程中满足了一种需要后,就会通过新的活动来满足新的需要,从而推动自身的不断发展,直至最终实现自身的完善和解放。第四,活动是个体的各种潜能和力量的展示方式。个体的活动是其潜能和力量的转换器,也是新需要和新能力的再生器。个体通过活动可以不断地感受到外界对他的各种要求,一旦这些要求被内化,新的需要就会产生,这是个体潜能的贮藏形式。随着活动的深化,个体的潜在力量会逐步被开掘,由萌芽、发展到成熟,从而转化为个体的现实力量和新的能力。第五,人的活动是一种对象化活动。对象化表明作为主体的人的能动的、本质的力量由活动(运动)的形式转化为物质存在形式,创造出一定的客体。与对象化相对立的反向转化是非对象化。非对象化不是对象的丧失,而是对象转化为主体的活动能力,使对象由它自身存在的形式进入主体活动的形式。主体通过对客观对象的掌握以及各种文明成果的消化、吸收,使其逐渐转化为主体本质力量的因素,从而进一步生成、改造和发展了主体自身,不断造成新的力量、观念、品质、情绪和能力,使主体更加完善和发展。个体活动是个体主体性发展的决定性因素。

辩证唯物主义认为,生命存在的普遍形式是活动的。杜威也说,有生命的地方就有活动。心理学家认为,实践活动是人的心理、认识、意识产生和发展的基础。人的心理是在活动中形成和发展的,人的个性的程度取决于他的活动的内容。从发展心理学的角度来看,活动贯穿人的一生,人的心理发展到什么水平和阶段,他的活动就会表现出相应的特点。如果剥夺人的活动自由,他的心理发展就会受到阻碍。因此,人的主体性的发展的基础是实践活动。诚如马克思所说:"人的活动是社会及其全部评价存在与发展的本源,是人的生命以及作为个性的发展与形成的源泉。教育学离开了活动问题就不可能解决任何一项教育、教学、发展的任务。"①

人的主体性随人的发展而发展,它伴随人的一生,始终处于不断变化和发展之中。人的主体性在活动中生成和发展。活动是主体存在和发展的方式,正如"运动是物质的存在方式"一样,主体的存在方式是活动。人只有通过活动,才能满足自己生存和发展的多样性需要,正如马克思指出的,人"积极地活动,通过活动来取得外界物,从而满足自己的需要",而新的需要的力量又会引起更复杂、更高级的活动,人就这样创造着越来越丰富的社会生活,并推动着人类社会的发展和进步。在心理学界,皮亚杰认为,个体的认识起源于活动,活动在个人的智力和认知发展中起着重要作用。活动是主体与客体的相互作用过程,是主客体相互作用的桥梁和中介。离开了具体的、感性的活动,任何人无法获得主体地位,主体作用也无法发挥。离开了活动的人,只能是潜在的主体、可能的主体,只有承担和发动了活动的人才具有主体的规定性。马克思曾明确指出"自由自觉的活动恰恰就是人类的特性",人的活动是一种"人类机能",是人由潜在的、可能的主体转化为现实的主体的必由之路。

就教育过程而言,学生主体性的发展是以活动为中介的,学生只有投身于各种活动之中,其主体性才能得到良好的发展。学生主体性的形成与发展。究其实质而言可以抽象为两个方面:一方面,学生通过活动不断地将"人类现实据为己有"的内化过程;另一方面,通过活动不断地将已有的心理品质表现出来的外显过程。学生的主体性正是通过内化与外显的无数次交替而逐步形成、发展和完善的。学生在活动中形成着主体性,在活动中表现出主体性,这也就是说,活动是影响学生主体性发展的决定性因素。从某种意义上讲,主体性教育就是对学生的学习活动的规范、组织和引导,通过精心设计各种教育活动,使影响学生主体性形成和发展的各种因素达到优化,使各种不同的活动形式和决定着它们的诸多条件相互促进、紧密结合,从而对学生的身心发展发挥主导作用,"教育者或教师企图不通过儿童自己的活动去掌握知识、培养品德,即将知识、品德、要求'加到'儿童身上,任何怎样的企图只

---

① 马克思恩格斯:《马克思恩格斯全集》(第42卷),人民出版社1972年版,第125页。

会破坏儿童健康的智力发展和精神发展的基础,破坏培养他的个性品质的基础"①。

二、活动凸显儿童的天性

活动总要指向一定的对象。对象有两种,一是制约着活动的客观活动事物;二是调节活动的客观事物的心理映象。离开对象的活动是不存在的。活动总是由需要来推动的,人通过活动改变客体使其满足自身的需要。人对客观现实的积极反映、主体与客体的关系都是通过活动而实现的。在活动过程中主客体之间发生相互转化,通过活动客体转化为主观映象,而主观映象也是通过活动才转化为客观产物的。活动的过程实质上也就是满足个体需要的过程,人的本性是"需要"能够得到满足,从这个意义上说,活动是人性的体现,活动联系着人的本性。

从生理学的角度看,活动通常表现为身体器官的动作,这种动作我们也常称为运动。活动和动作都是以实现预定目的为特征的,但是动作受单一目的的制约。而活动则受一种完整的目的和动机系统的制约。活动是由一系列动作构成的系统,运动是活动的一种形式。

运动是一切生物有机体所共有的机能,但对不同的生物而言,运动的形态则有所不同。由于植物扎根于土壤,故其运动被限制于一定的范围内。动物则不然,由于动物没有了植物那种画地为牢般的束缚,加之其有着与生俱来的腿脚、翅膀及鳍等运动器官,因而可以到处活动。其实,"动物"这个词包含了"活动"的意思,既然动物都可以到处活动,那么作为高级动物的人类就更不消说了。

人的生命是永恒运动着的存在,运动乃是人的生理对活动需要的具体表现形式。且不说物种的进化、社会的变迁,单看从精卵结合到婴儿诞生,从呼吸心跳到衣食住行,从新陈代谢到生老病死,人的整个生命时时刻刻都存在着各种形式的运动。也正是基于此,亚里士多德给我们留下的"生命需要运动"的名言才那么脍炙人口,同样,法国思想家伏尔泰的"生命在于运动"的警句也是如此为大家所耳熟能详。

生命作为世界上物质存在的一种特殊形式,它包括着繁殖、生长、新陈代谢、衰老和死亡。在人体内,小至每个细胞,每分每秒都在进行着维持生命的

---

① 张天宝:《试论主体性教育的目的观》,《教育理论与实践》1996年第6期。

新陈代谢活动；大至各器官各系统，每分每秒都在进行活动。即便人在睡眠状态时各生理活动也在无休止地进行。新陈代谢的生理活动一旦停止，就意味着生命活动已经中断，所以说，生命在于运动。人体内每时每刻都在进行着新陈代谢，去除衰亡变异的细胞，换上新鲜的物质，这是人体内的"运动"，这是人的生命得以存在的前提和基础。

"生命在于运动"是生物进化的结果。其实，在整个自然界，越是高级的物种，往往也就具有超强的运动能力。在弱肉强食的动物世界里，运动尤其是奔跑的能力往往制约着其是否具有生存的必然性。对肉食动物来说，如果没有足够的奔跑速度也就意味着其将会因捕获不到猎物而被饿死；同样，对草食动物来说，如果没有足够的奔跑速度则必将会沦为肉食动物的囊中之物。由于人类有着灵巧的双手和发达的大脑，人能够从事制造和使用工具的劳动，因而，这就使运动速度的绝对大小显得不那么重要了，但这并不意味着人类对运动的依赖程度有所降低。事实上，人类的生命对运动的需要更为迫切。对人类而言，为了保证生命的活力，仅仅有前述的发生在身体内的一些生理运动还不够，生命同样也离不开身体及各部分的外在的运动。其实，每一个生命的历程同时也都是一个运动的历程。例如，儿童在胎儿时期，就可以观察到他的最初的运动。儿童出生时就出现哭叫、手脚乱动、吸吮等运动，这些都是以无条件反射为基础的。这种先天的无条件反射运动，很快就和后天的条件建立各种不同的联系，形成各种条件反射。这就是在主体和客体相互作用中的一种反映活动，其中主要的是感知和运动，是后天获得的经验的来源。与此同时，儿童不但和外界事物建立条件联系，也在儿童自身的各种感官机能之间建立条件联系，如手眼协调运动。因此，儿童运动的发展是从无条件反射的调节逐步改造为条件联系的过程。

活动凸显着儿童的天性。德国教育家福禄贝尔认为，活动与行动是儿童的第一个生活现象，同时也是他们内在本性及创造性的外在表现，一切有利于幼儿成长的活动都源于他们的创造性本能并与之密切相关。为了丰富幼儿生活，并使他们获得更加自由的发展，他指出，应该建立一个以"发展幼儿活动本能和自我活动能力"的教育机构，这就是现代"幼儿园"的雏形。

杜威认为儿童有四个方面的本能，即社交的本能、制造的本能、艺术的本能、探究或发现的本能。他认为既然儿童本来天性好动，精力旺盛，那么最好的方法就是让儿童自己在活动中直接接触各种事实，这样才可能在心灵上获得种种深刻的印象,从而取得有用的经验。对儿童的这四种本能不能置之不顾,或者只是鼓励一下,让其发展就算了,教师要加以引导。如何引导呢?要把儿童的日常生活方式和经验引导到课堂中来,用活动来满足儿童的本能需要,烹调、缝纫、纺织、手工、金工和木工等这些人类基本的活动方式符合儿童的本能和兴趣。

意大利教育家蒙台梭利认为,儿童有一种内在的生命力,规定着他们发展的准则。这种生命力本能的自发冲动,赋予儿童积极的生命动力。她还认为,儿童的发展是通过肌肉的自主活动实现的,为了促进儿童的正常发展,必须提供一个良好的环境。这个环境包括有利儿童自由活动的教室,根据儿童的爱好以及适应儿童力量和体形而设计的桌椅和教室的摆设,促进儿童感官发展和运动协调的各种教具。她指出,干涉儿童自由行动的教育家太多了,一切都是强制性,惩罚变成了教育的同义语,而实际上,"儿童对活动的需要比对食物的需要更为强烈","对一个可能使出他全部精力的活动,他将感到一种本能的冲动,因为这正是自然使他的能力得到完善的道路"。①

从儿童成长的过程来看,他们对活动的需求和渴望这种本性生而有之,贯穿一生,在不同时期表现出不同的特点。婴儿在解开襁褓时喜笑颜开、手舞足蹈。如果把他们捆扎在襁褓中,他们就会哭喊,无效的挣扎耗费了他们的精力,破坏了情绪。我国旧的传统中有给婴儿"打包"以避免他们将来形成"X"型或"O"型腿的做法。其实这是有违儿童天性的做法。事实上,外国的婴儿并没有像我们传统中那样将其包裹起来,也并未见他们都是畸形腿。小学生下课时兴奋地冲出教室,像小鸟一样自由自在地蹦蹦跳跳,即使与成人相比,他们的活动量也是令人惊奇的,如在假日旅游中的表现丝毫不比成人逊色。在现实升学的重压下,中学生的活动欲望明显减弱,但仍然隐约可见,喜欢各种各样的活动,忙里偷闲,自娱自乐。大学生的活动形式就丰富多了,各种科学研究、实践锻炼、辩论会、文娱体育表演等充满着大学校园。不重视学生活动本能的教育会消磨了他们的主动性和创造性,造成难以弥补的损失。而对儿童活动本能的嘲讽则是对儿童生命力的压抑和人性的戕害。人是活动的个体,儿童是活动着的天使,让他们在安全的环境里自由展示他们的活动本能吧! 这会给他们带来无穷的快乐。

---

① 但武刚:《活动教育的理论与方法》,华中师范大学出版社 2005 年版,第 148 页。

运动与人的生命密切相关,生命的产生在于运动,运动是生命诞生的前提条件,没有物质运动就不会有生命的产生;生命的存在在于运动,运动也是生命存在的基础,要维持生命体存在,也离不开物质运动;生命的发展在于运动,运动又是生命发展的动力和源泉。可以说,没有了运动,人就活不下去。其实,对人体生命来说,不仅需要呼吸、血液循环等机械运动,同样也离不开物理运动、化学运动和思维运动。不仅需要微观的细胞运动、分子运动等诸多运动形式,同时也离不开宏观的躯体运动等,有鉴于此,我们才会说生命在于运动,生命需要运动。

应当说,与人类智力关系最密切的两种身体运动,是用来说话的舌头的运动和用来工作的手的运动。从人类最早使用的工具——经过削凿和打磨的石块就可以推断出,在史前期已经有人类存在了。工具的运用标志着地球上有生命的机体在生物发展史上进入了一个新的阶段。当人类用手把言语刻录到石块上时,言语本身就成为人类历史的记录。人类的特征之一就是能够自由地运用双手,也就是说,手不再是运动的手段,而是智慧的工具。正是这种功能,不仅显示了人类居于万物灵长的地位,而且表现了人类天性的和谐统一。

三、活动彰显教育的本质

教育本来就是人类社会所特有的活动,它是伴随着人类的产生而产生的。原始的教育是与人类的生活、繁衍及生产劳动融合在一起的。劳动的过程、生活的过程也就是教育的过程。只是到了生产力发展到一定水平的时候,脑力劳动才与体力劳动分离,教育与生产劳动分离。也就是说,从教育的起源而论,它原本是以生活与生产作为自己的基本途径的。然而,在人类迄今为止的漫长岁月里,劳动竟成了教育的"异己",而教育也就成了劳动的"异己"。而认为只有传授书本知识才是真正的教育。

叶澜教授认为:"教育是有意识的以影响人的身心发展为直接目标的社会活动。"[①]教育本来就是人类社会所特有的活动,它是在人与人之间进行的。换句话说,它不是一个人头脑中的活动,也不是抽象的理论活动。教育是在现实社会中的实践活动。实践是教育活动的基础,也是教育的目的。尽管在学校中学生需要学习系统的书本形态的知识,即间接经验的知识,然而,这些

---

① 叶澜:《教育概论》,人民教育出版社 1991 年版,第 8 页。

知识也是以前人直接实践经验为基础产生的。人类社会总是不断地通过实践去创造知识和发展知识,从而推动人类不断进步。除了课堂教学之外,其他现实生活和实践活动也都是学生的学习途径,是重要的教育活动形式。当人类社会产生了学校之后,尤其是学校中出现了学科教学之后,就以为学校中的学科教学是唯一的教育活动,并使之脱离生活实际,结果使受教育者失去了全面发展和健康发展的条件与机会。那些被称作"精神贵族"的人是最严重的畸形发展者。而这种人已越来越与我们的时代与社会格格不入,而实践性对于教育者而言,也是至关重要的。它表明教育者不可能在"纯理论"之中"讨真谛",他们必须参与教育实践活动。

活动作为哲学范畴,特指人的活动即主体的活动,是个体自觉地与客体(活动对象)发生相互作用的过程。人只有通过活动,才能对客观世界发生作用,才能主动地认识和改造客观现实。活动总是由需要来推动的,人通过活动改变客体,使其满足自身的需要。人对客观现实的积极反映、主体与客体的关系都是通过活动而实现的。在活动过程中主客体之间发生相互转化,通过活动客体转化为主观映象,而主观映象也是通过活动才转化为客观产物的。这就是说,主体在活动的过程中改造、发展和完善了本身。可以这样说,活动是个体社会化和主体性发展的决定因素。

马克思主义认为,人就其本质而言是社会的主体而不是工具,教育的根本目的在于使人得到全面的发展。教育是人类传承文化、创造知识、培养人才的活动。教育是在师生相互活动中进行的。过去许多教育家都提倡过在活动中教育学生。早在19世纪,德国著名教育家第斯多惠在论及人的发展问题时就明确指出:"发展与培养不能给予人或传播给人。谁要享有发展与培养,必须用自己内部的活动和努力来获得。"[①]结构主义发生认识论的创立者皮亚杰认为,儿童智慧、思维的发展是通过儿童主体的认知结构从物理环境和社会环境的经验之间的同化和顺应的相互作用——活动而实现的,只有使儿童自己具体地和自发地参与各种活动,才能获得真实的知识,才能形成他们自己的假设,给予证实或否定。在他看来,活动是主体与客体的相互作用过程,是主客体相互作用的桥梁和中介。认知结构是儿童在自己的活动中逐步形成和发展起来的,他们通过摸、拉、推、看、听等活动,可以逐步认识主体

---

① 第斯多惠:《德国教师培养指南》,袁一安译,人民教育出版社1990年版,第78页。

与客体之间的关系。皮亚杰认为,作为人的认识能力的基本要素和智慧发展的基本标志的思维逻辑,就与个体的活动密切相关,"数理逻辑运算来源于行动本身,因为它是从行为的协调中抽象出来的结果而不是从对象本身抽绎出来的"①。皮亚杰在充分论证了个体的认识源自活动的基础上进一步概括道:"个体的发展实际上就是练习、经验、对环境的作用等意义上的大量活动的产物。"②列昂捷夫在深入地探讨了对象性实践活动在人的意识、心理以及个性形成中的作用的基础上,建立了他的"活动—个性"理论。他认为,活动和心理是不可分的,人的内部智慧活动等高等心理机能起源于外部活动,心理的反映是在个体和外部世界相互作用中形成的,不研究儿童早期和外部的联系,特别是和人的联系,不研究儿童的活动,就无从说明儿童心理的起源和发展。在他看来,心理的发展,同时也是在个体和外部世界相互作用的外部活动中逐步内化而成为内部的智力活动的过程,心理、意识就是在这个过程中逐步发展起来的。而且外部活动和内部活动又是互相作用、互相过渡的,外部活动可以转化为内部活动,内部活动又可以转化为外部活动。列昂捷夫在研究人的意识、智慧与活动的关系的同时,对人的个性这一更为复杂的心理构成物的形成发展机制进行了揭示。他认为,"个性在任何方面都不是先于人的活动而存在的;个性也和人的意识一样,产生于活动"③。活动同样也是个性形成和发展的稳定基础,个性是现实关系的总和,而这些关系是在活动中实现的,个性形成的动机是在活动中产生的,个性是在后天活动中才形成的。还有,美国教育家杜威提出学校即社会,教育即生活,要摆脱课堂中心、课本中心、教师中心,让学生在生活中学习。陶行知则把杜威的理论颠倒过来,成为社会即学校,生活即教育,提倡"生活教育",更强调学生要以社会和生活为学习对象,并在生活中学习。这就是说,人在活动中与周围环境发生联系,积累经验,实现由"自然人"到"社会人"的转变。人也只有通过活动教育才能对客观世界发生作用,能动地改造客观世界,同时改造、完善、发展人本身。

  通过上面的讨论不难看出,活动与教育密不可分。当然,我们这里所强

---

① 皮亚杰:《儿童的心理发展》,山东教育出版社1982年版,第107页。
② 皮亚杰:《心理学与认识论——一种关于知识的理论》,袁晖译,求知出版社1988年版,第44页。
③ 列昂捷夫:《活动意识个性》,上海译文出版社1980年版,第125页。

调的"'活动'是一个具有特定内涵的概念,它既不完全等同于一般意义上的人的活动——劳动,也不同于传统教育中使用的'活动'概念。从广泛的意义上说,传统教育的过程也是一种活动,只不过它被蒙上了'被动'和'片面'的色彩。所谓'被动',系指学生在被告诉、被教导、被演示的情况下被迫参与活动,学生作为活动主体的主体地位没有得到落实,学生活动的自主性、能动性和创造精神得不到充分发挥;而所谓'片面',是指只重视学生接受间接经验过程中的内在观念活动,忽视甚至排斥学生以获取直接经验和感性体验为目的的物质操作活动和社会实践活动。因此,传统教学意义上的活动是一种学生被动参与的、观念活动与实践活动相脱离的不完整的活动"[1]。需要指出的是,对教育而言,活动也不是一个十分新鲜的范畴,即使从卢梭把自由活动正式引入儿童的教育算起,也有上百年的历史了。但在根深蒂固的传统教育思想的束缚下,教育领域对活动问题的研究,从总体上来说是数量少且不够深入,并未引起教育理论界的足够重视。我国的教育自古以来就存在着让学生动脑不动手、劳心不劳力的弊端,这是一种轻视学生外部活动的片面性。同时,人们常常把活动仅仅作为一种方法和手段、作为解决问题的一种甚或不甚重要的方式,事实上降低了活动本身的理论品位。"活动在教育理论中可有可无、无足轻重的'装饰'地位,对活动之引入教育领域的'犹抱琵琶半遮面'的羞羞答答的态度则从根本上反映了人们根深蒂固的对学生主动性、能动性的蔑视,反映了教育仅作为传递文化之工具的保守特征"[2]。

而今,在教育过程中,内化问题已日益受到人们的重视。因为教育旨在实现人的发展,而"人的发展,体现在个体的生理发展、个性发展、个体与他人关系的社会性发展和认识的发展等方面。这些发展又都是通过内化而获得的"。其实,"没有内化,就没有发展,即使是个体的生理发展,撇开教育因素,也是通过生理的内化获得的"[3]。我们每天都要吃进食物,喝进水和吸进氧气,在体内把它们加以消化、吸收,提取其中的营养物质,再输送到体内各组织、器官,通过新陈代谢,变成这些组织、器官中不可分割的有机组成部分。原来个体外在的这些食物、水和氧气,大部分变成了个体内在的有机成分,或者说融入了我们的生理结构之中,这就是内化,当然,这是生理上的内化。除

---

[1] 田慧生:《关于活动教学几个理论问题的认识》,《教育研究》1998年第4期。
[2] 戚万学:《活动道德教育论》,南开大学出版社1994年版,第93页。
[3] 赵卿敏:《创新能力的形成与培养》,华中师范大学出版社2003年版,第221页。

了生理上的内化外,还有心理上的内化。就像在生理上人是通过从食物中吸收所需要的营养物质进而内化为自身的生理结构一样,人的道德、知识、智力等,归根结底都是从外部的东西(活动)转化或移植而来的,这就是心理内化。或者说,是由动作内化而来的。我们经常要借助各种感官来获得外界的信息。外界信息有语言或符号的,还有形象的。形象的信息中有视觉形象的、声音形象的、有味觉形象的等。通过内化技能,即观察、听、触摸、嗅闻、舔尝等活动,外界信息被转化为头脑里的表象或知识等观念或经验。这个转化过程称作"内化"。

按照现代心理学的理解,凡是外部的客体的东西转化为内部的主体的东西,被称为内化。有内化必有外化,后者反前者之道而行之,即凡内部的主体的东西转化为外部的客体的东西,就称为外化。我们过去常讲的物质变精神,我国清初回族学者刘智所说的"纳有形于无形",就是内化;反之,精神变物质,"通无形于有形",则是外化。"可以说,人的心理便是不断内化与外化的产物,教育过程也就是内化与外化相结合的过程。"①"儿童身心素质发展,要靠培育、培养,要靠教育。说到底,是将外在的东西向主体转化、内化(包括养育、训练、教育等)。内化的东西与先天素质的结合,形成一个人一定的、基本的、内在的身心特征。它已不是原来的某种营养物质,也不是加以训练的某种技能,更不是予以传授的某些知识,而是身心发展水平和身心所形成的特征。它是体质,是能力,是气质和性格,是沉淀于人的主体内的一种潜在的机制与功底。"②

应当说,内化既凸显着教育的目的,同时也决定着教育的方法和手段。其实,教育的真谛也就在于内化。就像人的生理内化离不开其主动的进食、咀嚼、消化、吸收一样,心理的内化同样有赖于其积极主动的活动。第斯多惠曾经指出:"一个人要不主动学会些什么,他就一无所获,不堪造就……人们可以提供一个物体或其他什么东西,但是人却不能提供智力。人必须主动掌握、占有和加工智力。"③鲁洁教授也认为:"'活动'其中蕴藏着人的发展——教育最本质的东西。它理应成为教育学中的一个基本范畴,成为我们认识教育现象的一个重要支点和方法。但是,长期以来我国的教育学由于受到某种

---

① 燕国材:《素质教育论》,江苏教育出版社1997年版,第89页。
② 孙喜亭:《素质与教育》,《教育研究》1996年第5期。
③ 第斯多惠:《德国教师培养指南》,袁一安译,人民教育出版社1990年版,第78页。

机械唯物论的影响,习惯于把教育界定为一种单向性的接受外部影响的过程。主客体交互作用的活动在教育学中没能占有它的应得的位置,它的教育的意义与价值,它在教育中促进人的发展的种种内在机制等等都没有得到全面、系统的阐明与揭示。正是这种理论上的空白,教育中活动意识的缺失,我们的教育往往成为灌输,成为简单的模仿,机械的操练,受教育者成为'注满外部影响的香肠',一种被动的容器。"应当说,"人是在作为主体的自我与作为客体的诸种事物与现象的交互作用中获得发展的。活动的过程是一个主体客体化的过程,在这个过程中人的目的超出主体的范围而实在化、对象化,人创造出一个符合他所需要的客体世界。活动的过程同样也是一个客体主体化的过程,在这个过程中已经被客体化的人的本质力量,向主体回归,在人的自我中创造出一个新的'精神无机身体',建构起主体的新的心智结构。活动是连接主体与客体的通道,为此它也必是人获得生存与发展的通道。这一点无论是马克思主义的实践唯物论或是皮亚杰的发生认识论都已经做出了论证。而人的生存与发展的历史也已从各方面昭示了这一真谛"①。

基于上述分析,我们可以把学生主体的活动分为外部活动与内部活动。其中,"内部活动也即心理活动、脑内活动,活动的工具和对象是语言、形象以及其他符号性的信息载体,其性质是观念性的活动或符号性的活动;外部活动即实践活动、操作活动,其性质乃是运用一定的实物工具作用于具体对象的对象性活动"②。也就是说,外部活动是学生主体所进行实物性的操作活动、感性的实践活动,即学生主体操作客体或改变自身外部形体的"有形活动",主要包括听说活动、观察活动、操作活动、练习和自由活动;学生主体内部活动是指学生通过心理表象和符号操作等进行的认知、情感、意志的活动,是一种"无形活动",主要包括认知活动和情感活动。其中外部活动不断地向内部活动转化,即为内化过程;内部活动也不断地向外部活动转化,即外化过程。因此,一个完整的主体活动是由外部活动、内部活动、外部活动的内化、内部活动的外化所构成的。在传统的教育过程中,人们往往只重视学生主体的内部活动,一味强调教师讲学生听、学生动口动脑不动手;实用主义教育重视的是学生外部的经验活动;人本主义教育高扬的则是学生的情感、意志等

---

① 鲁洁:《教育活动论·序》,参见陈佑清:《教育活动论》,江苏教育出版社2000年版,序言第1页。
② 陈佑清:《素质教育之活动教学观探析》,《中国教育学刊》1997年第5期。

非理性活动,这些在建构学生主体方面都是有片面性的,或顾此失彼,或固守一隅,推向极端。主体性教育认为,在教育过程中,每一种学习活动都不是万能的,它们各有侧重,也各有利弊。因此,教育决不能只局限于某一种或某几种学习活动,而应当设计、组织多种多样的学习活动,实现对学生主体活动的全面建构,以全面而又多样的活动促进学生主体性的和谐发展。当然,全面建构学生的主体活动,并不意味着也不可能在一个教育环节中囊括所有类型的学习活动,而是要求教师应充分认识到各种学习活动的优点和缺点,针对不同学科、不同教材和学生的需要等,灵活地选择最适宜的学习活动。

既然活动是影响学生主体性发展的决定性因素,教育作为一种有目的地培养人的活动,要有效地促进学生主体性的发展,就不能不重视学生在教育过程中的各种活动,"教育学离开了活动问题,就不可能解决任何一项教育、教学、发展的任务"[1]。由此可以看出,教育目的的实现和教育任务的完成,必须借助于学生的活动才能成为可能,离开了学生的学习活动,教育目的必然会落空。明确活动是影响学生主体性发展的决定性因素,明确学生的主体性是在活动中、通过活动而实现发展的,这也为教育在学生主体性发展中的主导作用的发挥指明了方向,这在客观上要求教育要有效地促进学生主体性的发展并起到应有的主导作用,就必须根据一定社会的要求和学生主体性发展的规律,开展有利于学生主体性发展的各种教育活动,并加以有效的规范、科学的组织和正确的引导,从而为学生主体性的发展提供机会、创造条件。

叶澜教授指出:"个体的活动是个体发展的决定性因素,没有个体的活动也就谈不上任何发展。"[2]应当说,教育的本质在于育人,教育旨在实现学生的发展,而人的发展必须以活动为中介和手段,通过活动得以实现,活动是实现学生发展的必由之路。从这个意义上讲,活动彰显着教育的本质。对学生的发展来说,学生主体活动是学生认识、情感、行为发展的基础,无论学生的思维、智慧的发展,还是情感、态度、价值观的形成,都必须经过学生主体自觉参与的、全身心投入的活动来实现。唯有活动,才是学生发展的最佳途径与手段;唯有活动,才能实现多种潜在发展的可能性向现实发展确定性的转化,发展只有在一系列的活动中才有望实现。为此,教育教学的关键就是要创造出

---

[1] 瞿葆奎:《教育学文集·课外校外活动》,人民教育出版社1991年版,第3页。
[2] 陈佑清:《教育活动论》,江苏教育出版社2000年版,第6页。

学生的真实活动,让学生作为主体去活动,在活动中完成学习对象与自我的双重建构,最终实现主体的发展。这就要求我们在教育过程中,必须既重视学生的内部活动,又要重视学生的外部活动,并注重内部活动与外部活动之间的相互联系和相互影响,积极创造条件促进外部活动的内化和内部活动的外化,真正使学生做到手脑并用、学思结合、知行统一。教育一旦离开了学生的全面而多样的活动,学生的主体性发展就失去了基础,教育也不能取得预期的目标。

第二节 科学教育基础

从历史角度看,科学教育是随着科学的发展逐渐登上历史舞台的,并在教育发展过程中扮演越来越重要的角色。近代西方科学教育的发展,虽说得益于培根、斯宾塞、赫胥黎等有识之士的大力推进,但更主要的还是因为近代科学所取得的杰出成就使人类开始认识到科学的巨大力量并力求有计划地发展和应用。文艺复兴运动之后,随着科学与技术的迅猛发展和社会生产的工业化程度的加深,科学的影响力迅速渗透到社会经济、政治、文化等各个领域,教育也不例外,它促使科学教育在与人文教育的长期斗争中终于冲破了古典教育思想的桎梏并在学校教育中获得合法地位。继而随着科技的进一步发展及科技力量的更加强大而受到除科学家、科学教育家之外的有识之士的更加广泛的关注。

一、科学教育的轨迹

科学教育发展到今天,大致经历了与三次产业革命相适应的三个阶段。在不同阶段的科学教育实践基础上分别产生了斯宾塞及赫胥黎、杜威和布鲁纳的科学教育理论,这些理论广泛而深刻地影响着科学教育的实践。

发生在 14 世纪至 17 世纪的文艺复兴运动,引发了人类在知识、社会和政治等方面的一系列革命。其后,伴随着资本主义生产关系的产生与发展,科学日益受到重视,科学教育开始成为学校教育的一部分。但与人文教育相比,当时科学教育的地位还是比较低下的。早期的欧洲大学一般分为文学院、法学院、医学院和神学院,在这些学院中,科学教育所占的比例相对较小,因为在中世纪,科学被看作是神学的婢女。18 世纪发生的产业革命推动了学科的分化和社会的分工,也为科学教育和人文教育划定了各自的边界。

斯宾塞作为教育史上第一位论述科学教育重要性的英国教育改革家,他生活在自由资本主义上升并逐步向垄断资本主义过渡的时期。斯宾塞以他的进化论思想作为其教育思想的理论基础,通过比较各种知识的价值,摒弃世俗的偏见,以一个哲学家的睿智明确地指出了近代科学对于社会进步和个人生活的价值和意义。他认为,"什么知识最有价值?一致的答案就是科学"。"最重要的知识是科学","有最大价值的知识是科学","最有效的学习还是科学"。①他还敏锐地提出"生产过程既然那么快地科学化……科学知识就应该同样快地成为每个人所必需的"②。当时,英国传统的古典主义教育的保守势力特别强大,学校中拉丁文和希腊文教学的时间占全部教学时间的2/3,物理学、化学、生物学等自然科学知识一般都没有列入传统公学和文法学校的课程。对此,斯宾塞进行了猛烈的抨击,竭力主张改革学校教育,实施普遍的科学教育。他把人生活动按其重要程度分为五大类,并在此基础上建立了一个新的课程体系,即为完成"准备直接保全自己的教育",将生理学放在课程的首位;为完成"准备间接保全自己的教育",除了必学读、写、算之外,还必须开设逻辑学、数学、力学、物理学、化学、生物学、天文学和地质学等课程;为完成"准备做父母的教育",必须开设有关儿童的生理、心理和教育科目;为完成"准备做公民的教育",要开设历史学和社会学;为完成"准备生活中各项文化活动的教育",要开设美术、音乐、诗歌等课程。由于斯宾塞的影响,自然科学在当时学校的课程中渐渐占了重要的地位,化学、物理成为学校教育最普遍的课程,教育理论界也开始承认科学教育对所有发展阶段的儿童来说都是重要的因素。但斯宾塞的科学教育理论过分重视科学知识教育,忽视了发展智力、能力的科学方法教育。尽管斯宾塞的观点不无偏颇之处,但他对传统教育的猛烈抨击,对科学教育的热情讴歌及其在学校课程中应有地位的有力论证,为后来科学教育的发展扫清了观念上的障碍,其历史的功绩是不可磨灭的。

正是赫胥黎以著名科学家的身份带头在英国掀起了一场声势浩大的科学教育改革运动。赫胥黎尖锐地批判了传统的古典教育,强调科学知识和科学教育,推动了英国学校教育的改革和发展。像斯宾塞一样,赫胥黎对传统的古典教育进行了有力的批判。同时,他还就古典教育方式对科学教育的不

---

① 丁邦平:《国际科学教育导论》,山西教育出版社2002年版,第56页。
② 赫·斯宾塞:《斯宾塞教育论著选》,胡毅等译,人民教育出版社1997年版,第70页。

良影响提出了深刻的揭示。他认为,"现行中小学教育体制阻碍科学教育的严重性是不能低估的。学生养成只会通过书本学习知识的习惯,这种习惯不仅使他们不懂得何谓观察,而且导致学生厌恶对事实的观察。迷信书本的学生宁可相信他在书本上看到的东西,而不愿相信他自己亲眼目睹的东西"①。赫胥黎认为,"所有真正的科学都是从经验开始的,但是,所有的科学恰恰都力求超越这个经验阶段,进入从经验中演绎出更普遍的真理的阶段"。而学习科学知识则首先需要学会观察。因为,"科学教育的最大特点,就是使心智直接与事实联系,并且以最完善的归纳方法来训练心智;也就是说,从对自然界的直接观察而获知的一些个别事实中得出结论"②。为了使学生真正学到科学知识并掌握现代科学精神,他主张,"(科学教育)并不是指应当把一切科学知识都教给每一个学生。那样去设想是非常荒唐的,那种企图是非常有害的"。科学教育要想取得最好的效果,"你必须在课堂上尽可能地利用实物,使你的教学活动真实;在教植物学的时候,学生必须亲自动手去触摸那些植物和解剖那些花朵;在教物理学和化学的时候,你一定不要只想用各种各样的知识去塞满学生的头脑,而必须使他自己细心地理解和掌握那些知识"③。

另一位科学教育的大师是美国实用主义教育家杜威,他的实用主义教育思想在很大程度是与其科学教育思想相联系的。杜威认为斯宾塞在重视科学知识教育的同时,忽略了"日常活动的材料转变成科学形式的种种方法,也就忽略了科学唯一赖以成为科学的方法"④。在杜威看来,"我们可以放弃把过去的知识作为目的,而只强调它作为手段的重要性"⑤。杜威认为,在学生开始学习科学的时候,就把专门性质的概念和定律教给学生,往往使学生不明了这些定律是怎样引申出来的,最好的教法也不过略示这种定律的来源。于是学生仅学得所谓"科学",而不是学习处理日常经验中熟悉的材料的科学方法。

在杜威看来,"传统教学的计划实质上是来自上面的和外部的灌输。它把成人的标准、教材和方法强加给只是正在逐渐成长而趋于成熟的儿童"⑥。

---

① 托·亨·赫胥黎著:《科学与教育》,单中惠等译,人民教育出版社 2005 年版,第 169 页。
② 丁邦平:《国际科学教育导论》,山西教育出版社 2002 年版,第 60 页。
③ 托·亨·赫胥黎著:《科学与教育》,单中惠等译,人民教育出版社 2005 年版,第 91 页。
④ 约翰·杜威:《民主主义与教育》,王承绪译,人民教育出版社 1990 年版,第 234 页。
⑤ 丁邦平:《国际科学教育导论》,山西教育出版社 2002 年版,第 86 页。
⑥ 约翰·杜威:《杜威教育论著选》,赵祥麟等译,华东师范大学出版社 1981 年版,第 346 页。

与这种灌输的教育相反,杜威强调"教学必须从学习者已有的经验开始;这种经验和在学习过程中发展起来的能力为进一步的学习提供起点"。① 而"不论对于学习者个人或者对于社会来说,教育为实现其目的,必须从经验即始终是个人实际的生活经验出发"。② 由此出发,杜威主张用"心理的方法",而非"逻辑的方法"教学,即让学生"从做中学",将学生的学习过程视为科学研究的过程。他依据科学研究过程设计出一套教学程序:提出疑问—构成假设—指导实验—证明或驳斥假设—自己去发现知识。杜威批评传统教学失败的根本原因在于不能在教学过程中给学生以引起思维的情境,不让学生主动地活动,而是被动地死读书本知识。

杜威注重将"科学方法"作为科学教育的主要目标。杜威认为,科学教育不只是让学生学习科学知识,更要重视科学方法的掌握,这在一定程度上克服了斯宾塞科学教育理论的缺陷。在杜威看来,科学方法如果说不是比科学知识更重要的话,至少也与它一样重要。因而,他极力提倡用实验方法进行科学教学。在经验与科学知识之间的心理步骤即是科学方法。他提出的科学教学的目的是"使我们认识到什么是有效地利用思想,或什么是智力"。杜威后来又提到了达到这一目的的手段,说"科学方法"既是手段,又是目的;既是逻辑的,又是心理的。他指出,"人们对儿童的期望是,从通常未分类的经验材料出发,他将能够掌握观点、思想和方法,这些使其变成物理的、化学的或其他任何科学的……动态的观点是真正的科学观点,或者说,把过程理解为科学态度的核心"。由此可见,对杜威来说,科学方法既是获得科学知识的手段,也是理解作为科学教学目标的科学方法的手段。过分重视儿童及其活动,忽视了教材的地位与作用。因此,20世纪30年代以来就不断受到来自各方面的批评。

继杜威之后,另一个对科学教育做出重要贡献的是美国教育家布鲁纳。布鲁纳的科学教育理论内容广泛,其中影响最大的有两个方面:一是主张学习科学知识的基础结构;二是大力提倡发现法教学。在科学教育内容上,布鲁纳强调让学生掌握学科的基本结构。他认为掌握一门学科的结构"就是以允许很多别的东西与它有意义地联系起来的方式去理解它。简单地说,学习

---

① 约翰·杜威:《杜威教育论著选》,赵祥麟等译,华东师范大学出版社1981年版,第376页。
② 约翰·杜威:《杜威教育论著选》,赵祥麟等译,华东师范大学出版社1981年版,第375页。

结构就是学习事物是怎样相互关联的"①。因此,学科的基本结构就是指一门学科的基本概念、基本原理以及它们之间的关联性。如代数中的交换律、分配律、结合律等。掌握学科的基本结构可以使学生更容易理解各种特殊内容,记住细节,进行各种知识"迁移",站在比较高级的层面理解最新的科学研究成果。

在教学方法上布鲁纳积极提倡发现法。他认为,发现的方法就是一种学习方法,"发现不限于寻求人类尚未知晓的事物,确切地说,它包括用自己的头脑亲自获得知识的一切方法"②。他主张,儿童应该在教师的启发引导下按自己观察事物的特殊方式去表现学科知识的结构,借助于教师或教师提供的其他材料去发现事物。布鲁纳强调说,发现是教育儿童的主要手段。"人类学习中似乎有个必不可少的成分,它像发现一样,是尽力探索情境的机会。"他还强调说:"如果我们要展望对学校来说什么是特别重要的问题,我们就得问怎样训练几代儿童去发现问题,去寻找问题。"他要求学生利用教师和教材提供的学习材料,亲自去发现应得的结论或规律,成为发现者。

发现法的优点在于,由于学生在发现的过程中必须进行持续的、全面的智力活动,他们的智力也就因此获得发展,这是讲授法所难以企及的。发现法的弱点在于,对于同样的教学内容,它花费的时间要比讲授法多出许多,这是它无法完全取代讲授法的重要原因。同时,发现法对教师提出了很高的要求,引导学生自己获得学习结果比之直接讲解不仅需要教师有更高的教学水平,而且也使得教师的教学更加紧张和更加具有挑战性,因此,虽然人们对发现法评价很高,但是在实践过程中往往需要将它同其他教学方法结合进行。

在科学教育中,布鲁纳一方面重视科学知识教育,另一方面也重视科学方法教育。这并不是把斯宾塞和杜威的科学教育理论来一个简单的折中、调和,而是在新的条件下对科学教育理论的发展。而科学教育理论"正一反一合"的历史发展过程说明了随着科学的发展,科学教育也在不断地丰富、完善,走向科学化。

二、科学以探究为核心

我国有个为人们所耳熟能详的民间故事叫盲人摸象,说的是有几个盲人

---

① 布鲁纳:《布鲁纳教育论著选》,邵瑞珍、张渭城等译,人民教育出版社1989年版,第24页。
② 引自顾志跃:《科学教育概论》,科学出版社1999年版,第6页。

一块去看从印度来的大象,但他们全都是只摸了大象一个部位就走开了,然后聚在一起争论不休,他们根据各自所摸部位的不同想象着大象的样子。有的说大象像城墙,有的说大象是柱子,还有的认为大象是扫帚、蒲扇、水管。这个故事的寓意不言而喻,人们听了这个故事,也会一笑置之,似乎觉得盲人很可笑。但倘若我们反躬自问,盲人真的是那么幼稚可笑吗?我们真的是该笑话他们的浅薄、无知吗?如果我们设身处地地从盲人的角度考虑问题,就会觉得,我们不该嘲笑盲人,因为,他们没有眼睛,看不到象的全貌,他们只能凭触觉去感知,而凭他们的能力,也只能感知这些,那你又怎么能责怪他们呢?而透过这一则并非完全算是杜撰的故事,我们该想到什么了?或者说给我们以怎样的启示?

其实,如果把大自然比作一头我们所不认识的"大象",那在纷繁复杂的自然界面前,人类也就犹如那些摸象的盲人一般。而且,就是那些在探索自然奥秘的伟大的科学家们,如牛顿、法拉第以及爱因斯坦等,他们所揭示的也只是宇宙运动的某些规律,谁也不是释迦牟尼,谁都不知宇宙到底有多少奥秘。智者尚且如此,何况我们芸芸众生。况且,自然界在很多时候,我们往往连亲手摸一下的机会都难得,因而,在许多方面,迄今我们所掌握的信息甚至还远远不如那几个盲人对大象了解得多。因而,客观地说,在一定的历史阶段,我们所了解的,往往也只是一鳞半爪,我们对自然界的认识也只能基于我们所获得的有时难免挂一漏万的信息。因而,就像盲人摸象一样,在对自然界无法充分全面地探个究竟的情况下,得出"片面"的认识也是在所难免的。但是,假想有一大群盲人,或甚至假设社会群体中所有人都是盲人,但他们有足够的时间去研究大象,那么情况就有所不同。

这样,当第一位考察者得出"大象的外形像堵墙"的结论后,第二位、第三位……纷纷提出异议,并拿出各自的"新观点"。由于没有达成共识,更多的盲人会参与此项"考察研究工作",如果有几十、几百甚至成千上万的人都在前人"研究"的基础上开展研究的话,那么可以相信,最后会得出一个与我们看到的大象外形十分相像的大象的形象。这就如同人类对原子认识的发展进程一样。其实,物质是由原子构成的这一猜想,虽然很早就提出来了,但直到 19 世纪初,才由英国化学家道尔顿通过参与化学反应的物质质量都成一定的整数比(倍比定律)的事实得以真正认识到原子的存在,由此,道尔顿提出了原子的"实心球模型"。20 世纪初,汤姆生又在其发现电子的基础上,提出了原子是一个带正电荷的球,电子是镶嵌在里面的"枣糕模型"。继而,汤姆生的学生卢瑟福又在α粒子散射实验的基础上,提出了原子的"行星模型"。后来,人们又在实验的基础上,相继提出了原子的"量子化模型"及"电子云模型"。应当说,就人类对原子结构的认识而言,虽然在每一个具体阶段的人的认识都是有局限性的、片面的,但是,也正是在前人的难免有些片面的那些认识的基础上,让后来的人得以不断地从片面中走向较为全面。

我们人类常常用耳聪目明来聊以自慰,其实,在大千世界所呈现的纷繁复杂的信息面前,我们的耳朵与眼睛所能感觉的范围极为有限。在理想的状态下,人耳的听觉频率通常在 20Hz~20kHz 之间,而对音频在此范围之外的次声波、超声波等,人耳就无能为力了。事实上,人的听觉能力要比蝙蝠等动物差得多。同样,人眼并不十分优越。鹰的眼睛比人眼看得远得多。猫头鹰的眼睛对于光,远比我们的眼睛敏感,所以猫头鹰能在黑暗里看见我们看不到的东西。在分布广泛的电磁波谱中,人眼也只能感觉到其中的波长为 400nm~760nm 的可见光部分,人眼看不到红外线波长和比这波长更长的一切,也不能看到紫外线波长和比这波长更短的一切。尽管自然界是一本打开的大书,但是,这本大书中的"语言文字"是形态多样的,我们相对于自然界所存在的某种未知的信息,我们往往没有相应的器官去接收它,因而也就无法知晓,这时,我们真的近乎于"盲人"。

其实,人的聪明才智主要并不在于其所谓的耳聪目明,更重要的应当体现在其心灵手巧。当然,这里的心灵指的是智慧的大脑。人类认识世界并非仅仅仰仗自己的眼睛、耳朵等感觉器官去被动地接受信息,而更重要的是通过自己的双手和大脑的配合去积极地获取信息。如前所述,人类在大自然这头神奇的"大象"面前,光用我们的双手去"摸"是不够的。当然比起那些盲人,我们还有一双眼睛,但它的观察能力毕竟是有限的,自然界的许多秘密是我们的眼睛所看不见的。我们看不到遥远的天空,我们也看不到原子的内部。好在我们还有一个发达的大脑,通过它与我们的双手的结合,能够制造和使用工具。作为人类感官延伸的工具的使用能够打破人的感官阈限,可以弥补感官的局限,使那些原本为我们的感官所接收不到或无法接收的信息转化为能够接收的,从而使我们的认识范围不断扩大,这也可以在很大程度上减少和克服人类认识的局限性和片面性。而且,人类通过双手和大脑的结合,还能够变革现实,使那些原本被隐藏着的事物的本质得以显现出来。

人类对事物本质的认识,通常都不是由自己的眼睛"看见"的,而主要是人的大脑"观看(想象)"到的。这是因为事物的本质往往是超经验的、非直观的。尽管运用先进的观测仪器可以在一定程度上拓展人们的视野,但要看清诸如原子结构等则是任何观测仪器所望尘莫及的。就像在著名的卢瑟福散射实验里,所能观察到的也只是按照不同几率向不同方向偏转的 α 粒子,而无法看到原子的核式结构模型;同样,从氢原子的光谱线的也不能直观地看出原子的波尔模型,而我们"只能用思维来把握"。事实上,人类正是通过这种手脑结合的探究活动来认识事物本质的。离开了这种动手动脑的探究活动,人类就不可能有效地认识和把握大千世界各种事物的本质。倘若没有 α 粒子散射实验,也就不可能有卢瑟福的原子核式结构模型。同样,离开了卢瑟福的创造性想象力,即使有了 α 粒子散射实验,也并不意味着就能有原子核式结构模型。因而,诚如伽利略所说:"科学的真理不应该在古代圣人的蒙着灰尘的书上去找,而应该在实验中和以实验为基础的理论中去找。真正的哲学是写在那本经常在我们眼前打开着的最伟大的书里面的,这本书就是宇宙,就是自然界本身,人们必须去读它。"这就是说,科学需要我们积极地动手动脑进行探究。

自然界在很多情况下犹如一个既不能打开,又不能从外部直接观察其内部状态的"黑箱",比如地球内部,还有像人的大脑以及原子等。如果我们想知道这些"黑箱"里面的究竟,我们也只能通过给其一定的信息输入,看会得到怎样的输出,进而"窥视"(猜想)黑箱中所隐藏着的秘密。如果我们回顾包括原子结构在内的人类认识过程的话,则不难发现,人类的认识过程,其实就是一个通过不断地创造条件摄取原子内部的信息,进而运用逻辑和相像的方法提出假说,并不断地验证假说的过程。科学家通常都是依据有限的既有事实(在很多情况下甚至还不及盲人所摸到的大象的一条腿)来做出自己的判断的,当然,这种判断也只能是一种猜想,其真伪还有待于新的实验事实来确定。科学家是不可能都等到事物的本质全部暴露无遗的时候(对许多事物来说,或许压根儿就不存在这一天)再对事物做出自己的判断的,因而,依据现在的有限的事实所做出的推断,出现错误也是在所难免的。从科学发展的历史来看,那些被否定的假说在数量上要远远地多于被肯定的假说。当然,即使是那些被肯定的假说,也只是一种相对正确的理论,包括牛顿定律在内的科学真理概莫能外。其实,人类正是在这种不断的手脑结合的探究过程中逐步接近真理的彼岸的。

其实,探究是动物的本能。蜜蜂具备高超的探究本能搜寻花粉的痕迹;食蚁兽拥有非凡的探究本能,以此发现蚂蚁的行踪。而人类在探究方面则更是不同凡响,不但初生时就表现出一种与生俱来的探究本能,而且随着长大成人,人类独具的基因潜能使其可以突破自己的探究本能而发展出更加卓越的探究能力。动物的探究往往只是局限在一个与它们的生存密切相关的特定范围之内,所以只能帮助它们囿于比较固定的、较少变化的环境。人类的探究不仅在范围广度上远远超过任何一种动物,而且人类还能利用工具、创造方法来对周围环境进行更加深入的探究。为了生存,我们从呱呱坠地那一刻起就开始了探究;为了适应和发展,我们几乎无时无刻不在进行探究。

三、科学教育重在探究

科学教育绝不是把前人发现或发明的成果(科学知识体系)传递或灌输给学生,而是创造学生从事科学探究的情境,让学生在真实的探究活动中产生自己的科学思想。这就是说,学科学是学生主动积极地参与的能动的过程。学科学是学生们要自己实践的事。首先,学生们要亲自动手做,而不能由别人来代劳,不是要别人做给他们看;其次,"动手"的实践活动自不可少,但是这还不够,学生们还必须有"动脑"的理性体验。学科学的过程应该是手与脑的共同活动过程,不仅要有动手的活动,而且要有动脑的活动,更多的则需要既动手又动脑的活动。在这种手脑结合的科学探究过程中,青少年在尝试像科学家那样进行的探究过程中,他们勇于探索的科学精神,严谨求实的科学方法,以及创造地解决问题的能力都得到了升华和提高。

根据从事者的不同,科学探究可以区分为科学家(泛指一切科学工作者)的科学探究活动和学生的科学探究活动。科学需要探究,不仅表现在前述的科学家认识事物本质的过程中,同样也体现于科学教育的过程中。当然,两者在对象、方法和结果上存在着较大的差异。

科学家的科学探究活动,其对象是人类未知的,其方法是规范严谨又富于创新,其结果往往可以深化人类对宏观世界的认知,并改善人类的生活质量。而学生科学探究活动的对象,通常只是对于学生自己而言是未知的,学生科学探究活动的方法,往往比较简单,而且常常需要教师的指导和帮助,学生科学探究活动的结果,一般只能提高学生自己对某个事物、某种现象的认识。当然,这样的结果也可以用来改善学生的生活质量。学生科学探究活动,其结果对学生而言是新颖的,但却是人类早已知晓的。但是,学生的科学探究活动与科学家的科学探究活动又有其共同之处:首先,两者在起因上都是围绕着一个对于探究者来说是"新颖""未知"的问题、情境或材料;其次,两者在过程上都必须经历同样的步骤或程序。研究表明,任何科学探究活动都包括如下一些基本步骤,即提出或明确问题;猜想与假设结果;制订计划并通过观察、制作、实验等手段来搜集并整理有关信息和证据;得出结论;表达与交流探究结论。科学家要通过这些步骤去发现真理,学生也要通过这些步骤去接近真理;另外,两者在心理机制上都是运用已有知识经验去解释新证据、促成新理解、建构新的知识和经验,从而增长和深化自身对自然科学的认识。①

探究教学作为与知识授受教学相对应的一种教学方式,由来已久。它早期的表现形式是"发现法"和"问题解决法"。发现学习是以培养探究性思维的方法为目标,以基本教材为内容,使学生通过再发现的步骤来进行的学习。以发现学习为主要活动形式的发现教学是探究教学的一种主要形式。发现教学思想的萌芽最早可以追溯到卢梭。卢梭自然主义教育倡导教育要适应儿童的自然本性,主张凡是儿童能从经验中学习的事物,都不要使他们从书本中去学。而经验主要来源于行,来源于探究。19世纪末20世纪初,英国的阿姆斯特朗等人不仅积极倡导这种教学方式,而且也努力实践。

对当代探究教学做出奠基性贡献的是著名实用主义教育家杜威。针对脱离儿童生活经验、纯知识灌输的美国传统教育,杜威提出以儿童为中心、从做中学的主张。杜威从实用主义立场出发,认为社会发展变幻莫测,具有不确定性和不安定性,人类实际上处在一个充满问题的世界。在问题面前每一个存在、每一种观念及人的每一次活动都具有试验性。因而,"实用效果""有用与否"就成为衡量一切知识是否是真理的标准。鉴于社会变化不定,没有哪种知识能适用所有问题,他进而认为世界不存在永恒的真理。人在不安定的世界能延续下来不是靠所谓的"真理",而是靠不断改造的经验,或者从根本上说是凭借经验中所具有的反省思维即探究能力。科学探究在杜威的教育思想占有重要的地位,它客观上也是杜威"从做中学"思想中的一个具有核心意义的原型活动。杜威认为,当个人面临"三岔路口的情境",或碰上一个

---

① 樊琪:《科学学习心理学——科学课程的教与学》,中国轻工业出版社2002年版,第226页。

让自己感到困惑的问题时,他就会受到激励去进行探究。通过探究便可将经验之初所遇到的困难全部排除,从而使某种纷乱的情境"转化为清晰、连贯、确定和和谐的情境"。

　　针对脱离儿童生活经验、纯知识灌输的美国传统教育,杜威采取了矫枉过正的态度。他不重视书本知识在探究教学中的作用,认为它脱离实际,不利于学生直接与社会、自然接触,不能获得真实问题情境与体验。杜威认为,科学教育不仅仅是要让学生学习大量的知识,更重要的是学习科学研究的过程或方法。他主张教师让学生从做中学,在做中思维。杜威首次提出了较为系统的探究教学理论,强调培养学生的主动探索精神和解决实际问题的能力,可以说开辟了教学研究与实践的新领域,引起人们对学生的主体性的极大关注以及师生在教育过程中的地位和作用的深刻反思。仔细分析杜威的教学思想便可以发现,它与我们今天所说的科学探究有着密切联系。这种蕴涵探究思想的教学模式不仅对美国科学教育产生了深远影响,也为探究教学的提出奠定了基础。

　　在杜威之后,布鲁纳从发现学习的角度对"从做中学"的思想和实践做了发展。他希望学生能够像历史学家那样研究历史,像物理学家那样研究物理,让学校中的儿童能够对人类的文化进行再发现。由于科学家的探究活动往往开始于某一问题或任务,为了解决这个问题,他们先要收集各种有关的资料,在分析这些资料的基础上,提出假设,然后想方设法验证假设,在实证取得成功的基础上,做出分析判断,提出最终结论。布鲁纳由此想到,可以按照科学家开展科学探究活动的形式设计科学教育的过程。布鲁纳认为,发现法的实质是要求在教师的启发引导下,让学生按照自己观察和思考事物的特殊方式去认知事物,理解学科的基本结构;或者让学生借助教材或教师所提供的有关材料去亲自探索或"发现"应得出的结论或规律性知识,并发展他们"发现学习"的能力。在他看来,发现包括用自己的头脑亲自获取知识的一切方式,诸如学生对未知世界的探索以及学生对人类已知而自己尚未知道的事物与规律的再发现。但是,发现学习中的再发现与科学上的原发现是有差别的,其区别仅仅是在程度上而不在性质上,因为它们本质上都是一种顿悟、领悟,布鲁纳常称之为直觉。布鲁纳曾指出发现法有四大好处:一是能提高学生的智慧,发挥学生的潜力;二是能使学生产生学习的内在动机,增强自信心;三是能使学生学会发现的试探方法,培养学生提出问题、解决问题的能力和创造发明的态度；四是由于学生自己把知识系统化、结构化，所以能更好地理解和巩固学习的内容，并能更好地运用它。在布鲁纳之后，发现教学法在世界范围内得到了广泛的运用。

20世纪中叶，美国著名生物学家、教育家施瓦布在多年研究的基础上，提出了探究式的教学方法。施瓦布认为，传统的课程对科学进行了静态的、结论式的描述，这恰恰掩盖了科学知识是试探性的、不断发展的真相，极力主张要积极地引导学生像科学家那样对世界进行探究。施瓦布在"科学的本质是不断变化的"这个前提下，提出"作为探究的科学教学"实际上有两个相互联系的组成部分："作为探究的科学"和"通过探究教学"。施瓦布试图把"探究的科学"与"探究的教学"结合起来，主张"通过探究教授作为探究的科学"，并从理论上揭示了探究性教学的本质和特征在于儿童通过自主地参与获得知识过程，掌握研究自然所必需的探究能力；同时，形成认识自然的基础——科学概念，进而培养探究未知世界的积极态度。

探究教学的提出是建立在施瓦布的学科结构观上的。在施瓦布看来，科学知识不是固定不变的，随着探究方式的更新，它们会被不断地修正。这就是说，学科的结构处于不断的变化之中。在科学技术迅猛发展的今天，这一点表现得更为突出。因此，施瓦布主张不能把科学知识当作绝对的真理教给学生，而应作为有证据的结论；教学内容应当呈现学科特有的探究方法，如解决问题的方法、探究叙事等；教师应当用探究的方式来教授知识，学生也应通过探究活动展开学习，即在学习科学的概念原理之前，先进行探究活动，再根据自己的探究提出科学的解。这种教学方法的提出，无疑对当时的科学教育产生了很大的促进作用。它促使人们思考科学教育存在的问题，积极探索怎样使学生深入理解科学知识，以及怎样提供更多的机会让学生体验科学的过程等。

施瓦布强调，科学的探究本质如果不为普通大众所理解，科学的发展和社会的进步都是不可能的；科学教育的基本途径应是一种探究过程。因为探究过程蕴含着教育的本质：学生唯有藉此才能真正了解科学知识的本质，掌握科学方法，形成科学态度与精神。这是施瓦布提倡像科学家搞研究那样学习科学即开展探究学习的两个主要理由。

进入20世纪末，出于提高综合国力和适应知识经济发展的需要，包括美国在内的世界各国都普遍重视对学生创新能力的培养，对探究教学的研究也有了新的发展。在此背景下,在美国科学教育研究会提出的《2061计划》以及美国国家研究理事会推出的《美国国家科学教育标准》这两部具有纲领性的科学教育文献中,都强调探究教学的重要性,后者还强调"学习科学的中心环节就是探究",并对探究教学提出了一系列标准。美国以外的其他国家,也以不同的名义和方式开展并促进探究教学、探究学习。如法国设立"发现途径""动手做",英国、德国等国家也开设了"设计学习"(或项目学习)课程。当人类社会迈入21世纪后,世界各国都将培养具有创新精神和实践能力的高素质人才作为教育的目标。探究学习被赋予全新的内涵并受到人们更为广泛的关注,得到了各国教育界的广泛推崇和倡导。总之,通过探究进行学习,已成为世界教育的一大潮流,这也是现代世界教育所取得的最有魅力的成果之一。正如有的学者所指出的,如果必须选择一个词来描述20世纪50年代末以来美国科学教育成果的话,它一定是探究。①

  长期以来,由于我们对科学教学的研究不够,一味固守传统的科学教育理念。我们把科学教育等同于知识教学,教学中采用"注入式"教学模式,忽视了科学探究、科学过程在教学中缺乏应有的地位,偏离了发展学生的科学素养的科学教育目标。其实,科学探究并非是科学家的专利,科学教育同样也需要探究。科学探究是在一定的信念和假设指导下进行的,它可以是指科学领域里的探究,即科学家提出的关于自然界的问题,寻求答案、深化理解的过程;也可以是指学生在科学课堂所进行的探究,即学生用以获取知识、领悟科学的思想观念、领悟科学家研究自然界所用的方法而进行的各种活动,包括观察测量、制作、提出假设、进行实验、提出模型和交流等,从这里不难看出,探究教学实质上是将科学领域的探究引入课堂,使学生通过类似科学家的探究过程理解科学概念和科学探究的本质,并培养科学探究能力的一种特殊的教学方法。

  为了改革我国的科学教育,新一轮基础教育课程改革大力倡导"科学学习要以探究为核心"的新理念,并把"培养学生的探究能力"作为科学课程的核心目标。在新课改的强力推动下,我国科学教育领域中,掀起了一个研究与实践"探究教学模式"的热潮。我国颁布的《基础教育课程改革纲要(试行)》也明确提出,要改变课程实施过于强调死记硬背、机械训练的现状,倡导

---

① 柴西琴:《对探究教学的认识与思考》,《课程·教材·教法》2001年第8期。

学生的主动参与、乐于探究、勤于动手,培养学生搜集和处理信息的能力、获取新知识的能力、分析和解决问题的能力,以及交流与合作的能力。在国家《义务教育物理课程标准》中也明确指出:"科学探究既是学生的学习目标,又是重要的教学方式之一。将科学探究列入内容标准,旨在将学习重心从过分强调知识的传承和积累向知识的探究过程转化,从学生被动接受知识向主动获取知识转化,从而培养学生的科学探究能力,实事求是的科学态度和敢于创新的探索精神。学生在科学探究活动中,通过经历与科学工作者进行科学探究时的相似过程,学习物理知识与技能,体验科学探究的乐趣,学习科学家的科学探究方法,领悟科学的思想和精神。"①科学探究作为一种科学教学模式,它认为科学教学本质上是一种基于问题解决的多侧面的科学调查活动。它的主要目的是使学生通过探究知识的发生过程,掌握科学的思维方法,以培养学生的探究能力和科学研究能力。它的基本思路是,按照科学研究的一般程序设计教学过程,就是按照提出科学问题、收集事实资料、做出科学假说、进行实验验证、得出科学结论的程序进行课堂教学设计,其核心是让学生通过自我探索、收集科学资料,并阐明把这些资料转化为科学结论以解决问题的途径与方法。

第三节 杜威的"从做中学"

在 19 世纪末 20 世纪初,美国由农业国向工业国转变,政治、经济、文化的迅速发展和人们对创造力的崇尚,渐渐地削弱了传统教育的存在基础。这时,美国现代著名的实用主义教育家杜威批判地吸收了卢梭、裴斯泰洛齐、福禄贝尔等的教育思想,立足于自己的实用主义、经验的自然主义和机能心理学,提出了在影响广泛而深远的"从做中学"理论,从而形成了"不仅塑造了现代的美国教育,而且影响了全世界"的实用主义教学理论。作为曾经在教育史上引起哥白尼式革命的教育家,杜威被人们形象地称作是教育思想的"蓄水池",②意即他的教育思想有着重要的承前启后的作用。我们既可以从他的教育思想中窥见先贤们各种教育思想的影子,同时,后来的教育学家又往往都会从他的教育思想中汲取营养。

---

① 物理课程标准研制组:《全日制义务教育物理课程标准解读》,湖北教育出版社 2002 年版,第 31 页。

② 袁振国:《教育新理念》,教育科学出版社 2002 年版,第 178 页。

以赫尔巴特为代表的传统教育,提倡学校采用被动的"静坐""静听"的方式。杜威对当时学校教育中普遍存在的形式、机械、无效的传统教育强烈不满。杜威根据自己的教育理论与实践,以"教育即生活""教育即生长""教育即经验的改造"为依据,对知与行的关系进行了论述,并提出了举世闻名的"从做中学"的理论。在《明日之学校》一书中,他明确提出:"从做中学要比从听中学更是一种较好的方法。"①在杜威看来,"从做中学"充分体现了学与做的结合,也就是知与行的结合。

杜威反对旧的传统哲学,认为只有当哲学探索解决人的活动问题时,哲学才有生气。杜威对哲学进行改造的自然科学根据是生物进化论,即从有机体适应环境的角度看待人的活动,认为人的一切活动(包括认识活动)都是适应环境。在杜威看来,适应是人类得以进化的重要机能,人是生物和社会进化的产物,有很多本能的生物需要,如饮食、情欲、活动、自我保护等。他把这些先天本能看作是社会发展的根本动因。以此为依据,他批评传统教育的弊端就是从"外面"对儿童施行强迫教育,无视儿童"内部"的本能和倾向,教育成为一种"外来的压力"。杜威把"做"看作是人的生物本能活动,指出人有四种基本的本能:制造本能、交际本能、表现本能和探索本能。杜威认为,本能是指与生俱来、无须经过学习、自然就会的一种"人性与行为"。由四种本能的需要产生了人的四种兴趣,即制作的兴趣、语言与社交的兴趣、艺术表现的兴趣、探索发现的兴趣。在这种理论前提下,杜威系统地提出并实践了以"做中学"为核心的实用主义教育思想。他认为,教育应以儿童及其活动为起点、目的和中心,学校教育的作用就是传递、交流和发展经验;个体要获得真知,就必须在活动中主动去体验、尝试和改造,必须去"做",因为经验都是由"做"得来的。杜威大力倡导的新的儿童发展观、儿童活动观以及他积极实践的"做中学"和"活动—经验论",极大地推动了活动教育在实践中的发展。

由于传统教育只是一味地传授知识,要求学生坐在固定座位上,静听讲解和背诵课本,全然处于消极被动的地位,而教师则强硬灌输与生活无关的教条,完全脱离社会现实和不顾儿童身心发育的规律。结果是不仅无法使学生掌握真正的知识,反而激发起学生极其严重的厌学情绪,扼杀了学生的创造才能,窒息了学生的生命活力和智慧。杜威全面地批评了传统式的教学,

---

① 单中惠:《现代教育的探索》,人民出版社2002年版,第327页。

指出教学的基本原则和最有效的方法是"从做中学"。杜威强调指出,如果让儿童到学校里静坐在教室内,针对一本书反复背诵是学不到活知识的,相反会导致神经紧张,厌恶学习,丧失儿童的思维能力和创造力。儿童生来是好动的,教学应该让儿童自己做试验,自己在活动中直接接触各种事实,从而获得有用的经验。杜威信奉德国教育家第斯多惠"一个不好的教师奉送真理,而一个好的教师则是教人发现真理"的信条,强调教师不要向学生简单地奉送真理,而是要共同参与儿童活动,引导儿童去探究和发现真理,使儿童"应用他所学到的东西的愿望,获得当他的未来的经验出现时从其中吸取意义的能力"。在教材与课程的问题上,杜威强烈反对传统教育所使用的以既有知识为中心的教材和由这种教材所组成的学科课程。他认为把这种"早已准备好了的教材"强加给儿童,是违反儿童天性的,多种多样的学科课程只会把儿童自己的统一的生活经验给以割裂和肢解,必将阻碍儿童的生长。他提出在课程中占中心位置的应是各种形式的活动作业,如:木工、铁工、烹调、缝纫以及各种服务性的活动。在教学方法上,杜威最根本的要求是在活动中进行教学。他认为,传统的班级授课使学生没有活动的情境,只能"单纯地学习书本上的课文"却无从发展学生的制造与思维的能力。因此杜威提出,在以学生主动活动为中心的教学过程中,"教员与课本不应成为学生唯一的导师,手、眼睛、耳朵以及身体全部,都是知识的渊薮"。杜威感到,在"教室中……在仅是教科书和教师才有发言权的时候,那发展智慧和性格的学习便不会发生;不管学生的经验背景在某一时期是如何贫乏和微薄的,只有当有机会从其经验中做出一点贡献的时候,他才真正受到教育"①。因此,正如杜威自己所说的,在他的思想发展中早就建立了一种信念,确信在所使用的方法与获得的结果之间存在着密切的和持久的联系。

杜威认为,"人们最初的知识和最牢固地保持的知识,是关于怎样做的知识,例如怎样走路、怎样谈话、怎样读书、怎样写字、怎样溜冰、怎样骑自行车、怎样操纵机器、怎样运算、怎样赶马、怎样售货、怎样待人接物等。……应该认识到,自然的发展进程总是从包含着从做中学的那些情境开始"②。而且,"经验变成首先是做的事情。有机体决不徒然站着,一事不做"。通过"从做

---

① 单中惠:《现代教育的探索》,人民出版社2002年版,第328页。
② 单中惠:《现代教育的探索》,人民出版社2002年版,第328页。

中学",儿童能在自身的活动中进行学习,因而开始他的自然的发展进程;而且,只有通过这种富有成效的和创造性的运用,才能获得和牢固地掌握有价值的知识。也许在成人的心目中,儿童经常不停地活动似乎是没有什么意义的。

杜威所主张的"从做中学"也就是"从活动中学""从经验中学",它使得学校里知识的获得与生活过程中的活动联系起来,儿童能从那些真正有教育意义和有兴趣的活动中学习,从而有助于儿童的成长和发展。"从经验中学",就是在我们对事物有所作为和我们所享的快乐或所受的痛苦这一结果之间,建立前前后后的联结。在这种情况下,行动就变成尝试,变成一次寻找世界真相的实验,而承受的结果就变成教训——发现事物之间的联结。杜威还指出,经验本来就是一种主动而又被动的事情,它本来不是认识的事情,估量一个经验的价值的标准在于能否认识经验所引起的种种关系或连续性。"一种经验,一种非常微薄的经验,能够产生和包含任何分量的理论(或理智的内容),但是,离开经验的理论,甚至不能肯定被理解为理论"。其实,这也就是杜威提倡"从做中学"的重要出发点。

西方有一句谚语叫作"一磅的学理,不如一两的实行"。杜威也有句名言:"一个儿童要学习的最难的课程就是实践课,假如他学不好这门课程,再多的书本知识也补偿不了。"为此,应循着获取知识的"自然途径"为学生创设相当的环境让学生"从做中学"。因而,杜威教育思想的全部内涵也就体现为"从做中学"。"从做中学"作为杜威的全部教学理论的基本原则,它的提出在教育史上可以说是发生了一场哥白尼式的革命。杜威的"从做中学"理论集中体现了其以儿童为中心,以活动为载体以及以经验为导向的教学思想。

一、以儿童为中心

"从做中学"是杜威用来对传统教育的教学进行全面否定的一个中心论据。他认为传统的教学是"三中心"的教学,即仅仅以前人知识、课堂讲授和教师作用为中心,而唯独不考虑真正的中心——"儿童本身的社会活动"。而"教育最根本的基础在于儿童的活动能力"[1]。这表明,杜威实用主义教育理论是以"儿童中心"为价值取向的。杜威认为,"唯一的真正的教育是通过对儿童能力的刺激而来的","儿童自己的本能和能力为一切教育提供了素材,

---

[1] 约翰·杜威:《杜威教育论著选》,赵祥麟等编译,华东师范大学出版社1981年版,第7页。

并指出了起点"。① 杜威提出："教育不是把外面的东西强迫儿童或青年去吸收,而是须要使人类'与生俱来'的能力得以生长。"②这表明,杜威把教育看作是促进儿童天生本能、欲望生长的一个过程。也正是基于此,杜威提出了他的"儿童中心"教育原则。"儿童中心"思想客观上也是杜威的"从做中学"教育理论甚至整个现代教育理论中的一个核心要求。应当说,杜威并不是"儿童中心论"的肇始者。因为,"儿童中心"的思想最早是由美国心理学家和教育家、"儿童研究之父"霍尔提出来的。后来,美国教育家、"进步教育之父"帕克也主张"儿童处于学校的中心"。当杜威在约翰斯·霍普金斯大学攻读博士学位时,霍尔曾是他的老师;当进步教育运动在美国蓬勃开展时,杜威与帕克建立了亲密的友谊。因此,在"儿童中心论"上,杜威显然受到了霍尔和帕克的影响。

杜威猛烈抨击了传统教育无视儿童活动需要的弊端。他指出："旧教育的重心在儿童之外,在教师、在教科书以及在其他你所高兴的任何地方,唯独不在儿童自己即时的本能和活动中心。"③杜威主张"儿童中心论,实际上就是说明教育要以儿童的活动为中心来进行的理论"。他认为,教育以儿童的需要和本能为中心,经验是由做事而得来的,经验离不开活动。如果让儿童到学校里,只静坐在教室里,手中拿一本书,那么书中的各种观念一定不能传达到他们的心灵,反而会导致他们神经紧张,使他们厌恶学习,丧失创造力,甚至导致无次序的紊乱等恶果。④

杜威认为,"传统教育"就是一种"静听"的教育,学校里的一切都是为"静听"准备的,消极地对待儿童,机械地使儿童在一起,课程和教学方法的划一,传统学校的一切主要是为教师的,而不是为儿童的。在那里,来自教师的刺激和控制太多了。因此,它的"重心在儿童以外。重心在教师,在教科书以及在你所喜欢的任何地方和一切地方,唯独不在儿童自己的直接的本能和活动。在那个基础上,儿童的生活就说不上了。关于儿童的学习可以谈得很多,但学校不是儿童生活的地方"⑤。在杜威看来,重心在教师的学校必然会

---

① 约翰·杜威:《杜威教育论著选》,赵祥麟等编译,华东师范大学出版社1981年版,第1页。
② 黄根本等:《活动与发展——活动教学实验研究》,学苑出版社1999年版,第40页。
③ 约翰·杜威:《杜威教育论著选》,赵祥麟等编译,华东师范大学出版社1981年版,第37页。
④ 张传遂:《综合实践活动课程论》,广东教育出版社2005年版,第86页。
⑤ 约翰·杜威:《杜威教育论著选》,赵祥麟等编译,华东师范大学出版社1981年版,第37页。

阻碍儿童的生长和发展。针对传统学校组织上的弊病，杜威明确主张学校生活以儿童为中心。他在《学校与社会》一书中曾这样写道："现在我们的教育中正在发生的一种变革是重心的转移。这是一种变革，一场革命，一场和哥白尼把天体的中心从地球转到太阳那样的革命。在这种情况下，儿童变成了太阳，教育的各种措施围绕着这个中心旋转，儿童是中心，教育的各种措施围绕他们而组织起来。"①学校生活组织应该以儿童为中心，使得一切主要是为儿童的而不是为教师的。

在杜威看来，"儿童的生活是一个整体，一个总体。……凡是在他的心目中最突出的东西就暂时对他构成整个的宇宙。那个宇宙是变化的和流动的，它的内容是以惊人的速度在消失和重新组合。但是，归根结底，它是儿童自己的世界"。因此，在任何学校中，是儿童而不是教学大纲决定教育的质和量。教学计划、教学内容和教学方法以及一切教育活动都要服从儿童的兴趣和经验的需要。他提出书本、教师应是为儿童服务的，主张把教育的重心转移到儿童方面来，使儿童成为教育的主宰。用杜威自己的话来说，那就是："在学校里，儿童的生活成为决定一切的目的。凡促进儿童成长的必要措施都集中在这个方面。"

杜威主张"儿童中心论"，还在于他强调学校生活以儿童为中心是与儿童的本能和需要协调一致的。杜威认为儿童是具有独特生理和心理结构的人，儿童的能力、兴趣和习惯都建立在他原始本能的基础上，儿童的心理活动就是他的本能发展的过程。如果没有促使儿童本能发展的潜在可能性，那么，儿童就不可能生长和发展。人的本能冲动是潜藏在儿童身体内部的一种与生俱来的能力。它最初是自发的，而且是没有一定形式的。它是一种潜能，一种发展的能力。它是一种独创的和创造性的东西，是在创造别种东西的过程中形成起来的东西。它是天然生来、不学而能的种种趋向、种种冲动。这些本能冲动就是儿童发展和教育的最根本的基础。杜威在《我的教育信条》这本纲领性著作中，就明确指出"唯一的真正教育是通过对儿童能力的刺激而来的，这种刺激是儿童自己感觉到所在的社会情景及各种要求所引起的"，"儿童自己的本能和能力为一切教育提供了素材，并指出了起点"。杜威认

---

① 约翰·杜威：《学校与社会·明日之学校》，赵祥麟等译，人民教育出版社1994年版，第43页。

为,心理是一个生长的过程,教育必须从心理学上探索儿童的本能、兴趣和习惯开始。学校生活以儿童为中心也就体现了这一点,所以,杜威强调说:对于学校生活来说,"儿童是起点,是中心,而且是目的。儿童的发展、儿童的生长,就是理想所在。……毫不夸张地说,我们必须站在儿童的立场上,并且以儿童为自己的出发点"。

杜威认为,儿童身上蕴藏着充满生机的冲动,生来就有一种天然的欲望,要做事,要工作。他强调说:"现代心理学已经指明了这样一个事实,即人的固有的本能是他学习的工具。一切本能都是通过身体表现出来的;所以抑制躯体活动的教育,就是抑制本能,因而也就是妨碍了自然的学习方法。"在杜威看来,一切有教育意义的活动,主要的动力在于儿童本能的、由冲动引起的兴趣上。在儿童本能的发展上,不仅主动的方面先于被动的方面;而且,儿童本能的力量,即实现自己的冲动的要求是压制不住的。儿童"要是看见人家做事,就要动手,最不愿意旁观"。因此,对于学校来说,"所要求的是每一个人应该有机会在有意义的活动中使用他的能力"。尤其应该注意的是,儿童"身体上的许多器官,特别是双手,可以看作一种通过尝试和思维来学得其用法的工具。各种工具不妨看作身体器官的一种延长。不过工具的不断增长,开辟了一条新的发展路线,它的结果是那么重要,因而值得给予特别的重视"。[①] 在杜威看来,如果教育者能对活动加以选择、利用和重视,以满足儿童的天然欲望,使儿童从那些真正有教育意义的活动中进行学习,那也许标志着儿童一生有益的一个转折点。但是,如果教育者忽视了,这种机会就会一去不复返。因此,"如果在讲课中听任教科书的摆布,甚至让教科书占据主宰地位,其结果只能使思维变得迟钝"[②]。

杜威批评传统教育"把教学看作把知识灌进等待装载的心理和道德的洞穴中去填补这个缺陷的方法",认为"旧学校"由于单纯依赖课本而把师生关系弄得如同抽水筒与蓄水池的关系一样,把教和学的关系变成了讲和听的关系;与此同时,他还激烈抨击传统教育片面强调教师的权威,置学生于完全被动状态的做法。杜威认为,爱好活动是儿童的天性,儿童具有强大的潜在动力,教育必须尊重和利用这种动力。儿童是教育的出发点,社会是教育的归

[①] 约翰·杜威:《杜威教育论著选》,赵祥麟等编译,华东师范大学出版社 1981 年版,第 123 页。
[②] 约翰·杜威:《我们怎样思维·经验与教育》,姜文闵译,人民教育出版社 1991 年版,第 220 页。

宿点,在这两点之间形成教育过程。他批评传统的教育过程强迫儿童死记硬背,填鸭式地灌输书本知识,这种教育无异于牛不饮水强按头,是对儿童天性的摧残和压迫。杜威呼吁把儿童从传统教育中解放出来,提出从儿童的现实生活中进行教育,激发儿童的学习需要和兴趣,调动他们的学习自觉性和积极性。围绕儿童组织一切教育措施,教师应是儿童生活、生长和经验改造的启发者和指导者,彻底改变当时压制儿童自由和窒息儿童发展的传统教育。

需要指出的是,在强调"儿童中心"思想的同时,杜威并不同意教师采取"放手"的政策。他认为,教师如果采取对儿童予以放任的态度,实际上就是放弃他们的指导责任。在杜威看来,要么从外面强加于儿童,要么让儿童完全放任自流,两者都是根本错误的。

二、以活动为载体

意大利教育家蒙台梭利认为,"儿童对活动的需要几乎比对食物的需要更为强烈","对一个可能使出他全部精力的活动,他将感到一种本能的冲动,因为这正是自然使他的能力得以完善的道路"。① 杜威对蒙台梭利的这一论断倍加推崇。他认为,儿童身上蕴藏着充满生机的冲动,生来就有一种天然的欲望,要活动,要做事。学校应当"在一定程度上把这一事实应用到教育中去,运用了学生的自然活动,也就是运用了自然发展的种种方法,作为培养判断力和正确思维能力的手段。这就是说,学生是从做中学的"②。在杜威看来,一切有教育意义的活动,主要的动力在于儿童本能的、由冲动引起的兴趣上。在儿童本能的发展上,不仅主动的方面先于被动的方面;而且,儿童本能的力量,即实现自己的冲动的要求是压制不住的。特别应该指出,"从做中学"完全与儿童认识发展的第一阶段特征相适应。杜威曾列举这样的例子:用木块从事建筑活动的儿童,希望使他的木块越堆越高而不要倒塌,但是当积木倒塌时,他会愿意再从头开始,表现出一种要做事的强烈愿望。

在杜威看来,生长中的儿童的兴趣主要是活动。对于儿童来说,重要的最初的知识就是做事或工作的能力。因此,他对"从做中学"就会产生一种真正的兴趣,并会用一切的力量和感情去从事使他感兴趣的活动。如果缺乏正

---

① 蒙台梭利:《儿童教育》,参见华东师范大学教育系等编译:《现代西方资产阶级教育思想流派论著选》,人民教育出版社1980年版,第93页。
② 约翰·杜威:《学校与社会·明日之学校》,赵祥麟等译,人民教育出版社1994年版,第380页。

常的做事的活动,儿童就会感到不安和烦躁。因此,要使儿童在学校的时间内保持愉快和忙碌,就必须使他们有一些事情做,而不要整天静坐在课桌旁。杜威认为,"儿童对通过身体的活动来使自己适应他所遇到的事情感到兴趣,因为他必须控制他生活的自然环境。凡是他感兴趣的事情就是他需要去做的"。杜威主张,"当儿童需要时,就该给他活动和伸展躯体的自由,并且从早到晚都能提供真正的练习机会。这样,当听其自然时,他就不会那么过于激动兴奋,以致急躁或无目的的喧哗吵闹"①。

杜威主张通过活动,通过"做",让儿童在做中学,这是实现杜威教育变革的桥梁。杜威坚信,"在做事里面求学问",比"专靠听来的学问好得多"。学校课程的真正中心应是儿童本身的社会活动,他提出要以生活化和活动教学代替传统的课堂教学,以儿童的亲身经验代替书本传授。杜威批评以学科为中心的学校课程仅仅是根据各科固有的逻辑组织知识,并不顾及儿童方面的因素,如身体发育状况、心理成熟程度、经验背景知识以及认识需要和兴趣程度等,并且由于它们如同纯知识、纯学术的研究而不适应当时大工业科学发展的需要。他尖锐指出,在传统教育制度下,难怪人们看到儿童天生厌恶学习,或者觉得智力活动不适合他们的天性,必须强迫或巧妙地哄骗他们来参加这个活动! 提供教材和处理教材的法则就是包含在儿童自己本性之中的法则。

杜威认为,学校中要让学生做各种活动作业,"把单纯的符号和形式的课程降低到次要的地位",这"意味着使得每个学校都成为一种雏形的社会生活,以反映大社会生活的各种类型的作业进行活动,并充满着艺术、历史和科学的精神"。而在大社会生活的各种类型的活动之中,杜威尤其青睐于各种形式的手工艺活动,大力倡导把木工、金工、纺织、缝纫、烹调等手工艺活动引入到课程之中,认为这些活动在课程中应居于中心的、根本的和基础的地位。应当说,手工艺活动实际上映射出了杜威的"从做中学"思想中的一个原型活动。按照手工艺活动这一原型而设计的"从做中学"活动一般更重视外显的、动手的、具体的、感性的活动过程;强调生成外显的、成形的活动结果,比如手工制品、模型、宣传品、绘画等;在学习结果上强调能够解决实际问题的知识技能,更重视面向社会生活和儿童个人生活的实际应用。杜威指出:"学校各

---

① 单中惠:《现代教育的探索》,人民出版社 2002 年版,第 331 页。

种形式的实际活动的目的,主要的不是它们自身,也不在于厨工、缝纫工、木工和泥水工的专门技能,而是在于它们在社会方面能与外部生活相联系;同时在个人方面能反映儿童关于动作表现和做某事的愿望的需要,是关于建设的、创造的,而不是被动的和顺从的。这些形式的重要意义是在社会的和个人两个方面之间保持协调。"①

杜威主张的"从做中学",是从批判传统学校教育采用的"从听中学"出发的,强调了学与做、知与行的关系。"从做中学"充分体现了学与做的结合,亦即知与行的结合。杜威通过其所大力倡导的"从做中学"把知与行关系的"观念转化为一种更加充满活力的形式"②。杜威还进一步从哲学的高度阐述了这种关系。杜威认为,"知"依赖于神经系统的活动,而神经系统的活动就是运动器官的刺激与反应活动,从此意义上讲,活动是"知"这种认识心理活动的物质基础。从个体与环境的关系上看,"知"本身就是个人参与社会生活的一种活动;再从思想与行动的关系看,"知"为"行"所必需,"行"是"知"的方法和验证。因此,在杜威看来,知识与活动不可分离,知行统一,欲知必行。正是因为这样,杜威在芝加哥实验学校中非常重视游戏、故事、观察和作业四大类活动的设计与实施。

三、以经验为基础

"经验"是杜威实用主义哲学的核心概念。杜威的"经验"概念包括两重意义,一是经验的事物,一是经验的过程。经验即有机体与环境、人与自然之间的相互作用。"经验首先是一个经历的过程","经验……首先是与活动相联系的经历"。一切经验,从一切事物都是作为过程、活动而产生并作为过程、活动而存在的。"经验变成首先是做的事情",经验的过程是人与环境之间的连续性的交互作用过程。我们在活动中利用原有的经验,拟定活动计划,并在活动之中实施、检验和改进,从而创造新的更好的经验。

杜威认为:"经验包含一个主动的因素和一个被动的因素。"在主动的方面,经验就是尝试;在被动的方面,经验就是经受结果。经验的获得先是通过对事物采取主动行动,然后是这种行动回过来对我们有所影响,即被动经受结果。他认为,经验产生于活动之中,而单纯的外部活动不能构成经验,只有

---

① 张建伟等:《建构性学习——学习科学的整合性探索》,上海教育出版社2005年版,第111页。

② 单中惠:《现代教育的探索》,人民出版社2002年版,第327页。

当外部活动连续深入儿童经受的心理过程,并引起他们自身思想行为发生变化时,才能产生经验。在这种情况下,活动才有教育意义。他批评那种认为儿童没有经验,只凭借文字符号就能领会事物之间关系的错误观点。柏拉图和亚里士多德把经验和知识对立起来,认为经验是纯属事务性质的,而知识是与事务无关的;经验是附属于感官的低级认识,而知识是理智的、高超的。他曾经猛烈地抨击了这种贬低经验的观点,甚至认为:"'一盎司'经验胜过一吨理论,因为只有在经验之中,任何理论才具有充满活力和可以证实的意义。"①他说:"从经验中学习,就在我们所做的事和结果我们所享的快乐或者所受的痛苦之间建立起前后的联系。在这种状况下,行动就变成尝试,一次寻找世界真相的试验;而经受的结果就变成教训——发现事物之间的联系。"②

杜威认为世界既不是物质的也不是精神的,而是经验的。世界上一切事物及其相互联系都是经验。杜威认为经验既有主观内容又有客观内容,是主体与客体构成的统一体。就经验的要素而言,可以分为主动和被动两个方面。主动即体验,即尝试,是为求得某种结果而进行的尝试行为。被动即是经受,是接受感觉或承受体验的结果。当主动尝试与承受结果结合在一起时才构成经验,单独一方均不能成为经验。譬如,一个孩子仅仅将手伸进火焰,不能算是经验,而只有当他把这个行为和承受的疼痛联系起来时他才得到经验,即手指放进火中会烧伤。杜威认为,"常语所谓'从经验中学习',就是在我们对事物有所作为和我们所享的快乐或所受的痛苦这一结果之间,建立前后的联结。在这种情况下,行动就变成尝试;变成一次寻找世界真相的实验;而经受的结果就变成教训——发现事物之间的联结"。"有所作为"就是经验的主动方面,而享受的快乐和痛苦为经验的被动方面,这两者的"联结"就是经验的学习,杜威认为这种学习就是尝试,就是实验,也是发现。他批评传统的学习观无视经验的主动方面,不重视尝试和"实验"因而也就没有发现没有学习。他说:"学校里的学生往往过分被人看作求取知识的理论的旁观者,他们通过直接的智慧力量占有知识。学生一词,几乎是指直接吸收知识而不是从事获得有效经验的人。……结果我们有了两个断片:一方面是单纯的身体

---

① 约翰·杜威:《民主主义与教育》,王承绪译,人民教育出版社1990年版,第153页。
② 约翰·杜威:《杜威教育论著选》,赵祥麟等译,华东师范大学出版社1981年版,第332页。

活动,另一方面是靠'精神'活动直接领会的意义。"也就是说传统的学习是将学生的主动活动排斥在外的,这样的学习使学生得到无效的经验,因而是无效的学习。

杜威认为,教育应该以经验为内容,经验之主要构成成分是儿童的活动。学校要让儿童获得丰富的经验,首先该让儿童有从事活动的机会。"主动作业"就是一种能够在相当长时间内吸引人注意力并具有一定程序的活动。它包括游戏和工作两方面,这两方面的作业又可分为三大类型。第一,材料性的作业。如用纸片、木块、皮、布、纱线、泥沙、金属制作材料,获得关于事物的观念,在不知不觉中积累许多正确的知识。第二,程序性的作业。如折叠、切割、穿刺、测量、烧铸、制模、作图、加热和冷却等制作和操作都有一定程序,其中包括身体和心灵、眼、耳、口、手、足等技能和动作在活动中的相互适应和协调。第三,工具性的作业。使用锯、锥、锉、针、机、仪器、饮具、笔等工具,训练操作能力。[1]

在杜威看来,经验常与"生活"密切联系,生活可以用来表示个体种族的全部经验,既包括物质的也包括精神的。个体在社会系统中总是暂时的,因为人总是要死的,但是社会系统的团体经验却总是要持续地传递,而且社会生活也总是在不断地变化,所以社会经验也需要持续地改造和更新。那么,如何使经验持续地传递、改造和更新呢?杜威找到"教育"这个工具,认为教育的作用就是传递、交流和发展经验,尤其是正式的学校教育。因为学校教育有专门的教材、专门的师资。它可以让儿童通过书本上的文字符号获取人类经验。但是人类经验总是与社会现实生活有一定距离,再加之经验自身既是主动的又是承受性的,它原本就是实际的东西而不是理论性的,所以,学校教育难免脱离实际脱离社会现实生活。这是杜威极不愿意看到的现象,杜威认为这种学校教育教给学生的不是真知。人类的经验都是用来处理现实问题的材料,这些材料只有被运用之后才能成为个体经验中的一部分,只有经过改造而又适合现实需要的经验才是真经验。这样,个体要获得真知,就必须运用、尝试、改造,必须去"做",经验都是由"做"得来的,故而学校教育要重视"从做中学"。

长期以来,在教育领域中,人们一般习惯于将获得知识和应用知识看作

---

[1] 田慧生等:《活动教育引论》,教育科学出版社2000年版,第149页。

是两种不同的活动过程：学生首先获得知识，理解它，记忆它，而后才可能去应用这些知识，完成一定的任务（如习题、课题）。这种获得知识与应用知识的对立是与哲学上"知"与"行"的分野联系在一起的。杜威从新的意义上解释了"知"和"行"的关系，提出了"从做中学"的思想，主张让学生从经验中学习，通过解决问题来学习。学习者首先面临某种实际的疑难情境，他们通过反省性思维来分析、思考问题，提出可能的解决方案，运用理智对各种假设进行推敲，用行动进行实际检验。这种探究活动的最主要的收益不在于问题解决本身，而在于发现问题中所隐含的各种关系，以及对问题情境的某些侧面的更深的理解。

四、以思维为关键

"从做中学"的核心在于"做"。那什么是做呢？按杜威的理解，做就是行动，就是实践，就是人与环境的相互作用。杜威的"从做中学"把教学过程看成是"经验"的过程，亦即"做"的过程。即所谓"从做中学"和"一切学习都来自经验"。这就是说，只有通过"做"才能获得经验，有了经验，也就有了知识，学到了东西，也就有了真正意义上的学习。比如，小孩玩火，结果烫了手，这个过程是做的过程，是取得经验的过程，也是学习的过程。他又说仅有活动，不能构成经验，如果不把活动与因此承受的结果彼此有意识地联系起来，由动作而生的变化便没有意义。假如把二者有意识地联系起来，那么由动作而生的变化就有了意义。因此，也就有所学习。由此可见，杜威的经验实际上是把行知统一起来，亦即把手脑结合起来了。正如他所说："盲目的任性的行动……毫不用心，由一事赶到别一事，有了这种情况，所做的事都是白做，不能因此获得什么经验。这种行为不能逐渐构成有真意义的经验。"因此，也就无所学，在此杜威又把目的与方法联系起来，理论（思维）与实际联系起来了。他这个主张，开始是针对传统的教学而言的。传统的教学是教师讲学生听，学生获得的知识是教条，没有通过做，也没获得结果，所以这种学是没有意义和价值的。他认为这是"心与身"分离的二元论在教学上所产生的恶果。杜威这个观点分析涉及两个问题：一是知源于行，知行不能分；二是知识与经验的获得来自主体与客体相互作用的结果，有意识的联系。有鉴于此，我们说，杜威的"从做中学"是符合人类认识客观事物的规律的，即知识经验是从做（实践）中获得的。

需要指出的是，以往批判杜威的人多认为"从做中学"所获得的经验只是感性的认识,这就是说在这个过程中只有感性的知觉而没有理性的抽象思维。其实,这种看法是有失偏颇的。或许杜威有过分强调感性认识的一面,如"一两经验胜过一吨理论",但他这样说是因为他认为"在经验中理论才有亲切的与可以证实的意义"。但是他又说"最简单的经验都能发生一定的理论","经验不加以思考是不可能的事。有意义的经验都是含有思考的某种要求"。这些都表明他的"经验"中包括理性成分。他想通过"做"把感性认识与理性认识结合起来。不然他为什么说"仅有活动,不能构成经验",而必须与因此承受的结果彼此联系起来呢?为什么说"盲目的与任性的冲动,毫不用心……所做的事都是白做,不能因此获得什么经验呢?"。杜威认为,如果这样"仅仅去做,不管怎样生动,都是不够的"。① 所以我们不能简单地说"从做中学"的过程只是个感性认识过程。

其实,杜威之所以强调"做",除了因为"做"是获得经验的有效渠道之外,更在于杜威看到了"做"与儿童的思维之间有着密切的联系。杜威指出,传统教育里的"学生"一词几乎是指直接吸收知识,而不是指能获得有效经验的人。传统教育把心智与活动的身体器官隔离开来,认为前者是纯粹理智的和认识的因素,后者是一个不相关、起干扰作用的物质因素;传统教育还认为学生应该"专心"做功课,身体活动却引导学生远离功课,它们是学生调皮淘气的根源。他认为,儿童在活动中能获得有意义的反省经验,继而能产生良好的思维。他把思维界定为识别儿童所尝试的事和所发生的结果之间的关系。反省经验的过程就是思维过程,即发现各因素之间特定联结的过程。活动包含思维的某些要素,能够培养儿童的思维能力,活动过程就是探索的过程,是观察事物和调查研究的过程。他指出,并非任何活动都能产生良好的思维。墨守成规的活动把习惯作为预料未来事物的全部标准,而不顾他所做的特殊事情的种种关联;任性的活动把顷刻的行为作为价值的标准,不顾个人的行为和环境的联系。因此,儿童只有通过主动尝试的外部操作活动和被动承受的内部思维活动,去积极思考某一行动和某一结果彼此关联的事实,才能产生良好的思维。为了培养学生的反省思维能力,教学的艺术是创设不确定的情境,使新问题的困难程度足以引起疑难、激发思维,使儿童与环境持续地交互作用,从而使学生受到启发,发现问题并产生解决问题的设想。

---

① 丁永为:《世界著名教育思想家——杜威》,北京师范大学出版社2012年版,第122页。

我们知道,科学探究是杜威的"从做中学"思想中的一个具有核心意义的原型活动。杜威非常推崇科学探究的思维方法和态度,坚信科学方法的社会价值。科学的方法态度意味着"决不轻信、大胆怀疑,直到得到真凭实据为止;宁愿向证据所指向的地方去寻而不是事先树立一个人偏爱的结论;敢于把观念当作尚待证实的假设来运用,而不当作一个武断来加以肯定;以及(可能是这一切之中最突出的)醉心于新的探究领域和新的问题"。[①] 科学探究需要主体的积极实践与主动思考,因此,杜威在提出"做中学"的同时非常强调"反省性思维"这种科学思维方法,没有思维就不可能有意义的经验。"对于任何信念或假设性的知识,按照其所依据的基础和进一步导出的结论,去进行主动的、持续的和周密的思考,就形成了反省思维"。[②] 反省性思维意味思维活动不是墨守成规的,不是任意的、不负责任的臆想,也不同于寄希望于偶然发现的尝试错误。反省思维意味着学习者以原有知识和事实资料为依据,进行积极的推论和假设活动,而这些观念又由实际观察到的种种情境来核查,由行动的结果来核查,或由想象的行动来核查。以科学研究活动作为原型的"做中学"活动更关注内在的、反思性的、富于理性的思维探究过程,而不是具体的、感性的动作活动;关注如何通过活动生成观念性的而非物质性的成果,即学习者通过解决问题而形成的新理解、新思想、新观念;在学习结果上更关注概括性知识以及发现知识的方法、态度。

杜威把"做"的活动分为身体操作活动和心理思维活动两种,认为要获得完整的经验,必须有身体的活动。心理思维活动也叫精神活动,它是精神中枢通过反射弧接受各种刺激,并做出联想的过程。两种活动不可分割,外部主动探索活动是儿童的本能,这种活动"把经验所包含的但一直未被察觉的联系显露出来",它是经验形成的动因,精神活动是对外部活动的感受、印象进行加工的过程,它是经验形成的关键因素。若将两者分离,主动动作和被动接受会受到破坏,各种动作就成了机械的、任性的活动,经验便无法获得。

在杜威那里,经验是指有机体与环境交互作用的过程。这个过程包含主动的因素和被动的因素。在主动的方面,经验就是尝试或者称为试验。在被动的方面,经验就是承受结果。经验一定是意识和活动同时进行的过程,单

---

① 张建伟等:《建构性学习——学习科学的整合性探索》,上海教育出版社2005年版,第110页。
② 约翰·杜威:《我们怎样思维·经验与教育》,姜文闵译,人民教育出版社1991年版,第6页。

纯的行动和单纯的意识都不能产生经验。从经验的性质来看,经验有两个特点:第一,经验是意识与行为结果的统一。第二,估量一个经验的价值的标准在于能否认识经验所引起的种种联系或者连续性。

杜威认为,思维是经验的两个方面的联结带。它将所要做的事情和这个行为的结果联结起来,表明两者之间的关系,指出它们联结的详细情况,并将联结的各个环节以关系的形式显露出来。由此可见,思维与经验的联系。具体说来,思维又称为反思,它是识别我们所尝试的事和所发生的结果之间的关系的纽带,"思维就是有意识地努力去发现我们所做的事和所造成的结果之间的特定的联结,使两者联结起来"。没有反思的参加,就不可能产生有价值的经验。

那么思维如何产生又具有何种特点呢？杜威指出,任何思维过程的出发点都是正在进行中的事情,也就是说思维产生于具体的情境之中,而且这个情境是不完全的。这个不完全就是不确定、可疑和有问题的意思。所以从这点来看,思维应该具有探究的特点,它是一个观察事物的过程和一个调查研究的过程。"在这个过程中,获得结果总是次要的,它是探究行动的手段。也正是由于思维总是发生于具体的情境和活动之中,这就要求从学生的做、从学生的活动入手,对传统教学方法进行一个彻底的变革。"新的教学方法应当重视游戏和工作,在这种活动之中,学生利用材料,尝试完成一件事情,注意他的力量和他所用材料的力量之间的相互作用。而且在选用的材料方面需要注意的是,"要懂得经验或经验的情境的意义,我们必须想到校外出现的情境,想到日常生活中使人对活动感兴趣和从事活动的那些作业。"

当然,杜威所说的思维,并不是指对客观世界的感性知识进行理性概括的认识过程,而只是有机体适应环境、解决疑难时的一种行为。他认为,"思维是用来控制环境的工具,这是通过行动完成的一种控制"。他要求在个人活动中展开思维,在思维中取得个人的直接经验。他把这种认识应用于教学方法,提出教学的过程乃是培养"思维的习惯"的过程。把他提出的思维的五个步骤在教学过程中展开,就形成他所提出的教学的五步骤。他指出:"教学法的要素和思维的要素是相同的。这些要素就是:第一,学生要有一个真实的经验的情境——要有一个对活动本身感兴趣的连续的活动;第二,在这个情境内部产生一个真实的问题,作为思维的刺激物;第三,他要占有知识资料,从事必要的观察,对付这个问题;第四,他必须负责一步一步地展开他所想出的解决问题的方法；第五，他要有机会通过应用来检验他的想法，使这些想法意义明确，并且让他自己去发现它们是否有效。"这是一种"从做中学"的教学步骤，在"做"中思维，通过思维提出和解决问题，在"做"中验证所获经验的有效性。应当说，这些教学步骤，亦即通过学习活动（做）的几个步骤，是根据他对人的"思维"发展阶段提出来的，旨在通过促进学生的积极思想来实现学生的经验的不断改造。

杜威主张活动至少包括某种质和量的有形的做，认为为了学习，必须动手做些事情。不过杜威也十分担心他的有形的"做"会不会蜕变为形式主义的训练，即变成抽象地、为做而做。而且，做并不是目的，做的更重要的意义在于唤起儿童的思维。好的教学必须能唤起儿童的思维。所谓思维，就是明智的学习方法，或者说，教学过程中明智的经验方法。在他看来，如果没有思维，那就不可能产生有意义的经验。这样，那种流于形式的为做而做也就势必失去意义，因此，学校必须要提供可以引起思维的经验的情境。杜威主张，要让学生从经验中学习，通过解决问题来学习。这样，学习者首先面临某种实际的疑难情境，他们通过反省性思维来分析、思考问题，提出可能的解决方案，运用理智对各种假设进行设计推敲，用行动进行实际检验。这种基于"做"的探究活动的最主要的收益不在于问题解决本身，而在于发现问题所中隐含的各种关系，以及对问题情境的某些侧面的更深的理解。知识则是问题解决的结果，或者说是"做"的副产品。而由此可见，"从做中学"以"做"为核心，但这种"做"，并非是简单的外部操作过程，更重要的是，要通过外在的"做"，为学习者创造问题情境，以激发学习者的积极主动地思维，进而使每个学生都成为有判断力和创造力的思考者。应当说，这一理论作为针对当时的教育中只重知不重行，脱离学生和社会实际，满堂灌等病症所开出的一剂猛药，或许其中不乏矫枉过正的成分，但其在教学思想和方法上所起的"哥白尼式"的革故鼎新作用则是毋庸置疑的。而且，在一个世纪后的今天，这一思想仍然有着其应有的生命力。

第四章　手脑结合理论的时代演绎

手脑结合理论的产生以 20 世纪上半叶陶行知"教学做合一"理论的形成为标志。伴随着时代的发展,尤其是世界范围内风起云涌的教育变革,该理论也被不断地注入新的时代元素。或者说,手脑结合理论的精髓已广泛地渗透到当今世界的各种教育教学的理论之中。回眸近一个世纪以来的各种教育教学改革,无不深深地打上了手脑结合的烙印。这也表明,手脑结合理论正以其所特有的生命力在现实的教育理论与实践的长河中流淌着、演绎着……

第一节　贯穿于多元智能理论

智力问题作为一个关乎人类聪明与否的重要问题,长期以来一直为人们所广泛关注。基于手脑结合的智力发展观在现代智力理论中也得到了较好地体现。美国心理学家加德纳在长期研究的基础上,突破了传统智力理论的窠臼,提出了其独树一帜的现代多元智力理论。加德纳认为,每个人都存在多种智力,其中至少又有一种或数种优势智力,只要在优势智力领域内致力发展,就可以走向成功。杰出的成功人士,总是找准了自己的智力优势,并且在优势智力领域内悉心耕耘的人。

一、多元智能理论的缘起

智能是人类大脑中文化知识的积累。它是一种生理和心理的潜能,这种潜能在个人经验、文化和动机的影响下,在一定程度上得以实现。

长期以来,国内外的教育学家、心理学家对人类的智能进行了探索与研究。由于 20 世纪中叶苏联的人造地球卫星率先上天所形成的冲击波震惊了美国朝野,引起了人们对美国教育的深刻反思。在此背景下,美国哈佛大学开展了人的智力潜能及其开发的课题研究。1983 年,作为该研究项目中创造力研究的引领者霍华德·加德纳教授通过大量的心理学的研究证据认为,人类思维和认识世界的方式是多重的,进而提出了一种旨在认识独立个体所具有的不同认识类型和能力的多元理论思想,他称之为"多元智能理论"。他称此理论对人的概念做出了全新的定义。苏格拉底说人是有理智的动物。加德纳说人类是有一定智力的动物,这些智力不同于其他动物和机器的智能。由于加德纳的多元智能理论大大地拓展了人类智力的内涵,受到了人们的广泛认同,因而在世界各地产生着越来越大的影响。

按照皮亚杰认知理论以及传统的智力观,智力是以语言能力和数理—逻辑能力为核心的、以整合的方式存在的一种能力。加德纳感到,"这种固定的观念强调了脑力的存在与重要性——这是一种能力,这种能力有各种不同的称呼:理性、智力或大脑的运用"①。但这种传统的智力理论过于狭隘,它忽略了对人的发展具有同等重要的其他方面,如音乐、空间感知、肢体动作及人际交往等方面。以传统的智力观为基础的智力测试和考试,也主要集中在语言表达和数理推断方面,不能全面反映学生的能力。这种考试对学生的学习成绩有较好的预测性,但对预测学生毕业以后的情况,乃至今后的潜力和表现则无能为力。因而,传统的智力理论的覆盖面远不如实践世界中所真正表现的那些智能来得广泛。加德纳通过研究认识到,智力并不是某种神奇的、可以通过测验来衡量的东西,也不是只有少数人拥有。相反,智力是每个人都不同程度地拥有并表现在生活各个方面的能力。其实,在加德纳看来,智力可能意味着其他的一切能力。所以,能够在特定的情境中解决问题,并能有所创造,这就是智力。由此,加德纳将智力定义为:"智力是在某种社会或文化环境的价值标准下,个体用以解决自己遇到的真正难题或生产及创造出有效产品所需要的能力。"②加德纳的这一定义,特别强调了智力是个体解决实际问题或生产及创造出社会需要的产品的能力。这就是说,智力并不是像传统的智力定义那样以语言能力和抽象逻辑思维能力为核心和衡量水平高低的标准,而是以能否解决现实生活中的实际问题或生产及创造出社会需要的产品的能力为核心和衡量水平高低的标准,即智力一方面是解决实际问题的能力,另一方面还是生产及创造出社会需要的产品的能力。

在加德纳看来,传统的心理学家和教育学家们所编制的、用以测量一个人的聪明程度(智商)的所谓智力测量表,是以语言能力和抽象逻辑思维能力

---

① H. 加德纳:《智能的结构》,兰金仁译,光明日报出版社1990年版,第3页。
② 霍力岩:《多元智力理论及其对我们的启示》,《教育研究》2000年第9期。

为核心和衡量水平高低的标准,并据此认为智商越高的人就越聪明,反之则越笨。应当说,这种"智商测试的最大错误在于他们把逻辑与综合智力混淆了起来——而逻辑,正如我们所知道的,只是思维技能的一种形式。他们还把语言能力与综合能力混淆了起来"。由此也导致了"儿童们很早就被划进虚构的'天才'和'非天才'轨道"。而正是加德纳教授"已经在戳穿'固定的智商'谎言方面成了取得最早的突破性进展的人之一"。①

人的智力与人的大脑的生理结构密切相关。加德纳通过数年时间分析人脑和人脑对教育的影响,他在大量心理学实验数据和实例的观察分析的基础上,认识到大脑中至少有着多个不同的智力中心,因而,人类思维和认识方式是多元的,亦即存在多元智能。他认为,我们每个人至少有七种不同类型的智能,其中两种在传统教育中受到了高度的重视。我们以往的所谓智力测试基本上都是集中在这两种智力上,全世界很多学校教育也集中在这两种能力上。但加德纳指出,这使我们对我们的学习潜力产生了一种不正常的、有限的看法。尽管传统的两种能力有助于你"进入名牌大学",但你未来的生活质量则依赖于"你对其他形式的智力拥有和使用的程度"。

二、多元智能理论的内涵

加德纳提出了关于智力结构的新理论——多元智能理论。他认为,就其基本结构来说,智力是多元的——不是一种能力而是一组能力,而且,这组能力中的各种能力不是以整合的形式存在而是以相对独立的形式存在。加德纳在 1983 年出版的《智能的结构》一书中,首次提出并具体阐释了他所谓的多元智力理论的基本结构。认为,个体身上至少存在相对独立的、与特定的认知领域或知识范畴相联系的七种智能构成了多元智力理论的基本结构。这七种智能分别做如下介绍。

语言智能 即有效地利用口头和书面语言的才能。语言智力发达的人对词义特别敏感,擅长表达和交流。这方面能力在民间故事家、演说家、诗人、剧作家、小说家、语言学家和著名的节目主持人身上有比较突出的表现。

数理逻辑智能 即有效地利用数字和逻辑推理的才能。这种智力主要用在处理物质世界中的数量关系。这种能力特别发达的人对数字特别敏感,具有强烈的探索欲望,人们通常称这种智力为科学思维。一般说来,这方面

---

① 珍妮特·沃斯等:《学习的革命》,上海三联书店 1998 年版,第 333 页。

能力在科学家、数学家、物理学家、天文学家、统计学家、逻辑学家、会计师以及律师和法官身上得到了较好的发展。

空间智能　即准确感知视觉空间世界的才能。这种智力主要用来解决空间位置问题。这方面智力特别发达的人对线条、形状、色彩等特别敏感，空间想象力丰富，有三维空间的思维能力，能辨别感知空间物体之间的联系。突出特征为对视觉世界有准确的感知，产生思维图像，通常是指表现在建筑师、雕塑家、画家、航海家和飞行员所使用的那种能力。

音乐智能　指个人感受、辨别、记忆、表达音乐的才能。突出特征为对环境中的非言语声音，包括韵律和曲调、节奏、音高、音质的敏感。这种能力在作曲家、演奏家、指挥家以及一流的音乐家身上有着明显高度的发展，就是一般的音乐爱好者等也都具有较强的音乐智力。

身体运动智能　指个体运用四肢和躯干的能力。表现为个人能够较好地控制自己的身体，对事件能够做出恰当的身体反应以及善于利用身体语言来表达自己的思想和情感的能力。在运动员、舞蹈家、外科医生、赛车手、发明家以及各种能工巧匠身上有比较突出的表现。

人际交往智能　指对他人的表情、说话、手势动作的敏感程度以及对此做出有效反应的能力。表现为个人觉察、体验他人的情绪、情感并做出有效的反应。这种能力是政治家、鼓动家和谈判人员及销售人员应有的能力。

自我认识智能　也叫自省的智力，是有关人的内心世界的认知。主要指个体认识、洞察和反省自身的能力。突出特征为对自己的感觉和情绪敏感，了解自己的优缺点，用自己的知识来引导决策，设定目标。这是一种给人以伟大直觉的那种能力，是让你进入存储着你的潜意识的巨大信息库的那种能力。

值得一提的是，加德纳并不认为存在于个体身上的智能类型仅限于上述几种。在他看来，个体到底具有多少种智能是可以商榷和改变的。他认为这几种智能类型的观点，在某种程度上还只是一个理论框架或构想。而随着时间的推移及研究的深入有可能还会有新的智能类型被识别出来。在加德纳看来，某种能力是否可以成为多元智能的一种，需要看它是否得到足够证据的支持。其实，加德纳就曾在上述七种智能的基础上，提出了自然观察智能及其他的智能的概念。自然观察智能是指观察自然界中的各种形态，对物体进行辨认和分类，能够洞察自然的能力，或者说是辨别自然世界里差异的能力。学有专长的自然观察者包括农业、植物、生态学等方面的行家里手。加德纳同时还认为人身上可能还存在着其他方面的智力,如灵感、直觉、创造能力和综合其他各种能力的能力等。

加德纳认为,所有的个体,只要他是人类成员,都具备上述各种智能。当然,由于遗传、早期训练的作用,也由于这些因素之间不断交互作用的缘故,某些个体在某些能力方面的发展会比其他个体好得多,然而,每一个正常的个体,只要稍有一点机会,他的每一种智力便都会得到某种程度的发展。在正常的发展过程中,这些智力实际上从生命形成之初就开始相互作用、相互铺垫了,而且它们最终都会被调动起来,以适应各种不同的需要。也就是说,人的这些智能在生命形成之初就具备了发展的可能性,每个个体都至少在一个方面的智能上具有某种发展的优势,因而具有成为天才的潜能。

应当说,加德纳提出上述这些智能的类型,也并非是他在为撰写论文而信马由缰地让想象驰骋所致。事实上,加德纳提出上述七种智能是经过深思熟虑的。加德纳的多元智能理论是在进行大量的研究和实验的基础上提出来的,并且已经得到脑科学等领域的研究所证明。诚如他本人所说,脑外科和脑研究已经证明,每一种"智力"或能力都在你脑中占有相应的位置。严重损伤大脑的某个部位,你就会有失去特定能力的危险。[1] 而"从大脑损伤会使特定能力被单独地摧毁这个意义上来说,某种特定能力相对于其他能力的相对独立性便可以清楚地表现出来了"[2]。另外,现实中所实际存在的所谓"神童",通常是在某一或某几个智力领域有突出表现的个体。其实,"这种在心智不健全而有专长的情况下,我们所见到的则是在其他领域中能力平庸或严重落后的背景下,某一特殊能力的超常现象。这些人的存在又使我们得以重新观察到相对孤立甚至是特别孤立情况下的人类智力"[3]。其实,世界上所存在的那些被称作"白痴天才"的人,他们在某一方面有着突出的表现,但在其他方面则根本低能或无能的事实,也为多元智能理论提供了很好的注脚。

美国国家精神健康研究所进化与行为实验室主任麦克里恩博士的三位一体的大脑理论为多元智能理论提供了大脑生理学的依据。麦克里恩的三位一体的大脑理论认为我们的大脑由三个部位组成,这三个部位分别是爬行

---

[1] 珍妮特·沃斯等:《学习的革命》,上海三联书店1998年版,第97页。
[2] 蔡铁权:《物理教学丛论》,科学出版社2005年版,第46页。
[3] 蔡铁权:《物理教学丛论》,科学出版社2005年版,第46页。

大脑、肢体大脑和新皮层。大脑皮层中的这三个部位以既相对独立各司其职、又分工合作密切联系的方式存在着：爬行大脑是大脑的最基本部位，它掌管着人类各种最基本的生理需要。由个体感觉器官如视觉、听觉、嗅觉、味觉和触摸觉传达到大脑的信息，最先到达的是爬行大脑，并经过爬行大脑的加工处理后传达到大脑的下一个部位——肢体大脑。身体运动智能的一部分就是由爬行大脑掌管的。肢体大脑是大脑的中间部位，它掌管着人的情感、动机和愿望，是人类的情感中心。由爬行大脑传来的关于人的各种活动的信息到达这里以后，由它以各种活动给个体带来的是快乐体验还是痛苦体验为"标准"不断地评判各种信息，并分泌出相应的化学物质允许或阻止上述信息进入大脑的最高级部位——新皮层。肢体大脑既寻求愉快、和谐的情境，又以此为基础寻求进一步的发展。自我认识智能和人际关系智能与形成愉快、和谐的内心体验有关，所以这两种智能的一部分就由肢体大脑掌管。新皮层又称灰质，是大脑皮层的最高级部位，它控制着所有高级、有序的抽象逻辑思维，使我们不仅拥有事后之明，而且拥有先见之明——敏锐的洞察力。人脑区别于动物大脑的一个最重要的特征就在于人脑中具有动物大脑中没有的这一重要部分。前述七种智能在新皮层中都有相应的生理位置，如果我们在教学中给学生提供运用多种智能的机会越多，我们对学生大脑新皮质的激活程度就越高，学生多方面的发展就越能得到保障和促进。①

三、多元智能理论的价值

根据加德纳的多元智力理论，作为个体，我们每个人都同时拥有上述相对独立的七种智力，我们每个人身上的这七种相对独立的智力在现实生活中错综复杂地、有机地以不同方式、不同程序组合在一起。个体身上存在的七种智力的不同组合使得每个人的智力都有独特的表现方式，而正是这七种智力在每个人身上以不同方式、不同程度的组合使得每个人的智力各具特点。加德纳认为，"智能是原始的生物潜能，从技能的角度看，这种潜能只有在那些奇特的个体上，才以单一的形式表现出来。除此而外，几乎在所有的人身上，都是数种智能组合在一起解决问题或生产各式各样的、专业的和业余的文化产品"②。正因为人的智能是多元的，因此，人与人之间在智能上的差别

---

① 霍力岩：《多元智力课程述评》，《比较教育研究》2001 年第 4 期。
② 霍华德·加德纳：《多元智能》，沈致隆译，新华出版社 1999 年版，第 10 页。

也就不再是传统所理解的只在于所谓智商高低的差别,而在于各自智能类型及组合特点的差别。

根据加德纳的多元智力理论,即便是同种智力,其表现形式也是不一样的,同样具有较高的数理逻辑智能的两个人,其中一个可能是数学家,而另一个可能是文盲,但他有很好的心算能力。同理,两个同样具有较高的身体运动智能的人,其中一个可能在运动场上有出色的表现,而另一个则可能因为动作不协调根本上不了运动场,但他在棋艺室里却有上乘的表现。由于每个人的智力都有独特的表现方式,每种智力又都有多种表现方式,我们很难找到一个适用于任何人的统一的评价标准来评价每个人聪明与否。而"如果我们固执地透过唯一一片滤色镜去观察智慧的彩虹,那么,许多头脑将会被误认为缺乏光彩"①。由此,在回答著名人物如丘吉尔、莫扎特、爱因斯坦、毕加索、麦克尔·乔丹、柏拉图和马丁·路德·金谁更聪明这样的问题时,我们有了与以往的传统智能观截然不同的全新视角——根据加德纳的多元智力理论,我们不能说上述七种智力哪种重要,哪种不重要,我们只能说七种智力在个体的智能结构中都占有重要的位置,处于同等重要的地位,它们在每个个体身上都有自己独特的表现形式,相应地,我们不能说上述人物谁更聪明,我们只能说他们各自在哪个方面聪明,以及他们各自怎样聪明。换句话说,我们必须清醒地认识到,智力是多方面的,智力的表现形式是各不相同的,我们判断一个人聪明与否的标准当然也应该是多种多样的。

基于多元智力理论和三位一体的大脑理论的多元智能教育要求在学校教育中建立起"适合大脑"的教育体系,促进每一个学生多种智能的发展。现代脑科学的研究也表明,人的左脑负责语言、文字、分析与判断,右脑则用表象进行思维,负责图形、色彩、音乐及影像等非语言系统。但长期以来,我们的教育过度重视培养学生的语言与数理逻辑思维能力,而忽视了右脑的发展。从幼儿园、小学、中学到大学教育,我们一直都在强化读、写、算的能力,而忽视了学生其他方面智能及创造能力的发展。正像《视觉思维》一书的作者阿恩海姆所指出的,在教育领域中,正是这种过分强调读、写、算的教育,使学生在语言逻辑的思维能力方面不断得到加强,相应的富于创造性的视觉思维能力则日益受到削弱和衰退。读、写、算方式的根本特点,就是不能由认识

---

① 珍妮特·沃斯等:《学习的革命》,上海三联书店1998年版,第364页。

主体去直接地感受到那种鲜活的视觉意象,主体所能利用的便只是一些间接获得的、已经条理化的或已纳入现成规范中的知识。在这种方式引导下的思维,便难以发挥主体的能动性去进行自由选择,也难以摆脱现成规范或已有程式而由主体去直接感受或体验事物的本来面目。所以,通过读、写、算教育尽管在个体认知发展的一定阶段是必要的,但在利用现成知识基础上,突破已有规范进行创造活动,那就难有作为了。因为,"虽然话语和逻辑是有力的工具,但有些人似乎忘记了,它们仅仅在作为现实的符号的情况下,才是有意义的"[1]。而"创造性的突破,一般都是由于发现了掩藏在其背景之中的隐蔽关系—模式。而这正是视觉思维的天然领域,以构造那种抽象的联系为己任的言语思维,在这里则必然是有局限性的"[2]。因而,那种顾此失彼,"偏重某一些学科而淡化另一些学科的教育,即使不把它称为应试教育,也是有极大缺陷的。因为它只注重了人的某一部分智力的发展,忽视了诸如口头表达、动手、创新、人际交往等智力的发展"[3]。而且,"如果人们在发展的年代里,只是在记忆一些言语的事实方面度过了,那就没有理由期望到了研究机构之后,突然间竟会进行创造性的思维"[4]。

立足于多元智能理论的视角,不难发现传统教育的缺陷是显而易见的。由于传统教育基本上是一种以语言和数学为重点的教育,似乎这两三门学科就代表了学习的全部,实际上这是一种狭隘的、片面的、扭曲的智力观。而今的多元智力理论有助于我们诊断传统教育的症结所在,进而开出医治这一病灶的良方。每个孩子的智力能否都得到发展,关键在于我们的教育方法是否得当。哪怕是成绩较差的学生,也不要把他看死,他可能在语文或数学方面差些,但在其他一些方面并不一定差,他也有智力发展的潜力。重要的是教师应该从各个不同的角度去了解学生的特长,并相应地采取适合其特点的教学方法,扬长补短,使其特长得到充分发挥。教育的根本任务就在于创造有利的条件,使每一个受教育者都能充分发挥其潜能。再说,一个和谐健康的社会不仅需要有莎士比亚、牛顿,也需要有毕加索、贝多芬,还需要有瓦特、爱迪生。作为教育,不应当也不可能企望把每个人都培养成为莎士比亚、牛顿

---

[1] 托马斯·R.布莱克斯利:《右脑与创造》,傅世侠等译,北京大学出版社1992年版,第37页。
[2] 托马斯·R.布莱克斯利:《右脑与创造》,傅世侠等译,北京大学出版社1992年版,第35页。
[3] 吴志宏等:《多元智能:理论、方法与实践》,上海教育出版社2003年版,第9页。
[4] 托马斯·R.布莱克斯利:《右脑与创造》,傅世侠等译,北京大学出版社1992年版,第52页。

式的人物。而真正有效的教育应该重视学生智力发展的多样性和广泛性,教师要将培养学生的各方面智力看得同等重要,而不是仅仅关注那些数学、语文考分高的学生。我们有责任去注意和发现在其他智力领域有可能发展的学生,帮助那些在传统教育中不被承认但确实有特别智力强项的学生,开发他们的创造潜能。从这个意义上说,多元智能理论特别符合因材施教的教育原则,它同时也要求我们在人才培养过程中,不仅要重视那些学习成绩优异的学生,他们有好的语言和数理逻辑智能;我们同样要重视那些在学校学习成绩一般甚至较差的学生,尽管他们的语言智能和数理逻辑智能可能不是很强(实际情况怎样还很难说),但他们都有着其他方面的智力潜能和创造潜能,有待我们去开发,去培养。正如吴志宏教授所言:"我们有责任去注意和发现在其他智力领域有可能发展的学生,帮助那些在传统教育中不被承认但确实有特别智力强项的学生,开发他们的创造潜能。"①

其实,在20世纪初,陶行知就曾对教育过程中过于沉湎于读、写、算的做法进行过抨击。陶行知认为,中国旧的传统教育只偏重于教孩子读、写、算,而且一味在读、写、算本身上来学习读、写、算。旧教育只是以书本为中心,严重脱离生活实践,旧教育也只是以考试为目的,考试所要的必须教,考试所不要的则不必教,"于是唱歌不教了,图画不教了,体操不教了,家事不教了,农艺不教了,工艺不教了,科学的实验不教了,所谓课内外的活动都不教了,所要教的只是书,只是考的书,只是《会考指南》!教育等于读书,读书等于赶考"②。陶行知一针见血地指出,这是不完备的教育,是残废的教育,是摧残儿童的教育。但令人不无遗憾的是,陶行知在近一个世纪前所强烈批评的情况,而今并没有实现根本性的改观,对学生读、写、算能力的过度关注的情况似乎也不减当年。而且,它依然是我们考核评价学生乃至衡量、甄别人才的最具操作性的指标。尤其是广为诟病的应试教育之风,实际所测试的大体上也都是读、写、算的内容,亦即只注重了人的语言与数理逻辑智能的发展,而忽视了诸如口头表达、观察、动手及创新等智能的发展。这种理性至上,单一化的理解对教育实践产生的严重误导,最典型的例子便是大学少年班的选拔与培养模式。自20世纪70年代末中国科大首创少年班之后,许多重点大学

---

① 武任恒:《多元智能理论对创新教育的启示》,《江西社会科学》2005年第1期。
② 江苏省中等师范学校选修教材编写组:《陶行知教育思想研究》,江苏教育出版社1991年版,第97页。

纷纷效仿。少年大学生成为轰动的神话。然而,实践证明,少年大学生的总体发展不够理想,普遍存在基础不牢、后劲不足现象。由于这种超常儿童的选拔主要是根据数学能力为标准,而一旦选中,却又以各科都超常的速度进行教学,不可避免造成许多学科的揠苗助长。因为,不同学科需要不同的智力,数学能力强不仅不意味着语言、外语能力强,甚至也不意味着物理、化学能力强。另外,超常教育缩短了学习年限,学生所有时间都用于知识学习,无暇顾及社会交往、亲历直接经验,积累隐性知识,必然造成少年大学生的那些可测量的智商高、情智低、后劲不足、整体素质降低。其实,平心而论,这一情况又岂止于少年班的大学生之中呢?

多元智能理论强调智力一方面是解决实际问题的能力,另一方面还是生产及创造出社会需要的产品的能力。这也让我们反思传统的学习是否有助于发展学生智力,以及能在多大程度上发展学生智力的问题。应当说,"学习是获得新的知识、新的观点、新的能力的过程"①。"而那种规规矩矩坐在课堂上听老师讲课或者写作业、朗读等活动,却不是学习的典型形式,而是一种特例,甚至可以说不一定是学习。因为在这种形式的活动中,学生可能只是机械地重复,或者心猿意马,只是口中念念有词,作认真状或者应付差事,而结果却可能没有什么收获。"其实,这种被异化了的工业化式学习,只是获得了"惰性知识",即不能加以利用的知识,不能迁移到新的情境中的知识。有研究发现,受过正式学校教育的人,在利用数学解决日常问题方面的表现常常还不如没有接受过正规教育而有着丰富的相关实践的人来得好。我们常说,经验大于学问,如果学问只是流于空洞的言辞和抽象的符号、公式、定理,则肯定不如实践经验更能解决实际问题,而我们不能不承认,能解决实际问题是我们的教育工作必须承担的任务。② 而"由于片面教育的影响,我们丧失了许多的天赋,遗忘了多种曾经熟悉的学习方式,因而无法获得学习中的乐趣与全面和谐的发展。因此现在首要的任务是了解和掌握更多的学习方式,让身体更多的器官参与学习"③。

多元智能理论还让我们想到了教育中常常为人们所津津乐道的所谓"木桶原理":盛水的木桶是由许多块木板箍成的,盛水量也是由这些木板共同决

---

① 郑太年:《学习:为了人的发展》,上海教育出版社2008年版,第15页。
② 郑太年:《学习:为了人的发展》,上海教育出版社2008年版,第16页。
③ 陈建翔等:《新教育:为学习服务》,教育科学出版社2002年版,第63页。

定的。若其中一块木板很短,则此木桶的盛水量就被短板所限制。这块短板就成了这个木桶盛水量的"限制因素"。若要使此木桶盛水量增加,只有换掉短板或将短板加长才成。人们把这一规律总结为"木桶原理",亦称"短板效应"。其实,这是一个比较浅薄的见解。大家都知道,决定一个人能走多远的往往是你会什么,也就是你的"长处"是否足够长!在传统教育学里,人们一般认为,教育是"把短板补长",然而,遗憾的是,我们忘记了儿童是有差异的,有些人倾尽一辈子都难以把"短板补齐",遑论"补长"了。就像钱钟书天生就是为文学而生的那样,倘若你执意让他去把原本"短板"的数学"补长"行吗?同样,陈景润本来就是研究数学的料,如果你让他把语文"补长"其结果也可想而知。因此,按照现代多元智能理论,教育从来就不应是一味地把短板补长,更重要的是"让长处更长"!

应当说,加德纳的多元智能理论的出现代表了这样的一种观念,它与传统的认为智力是"一元的"概念不同。正如安娜·克拉夫特所指出的,"我发现霍华德对智力的定义对我们是有益的,至少在一种文化中,解决问题或创造事物的能力被认为是有价值的。他进一步把智力定义为做上述各类事情的生物—物理潜能。这种潜能可能会被发掘,也可能不会,这依赖于其所处文化中可利用的资源。霍华德的智力观看起来也巩固了其他有关智力的研究"[1]。

四、手脑结合思想的扩充

由于我们通常所说的"智能"仅仅是语言或逻辑数学领域中所表现出的某种"天资"。正是在人们痛感"智力等于语言、数学能力"这样一种片面、偏狭、简单化的智力理论对教育造成严重危害的背景下,加德纳的多元智能理论应运而生。其实,主张智力多元,也并非是加德纳的首创,而是智力研究的主流。像早前的美国心理学家瑟斯顿、吉尔福特以及后来的斯腾伯格等都持这一观点。其实,"加德纳的研究不属于理论建构型,而属于创意点子型;不具有解释性,只具有描述性","与其说加德纳是一位心理学家,不如说更主要是一位教育学家。加德纳的理论,虽不严格但在教育中极易操作。加德纳的理论虽有智力拼盘之嫌,然而,他的拼盘是一份精华的拼盘,抓住了智能的重要成分与主要特征"[2]。

---

[1] 教育部科学技术司等:《青少年创造力国际比较》,科学出版社2003年版,第5页。
[2] 张玲:《加德纳多元智能理论对教育的意义到底何在?》,《华东师范大学学报》(教育科学版)2003年第3期。

如果我们从学习方式的视角对加德纳的多元智能内容做一番梳理,则不难发现,多元智能的发展一方面并不排斥传统的接受式学习,另一方面也需要学习者的反思与交往。更重要的是有赖于建立在主体多感官运用基础上的自主性学习。其实,多元智能中以身体动作为代表的,包括视觉空间、音乐以及自然观察等在内的诸方面智能的发展往往都是建立在主体多感官综合运用的积极主动的基础上的。而这似乎也从一个侧面表明了现代多元智能理论与手脑结合理论的内在契合性。尽管陶行知等教育家并没有提出多元智能的概念,但他们所大力倡导的"用人又用脑,发明又创造"的教育思想与现代多元智能理论不能不说有着异曲同工之妙。从这个意义上说,多元智能理论在很大程度上是与手脑结合思想一脉相承的。

现代多元智能理论强调主体的多元智能的发展。由于学生的多元发展是建立在多元学习方式的基础上的。加德纳认为,智能基本上是一种生命的心理潜能①。几乎所有个体身上都体现多种智能的不同方式,不同表现形式的有机组合(只有在那些奇特的个体身上才以单一的形式表现出来),个体之间的差异在于个体所拥有的多种智能在表现方式和表现程度上的不同。多元智能作为人的身体里潜在的智能,相应的潜能也只能借助于相应的学习活动途径才能得以发挥。有学者指出,"我们的传统学习,主要是用的是视觉和听觉器官,其他的感官基本上在'睡觉'。要说浪费,这是最大的浪费,暴殄天物。大自然赋予我们那么多的感觉器官,为的是全面感受世界的丰富性,而我们却那么吝惜,既吝惜自己,又吝惜世界。我们把本来敞开的与世界沟通的门窗都关上了。我们不会用牙齿、不会用舌头、不会用鼻子、不会用手、不会用脚学习。我们的感官越来越迟钝,我们越来越远离感性,变成了干瘪抽象的'理性人'。因此,恢复感性的权威、恢复感官的完整性,对于学习变革至关重要"。而"要把身体里的神秘力量发挥出来:一个是书里反复强调的,要认识大脑,运用大脑,那是一个亟待开发的宝库;另一个是大脑以外的身体的其他能力"②。其实,"学习不仅仅是读书,读书只是一种狭隘的学习;学习也不仅仅是认识活动,它还有身心的全部功能参与"③。其实,相比于成年及青少年而言,婴幼儿更是学习的能手,婴幼儿学习的高效率及其学习的方法亦

---

① 霍华德·加德纳:《多元智能》,沈致隆译,新华出版社1999年版,第40页。
② 陈建翔等:《新教育:为学习服务》,教育科学出版社2002年版,第76页。
③ 陈建翔:《有一种美,叫教育——教育美学思想录》,四川教育出版社2006年版,第164页。

应为成年及青少年所珍惜。提到学习,我们的头脑中就会下意识地浮现出学生坐在教室里认真聆听老师说教的情景。我们不禁要问,这样的学习方式为学生所乐意吗? 其效果真的比婴幼儿时期的学习方式优越吗? 或许"你能想象一个2岁的小孩子整天一动不动地坐在教室的椅子上学习吗? 当然不能。他是通过做、尝试、嗅、摇摆、说话、提问和经历来学习的,他以一种惊人的速度在学习"①。而"仅仅两年时间,他就学会了语言,比任何一个哲学博士都要好,并且,到3岁或4岁,他在语言方面就是一个能手了"②。我们不禁又要扪心自问,这种学习的效率是我们学校中的那种"正式学习"所能企及的吗? 我们的学生几乎学了近半辈子的外语其收效又如何呢?

现代心理学的研究也认为,身体是自我的一大重要资源,它拥有巨大的潜能可待挖掘。也正是基于此,陶行知早就提出"六大解放"的主张,即要把小孩子的头脑、双手、嘴巴、眼睛等器官都给解放出来,让他们用自己身体的各种器官进行学习,进而把身体所蕴含的各种潜能都充分地发挥出来。其实,人类的智能原本就是一种生命潜能,他既受制于先天的因素,更有赖于后天的培养。而且,相应的潜能也只有通过相应的学习与实践活动的才有可能转化为现实的能力。这就是说,学习方式的狭隘、片面,势必将导致学习者智能发展的狭隘、片面。

现代多元智能理论强调主体的强项智能的发展。加德纳认为,每个正常的人都或多或少地具有上述各种智能,只是其组合的发挥的程度不同而已。每个学生都有自己的优势智力领域,有自己的长项的学习类型和方法,学校里不存在差生,全体学生都是具有自己的智力特点、学习类型和发展方向的可造就人才。此就是说,学生的问题不再是聪明与否的问题,而是在哪些方面聪明和怎样聪明的问题。就像人们常说的,"适合的就是最好的",教育也是这样。适当的教育和训练可以使每一个儿童的智能发挥到更高水平。因此,教育应该在全面开发每个人大脑里的各种智能的基础上,为学生创造多种多样的展现各种智能的情景,给每个人以多样化的选择,使其扬长避短,从而激发每个人潜在的智能,充分发展每个人的个性。无论何时,我们都应该树立这样一种观念:每个人都具有某一方面或几方面的发展潜力。每个人身

---

① 珍妮特·沃斯等:《学习的革命》,上海三联书店1998年版,第285页。
② 珍妮特·沃斯等:《学习的革命》,上海三联书店1998年版,第207页。

上都有只属于他自己的智能优势,比如:逻辑推理、语言表达、音乐绘画、运动动手等。每个人也许都有95%的劣势而只有5%的优势。但是,如果我们能找到这5%的优势并使之充分发挥那就是个体的价值和魅力所在。正如著名教育家李希贵先生所说:"牛和马赛跑,当然是牛输了。但牛的失败并不能证明牛的无能,反倒证明让牛和马去赛跑的人的无知。"因此他倡导"哪里闪光就从哪里打造"的教育理念。① 这就是说,对每一位受教育者,只要为他们提供了合适的教育,每个学生都能成才。而教育工作者应该做的,就是为具有不同智力潜能的学生施之以适合他们发展的不同的教育,把他们培养成为不同类型的人才。

按照加德纳的观点,"学校教育的宗旨应该是开发多种智能并帮助学生发现适合其智能特点的职业和业余爱好"②。而一个人的智能不能以他在学校环境中的表现为依据,而是要看他在实际情境中解决问题的能力和创造能力。显然,在多元智能理论关于智能的概念中,把一个人的创新精神和实践能力置于重要的地位。通过分析我们可以发现,多元智能理论强调各项智能的全面发展和个性才能的充分展示,强调创新精神和实践能力的培养。由于学生读、写、算方面的智能长期以来一直都受到高度、过度的重视,因而,需要鼓励的强项智能,通常也就是以身体动作为代表的,包括视觉空间、音乐以及自然观察等方面的智能。而这些方面的智能往往是和主体的动手实践活动相联系的,由于人的身心器官具有高度的分化性,分别对各自的适宜刺激有最高的能力。动觉学习作为人类的一种重要的学习方式,在普通学生学习过程中占有极其重要的地位,它甚至比传统的视觉学习与听觉学习都显得更加重要③。这就是说,鼓励学生强项智能的发展,尤其要尊重个体的学习方式,努力为其创造与其强项智能相匹配的学习环境和氛围,帮助其以体现其特长的学习方式进行学习,进而使其所具有的强项智能实现由潜在向现实的转变。

在加德纳看来,我们本来有很好的天赋,在适当的学习中我们能发挥得很好、很全面。可是,传统的学校教育只相信、青睐和依靠某一部分人,如视觉学习者和听觉学习者的天赋,极少考虑占30%左右的动觉和触觉学习者的天赋。事实上,由于人的大脑中具有包括语言、数学(逻辑)、空间、音乐、动

---

① 肖川:《造就自主发展的人》,四川教育出版社2006年版,第217页。
② 霍华德·加德纳:《多元智能》,沈致隆译,新华出版社1999年版,第171页。
③ 珍妮特·沃斯等:《学习的革命》,上海三联书店1998年版,第102页。

觉、人际交往、内省七种智力中心,并且由不同智力组合成的不同学习类型。这个观念不仅是学习处境不利的人的福音,其实也使那些表面上学得不错、实际上越学越偏,即深受其害的学习者获得解放。所有的学习类型,都是各种智力运用的和谐组合,没有和谐的组合,就没有学习类型可言。所以,在盲目的学校教育中,即使视觉学习者或听觉学习者,他们的智力的运用也是褊狭的。他们并不是受益者,而同样是失败者。

需要指出的是,基于手脑结合的人的身体运动智能在人的智能发展中的作用是极为重要的。身体运动智能主要是指运用四肢和躯干的能力,表现为个体能否较好地控制自己的身体并使之对事件做出恰当的身体反应以及是否善于利用身体语言表达自己的情感和思想。这种智能的核心要素在于"做",或者说在于手脑结合的"做"的能力。身体运动智能是我们获取智慧的一大重要资源。英国哲学家赖尔曾将人的认知分为两种。一种是"知道什么",如"知道一加一等于二",知道某种客观的事实;另一种则是"知道如何做",如"知道怎样骑自行车"。应当说,此"知道"并不等同于彼"知道"。而后一种"知道"其实是"会"。"会"是一种内化技能,它和一般的客观知识不同,是和行为配合在一起的。这就是儒家所讲的"体知"。"体知"有"用身体知""设身处地""身体力行"的意思。包含"体会""体验""体察""体味"等多种含义。"体知"的显著标志就在于"会"。"会"在人的发展中是一个具有重大意义的概念。有关研究表明,孩子自主性的发展出现在 2 岁左右,而不是在自我意识出现的青春期。实际上,自主性的起点来自幼儿对自己身体控制的直接体验,即"会"的体验,而不是"知"的体验。当一个懵懂小儿举起小手把球扔到妈妈身上,听到妈妈夸张地叫疼的声音,小孩会欢快大笑:瞧,我多有力量!多么能干!能够自主地控制、调整自己的身体,进而利用身体操纵、控制物体,这是自我力量的体现,由这种身体的自主感进而发展出心理上的自主感。

人们最初的自主感来源于"会"而不是"知"。按照波兰尼关于知识的理解,"知"对应的是"言传知识",而"会"对应的是"意会知识"。应当说,与骑自行车等相联系的意会知识,一个人是无法用传授的方式直接给予另一个人,而人们用言传口授的方法给予他人的,至多是有关骑车的一些知识,而不是骑车本身。而只有通过亲身的"体认"才能学"会"。而且,人类的意会知识对于明确知识具有理论上的优先性,因为缄默知识本质上是一种理解力,是一种领会,它把握经验,重组经验,以实现理智的控制能力。同时,更是一种直觉,它与人类的创新活动紧密相连。

所谓直觉,简言之,也就是直接的觉察。它是超越了逻辑的链条而对客观事物所做出的一种直接的、快速的、整体的综合判断。当然直觉也并非是空穴来风,它往往与感官所受到的外界刺激有着内在的联系。就像阿基米德带着他朝思暮想的"如何鉴别皇冠真伪"的问题坐进了盛满水的浴盆,水面又像他曾经千百次看到过的那样升高起来,而这一次阿基米德从中悟出了所溢出的水与他浸入水中的身体的体积之间的内在联系(即"内隐关系")。还有,牛顿从"苹果落地"想到了该现象和"月亮绕地球旋转"之间的内在联系。这些能看出风马牛不相及的事物间的所谓"异缘联想"的能力,其实就是直觉。我们都知道感觉之于学习的重要性:"几乎所有的事物都是通过五大感官被我们感知到的。在生命早期,婴儿尝试着触摸、嗅、尝、听和看周围的东西,因此,从一开始就要鼓励他们。"①而"要想快速有效地学习任何东西,你必须看它、听它和感觉它"②。其实,"无论如何强调调动所有感官的必要性都不为过","因此,尽量运用不止一个感官进行学习"。③"如果孩子们跳舞、品尝、触摸、听闻、观看和感觉信息,他们几乎能学一切东西。"④其实,感觉的作用并不限于此,更重要的,它还是直觉产生的土壤。就像阿基米德定律以及万有引力定律的发现无不是植根于这一土壤之中的。

加德纳尤为注重直觉学习的重要价值。他认为,直觉学习始于家庭,从一出生就开始。这样一种自然、统一、直觉的学习与学校里的学习迥然不同。虽然直觉学习受到神经生理发展的限制,这种限制深深地扎根于儿童的神经系统,儿童只能在这种限制之内学习语言,了解自己与他人,因此这种学习常常不成熟,可能还会产生误导与误解,是一种原始科学式的理解。但是,直觉学习是一种强大有力的学习,在许多情景中被证明是足够可靠的。

在加德纳看来,我们这些从事教育的人至今还没有充分意识到直觉学习对学生的真实影响与强大无比的力量。加德纳感受到学生在学校里的学习面临的诸多困惑。比如在学校里学习外语,许多人都会觉得很难,这不禁使

---

① 珍妮特·沃斯等:《学习的革命》,上海三联书店1998年版,第223页。
② 珍妮特·沃斯等:《学习的革命》,上海三联书店1998年版,第283页。
③ 珍妮特·沃斯等:《学习的革命》,上海三联书店1998年版,第139页。
④ 珍妮特·沃斯等:《学习的革命》,上海三联书店1998年版,第58页。

我们回想起自己学习母语的情况。没有语法书,没有专门的教师,没有设计好的课程等级,但所有正常的孩子都能够掌握母语,更有甚者,一个小得还无法上学的孩子若碰巧生长于精通多种语言的环境中,他还能掌握多门语言。再比如,一个很小的孩子,他轻而易举地掌握了语言这样的符号系统以及音乐这样的艺术形式,他形成了关于世间万物以及我们内心的复杂的看法,但就是这同一个孩子,一旦进入学校,常常碰到许多困难。语言的说与理解没问题,但读与写却成严重挑战,数数与数字游戏很有趣,但学习数学运算却很麻烦。为什么会有这诸多困惑?原因就在于我们没有充分重视直觉学习。

直觉学习是一种以感性为主导的学习,它特别强调开发孩子的多种感官。比如视觉、听觉都各有优势。传统学习较重视视觉而忽视听觉,但是,听觉有相对于视觉而言的特殊优势。虽然视觉相对于听觉,有主动性的优点,如眼睛可以张闭自如,耳朵则相比显得冥顽不灵。但是听觉也有许多为视觉所不及的优越性,如眼睛受方向的限制,而声音的接纳可以遍及四面八方。视觉把握的是一种静态的空间形象,而听觉可以体现时间的流转。聪明原本指的就是耳聪目明,人的发展不仅需要目明,同时也要求耳聪。发挥各种感官在人的学习与发展中的作用是多元智能理论所倡导的核心理念。其实,在多元智能中,像视觉空间、音乐、身体运动及自然观察等方面智能实质上都与人的感官密切相关。

为什么中国人学英语那么难?硕士、博士毕业,学十几年外语,仍然连最简单的听与说都会有困难,原因在于我们传统的英语教学有一个严重的误区:把本该以听觉为主导、为起点的英语学习变成了以视觉为主导、为起点的学习,势必造成听英语时必须进行一个艰难的转换:将声音信号还原为视觉信号,而由于短时记忆空间的有限性,要用这样的转换方法听懂英语几乎是不可能的。在这方面,有关试验学校的外语教师已经还外语学习以听觉主导,外语学习的效果也发生了根本性的改变,教师第一天上课就一句汉语都不讲,当时学生什么也听不懂,但四个月下来,师生交流已经很顺利。

加德纳对直觉学习的重视,亦与他的个人兴趣与特殊的研究经历不无联系。由于加德纳对皮亚杰及布鲁纳的理论怀有浓厚的兴趣,并在他们的引导下,投身于认知发展领域的研究,尤其是大脑、心智方面的研究。加德纳在这方面的研究伊始,他就有一个惊人的发现:所有的认知研究几乎都是集中在科学家身上的。加德纳敏锐地感觉到,需要从不同的视角展开对认知的研究。而从加德纳的个人兴趣来说,在他还很年轻时,音乐与艺术就是他生活的一个重要部分。加德纳认为,在我们研究人的发展时,不应该仅仅把眼光盯住科学家,还要关注画家、作家、音乐家、舞蹈家以及其他艺术家。加德纳在波士顿大学失语症研究中心工作,他参与了哈佛大学零岁方案的工作,并负责艺术能力的发展研究,如讲故事、画画、对艺术风格的敏感性等。通过与孩子们的朝夕相处以及对脑损伤者的研究,加德纳发现:人有一系列广泛的能力。智力不仅表现在问题解决中,也表现在产品的创造,尤其是艺术产品的创造中,直觉是艺术创造的核心。

应当说,包括身体运动智能在内的与身体有关的各种智能对人类的直觉与创造的作用是不容忽视的。那些在许多"学术性"的领域"真正做出贡献的人们,都是把顿悟和直觉与他们的言语的能力和逻辑的能力结合在一起的,但可怕的是,大多数理智型的人都失去了与现实之间的共鸣。虽然话语和逻辑是有力的工具,但有些人似乎忘记了,它们仅仅在是作为现实的符号的情况下,才是有意义的"①。但在我们的传统文化中,往往认识不到这方面智能的重要价值,甚至怀疑这些方面能否算得上是智能,尤其是对感官身体智慧的轻视。俗语中就有"四肢发达,头脑简单"一说。似乎身体与心理之间存在的是相互贬损、此消彼长的关系。现代心理学的研究却发现,身体是自我的一大重要资源,它拥有巨大的潜能可待挖掘。其实,人的身心是紧密联系的整体,身体的自主感是培养自主性的第一把钥匙。

多元智力课程的倡导者认为,怎样评价身体运动智能的重要性都不为过,因为它们是我们人类生存于这个世界并认识这个世界的所有智力活动的核心。作为感觉动物,人正是通过观察和模仿环境中他人的动作、通过与环境中人或物的相互作用、通过改变环境中物体的位置和形状等身体动作方式来获得各种信息并适应和改造周围世界的。因此,在多元智力课程的倡导者看来,那种把身体运动智能单纯看作是体育领域的事、只应该由体育教师负责、与学术性课程无关的观点是有失偏颇的。他们主张在学校教育中特别是在学术性课程的教学中可以较多地采用活动教学的方式,如教师可以有意识地利用如色彩、结构、手工制品、艺术材料、教室布置等为学生创造一个活动教学的环境,并引导学生在与环境的相互作用中有效地、积极主动地进行学

---

① 托马斯·R. 布莱克斯利:《右脑与创造》,傅世侠等译,北京大学出版社 1992 年版,第 37 页。

术课程的学习。同时,多元智力的倡导者对在学校中常常被教师视为"捣乱分子"的学生给予了特别的关注,"如果能想一想,他们在活动性的课程中、在以操作材料为主的课程中的投入和关注,我们就应该明白他们属于那种以身体—动觉智力为获取信息主要渠道的人,他们正是类似于使用模拟装置而不是教学手册来提高飞行能力的飞行员那样的一群人"。在多元智力的倡导者那里,这类学生学习方式的有效性一点都不比别人差,只是他们更多地倾向于通过身体活动来获取和加工信息,在课堂学习中,他们对环境中的任何事物,特别是事物的变化,表现得比其他类型的学习者更为敏感。①

需要指出的是,加德纳对包括身体运动智能在内的与各种感官相关的智能的重视的过程中,尤为重视基于大脑的思维的重要作用。就教育过程而言,加德纳主张要"为理解而教"。"教育的目标是真正理解并学以致用的能力"②。何谓"真正的理解并学以致用"?加德纳认为,学生若能把在任何教育背景中所获得的知识、概念和技能应用到与这些知识确实相关的新的事件中或新的领域中,那么就具有真正理解和学以致用的能力。可见,"真正理解并学以致用"最终指向的是学生的独立思考能力和运用知识的能力,而这正是个体智能的内核与实质。这就是说,所谓"理解"不是指个体只是掌握了静态的信息,而是指可以运用信息做事情,做出创新和推论。"理解"和记忆、背诵,和知识是不同的。它意味着学生所掌握的知识经过了内化,加入了自己的思考,有了自己的东西。其核心仍然是强调学生个人智能的作用,强调学生思维的因素。质言之,也就是"为思维而教"③。教育的基本任务不仅在于给学生传授实用的、有意义的知识,同时也在于发展学生的智力,使学生学会思维。而这两个方面又是相辅相成的。知识的主要价值在于"解决问题",而只有善于思维的人才能将知识灵活运用于实际问题的解决。一个人如果不善于思维,也就意味着无法解决问题,当然,即使他掌握再多的知识也是没有什么实际价值的。此即是说,发展学生的思维,应该成为教育的基本使命。而思维得到发展的最后目的,是为了更好地解决问题。④ 其实,就加德纳所强调的每一种智能而言,思维其实都是一个不可或缺的、核心的因素。就是身

---

① 霍力岩:《多元智力课程评述》,《比较教育研究》2001年第4期。
② 霍华德·加德纳:《多元智能》,沈致隆译,新华出版社1999年版,第230页。
③ 吴志宏等:《多元智能:理论、方法与实践》,上海教育出版社2003年版,第18页。
④ 吴志宏等:《多元智能:理论、方法与实践》,上海教育出版社2003年版,第21页。

体运动智能的发展,也必须以思维的发展为前提和核心。那种把身体运动智能理解为只具有舞蹈、体育方面的特长,音乐智能看作是会吟唱几道流行歌曲,把空间智能误认为就是临摹一些字、画,以及把语言智能等同于能够背诵一些警句名篇等,此类简单化、形式化的浅薄作法无疑是将多元智能降格到了模仿和操作的层次,而丢失了多元智能的灵魂和真谛。在这些认识的背后,问题的真正实质是对思维核心的忽视。其实,失去了思维,不包含思维的智能也就谈不上真正的智能。所以,无论哪一种智能培养,都离不开思维的核心,都必须从思维开始。没有了思维,离开了思考,就等于失去了个性和自我,丢失了假设和创造,当然也就谈不上任何一种智能的发展了。

人们常说,三百六十行,行行出状元。其实,成才的路有千万条,条条道路通罗马。多元智能理论坚信每个人都有不同的智能倾向(人人有才);每类智能又并非均衡发展(人无全才)的。俗话说,尺有所短,寸有所长。教育犹如根雕,有什么样的走势就雕成什么样的作品,"天生我材必有用"。压根就不存在什么无用之材。因而,也就不存在什么"差生",也没有什么教不好的学生。教育应面向全体学生,相信所有的儿童都能学好。虽然这是老调重弹,但现实是并非所有的儿童都能学好。应该看到,之所以有些学生成绩差,"是因为他们所在学校的教育不适合他们,没有充分发挥他们的潜力造成的"。"有的学习困难是由于没有有效运用学习策略所致","学习困难学生有学习策略的知识与操作,只是没有被激活而在学习中实际使用而已,需要教师给予指导"。看来,关键是教育要适宜,要因材施教,要尊重学生的个别差异,为他们提供锻炼和成长的机会。教育工作者的责任就在于如何根据学生的实际和智能的差异,不断变换教学方法,因势利导,扬长避短,长善救失,使人人成为不同类型的人才。①

多元智能理论的提出,扩展了智力的概念,拓宽了人们观察人类智力表现的视野,为我们提供了多维地看待智力问题的方法。多元智能的整体存在方式挑战着传统的以狭隘的知识教育为主、以升学为唯一目标的教育模式。传统教育模式为一、两种核心智能(语言智能和数理逻辑智能)而教,极大地压抑了广大学生多方面智力才能的发展,造成学生普遍的片面发展和缺乏个性、创造性及实践能力。以多元智能为基础,要求我们的教育应该让学生展

---

① 张春玲:《多元智能理论发其对素质教育的启示》,《中国教育学刊》2002 年第 3 期。

示其多方面的智力领域,努力实现"为多元智能而教",真正实现学生的全面、整体发展。

第二节 渗透入建构主义思想

自20世纪中叶起,社会科学开始摆脱行为主义价值观的束缚,而返回早期问题定位的研究传统。在此背景下,建构主义理论于20世纪80年代后期兴起并风靡于欧美,以惊人的速度波及各个学科领域,尤其对教育学科领域产生了一股强烈的冲击波。当代科学技术的发展要求呼唤着基础教育的改革,建构主义适应了这一时代挑战。建构式科学教育有利于培养迎接这一挑战的人才。因此,自上个世纪末,美国出版的《国家科学教育标准》这一美国有史以来第一个全国科学教育的纲领性文件中,就是以建构主义理论为其指导思想的。此后,包括我国在内的世界上许多国家都以建构主义理论为指导,进行基础教育的课程与教学改革。这也意味着建构主义作为一种新的学习认知理论,在成为"当代教育心理学中的一场革命"的同时,也正在成为国际教育改革中的一种主流理论。

一、建构主义理论的兴起

建构主义作为在当代欧美国家兴起的一种社会科学理论,可谓源远流长,且流派纷呈。建构主义作为人的一种认知方式或教育实践模式并不是当代才有的,零散的、不系统的建构主义思想和实践自古以来就存在着。苏格拉底著名的"产婆术"即是以提问的方式促使学生自己思考问题,发现真理,这可以看作是古代建构主义教学的成功范例。近代的意大利哲学家维柯第一次明确地表达了建构主义思想。他认为,人只能清晰地理解他自己建构的一切。康德通过对理性主义与经验主义的结合,认识到主体不能直接通向外部世界,而只能通过利用内部建构的基本认知原则去组织经验,从而发展知识。杜威的经验自然主义思想也给建构主义理论提供了哲学上的支撑。尽管有关建构主义的观点在人类认识的历史上时有星光闪烁,但建构主义成为系统的科学理论毕竟还是当代的事情。而对当代建构主义思想的形成、发展产生深远和深刻影响的首推瑞士心理学家皮亚杰和苏联心理学家维果茨基。正是在皮亚杰、维果茨基两位建构主义先驱研究的基础上,伴随着具有建构主义倾向的认知学习理论的兴起,进而发展成为当代有广泛影响的教育理论流派。美国心理学家布鲁纳对建构主义思想的发展也起到了很大的推动作用。

"建构"本来用于建筑或木器加工中,指为了某种目的而把已有的零件、材料制成某种结构。在这里,建构在于学习者通过新、旧知识经验之间的反复的、双向的相互作用,来形成和调整自己的经验结构。在这种建构过程中,一方面学习者对当前信息的理解需要以原有的知识经验为基础,超越外部信息本身;另一方面,对原有知识经验的运用又不只是简单地提取和套用,个体同时需要依据新经验对原有经验本身也做出某种调整和改造,用瑞士心理学家皮亚杰的话说,即同化和顺应两方面的统一。

皮亚杰基于其有关儿童心理发展的观点,坚持从内因和外因相互作用的观点来研究儿童的认知发展。皮亚杰认为,关于世界的知识既不是客观的东西,也不是主观的东西,而是学习者在与环境交互作用的过程中逐渐建构的结果,学习并不是学习者获得越来越多的外部信息的过程,而是学到越来越多有关他们认识事物的程序,即建构新的认知图式。由此他提出了认知发展阶段及认知机制理论,认为学习者的认知是通过同化和顺应过程逐步建构起来。同化是指把外部环境中的有关信息吸收进来并结合到儿童已有的认知结构(亦称"图式")中,即个体把外界刺激所提供的信息整合到自己原有认知结构内的过程,是认知结构数量的扩充(图式扩充);顺应是指外部环境发生变化,而原来认知结构无法同化新环境提供的信息时所引起的儿童认知结构发生重组与改造的过程,即个体的认知结构因外部刺激的影响而发生改变的过程,是认知结构性质的改变(图式改变)。当儿童能用现有图式去同化新信息时,处于一种平衡的认知状态;当现有的图式不能同化新信息时,平衡即被破坏,通过修改或创造新图式的过程即寻找新的平衡过程。儿童的认知结构就是通过同化与顺应过程逐步建立起来的。在"平衡—不平衡—新的平衡"的循环中得到不断丰富、提高和发展。而学习主要是"顺应"过程,是新旧结构从冲突到平衡稳定的相互作用的结果。

皮亚杰根据其心理发生学的分析,认为认识既不来自客体,也不来自主体,而是主客体之间相互作用的产物。主体与客体之间的相互作用是依赖动作(活动)这一中介来实现的。因此,也可以说认识来源于动作,动作既是感知的源泉又是思维的基础。而且,认识的结构既不是在客体中预先形成的,因为这些客体总是被同化到那些超越于客体之上的逻辑框架中去,也不是必须不断地进行重新组织而预先形成的。因此,认识的获得必须用一个将结构主义和建构主义紧密结合起来的理论来说明,也就是说,每一个结构都是心理发生的结果,而心理发生就是从一个较初级的结构过渡到一个不那么初级(或比较复杂)的结构。皮亚杰认为,认识是不断建构的产物,建构物、结构对认识起着中介作用。结构不断地建构,从建构比较简单的结构到更为复杂的结构,而建构的过程则依赖于主体的不断活动。就学习活动而言,按照皮亚杰的认知建构理论,学生的学习是以原有认知结构为基础,通过个体与环境的交互作用,从而建构新的认知结构的过程。由此可见,皮亚杰理论蕴含了丰富的建构主义思想,奠定了建构主义理论的基石,突出了知识的建构性而非反映性,彰显了认识主体的积极主动性而非被动接受性。

建构主义理论从认识论的角度揭示了认识活动的建构性原则,认为学习的本质是主体通过活动对经验内化、知识意义主动生成的过程,教学不是将知识以成品的方式传授给学生,而是学生通过自己与外界环境交互作用主动获取的过程。这就是学习的本质,即学习是主客体双向建构的过程。皮亚杰突出强调了人作为认知主体的能动性,认为学习最基本的原理就是发现。学习的知识是在主体与客体之间的相互作用过程中建构起来的。新经验要获得意义需要以原来的经验为基础,同时新经验的获得又会使原有的经验发生一定的改变,丰富、调整或改造原有的经验,这就是双向的建构过程。按照皮亚杰关于人的认知结构的双向建构论,知识是一种结构,脱离了主体的建构活动,就不可能有知识的产生。他主张在人的感性的主客观相互作用的活动的基础上,即从活动—动作的角度去解决认识的发生问题,并由此提出有关人的认知发生的双向建构论——人的建构活动一方面产生了以逻辑范畴为代表的人类智慧的基本结构;另一方面建构活动中也生成了广义的物理知识。

苏联心理学维果茨基的心理发展理论对于建构主义理论的形成发挥了重要的作用。维果茨基认为,儿童的心理机能并非是从内部自发产生的,而是在活动和交往的过程中发展的,这实质上是一个由社会的、集体的、合作的活动向个体的、独立的活动形式的转换,从外部的心理活动向内部的心理过程的转化,就其实质而言就是人的心理发展的一般机制。维果茨基强调认知过程中学习者所处社会文化历史背景的作用,很重视学生原有的经验与新知识之间的相互作用,他把学习者的日常经验称为"自下而上的知识",而把他们在学校里学习的知识称为"自上而下的知识",自下而上的知识只有与自上而下的知识相联系,才能成为自觉的、系统的知识,而自上而下的知识只有与自下而上的知识相联系,才能获得成长的基础。

维果茨基的心理发展理论主要涉及彼此间有机联系的有关人的心理发展的活动说、中介说与内化说。维果茨基认为,人所特有的心理机能不是从内部自发产生的,它只能产生于人们的协同活动和人与人的交往之中,个体心理发展是社会共享的活动向内化过程的转化。维果茨基把儿童与养育者、儿童与同伴之间的共同活动视为儿童发展的社会源泉。儿童是通过参与较有知识的人的共同活动,在"做"中学习的。因为活动驱动了对话,在对话中思想自然而然发生变化,发展因此而相应发生。维果茨基把各种符号系统,尤其是语词系统看作是导致人的心理过程结构变化的中介。它们既是个体思考与认知的工具,也是个体自我调节与反思的工具,同时还是社会性互动和活动的中介。正是通过工具的运用和符号的中介,人才可能实现从低级心理向高级心理机能的转化。在维果茨基看来,一个儿童为了某种目的将某一物体作为工具使用,这就意味着他朝着形成外部世界与自身的积极联系迈出了一大步,因为一个儿童掌握某一特定工具的能力正是其高级心理机能的发展的结果。这表明,人的心理发展的源泉与决定因素是人类历史过程中不断发展的文化,是作为人的社会生活与社会活动产物的文化。维果茨基认为,人的心理过程结构最初必须在人的外部活动中形成,随后才有可能转移至内部,进而内化为人的内部心理过程的结构。维果茨基把儿童的心理发展定义为社会共享的活动向内转化的过程,即内化的过程。维果茨基认为,人的高级心理机能来源于外部动作的内化,这种内化不仅可以通过教学实现,也可以通过日常生活、游戏和劳动等来实现。另一方面,内在智力动作也要外化为实际动作,使主观见之于客观。内化和外化的桥梁便是人的活动。

维果茨基认为,儿童是在摆脱日常概念和成人概念的"张力"中学习科学概念的。他反对将源于成人世界的预成的概念直接呈现给年轻的学习者,因为这样学习者只能记忆成人有关这一想法所说的一切,不能促进他的认知发展。儿童的日常概念和科学概念之间的关系并不是一种线性的关系。取代前概念以及引入科学概念是交织在一起的、彼此影响的,它们发生在儿童从自己早已有概括和他人早已介绍的概括中产生自己的想法的过程中。按照维果茨基的观点,着眼于最近发展水平的教学应该而且能够有效地激发学生内在的心理潜能,促进学生的心理发展。为此,他提出了"最近发展区"理论。

即在学习者的智力活动中,在要解决的问题和原有能力之间可能存在差异,教学应是在教师的帮助下消除这种差异。也就是说,教学决不应消极地适应学习者智力发展的已有水平,而应走在现有智力水平的前面,站在稍稍超前于现有水平即"最近发展区"处进行教学,这样才能使学习者的质量水平不断提高。可以看出,维果茨基的心理发展理论非常重视个体心理发展的社会性建构,强调个体高级的心理机能主要来源于外部活动的内化,这种内化不仅通过教学,也通过日常生活、游戏和劳动来实现。

美国教育心理学家布鲁纳在皮亚杰及维果茨基研究的基础上,通过对人类学习过程的研究,进而对建构主义思想的发展起了很大的推动作用。布鲁纳认为,学习是主动地形成认知结构的过程。人是主动参加获得知识的过程的,是主动对进入感官的信息进行选择、转换、存储和应用的。也就是说,人是积极主动地选择知识的,是记住知识和改造的学习者,而不是一个被动的接受者。布鲁纳认为,学习是在原有认知结构的基础上产生的,不管采取的形式怎样,个人的学习是通过把新的信息和原有认知结构联系起来,去积极地建构新认知结构的过程。布鲁纳认为学习包括三种几乎同时发生的过程,即新知识获得、知识的转化和知识的评价。这三个过程实际上就是学习者主动地建构新的认知结构的过程。

布鲁纳强调对学科的基本结构的学习。布鲁纳之所以重视学科的基本结构的学习,是受他的认知观和知识观的影响的。他认为,所有的知识,都是一种具有层次的结构,这种具有层次结构性的知识可以通过一个人发展的编码体系或结构体系(认知结构)而表现出来。人脑的认知结构与教材的基本结构相结合会产生强大的学习效益。如果把一门学科的基本原理弄通了,则有关这门学科的特殊课题也就不难理解了。在教学当中,教师的任务就是为学生提供最好的编码系统,以保证这些学习材料具有最大的概括性。布鲁纳认为,教师不可能给学生讲遍每个事物,要使教学真正达到目的,教师就必须使学生能在某种程度上获得一套概括了的基本思想或原理。这些基本思想、原理,对学生来说,就构成了一种最佳的知识结构。知识的概括水平越高,知识就越容易被理解和迁移。

布鲁纳主张通过主动发现形成认知结构。布鲁纳认为,教学一方面要考虑人的已有知识结构、教材的结构,另一方面要重视人的主动性和学习的内在动机。他认为,学习的最好动机是对所学材料的兴趣,而不是奖励竞争之类的外在刺激。因此，他提倡发现学习法，以便使学生更有兴趣、更有自信地主动学习。发现学习法的特点是关心学习过程胜于关心学习结果。具体知识、原理、规律等让学习者自己去探索、去发现，这样学生便积极主动地参加到学习过程中去，通过独立思考来理解和掌握知识。布鲁纳认为，学生不是被动的、消极的知识的接受者，而是主动的、积极的知识的探究者。学习是认知结构的组织与重新组织。他既强调已有知识经验的作用，也强调学习材料本身的内在逻辑结构。

二、建构主义理论的旨趣

建构主义学习理论是在过往的从行为主义到信息加工论等客观主义学习理论的基础上发展起来的。客观主义理论把事物的意义看成是存在于个体之外的东西，是完全由事物本身决定的，学习就是单向的刺激或信息的接收的过程，是从事物到心理的过程。建构主义学习理论主要是以皮亚杰、维果茨基等人的思想为基础而发展起来的。与客观主义相反，建构主义认为，对事物的理解不是简单由事物本身决定的，事物信息要被人理解，这依赖于个体原有的经验，不同的人常常会因此而建构不同的意义。每个人都在以原有的知识经验为基础来建构自己对现实世界的解释和理解。学习是一个积极的意义建构过程，是学习者通过新旧经验相互作用来形成、丰富和调整自己的经验结构的过程，教学并不是把知识经验从外部装到学生的头脑中，而是要引导学生从原有的经验出发，生长（建构）起新的经验。从现实的缘起来看，建构主义的许多观点是针对传统教学的诸多弊端而提出的。传统教学中学生习得的知识存在很多重要缺陷，诸如过于空泛、脆弱，无法在需要时运用，无法在新的情境中迁移应用等。[①] 如何缩小学校学习与现实生活之间的差距，实现学习广泛而灵活的迁移，是建构主义者所关注的一个核心问题。

为了帮助对建构本质的认识，这里我们以成语典故"指鹿为马"为例来说明学习的建构过程。有一位既认识鹿也认识马的师傅，带来一只鹿对几个徒弟说，"这就是马"。可这几个徒弟中，有压根儿未见过鹿也未见过马的，他就信以为真了；有的既认识鹿也认识马的，就认为师傅搞错了；有的因认得这是鹿，但不知道马为何物，故会怀疑鹿和马是不是同一种动物；而有的不认识鹿而认识马则会半信半疑。这表明，各自原有的认知结构不同，因而在学习过

---

① 张建伟等：《建构性学习——学习科学的整合性探索》，上海教育出版社 2005 年版，第 40 页。

程中进行认识建构的情况也就会因人而异。

这就是说,学习是学习者主动地建构内部的心理表征的过程,人脑并不是被动地接受和记录输入的信息,而是主动地建构对信息的理解;学习者以已有认知结构(包括已有的知识经验、认知策略、认知方式等)为基础,对信息进行主动选择、推理、判断,从而建构起关于事物及其过程的表征;学习过程是一个双向建构的活动过程。在此,建构有两方面的含义:其一是对新信息的理解是借助已有经验,超越所提供的新信息而建构的;其二是从已有认知结构中提取相关信息也要按具体情况进行建构,而不是单纯的提取;学习者已有发展水平是学习的决定因素,并且以自己的方式建构对于事物的理解,从而不同人看到的是事物的不同方面,不存在唯一的、标准的理解。

建构主义理论的内容很丰富,但其核心只用一句话就可以概括:以学生为中心,强调学生对知识的主动探索、主动发现和对所学知识意义的主动建构(而不是像传统教学那样,只是把知识从教师头脑中传送到学生的笔记本上)。以学生为中心,强调的是"学";以教师为中心,强调的是"教"。

在对知识的看法上,建构主义认为,知识并不是对现实的准确表征,它只是对现实的一种解释或假设,并不是问题的最终答案,相反,它会随着人类的进步而不断地被"革新"掉,并随之出现新的解释或假设;而且,知识并不能精确地概括世界的法则,在具体问题中,并不是拿来便用,而是需要针对具体情境进行再创造。另外,建构主义认为,知识不可能以实体的形式存在于具体个体之外,尽管人们通过语言符号赋予了知识一定的外在形式,甚至这些命题还得到了较普遍的认可,但这并不意味着学习者会对这些命题有同样的理解,因为这些理解只能由个体学习者基于自己的经验背景而建构起来,这决定于特定情境下的学习历程。按照这种观点,科学知识客观上包含真理性,但不是绝对正确的最终答案,它只是对现实的一种更可能的解释。这些知识在被个体接受之前,对个体来说是毫无意义的。因此,不能把知识作为预先决定了的东西教给学生,学生对知识的"接受"只能靠他自己的建构来完成,以他们自己的经验、信念为背景来分析知识的合理性。学生的学习不仅是对新知识的理解,而且是对新知识的分析、检验和批判。另外,知识在具体情境中总有自己的特异性,所以,学习知识不能满足于教条式的掌握,而是需要不断深化,把握知识在具体情境中的复杂变化。应当说,这种知识观不免有些激进,但它向传统教学提出的挑战值得我们深思。我们都知道"知识就是力量"这一对人类发展有重要影响的名言,但值得注意的是,只有活知识才能给人以力量,死知识只会禁锢人们的头脑,使人成为"书呆子"。基于这一观点,当今的建构主义者更多地强调在具体情境中形成的非正式的经验背景的作用,即非结构性的经验背景,从这个意义上来讲,他们更为重视具体情境中的教学,强调"情境性教学"。

建构主义认为学习是一种互动过程,学习是在一定的文化背景下,学生通过自我经验的结合形成的对自己知识的一种建构。建构主义认为学习不是学生对知识的简单吸收或者老师向学生传递知识的单向传授,学习是一种双向互动的过程。建构主义在学习观上强调三点:学生的主动建构性、社会互动性、具体情境性。学生的主动建构性即是学生对知识的主动吸收,以自己的经验为背景,对所遇到的新问题、新现象、新概念要充分调动自己的知识经验,通过分析、综合、归纳、演绎等得出自己的结论和认识。

在对学生学习活动的看法上,建构主义者并不否定教师在促进学生学习方面所负的教学责任,但他们认为,学习不是知识由教师向学生的传递,而是学生建构自己的知识的过程,教师的作用实际上只是在促进学生自己建构知识而已。这意味着学习是主动的,学习者不是被动的刺激接受者,他要对外部信息做主动的选择和加工,因而不是行为主义所描述的刺激—反应过程。而且,知识或意义也不是简单由外部信息决定的,外部信息本身没有意义,意义是学习者通过新旧知识经验间反复的、双向的相互作用过程而建构其中,每个学习者都在以自己原有的经验系统为基础对新的信息进行编码,建构自己的理解。而且,原有知识又因为新经验的进入而发生调整和改变。由于经验背景的差异,学生对问题的理解也就会各有所异,他们可以在一个学习共同体中相互沟通,相互合作,对问题形成更为丰富的、多角度的理解。因此,学习经验世界的差异本身便是一种宝贵的教学资源,每一个"顽童"都有一个七彩的经验世界。教师不能漠视他们已经存在的经验世界去给他们像往瓶子里灌水一样装入新知识,而是需要在他们已有的经验世界中找到新知识与旧知识的结合点,进而形成新知识的生长点。有鉴于此,学习并不简单是信息的积累,它同时包含由于新、旧经验的冲突而引发的观念转变和结构重组,学习过程并不简单是信息的输入、存储和提取,而是新旧经验之间的双向的相互作用过程,这也是建构主义与认知主义的信息加工论的不同之处。

关于如何看待学习者的问题,建构主义者强调,学习者在"接受"新知识时,其头脑并不是一块"白板"。其实,在以往的日常生活和学习中,他们已经形成了丰富的经验。而且,有些问题即使他们没有接触过,没有现成的经验,但是当遇到问题时,他们也往往可以根据以往的相关经验,形成对问题的某种解释或推断出合乎逻辑的假设。所以,教学不能无视学生的现有经验,而是要把儿童现有的知识经验作为新知识的生长点,引导儿童从原有的知识经验中"生长"出新的知识经验。教学不是知识的传递,而是知识的处理和转换。教学并不是简单地把知识经验装到学生的头脑中,而是要通过激发和挑战其原有的知识经验,提供有效的引导、支持的环境,帮助学生在原有知识经验的基础上生长(建构)起新知识经验。尽管使学生的经验结构(包括知识、技能、态度等)的生长是教学的目的,但这种"生长"只有通过学生自己的建构活动来实现,教师要为学生心理结构的生长设计良好的活动、资源和环境,但不能替代其"生长",也不能无视客观规律的"拔苗助长",急功近利。

教师不单是知识的呈现者和传递者,而是应该重视学生自己对各种现象的理解,倾听他们现在的看法,洞察他们这些想法的由来,并以此为依据,引导学生丰富或调整自己的理解。这不是简单的"告诉"就能奏效的,而是需要与学生共同针对某些问题进行探索,并在此过程中相互交流和质疑,了解彼此的想法,彼此做出某些调整。由于经验背景的差异,学习者对问题的理解常常各异,在学习者的共同体之中,这些差异本身也是一种宝贵的学习资源。当然,在个体的自我发展和外部引导两者之间,尽管建构主义着力研究的是前者,但它并不否认后者,它并不是取消教师的影响,而是指不能径直地教,不能向学生进行强硬的灌输。

三、手脑结合思想的深化

从行为主义到认知主义再到建构主义的发展,不仅是学习心理学的,以及传统教育的一场革命,同时也是认识论上的飞跃。学习过程的本质问题实际上是认识起源问题在学习问题上的反映。

认识的起源问题是人类思想史上争论不休的一个难题。经验主义者把认识看作是对对象的描摹或照相,认识一个对象就是把它直接印刻在头脑中。先验主义者则把认识看作是头脑中先天就有的,认识就是对这些已经形成的认识的回忆。皮亚杰批驳了这两种观点,他认为"认识既不是起因于一个有自我意识的主体,也不是起因于一个业已形成的(从主体角度看)、会把自己烙印在主体之上的客体；认识起因于主客体之间的相互作用"①。这就是说，从认识论的角度看，建构主义认为人作为主体不是对现实进行"复制"和"摹写"，而是在认识过程中根据已有的经验，以自己独特的方面进行选择、修正，并赋予现实特有的意义。因此，认识不是来源于现实本身，而是来源于主客体之间的相互作用。这里的主客体的相互作用，既是指主体作用于客体，亦指客体作用于主体。如果说主体作用于客体，就是以手为代表的人的运动与感觉器官作用于外部世界的话，那客体作用于主体，则主要是指外部世界作用人的大脑的过程了。因而，认识的过程作为一种主客体相互作用的过程，它客观上也就是一种手脑结合的过程。此即是说，手脑结合思想与当代建构主义理论密不可分，并广泛地渗透于建构主义理论之中。

如前所述，建构主义理论的产生和发展，从心理学的角度看，主要应当归功于皮亚杰、维果茨基等人。而若我们换一个视角，从哲学的角度来分析，则会发现，在这方面杜威也是功不可没，杜威的经验自然主义思想客观上为建构主义提供了哲学的基础。杜威的全部哲学的出发点是试图运用新的经验方法取代二元论的非经验方法。他认为，传统哲学的非经验方法割裂了客体与主体、心与物、经验与自然的联系，造成认识上的片面性，他主张运用经验方法确立经验与自然、主体与客体、精神与物质之间的连续性，并将它们作为一个统一的整体加以认识。为此，杜威重新对经验进行了解释。他认为，经验包括经验的事物（经验的主体或有机体所面对的对象或环境），即人们做什么、遭遇什么、追求什么、爱什么、相信什么和坚持什么。同时，经验还包括经验的过程（主体对对象所起的作用），即人们怎样生活、怎样操作和怎样经历各种事件以及人们的观点、信仰和想象方式等。总之，经验的对象和经验的过程两者是不可分割的，是一个统一的整体，这正是经验所包含的"两重意义"。杜威强调，教育必须建立在经验的基础上，教育就是经验的生长和经验的改造，是在经验中、由于经验和为着经验的一种发展过程；杜威认为，对事物真正理解与事物怎样动作和事情怎样做有关。理解在本质上是与动作相联系的。在此基础上，他将立足于"行动"的学习与不确定情景中的探索联系在一起，正是情景内在独特的不确定性才能使探索存在并激励和指导着探索的前进。由此他提出了"从做中学"的教育原则，并论述了教育的本质：教育

---

① 皮亚杰：《认识发生论原理》，王宪钿等译，商务印书馆1981年版，第21页。

即生长、教育即生活、教育即经验的改造和重新组织。显然,杜威认为教育本质上应是在实际的生活情景中,通过学习者的主动活动,去经验一切和获得直接经验的过程。去经验亦即"求知",经验亦即"知识"。

总之,在杜威看来,经验是一个兼收并蓄的整体,是经验者与被经验的对象的相互作用,或者说是有机体与环境的相互作用。经验本质上是主体在有目的选择对象的基础上的主观"创造"。由此出发,杜威特别强调经验的能动性,认为经验是由现在伸向未来的过程,是对现有事物的一种改造。他认为,"一切知识都来自经验",杜威主张让学生从实际活动中学习,即"从做中学"。"从做中学"强调的是活动性学习,即通过个体与客体的相互作用、通过活动实现的知识经验的建构。学习者以现有的知识经验为基础,带着一定的目的和对外界的预期,对现实的事物(客体)展开实际的观察、操作和实验等,直接获得关于客体的信息,同时在头脑中不断进行分析、判断、综合、推理、概括等,并对自己的活动过程及结果进行反思抽象,从而建构起关于客体及活动的知识经验。这是个体经验获得的最本原、最直接的途径。杜威还提出了"从做中学"的五步问题学习模式:一是暗示。即设置疑难情境,使学生对学习活动有兴趣。二是问题。即提出疑难在什么地方,让学生进行思考。三是假说。即提出解决问题的各种假设。四是推理。即推出每个步骤所含的结果。五是验证。即进行试验,验证或反证假设,通过实际运用,检验方法是否有效。这种"问题解决"学习模式揭示了学习者通过与一定的环境相互作用从而建构知识的基本路径。[①]

建构主义作为一种新的认识论和学习理论,在知识观、学生观和学习观上提出了一系列新的解释,充分强调了学习的主动建构性、社会互动性以及情境性。在具体的学习模式上,建构主义提倡以学习者为中心的基于问题式学习、协作探究学习和情境性学习等,无不与作为贯穿近百年来教育改革的一个重要思想,同时也是手脑结合思想基础的杜威的"从做中学"有着密切的联系。建构主义者给学生设计的问题很多是学生现有知识经验不能解决的,并引起他们强烈认知冲突的问题。对于这些问题或疑难,学习者须在他人帮助下经过积极的"操作""探究""建构"才能加以解决,这与杜威的"从做中学"有着本质上的高度一致性。杜威主张儿童解决的问题,也是通过做而产生的

[①] 袁维新:《科学教学概论——建构主义观点》,中国矿业大学出版社2007年版,第35页。

"疑难的问题情境"或"三岔路口的情境"。我们都知道在杜威"从做中学"思想之中折射出的两个原型活动的影子,其一是手工艺活动,其二是科学研究活动。杜威尤其青睐于各种形式的手工艺活动,大力倡导把木工、金工、纺织、缝纫、烹调等手工艺活动引入课程之中,认为这些活动在课程中应居于中心的、根本的和基础的地位。因此,手工艺活动实际上构成了杜威的"从做中学"思想中的一个原型活动。按照手工艺活动这一原型而设计的"从做中学"活动一般更重视外显的、动手的、具体的、感性的活动过程,强调生成外显的、成形的活动结果,比如手工艺品、模型、宣传品、绘画等,在学习结果上强调能够解决实际问题的知识技能,更重视面向社会生活和儿童个人生活的实际应用。"手工艺活动"作为一类"做"的原型被一直保留和延续了下来,演变成为教育改革中广泛采用的各种动手活动以及项目式活动,强调培养学生的实际动手能力、实际问题解决能力和劳动技能等。在现代建构主义的视野之下,"手工艺活动"这种"从做中学"的原型得到了新的发扬,研究者主要从情境性认知和情境性学习的角度对此做了新的解释。

值得一提的是,杜威的"从做中学"的认识论基础是实用主义,根据这个哲学观点的要求,既然科学方法能有效解决问题,那就按科学方法的步骤开展教学。而科学方法之所以有效,在于它接受实验或实证的检验,因此学生在问题解决学习过程中也要十分重视实际事物的操作或实验,以保证得到实际经验的验证。这样,实际经验便占据着重要地位,以至于过分强调从实验或实际事物中寻找解决问题的办法,忽视间接经验的启示和指导作用,从而阻碍儿童在动手活动时也充分动脑。所以,尽管杜威希望儿童通过解决问题学习把经验上升到科学,但他所主张的教学实验或实践实际上却为经验所困,囿于经验,致使学校科学沦为"生活科学",导致教学质量的下降。与前两种认识论相对,建构主义认识论强调主体与客体的相互依赖与相互作用,在解决问题过程中既重视实际经验的获得,又重视主体能动性和创造性的发挥,促使认识实现从感性到理性的飞跃。

应当说,建构主义是行为主义发展到认知主义以后的进一步发展。行为主义强调学习是对刺激—反应的强化,行为清晰可察。认知理论注重学生内部心理过程,强调整体观。建构主义也注重整体观,但认为学习是学生对知识的主动建构,是一个创造性的将知识运用在真实的情境而获得理解的过程。建构主义强调世界的无限复杂性和变动性、认识主体的时间和条件的有限性,不再像行为主义和认知理论那样寻求对所谓绝对客观的知识的追求,而且关注主体的主动建构能力与其对生活现实的价值与实际效果。就像以建构主义作指导的《美国国家科学教育标准》所要求的那样,学习时既要动手,又要动脑,以动手促进动脑,以动脑指导动手,手脑结合。如果说,以行为主义、认知理论为指导思想的学习,会导致问题解决学习时相应出现重外部操作、重内部思考的倾向的话,那以建构主义为指导的学习则更加强调了手与脑二者的并重。

通过以上的阐释可见,建构主义看到了行为主义和认知主义对知识的理解、学习的看法等方面的种种弊端,并对此给予了不遗余力的攻击,应该说这种批评是切中要害的。但与此同时,建构主义者的某些观点也难免有偏颇之处,比如,一些研究者怀疑认知的可能性,否认客观对主观的决定作用等等。但是我们说,当今的建构主义者对学习和教学做出的许多新的理论在维果茨基、皮亚杰和布鲁纳等的思想解释,是学习和教学基础上的又一次大综合和发展,是为改革传统教学而进行的又一次大胆尝试。建构主义重视学习活动中学生的主体性,重视学生面对具体情境进行意义建构,重视学习活动中师生之间和学生之间的"协作""会话"和"反思",从而主张建立一个民主、宽松的教学环境等,这些观念都为我们当前的教学改革向手脑结合的学习发展提供了一定的理论基础。

第三节 汇聚入全人教育思潮

联合国教科文组织国际教育发展委员会所编著的《学会生存》一书明确提出了"培养完人"的教育主张。该报告提出,"教育正在越出历史悠久的传统教育所规定的界限。它正逐渐在时间上和空间上扩展到它的真正领域——整个人的各个方面"[1]。教育应把社会的发展和人的潜力实现作为它的目标;教育要把体力、智力、情绪和伦理等各方面的因素结合起来,使人成为一个完善的人。[2] 这种所谓"完善的人"实际上就是一种"整个人""完整的

---

[1] 联合国教科文组织国际教育发展委员会:《学会生存——教育世界的今天和明天》,教育科学出版社1996年版,第200页。

[2] 联合国教科文组织国际教育发展委员会:《学会生存——教育世界的今天和明天》,教育科学出版社1996年版,第195页。

人"的教育,亦即让受教育者的"躯体、心智、情感、心灵力量融为一体的人"①的全人教育。当代全人教育理论是在后现代主义、生态学、整体论、永恒主义哲学、批判理论的基础上,一些激进的教育家继承并发展了人本主义学派的教育理想,发展出以"人的整体发展"为宗旨的联结与转化学习理论。联结、整体性和存在三个基本概念和原则也就顺理成章地构成了全人教育的哲学基础。在全人教育思潮发展过程中,经过全人教育倡导者们的努力,逐渐形成了与传统的教育思想有着明显边界的教育主张。

一、全人教育思想的起源

全人教育是在20世纪70年代从美国兴起的,后相继传至北美、欧洲及亚洲的一种旨在促进人的整体发展的教育思潮。全人教育是相对于作为工具的"半人"教育而言的,其目的是针对教育目标工具化的倾向的一种矫正,抑或说是根治现实的"病态的教育"一剂良方。全人教育弘扬全人教育精神。"全人教育精神,指的是课程不仅要着眼于儿童活动的成功,而且要使他们情感、意志、行为倾向等到健康、协调的发展,强调学生对人际交往、自由表达和价值判断方面经验的体验和掌握,反对只重视科学教育的狭隘课程论。为了实现这一目标,全人教育论者不仅重视显性课程,而且重视潜在课程对儿童意识和活动的影响。"②就其教育目的而言,"全人教育"把教育目标定位为:在健全人格的基础上,促进学生的全面发展,让个体生命的潜能得到自由、充分、全面、和谐、持续发展。简言之,全人教育的目的就是培养学生成为有道德、有知识、有能力、和谐发展的"全人"。全人教育作为一种注重人的潜能、张扬非理性力量、强调整体与联系在学习过程中的作用的教育思潮,全人教育在教育的假设、目标和方法上与传统的教育格格不入。它既是对希腊和谐教育思想传统的接续,也体现了对卢梭以来的自然教育传统的推崇,更有对人本主义教育思想的呼应。作为一种批判工业化时代教育基础上产生的有着深沉人文主义情怀的教育思潮,全人教育客观上是在汇聚了包括手脑结合思想在内的诸多教育理论的精华的基础上产生和发展起来的,进而形成了一场世界性的教育改革运动,对各级种类教育产生了重要影响。

全人教育的核心思想在于教育培养目标的转变。全人教育对传统教育

---

① 刘宝存:《全人教育思潮的兴起与教育目标的转变》,《比较教育研究》2004年第9期。
② 宋宁娜:《活动教学论》,江苏教育出版社1996年版,第164页。

只重视知识传授和技能习得的培养目标提出批评,倡导教育培养完整的人,使人在身体、知识、技能、道德、智力、精神、灵魂、创造性等方面都得到发展,成为一个真正的人,一个具有尊严和价值的人,一个作为人的人,而不仅仅是一个雇员、一个国家的人力资源、一个政治或经济的工具。在这一背景下,课程设置、学习方式、师生观等方面的思想和措施,都是围绕实现培养完整的人这一目标设定的。从20世纪70年代开始,全人教育思潮便和人本主义、后现代主义等教育改革思潮和运动一起,对教育培养目标的转变产生了一定的影响。

作为一种教育思潮,全人教育思想与手脑结合似乎有着共同的源流。其源头可以追溯到古希腊时的亚里士多德,他的自由教育论在本质上体现了全人教育的理想。我国自孔孟以来的儒家思想"止于至善"体现了以全人发展为教育的核心。文艺复兴时期的人文主义教育家维多利诺、拉伯雷、蒙田等从提倡"人性"出发,也将人的身心或者个性的全面发展作为教育的培养目标。英国哲学家洛克强调人的品德、智慧、身体和学问等方面的共同发展。法国启蒙思想家、教育家卢梭认为自由是人的一切能力中最崇高的能力,也是人的天性和最重要的权利,教育的目的就是促进儿童生而具备的自然性无限制地自由发展,培养自然的人(亦即自由的人)。卢梭的自然教育理论成为全人教育理论的肥沃土壤。康德也提出了"教育的使命在完成人之所以为人",把个人完整发展作为教育的根本宗旨。继而在德国兴起的新人文主义教育的主要代表人物洪堡明确提出了培养"完人"(即"完全的人")的教育培养目标,并成为全人教育的重要倡导者。美国进步教育之父帕克和实用主义教育家杜威,反对用外铄的目的要求儿童,主张教育即生活,教育即生长,教育即儿童经验的改造,倡导儿童中心主义,要求教育尊重儿童的本能和兴趣,在生活中、在活动中发展儿童的潜能和创造性。永恒主义教育流派的主要代表人物赫钦斯也认为教育的目的就在于促进人的理性、道德和精神力量的最充分发展,培养完人、完整的人、自由的人、作为人的人,而不是片面发展的工具。20世纪中叶兴起的建立在人本主义心理学基础之上的人本主义教育思潮,为全人教育的发展注入了新的源泉。马斯洛认为人的发展不仅包括知识和智力,而且包括情感、志向、态度、价值观、创造力、人际关系等,教育的目的在于人的整体发展,在于促进主观能动性的充分发挥和内在潜能的充分实现。罗杰斯主张教育要培养"完整的人"。所谓完整的人,是指"躯体、心智、情感、精神、心灵力量融会一体"的人,"他们既用情感的方式也用认知的方式行事"。

日本教育家小原国芳在他创建的玉川学园倡导全人教育。他说:"我衷心希望培养出真正的人,培养出至为普通、毋宁说至为平凡的人,培养出费希赫特所说的'文化人格'、中世纪以后伊拉斯谟或路德或加尔文所要求的'全人'。"①他认为理想的教育应包含人类的全部文化,理想的人应是全人,应具备全部人类的文化,即培养真(学问)、善(道德)、美(艺术)、圣(宗教)、健(身体)、富(生活)诸方面都得到均衡、和谐发展的人。

全人教育思想的内涵十分丰富,也正因如此,学术界对于全人教育的定义至今仍无定论。20 世纪 80 年代以来,西方学术界出现了一批有关全人教育的期刊与著作。美国教育思想家隆·米勒把这种理论称为全人教育,因而它也被看作是现代意义上第一个提出全人教育思想概念的人,这也标志着全人教育思想的这面旗帜开始被竖立起来了。此后,全人教育的队伍逐渐扩大,像加拿大的约翰·米勒等也都加入了全人教育的行列。

在隆·米勒看来,作为全人教育思想重要源泉的人本主义教育思想一直坚持认为教育应被理解为培养处于发展中的儿童的道德、情感、身体、心理、审美、精神和智力等方面的一种艺术。这客观上也为当时的科学、哲学和文化历史学等学科团体为以这种方式理解教育提供了一个贯穿中心的概念——"整体论"观点。用整体的方式去思考,教育追求的是包含和整合意义与经验的多重层面,而不只是狭隘地界定人的发展的可能性。全人教育是基于这样的前提,每个人都通过与社区、与自然界以及与像同情和和平之类的精神价值相联系,来寻找生命的认同、意义和目的。全人教育的目的在于唤起年轻人对生命固有的敬畏和热爱学习的激情。这种教育不是通过把世界浓缩为结构化的学术"课程"来实现的,而是在直接与环境的交往中产生的。全人教育的艺术在于反映了学习方式的多样性和人类进化的需要。许多全人教育者都认为,全人教育的核心在于,如果我们要过有意义的生活,我们人类需要学习的东西很多,而不仅仅是简单地学会如何生活以及如何适应文化。全人教育首要关注的是人类学习如何适应生活的深层次的挑战,以及为适应这种挑战做好准备。因而下列知识对学习者来说是重要的:

---

① 小原国芳:《小原国芳教育论著选》(下),人民教育出版社 1993 年版,第 2 页。

关于他们自身、关于健康的社会关系和以前社会的行为、社会发展、情感发展、迅速恢复的愉快心情、审美、敬畏、先验的经验和鉴赏某种意义上的"真理"。①

全人教育强调"手—心—脑、实践—感知—思考以及身体—心理—灵魂"等共同参与的整体学习和全人活动。其实,所谓学习本应是身、心、灵共同参与的"全人活动"。全人教育者称之为"整体学习",或曰整合学习。整体学习力求通过各种不同形式的共同体寻求学科之间、学习者之间的关联,寻求学习情境中诸因素间的动态平衡,如内容与过程、学习与评价、分析性思维与创造性思维之间的平衡等。整体学习还具有包容性,它承认除"逻辑推理"之外的其他认知方式,比如身体运动、文娱活动、想象、冥想等都是重要的学习方式,并试图以更大的包容性整合各种认知和学习方式。也就是说,各种认知和学习方式在运用时要同时作用于身体、情感、思维和精神的若干方面,进而实现身、心、灵的平衡。应当说,这种身、心、灵的平衡正是全人教育的基础。健全的体魄,需要靠有计划的行动得以实现;心性的涵养,依靠的则是有远见的视野;灵性的形成,依赖的是信仰和追求。全人教育强调的三者之间的有机统一,倡导培养一个健康的人,一个身体健壮、精神满足、灵魂昌盛的人;一个快乐的人,一个真正满足、真正快乐、拥有美满人生的人;一个不断成长,完成自我,因而成功的人。

全人教育的思想似乎也得到了联合国教科文组织的呼应。联合国教科文组织1972年发表的《学会生存》的报告中指出:"目前教育青年人的方式,对于青年人的训练,人们接收的大量信息——这一切都有助于人格的分裂。为了训练的目的,一个人的理智认识已经被分割得支离破碎,而其他的方面不是被遗忘,就是被忽视;不是被还原到一种胚胎状态,就是随它在无政府状态下发展。为了科学研究和专门化的需要,对许多青年人原来应该进行的充分而全面的培养被弄得残缺不全。为从事某种内容分得很细或某种效率不高的工作而进行的训练,过高地估计了提高技术才能的重要性而损害了其他更有人性的品质。"而人类心理的最大特点就是,"人要排除令人苦恼的矛盾;他不能容忍过度的紧张;他努力追求理智上的融贯性;他所寻求的快乐不是机械地满足欲望,而是具体地实现他的潜能和认为他自己和他的命运是协调

---

① 谢安邦等:《全人教育与和谐社会建设》,华东师范大学出版社2009年版,第126页。

一致的想法——总之,把自己视为一个完善的人"①。该报告要求,教育应把社会的发展和人的潜力实现作为它的目标;"教育要把体力、智力、情绪和伦理等各方面的因素结合起来,使人成为一个完善的人"。②

1995年,联合国教科文组织在其发表的《高等教育的转变与发展政策》报告中呼吁,各国在20世纪末应重新检讨本国的教育特色,并指出各国教育应该朝向终身教育及全人教育的目标发展③。接着,1996年,"国际21世纪教育委员会"向联合国教科文组织提交了题为《教育——财富蕴藏其中》的报告中也确定了一个基本原则:"教育应当促进何个人的全面发展,即身心、智力、敏感性、审美意识、个人责任感、精神价值等方面的发展。应该使何个人尤其借助于青年时代所受的教育,能够形成一种独立自主的、富有批判精神的思想意识,以及培养自己的判断能力,以使由他自己确定在人生的各种不同的情况下他认为应该做的事情。"④该报告提出教育应以学会认知、学会做事、学会共同生活、学会生存为支柱,培养全面发展的人。

不但联合国教科文组织认识到全人发展的重要性,像美国以及我国台湾和香港地区都开始把全人教育作为教育改革的理论基础和指导思想,注意培养完整的人。继而,全人教育思潮开始进入我国大陆研究者的视野。我国的一些大学、中小学和幼儿园也提出以全人教育作为自己的指导思想,以培养全人为目标。从理论与实践等方面探讨如何让受教育者真正成为一个完全的相对完善和完美的人,而不是"机器"或者"半个人"。而且,全人教育,是一个较之全面素质教育更为高致、更为内在、更为深入的教育观念。它的出发点、落脚点都直指一个大写的"人",它旨在培养全人,"使人成为人"。即培养真正全面发展的人、完善的人,具有主体性并能够把握自己命运的人,作为人的人而非作为工具的人,整全的人而非残缺的人。全人教育体现了教育的本质特征,即以人的和谐、整体发展为导向,培养具备整全知识、完备人格,拥有正确价值观和积极人生态度的"全人"。应当说,这不但与手脑结合理论有着

---

① 联合国教科文组织国际教育发展委员会:《学会生存——教育世界的今天和明天》,教育科学出版社1996年版,第193页。

② 联合国教科文组织国际教育发展委员会:《学会生存——教育世界的今天和明天》,教育科学出版社1996年版,第195页。

③ 谢安邦等:《全人教育的理论与实践》,华东师范大学出版社2011年版,第2页。

④ 联合国教科文组织总编:《教育——财富蕴藏其中:国际21世纪教育委员会报告》,教育科学出版社1996年版,第85页。

内在的一致性,而且也体现了马克思所倡导的培养自由、和谐、全面发展的人的精神实质。因而,这应当成为我国教育培养目标的改革的价值取向。

二、全人教育的思想意蕴

全人教育是在现代工业化教育的背景下产生的一种批判工业化时代的教育。工业化教育,或者说传统教育,是工业文明的产物,是适合工业文明、为工业社会服务的教育。它"以模具制造、批量生产见长的工业化教育,带来了人的普遍的失败和哲学人本学意义上的倒退"。[①] 并导致了人的身心发展上感觉钝化、广义的智慧水平低下、身心疾病增多,以及人格不健全、生存能力差等一系列弊端。工业化教育实际上也是一种工具性教育。工具性教育把教育作为社会发展的工具,包括政治斗争的工具、经济发展的工具和文化传承的工具,它看到的只是教育的外在价值,看到教育如何适应社会的要求,为它服务,唯独看不到教育的本身价值,教育在发展人自身的价值,看不到教育在提升人性方面的价值。在现代,人们看重的,或者说"被重视的只是教育所带来的经济效益及个人社会地位的提升。除此之外,教育没有立足之地,没有了任何发言权,没有了理论的依据"[②]。正如诗人艾略特曾经抨击的:"个人要求更多的教育,不是为了智慧,而是为了维持下去;国家要求更多的教育,是为了要胜过其他国家;一个阶层要求更多的教育,是为了要胜过其他阶层,或者至少不被其他阶层所胜过。因此,教育一方面同技术效力相联系,另一方面同国家地位的提高相联系……要不是教育意味着更多的金钱,或者大的支配人的权利或者更高的社会地位,或至少一份相当体面的工作,那么费心获得的人便会寥寥无几了。"[③]

工具性教育把人培养成工具。越来越多的学者指出:"现代教育试图生产的是批量的通用人,像螺丝钉一样没有个性,也没有才华,但是容易管理,完全符合社会程序。"[④]只有人成为工具了,才能发挥教育迎合"时尚"的外在工具价值。工具性教育为把人培养成为政治、经济需要的工具,往往以社会的需求来压制个性的发展,片面强调个体的社会化过程,而不言及个体的个性化过程,把个人培养成没有个性的社会需要的螺丝钉。螺丝钉没有任何的

[①] 陈建翔:《新教育:为学习服务》,教育科学出版社2002年版,第24页。
[②] 郝德永:《课程与文化:一个后现代的检视》,教育科学出版社2002年版,第265页。
[③] 引自冯建军:《教育与生命》,教育科学出版社2004年版,第158页。
[④] 赵汀阳:《教育为了什么》,《北京教育》2009年第2期。

能动性和自主性,更没有独特的个性,它必须绝对地服从整架"机器"的运转。当今的工具性教育,产生于工业社会这个大背景下。工业社会是一个技术的社会,所以,工具性教育又表现出唯理性的特征。唯理性教育,只把人作为技术的工具来培养,"今天,我们却不问怎样使一个孩子成为一个完整的人;而是问我们应当教他什么技术,使他在成为只关心生产物质财富的世界中的一颗光滑耐用的齿轮牙"①。这种功利主义表现为教育"教"人去追逐、适应、改造外部世界,"教"人掌握"何以为生"的知识与本领,放弃了"为何而生"的思考。萨顿认为,"只为了得到信息和职业培训的目的而讲授科学知识,那么这种从纯技术的观点看来有用的科学知识的学习就失去了一切教育上的价值"。② 这种教育不是"使人之为人"的教育,而是"使人之为物"的教育。这种教育越发展,偏差越扩大,使得现代人在今天错误的教育熏陶下,变得越来越不像一个"人"。教育应该是"成人化"的过程,而工具性教育不以成"人"为终极目的,只是从技术功效的层次,把人变为物,人的本体性的存在价值全被抹杀,只求其是否有用,是否能满足其所存在的社会需要为教育的最终目的。"人们似乎心甘情愿地让人把自己和孩子作为东西,作为工具,作为机器去塑造、去加工、去利用。对物质的疯狂追求和拜金主义使得人们把一切与赚钱无关的事物视为'无用'而弃之如敝屣。人们不仅失去了个性,也正在失去人性,成为被同样本能主宰的两足动物。"③应当说,这是教育最大的悲哀和堕落。而全人教育旨在实现对此的矫枉与反正。

作为一种批判工业化时代教育、注重人的潜能、张扬非理性力量、强调整体与联系在学习过程中的作用的教育思潮,全人教育在教育的假设、目标和方法上与传统的教育完全不同。它既是对希腊和谐教育思想传统的接续,也体现了对卢梭以来的自然教育传统的推崇,更有对人本主义教育思想的呼应。它批判工业化时代教育过于强调认知和理性在教育中的地位的做法,主张注重直觉、情感、想象等非理性因素在教育中的存在。全人教育对作为工业化社会基石的技术世界观表现出了明显的不信任,极力维护着一种整体的、生态的世界观和系统思维。尽管全人教育的边界比较模糊,但综观西方

---

① 伊丽莎白·劳伦斯:《现代教育的起源和发展》,纪晓林译,北京语言学院出版社1992年版,序言。
② 项红专:《科学教育新视野》,浙江大学出版社2006年版,第7页。
③ 冯建军:《生命与教育》,教育科学出版社2004年版,第160页。

全人教育家的思想脉搏,不难发现全人教育的基本主张还是彰显了其作为一种教育理论的若干基本特征。①

（一）全人教育关注每个人智力、情感、社会性、物质性、艺术性、创造性与潜力的全面挖掘

当代全人教育思想与过去的教育理念相比,其最突出的特性就在于其教育目的。教育不是单纯的社会统治的工具,人不再是经济利益驱动下的机械个体。全人教育思想首先将对人的认识提升到了前所未有的高度,其核心内容就是"全人"的培养。全人从字面上理解可以看作是具有整合人格,得到全面发展的人,人的发展过程中任何一方面都不能有所偏失。

全人教育的目的就是实现人的整体发展,不仅要实现个体在智力和职业能力方面的发展,而且要实现个体在生理、社会、道德、伦理、创造性、精神各方面的发展。而且,从全人的本质来看,精神性更胜于物质性。

所有人都是精神性的动物,他们可以借助其天赋、能力、直觉和智慧表达自己的独特性。任何一个人不但可以在生理上、情感上和智能上发展自己,而且也可以在精神上发展自己,净化自己的灵魂。教育必须不断培育个体的精神,使其健康成长。而不断的学习评价和同学竞争是不利于精神发展的,只能妨碍精神的发展。从当今时代来看,教育应更着重于人的内在,比如情感、创造力、想象力、同情心、好奇心等,尤其要注重自我的实现。尽管全人教育并不贬低物质的重要性,不否认社会存在的价值,但它认为教育的过程不仅仅是知识的传递与技能的训练,更应关注人的内在情感体验与人格的全面培养,达到人的精神与物质的统一。

（二）全人教育寻求人类之间的理解与生命的真正意义

以往的教育通常将社会关系、文化背景等割裂开来,教育的最终结果是制造出功利主义的人,他们只注意身边狭小的范围,缺乏对他人的理解与尊重。传统教育注重竞争,无论是考试竞争还是活动竞争,都忽视了学生人际理解能力的培养。这样的话,他人只是满足自我的工具,成为自我意愿的利用对象与竞争对象,人类之间只有物化的关系,人性也就陷入不断沦落之中。全人教育鼓励自我实现,但同时也强调真诚的人际交往和跨文化的人类理解。人之所以为人的重要一点在于人是生活在相互联系的有机社会群体之

---

① 谭敏等:《西方当代全人教育思想探析》,《外国教育研究》2006年第9期。

中,这种联系不是机械化的,而是鲜活的人际交往,人性的体现不在于竞争而在于合作,全人教育实施过程中就是要学生在受教育过程中加深合作精神的体验,培养人与人相互理解相互关心的素养,同时将生活中的人际交往进一步深化为人类跨文化的理解与信任,加强学生的全球意识。

全人教育主张为培养地球公民而教。我们任何个人都是地球公民。在全球化时代,不同文化之间的交流和联系增加了。全球化时代的教育,必须让所有文化的所有新生代了解人类文化的多样性,了解和尊重不同的文化。要确立地球生态的思想,强调自然与人类生存、文化维系之间的互动和互赖关系。要传授一些普遍价值,引导人们去追求生命的意义、爱、同情、智慧、真理、和谐。

(三) 全人教育强调学生人文精神的培养

全人教育者在思考如何塑造学生的健全人格并完善其思维方式时,在很大程度上受当代人文主义教育思潮的影响。人类社会自进入工业时代以来,重古典人文的传统教育日渐衰微,科学主义成为各个校园的主导文化。不可否认,在科技发展日新月异的时代,注重实用知识教授与能力的培养具有重大的意义,这种教育方式也极大地促进了社会生产力的进步与技术创新,但同时其自身许多无法避免的弊端也逐渐显露出来。由于学校教育过于偏重实用知识,忽视文学、艺术等人文课程的学习,甚至将很多人文课程视为无用,学校充斥了急功近利的气氛,学生缺少人文关怀、缺少对世界发展的正确的价值观、缺少对周围事物的关心与思考,只是一味地成为物质生产的工具,而学校就成为制造这些工具的"工厂"。人是一个整体,知识教育虽然重要,也仅是人的一部分,除了知识教育以外,还有许多其他部分不容偏废。

全人教育者们并不否认知识爆炸的年代里科学知识的重要作用,但主张在学校教育中更多地渗透人文精神。针对目前学校教育人文精神的缺失,全人教育倡导在教育的各个部分和环节都落实人的精神的培养,孕育人的完美人格。其中一个重要的方面就是大力推行通识教育课程,美国、加拿大等国的学者在全人教育探索方面一枝独秀,其中一个原因在于他们拥有良好的通识教育土壤使之能够在实践领域寻找全人教育的实施路径。通识教育正符合了培养人的整体性的本质精神,是一条贯彻人文思想的捷径。应当说,如果通识课程中没有人文精神的渗透,没有人的基本品格的培养,那么这种教育也注定无法达到全人教育的根本目的。以全人教育为其终极理想的通识教育应该帮助学生了解人之所以为人的道理、各种永恒的问题、认识其所处时代的特性及其所面临的困境等。总之，只有深刻领会人格、个性与思维的重要性，才能真正培养出理性的、人文的、道德的、精神的全人。

(四) 全人教育鼓励跨学科的互动与知识的整合

学校教育如果完全按照学科或职业为导向，培养学生单一学科的知识，那么教育者就会完全忽略我们的世界是一个瞬息万变的、庞杂而有机联系的系统。全人教育者认为目前的学校教育将各种知识人为地割裂开来，各门学科相互孤立，世界被拆分为无数的碎片，这直接导致了人的发展也必然是片面的，思维方式是孤立的。通识教育的跨学科整合学习就成为达成全人教育的重要途径。爱因斯坦曾说过"用专业知识教育人是不够的，因专业教育可以使人成为一个有用的机器，但不能成为一个和谐发展的人"。全人教育的学习观是一种整合的学习观，它是针对传统教育注重单项内容的传授，忽视多种内容的联系，忽视知识掌握与技能训练的联系这一特点而提出的。全人教育强调科际间的整合学习，并清楚没有任何一种科目、议题或因素可单独解决当今世界发展的相关课题。只有透过学科之间的互动、影响和渗透，超越学科间的各种限制，才能开拓新知识的学习与研究问题视野，真正将世界还原为一个整体。

所谓整合学习，是"基于相互联系与整体性的原则之上的"，它"把学生视为身体、心灵、情感和精神完整发展的整体的人，它通过多种形式的共同体，发展一种在学科之间、学习者之间建立关联的教学方式。整合学习还寻求学习情境中内容与过程、学习与评价、分析性思维与创造性思维等因素之间的动态平衡。整合学习同时也具有包容性，它面向各种各样的学生，采用各种各样的学习策略，以满足学生多样化的学习要求"。整合学习的目的，是通过在知识内容与技能以及不同主题的内容之间建立广泛联系，促进学生知识与技能的相互迁移，培养他们的分析性思维与创造性思维，使他们的多种能力得到发展。整合学习的核心是联系，认识世界万物之间的广泛联系是整合学习的目的，也是整合学习的立足点。整合学习必须依赖于一定的情境，要开展整合学习，就必须创设学习型社区。整合学习认为，学习不仅仅是智力发展的过程，也是人的身体、情感、灵性等各方面发展的过程。人具有多种学习和认知方式，学习过程是各种认知方式共同参与的过程，这些认知方式涉及身体、情感、思维、想象、直觉等方面。

（五）全人教育主张学生精神世界与物质世界的平衡，注重生命的和谐与愉悦

联合国教科文组织在《学会生存》的报告中指出："为了科学和专门化的需要，对许多青年人原本应该充分而全面的培养被弄得残缺不全。为从事某种内容分得很细或者为某种效率不高的工作而进行训练，过高地估计了提高技术才能的重要性而损害了其他更为有人性的品质。"而"全人教育"一改现行教育以"做事"为目的，以塑造未来为目的，倡导以"育人"为本分，强调以开发人的理智、情感、身心、美感、创造力和精神潜能为教育目的。物质的重要性固然无可否认，但人之所以为人的重要一点正在于人是具有复杂精神世界的个体。而这种精神要素对于社会稳定、人类安居乐业等物质环境施加着强大的影响力。现代社会物质发展日新月异，而人渐渐成为物质、金钱、名利的奴役，教育的目的被扭曲成学会一种行业并且致富，全人教育者正是针对这种物化的教育观，主张在人的培养过程中，不仅关注物质世界，而且注重学习过程的愉悦、与人交往的和谐、自我良好品格的养成。

（六）全人教育培养的是具有整合思维的地球公民

全人教育的最大特色就在于"全"。全人教育倡导整全的教育。全人教育的整全观主张宇宙是一个整体，任何一事物都是互相联系的。在教育过程中，任何一种学科都有独特的价值，任何一种方法都有独特的作用，都是整体不可或缺的组成部分。这不仅仅意味着培养人的全面素质，更蕴含着一种广阔而博大的世界观。这种世界观向当代社会百态提出严正的挑战，超越个体与小群体，将人与自然、社会、自己交织在一起。全人教育者所关心的不是某个人、某个学校、某个国家的发展，而是从更宽广的角度将整个地球甚至整个宇宙联系在一起。

全人教育主张为地球的人文关怀而教。地球和生长其上的所有生命，共同组成一个互相依赖的整体，人类的发展是与周遭的万物密切联系在一起的。教育必须能够激发个体对地球的人文关怀，使人们认识到宇宙星球间的互赖本质、个人和地球万物间互相依存的协同关系，认识到个人在生态环境中所扮演的角色和所肩负的责任。全人教育者认为，现代的教育需求是目前这种教育方式难以观察到的，未来的教育必须强调全球的、生态的及灵性的世界观。而且，所有牵涉到人及人类生活的论点，基本上都有其"相关性"。这种教育观必然要求培养出具有全球视角的地球公民，他们关心环境、关心

和平、关心全人类。只有在此,教育才真正达到其应有的目的。

全人教育的核心思维是"整体思维"。整体论世界观的根本理念是所有的生命都是整体的和统一的,因而基本上主张每一样东西都以关系网络互相联结,任何一样变动都会导致连锁反应,无论其变动多么微小,因此应该从"整体"上去追求个人"精神的同情与和平",而不是片面、零碎的。全人教育找寻人性的完整性,包括生存的真实、美感、感性、心理、灵性等诸多方面,从身体到精神,到灵魂,到精神终极层面,到精神在身体心灵的运作,到整体的人的存在,到人最后到达神通的境界。全人教育的整体思维,将人看作是整体的存在,是整体的人与外部世界的连接,更重视精神与灵性的自觉与存在。

将世界还原为最小组成部分来理解,把知识、智力、思维等定义为可测量的术语,这归根到底是由与简化论相对应的分析思维所决定的。在这种思维之下,学习被认为是简单的对知识的记忆和回忆,在教授学生理解某一事物时,教师首先要把该事物分解成最小的单元,在教学中,第一步是把教学材料分解成各种事实,使学生通过对事实的记忆来掌握某一事物。而全人教育的思维模式是整体思维,它与分析思维并非对立而是相互补充的。具这种思维模式的人认为,如果脱离了复杂的整体,人们就无法充分理解单一的孤立的个体。基于这种整体思维,全人教育强调的是人的智能、思维能力的潜在性而不是可计量性,强调学习与思维的整体性,认为学习是全脑、全身参与的加工过程,它包含理智、直觉、情感、感觉和意志的参与。因此,全人教育既承认认知在学习中的作用,也强调直觉在学习中的作用,认为成功的学习是要学会理解、欣赏、享受等,而不是知道些什么,记住了什么。

应当说,全人教育是针对现实的片面、割裂的教育而言的。正如联合国教科文组织的报告所指出的:"目前教育青年人的方式,对于青年人的训练,人们接收的大量信息——这一切都有助于人格的分裂。为了训练的目的,一个人的理智认识方面已经被分割得支离破碎,而其他的方面不是被遗忘,就是被忽视;不是被还原到一种胚胎状态,就是随它在无政府状态下发展。为了科学研究和专门化的需要,对许多青年人原来应该进行的充分而全面的培养被弄得残缺不全。为从事某种内容分得很细或者某种效率不高的工作而进行的训练,过高地估计了提高技术才能的重要性而损害了其他更有人性的品质。"① 全人教育旨在扭转、改变这一情况。

三、全人应该具备的素质

全人教育思想的提出,依赖于多种思想资源,有整体论哲学、永恒主义哲学作为它的哲学基础,有人本主义心理学、全脑开发理论、多元智能理论等作为它的心理学基础,还有生态学等作为它的社会学基础。全人教育最主要的思想基础来自整体论哲学。整体论的一个核心观念是宇宙的整体性,它以联系的概念为基础,强调事物之间通过广泛的联系联结为一个整体,整体各部分的变化将导致整个系统的变化。因此,"整体""联系"是整体论的核心,具备整体论思想的人在看问题时采取的是一种整体的、系统的思维。

整体是相对于部分而言的,或者说整体是可以分为不同层次的。在全人教育者看来,对"整体"的层次进行区分,进而用它来观照各种思想、存在与实践问题,将有助于我们理解教育中的整体论。全人教育蕴含着一种博大的世界观,这种世界观向当代社会的各种支离破碎的状态提出了挑战,强调超越个体与小群体,它关注的不是某个人、某所学校、某个国家、某个民族的发展,它将万事万物联系起来,将人与自然、人与社会、人与自己联系起来,将整个地球乃至整体宇宙中的事物联系起来。从这个意义上说,全人教育所强调不仅仅是传统的全面发展,也并不局限于"全球视野",而是一种"全宇视野"的教育理论,是把人放在人类社会、地球生态系统、宇宙生态系统等多个广阔的背景之中来确定人的存在的位置与生存意义的教育理论。因而"全人教育"是一个比传统的"全面发展"更为广阔的概念,它包含了强调人的整体发展的视野,强调人与自然和谐相处的生态视野和强调把人培养成世界公民的全球视野。全人教育在强调人与社区、社会、地球以及宇宙关系的同时,更加强调构成"整体的人"的各部分间的联系,这是全人教育所关注的"整体"的首要的、基本的层次。

全人教育以"人的整体发展"为宗旨,全人从字面上理解可以看作是具有整合人格,得到全面发展的人,人的发展过程中任何一方面都不能有所偏失。这就是说,教育应致力于培养全人,即整体的人。全人教育是一个内涵十分丰富的概念,也正因为如此,不同的人就会有不同的理解。那作为一个"全

---

① 联合国教科文组织国际教育发展委员会:《学会生存——教育世界的今天和明天》,教育科学出版社 1996 年版,第 194 页。

人"到底应该具备哪些必备的素质呢？全人教育的主要代表人物、美国教育家隆·米勒在综合了60位全人教育学者的意见之后认为，"全人"应该具备以下六个方面的基本素质①：

智能 "全人"的"全"，首先指的是智能上的发展，这包括学习、识记相关信息的能力，创造性、批判性思维能力，比较、分析能力，提出和解决问题的能力等。以全人教育的眼光来看，人并非被动的教育对象，他们在感觉、认知、活动、心智发展等方面都存在着超常的身体能力、精神能力和心智能力。基于技术世界观之上的教育理念或许有它合理的地方，但"它并不能完全解释人性所蕴含的神秘、美丽与雅致"。每一个人身上都具有尚未被人类完全认识的具有生长性的巨大潜能，每一个人都有发展成为天才的潜质。在这方面，现代教育对学生能力的甄别摒弃了传统的狭隘的智能观，代之以加德纳的多元智能观。

情感 情感指的是人对事物的关怀，包括对那些吸引他、感动他的事件的关注和关怀，全人教育非常强调心理健康，并以此来鼓励学生去关怀。"一个真正意义上的人，必须是一个有情感的人。"②"教育的一个特定目的就是培养感情方面的品质，特别是在人和人的关系中的感情品质。"③传统哲学崇尚理智而排斥情感，并把人看作是理智的动物，而情感则是理智的干扰、骚乱因素，彼此间似乎存在某种不可调和之处。理智可以被看作是对自发冲动的抑制，抑或是被视为思想的苍白无力的外壳，把所有热情和人性冷藏起来。近代的哲学家斯宾诺莎反对把情感和认知对立起来，他认为理智活动是由情感支撑的。尼采也看到了情感的这种支撑力量。马克思也认为，没有情感就没有对真理的追求。这表明，情感不再是理智的敌人，理智的进行需要情感的发动与支持，情感也影响着理智的加工。这无疑都给情感赢得了一定的地位，但这种地位又是有限的，是把情感看作是服务于理智的，是为了更好地发挥理智的作用或者促进理智的发展，而把情感作为工具或手段而已。而今，这一观念受到了严峻的挑战。加德纳的"多元智能理论"大大拓展了智能的内涵，将触觉伸向人的情感层面。今天人们已经把情感纳入理智的结构之

---

① 谢安邦等：《全人教育与和谐社会建设》，华东师范大学出版社2009年版，第147页。
② 冯建军：《生命与教育》，教育科学出版社2004年版，第185页。
③ 联合国教科文组织国际教育发展委员会：《学会生存——教育世界的今天和明天》，教育科学出版社1996年版，第194页。

中,把它与认知相并列。国内情感教育的研究专家朱小蔓教授指出,"人类的智能并不主要是,更不唯一是逻辑—理智能力。由情感或主要由情感在其中表现突出价值的智能不仅客观存在,而且有着重要的社会文化价值"。换言之,在智能结构中,情感不仅存在,而且具有促进、调节认知的价值。"智能的结构包括情感思维活动形式与情感方面的能力;智能不仅用于科学的目的,更用于人生的把握;从潜能到现实的智能必须有情感的参与和支持。"①情感与认知的关系几乎经过了180度的大转弯,从理智排斥情感到情感作为手段服务于认知,最后到把情感看作理智的重要组成部分,而且对认知来说似乎更具有根本性。面对如此的转换,我们也必须在新的智育观中,将培育情感作为智育的一项根本任务纳入智能结构之中。情感与认知不是并行的,而是交叉融合的。认知有情感的参与,才能使知识转化为生命中的组织部分,成为内在于生命的真知识,才能使认知充满了灵性和激情,才有可能使人所蕴含着的巨大潜能成为现实,才能使人的创造性得到充分的发挥。

基于此,情感也理所当然地得到了全人教育者的分外垂青。而且,在全人教育者看来,情感与学生的心理健康有着极为密切的联系。全人教育者意识到,自尊乃是心理健康的核心。自尊是个人基于自我评价产生和形成的一种自重、自爱、自我尊重,并要求受到他人、集体和社会尊重的情感体验。自尊是人类生命的心理根源,也是心理幸福的源泉,它可以保持一个人生命的健康发展和完满。在自尊作用于人的过程中,首先是人的心理健康。也就是说,自尊最初对一个人起作用,是从其心理反应和心理健康开始的,而生命(尤其是人的社会生命和心理生命)的残缺或完满直接来源于心理健康与否。自尊需要也就必然成为每一个个体生命都会具有的基本需要之一。自尊需要在某种意义上说也就是维护良好自我形象的需要。这就是说,自尊与心理健康的关系极为密切。这不仅包括缺乏自尊(即低自尊)与许多重要的消极可能性如抑郁、焦虑、自杀意念、机能失调、问题行为等紧密联系在一起,而且也包括拥有足够自尊(即高自尊)经常与积极的心理健康和一般的心理幸福密切相关。但是,自尊水平的高低,取决于个体与社会环境的相互作用。高自尊由于良好的社会适应而衍生出心理健康的各种表现,包括健康的认知、健康的行为以及健康的心态;低自尊由于对社会的适应不良则导致了不健康

---

① 朱小蔓:《情感教育论纲》,南京出版社1993年版,第43—44页。

的心理状态及其行为表现。全人教育者主张,要关注人的自尊这个心理健康的核心状态,全人教育应当致力于增强学生的自尊心进而保障学生的心理健康。

身体 身体上的发展"不仅包括健康、营养好、体格健壮,也指能够意识到身体不可能完全承受感情的压力和创伤,而且可以表达某些无法用口头和数学语言来表达的缄默知识"。身体上的发展包含了比生理健康更加广阔的内容。

社会性 这主要是指人道德层面的发展。因为每一个人都不可避免地要在一定的社会环境中生长,其语言、情感发展都受到他与他人交往行为的影响,因而人际交往必须有利于人的生长与培育,故而全人教育在本质上应该是道德的。

审美 这是指教育要培养人对美的热爱,艺术的方法是全人教育的一种重要的方法,全人教育对于儿童(学生)的想象力和创造力予以高度的重视。全人教育非常重视艺术方法的作用。有学者研究认为,全人教育应是由自然教育、真的教育、善的教育、美的教育四个侧面构成的金字塔结构。按照"美是人的自由的肯定"的观点,审美观即产生于人的心灵对于自由的渴望,审美观的培养和教育就是人格自由的唤醒。"美固然可以带来一种愉悦的情感体验,但若把美仅局限于产生一种肯定性的情感关系来理解,显然是没有抓到根本。"审美旨在创造美。创造美不只是指创造艺术作品,它是指人按照美的规律去塑造外部世界的"人化自然"和人的自身内部世界,就教育而言,就是要培养学生创造美的能力。"美的教育的根本还是引导学生按照美的原则去创造美。"①

精神性 亦即灵性。"精神性"作为全人教育的核心概念之一,它指的是人的生理、社会性和其他个性特质之外的一种内在特征,是一种永恒不变而颇具神秘色彩的特质,是指人存在于宇宙本源中的充满活力的、无限的创造力和发展潜能。人作为"一根有思想的芦苇",也就意味着他"不仅仅是为面包而活着",更重要的是为精神而活着。精神是"使人成为人的那种东西"。永恒主义教育流派在英国的杰出代表人物理查德·利文斯通认为,"教育的职业性和社会性诚然重要,但舍掉其精神性是致命的,它之所以致命,是因为

---

① 冯建军:《论全人教育》,《中国教育学刊》1999年第3期。

可能长时间都看不到缺少精神性,就如同一种不知不觉加重的病患一样。一个国家会因此受苦,直到病入膏肓才认识到病情的严重"①。由于精神往往展示着人的灵魂,昭示着人的灵性,这就让其或多或少地蒙上了一层神秘面纱。不过,全人教育学者更愿意把精神性解释为人的无限可能性,或者把人的创造性、发展潜能的来源归结为精神性或灵性,定义人的潜能为一种"尚未展开的精神力量"。人有无限的发展可能性,每一个人都有可供开掘的发展潜能,每一个人都有发展成为天才的潜质,等等,这些观念与传统的智能理论是相悖的,因为根据传统的智能理论,人的智能是既定的、恒定的,尽管在一定程度上可以被改变,但学者们最终还是通过智力商数把人划分为三六九等。现代教育对学生能力的甄别也基本上是依据这种智商分等的观念的。

全人教育者认为,理性并不是人的发展的最高阶段,在理论之上,人还有更高的精神追求。人具有一种与人的需要相联系的精神追求的内驱力,其最高追求是实现自我超越,达到人与宇宙同一、我与非我界限消除的整体、统一状态。人本主义心理学家马斯洛也认为,人通过"自我实现",满足多层次的需要系统,达到"高峰体验"。而这种"自我实现"的"高峰体验"正是人的"精神性"、抑或"灵性"的极致。人的建立在直觉、灵感与顿悟基础上的创造性正是这种"灵性"的具体体现。当然,人的精神性(灵性)又不仅仅限于这种终极的"高峰体验",其实,人的各种审美经验、科学家追求真理的入迷和惊喜,甚至日常生活中对弱小生命的关爱,都属于超越性的或精神性的。

为了实现全人教育的发展目标,全人教育者又提出了全人教育的十大原则,即个体发展优于国家经济发展,尊重每一个学习者,重视体验性学习,注重教育的整体性,重新认识教师的作用,尊重学习者选择的自由,为参与式民主社会而教,为培养地球公民而教,求得共存的生态教育及重视培养人的灵性等。②

全人教育理论是建立在整体论的基础上的。整体论认为,人是一种复杂的,具备各种能力、潜能和创造性力量的系统,这个系统内部的各种素质都是相互关联的。传统的教育观往往把学生学习能力的强弱归因为其智能的高低,殊不知儿童的学习能力受到多种因素的影响,比如自我认知,在班级和学

---

① 冯建军:《生命与教育》,教育科学出版社2004年版,第41页。
② 钟启泉:《"整体教育"思潮的基本观点》,《全球教育展望》2001年第9期。

校中的地位,家庭和教师的期待,等等。整体论关于"人"这一层次的认识,对传统教育观是一个挑战,它使传统教育观的一些基础——比如关于人性、智能、学习的基本假设发生了变化。在全人教育学者看来,儿童不能被视为国家的一种资源,因为他是一个复杂的、整体的存在。

在"人"这一层面上,整体指的就是人的全面发展。构成全人的这几项基本素质并不是割裂开来的,而是相互关联并以某种方式联结为一个整体的,每一项都具有无限发展的可能。在教育过程中,人的上述这些方面的素质并不是逐项得到培养的,每一种教育行为、每一堂课都要以促进人的这些素质的整体发展为目的。而在上述这六项之中,精神性又具有统领地位。

四、手脑结合思想的拓展

从上述关于全人教育思想意蕴及全人所应具备的素质内涵的讨论中,我们不禁会感到,全人教育思想在给人耳目一新的同时,又让人有似曾相识之感。其实,全人教育理论与手脑结合在人的素质的要求的许多方面是相通的、共融的,也可以说,手脑结合思想在很大程度上也被汇聚入全人教育思想之中,成为全人教育思想的有机组成部分。诸如全人教育原则中的"为人类的发展而教""整全的教育""经验的关键作用""将学习者视为独立的'个体'""教育者的新角色""选择的自由"以及"为参与式民主社会而教"等无不闪烁着手脑结合理论的光华。尤其是全人教育所特别强调的"经验的作用"以及"重视培养人的灵性"的教育原则更是体现了手脑结合思想的精髓。

全人教育重视经验在学习中的作用,强调教育和经验是密切相关的,学习应在个体与精神世界或外部世界的联结中发生。正如那些睿智的教育家多少世纪以来所论述的,教育是经验的产物。所谓学习就是个体积极、多感官感知周遭世界的过程。这种沟通的体验使得学习者增长能力,揭示出世界所蕴含的丰富的含义。活生生的体验是不断成长的养料。教育的目的就是通过经验,促进健全的、自然的成长,而决不能把限定的、片断的、预先嚼烂的"经验"作为"课程"天经地义地塞给学生。教育应向学习者提供"生命"世界所渗透的经验,使之能够同充满奇妙和惊异的世界沟通,这就是教育。因而,必须把教育同社会实际生活联系起来,使得学习者能够借助实际体验认识社区的经济、社会生活;教育还必须借助艺术和真诚的对话,或是有时是冷静地发现自我,引导学习者同自身的内心世界沟通。这是因为,不好好地了解自身,外在的知识就会成为浅薄的无意义的东西。

全人教育关注人生经验,而不是狭窄的"基本技能",它强调教育是成长,是发现,是视野的开阔,是参与世界,探寻理解和意义。这种对理解和意义的探寻远远超出了传统的课程、课本和标准考试的有限视野。教育的目的是让个体经由经验自然而健康地成长,而不是借助有限的、割裂的、预先编制好的"课程"来汲取知识和发展智能。教育应该通过学习者对自然界的经验把学习者与自然界联结起来,通过学习者与实际社会、经济生活的接触把学习者与社会联结起来,通过艺术、诚实的对话和冥想把学习者与其内部世界联结起来。

全人教育更加强调人类经验的完整性。全人教育学者们认为,现代工业社会的教育割裂了人类的经验,在现代工业社会中"接受好的教育"就意味着被更好地训练,意味着远离自己的创造力、直觉和自我实现。在全人教育学者看来,人类生活的各个方面都是相互联系的,教育应当尊重每个人的智力、情绪、身体、审美和精神的品质。只关注理性智力、经济成就、竞争和社会角色是片面的,因为儿童不仅通过思维学习,还通过感觉、关心、想象和身体来学习。全人教育学者呼吁人们重新认识生活的有机性、潜意识性、主观性、艺术性、神秘性及精神性,这不仅是因为它们给了人类生命,使人类与动物区分开来,也因为人类正是通过这种"多元智能"来认识世界的。

在技术的世界观下,教育被等同于信息的收集和权威化知识的灌输。全人教育学者则认为,教育需要学习者积极地参与到与周围复杂世界的互动之中。全人教育学者在这方面很推崇杜威"教育即生长""教育即生活"的观念,认为学生接受教育不是为生活做准备,而是开阔视野、发现新知的过程,是他们受兴趣、好奇心和个人目的驱动并做出有意义的尝试的过程。而且,知识不是永恒不变的,而是处于不断发展之中的,它受社会和文化的影响,因此是主观与客观的结合体。儿童并不是被动地接受知识,而是在积极地建构知识,学习的过程就是在环境中建构知识的过程,每个人都是知识和意义的建构者。根据时间表设计"课程体系",实际上就破坏了学习的核心要素,即学习者的经验和自主的建构过程。

全人教育还特别强调情感与躯体的结合。全人教育中的"全",是指智力、情感、社交能力、身体、创造力/直觉、审美、精神潜能等方面品质的全面发展,其中当然也包括躯体感受与情感表达之间的联结。为此,有些全人教育学者在学校的课程中开发了培养人的"心理—躯体意识"的项目,其目的就是为了救治现代教育把人的主观感受与客观躯体分离开来的弊病,把人的自我表达与躯体的运动和感受结合起来。其具体内容包括身体活动、舞蹈、戏剧、韵律教育等。澳大利亚的约翰·米勒在综合了大量医学、心理学方面的研究之后认为,躯体与情感、心灵之间缺乏联系是一种(心理上或生理上的)病态,在这种状态下,处于不良情绪中的人却无法描述出由这种情绪状态所引起的身体反应,也就是说,患者的情感表达与躯体感受相脱离。具体表现为缺乏用语言描述情感的能力,缺乏创造力和想象力等。在约翰·米勒看来,其主要原因是主体受到了笛卡耳物质与精神二元论的影响,二元论把人的身体与情感、意识等割裂开来了。而现代教育则从制度上强化了这种二元论,过于强调学生知识的学习而忽略学生情感的发展,因此现代教育无法培养"全人"。

全人教育在强调经验的作用的同时,也极为重视培养人的精神性(亦即灵性),并把它作为全人教育教育的一项重要原则。应当说,全人教育核心内容就是精神(灵性)、创造、和谐、互助、爱等。全人教育的倡导者在理论思考的基础上,以全球观点的视角来审视教育,进而将其教育理想最终归依于全人类的福祉上。为此,全人教育强调蒙台梭利的全宇教育,全人教育学者创造许多新名词来表达这个概念,如宇宙教育、全球教育、宇宙之爱、宇宙学、生态教育等,从这些名词中可以反映出全人教育的理想。而这种理想的实质在于培养人的灵性。全人教育者认为所有人都是具有灵性的存在,他们可以借助其天赋、能力、直觉和智慧表达自己的独特性。每一个人不但可以在生理上、情感上和智能上发展自己,而且也可以在精神上发展自己,净化自己的灵魂。教育必须不断培育个体的精神,使其健康成长。

"精神性"或"灵性"乃是全人教育的一个核心概念,它指的是人的生理、社会性和其他个性特质之外的一种内在特征,是一种永恒不变而颇具神秘色彩的特质。尽管全人教育的主要倡导者隆·米勒等竭力淡化、撇清其理论的神秘主义色彩,更多地把"精神性"往"人的潜能""人的一种难以解释和用理性认识的创造性、直觉"等心理学词汇上挂靠,但依然很难抹去。应当说,全人教育的先驱如蒙台梭利、福禄贝尔、克里斯纳摩提似乎都毫无例外地都具有某种神秘主义的倾向。在隆·米勒看来,"精神性"概念主要被用来指称认识整体、关系、背景、意义,以及意义的终极来源的一个维度。但在论述过程中,类似"终极存在""终极意义"这样的词汇仍频频现诸笔端。或许,在人的存在之中确实存在某种难以用理性和科学手段解释的"灵性"或"精神性",从而使人成为万物之灵长,具有直觉、创造性等个性特征。这就意味着,人的精神性或灵性,也就是来源于绝对存在的发展潜能和无限的创造力。

全人教育者认为,"一切的人都是体现人的形态的神圣的精神存在,都是通过天赋才能、能力、直觉和知性来表现其个性的存在"。人的这种神圣的"灵性"正如肉体、情感和知性的成长那样,是自我培育的。随着灵魂的成长,个人自身同他人深深地交往,感悟着日常生活的意义和目的。而"生命"作为一个整体相互支撑的实感,不为现代生活的繁忙和过剩刺激所烦躁的悠然,创造、催生某种新事物的充实的满足感以及对于"生命"之神秘的深深敬思之念,都能够身临其境地加以体验。人类的最重要、最有价值的部分,就是上苍赐予每一个人深处的"灵性"——谓之"真我""灵魂"的东西。①

其实,人之作为人,不但有物质的需要,更有精神的需要,自我实现的需要。美国心理学家马斯洛认为,人的需要是有层次的,按照它们的重要程度和发生顺序,呈梯形状态由低级向高级需要发展。人的需要主要包括:生理需要、安全需要、社会需要、自尊需要和自我实现的需要。马斯洛在调查一批有相当成就的人士时,发现他们常常提到生命中曾有过的一种特殊经历,"感受到一种发自心灵深处的战栗、欣快、满足、超然的情绪体验",由此获得的人性解放,心灵自由,照亮了他们的一生。马斯洛把这种感受称为高峰体验。高峰体验的核心是让人们的心灵得以从现实中解放,他们接受现实,却保持着高度的心灵自由与超越。心灵不是机体的感知觉,不是渴求与满足,不是情绪的舒张,不是逻辑推理,但它却潜藏在理性、思想、欲望、情绪和身体里,我们可能看不到它,甚至感觉不到它,但它却滋养着我们。

以全人教育的眼光来看,人类在感觉、认知、活动、心智发展等方面都存在着超常的身体能力、精神能力和心智能力。我们都知道在加德纳的多元智能理论中,就曾经孕育过灵性智能的胚胎。无独有偶,在 21 世纪之初,英国科学家佐哈与马歇尔提出了真正尊重人的完整性的灵商理论。该理论指出,人的智力分为逻辑智力、情感智力和灵性智力。逻辑智力或智商进行的是理性的、逻辑的和受规则约束的思维。情感智力或情商则允许我们进行联想的、受习惯约束、模式认可的情感思维。灵性智力或灵商使我们能够进行创造性

---

① 钟启泉:《"整体教育"思潮的基本观点》,《全球教育展望》2001 年第 9 期。

的、富有洞察力的、制定规则和打破规则的转变性思维。灵性智力是那种可以用来重新构筑和改变我们以前思维的思维。

众所周知,在20世纪早期,人们看重的唯有逻辑智力,它只指向于对逻辑问题的解决,像心理学家依据智商的高低把人分门别类地贴上标签等。到了20世纪90年代中期,丹尼尔·戈尔曼提出了情商理论,情感智力使我们能够了解我们自己和他人的感情。戈尔曼指出,情商是智商有效发挥作用的必备条件。在21世纪之初,佐哈与马歇尔进一步认识到,除了逻辑智力和情感智力外,我们的大脑中还存在着另外一种内部的、天生的能力,一些触及我们并且从内部指导我们的东西,这就是灵性智力,即我们灵魂的智力。如果说,逻辑智力是关于理性、逻辑和规则限制的思维,情感智力是关于联想的、习惯限制的、模式识别的情感思维,那么,灵性智力就是"关于创造力、洞察力、制定规则、打破规则的转变性思维",是"把人的行动与生活置于一个更广阔、更丰富的富有意义的情境之中……是人的终极智能"[1]。灵性智力实际上就是对事物本质的灵感、顿悟能力和直觉思维能力。很明显,灵商理论所指的智能不仅包含了传统智能理论的核心成分,同时也更加注重了情感、灵性这些传统智力理论视野之外的因素,这种"灵性智力"与加德纳还在探索中的"灵性智能"可谓异曲同工,指向的皆为人对终极存在与终极思考的表述与追求。

基于上述的分析不难发现,现代全人教育思想与手脑结合理论存在着诸多的契合性与共同性。或许我们会说,与手脑结合理论侧重于强调手与脑的结合相比,全人教育理论更是在手脑结合理论所强调的手(身体)与大脑结合的基础上,进一步强调了"身心灵"的结合,即身体、大脑与心灵(精神)的结合。当然,这里所说的"灵性",更多的是与人的潜能及创造性等方面相联系的。诚如苏联教育学家阿莫纳什维利所言:"儿童单靠动脑,只能理解和领悟知识;如果加上动手,他就会明白知识的实际意;如果再加上心灵的力量,那么知识的所有大门都将在他面前敞开,知识将成为他改造事物和进行创造的工具。"[2]应当说,这种"灵性"也或明或暗地隐现于手脑结合理论之中,它其实也就是手脑结合所追求的宗旨抑或最高目标之所在。"手脑相结合,发明又创造"。此即是说,手脑结合思想天然地内蕴着作为人类崇高精神的"灵

---

[1] 谢安邦等:《全人教育的理论与实践》,华东师范大学出版社2011年版,第72页。
[2] 戴仙红:《情感在数学创新教育中的作用》,《宁波教育学院学报》2008年第6期。

性"。这是源于手脑结合强调将"手"与"脑"结合成一个整体,而按照系统论的观点,这种整体也就会产生部分所本不具有的"溢出","灵性"亦即创造性也就由此而生。这就是说,从现代全人教育理论所追求的核心价值理念来看,它与手脑结合无疑在很大的程度上是相容的、契合的。也正是基于此,全人教育思想可以看作是对手脑结合思想的丰富和拓展。

第五章　手的动作与脑的思维

在人类发展史上,直立行走是从猿转变到人的具有决定意义的一步。在个体的智力发展史上,直立行走也具有重要的作用。正像美国著名的盲人科学家弗尔迈伊在《无与伦比的手》中曾经发出过这样的感叹:手真的是无与伦比、无比奇妙的身体器官;手的动作与脑的思维紧密相连。手的活动,引发了脑的思维,脑的思维又通过手的实践去完成、完善;手和脑在如此不断的循环中相互促进、进化,从而造就了人类文明不断进步的历史。人类文明的链条是在人类双手与大脑的互动中被驱动的。双手和大脑在如此不断的循环中相互促进、进化,从而造就了人类文明不断进步的历史。

第一节　手的解放与脑的发展

我国著名的人类学家吴汝康院士曾经指出:"两足直立行走的重要含义不仅在于这种行动方式,而更在于这是人类其他重要特征产生的必要前提。如果不能两足直立行走,使双手从支持身体的作用中解放出来,便不可能经常使用天然工具进而能制造工具,以从事社会性的生产实践活动;如果不能两足直立行走,脑子便不可能得到发展,语言器官也不能形成,意识和语言便不可能产生。"[1]这就是说,人脑是在人手解放的基础上形成的。没有手的解放,就不可能有大脑的高度发展,也就没有大脑的今天。

一、直立与手的解放

大自然以亘古的力量和漫长的时间孕育、创造出人这个最伟大、最神奇的作品。人作为万物之灵,从诞生的那一刻起,就以大自然主人的姿态站立起来,并以自己独特的创造智能进行着认识和改造世界的创造活动。

应当说,直立行走对手的进化是有着极为重要的意义的。"人类的手并不是天生就有的,而是在从猿到人的漫长的进化过程中,通过遗传选择的力

---

[1] 吴汝康:《人类的诞生与进化》,清华大学出版社2002年版,第27页。

学作用,渐渐形成的。人类由于用脚直立行走,用手从事劳动,手和足才发生了分化。"①

其实,直立的历史比人类诞生的时间还要早些。人类的祖先在向着人类进化的长河中,还未踏进人类的大门,就已经学会了直立行走。如果把制造工具当成是人类区别于动物的标志,那么,人类的祖先在制造工具以前,已经学会了直立行走。根据分子生物学的测定和化石地层学的估算,大约一千万年前,森林古猿们从森林中走出,从树上下来,到三百万年前最早的人类诞生。在这漫长的岁月中,有些森林古猿逐渐地学会了直立,其中有一支或数支,后来又走进了人类的大门。

依据内皮尔对手的研究可知,人类创造史上最重要的手是逐渐演进的。这种演进可能是适应人类对草原生活的需要而产生,不纯属于被动的进化,而是主动的进化。很可能当时少数人会用手制造工具时,那些人就被部落人民尊为英雄。有些母亲们就以手的运用作为教育子女的方针,久而久之,会用手就被认为正常,不会用手的就被当时的人类社会所淘汰。按照人类学家的看法,工具的制造是人类之所以成为人类的里程碑。从创造心理学的立场观之,工具是人类手臂的延长,创造力的扩张。当人类运用手时,其对自己信心随之增强。这种自我观念的改变势将影响个体对人在宇宙中地位的看法。这种精神生活可能是艺术生活与哲学生活的开始。由于工具的发明,人可利用工具去做双手所不能做的许多工作,从而使人的肢体得以延长、体能得到放大。

直立姿势被大自然所选择,其中的一个重要原因是人类祖先为了弥补体质上的不足必须解放双手,必须使用工具;而双手的解放必须手足分工,手从行走功能中解放出来。直立有利于手的解放,以直立方式行走的类人猿在生存斗争中处于比较优越的地位,因此,这种行为方式被大自然选择了下来。同时,使用工具又促进了直立行走姿势的确立。即直立以后,双手得到了相当大的解放,促进了手足的分工。与此同时,人类选择直立行走的原因还有直立便于携带物品。人类的祖先经常过着迁徙性的生活,男性成员经常出去狩猎,寻找食物。他们的配偶也要经常地带着子女、携带食物进行迁移。由于直立以后,双手就得到较大的解放,携带能力就增强了。携带能力强的个

---

① 黎先耀:《神奇的手》,引自黎先耀《大自然的召唤》,科学普及出版社1999年版,第160页。

体或群体,其生存能力就强,生存和发展的机会就较多。直立的人类祖先可以手抱自己的孩子,同时可以用背背食物。由于直立便于携带,生存优势较大,因此,大自然选择了这种行为方式。当然,携带还有另一层好处——减少危险。如果不能携带,人类祖先只能一边采集一边吃,或一边狩猎一边吃,采集完就吃完。这样一方面由于没有积余,遇到灾害天气,就会挨饿;另一方面,这会降低采集或狩猎的效率,延长在野外的时间,从而受到猛兽攻击的几率就会增加。由于直立提高了携带能力,获取食物后可以带回到营地(如山洞)慢慢地吃,并可保存剩余的食物,这样,暴露在开阔地的时间就会大大减少,受到攻击的几率亦相应地大大减少,生存的机会也就会大大增加。既然直立便于携带,携带对生存有利,大自然就选择了这种行为。

如果说我们遍体长毛的祖先的直立行走,一定是首先成为惯例,而后来才渐渐成为必然,那么必须有这样的前提:手在这个时期已经愈来愈多地从事于其他活动了。在猿类中,手和脚的运用已经有了某种分工。譬如说,在攀缘时手和脚是有不同用途的。手主要是用来摘取和拿住食物,就像比较低级的哺乳动物用前掌所做的那样。有些猿类用手在树林中筑巢,或者像黑猩猩一样在树枝间搭棚以避风雨。它们用手拿着木棒抵御敌人,或者以果实和石块向敌人投掷。它们在被捉住以后用手做出许多简单的模仿人的动作。但是,它们的前肢和人手的差别也是显而易见的。其实,当人类创造出第一件石器的时候,就已经将其他动物远远抛在进化之路的后面。诚如恩格斯所指出的,"即使最低级的野蛮人的手,也能做几百种为任何猿手所模仿不了的动作。没有一只猿手曾经制造过一把哪怕是最粗笨的石刀"①。但是这"最粗笨的石刀"却经过了很长很长的一段时间,而且是长期劳动的结果。

我们的祖先在从猿转变到人的这一长期的过程中逐渐学会了使自己的手适应于一些动作,这些动作在开始时只能是非常简单的。但是,即使是最低级的野蛮人,也总还是远远高出于这种过渡期间的生物。在人用手把第一块石头做成刀子以前,可能已经经过很漫长的一段时间。和这段时间相比,我们所知道的历史时间就显得微不足道了。但是具有决定意义的一步完成了:"手变得自由了,能够不断地获得新的技巧,而这样获得的较大的灵活性

---

① 恩格斯:《自然辩证法》,人民出版社 1971 年版,第 153 页。

便遗传下来,一代一代地增加着。"①

直立行走和手的形成犹如一个硬币的两个方面。前肢演化为手——使用工具的专门化器官,是从猿到人的第一次部分质变。这个演化过程的完成就是过渡期的开始。在根据化石进行分析时,可以参照直立姿势的形成以作为手形成的旁证,因为手形成的同时必定伴有直立姿势的形成,前肢把物体当作工具来使用的活动经常化,会同时产生出这两个结果(手的形成与直立姿势的形成)。而手的形成与使用和制造工具又构成了一个相互作用的环路。

直立对手的发展有着巨大的促进作用,这是毋庸置疑的。达尔文认为:"双臂和整个身体上部的自由,对许多动作的进行乃是必不可少的;而且为了这个目的,他必须稳固地用脚站立。为了得到这种巨大利益,人类的脚变得扁平了;而且大脚趾发生了特殊的改变,但这使它几乎完全丧失了把握的能力。因为手变得完善到适于把握,脚就应变得完善到适于支承和行进,这同通行于整个动物界的生理分工原理是相符合的。"②人的大拇指能与其他四指对握进而完成各种精细的动作,这是大脚趾所望尘莫及的。人类的脚还渐渐进化出了足跟,有了足弓。足的抓握功能退化,而支撑、行走的功能增强。手足的分化,促进了手的解放,使手可以使用和制造工具,工具延长并扩大了手,使手越来越强大而又灵巧有力,从而增强了在自然界的生存能力。

人类学会站立,无疑是生命景观中最杰出的一项创造。尽管人类在地球上学会站立已有数百万年的历史,但是至今仍未完全适应人体的生理解剖结构和完全适应站立姿势。由于人类的直立行走姿势在进化的年代上还不是足够的久远,进化还不够完善,也带来了一些新的问题。四足类动物的脊椎是拱形结构,而人类直立以后的脊椎是 S 形结构。从力学角度看,拱形结构可以把所受到的力均匀地分解,所以拱形的城门、桥梁都有很好的耐受力。同样,牛、马、大象等的背都可以承受很大的负载。人类祖先直立以后,S 形结构需要依靠强大的肌肉帮助固定。而人类常见的诸如脊椎弯曲、股关节脱臼、椎间盘突出等人类固有的疾患以及经常发生的腰急性扭伤、慢性劳损及腰痛等疾病,都是直立所带来的副作用。还有,人类的直立还使女性的骨盆和产道系统发生了根本性的改变,女性的骨盆相对其身体而言变窄了。这也是产

---

① 恩格斯:《自然辩证法》,人民出版社 1971 年版,第 153 页。
② 达尔文:《人手是怎样形成的》,引自黎先耀《大自然的召唤》,科学普及出版社 1999 年版,第 156 页。

妇分娩疼痛加剧及难产的一个重要原因。当然,这也与人类婴儿脑容量及头颅的增大有关。而在动物界,像猫儿狗儿,生幼仔是相对容易的事,痛苦也较少。另外,直立较容易暴露自己的身体,从而被食肉动物所发现。直立也使虚弱的下腹部暴露在敌人面前,容易受到攻击。直立还使跑动的速度慢了下来,四足行走的黑猩猩、狒狒的奔跑速度比人类快30%~40%。这表明,进化不会达到尽善尽美的地步,进化常常要付出一定的代价。

在人类进化的过程中选择了直立,这意味着直立具有显著的优势。人类祖先学会直立以后,不再双眼望地,而是眼观六面,耳听八方,信息量大为增加,为脑的发展提供了丰富的信息资源,使大脑的发展有了广阔的余地,人类祖先的智慧得以不断发展,在自然界里的适应力也就随之增强。根据达尔文"物竞天择,适者生存"的进化观,正是由于直立所具有的优越性,大自然便选择了直立的行为方式,使直立的古猿不断地向人类的方向进化。但事物都是一分为二的,有利必有弊。直立虽有不少好处,但直立所带来的负面影响也是不容回避的。尽管如此,直立行走依然是人类祖先长期的、艰难的奋斗的结果,也是大自然所馈赠的一份丰厚的礼品。应当说,人类祖先从爬行姿态过渡到爬起来直立行走的姿态,这期间的艰难历程,大约不会稍逊于现代人学会倒立行走,其翻肠倒肚的生理性调节所带来的痛楚可想而知。然而,人类经历了数百万年的适应历史,虽一代又一代地传递着被强化了的"站立生活,直立行走"的"基因",却依然未能有强化直立行走的趋势和生理功能上的完全适应。可见,人站立起来是多么得不易,是多么得值得珍视。因而,我们更应该挺直腰,昂起头,豪迈地生活着。倘若一味地低头折腰,实在是辜负了大自然的恩赐了。

直立行走之于人是至关重要的。正如达尔文所指出的:"只要手和臂特别适于爬树,那末,它们就几乎不能变得完善到足以制造武器或把石头和矛枪准确地投掷到目标上的程度。手的这种简单使用,还会使触觉变钝;而手的妙用大部分取决于触觉。仅仅由于这些原因,变为二足动物对人类也是有利的。"因而,"无可怀疑,用脚稳固地站立及手与臂的自由对于人类是一种利益,这已由他在生活中的卓越成功所证明"[①]。

[①] 达尔文:《人手是怎样形成的》,引自黎先耀《大自然的召唤》,科学普及出版社1999年版,第155页。

总之,"由于人类的祖先变得越来越直立,他们的手变得越来越适于把握和其他用途,他们的脚和腿同时变得适于稳固地支承和行进,所以构造上其他无穷的变化也就是不可避免的了。骨盆势必加阔,脊骨特别弯曲,头安置在已经改变的位置上"①。"两足直立行走,使上肢从支持身体的作用中解放出来,用以操纵工具。两足直立行走,使脑子得到进一步发展。"②"直立行走也使人的喉咙得到解放,为人类的有声语言创造了生理前提。同时,直立姿态又使脊柱支撑的大脑容量增加,由于接受自然界的信息量在劳动中不断增加,导致大脑里沟回增多,从而为意识的萌芽和思维的发展创造了条件。"③正是得益于挺直了腰杆,双手获得了解放,大脑的发展有了广阔的余地,人类祖先的智慧才不断发展,在自然界里的适应力才不断增强。

二、手的解放与脑的发展

"无可怀疑,用脚稳固地站立以及手与臂的自由对于人类是一种利益,这已由他在生活中的卓越成功所证明"。而"由于人类的祖先变得越来越直立,他们的手变得越来越适于把握和其他用途,他们的脚和腿同时变得适于稳固地支承和行进,所以构造上其他无穷的变化就是不可避免的了"④。其实,人之所以能成为人,"正如达尔文本人的断言,是两足行走方式的采用。随后的上肢变化,以有利于工具使用的方式改变了手的动作的全部功能"⑤。而"在平地行走时就开始摆脱用手帮助的习惯,逐渐直立行走。这就完成了从猿转变到人的具有决定意义的一步"⑥。

建立在直立基础上的手的解放的另一极为重要的作用,是客观上为人脑的发展奠定了基础。如前所述,由于直立有种种优越性,大自然便选择了直立的行为方式,使直立的古猿不断地向人类的方向进化,尤其是促进了大脑的发展。恩格斯认为,直立姿势把手解放出来使用工具(按恩格斯的用词是

---

① 达尔文:《人手是怎样形成的》,引自黎先耀《大自然的召唤》,科学普及出版社1999年版,第156页。
② 吴汝康:《人类的诞生与进化》,清华大学出版社2002年版,第78页。
③ 刘文霞等:《科学技术元论》,知识产权出版社2006年版,第157页。
④ 达尔文:《人手是怎样形成的》,引自黎先耀《大自然的召唤》,科学普及出版社1999年版,第156页。
⑤ 弗兰克·R. 威尔逊:《手的奥秘》,邢锡范等译,辽宁教育出版社2008年版,第2页。
⑥ 恩格斯:《劳动在从猿到人转变过程中的作用》,引自黎先耀《大自然的召唤》,科学普及出版社1999年版,第143页。

"劳动"),随后才是智力的增加和讲话。"达尔文的进化论推测,类人猿的大脑渐渐变大,是因为它们将手臂和双手用于其他目的,而不仅仅是平衡行动中的身体。……直到近些年,进化论者才发现,促使大脑体积变大的,是手的使用,而不是其结构的变化。"①美国人类学家L.克拉克也认为:"在人类的进化过程中,脑容量的增大和脑结构的复杂化是在达到直立行走之后才逐渐完善的,并且受到直立行走的制约。"②这就是说,"现代人脑是在人科动物的手能够'比较便利地'使用工具之后开始形成的,也就是说,脑是最后进化的一个器官"③。

直立为人类智能的发展提供了新的可能。在大自然中求生存求发展,不仅是强者的机会大些,智者的机会更大些,智能主要体现为大脑的功能。一般说来,大脑的脑量越大,结构越精细,就越是富有智慧。但是,四足行走动物大脑的发展,受到一个致命的限制。由于它们的头颅长在身体的前方,在这种力学结构下,要保持头颅的稳定和运动,得花费极大的力量,需要十分发达的颈肌,头颅上必须附着许多肌腱和肌肉。大脑每增大一分,相应的附着肌就要增强好几分。如果像人那样发达的大脑长在四足动物身体的前方,它的颈肌是无法忍受的。而直立以后,由于头颅长在身体的上方,从而可以使紧固在头颅上保持头颅稳定的肌肉减少。这样,脑量增加引起的颈的支撑和运动的力学结构就要经济得多。

直立行走,使人由动物进化为人,亦即直立造就了人。人与动物在生理性上的差别还在于器官和组织的机能不同,这表现在每个器官上,只不过差异程度有大小而已。其中,决定人成为万物之灵,成为理性动物的根本在于人特别发达的大脑。科学家的研究都强调这一点。阿西莫夫在《人体和思维》一书中指出:"人类之所以成为地球上的统治者,仅仅因为受惠于一种更重要的器官——人的大脑。"④巴兰金在《时间、地球、大脑》中也指出:"理性人的一个主要部件——大脑,它使得人区别于所有其他动物并能创造出人类活动圈。"⑤可以说,有一个发达的大脑也是人之为人的关键因素。而人类能

---

① 理查德·桑内特:《匠人》,李继宏译,上海译文出版社2015年版,第183页。
② 朱长超:《认识自我》,华东师范大学出版社2003年版,第49页。
③ 弗兰克·R.威尔逊:《手的奥秘》,邢锡范等译,辽宁教育出版社2008年版,第4页。
④ 朱长超:《挖掘大脑中的财富》,上海科学普及出版社2000年版,第119页。
⑤ P.K.巴兰金:《时间、地球、大脑》,科学出版社1983年版,第99页。

够思维的大脑又是怎样发展起来的呢？恩格斯曾精辟地论述过劳动在从猿到人过渡过程中的作用问题，深刻地揭示出人的大脑与手通过劳动而获得共同进化与发展的真理，并做出了"劳动创造了人本身"这一科学论断。

那么，劳动是如何创造人本身的呢？如前所述，人、猿最初分离是从手脚分工开始的。随着猿下到地面生活，渐渐地直立行走，这就完成了从猿转变到人的具有决定意义的一步。随着正在形成中的人，即"猿人"把前肢完全解放出来，改造成为完善的人手。手不仅是劳动的器官，它还是劳动的产物，是劳动的一个标志性的产物。

我们说，劳动创造了人，实际上主要指的是手的劳动创造了人，而创造了人的一个极其重要的方面是创造了人的大脑。而手的劳动创造人的大脑，这当然是建立在人的手与脑的紧密联系的基础上的。手与脑之间又是通过神经联系的。"原来手里有无数细丝一样的神经纤维，它们分布在肌肉里，控制手的动作。它们组成一条条的神经，经过脊椎骨里的脊髓，通到脑子。通过神经，脑子控制着手的活动。通过神经，手的各种活动会刺激脑子，影响脑子的活动和发育。神经纤维是神经细胞向外延伸的部分。这就是说，手的活动能力的发达，会促进脑子的发达。脑子如果不能适应手的活动而发达起来，这样的个体，一般总会被淘汰掉。"①

人类的双手在人类的产生和发展过程中的作用是无可比拟的。科学家常以海豚与人类作比较。这种聪明的海洋动物具有与人相近的体重和脸部皱纹，它们虽然不会说话，却能用身体来示意。当科学家潜入海中借助水下话筒对海豚进行研究时，发现海豚对人类朋友发出表示欢迎的声音。

根据进化理论，进化促使人脑发达和理解能力的增强。海豚也经历过与人类进化相似的发展过程。为什么海豚同样具有大大的脑袋并且身处富有挑战性的环境，而它的智力就是不如人类呢？答案很可能在于人类拥有一双让大脑更聪慧的手。原始人类关注自己的双手，这是脊椎动物在进化过程中跨越过的重要一关，这种能力对后来人类的进化具有深远的影响。而当人类在用他们的双手改造世界的时候，海豚只能够接受环境提供给它们的条件。②

人类能有如此发达的大脑，主要得益于人的双手。当人的双手从行动功

---

① 方宗熙：《古猿怎样变成人》，中国青年出版社 1990 年版，第 115 页。
② 石左虎：《手在人类智慧进化过程中的作用》，《世界科学》2001 年第 1 期。

能中解放出来，专门作为劳动器官之后，它的活动范围大大增加，可以向前后左右及上下回旋，动作非常多样并且日渐精确，与此有关的肌肉向大脑送出愈来愈频繁的信息，也要求大脑相应地增加细胞，以调节愈来愈精确的动作。人类祖先的喉、口腔等一系列结构得到改造而逐渐学会说话，这些发音器官愈来愈复杂和精细，促进了大脑相应的发展，反过来大脑也能更好地调节发音器官的活动。人类采取了直立姿势，眼睛不仅能够向下看，从下方摄取印象，还能向上看，向四周看，因而也使得脑子获得的印象较四足动物为多，从而也促进了脑子的发达。由于直立行走，颅骨下面以脊柱为支柱，枕骨大孔由颅后移到颅下方，颈后无须有强大的肌肉来维持头的位置使其不下垂。颈后肌肉的减弱，减轻了颅骨上着生强大肌肉的重负，为脑的进一步发展、扩大成球形创造了条件。

对最早的树上栖息的灵长类动物来说，紧紧抓住树干和小的树枝的需要促进了手在触觉方面的改进，而且其运动技能和控制技能具有给人以深刻印象的范围：从各个手指灵巧细致的动作到强有力的抓握动作，无论是用于持久的抓握（长时间悬挂），还是用于摆动和跳跃时一连串快速把握和快速松开的动作。人的双手的解放使其能从事各种精细的动作，手的动作和脑的发展有着密切的联系。手的动作在很大程度上依赖于大脑的发展，离开了足够发达的大脑，就不可能有手的灵巧的动作。当早期的人类获得在树上移动的经验后，包括大脑在内的神经连接不得不承受巨大的变化：成功的栖树杂技技巧和捕食行为的视觉支持和动觉支持需要一个较大的、具有非常专化的控制特性的脑。

因而，人类的祖先，在制造工具、使用工具去从事劳动的长期过程中，发生了一系列的变化。四肢改变了，手也发展了。与之相联系的是：感觉器官和脑子，特别是大脑，也逐渐地跟着发达起来了。发达了的大脑逐渐具有特殊的功能，它能够更好地积累经验，又能够使经验成为意识作用的基础，使人们开始向思维的方向发展。于是，人类的祖先在劳动中更会使用脑子。他们会想一想怎样敲打石块，才能做成一件合用的石器，怎样埋设陷阱，才能捕获野兽，怎样剥兽皮，才会得到一张合意的毛皮……于是，劳动的能力也得到了进一步的发展。①

---

① 方宗熙：《古猿怎样变成人》，中国青年出版社1990年版，第116页。

同时，由于劳动的逐渐复杂，以及群的逐渐扩大，并且随着群居生活的发展，他们逐渐越来越清楚地有了新的需要：互通消息和交流经验，以便更好地劳动。例如，要通知伙伴哪儿有兽群的时候，要商量怎样合伙去围捕野兽的时候，语言就很有需要了。这样，简单的语言就逐渐产生和发展起来了。或许人的才智最早就是表现在理解他人用手势表达的意思方面，因为只有大脑中的神经细胞发生联系才能形成理解事物的能力，人类的这种能力早在原始社会时期就形成了。英国利兹大学的人类学家乌尔林·普拉斯认为，"手在语言的发展过程中起着重要作用，它能使耳聋者明白他人的意思。人的一生中在很多场合是用手势语来说话的"。当我们的祖先想用石头去敲击硬果而又不具备言语能力时，他们只能用手指着石头和硬果，同伴才会明白比划者的意思。他据此推测，"人类历史中一定有一个主要靠手势进行交往的阶段；当时，凡很好地掌握了交往方式的人就具备着进化优势，这样促使人类去更深层次地理解言语和手势"[1]。当然，手势语又是有局限性的，而当"这些形成中的人，已经到了彼此间有些什么非说不可的地步了"，语言也就真正产生了。

人类的大脑以及思维能力伴随着劳动和语言的发展，而得到了更快的发展。这样，从劳动中产生出来的语言，就跟劳动一起，反过来影响脑子，使脑子发达起来。所以恩格斯这样说："首先是劳动，然后是语言和劳动一起，成了两个最主要的推动力，在它们的影响下，猿的脑就逐渐地变成人的脑。"[2]

应当说，脑的发展是建立在手的解放的基础上的。劳动"是整个人类生活的第一个基本条件，而且达到这样的程度，以致我们在某种意义上不得不说：劳动创造了人本身"[3]。其实，直立行走、手脚分工、人脑的形成以至制造工具、抽象思维和语言，这些人类特有的标志都是人类祖先的动物本能活动向人类劳动转化过程中逐步形成的，也是在劳动的发展中进一步完善的。由于手的活动，引发了脑的思维，脑的思维又通过手的实践去完成、完善。手和脑在如此不断的循环中不断地相互促进、进化，从而造就了人类文明不断进步的历史。可以说，没有手，就不可能有人的脑，人脑是在人手活动的基础上形成的。没有手的发展就没有脑的今天。

---

[1] 石左虎：《手在人类智慧进化过程中的作用》，《世界科学》2001 年第 1 期。
[2] 方宗熙：《古猿怎样变成人》，中国青年出版社 1990 年版，第 117 页。
[3] 朱智贤等：《思维发展心理学》，北京师范大学出版社 1986 年版，第 289 页。

三、手是人外在的大脑

威尔逊在其《手的奥秘》一书中明确指出:"大脑并不是'住'在脑袋里,尽管那里是它的正式'栖息地'。它向外延伸到身体,并和身体一起向外延伸到外部世界。我们可以说,大脑以脊髓为'终点',脊髓以末梢神经为'终点',末梢神经以神经与肌肉的结合处为'终点',就这样延伸下去,一直延伸到夸克(基本粒子之一),但大脑是手,手又是大脑,它们的互相依赖包括所有其他的东西,一直延伸到夸克。"①德国哲学家康德也认为:"手使人聪明灵巧,使人能操纵一切东西。手是人的外在大脑。""外在的大脑"抑或"第二大脑"的说法表明了手与大脑之间存在着情同手足般的密切关系,与此同时,也告诉人们手也像大脑一样充满智慧,而且,它会使人的大脑更加智慧。

人类的大脑是随着人类手的劳动能力的发展而发展的。对此,恩格斯在《劳动在从猿到人转变过程中的作用》一文中曾经指出,"首先是劳动,然后是语言和劳动一起,成了两个最主要的推动力,在它们的影响下,猿的脑髓就逐渐地变成人的脑髓"②。恩格斯认为,起初的猿类大概首先由于它们的生活方式的影响,使手在攀缘时从事和脚不同的活动,因而在平地上行走时就开始摆脱用手帮助的习惯,渐渐直立行走,从而完成了从猿转变到人的具有决定意义的一步。

手不仅是劳动的器官,它还是劳动的产物。只是由于劳动,由于和日新月异的动作相适应,由于这样所引起的肌肉、韧带以及在更长时间内引起的骨骼的特别发展遗传下来,而且由于这些遗传下来的灵巧性以愈来愈新的方式运用于新的愈来愈复杂的动作,人的手才达到这样高度的完善,在这个基础上它才能仿佛凭着魔力似地产生了拉斐尔的绘画、托尔瓦德森的雕刻以及帕格尼尼的音乐。因而,手的意义是把其中的双肢解放出来,不单单只为觅食和生产,可以进行改造世界的活动。手的解放意味着人不再只是顺从环境和自然,而是拥有了改造自然为人所利用的能力和条件。

人的大脑是思维的器官,是智慧的发源地。而人类的思维与智慧并不仅仅是人的头颅里的那一部分所谓"大脑"的功能,而是包括脊髓以及手等感觉、运动器官在内的一个完整的系统。这就是说,"如果手的挥动不仅仅来自

---

① 弗兰克·R.威尔逊:《手的奥秘》,邢锡范等译,辽宁教育出版社2008年版,第223页。
② 恩格斯:《自然辩证法》,人民出版社1971年版,第153页。

手腕的底端，那么大脑也不是一个孤立的指挥中心，自由自在地飘浮在自己舒适的颅舱里。身体运动和脑活动从功能上讲是互相依赖、互相依存的，而且其协同作用具有很强的系统性……手的动作是如此广泛地体现在脑的活动上……"① 亦即"大脑是手，手又是大脑，它们的互相依赖包括所有其他的东西"②。现代科学已经证明，"在人类的肢体里面，手是最灵活的，能够随意做出各种各样的动作。科学研究表明，这些动作，加上手抓东西的方式，以及手的触觉，影响了我们的思维"③。研究表明，人的远端肢体（手、足）尤其是手指的运动更有利于脑潜能的开发。日本的一位医学博士指出，如果想培养智力开阔、头脑聪明的孩子，那就必须经常地使他们锻炼手指的活动能力，通过手指的活动刺激脑髓中的手指运动中枢，进而促使全部的智能的提高。现代"多重智力中心"理论和大脑潜能理论深刻地昭示我们，在我们的身体里，有的是学习的潜在能力，简直无穷无尽。每个人都有神通，每个孩子都是有待发展的天才。要相信我们自己的身体，要把身体里的神秘的力量发挥出来。一个是要认识大脑，运用大脑，那是一个亟待开发的宝库；另一个是充分运用大脑以外的身体的其他能力。④

人的智慧同样也来源于人的双手。按照贝尔爵士的观点，"人手提供一切工具，手与智慧相一致便使人类成为全世界的主宰"⑤。苏霍姆林斯基曾经指出，"儿童的智慧在手指尖上"。人的手"是意识的伟大的培育者，是智慧的创造者"⑥。而在那种手脑结合的作业里，"特别明显地表现出智慧努力和双手动作的相互结合。这样，信息就通过两条相向而行的途径传递着——由手传到大脑和由大脑传到手。手也在'思考'，而正是在这种时刻，大脑的创造性区域受到激发"⑦。苏霍姆林斯基认为，对动作精细的要求"这种敏锐的感觉会迁移到思维上去。手能教给思维以精确性、工整性和明确性"。M. 特林

---

① 弗兰克·R.威尔逊：《手的奥秘》，邢锡范等译，辽宁教育出版社2008年版，序言第5页。
② 弗兰克·R.威尔逊：《手的奥秘》，邢锡范等译，辽宁教育出版社2008年版，第223页。
③ 理查德·桑内特：《匠人》，李继宏译，上海译文出版社2015年版，第181页。
④ 陈建翔等：《新教育：为学习服务》，教育科学出版社2002年版，第76页。
⑤ 达尔文：《人手是怎样形成的》，引自黎先耀《大自然的召唤》，科学普及出版社1999年版，第155页。
⑥ 苏霍姆林斯基：《给教师的建议》，杜殿坤编译，教育科学出版社1984年版，第111页。
⑦ 苏霍姆林斯基：《给教师的建议》，杜殿坤编译，教育科学出版社1984年版，第113页。

也认为,发明需要用手"触摸着"去感受现实世界,需要善于"用手想"。① 这就是说,我们不能孤立地看待大脑,而应当用整体的、系统的、联系的观点来看待大脑,要认识到人的大脑并不是"住"在脑袋里,尽管那里是它的正式"栖息地"。它向外延伸到身体,并和身体一起向外延伸到外部世界。

其实,从脑科学的角度讲,手的所有动作都是受脑的传出和传入的神经支配的。之所以称手为"人的外在的大脑"或"第二大脑",实际上就是因为手和脑的关系太密切了,密切得似乎你中有我,我中有你,谁也离不开谁似的。而且,手在做一些动作的过程中所发生的毋须想象似的情景往往无法用大脑的"指挥"难以解释的,而似乎没有经过大脑的指挥,由双手自作主张似的。譬如说,骑自行车的人突然遇到障碍物时采取的紧急刹车、神枪手出手时风一样的动作、魔术师变魔术时鬼魅般的动作等,这些都让人匪夷所思。这样一些现象带给我们的思考是:在某种程度上,好像手在一定的情况下,能够独立工作似的。

手是人的第二大脑,也体现着手与脑之间互助合作的亲密关系。由于手上有无数细丝一样的神经纤维,它们分布在肌肉里,组成一条条的神经,经过脊椎骨里的脊髓,通到脑子。通过神经,脑子控制着手的活动;通过神经,手的各种活动会刺激脑子,影响脑子的活动和发育。神经纤维是神经细胞向外延伸的部分。这就是说,手并不是被动地接受着来自大脑的指挥和调配,而是对大脑有反作用。由于手的动作同时也对大脑进行着良性的刺激,而这个刺激对细胞的分裂起着极其重要的作用,心灵手巧、手巧心更灵就是最好的写照。这也正如苏霍姆林斯基所说的,"在手和脑之间有着千丝万缕的联系,这些联系起着两方面的作用:手使脑得到发展,使它更明智;脑使手得到发展,使它变成思维的工具和镜子"②。苏霍姆林斯基认为,"如果一个人没有学会用自己的手和自己的思想对劳动对象施加最精细的作用,那就不可能设想培养出精细的、创造性的智慧。在这种作用中,才能体现出思维和手的动作的真正结合。当人用双手借助手工工具或机械工具加工东西的时候,就会出现一种极为复杂的现象:在每一瞬间,信号多次地由手传到脑,又由脑传到

---

① P. 吉江:《发现与发明过程的创造方法学分析》,徐明泽等译,广东人民出版社1988年版,第334页。

② 苏霍姆林斯基:《给教师的建议》,杜殿坤编译,教育科学出版社1984年版,第110页。

手；脑教了手，手也发展和教了脑"①。

我们常说，人的大脑是思维的器官，但是思维能力总不是突然凭空出现的，而是从劳动——集体劳动中逐渐发展起来的。劳动离不开人的双手。达尔文认为，"没有手的使用，人类是不能在这个世界上达到现今这样的支配地位的"②。其实，在人的大脑形成和发展的过程中，同样也凝聚着"手"的巨大贡献。从这个意义上说，手又是大脑的"父母"。当然，这是从人类大脑演化的角度来说的。而在现实生活中，双手和大脑作为人体的两个最重要的器官，它们往往扮演着兄弟的角色。我们说手也是人的"第二大脑"所表明的也正是这一层意思。"第二大脑"意味着是大脑概念的延伸。手是人的"第二大脑"这一说法，从现代生理学及脑科学的角度看，也是有其科学依据的。

科学研究表明，人手是神经纤维最集中，神经感觉最丰富、最敏感的部位。人类基因组的检测结果显示，人类和大鼠基因组的测序结果比较显示，人和大鼠在基因结构上大体相同，仅有约3%的差异。但在手拥有神经纤维的数量上差异却极大。大鼠前爪上有3万根神经纤维，而人手上有100万根，这是任何其他动物都无法比拟的。人也因此具备了最复杂、最特殊的功能——手和脑的联系与互动。

再从人的大脑皮层显示的信息来看，手在大脑皮层上所占的面积最大。手的高度灵活是和手在大脑中有着较大的代表区联系在一起的，这也是人类所特有的高度进化的结果。科学研究证明，人体各器官乃至每一块肌肉，在人脑皮层中都有相应的代表区域。顾玉东院士认为，"人的大脑皮层中，手的活动范围约占三分之一，头部所有五官加起来只占三分之一，其余人体脏器部位加起来也占三分之一。五官主要是认识世界，感受外界信息，其他部位主要是人体内部的信息，手是在统一外部、内部信息的基础上再创造信息。所以可以说手与人脑皮层的形成和创新思维的活动紧密相关"③。这是因为人的大脑皮层中分布着一些特别的、积极的、富有创造力的神经细胞。人的双手从事精细灵巧的动作时，就能把这些细胞的活力激发起来。当手运动的时候，也就引起了大脑皮层中相应的"运动中枢"发生变化。而且，手的动作

---

① 苏霍姆林斯基：《给教师的建议》，杜殿坤编译，教育科学出版社1984年版，第82页。
② 达尔文：《人手是怎样形成的》，引自黎先耀《大自然的召唤》，科学普及出版社1999年版，第155页。
③ 顾玉东：《手脑并用积聚创新潜能》，《世界科学》2006年第2期。

愈精细，操作程度愈复杂，对大脑皮层所构成的刺激也就愈强烈，在大脑皮层中所引起的变化当然也就愈大。而且，手的运动越频繁，思维会变得越敏捷。看过小提琴演奏的人就会感到人手的运动是如此精巧、灵活与快速，以至于不能分辨是手在演奏还是大脑在演奏。这是由于动手会导致脑循环发生改变，手的动作形成大脑新的兴奋点，产生一个新的联系，有利于理解，有利于记忆，有利于思考。因此，人们应注意养成习惯，即使是在看书的时候也要有意识地动动手指，以利记忆。此即是说，对手进行各种动作的训练，实际上使得大脑得到锻炼与刺激，脑与手的联系和脑内部的联系都得到加强，从而对改善脑功能起了积极的作用。

应当说，人们强调手是人的"第二大脑"，实际上也是一种方法论。它喻示人们，既然人有内在的与外在的两个大脑，内外两个大脑不可偏废，这就应该充分有效地利用好这两个大脑才对。而任何厚此薄彼，即只重视其中一个，轻视甚至忽略另一个的做法都是不科学的，也是不应该的，尤其不应忽视手的作用。其实，人类的一切文明成果无不是借助于手脑结合的过程而得以实现的。缺乏基本的手的活动，缺失了亲身的认知、感悟和体验，客观上也就消解了大脑的思考功能，削弱了脑功能在更深层面上的展开，当然也就不可能达到应有的效果。

其实，人类的思维是从"手的思维"开始的，手是劳动的产物，是猿进化到人的重要特征。在漫长的岁月里，劳动发展了手，手的发展又促进了大脑的发育。"手是意识的伟大培育者，又是智慧的创造者"。其实人类的大脑之所以发达，甚至于我们还可以说，人之所以能为人，手的促进作用功不可没。人类的诞生、发展及一切成果无一不是手、脑，或者说是手脑结合的产物。此就是说，"手在人类生活当中的核心作用与大脑本身是一样的……手对人类来说不仅仅是一个象征或者符号，而是现实中的成功的、真正充实的生活的活动中心——是杠杆或者发射台"。而"忽视手的重要性就不能够对人类生活做出认真的描述"。正像威尔逊在《手的奥秘》一书中所强调的那样："我坚持认为，关于人类智力的任何理论，只要是忽视手的功能和脑的功能的互相依赖关系，忽视这一关系的历史起源，或者忽视其发展过程对现代人类进化动力的影响，都是靠不住的，只能使人产生误解。"[①]这实际上也在表明，人类

[①] 弗兰克·R.威尔逊：《手的奥秘》，邢锡范等译，辽宁教育出版社2008年版，第4页。

的发展不仅要归功于伟大的头脑,同时也离不开人的双手。为了人类的发展,其中也包括人类智力的发展,我们切不可忽视我们的双手,因为大脑的思考往往是建立在双手的支持和配合的基础上的。因而,如果说,深藏于我们头颅中的那个内在的部分是我们的第一大脑的话,那么,我们外在的双手则可当之无愧地被称为我们的"第二大脑",抑或"外在的大脑"。

第二节 智慧自动作始

我们都知道人的大脑作为人体的司令部,它统辖、主宰着人的一切,它指挥并调控着以手为代表的各种运动器官的动作。但世界上的万事万物都是相辅相成的,就像物理世界中的作用与反作用那样总是相互的,各以对方的存在作为自身存在的前提和依据。但一个不容回避的现实情况是,现实中人们往往更多的是看到了大脑对手的作用,而忽视、漠视甚至无视手对大脑的反作用。人的大脑是人世间最美丽的花朵——思维萌发并绽放的地方。就像植物的萌发需要种子一样,思维同样也是不能空壳运行的,它必须有载体。这种载体就是让思维之花得以萌发进而绽放的种子——手的动作,而且,它客观上也是人类智慧的源泉。

一、动手激励着动脑

大脑是人体的"司令部",它统辖着全身的每一个部位。我们身体的每一部分在大脑皮层上都有一个相应的区域与之对应。生理心理学告诉我们,身体各部位在大脑皮层运动代表区所占面积的大小,不是与身体表面积的大小成正比,而是和肢体运动的熟练程度、精细程度和该身体部位的重要性成正比。研究表明,因为手指的运动异常地精细、熟练,因此手指在中央前回运动区所占的面积相对于其他部位来说是最大的,几乎达到相应投射区中面积的 $1/4 \sim 1/3$。

脑科学的研究已经证明:在复杂的运动中,人的大脑是需要调动数不胜数的、不同的神经成分与肌肉成分以一种高度整合和协调的方式参与的。例如,动手修补一件东西,或用手去抛掷或抓住一个对象,这其中便包括眼与手之间极为复杂的交互作用。人的很多举动,尤其是在那种已经熟练了的、自动化的、无意识的活动中,整个运动序列在大脑中是以一种完整的单位而展开的。所以,只有在人的大脑中建构起这种高度程序化了的序列才能使科学实验、能工巧匠的熟练操作、钢琴家、打字员或运动员的快速反应成为一种可能。而这一运动序列程序的建立和固化则需要通过反复地实际操作才能实现。

苏霍姆林斯基认为:"人的双手能做出几十亿种动作,它是意识的伟大培育者,是智慧的创造者。"①这是因为"在手和脑之间有着千丝万缕的联系,这些联系起着两方面的作用:手使脑得到发展,使它更加明智;脑使手得到发展,使它变成创造的聪明工具,就成思维的工具和镜子"②。因而,苏霍姆林斯基主张,要"使人把构思的创造性和实现构思的技艺结合起来。要尽量多地进行实验和试验,尽量多地让学生的手和手指多做动作,——这是在劳动过程中培养智慧的原则之一"③。而"智慧的、受到思考和好奇心鼓舞的劳动,——这是能浮载思考的大船的深水。智慧的双手能创造智慧的头脑"④。

苏霍姆林斯基反对那种把孩子的双手看作"只不过是一种发现体力能量的器官,而远非一种创造工具"⑤的做法。其实,动手的过程从来都不可能是单纯的"手动"的过程,而是一个手脑联动、手脑互动的"在劳力上劳心"的过程。在动手过程中,一方面脑指挥着手的运动,另一方面,手的运动也激励和催化着脑的思维活动,而动手对动脑的这种反作用常常被人们所忽视。其实,主体动手"做"的过程总是与一个接一个的"怎么做"及"为什么"等现实而具体的问题相关联的,由于动手实践的过程作为一种主观见之于客观的活动,这个过程中理所当然地包含着理性所无法预期的内容,包含着诸多的随机性、不确定性和可能性,必然会出现各种主体"不进一步做心理的努力就不能有效地应付"新问题,这些新问题也就促使和逼迫着大脑去分析,去鉴别,去选择,去决定下一步该何去何从。在这种过程中,"特别明显地表现出智慧努力和双手动作的相互结合。这样,信息就通过两条相向而行的途径传递着——由手传到大脑和由大脑传到手。手也在'思考',而正是在这种时刻,大脑的创造性区域受到激发"。

因而,陶行知先生指出,"人类自脊梁骨硬了起来,前脚便被解放而成为一双可以自由活动的手。手执行头脑的命令……同时是改造着发展着那对

---

① 苏霍姆林斯基:《给教师的建议》,杜殿坤编译,教育科学出版社1984年版,第111页。
② 苏霍姆林斯基:《给教师的建议》,杜殿坤编译,教育科学出版社1984年版,第110页。
③ 苏霍姆林斯基:《给教师的建议》,杜殿坤编译,教育科学出版社1984年版,第81页。
④ 苏霍姆林斯基:《给教师的建议》,杜殿坤编译,教育科学出版社1984年版,第218页。
⑤ 苏霍姆林斯基:《给教师的建议》,杜殿坤编译,教育科学出版社1984年版,第111页。

它发号施令的头脑"。手的运动对大脑有着显著的影响。当手运动的时候，也就引起了大脑皮层中手对应的"运动中枢"活跃起来。而且，手的动作愈精细，操作程度愈复杂，对大脑皮层所构成的刺激也就愈强烈，在大脑皮层中所引起的变化当然也就愈大。此就是说，对手进行各种动作的训练，实际上使得大脑得到锻炼与刺激，脑与手的联系和脑内部的联系都得到加强，从而对改善脑功能起了积极的作用。

生理学与神经科学的研究还告诉我们：人在动手操作的过程中，肌肉和关节是以最直接的方式参与运动的，感觉器官和神经系统则担负着随时监视这一运动过程的职能。而大脑呢？不但要参与行为发动时的决策，而且要综合由神经系统传入的、动态的反馈信息，并根据自己已有的知识和经验对这些信息进行分析、推理……再通过神经系统指挥肌肉和关节进行不断地校正，从而使人的行为方式越来越合乎规范，越来越准确、精细。在动手过程中，手的动作以及手作用于客观物体所进行的劳作、实验、加工和制作物品等活动，总是与大脑的积极思维相联系的。就像我们欲进行一个把掉在地上的橡皮擦捡起来的简单动作，倘若这个动作没有大脑的参与也是不可能完成的。事实上，当我们想把掉在地上的橡皮擦捡起来的时候，这时，在大脑运动皮层中会产生一个兴奋，兴奋沿脊髓神经传递到运动神经元，最终传递到手臂的肌肉细胞中。突触间有一条狭长的裂缝，化学物质可以通过这条裂缝进行扩散，即让离子流穿过裂缝，从而产生了细胞膜电势的变化，亦即传递了"伸手捡起橡皮擦"的指令。而在我们"将手伸向橡皮擦"的时候，则来自橡皮擦（当然也可能是地面）的外部刺激便作用于手指，这时，触觉感受器就会把这种刺激转换为神经兴奋，神经兴奋经传入神经到达运动中枢，运动中枢经过分析综合，如果认为我们手指的动作准确，便会发出"捡起橡皮擦"的指令（神经兴奋），并经传出神经到达手指，随着手指反应活动的出现，也就完成了预期动作目的；如果运动中枢发现我们手指所接触的是地面而非橡皮擦时，大脑根据返回信息就可发现偏离所给予的行动计划的情况，并立即发出信息校正这种行动的信号，进而调节、校正手指的行动。而经过如此这般的多次反复，直至实现动作的精确无误。这一过程也表明："在每一瞬间，信号多次地由手传导到脑，又由脑传导到手；脑教了手，手也发展和教了脑。这时候，构思不仅在实现，而且在不断地发展、深入和变化着。这时候，思想的线索不会中断。"①

正像我国著名的手外科专家、中国工程院院士顾玉东所指出的："人有两件宝,双手和大脑。这是人类区别于动物的根本。生物进化的进程证明：从鱼类的鳍—爬虫类和两栖类动物的四肢—猴,手一步步地进化、成形,而意义最重大的是从猴到猿的进化,关键就在于使前肢独立出来,使手具有了对掌的功能,手从此获得了解放,成了一种特殊的工具。猿人用手拿石头撞击出了火,由于有了火,人类才开始进行生产制造。从石器时代—火器时代—机器时代,直至今天进入信息时代,人类所有的文明成就都建立在手的解放的基础上。由于手的活动,引发了脑的思维,脑的思维又通过手的实践去完成、完善。手和脑在如此不断的循环中相互促进、进化,从而造就了人类文明不断进步的历史。可以说,没有手,就不可能有人的脑,人脑是在人手活动的基础上形成的,没有手就没有脑的今天。"②

顾玉东院士认为："动动手脑循环会发生改变,形成大脑新的兴奋点,有利于理解,有利于记忆,也有利于大脑的健康。从生命角度来说,人和动物生命一样,但是价值不一样,区别就在于人会创造,可以创造自然,改变自然；创造源于思维、源于大脑,但是仅仅依靠大脑还是不行的,把大脑思维付诸行动得靠手来实践,靠手来把想象变成现实。手在人体、人脑的进化中,起着非常重要的作用,在人类发展史上也占有重要的地位！"③"人类大脑之所以在今天这么发达,是由于前肢的解放,手作为特殊的生产工具,在生产活动中反复锻炼,促进了大脑的进化。人类所有的文明成就,都建立在手解放的基础上。从这种意义上来说,手是大脑之母；而大脑反过来使手变成了更好的生产工具,大脑指挥手造出各种新异的生产工具,又使手变得更灵巧。所以说,手又是大脑之子。"④或许,我们真的难以分清手与大脑之间孰母孰子了。其实,或许手与大脑之间原本就不存在尊卑有序、贵贱有别的母子关系,而更像是一对相互依存、情同手足的亲兄弟。

但是,正如恩格斯所指出的："迅速前进的文明完全被归功于头脑,归功于脑的发展和活动,人们已经习惯于从他们的思维而不是从他们的需要来解

---

① 苏霍姆林斯基：《给教师的建议》,杜殿坤编译,教育科学出版社1984年版,第113页。
② 顾玉东：《动动你的手练练你的脑》,《科学画报》2012年第6期。
③ 顾玉东：《手巧心则灵》,《百科知识》2005年第1期。
④ 顾玉东：《手巧,才能够心灵》,《祝您健康》2005年第4期。

释他们的行为……在这种唯心主义的影响下,没有认识到劳动在这中间所起的作用。"①这表明,恩格斯已经意识到头与手的分离相当严重地限制了科学的历史发展进程,而"促进科学家将理论与实践结合起来,对于一个摇摇欲坠即将崩溃的世界来说,太需要这种结合了"②。顾玉东院士也认为:"讲到创新,人们容易联想到的是人脑功能的开发,而实际上人的双手的活动对人脑功能的影响也是非常大的,遗憾的是这种作用远未得到应有的重视。从人的进化过程看,手脑的关系非常密切,脑功能的形成和充分发育,人类思维的形成都与手的解放有关,并且是在手的解放后才变得可能。人脑形成后反过来又促进了手的运动更灵活,成为人类认识世界、改造世界的特殊工具。因此,从某种意义上可以这样讲,人类文明的进步基于人手和人脑的相互促进。"③

其实,人类以动手为主要标志的实践活动总是根据一定目的,通过自己的双手及运用工具,达到改变客观实物的状态、形状、结构、功能的目的。而这些以动手操作为外在表现形式的实践活动,总是与内在的动脑活动密切联系的。信息通过两条相向而行的途径传递着——"由手传到大脑和由大脑传到手。手也在'思考',而正是在这种时刻,大脑的创造性区域受到激发"④。这就是说,"双手也不是消极的执行者。手能使头脑变得聪明"⑤。

人脑复杂的物质结构及其最基本的工作原理,说明人的动手操作与动脑思维密切相联、不可分离。现代科学已经证明,"在人类的肢体里面,手是最灵活的,能够随意做出各种各样的动作。科学研究表明,这些动作,加上手抓东西的方式,以及手的触觉,影响了我们的思维"⑥。人脑是人的思维和控制器官,双手、眼、耳、身体等是人的感觉或操作器官,也可以说是"脑的外在部分"。大脑的思维与控制活动决定着人进行动手操作等实践性活动。动手不是目的,而是人脑实现既定意图的实践手段。动脑思考是动手实践的主导。双手与眼、耳、脑等协调配合,好像在"检验着"人的各种意图、设想或猜测。

---

① 恩格斯:《劳动在从猿到人转变过程中的作用》,引自黎先耀《大自然的召唤》,科学普及出版社1999年版,第146页。
② 斯蒂芬·杰·古尔德:《姿势造就了人类》,引自黎先耀《大自然的召唤》,科学普及出版社1999年版,第154页。
③ 顾玉东:《手脑并用积聚创新潜能》,《世界科学》2006年第2期。
④ 苏霍姆林斯基:《给教师的建议》,杜殿坤编译,教育科学出版社1984年版,第113页。
⑤ 苏霍姆林斯基:《给教师的建议》,杜殿坤编译,教育科学出版社1984年版,第251页。
⑥ 理查德·桑内特:《匠人》,李继宏译,上海译文出版社2015年版,第181页。

通过头脑中创造性思维所形成的思路、设计或计划等,要由大脑皮层神经网络控制下的眼、耳、手等脑的外在器官协调地配合工作,才能形成双手的精确操作,进而才能将脑内不可见的思路、图像、设想、计划等,创造外化为可见的图表、设计方案或实物。创造外化的这些事物在双手的操作过程中,还要经过手与脑之间的多次"信息反馈"。其间,双手的操作可以修正脑的思维,脑的思维更要纠正手的操作,最后还要由脑的思维来判断手的操作结果。这样经过反复的手脑互动与协调工作的实践过程,最终形成由脑思维主导的、由双手灵活和准确操作而表现的、显示出一定成果的"动手能力"。人的动手创造体现着动脑思维。动手创造是在大脑主导下为解决实际问题"服务"的实践活动。所以说,"动手能力"的本质是大脑调控下手脑协调工作的创造性实践能力。它是以脑的分析、选择、判断、决策等综合性思维为主导和控制,由手与脑的协调配合及灵活进行创造性劳动而展现的。俗话说,"心灵手巧",即说明了这个道理。①

动手的过程同时也是动脑的过程。人类以动手为主要标志的实践活动总是根据一定目的,通过自己的双手及运用工具,达到改变客观实物的状态、形状、结构、功能的目的。而这些以动手操作为外在表现形式的实践活动,总是与内在的动脑活动密切联系的。

动手过程会产生迫使大脑思考的新问题。苏霍姆林斯基认为,"凡是在劳动过程中能使构思得以实现和发展的那种手工劳动,都能促使智力品质中这样一些品质的发展,如思维的批判性、灵活性、广度和活跃性,以及对判断和结论做出批判性检验的能力。那些两手自幼就能紧密结合思维工作的人都有一个特点:善于通过劳动去检验假设的正确性"。动手活动与思维的密切关系,不仅表现在动手之前通常需要大脑为其设计出具体的动手操作的程序方面,同时也表现在动手过程中对大脑所设计的程序进行修改、完善以及对动手过程所出现的一些始料未及的一些新问题进行分析、解决方面。而从这个意义上来说,动手过程作为将大脑的思维成果付诸实践的过程,也是检验和完善大脑思维成果的过程,同时还是发现和解决动手过程中所出现的新情况、新问题的过程。其实,无论科学家在科学研究中所设计的科学实验计

---

① 于慧颖:《劳技教育教学应引导学生从"动手做"到"动脑做"》,《中国教育学刊》2004 年第 12 期。

划,还是学生在科学探究中所设计的实验方案,都存在着在动手实践过程中,如何过滤掉其中不合理的、与实际相脱离的成分,弥补其中不完善的部分以及修正其中错误内容的问题。这个过程实际上也就是发现和解决动手实践过程所出现的新问题的过程。

动手过程可以激发主体的创造性思维。苏霍姆林斯基指出:"在人的大脑里,有一些特殊的、最积极的、最富有创造性的区域,依靠把双手的精细的、灵巧的动作结合起来,就能激发这些区域积极活跃起来。如果没有这种结合,那么大脑的这些区域就会处于沉睡状态。在童年和少年时期,如果没有把这些区域的活动激发出来,那么它们就永远也不会觉醒了。"①动手实践的过程作为一种主观见之于客观的活动,并非是简单机械地将主观设想兑现为客观成果的过程。由于动手实践过程中所具有的随机性、不确定性,常常会致使动手实践中所出现的现象及其结果不同于预先的理论预测和主观期待,动手实践中总是蕴藏着实践主体所未曾预料到的各种新情况、新内容,这种超越主体期待的"溢出"同时也是诱发和孕育创造性思维活动的导火索和孵化器。就像人们所知道的,鲁班在砍伐木料时发明了锯子,阿基米德在洗澡时发现了浮力定律,伽伐尼在解剖青蛙时发现了电流……其实,人的大脑皮层的高度诱发势态就好比一堆干柴,没有干柴就不会燃起猛烈的直觉与灵感之火,但是光有干柴,没有火花,干柴自己也不会燃烧,而手的动作正是让"干柴"得以燃烧的"火花",是促使大脑积极活跃起来的酵母和触媒。

二、动作内化为智慧

一切真知都是从直接经验发源的。皮亚杰曾明确指出,"思维产生于动作,智慧自动作始。一旦切断思维与动作之间的联系,那么其发端是不可能的"。蒙台梭利也主张,"发展智力需要通过双手的操作"。其实,不但感知运动水平的智慧与动作密不可分,就是较高水平的智慧,同样也与动作有着直接或间接的联系。因此,儿童及青少年智慧发展的过程是一个与动作密切联系的过程,或者说是一个由动作内化为智慧的过程。

动作是个体最基本的功能,不同的动作方式和动作模式代表了个体身心发展的不同水平和进程。动作本身不是经验,但动作有助于儿童科学经验的获得。动作也不是心理,但动作能促进儿童心理的发展。动作对儿童的动作

---

① 苏霍姆林斯基:《给教师的建议》,杜殿坤编译,教育科学出版社1984年版,第112页。

技能与心智技能有着重要的影响。而动作技能是心智技能形成的最初依据，也是它经常的伴随者，而心智技能又是外部动作的协调者。当两者密切结合，同向共进时，人创造性解决问题的能力就会形成。在科学学习活动中，两者并重，也就是人们常说的手脑并用，对个体的心智发展无疑是十分有益的。①

思维是大脑的功能，智慧是大脑的产品。手是劳动的器官，也是大脑的输入和输出的窗口。皮亚杰认为，儿童思维的发展是内外因的相互作用，在相互作用的过程中儿童思维不断产生量变与质变，向前发展。儿童思维既不是起源于先天成熟，也不是起源于后天经验，而是起源于主体的动作。动作是联系主、客体的桥梁，主体为认识客体就必须对客体施加动作，在动作过程中主体与客体相互改变、相互适应，从而使个体的心理结构不断改组与重建。动作的本质是主体对客体的适应，是儿童智慧发展的真正原因。

从人类发生的意义上说，人的智慧是随着手的解放和脑的发展而发生发展的，从个体智力发生发展看，也是借助外部对象动作和内部智慧动作获得的。其实，包括学习在内的各种活动过程，往往是既包括对实物的操作活动（即外部活动），又包括对观念的操作活动（即内部活动），这二者之间通常表现出互动的关系，即"心灵"（内部智力动作）激励着"手巧"（外部对象动作），"手巧"更促进着"心灵"。"心灵"和"手巧"是互为因果、相互促进的。聪明的人双手就灵巧，同样，双手灵巧则心灵。因而，包括皮亚杰在内的许多心理学家都认为，人的智慧就是其动作内化的结果，儿童的智慧就在他的手指尖上。通过锻炼手指可以锻炼大脑，借助于动手实践能够为我们开辟出一条积极有效的动脑思考的道路。

人们常说，内化于心，外化于行。关于"内化"以及它如何实现的问题，列昂捷夫认为："内化指的是一种过渡，由于这种过渡的结果，对付外部物质性对象的外部形式的过程转变为智慧方面、意识方面进行的过程；在这种情况下，它们经受了特殊的转化——概括化、言语化、简缩化，而最主要的，是能够超出外部活动可能性的界限而进一步的发展。"②或者按照皮亚杰的更简洁的思想，内化就是从感觉运动向思维的过渡。因此，内化也就是人们在不断活

---

① 顾长明：《做中学：在"动手"与"动脑"间追寻》，《中小学教师培训》2013年第8期。
② 李淮春：《现时代与现代思维方式》，河北人民出版社1987年版，第85页。

动的过程中实现的客体的物质性存在转化为人的意识中存在,活动转化为感觉活动再转化为思维活动的过程。直言之,凡是外部的客体的东西转化为内部的主体的东西,就叫作内化,反之,凡是内部的主体的东西转化为外部的客体的东西,就叫作外化。内化的过程是人的双手与大脑相互作用、相互激励的过程。思维是大脑的功能,智慧是大脑的产品。其实,大脑与双手间的相互促进、相互激励,也正是借助于内化的过程而实现的。人类的智慧与手的动作有着密切的联系。皮亚杰认为,智慧自动作始,动作内化为智慧,一旦切断智慧与动作之间的联系,那么智慧的发端是不可能的。

其实,人要变得聪明,一个非常重要的生理条件是神经系统的灵敏性与选择性,而这种神经系统的建构则必须在动手操作过程中,通过手和脑的巧妙配合才能完成。所以,人的判断能力和思考能力,也是随着双手活动经验的积累而发展起来的。大量的试验已经证明:人类大脑皮层发展到一定程度,就能够摆脱与感觉器官的直接联系,进行综合的抽象思维。因此,从表面上看,人们的综合的抽象思维能力与动手并没有什么直接的关系,但这种能力的形成,其实质是离不开长期动手经验的积累的。

从教育的自身来看,世界范围内,教育心理学主要有两个大的学派:一是认知学派,一是行为主义学派。认知学派特别强调认知的重要,而行为主义学派则认为操作和行为对人的成长关系重大。其实,这两个学派都有各自的科学道理,但也都存在着一定程度的偏颇和不足。我们只有把这两个学派主张中的合理成分加以综合与贯通,找到它们深层次的、在脑科学中的相似性,才更为符合客观实际。人进行各种科学试验、学会说话、学会讲演、写好文章、弹钢琴、拉小提琴、打乒乓球……都是这个道理。从表面上看,掌握这些本领与学游泳有着本质的不同,但"万变不离其宗"的"宗","千变万化其理一也"之"理"就在于:要学会一项本领,不但要掌握其中的道理,而且要进行大量的、相似的动手练习,才能真正领会操作的要领,才能真正把知识转化为能力,才能真正做到心灵手巧,才能真正培养出高素质的人才。因而,大脑和手有着极其密切的联系,"心灵"导致手巧,手巧也促进着"心灵"。因此,你要有一个灵敏而富有智慧的大脑,就要努力锻炼你的双手。大量的研究表明,动手能促进动脑,动手能力强的人,通常比较聪明。人类智慧的发展,首先是从手的动作开始的。

现代科学研究成果已经逐步揭开人手、脑与智力的关系这个饶有兴趣的秘密。现代生理学研究表明，人手、脑与智力之间有着密切的联系，人手不仅是劳动操作器官，而且具有认识功能。手在接触物体时，不但发生了劳动操作的过程，同时也发生了认识物体属性的过程。人手在劳动操作的影响下，通过抓举触摸的感觉，形成了一种机能复杂的运动分析能力。人手的这一认识功能与脑和智力活动相关。人脑分为大脑、小脑等部分。大脑右半球具有图形识别、空间想象等功能，人的创造才能主要发端于右脑，完成于左脑的配合。左脑通过对信息的初步整理、加工并把信息符号化、语言化，而右脑则完成深加工过程。小脑具有维持身体平衡、协调肌肉活动等功能，是大脑与手等人体器官的协调中心。人类内部的心理活动，原本是在外部动手活动中学会的，动手活动是人类实现智力活动内化的重要手段。

我们每天都要吃食物、喝水和吸进氧气，在体内把它们加以消化、吸收，提取其中的营养物质，再输送到体内各组织、器官，通过新陈代谢，变成这些组织、器官中不可分割的有机组成部分。原来个体外在的这些食物、水和氧气，大部分变成了个体内在的有机成分，或者说融入了我们的生理结构之中，这就是内化，当然，这是生理上的内化。生理内化是所有的生物(动物、植物、微生物)个体都不可或缺的、基本的生理功能，这是一种本能，即可以依靠遗传机制由上代传递给下代。当然，人的这种生理内化能力也是与个体的生理健康状态相联系的，像一些人消化不良，也就意味着其生理内化的能力不佳，食而不化，主体不能有效地吸引身体所需要的营养物质，或者说，这些营养物质不能转变为其内在结构。当然，这是一种不健康的生理状态，当然，处于这种状态的主体也就不能健康的生活和成长。

除了生理上的内化外，还有心理上的内化。就像在生理上人是通过从食物中吸收人所需要的营养物质进而内化为自身的生理结构一样，人的道德、知识、智力等，归根结底都是从外部的东西(活动)转化或移植而来的，这就是心理内化。或者说，是由动作内化而来的。我们经常要借助各种感官来获得外界的信息。外界信息有语言或符号的，还有形象的。形象的信息中有视觉形象的、声音形象的、味觉形象的等。通过内化技能，即观察、听、触摸、嗅闻、舔尝等活动，外界信息被转化为头脑里的表象或知识等观念或经验。这个转化过程称作"内化"。

当然，相比于生理内化，心理内化的机理要复杂得多。心理内化在本质上是一种"由生理过程向心理过程的转化"①。内化过程是外部活动转化为内部活动,实际操作转化为智力操作,物质的东西转化为意识的东西。只有当一切外在的事实转化为内在的事实之后,这原本外在的东西才会为主体真正所占有,才会内化于心。如客观存在的知识结构必须转化为头脑里的认知结构,社会的道德规范必须转化为人们的道德品质之后,才能说人们掌握了知识,形成了品德。我们平常所说,在学习过程中,学生必须把教师所传授的科学知识消化吸收、融会贯通,使其成为自己的血和肉,这就是讲的内化。

内化与外化又是密切联系的,也是人们司空见惯的,如我们经常所说的物质变精神就是内化,而精神变物质则是外化。清初学者刘智对这二者也有很好的理解。在他看来,大脑具有总觉作用,这种总觉作用即表现在两个方面:一是"纳有形于无形",即人们把看过的、听过的、感知过的各种有形的东西,贮存藏纳于大脑之中,使其变为看不见、摸不着的无形的东西,这"纳有形于无形"的过程,便是内化的过程。二是"通无形于有形",即把大脑中贮藏的无形的东西(心理的东西),又通过感知器官、运动器官去影响客体、处理外物,从而又变成看得见、摸得着的有形的东西,这"通有形于无形"的过程,就是外化的过程。可以说,人的心理便是不断内化与外化的产物,教育过程也就是内化与外化相结合的过程。②

关于内化,瑞士心理学家皮亚杰及苏联心理学家维果斯基都曾做过较系统的研究。皮亚杰认为儿童的思维、智慧都是操作活动的内化结果。儿童认知发展的阶段也说明,最初儿童的思维是与动作密切结合的(感觉运动期),通过外部活动表现出来,然后才逐渐内化,外部活动也被内部活动所取代。维果斯基认为一切高级而复杂的智力活动,都是从外部的物质活动转化而来的,有其外部的物质的起源。这种由外部的物质活动向内部的智力活动的转化就叫内化。其实,凡是外部的客体的东西经过主体重新组合转变成主体的内部的东西,就叫内化。

内化本身是一个主体建构的过程,是一个认识、体验、再创造的过程,它在人的智力及能力形成过程中是一个关键环节。皮亚杰理论体系的核心是强调个体与客体之间的交互作用,正是儿童通过对客体的有意义建构,才完

---

① 赵卿敏:《创新能力的形成与培养》,华中师范大学出版社2003年版,第222页。
② 燕国材:《素质教育论》,江苏教育出版社1997年版,第89页。

成智力发展任务的。因此,皮亚杰将动作、活动视为儿童教育的最重要的途径。他强调只有儿童自己具体参与各种活动,才能获得真正的知识,才能形成自己的假设并予以证实与否定。他认为,活动与动作是主体与客体相互作用的桥梁,是儿童智力发生与发展的来源。当然,皮亚杰所指的活动不仅仅是邻近空间目前正在进行的动作,也不仅仅限于当前一刹那正在进行的动作,而是能够广泛涉及远距离的空间,直接感知范围以外的事物,可以再现过去以及能按计划和方案的,把过去、现在与未来协调起来的活动。他反对把儿童看作知识的被动的接受者,而应该注重放手让儿童去动手、动脑探索外部世界。

人是在不断的内化中成长和发展起来的。没有内化,就没有人的生存和发展。人的生理成长是如此,人的心理发展也是这样。就像生理的内化是通过自己的咀嚼、吞咽以及消化、吸收,进而将营养物质化为自身的身体结构一样,心理的内化则是借助于以手的动作为主要标志的外部活动把外部客体的东西化为主体的心理结构。倘若人离开了这种心理的内化,就不可能认识世界,也就无从适应这个世界,当然更谈不上改造这个世界了。因此,这种心理内化实际上也就成了人类智力和能力发展的必要前提。

手脑结合凸显了内化与外化相统一的教育本质和真谛。手脑结合强调以手的动作为主要标志的外部活动在教学中的重要性,同时强调在实际操作活动中,做到动手与动脑相结合。强调要先把学习教学过程中应有的智力活动方式"外化"为动手操作的程序,然后又通过这一外部程序"内化"为学生的智力活动方式。手脑结合既是动脑与动手的结合、智力操作与实际操作的结合,更是智力与能力的结合。为了发展儿童及青少年的智慧,就应放手让学生动手动脑去活动、探索,努力让其通过亲身经历的动手操作的探究过程逐步形成、丰富和发展自己的认知结构。其实,学生只有亲身经历了做科学,发现科学的历程,去做、去悟、去经历、去体验,才能享受到科学的乐趣和魅力,探究能力和科学素养才能得到提高和发展,进而实现其智慧的发展。

人作为万物之灵,凭借一双灵巧的手和一个聪慧的大脑,不断地创造着一个又一个彪炳史册的文明成果。但应当说,当一个婴儿降生的时候,他还是一个羸弱的未长成的生命体,造物主只赋予了其形成道德、获得知识、发展智力的自然前提或可能性,但可能性不就是现实性,还有赖于创造条件使可能性转变为现实性。这也就是说,人除了与生俱来的自然素质外,其余一切后天形成的素质都是从外部获得的。心理学告诉我们,人们从外部获得道德、知识、智力等素质的关键就是内化,而形成、获得、发展道德、知识、智力等素质的过程就是内化的过程。

三、内化是教育的真谛

实现人的发展,是教育的根本宗旨。人的发展,体现在个体的生理发展、个性发展、个体与他人关系的社会性发展和认识的发展等方面。这些发展又都是通过内化而获得的。没有内化,就没有发展。促进内化是教育的基本任务。

对素质教育过程来说,每一个学生都属于内部、主体,而相对于学生以外的一切都属于外部、客体,如政治原则、思想要求、道德规范、行为准则、知识结构、实际操作,乃至于教师榜样、教师作用等都是属于主体之外的客体。素质教育的最终目的,就是要使这些外部的客体的东西内化为学生内部的主体的素质,使每一个学生都能成为社会所需要的人才。

众所周知,人生来是没有什么知识、能力、品德的,人的一切知识、品德和能力归根结底都是从外部获得的,而人们从外部获得知识、品德和能力的关键则是内化(即心理内化)。在生理上,如果吃了食物不消化,就不利于身体健康发展;心理上也是如此,如果外部要求不"内化",那就什么东西都无从获得。据此,为了促进学生整体素质的发展,我们必须加强学生的内化,抓住这个教育的"牛鼻子"不放。

英国教育家 J. 洛克曾经指出,"要使所有的人都成为深奥的数学家,并无必要,我只认为研究数学一定会使人心获得推理的方法,当他们有机会时,就会把推理的方法移用到知识的其他部分去"。诺贝尔奖得主、德国物理学家劳厄则说:"重要的不是获得知识,而是发展思维能力。教育无非是一切已学过的东西都忘掉后所剩下的东西。"[①]美国教育家斯金纳也认为:"如果我们将学过的东西忘得一干二净时,最后剩下的东西就是教育的本质了。"其实,这个能够"把推理的方法移用到知识的其他部分去"的所谓"剩下来的东西",或者说是作为"教育的本质"的东西到底是什么呢?到底有什么样的东西才会历经岁月的洗礼而不朽呢? 由此,我们不禁又联想到生理内化中的情况。可以说,我们每个人自出生至今"酒肉穿肠过"的东西多得几乎不计其数,但

[①] 周昌忠:《创造心理学》,中国青年出版社 1983 年版,第 103 页。

真正留下来的又有多少呢？而那些真正留下来的东西，正是被我们的身体所真正消化吸收的、已内化为我们身体结构的组成部分的东西。其实，作为一个现实的个体而言，从生物学的角度来说，我们能长成现在这般模样，也正是得益于父母所赋予的先天遗传素质与后天（甚至也包括在娘胎中）不断地从环境中吸纳我们成长所需要的营养物质，或者说，是先天的遗传素质与后天持续不断的生理内化的结果。

如果用人的消化机制与内化机制作比较，我们看到：正如食欲对于消化十分重要，求知欲是内化的前提。只有有食欲的人，才会吃得津津有味。一个人有强烈的求知的欲望，有好奇心，有兴趣，有内心的驱动，他才会努力去学习各种知识，汲取多种养料。丰富的知识就像五花八门的食物，食物搭配得当，有助于消化吸收，知识结构合理，有助于内化进行。人的消化机制的好坏取决于肠胃功能的完善与否。人的感知能力，就是内化的"肠胃"。敏锐的观察力，深刻的洞察力，准确的判断力，丰富的感受力，强烈的知觉，等等，都是内化的基础。食物需要通过咀嚼才能进入食道，牙齿与唾液功不可没，知识也需要大脑思考、选择，才为人所用，这其中去粗取精、去伪存真的工作要靠思维来完成，与兴趣则是使之顺利进行的唾液。俗话说"一口吃不成大胖子"，消化吸收是一个反复进行、日积月累的过程，内化也是同理，没有一步到位的内化，没有无中生有的内化。内化是在已有的基础上，通过知识的吸纳、思想的碰撞、感觉的刺激等多方面的活动整合而成。触类旁通、举一反三式的内化需要更为丰富的知识与体验作为支撑，认识结构愈完善，愈容易相互连接，相互转化。在这个过程中，正如人吃了东西要多运动以助于消化，内化的进行依赖于人的勤于思考，勇于创新。经常动脑筋，想问题，把不同的事物，不同的知识点，多方面的感受综合起来考虑的人，才能内化得更好、更深入。

生活中，如果一个人只沉迷于那些穿肠而过的东西，我们会说，这个人不明事理，太愚蠢了。那在教育中，如果我们一味地、过多的追求那些学了即忘、抑或学了易忘的东西，那我们要说，这种教育观念愚昧而陈腐了。如果说，这种做法在早期教育中的存在是情有可原的话，那在信息化社会已经来临的当代，则未免显得有些舍本逐末，缺少必要的与时俱进了。因为我们可以获取那些"剩不下来"的明确知识的途径已经非常广泛多样，完全可以通过其他方式来完成这任务。而且，在知识经济初现端倪，人的创新精神和实践能力显得至关重要的当代社会,我们对那些不会随着岁月的流逝而被遗忘的缄默知识有着更加迫切的需要和渴求。

因而,我们的教育不能也不应一味地沉溺于那些"剩不下来"的知识,而更应关注那些能够"剩下来"的知识。其实,劳厄、斯金纳等科学家、教育家所强调的那些能够"剩下来"的知识,也就是陶行知所说的"真知识",亦即波兰尼所说的"缄默知识",亦即斯金纳所强调的"教育的本质"的东西。即人通过学习内化的东西与先天素质的结合,就形成一个人稳定的、基本的、内在的身心特征,即素质。按皮亚杰的说法,素质"就是在环境和教育影响下,儿童所形成的动作图式"或特定的心理结构。"素质"并不抽象,也不深奥,它实际上就是一个人平素日积月累的"常识""习惯""思维方式和行为方式"。素质通常包括身体素质、心理素质、人格素质等方面。人的这种身心发展水平和特征,是人进一步的认识活动、实践活动的起点和出发点。正是这个起点不同,人才显示出水平不同、特点不同,也就是人们所说的"素质"不同。[①]

内化作为素质形成过程中一个关键环节,是否实现了个体的内化是衡量素质教育成败的重要因素之一。从知识到能力,需要的是方法、技巧、训练、勤学苦练,熟能生巧。从能力到素质,需要的情感、灵魂、体验,通过动手动脑,用心体悟才能得"道"。当然,在这一过程中内化为主体素质的东西,已不是原来具有营养的物质,也不是训练的某种技能,也不是讲授的知识,而是身心发展水平和身心所形成的特征。它是体质、是能力、是气质和性格等,是沉淀于人的主体内的一种潜在的机制、功底。

我们都知道"纸上得来终觉浅,绝知此事要躬行"的道理,亲身躬行的过程就是心理内化的过程。内化需要通过动手动脑的亲身体验去获得,人们通过内化获得的是素质,是能力,是发展。我们知道,与那种往往是漫不经心的静听、静看相比,动手与动脑相结合的内化过程无论是在精力的投入上,还是在刺激的程度上,以及在体验的深度上,抑或在大脑中所留下的印迹上,都是不可同日而语的。此即是说,内化是一个主体动手动脑,用力用心,时间、精力投入大,艰难程度高,具有高度复杂性的活动。其实,造物主是公平的,一分耕耘,一分收获。无论是物质的东西,还是精神的东西,倘若得之容易,往往也就意味着失之也容易。就像我们吃东西,如果囫囵吞枣,当然也会消化

---

① 孙喜亭:《素质与教育》,《教育研究》1996 年第 5 期。

不良,因而也就容易穿肠而过。我们都知道"刻骨铭心"的道理,刻之于骨方能铭记于心,而且,刻之愈深,也就铭记愈久。大家所熟知的"眼过千遭,不如手摸一遍"以及当今国际教育界所流行的"听会忘记,看能记住,做才学会"的新理念说得也正是这个道理。学生只有通过亲身实践才能更好地感受、理解知识产生和发展的过程,进而掌握所学的知识。有人对读、听和亲身经历进行过研究比较得出:"我们会掌握阅读内容的10%,听到内容的15%,但亲身经历的内容却可掌握80%。"[1]人的心理方面的情况是如此,生理方面的情况又何尝不是这样呢?由于生理内化是一个要比穿肠而过的非内化过程艰难而复杂得多的过程,因而,食物中的营养成分才可能内化为我们的身体结构。同样的,在教育过程中,那些经过复杂而艰难的内化过程而获得的知识,客观上也就内化为我们心理结构的一部分了。当然,也就像我们的骨肉、器官的组成部分被理所当然地、长久地保存下来了。

教育过程不仅是一个传授知识的过程,更重要的是一个内化的过程。心理学研究表明:人们从外部获得道德、知识、技能、智力等素质的关键就是内化。素质教育就是要使受教育者获取生存和发展的能力,把一些诸如学科知识结构、道德规范、操作能力、创造能力等外部客体的东西转化为学生的主体素质,使之成为与社会发展相适应的人才。影响学生发展的因素固然很多,但概而言之就是内因和外因两大系列。美国心理学家班杜拉认为,人、行为、环境交互作用影响学习进步、品德形成和心理发展,有一定的借鉴作用。辩证唯物理论的内因和外因的"条件—根据论"关系,科学地指明在学生成长发展中心理内化的必要性,而且也指明了外部客体的东西如何内化为受教育者内部的主体的结构。

皮亚杰认为:思维是动作的内化,即动作对于人的思维的形成和发展具有决定性意义。学生智慧的发展有赖于内化。而在传统的言传口授的教授方式以及静听、静观、静思的学习方式中,学生主要运用脑力进行活动。在这种活动中人的外部身体器官处于相对静止状态,学生很可能是处于被动和消极的地位,而缺乏积极地体验和主动地参与。当然,也就谈不上发生真正的内化,从而也就不可能实现学生智力的发展。技能的发展更是如此。"对所

---

[1] 刘诗海:《实验教学是培养创新精神和实践能力的必然途径》,《教学仪器与实验》2002年第7期。

有技能来说,内化的过程,也就是将信息与实践转化为隐性知识的过程,是至关重要的。如果一个人需要思索醒来后的每个动作,那么他或她可能需要一个小时才能从床上爬起来。"①这就是说,知识是可以用言传口授的方法由一个人传递给另外一个人,而实践的技能是无法进行这样的简单传递的。同样的,智力亦显然不能用传递—接受的方式去教授和掌握。人们用言传口授或灌输的方法给予别人的至多是关于智力的知识而不是智力本身。德国教育家第斯多惠对"教育可以传播"的说法进行了批评,强调教师要特别注意激发学生的主动性,让学生通过主动努力获得发展。他说:"发展与培养不能给予人或传播给人。谁要享有发展与培养,必须用自己内部的活动和努力来获得","认识、思想、意见、原理、虔诚、道德和意志可以传播的说法,纯是无稽之谈,这是不言而喻的。一个人要不主动学会些什么,他就一无所获,不堪造就⋯⋯'人便是自我'。人们可以提供一个物体或其他什么东西,但是人却不能提供智力。人必须主动掌握、占有和加工智力"。② 正是因为如此,所以后代人并不能像继承财产那样从其父母那里获得现成的素质;同样的道理,学生也不能简单而直接地从教师那里获得某种优良素质,比如能力、创造力、技能等。

因而,主体的智力与素质既不是由他人从外面加进去,由主体被动接受的(外授说、灌输说),也不是主体静止学得的,更不像唯心主义者认为的那样是从主体内部生长出来的(内展说),而是主体在与外界环境的相互作用中逐步形成的。主体的智力与素质的形成既包含了主体内在生理、心理条件的作用,也包含了环境的刺激和激发的作用。这其中,内外相互作用的中介就是主体在生活中所参与的各种各样的活动。主体的智力与素质是在主体活动中形成和发展的,正是主体的积极主动的活动推动着主体素质的形成。脱离了个体积极主动的努力,个体素质就无法形成;同时,脱离了个体的实践操作活动,智力与素质也是难以形成的。因此,智力发展与素质形成过程同时具有主体性和实践性的特征,这与智力及素质的个体性及经验性特征是对应的。人的智力与素质形成的主体性与实践性是联系在一起的,在静听、静观、静思的学习方式中,学生可能表现出主动积极性,但由于是缺少对象性的实

---

① 理查德·桑内特:《匠人》,李继宏译,上海译文出版社2015年版,第46页。
② 第斯多惠:《德国教师培养指南》,袁一安译,人民教育出版社1990年版,第78页。

践活动,因此它不利于智力发展与素质形成;同样,在传递—接受以及机械灌输的教学方式中,即使个体是在做中学习,但由于缺少学生的主体性的发挥,也不利于智力发展及素质养成。

四、手脑结合转识成智

人类的教学活动离不开知识,但获得知识并不是我们的目的。因为,"知识必须转化为智慧,才显示出它的价值。也只有在智慧的引导下,才有可能有真正意义的心智活动"[1]。因而,怀特海说:"教育的全部目的就是使人具有活跃的智慧。"[2]雅斯贝尔斯也认为,真正的教育应包含智慧之爱,它与人的灵魂有关,因为"教育是人的灵魂的教育,而非理性知识和认识的堆积……如果人要想从感性生活转入精神生活,那他就必须学习和获知,但就爱智慧和寻找精神之根而言,所有的学习和知识对他来说是次要的"[3]。也正是基于此,启智教育有着悠久的历史,并且呈现出旺盛的时代生命力。

知识与智慧的关系是相辅相成、辩证统一的。知识是智慧的基础,智慧孕育于知识之中,但智慧又不等于知识,是知识的升华,知识需要由智慧提升。知识侧重于现实世界,是具体有形的,是可通过书籍或他人传授而获得并逐步储存起来的理论知识或技能。智慧则不同,它不仅包含现实世界,还包含人类自身,是无形的,通过对知识的反思,知、情、意、行等多方面的综合,并内化为一种力量、精神品质从而对知识进行创新、应用,这仅靠知识积累在短期内是无法形成的。智慧表现为知识的实际应用,是知识应用的保证。人类掌握知识的主要目的,在于把知识应用于社会生产与生活中。在知识的运用过程中,智慧扮演着重要角色。智慧之所以成为人们追求的目标,不仅仅是因为它是神奇、深邃并富于变化的"斯芬克斯之谜",更是因为它具有极强的实践能力,使实践获得更多的效益。"智慧主要与主体相联系,而与主体能力得以发挥的物理工具无关。主体能力既有体力因素又有智力因素,智慧主要属于主体的智力因素,当然人是一个整体,智慧与体力因素也分不开。智力因素当然是主观的,由此把智慧主要理解为人的主观能力,亦可简称为能力。"[4]

---

[1] 冯建军:《生命与教育》,教育科学出版社 2004 年版,第 226 页。
[2] 怀特海:《教育的目的》,徐汝舟译,北京三联书店 2002 年版,第 66 页。
[3] 雅斯贝尔斯:《什么是教育》,邹进译,生活·读书·新知三联书店 1991 年版,第 4 页。
[4] 靖国平:《"转识成智":当代教育的一种价值走向》,《教育研究与实验》2002 年第 3 期。

当然,知识与智慧的关系也并非是静止凝固、一成不变的。其实,在古希腊时期,人们就将知识等同于"智慧",认为有知识的人就是聪明智慧的人,这在当时是有道理的。因为在远古时期,人类积累的知识量非常小;而且,人类所积累的知识是人们在日常生活中亲身实践所得,"实践出真知",亲身体验、领悟而得的知识与人的智慧发展是同步的。随着人类生活实践的发展和社会出现专门生产、加工和传播知识的阶层,人类积累的知识总量迅速增加。此时社会上一般人所掌握的知识是通过间接学习他人所发明发现的知识的方式获得的,这样所获得的知识是"闻知",而非"亲知"。"闻知"若不是建立在"亲知"的基础之上并同"亲知"建立内在的联系,则这种知识的获得与智慧发展是不同步的,是两回事。所以在欧洲教育史上,当学校以书本知识作为主要的教育内容时,就曾出现过"形式教育"与"实质教育"的激烈争论。此后,19世纪末20世纪初欧洲"新教育运动"和美国"进步主义教育运动"与以书本知识学习为中心的"传统教育"的争论,二次世界大战以后在苏联出现的教育改革(以赞可夫的"教学与发展"实验研究为主要代表)和在美国兴起的"学科结构运动"(以布鲁纳所提出的教育改革思想为主要标志),均是围绕书本知识学习与学生智力发展的关系问题而展开的。[1]

对于专注知识而忽略智慧的现象,英国教育家怀特海认为,"从古人向往追求神圣的智慧,降低到现代人获得各个科目的书本知识,这标志着在漫长的时间里教育的失败"。他呼吁"虽然智力教育的一个主要目的是传授知识,但智力教育还有一个要素,比较模糊却更加伟大,因而也具有更重要的意义,古人称之为'智慧'。你不掌握某些基本知识就不可能聪明;但你可以很容易地获得知识却仍然没有智慧"[2]。应当说,仅就智育而言,传授知识不是教学的全部目标,更不是教学的最高目标。知识可以量化,可以日积月累,可以靠耐心和毅力求得。用功可以占有知识,却不一定能产生智慧。智慧高于知识,启迪智慧比传授知识更加重要。智慧超越知识,是领悟和把握真理的能力。知识的本义是知识服务于智慧的人生,而不是作为人生无意义的材料或点缀品。人生绝对不是为知识而知识,或为了获得知识所代表的符号。相反,获取知识是为了获得知识背后所隐藏的智慧,是为了实现人生的意义和

---

[1] 陈佑清:《教育活动论》,江苏教育出版社2000年版,第134页。
[2] 李长吉:《教学论思辨》,教育科学出版社2009年版,第38页。

价值。如果人成为知识所代表的符号的奴隶,而不是知识的主人,那么就失去了人们对知识追索的本意。因为一个教师既不能也无法把所有的社会知识全部灌输给自己的学生,所以,教师的教学除了传授知识外,更重要的是要"教"学生如何自己去"找出"发现这些无穷知识的方法和途径,"教"会学生用自己的眼光来审视问题、独立思考、探寻真理,能运用自己独特的、有效的方式去解决问题。毫无疑问,这些教学方式、方法也都是培养学生创新能力的种种基本要求。①

其实,"毋庸置疑,对每一个学习者而言,教学的真正目的应该是个人经由知识的掌握而达到自身智慧的养成,即'转识成智'"②。所谓转识成智,"即指人在认识和实践过程之中达到主体与客体(主观与客观)之间的高度'交汇'或主体间性,尤其是指将客观、外在的知识转化为个体自身的理性智慧、价值智慧和实践智慧,形成自由创造人格的过程"③。由于长期以来,在理解教学的知识使命问题上,人们较多地关注了教学的知识传承价值,忽视了通过知识促进学生智慧发展的价值,即"转识成智"的价值。强调教育过程中的转识成智,旨在让教育突破传统的知识本位的窠臼,代之以智慧本位的教育。"在这一过程中,教育要促进人的理性智慧的发展,重点在于培育人的理性认知能力和逻辑思维能力,提升和解放人的求知、求真的智慧;教育要促进人的价值智慧的发展,重点在于培育人的良好社会性向和社交素养,提升与解放人的求善、求美的智慧;教育要促进人的实践智慧的发展,重点在于培育人的主体性实践能力和创新精神,提升和解放人在学习、工作、生活、娱乐、休闲等社会活动中的智慧。"④

转识成智与人的手脑结合的实践活动之间有着极为密切的内在联系,抑或说手脑结合是转识成智的基础和前提。因为人的智慧从根本上说是源于实践、基于实践的,人只有在手脑结合的实践活动中才能形成智慧。由于学习者的学习应该是利用实践活动为中介、一种主动建构个人实践知识的活动。而每个个体所具有的个人知识,是教育实现"转识成智"的关键。所谓个人知识,就是经由实践而获得的个人知识应该是一种公共知识或者普遍知识

---

① 张惠娟等:《教学做合一:转识成智的一种路径》,《现代教育论丛》2007 年第 11 期。
② 张惠娟等:《教学做合一:转识成智的一种路径》,《现代教育论丛》2007 年第 11 期。
③ 靖国平:《"转识成智":当代教育的一种价值走向》,《教育研究与实验》2002 年第 3 期。
④ 靖国平:《如何"化知为识,转识成智"》,《人民教育》2014 年第 23 期。

的个人化,即个人知识主要是指个人通过学习所获得的、自身的、能应用于社会生活以解决实际问题的知识。公共知识的个人化实际上也就是将静态的知识内化为与个体状况及境遇条件相统一的东西,从而实现个体性与普遍性的意义衔接,进而获得一种有机体保存、维持与环境之间的协调平衡的适应能力,这就是皮亚杰所说的"智慧"。就此而论,教育应该关注的是如何"唤醒"受教育者,并努力建立起受教育者与公共知识之间的意义关联,使所有的学习都成为意义学习。个人知识也是一种对人生经验的反思性建构,它使得受教育者自身的整体性、生成性、体验性、意义感等得以实现。也就是说,一个人单靠博学并不足以使其智慧,如果其所习得的知识仍然是静止的、僵化的公共知识,教育就永远不会使人有智慧;而不识字的智慧者也拥有知识——那种个人化的知识,一般被称为"生活智慧",它是在持续反思与不断建构过程中锻造出来的。知识必须转化为个人知识,即必然发生波兰尼意义上的"识知",才有可能促进智慧的成长。关注"个人知识"的教育,才能使知识"充满活力",教育才是在"活化"知识,这正是教育的核心问题。智慧必须经由自我"锤炼"、自我建构方能生发出来,是不可教的,智慧即意味着"我的"智慧。智慧总是以个人知识为载体,现代教育对"体验""反思""建构""意义"等核心词汇的关注,显示的正是教育的"转识成智"取向。因为,教育应该关注的是如何养成受教育的反思习惯,从而实现"经验的不断重组与改造",并保持对世界的开放性以及对自身的超越性。

当然,个人知识并不等于个人智慧,与个人智慧不同,个人知识还只是个体对自己所遇到的问题情境反应的基本凭据,智慧则是以这种"凭据"为基础,通过对各种信息的分析整合来寻求一种最合适的问题应对和解决方式。可以说个人知识是个人智慧养成的一种中介或必要前提,抑或说,个人知识,乃是教育实现"转识成智"的关键。教育如果不想培养那种拥有很多"旁观者知识"的人,不想培养"持有证书的蠢人",不想造就"有学识的无知者",就必须从个人知识抓起,实现知识的个人化。因而,教育在知识获取的方法上不能再持一种分析或解剖式的灌输方式,而应使学生成为知识的真正承受者。参与性的"识知"者是一个知识与情境的体验者。在杜威看来,没有过程,没有探究,所谓知识是没有意义的,因而知识不能直接传授给儿童,而必须加以"还原",即还原为"经验"或"有效的习惯",抑或说,不能让学习过程满足于"闻知",而更离不开"亲知"。其实,杜威的"从做中学"以及陶行知手脑结合的基本原理所表明的就是对基于实践过程的个人知识的信任。智慧的养成必须以个人的知识学习为基础,其基本模式是:知识的学习→个人知识的形成→智慧的养成。可见,个人化知识的形成是教育实现转识成智的必要前提和必经途径,而手脑结合正是立足于个人实践知识的形成和智慧发展的重要路径和方法。① 因为智慧从根本上说是主体的一种综合能力。相比于知识所具有的客观性(知识是独立于人的主观意识而存在)、公共性(知识是独立于个体的认知经验而存在)等特征,作为主体综合能力的智慧具有主观性(智慧是依赖于人的主观意识而存在)、个体性(智慧是建立在个体认知经验的基础上的)等特征。此即意味着,智慧是一个实践的概念,"智慧从根本上不是关于'说'而是关于'行动',智慧是'做'出来的,而不是'想'出来的"②。古希腊所强调的实践智慧都是一种关于人生的价值选择与现实判断的能力,杜威也认为"智慧是应用已知的去明确地指导人生事务之能力"③。智慧指向个体对知识的运用和掌握。转识成智要求教学活动必须从知识习得走向智慧生成,需要为知识的实践运用提供条件。因此,知识的实践运用是沟通知识习得与智慧生成的桥梁。

强调"转识成智"过程中充分重视并发挥个人认知经验的参与,客观上也是因为,生活的逻辑是实践先于理论,人们总是在生活实践中通过无数次的试误与试错,才得以偶尔发现某些活动方式比另外一些活动方式更能有效地满足人们的愿望和需要,在发现这样一种合目的性的活动方式之后,人们才开始反思并尝试建构某种理论来解释该活动方式之所以有效的理由或原因。但教育的逻辑与生活的逻辑并不完全相同。实际生活技能的形成可能只是要求一个人"会做"或"能做"什么就够了,但对于真正的教育而言,仅仅"会做"或"能做"什么是不够的,还要"知道如何做"。"知道如何做"意味着一个不光是多次正确地做出了某种适当的行为,而且还意味着他对自己所做的行为有所了解,并能证明其行动的正确性。仅仅"会做"相当于一部机械的操作,而"知道如何做"则是一种理智的操作。因此,"知道如何做"才是我们要教给学生的。但一个人仅仅从技术的层面上知道了"怎么做",并不一定能保证他在实际上"会做"那件事。例如,一个教师告诉学生一套如何进行阅读或

---

① 张惠娟等:《教学做合一:转识成智的一种路径》,《现代教育论丛》2007 年第 11 期。
② 赵汀阳:《一个或所有问题》,江西教育出版社 1998 年版,第 10 页。
③ 约翰·杜威:《人的问题》,上海人民出版社 1986 年版,第 4 页。

写作的策略性知识,并不能保证学生就能形成相应的阅读技能或写作技能;同样的,一个孩子听教练谈了关于游泳的知识后,并不意味着他就能下水游泳了。这就是说,知识要转化为实际能力,离不开大量的实践锻炼。

从知识到智慧,是从客观到主观、从普遍到特殊的转化过程,需要个体对客观知识主动内化,经由实践中对知识的运用,并最终由个体对实践做出理性反思而实现。在转化过程中,无论是主动内化阶段、实践运用阶段还是理性反思阶段,其主体都是学习者,都是基于学习者手脑结合的实践活动得以实现的。因此,学习者在知识向智慧转化的过程中能否发挥个体主观能动性,能否积极地动手动脑是教学过程中实现"转识成智"的关键。而学习者主观能动性的发挥,是其个人认知经验作用于客观知识的过程,这种过程其实就是波兰尼所提到的"识知"的过程。波兰尼认为,"所有的科学知识都是个体参与的",科学发现并不是科学家对自己研究对象的简单"认识"过程,而是一个包含着各种不同水平的"理解"过程。理解过程的实质是认知者主观认知经验参与客观知识的转化过程,其最终引发的是学习者个体认知结构的改变和智慧的生成。从知识向智慧转化的过程来看,转化的各个阶段都需要学习者个体认知经验的主动参与。无论是学习者主动内化客观知识的过程还是将知识运用于实践的过程,或者是对实践做出反思并形成智慧的过程,学习者原有的认知经验在其中都起着至关重要的作用。可以说,没有学习者个人认知经验的参与,"转识成智"将无从谈起。

随着知识经济时代的来临,人们对知识的技术价值与实用价值期望越来越高。反映在知识教学中,生活、实用、实践等成了经常提及的关键词。这实际上就是强调教学要在传统的传授知识的基础上,进一步转识成智,突出智慧本位的教育。其实,教学是要教学生掌握活的知识、实践的知识,最终养成实践之智慧的。尽管人的智慧是复杂的、多层面的,美国当代著名心理学家斯腾伯格曾提出"成功智力理论",试图从智慧行为的机能本质上更深入地把握智慧的精髓,将"分析性智力""创造性智力"和"实践性智力"列为成功智力的三个关键。这客观上也为我们理解和把握智慧的内涵提供了很好的参照系。应当说,一个完整智慧主体的健康成长,应包括其"理性智慧"(求知求真的智慧)"价值智慧"(求善求美的智慧)和"实践智慧"(求实践行的智慧)三者之间的综合、协调、有机地发展。但在这一过程中,实践智慧无疑发挥着极其重要的重要。这是因为,人的本质是实践的,智慧的本质也是实践的。

实践出真知,实践出智慧。人的理性智慧和价值智慧的实现,最终都是通过实践来完成的。实践是人的基本的存在方式,是人的主体性活动方式。动物的生存方式往往只是消极地适应环境,而人则通过主体性实践活动能动地改造环境,以此来满足自己生存和发展的需要。因而,实践就是人的生活,生活也就是人的实践,人总是在实践活动中不断地获得发展和成长的。①

因此,我们可以说,教学的核心价值就是帮助学生实现由知识到智慧的真正转换。在这一转化过程中,教学首先要重视学生的个人实践知识。学生日常的生活经历、旧有的知识经验是我们所讲的个人实践知识的第一层次,也是帮助学生有效衔接新旧知识的重要基础,教授新内容的目的是为了学生在知识、情感、技能方面的新发展。因此,教师在新知识的教学过程中,要积极引导学生自我重组、建构新的个人的实践知识,这属于个人实践知识的第二个层次。有关这个转换过程,我们可以参照皮亚杰关于认知结构的同化、顺应、平衡等理论,其实陶行知的手脑结合思想更是突出强调了人的社会实践活动在这一转换过程中的关键作用,而这也恰恰弥补了传统的认知理论的不足。

通过掌握知识中的原理、理论,认识知识的无限发展性来体验知识中的智慧,要求在知识教学中,注重以下几个方面:一是强调理性直觉。智慧的获得需要对知识进行理性思考和顿悟。所谓转识成智,"旨在领悟有限中的无限,相对中的绝对,这种领悟往往是在顿然之间实现的,它表现为哲学上的理性直觉"②。二是开展教学对话。对话作为教学方式,其实质是学生在学习过程中,通过与教师以及学习文本的思想交流,完成对知识与自身的本然之思。其过程"首先是解放被理性限定的、但有着无限发展的和终极状况的自明性,然后是对纯理智判断力的怀疑,最后则是通过构造完备的高层次智慧所把握的绝对真实,以整个身心去体认和接受真理的内核和指引"③。三是进行综合学习。知识虽然经常是分科而治的,但却需要在学习的过程中进行综合,这样才能跨越时间、空间、学科领域的局限,完成对知识的整体把握,获得智慧。"学习知识是把科学分门别类地加以分解,然后进行学习及训练",而"学习智

---

① 靖国平:《从狭义智慧教育到广义智慧教育》,《河北师范大学学报》(教育科学版)2003年第3期。
② 杨国荣:《知识与智慧——冯契先生的哲学沉思》,《哲学研究》1995年第12期。
③ 雅斯贝尔斯:《什么是教育》,邹进译,生活·读书·新知三联书店1991年版,第19页。

慧是把所学到的各种知识通过综合运用进行学习及训练"①。四是促进学生的探究。知识中蕴含着智慧,但是知识所蕴含的智慧不会自发地呈现出来,需要通过不断探究,知识中的智慧才能被体验到。正是在这个意义上,柏拉图感叹道:"对于学习科研从来没有尝过一点滋味,对于辩证推理更是一窍不通,他心灵深处可能存在的爱智之火光难道不会变得暗淡微弱吗?"②正是那些存活于个体自身的实践知识和实践智慧,才能使他们具有了前进的不竭动力,才能使他们有能力不断地改进自己的生活、改造整个社会的生活,才使我们的潜能和创造性得以最大限度地发挥。其实,波兰尼的个人知识观以及杜威的"教育即生活"、陶行知的"生活即教育"思想之本意也正在此。

第三节　动手能力不可或缺

人的动作是掌握对象世界的最基本的方式之一。动作是思维的基础,动作逻辑是思维逻辑的前身,动作思维是人的种系或个体思维发展的最初阶段。人类就是首先凭借自身的操作动作与周围环境划出了区别,产生了对象意识和自我意识;人的个体也是在抚摸、玩耍、抓挠、行走的种种动作中逐渐开始认识世界的。在皮亚杰看来,要真正了解智慧,必须追溯到动作。他把人的经验分成物理经验和数学逻辑经验两类,认为后一类就源于人类对自身操作动作的抽象反思。布鲁纳提出了"动作图式"的概念,认为人首先是用动作来表达他们关于世界的经验的,这种通过合适的动作反应再现过去之认识成果的方式,即是动作图式。它在人的一生中自始至终都起着作用。

一、手的动作的发展

运动是一切生物有机体的共有的机能,人类也是一样。例如,劳动要靠手的肌肉的运动,人的言语要靠言语器官的运动。儿童在胎儿时期,就可以观察到他的最初的运动。儿童出生后,就出现哭叫、手脚乱动、吸吮等运动,这些都是以无条件反射为基础。这种先天的无条件反射运动,很快就和后天的条件建立各种不同的联系,形成各种条件反射。这就是在主体和客体相互作用中的一种反映活动,其中主要的是感知和运动,是后天获得的经验的来源。与此同时,儿童不但和外界事物建立条件联系,也在儿童自身的各种感

---

① 郑维敏等:《学习智慧的训练系统》,《清华大学学报》(哲学社会科学版)1994年第1期。
② 柏拉图:《理想国》,郭斌和等译,商务印书馆1986年版,第411页。

官机能之间建立条件联系,如手眼协调运动。儿童运动的发展是从无条件反射的调节逐步改造为条件联系的过程。应当说,儿童自出生开始,头、眼、嘴、手、脚以及身体各部分的动作,从无意到有意,从粗略到精细。正是在复杂的相互影响和相互促进下,人的动作技能和智力技能才日渐发展起来,儿童也才开始逐渐具备了认识世界和改造世界的能力,也就是逐渐具备了生存的条件和价值。

动作是为了追求某种目的而指向一定对象的手及身体的运动。在儿童的各种条件联系的基础上,逐步出现有意的(随意的)运动,即指向于某一事物和追求一定目的的运动,这就是动作。动作总是在接受前人经验的基础上,通过机体的运动机能而形成的。学会走路,既学习了前人的走路经验,也依赖于机体的身段、手足的运动机能。人的动作不是孤立的,而是包括在人的整体活动之中。动作是通过运动来实现的,但动作并不是个别运动的简单的机械的组合,而是复杂程度不同的完整的和有目的的运动系统。动作通过反复练习可以达到自动化的地步。这种自动化了的动作系列被称为动作技能,它在人类的生产活动中具有重要的意义。

动作和一般的机体运动不同。首先,它具有整体性,它不是单调的、杂乱无章的;其次,它具有社会性,它受儿童周围的人们,特别是成人所创造的事物所制约;再次,它具有目的性,它是一种有意的调节运动。任何一种简单的、对象性的动作(如用手拿筷子、用匙子吃饭或用手拿毛巾洗脸),都凝结着人类的物化了的智力。儿童掌握这些动作的过程,也就掌握了儿童与物体、儿童与成人的关系,掌握复杂的社会要求、社会关系和社会经验,从而丰富和发展了自己的心理。

应当说,人们在平时所采取的动作,并不是随心所欲、杂乱无章的。除去一些探究式的或应付突发事件的动作之外,更多的是通过练习而形成的一定的动作组合。这种通过练习而形成的一定的动作方式称为技能。一般所说的动作技能,是指由外部动作构成的技能。动作技能主要依靠骨骼、肌肉和相应的神经过程来实现。动作从不会到会,从生疏到熟练,是一个逐渐发展的过程。促进这种发展的基本条件就是有效的练习。在形成运动技能的过程中,首先形成掌握这种技能的动机,学习与它有关的知识,在头脑中形成这种技能的最一般的、最粗略的表象;然后把注意力从认识转向运动、从个别动作转向动作的协调与组织;最后,人们学习的各种动作在时间和空间上彼此协调起来,形成一个连贯的稳定的动作系统。在初学技能时,人的动作不够协调,多余动作较多,完成动作也较紧张,往往不能达到预期的效果。等到技能形成,协调化的动作模式建立以后,整个动作系统转向自动化,动作转向稳定与灵活,动作的效率也就明显提高了。

动作是人类最重要的一种基本能力,也是个体进行实践活动不可缺少的重要工具。对个体发展而言,动作具有保障生存与促进发展的双重价值。就动作的生理基础而言,任何动作都是由一定的生理机制来具体执行的。动作发展和运动技能训练,可以使人达到更完美的生存状态。而从动作的功能来说,在某种程度上,有动作才有生存。动作表现在人的一生的各个阶段、各个场合和各个侧面。

动作与运动系统的关系极为密切,任何动作都是由肌肉、骨骼和关节共同作用的结果。运动是由运动系统产生的,但运动又强化了运动系统。运动系统的发展水平限制动作的发展。例如,婴儿运动系统尚不完善,细小肌肉和关节发育还不成熟,这时他们是难以进行各种精细动作的。甚至于尽管初生的婴儿有一双正常的眼睛,但他是看不远的,其因在于人类的眼睛需要在一种活动的过程中来学会对焦,在动态的过程中慢慢完善我们的眼睛。婴儿手眼之间的协调也是学习、训练的结果。初生婴儿的手并不是想指哪就指哪的,他需要慢慢地训练,使手眼逐步协调,最终眼疾手快。[1]

在人类的日常生活、工作和学习中,动作也具有非常重要的地位。每天起床、穿衣、吃饭、走路、写字、做实验等,无时不在进行这样或那样的动作。可以说,人类的一切实践活动,都要通过动作才能实现,就是思维也不例外。思维发端于动作,人们在头脑中思考,但思考的结果却要投入社会实践或运用到改造世界的过程中去,要么通过口部动作——语言形式表达出来,要么通过手部动作——书写形式记录下来,要么通过实际操作物化为具体成果展示出来。有的心理学家直接把智力技能定义为"以词的形式在心里完成的动作",这就扩大了动作这一概念的外延,使动作与生存的关系更深入、更全面地得到了体现。

人类借助于动作技能作用于周围世界,创造了日益丰富的物质财富和精神财富。因而,掌握更多的动作技能、不仅意味着你有较强的思维能力和学

---

[1] 吴国盛:《技术哲学讲演录》,中国人民大学出版社2009年版,第13页。

习能力,更重要的是,它可以使你更好地适应环境,改造生活。

人类的动作,更多地表现为手的动作。作为人类特点的手的动作的发展,在儿童成长和发展过程中,具有无比重要的意义。幼儿动作的发展中最重要的是手的动作的发展。手的动作,最初只是一种随意性的手的抚摸。由于抚摸动作的不断反复,手的动作带上了随意性,成为儿童感知外界事物属性的认识器官。在手的动作的发展中,抓握动作的发展十分关键,这是人类操作物体的典型方式。只有学会这种拇指与其余四指对立的操作方式,手才有可能从自然的工具(跟动物的肢端一样,五指不分)逐步变成使用或制造工具的工具;同时,抓握动作的发展有助于形成眼和手即视觉和动觉联合的协调运动,进而发展了儿童对隐藏在物体当中的复杂的属性和关系进行分析综合的能力,即发展了儿童知觉和具体思维的能力。

一个新生命从呱呱落地开始,便手脚不停地运动。婴儿最初的动作是建立在无条件反射的基础上的。刚出生时,婴儿所具有的许多先天反射之间是互相分离、彼此孤立的。例如,当瓶子接触到他的嘴唇时就立刻引起吮吸反射,当瓶子碰到他的手时则引起抓握反射。然而一个月以后,这些反射动作就开始彼此结合起来。比如婴儿对瓶子先看后抓,然后吮吸。这意味着在先前几种彼此独立的反射动作的基础上形成了一些连续新颖的动作系列。随着婴儿感知经验的初步积累和动作的初步熟练,婴儿由最初完全受环境刺激的支配,发展到开始出现自主的行为。

婴儿约从出生后第三个月起,一种随意的手的抚摸动作就开始了。他无意地抚摸着襁褓或被褥,抚摸着亲人或玩具,抚摸着自己的小手。到了五个月左右,由于抚摸动作的不断反复,同一个动作总是引起同一个结果,这就形成了反映事物关系的稳固的感觉——运动表象,这就成为一种"学会了"的动作。以后,当他看见亲人或玩具的时候,他不但会发出快乐的声音,而且要伸出手来抓抓摸摸。这样,儿童开始把手作为认识的器官来感知外界事物的某些属性。接下来五个月里,婴儿的手也培养出了神经肌肉能力,可以做出各种握的手势。等到第一年快结束时,用弗兰克·威尔逊的话来说,就是"手已经为终生的身体探索做好了准备"[①]。

在人类发展史上,建立在直立行走基础上的手脚分工以及人脑的形成最

[①] 理查德·桑内特:《匠人》,李继宏译,上海译文出版社 2015 年版,第 188 页。

终使猿变成了人。在个体发展中,手的动作的发展也是建立在行走动作的发展的基础上的。儿童通过"三翻六坐九爬爬"的成长经历,进而学会了站立与行走。随着个体翻身动作的日益熟练及手部和腿部力量的提高,便出现了最早的自主位移动作——爬行,这是主体在俯卧状态下的重要自主动作状态。爬行是婴儿在手臂的大力参与下实现的,婴儿八、九个月大时,在俯卧时用手和腹部支撑体重,靠手臂及腿部弯曲的力量拖动身体匍匐前行。随着手部力量的增强及腿的有效利用,婴儿逐步由腹地爬向手膝爬发展,进而发展为除去四肢外的整个身体都离开了地面悬空的手足爬行。有关研究表明,对手臂的依赖性很高的手膝与手足爬行,其运动经验对婴儿客体永久性的发展具有明显促进作用。在此之后,婴儿的爬行运动逐渐发展得更为自主和成熟,成为探索环境、与环境互动的有效活动方式。

值得一提的是,爬行对儿童解决问题的能力的发展以及运动技能和意志的锻炼都是大有裨益的。而且,正如《学习的革命》一书中所强调的,"身体的、运动的学习"是一切学习的基础,"没有运动的学习,很简单,脑就不会发育",特定的运动方式使整个脑部"串起来"了,其实,身体活动与脑部的发育是相互促进的。① 婴儿的爬行对视力以及大脑的发展有重要的影响。如果错过这个关键的发展阶段,也就错过了脑部发育的一个重要阶段。其中,"部分原因很简单:婴儿爬行和爬动需要动用他所有的四肢,而这种活动又增强着由 3 亿神经细胞组成的两个脑半球相互联系的途径。没有爬行、爬动行为的孩子——一般是从出生起脑部严重损伤的幼儿——是不可能充分协调两个脑半球的"②。

儿童的发展是与其双手的解放与运用密切联系的。应当说,从婴儿学会坐立开始,就在一定程度上解放了婴儿的双手,使婴儿的手眼协调能力和双手协调自主控制动作能力得到了迅速的发展。另一种重要的初步自主动作是直立姿势。在非直立的状态下,婴儿手的使用是受限制的,无法用双手够取物体或使用工具。直立姿势使双手能够解放出来去从事更有自主选择性的够、抓、放等活动。直立姿势获得的最重要标志是独立站立姿势的获得。约九个月大时,婴儿开始表出将自己由坐的姿势向上拉的倾向,婴儿经常想

---

① 珍妮特·沃斯等:《学习的革命》,上海三联书店 1998 年版,第 221 页。
② 珍妮特·沃斯等:《学习的革命》,上海三联书店 1998 年版,第 223 页。

让自己扶着其他物体站起来。因此可以观察到，婴儿常常会在家具的附近尝试着自己站起来，并偶尔伸手去扶一下家具来维持身体的平衡。到一岁时，婴儿通常都能直立，直立这是行走动作发展的前提。头颈、腰、腹等部位自主控制能力的发展，为个体自主位移能力的获得提供了重要基础。此后再过一两个月，小孩便可蹒跚行走了。小孩直立和行走，要求下肢肌肉和动作协调性的高度发达。在城市，上下楼梯是儿童行走训练中的必修课。一般说来，一岁半大的儿童在大人牵引下可以逐级上楼梯，三岁半左右可以自己扶栏双脚交替上楼，四岁儿童才能交替两足下楼梯，五岁小孩可以学习跳高和蹦跳障碍物。

行走是儿童自主移动动作发展的必要阶段，也被认为是神经系统、肌肉组织进一步成熟和儿童心理发展的具有里程碑意义的动作。行走进一步解放了个体的双手，使精细动作有机会得到进一步发展。行走动作的发展更有着重要意义。它可以发展儿童动作的灵活性，可以扩大儿童认识的范围，使他们不但能主动地接触物体，还能从各方面来认识物体，为空间知觉和初步思维活动的形成准备条件，为最初的游戏活动准备条件，有助于发展儿童的独立性。

儿童的直立行走，客观上为手的动作的进一步发展创造了条件。随着手的动作的不断发展，儿童开始萌发出解决问题的能力。这首先表现在儿童开始运用简单技能来操作周围环境中的物品，如儿童不仅吮吸手指，也吮吸抓握到的玩具；不仅吮吸，也会摇晃或抛掷。其次还表现在婴儿能运用一些新手段达到某一目的。如有的小孩会用小棍去拨取远处的球，有的小孩会掀去半盖住玩具的手帕拿到玩具。手的动作的发展，也使儿童逐步掌握成人使用工具的方法和经验。而当儿童学会拇指和四指对立的抓握动作时，也就意味着开始逐步掌握人类操作物体的典型方式，进而让手实现从自然的工具逐步实现向使用和制造工具的工具的转变。当然，这同时也是促使人的思维发展的重要基础。而且，手的动作的发展，儿童开始把手作为认识的器官来感知外界事物的某些属性。手的自由使用，儿童动作的随意性就不断发展。随着动作的随意性的增长，儿童活动的目的性也日益增长，并与语言发展相协调，从而为人类思维发展提供良好条件。手的动作的发展，也导致手与眼，即动视觉联合的协调运动，这就发展了儿童对隐藏在物体当中的复杂的属性和关系进行分析综合的能力，于是就产生直觉（视觉为主）行动（动觉）思维，即儿童对眼前直觉的物体、运动着的物体的思考。这是人类思维的发生或第一步。随着手的动作的发展，特别是双手合作的动作发展，儿童就进一步认识了事物的各种关系和联系，因而他们知觉的概括性也随之提高，这为发展表象即具体形象思维及概念的产生准备了条件。

需要指出的是，精细动作是儿童早期发展的一个重要方面，精细动作实际上也就是手的动作，它一般是指手上的捏、握、屈及旋转等动作。精细动作有赖于个体的精细动作能力的发展。精细动作能力是指个体主要凭借手以及手指等部位的小肌肉或小肌肉群的运动，在感知觉、注意等多方面心理活动的配合下完成特定任务的能力，它对个体适应生存及实现自身发展具有重要意义。对处于发展早期的儿童而言，他们面临多种发展任务（如写字、画画和够取物体等），精细动作能力既是这些活动的重要基础，也是评价儿童发展状况的重要指标。

精细动作的发展依靠两个方面，一是生理成熟，也就是骨骼、肌肉的成熟；另一是教育训练，也就是教。抓握动作是个体最初的和最基本的精细动作，在此基础上又发展起写字、绘画和拿筷子吃饭等生活自理动作技巧。手部动作的获得扩展了儿童获得环境信息的途径，丰富了儿童探索环境的形式，使儿童的探索行为更为主动和有效。作为家长要注意适时、适当地训练儿童的手，应认识到促进肌肉发育和发展精细动作的作用，还要认识到手的发育与大脑发育之间的密切关系，因而在生活中我们要增加孩子的生活、美工、自制玩具等活动。它有利于开发脑智慧，让孩子做好手脑协调等。

精细动作是人类运用机能的重要组成部分，运用机能的完成往往需要多种精细动作，特别是人手的动作的配合。人的精细动作的发展是随着人类的进化特别是人类社会与人类文明和技术的进步而愈渐复杂的，尤其是两手的动作，更是人类区别于其他高等动物的一个特征。我们人手所能操作的复杂动作是任何其他动物都无法完成的，就是与和人类相近的猿类相比较，这种区别也是非常大的。从动作的个体演化顺序来看，精细动作的发育成熟较粗大动作的发育成熟晚，精细动作是在粗大动作的基础上发展起来的。

众所周知，人与动物的根本区别在于人能制造和使用工具。而如果对人的这个根本特征进一步追溯的话，人们就不难发现，人之所以能制造和使用工具，除了应归功于人类较动物有较为发达的大脑之外，在很大程度上还应归功于人具有其他动物所不完全具备的一个重要器官——手。实际上，有较为发达的大脑和较为灵巧的双手,同样应当是人类区别于动物的一个显著标志。

二、君子也该会动手

教育的目的不是培养逍遥作派的空头家,不是把学生培养成盛装知识的容器,而是要把学生培养成知识和能力并举的人。同样,一个人的发展,也不只是把自己发展成只会纸上谈兵的清谈家。知识必须通过使用才能真正产生社会影响力或经济影响力。使用是做事,是劳动,是实践,是将知识转化为能力、力量的根本途径,是探索、超越和创新的根本手段。学会做事,就是注重动手操作能力,注重运用知识的实际能力,掌握实际的动手操作本领,进而才能有效地认识世界和改造世界,实现人生的价值。

但是,一个毋庸置疑的现实是,从封建时代沿袭下来的"万般皆下品,唯有读书高""学而优则仕"等陈旧观念深入人心,"劳心者治人,劳力者治于人""君子动口不动手"等迂腐意识根深蒂固,读死书、死读书的情形也不时地会死灰复燃,应试教育的阴魂难散,传统学习方法上的死记硬背,考核方式上的机械"八股"的"幽灵"更是若隐若现。这种思想对今日教育和社会价值取向有着消极影响。透过我们的中小学教育、家庭教育和社会教育,可以看出我们也是在自觉或不自觉地践行着。与中国教育形成明显反差的是,西方国家从家庭到学校教育都重视手的操作,让学生大量阅读课外书,扩大知识面,培养发散型思维和解决实际问题的能力。虽然西方国家中小学生的成绩不如中国学生,但当他们进入大学以后,其自主性、自发性、对问题的兴趣和内在动机的作用就凸显出来,使得西方国家大学生和研究生中出类拔萃的人才大量涌现。其实,中国人的智力水平并不算低,但由于缺乏自主性、创造性,不肯做,不敢想,不敢说,所以中国人受教育之后容易拿到饭碗,也容易成为平庸的科学工作者和能够混到饭吃的一般学者、教授,却很少有人成为世界一流水平的人才。这或许也是关于所谓的"钱学森之问"的一个很好的注脚。

我国台湾著名学者孙观汉曾写过一则叫作《"君子不动手"的哲学》的文章,文中对学生不善于动手情况的描述让人拍案叫绝,中国学生的表现着实也让人唏嘘不已,同时,对"君子动口不动手"的危害的分析更是入情入理,引发强烈的共鸣。孙先生认为,"君子动口不动手"这种思想观念,给中国的读书人和知识界以长期而且强烈的影响。正因为如此,大家都把动手看作不光彩的事情,耻于动手。中国人在过去曾发明过指南针、造纸术以及火药,但在以后的一两千年中没有什么大的发明创造,中国的科学技术一直停滞不前。这是由于近代科学,是在实验和理论之上发展起来的学问。所有重要的发现和发明,都是在实验和理论的互相配合之下形成发展起来的。换句话说,科学是从人类的脑和手中产生出来的。中国人拥有非常高的智力,这是自己和别人都承认的事情,如果说科学的发展必须是脑和手的配合,而中国人又不是大脑不够使唤,那么,是不是就可以说,中国科学停滞不前的原因,在于手的使用方面呢?现在,中国正在学习西方,努力求得科学技术的发展。但是,几千年来所形成的"君子动口,小人动手"的观念根深蒂固,轻视动手的传统,至今还残留在中国人的骨髓之中。而能否确立起中国将来科学技术发展的基础,这和现在的小学生们能否养成喜欢动手的习惯,能否彻底消灭轻视动手的心理直接相关。①

  孙先生可谓洞悉中国传统文化中轻视动手之类的思想,并且痛感这种思想对今日教育和社会价值取向的消极影响以及在国人心态中的根深蒂固。其实,我们不应忘记,轻视动手操作能力曾经给我们国家和民族带来的难以抚平的伤痛。对此,历史,特别是近三百年来的历史已经给了我们很多切肤入髓般的教训。人们都说,一个不会反思的民族是没有希望的民族。我们都为我们中华民族的一些著称于世的发明而感到自豪,可是,那些发明又曾经给我们带来了什么呢?我们中国人发明了指南针却用来看风水,而外国人则将罗盘装上航船,用来航海;中国人发明了火药却被用来制作鞭炮,驱鬼避邪,而外国人却用来制造炮弹。而且,最终也正是这些有了新式装备的坚船利炮,撞开了中国的国门!往事不堪回首,但我们切不可"好了伤疤忘了痛"。

  环顾今天的教育方式和教育现状,情况仍然不容乐观。透过我们的中小学教育、家庭教育和社会教育,可以看出我们也是在自觉或不自觉地践行"君子不动手"的教化哲学。不论是从生存和发展能力、立身创业,还是从知识的实际运用和科学创新的意义上来说,我们的教育都显贫乏和欠缺。在我们的教育中,轻视动手能力的现状并没有得到根本的改观。我们经常为自己有一个发达的大脑和一双灵巧的手而感到津津乐道。"人有两个宝,双手和大脑"。须知,人类发达的大脑是建立在手的解放的基础上的,没有手的解放也就不可能有人类如此发达的大脑。或许我们没有忘记人类的双手在人类进

---

① 钟志贤:《深呼吸:素质教育进行时》,教育科学出版社2003年版,第225页。

化中的历史贡献,但我们并未能充分地认识到我们的双手在人类发展中所蕴含的不可估量的现实价值。我们都知道,"尽管中国古代对人类科技发展做出了很多重要贡献,但为什么科学和工业革命没有在近代的中国发生?"的问题曾深深地困扰着包括李约瑟博士在内的许多有识之士。然而,倘若我们扪心自问,我们能不感到这一问题与中国传统中轻视动手的能力和习惯有着内在的联系吗?

近代工业革命是伴随着近代科学的发展而产生的,而近代科学又是建立在伽利略的开创的科学实验的基础上的。科学发展的历史告诉我们,实验原本就是伴随着人类创新活动的需要而产生的。在生产力发展水平较为低下的年代,人类的创新通常表现为无意识的经验性创新(像鲁班发明锯子),随着17世纪欧洲科学革命的到来,这种"目的性行为"之外偶然所获的、效率较为低下的创新形式开始让位于一种有意识的设计性创新——实验性创新,从而极大地促进了科学技术的发展和人类社会的进步。由于人类的创新活动总是在不断地"试错与改错"中得以实现的,而"一位发明者在实验室里一年的试错次数,或许比得上数以千计的经验丰富的农夫或工匠一辈子的试错次数"①。这就是说,如果说我们古代的科学技术能够取得遥遥领先于西方的辉煌成就是得益于中华民族的勤劳勇敢以及由于"人多势众"在经验性创新方面所占据着的优势的话,随着经验性创新让位于实验性创新,"人多势众"也就不再成为优势了。就此,我国著名的核物理学家张文裕先生亦曾道出个中缘由:"西方自伽利略和牛顿等人倡导科学实验以来,大力发展了科学实验,而我们却仍然未动。轻视科学实验是我们的不良传统之一,也是几千年的封建思想、特别是一千多年科举制度的遗毒,这是科学不发达的重要原因之一。"②

轻视动手能力给中华民族所带来的危害不仅限于科学的不发达方面,更是体现在技术不过硬方面。毋庸讳言的是,由动手能力差所导致的我国在技术方面的现状着实令人担忧。或许我们会庆幸我国已掌握了制造原子弹、宇宙飞船等先进技术,但现实中操作第一线能工巧匠的匮乏以及由此带来的产品质量不过硬的问题却是一个不争的事实。在这方面就甭谈那些高科技含

---

① 李正凤等:《中国创新系统研究——技术、制度与知识》,山东教育出版社1999年版,第85页。

② 彭前程:《加强实验教学,提高教学质量》,《课程·教材·教法》1998年第8期。

量的项目了，就以现今已成为普通交通工具的汽车而论，尽管其原理及工艺的成熟已非一朝一夕的事了，但我们的汽车就是达不到欧美及日本那样的制造水平，这也是制约国产汽车发展的一个重要瓶颈。汽车产业的情况是如此，而除了个别倾国之力打造的项目外，其他行业的情况又何尝不是这样。正如大家所知道的，连李克强总理都感叹，我们的钢铁产能过剩，却生产不了圆珠笔的"圆珠"。现在的日本用他们的产品征服世界，虽然现实中有很多"愤青"喊着要抵制日货，但日货还是以其过硬的质量赢得了国人的青睐。这仅从赴日旅游的国人竞相购买日本的电饭锅、马桶盖便可见一斑。为什么日本人的产品好？一位日本商人曾道出了个中缘由：日本有一支世界无可比拟的技术精湛的产业大军，他们从事相关工作几十年，他们灵巧的手造出了世界上最精密的产品，这双灵巧的手在高等院校是教育不出来的，也不是短期培训能达到的，而是多年磨炼出来的。而相比之下，国人之中又有多少人乐道于这种受制于人的"苦差使"呢？

我们常说，"三百六十行，行行出状元"。而从成才的实际情况看，成功的先决条件是兴趣。因此，按照孩子的爱好，善于抽象思维则以背记为主学习知识，善于具象思维则以动手为主学习知识，因势利导，人人都可以成才。这是科学社会的人才培养观，它引领着人们走个性发展、特长发展和错位发展之路。其实，现代社会对人才的需求也是多样化的，它不但需要牛顿、爱因斯坦，也需要瓦特、爱迪生。倘若我们当不了科学家，但完全可以练就一手"绝活儿"，做个能工巧匠，同样可以实现自己的人生价值。况且，尽管我们缺少牛顿、爱因斯坦那样的杰出科学家（当然，这类凤毛麟角的科学家客观上也不可能很多），但我们并不缺少一般的善说、擅写的人才。我们更加紧缺的是在各行各业拔尖的技能型人才。这就是说，条条道路通罗马，成才的路有千万条，我们没有必要千军万马去挤独木桥。而今，即使那些侥幸挤过独木桥的人其前景也并不那么令人乐观了。这由每年的就业季所呈现的"大学生易找，好技工难求"的现象可见一斑。这也意味着在现代社会中那些仅仅满足于耍嘴皮子、玩笔杆子的人的路是越走越窄了。相反，社会却为那些有一技之长的能工巧匠们提供了日益广阔的施展其身手与聪明才智的舞台。

值得一提的是，长期以来我们对动手能力存在着一定的误解，这不仅表现在轻视乃至歧视动手能力方面，同时还表现在我们不自觉地把动手与动口，或者动手与动脑相对立起来。像"君子动口不动手""劳心者治人，劳力者治于人"以及"四肢发达,头脑简单"无不流露出这一倾向。这就是说,在人们的潜意识中,就认为动手的人是不需要动脑的,同样动脑的人也是无须动手的。这也表明,尽管人们对"心灵手巧"可谓耳熟能详,但却并未能真正领会其内在含义。其实,心灵与手巧原本就是相辅相成、相得益彰的,心灵方能手巧,手巧促进心灵。或许劳力者需要劳心的问题自不必说,这里单就劳心者同样需要劳力,抑或君子动口也需要动手的问题略做说明。

所谓"君子",原本系指那些发号施令的"劳心者",现往往是指那些德识才学超凡的人。概而论之,那些对人类社会的文明和进步做出过重大贡献的科学家、发明家理应归属君子之列。当然,这并不意味着这些人都是传统意义上的"劳心者",即"动口不动手"的人。事实上,这些人中像瓦特、爱迪生这些专事发明的人,他们的动手能力无疑是出类拔萃的,就是像伽利略、法拉第、富兰克林以及卢瑟福等也都无不具有突出的动手能力,而且,即使像牛顿、麦克斯韦等以理论擅长的科学家也都具有喜欢动手、热爱实验的良好品质,从某种程度上说,也正是他们所具有的过硬的动手能力以及重视动手、重视实验的良好品质,使他们在科学研究中如虎添翼、如鱼得水,最终使他们成为彪炳史册的科学家。还有,就像开普勒曾因自己的眼睛不行,便仰仗第谷的慧眼,进而发现了天体运动三大定律,成为了"天空立法者"。同样,著名科学家波义耳则是凭借胡克的双手而做出了关于气体波义耳定律在内的一系列科学发现。为我们所熟悉的胡克是一个全才式的人物,他以惊人的动手技巧和创造能力对当时的天文学、物理学、生物学、化学、气象学、钟表和机械、天文学、生理学等学科都做出过重要贡献,因此被誉为"英国的达·芬奇"。他在给波义耳当助手的时候,波义耳所用的包括真空抽气机在内的几乎所有科学仪器都是胡克制造或设计的。正是得益于胡克灵巧的双手,成就了波义耳的辉煌。而当胡克离开他后,波义耳就很难表现为出色的实验家了。由于胡克和波义耳的密切配合,对皇家学会起着积极的作用,以至于人们认为:"如果说波义耳是皇家学会幕后的灵魂,那么胡克提供学会的就是双眼和双手。"①实践证明,现代科学技术的许多重大突破都得益于高超的实验技术和动手操作能力。就像李政道与杨振宁的宇称不守恒的假设,最终经由吴健雄的实验验证才成为真理。而倘若离开了人类灵巧的"双手",也就谈不上有

---

① 束炳如等:《物理学家传》,湖南教育出版社 1985 年版,第 92 页。

科学的发展与突破。李政道就曾经指出："不做实验,有安培也不会出安培定律。"①杨振宁教授亦认为："对人类来说,毕竟百分之九十的科学活动是实验,而且科学中最重要的基础是实验,对那些特别擅长动手的学生来说,应认为擅长动手是一件非常荣幸的事,因为有这种能力,他们就很有可能在适当的学科中从事很有意义又很重要的事业,取得扎扎实实的进展。"②

正如方德珠在其《创造智能学》一书中所指出的,"由于社会历史的原因,有的人轻视动手能力在创造活动中的作用,忽视操作能力的训练。这不仅影响科学实验进行的速度,而且也影响创造活动成果的推广应用。很多因素影响创造活动成果的经济效益、社会效益,其中操作能力就是一个重要的心理因素。创造主体智力全面发展的一个重要标志是既要发展动脑能力,也要发展动手能力,二者不可偏废"③。其实,无论是发明也好,创造也好,都离不开聪明的大脑与灵巧的双手的密切配合。在现代社会,在知识经济的时代背景下,若要想成为对人类的文明和进步有所贡献的杰出人才,如果他在有一个聪颖的大脑的同时,还兼有一双灵巧的手,那也就意味着其具有了得天独厚的有利条件。因而,如果你真的希望自己能成为德才兼备的所谓"君子"的话,那可不能仅满足于坐而论道,述而不作,同时也得具备过硬的动手能力才是。其实,而今我们特别重视创新能力的培养。应当说,创新离不开知识基础,离不开高层次的思维能力和实践能力,而动力能力则常常是实现创新成果必不可少的"合成器"。"其作用是将知识和智力外化甚至物化,其表现形式既是理性知识,又是感性经验;既存在于人的头脑,又表现于人的肢体;既是技巧,也是能力。我们在学习前人创造成果、积累前人创造经验的同时,记住前人的创造理论,探究他们的推导方式固然重要,但是,仅仅这些是不够的。他们熟练而且精湛的实验技能以及高效的做事方式同样也是不容忽视的。"④

三、操作学习与发展

教育学的研究表明,主体的特定的活动主体的身心素质只有在对应形态

---

① 庞国斌:《试论实践能力在形成和发展学生创新能力过程中的重要作用》,《教育科学》2004年第6期。
② 朱永新:《创新教育论纲》,《教育研究》1999年第8期。
③ 方德珠:《创造智能学》,新疆大学出版社1995年版,第101页。
④ 孙小礼等:《科学方法中的十大关系》,学林出版社2004年版,第327页。

的活动中去发展和培养。也就是说,主体主要是在实物活动中发展他作为实物活动的主体所需要的对实物活动的需要、价值取向、情感体验、实际活动能力、意志调节力量、审美力、创造力;主体不可能仅在书本知识学习的活动中发展从事实物活动所需要的价值取向、情感、意志、能力、创造力、审美力。①就学习而言,由于学习具有不同的类型,如知识学习、观察学习、操作学习、交往学习等,因此有着不同的发展效应。或者说不同方面的发展需要在不同的学习活动去完成。我国教育存在的一个突出问题是,往往想用单一的知识学习(主要指书本知识学习)去发展学生的所有素质。教育实践结果表明,单一的活动不可能实现促进学生全面发展的目标。②正如杜威所一针见血指出的,"离开练习所用的材料,一般的心理的和身体的能力的训练全是废话"③。

已故著名科学家高士其认为,"人类社会发展到今天,已经越来越需要高度的理性和智慧的科学思维了。科学来源于实践,科学也来源于思维。不是吗?科学本身就是动手与动脑的产物,科学的发展也存在于一系列的假设中,提出一个问题,证实一个问题,再解决一个问题,正是由于思想认识在不断发展,从而也促进了科学的不断发展"④。现代自然科学的大厦是建立在实验的基础上的,"实验方法对于人类科学认识的意义是怎么估计也不会过高的"⑤。正如美国物理学家 A. 达布罗指出,"有成就的实验者,必须具有无限的耐心、聪明的天赋,以及在设计和制造仪器方面动手的灵巧"⑥。

应当说,人类知识的获得也是不能脱离实践活动的。虽然人们可以通过学习间接经验获得知识,但间接经验的学习在多种意义上同人的实践活动相联系。首先,间接经验的学习必以一定的直接经验作基础,否则间接经验的学习要么无法引起人的认识兴趣,成为人的认知对象,要么成为无根基、不牢固的"浮萍"漂泊在"脑海"之中;其次,习得的间接经验必须在主体的实践中应用,"理论联系实际",才可能使之巩固、深化乃至活化;最后,从做中也可以学得大量知识,而且,"实践出真知"。也正是基于此,而今的国际教育界才一

---

① 陈佑清:《教育活动论》,江苏教育出版社 2000 年版,第 112 页。
② 陈佑清:《论活动与发展之间的相关对应性》,《教育研究》2005 年第 2 期。
③ 约翰·杜威:《民主主义与教育》,人民教育出版社 1990 年版,第 70 页。
④ 张光鉴:《相似论》,江苏科学技术出版社 1992 年版,序言第 2 页。
⑤ 周昌忠:《科学研究的方法》,福建人民出版社 1983 年版,第 8 页。
⑥ 周昌忠:《科学研究的方法》,福建人民出版社 1983 年版,第 12 页。

再倡导在实践中学习的理念,并认为"听会忘记,看能记住,做才学会"。①

平心而论,我们对学习存在诸多的误解。应当说,"学习是获得新的知识、新的观点、新的能力的过程"②。"而那种规规矩矩坐在课堂上听老师讲课或者写作业、朗读等活动,却不是学习的典型形式,而是一种特例,甚至可以说不一定是学习。因为在这种形式的活动中,学生可能只是机械地重复,或者心猿意马,只是口中念念有词,做认真状或者应付差事,而结果却可能没有什么收获。"因为,这种被异化了的工业化式学习,只是获得了"惰性知识",即不能加以利用的知识,不能迁移到新的情境中的知识。有研究发现,受过正式学校教育的人,在利用数学解决日常问题方面的表现常常还不如没有接受过正规教育而有着丰富的相关实践的人来得好。我们常说,经验大于学问,如果学问只是流于空洞的言辞和抽象的符号、公式、定理,则肯定不如实践经验更能解决实际问题,而我们不能不承认,能解决实际问题是我们的教育工作必须承担的任务。③ 而"由于片面教育的影响,我们丧失了许多的天赋,遗忘了多种曾经熟悉的学习方式,因而无法获得学习中的乐趣与全面和谐的发展。因此现在首要的任务是了解和掌握更多的学习方式,让身体更多的器官参与学习"④。

一般而言,不同类型的素质需要通过相应类型的活动来培养。与内部活动相关联的素质(如思维力、想象力等)要用内部活动来培养,与外部活动相关联的素质(如操作技能、动手能力等)需要通过外部活动来培养。我们不可能用单纯的内部活动去培养人的外部活动所需要的素质,也不能用单纯的外部活动(如简单重复训练)去培养人的内部活动所需要的素质。可见,企图用知识学习中流行的坐着学或静止地学习(主要为内部活动)的方式去培养学生的操作技能、品德、能力等与外部活动相关联的素质,只能方枘圆凿。

1996 年,由雅克·德洛尔任主席的国际 21 世纪教育委员会向联合国教科文组织提交了《教育——财富蕴藏其中》的研究报告。在这报告中,国际 21 世纪教育委员会着眼于广阔的国际经济、政治、文化背景和未来 21 世纪的发展目标,既从各国实际出发,又注意可行性,向高层决策者提供了一系列教育

---

① 张光鉴:《科学教育与相似论》,江苏科学技术出版社 2000 年版,序言第 6 页。
② 郑太年:《学习:为了人的发展》,上海教育出版社 2008 年版,第 15 页。
③ 郑太年:《学习:为了人的发展》,上海教育出版社 2008 年版,第 16 页。
④ 陈建翔等:《新教育:为学习服务》,教育科学出版社 2002 年版,第 63 页。

改革和行动依据的建议。该报告提出了 21 世纪教育的四个支柱：学会认知、学会做事、学会合作和学会发展。

　　应当说，学会做事，是一种综合能力。这种能力首先表现在培养实际的操作能力。操作能力的形成有赖于操作学习的过程。由于学习的目的在于认识世界和改造世界，进而实现人生的价值，而为了更有效地认识和改造世界，仅仅满足于走马观花、袖手旁观是不够的，传统的那种"坐而论道、述而不作"的"静听、静观、静思"更是无济于事的，我们更加需要的是掌握对客观事物施之以操作的本领。因而，"学会认知和学会做事在很大程度上是不可分的"①。其实，离开了干预和变革客观现实世界的操作，我们就难以认识自然事物的本质，当然也谈不上将那些凝结着人类智慧的文明成果卓有成效地物化为具体的产品以造福于人类，当然，也就谈不上会做事。有鉴于此，操作学习也就显得尤为重要。

　　人从事实物活动的最基本的本领就是要掌握相应活动的动作结构和动作方式，即形成活动的技能和能力。谈到技能和能力就不能不涉及手工操作或者肢体活动，但是在自动化、信息化铺天盖地的现代社会，依赖肢体的活动似乎显得有些原始和落后，其实不然。科技的进步在一定程度上也许可以减少人们肢体活动和手工操作的强度和复杂度，但从另一角度来说，又在某些领域、某种程度上提高了对手工操作、肢体活动的要求，也就是对技能的要求。比如一些精密仪器的使用，一些实验技巧的掌握。空有满腹理论，不动手实践，是不能提高技能的。技能不同于知识，更不同于思维，不是传授就可以领会的，一定要在亲身实践中感悟和领会。科学上有很多伟大的创新，都是通过实验这个极其强调技能的环节得以实现的。可想而知，如果缺乏必要的技能训练，很可能造成创新过程中的"瓶颈"，就像是有杰出的设计师，却没有高水平的技工；有动听的歌曲，却没有能够演唱的歌手；有完美的乐章，却没有可以驾驭的音乐指挥。

　　实际操作能力不同于理论知识，它显然不能用被动接受或机械记忆的方式从他人那里直接获得。在理论知识的学习中，学习者可能坐在课堂上，用被动接受或机械记忆的方式去掌握教师传递或灌输的理论知识。理论知识

---

① 联合国教科文组织总部编：《教育——财富蕴藏其中：国际 21 世纪教育委员会报告》，教育科学出版社 1996 年版，第 78 页。

的传递主要是教育者借助于各种媒体或知识的载体——主体是以语言文字为主的各种符号(包括口头语言、书面语言、图片、标本、手语、体语等),将知识"物质化",知识的传授者(教师)借助于这些文字和符号将前人总结出来的结论告诉给知识的接受者(学生),学生获得理论知识的过程,只是在头脑中形成了一种映像,或者说是在原有的认知结构的基础上形成了新的认知结构。而实际操作能力,是在已有的理论知识基础上,通过学习者的多次练习而逐渐巩固的,达到"自动化"、完善化的操作系统。它的形成不仅需要一定的理论知识来指导,而且需要机体的肌肉骨骼运动来协调。这种协调,只有在亲身的练习的基础上才能形成,而不能通过口耳相传来达到。而实际操作能力,一个人是无法用传授的方式将自己的这种能力直接给予另一个人,人们用言传口授的方法传予别人的,至多是关于操作能力的知识,而不是操作能力本身。学生无法直接从教师那里获得实际操作能力,子女也无法像继承财产那样从父母那里将能力据为己有。实际操作能力既然无法直接从他人那里接受或继承,也不能通过静思去获得,那么,我们培养学生的实际操作能力,唯一的办法就是让学生自己动手,投身实践,从做中去学。

操作学习是建立在动手动脑的基础上的,操作是指人用手活动的一种行为,操作学习,是指学习者以某种实际的事物为对象,并通过动手或外部身体动作作用于该事物的学习活动。操作学习区别于符号学习、观察学习、交往学习等学习类型,操作学习的突出特征是学习者在实际动手操作活动中进行学习。操作学习的对象是实际事物,而不是文字符号、他人或事物的形象。其形式是实际动手操作,而不是言语行为或只是静听、静观、静思。操作学习主要通过动手或工具性的操作活动展开,即以双手或物质性的工具作用于实际事物,比如实验、制作、劳动、游戏、雕塑、绘画、器乐演奏等。

操作学习源于杜威的"从做中学"。众所周知,杜威是最早倡导并实践"从做中学"的人。杜威主张,教育即生活,学校教育是要使青少年在这个特殊的环境中通过参与各种集体的社会活动渐渐地增长其经验,养成参与社会生活和适应社会生活的能力,而不只是为将来生活做准备。"教育就是生活,而生活,不是呼吸,而是要靠我们的身体,运用我们的器官去感觉、去体验,以此获得经验。"[1]因此,他从生活的角度出发,把学校和社会紧密联系起来,强

---

[1] 江大奎:《"从做中学"与培养学生的操作能力》,《攀枝花大学学报》1999年第4期。

调在教育活动中应以学生(儿童)为中心,根据学生的兴趣组织活动,教育应当创造、利用和通过环境,让学生亲自参与其中,以此获得个人的直接经验,用这种方式,使个人的经验不断改组和改造,不断增长。基于上述观点,他提出"从做中学",即学生在学校这个社会中,通过生活经验学得知识。杜威的"从做中学"理论实质就是要加强对学生的实际操作能力的培养,要求学校教育要以培养学生从事工作能力,丰富工作经验,适应社会生活为中心。在实际操作中,学校应注重实践性教学环节,加强实践性教学,把实际生活内容纳入课堂。

20世纪末美国制定的新的科学教育标准中,也将"做中学"(即"hands-on",亦称"动手做")作为儿童学习科学的主要方式。后来法国人又将美国的"做中学"引进法国学校使用。继而,中国又从法国引进"做中学"方案。应当说,尽管在不同的历史时期,人们强调"做中学"的教育思想基础可能也不尽相同,"做中学"的含义不完全一致,像杜威既将"做中学"当作课程,又将之作为学习方式,而后来包括美国、法国以及中国则仅将之当作学习方式;但是,杜威所倡导的"做中学"的主要特征却是一脉相承的,那就是强调学生在动手操作中学习。现在,我们所讨论的"操作学习",其实也就是杜威所倡导的作为学习方式的"从做中学"。

操作学习强调身心统一活动和手脑并用。应当说,真正具有学习或发展意义的操作活动,不是简单的身体器官动作,而是有主体客体化和客体主体化发生于其中的主体与客体之间双向对象化的过程。也就是说,在操作活动中,一方面,活动者运用某种工具作用于某种物质对象,并将已掌握的知识经验和心智能力在活动过程中对象化和外化;另一方面,活动对象及活动过程又以观念、形象、心理感受、活动经验等形式进入主体的心理结构,从而对活动者已有知识经验和心智能力进行改造和丰富,即引起主体心理发展(内化)。陶行知先生对"做"有独到的理解:"单单劳力,单单劳心都不算是真正之做。真正之做须是在劳力上劳心。"

应当说,学生通常操作学习是以传递经验——缄默性知识为基本内容,这类知识(即技能操作、情感体验、问题解决知识)积淀了人类改造世界、认识人生的智慧,亦属人类知识总体的有机组成部分,为人类生活、社会发展所必需。正如美国教育家索尔蒂斯所说:"除了学习我们社会群体的语言、理论和知识主张外,我们还要学习做出有效行动的技能技巧,以及支配'适当'品行的规则和习俗。人类动手做、发明、创造和制作的能力,以及形成有利于'人性'的技能、艺术、技艺和意向的能力,是人类知识的主要部分。""知识不仅仅是头脑和书本中所包含的东西,而且还包括我们参与社会生活时动手操作与行动中所包含的东西。"[1]因此,对于这类知识的学习和掌握并非仅仅通过观念的建构,必须通过学生自主地操作、活动、体验方可把握。当然,这里并非意味着这类知识教学中不使用语言,而是指这类教学除了凭借语言、符号,更多的是综合运用包括语言交流在内的动手操作、情感体验、模仿尝试、角色仿效等诸种方式。相对于演绎——系统知识而言,经验——缄默性知识唯有通过学生主体的实践操作、活动练习、亲身体验、探索创造才能为学生所领悟、掌握和运用。

操作学习作为一种基本的做事的能力,其意义还不仅限于学会操作与做事本身,同时对间接经验的学习以及创新能力的培养都是有重要意义的。关于这个问题,陶行知和杜威已进行了深刻阐述。陶行知提出"接知如接枝"的生动比喻,强调直接经验在知识学习中的重要作用。他首先区分了真知识和伪知识:"思想与行为结合而产生的是真知识。真知识的根是安在经验里的,从经验里发芽抽条开花结果的是真知灼见"[2];不是从经验里发生出来的知识就是伪知识。陶先生指出,掌握真知识的基础是,"我们要有自己的经验做根,以这经验所发生的知识做枝,然后别人的知识方才可以接得上去,别人的知识方才成为我们知识的一个有机体部分"。其实,陶行知所说的真知识,就是后来波兰尼所说的缄默知识。而这种沉没在明确知识的"冰山"之下的缄默知识具有理论上的优先性,其在逻辑上先于言传的知识。"缄默知识比明确知识更基本,我们能够知道的比我们能说出来的东西多,而不依靠不能言传的了解我们就什么也说不出来。""缄默知识可定义为附带觉察和体验化活动的作用。因此,它显现了下述特征:直觉的发展,体验的表达,微妙的识别……"[3]缄默知识本质上是一种理解力,是一种领会,它把握经验,重组经验,以实现理智的控制能力。没有这种个体缄默知识的参与,就不会有真正意义上的学习活动,也不会有任何科学技术上的创新。因而,在自我发展或创业的征程中,仅有"明确知识"是远远不够的。不幸的是,多少年以来,我们

---

[1] 潘洪建等:《活动教学与方法》,甘肃教育出版社2008年版,第6页。
[2] 江苏省陶行知思想研究会等:《陶行知文集》,江苏教育出版社1991年版,第192页。
[3] 朱小蔓:《情感教育论纲》,人民出版社2007年版,第55页。

的教育功能又主要定位在传授明确知识方面。其实,"科学的创新根源于默会的力量"①。

对于基础教育来说,学会做事,主要是培养一种学习倾向和生存素质发展意向,养成重视"沉默知识"学习的习惯。学会做事的能力,主要在实践活动和工作角色中逐渐完善,亦即"从做中学",这种能力需要持续不断地提升和改善,没有一个永远固定的模式和标准,因为这个世界是变化着的。可以这样说,做事的能力直接决定一个人在未来工作岗位中能否做出突出贡献,能否迅速脱颖而出,使自身的潜能价值得到最充分的发挥。因为做事的能力更多的涉及一个人的情商素质、创新素质或综合素质。

面对我国学生动手操作能力薄弱的现状,国内的一些有识之士也忧心如焚:

如果他们都没有学习动手操作的经历,都没有任何使用基本劳动工具、从事从构想设计到制造成品的工作体验,都缺少通过"设计—制作—修改—完成"这种劳动周期走向成熟而增添自信的机会,那么,作为未来'制造业大国'的国民,又将从哪里产生呢?人类生存的基础是物质生产,网络、信息、金融、贸易以及种种精神生产活动,最终都必将建立在物质生产的基础上,并且会反过来大大影响促进物质生产。作为世界第一人口大国,中国不能没有发达的制造业,也不能没有数以亿计的一线生产工人,而正如人们的智力存在最佳发展期一样,技术娴熟、创意丰富的高素质劳动者也有最佳发展期,也要从娃娃抓起。其实,即使将来并不从事制造工作,现代人也应具备基本的生活能力即自我服务能力。现代社会需要的公民,是善于动手、善于将动脑与动手结合起来的人。因为正是在人们手指小肌肉群巧妙配合的过程中,在人的手眼配合能动创造的过程中,人类的智力才最终得到飞跃性的发展。现代社会不但是人类智力高度发达的社会,也是人类智力与劳动及多种实践技能高度结合的社会。劳动创造人,不仅是历史事实,也会在人类每个个体的成长过程中得到一定程度的再现。"心灵手巧"作为成语,其实反映了人类个体成长的某种规律,高度重视基本劳动技能培养,是多数发达国家基础教育的共同特点,也应成为新时期中国基础教育课程改革的重要价值取向。②

---

① 廖哲勋:《我的教学本质观》,《课程・教材・教法》2005年第7期。
② 文喆:《应重视基本劳动技能及习惯培养》,《教育科学研究》2004年第4期。

四、动手能力的培养

人类之初，钻木取火，用的是手；锯树为轮，用的也是手；刀耕火种，猎兽为食，还是用手。人的手本身就是一个奇迹。它既是人类的重要感官和运动器官，更是人类创造一切的主体和工具。

我们知道，人的未特定化决定着人需要学习，学习旨在实现人的发展。而实现人的发展的目的则在于认识世界和改造世界，进而实现人生的价值。为了更有效地认识和改造世界，我们需要用双手以及通过双手掌控工具干预和变革客观现实世界。离开了干预和变革客观现实世界的操作，我们就难以认识自然事物的本质，我们也无法凝结着人类智慧的文明成果物化为具体的产品以造福于人类。回顾人类的每一次工业革命，无不和人类的操作能力密切相关。事实上，也正是源于作为一名能工巧匠的瓦特的操作，人类社会迎来了蒸汽机时代。同样，也正是缘于独具匠心的法拉第的操作，给人类社会带来了无限光明的前景。而且，我们正在享受的信息技术革命的成果，又有哪一项不是来自匠人们的巧夺天工的操作呢？还有，在中国，处于"士农工商"之三流的工匠们所创造的彪炳史册的四大发明又有哪一样不是工匠们的杰作呢？

应当说，瓦特、法拉第等工匠们的伟大成就赢得了世人的尊敬。尤其是西方的工匠们创造性的劳动激发了工业革命，并直接改变了社会上认识的偏见——读书人已经不是传统的读书人，他们大胆地摒弃了东方读书人所崇尚并习惯的那种"坐而论道，述而不作"的陈规陋习，倡导"身体力行，动手动脑"的工匠精神，并为社会的文明和进步提供着不竭而巨大的动力。因而，人类的文明和进步是建立在"大脑"和"双手"相结合的基础上的，二者缺一不可。造纸术和印刷术促进了文明的传播和延续，指南针指引着人们探索和开拓新的疆域，火药帮助人们改造自然、利用环境。我们为我们的先辈将自己的双手和大脑相结合所取得的辉煌成就引以为豪，不过，我们需要扪心自问的是，四大发明之后，中国还有什么值得称道的对人类生活产生重大影响科技发明呢？

在我国，人们也似乎逐渐认识到我们教育的软肋所在。而今，我们的教育不是正在大力强调要培养学生的创新精神和实践能力吗？其实，我国学生的创新精神不足和实践能力不强也是一个不争的事实。诺贝尔自然科学奖自诞生一百多年来一直未能在中国的土地上开花结果的事实或许也直接或间接地印证着这一点。"为何我们的教育培养不出杰出人才?"更成为包括钱学森在内的广大有识之士心中难以消弭的隐痛,正在不时地叩问着、折磨着每一颗有良知的、有责任感的心。这客观上也要求我们必须改进和变革我们的学习,尤其要重视作为实践能力一个主要和重要方面的动手能力的培养。

动手能力是人类最基本的实践能力。所谓动手能力,简单地说就是通过动手去解决问题的能力。动手能力也叫动手操作能力或实际操作能力,它具体表现为主体用双手(或体力)作用于客观物体,进行劳作、实验、加工和制作物品等的能力。[1] 或者说,动手能力是根据一定目的通过双手及运用工具,改变客观实物的状态、形状、结构、功能的实践能力(技能)。[2]

动手能力体现着主体完成具体动手活动的本领。例如,拆装玩具、实验操作、维修与制作仪器、操纵机械等。在现实中,人们最为熟悉的实践能力,便是指动手能力。动手能力强调动手去做,操作能力强调按照一定的规则去进行。可以说,动手操作能力是人类最基本、最重要的一种实践能力。在人类祖先的劳动中,劳动作为制造和使用工具的活动,用得最多的是手。劳动创造了人,猿之所以能够进化为人,首先是建立在手脚分工,进而让手成为最灵巧、最重要的劳动器官的基础上。应当说,动手能力的重要作用不仅体现在人类的进化过程中,同样也体现在人类的发展过程中。即使在人类社会高度发达的今天也是如此。在而今人类社会正在走向知识经济时代的背景下,人类社会对人的素质尤其是创新素质无疑有着更高的要求和期待。其实,无论是个体还是群体的创新素质,最终毕竟都要以成果或产品的形式体现出来。因创造力不能只囿于思想的层面,或只停留在创新意识、创新思维阶段,或只停留在头脑中对信息的选择、加工阶段,必须要通过创造的实际操作,将创造性思维外化为创造行为,这样才可能产生创造性产品。事实上,历史上的人类每一次工业革命,无不都是善于思维创新的科学家和善于动手实践的工匠们相辅相成、共同努力的结果。质言之,无不都是科学与技术相互联姻、相得益彰的结果。众所周知,早期的科学是与哲学结盟的,科学与技术的关系并不密切,这时的发明创造基本上依赖于以手工业起家的工匠们的刻苦钻研和锲而不舍的精神。随着科学与哲学的脱离,科学便与技术建立了联盟。

---

[1] 杜殿坤:《要重视实际操作能力的培养》,华东六省一市教育学院协作选编:《教育学论文集》,浙江教育出版社1985年版,第131页。

[2] 温寒江等:《让青少年智力得到最佳发展》,北京科学技术出版社2006年版,第64页。

科学使用、吸收并发展技术以进行检验,而技术也使用、吸收和发展科学以进行操作。科学借助技术来获取知识,而技术则借助科学知识来完善自己。从培根和笛卡儿开始,科学计划就有意识地指导人类来控制自然。在人本主义关于控制自然的神话和人有自己独立发展逻辑的思想指导下,科学技术的机器开始缓缓启动了。这也意味着科学和技术开始成为了西方工业人的"头脑"和"双手"。它们的结合及良性互动,极大地加速了人类文明的进程。

动手能力是人在改造客观世界的实践中形成和发展的。这正如恩格斯所指出的:"人的智力是按照人如何学会改造自然而发展的。"[①]动手实践对各种特殊能力的发展起着重要作用。不同职业的劳动制约着动手能力的发展方向,炼钢工人辨别火焰的能力比一般人高;弦乐师能辨别微小的音高差别;有经验的油漆工辨别漆色达四五百种之多;优秀的金匠能通过用指尖摩挲着金块,看是否会摸到某个不纯的地方,进而判断出材料的本质。这些足以说明,在影响动手能力发展的多种因素中,实践是最重要的因素。

动手能力作为在实际活动中表现出的将创新思想、理论转化为技术和行为的能力,其作用是不可小觑的。从创新素质的角度来看,一个人不仅要能寻找到创新信息,加工出创新思想或观念,还要能将创新思想付诸行动,将思维转化为操作,可见动手能力是人类生存与发展中必不可少的一种实践能力。换句话说,一个人仅仅会动脑思考是不够的,而且,如果大脑缺失了动手过程为其提供的信息材料,这种闭门造车式的冥思苦想通常也是没有什么实际意义的。一个有创造性的人,应当是手脑结合型的人才。从人的智力结构的角度说,思维能力是属于认识方面的因素,操作能力是属于活动方面的因素。智力结构的认识方面的因素与活动方面的因素对于创造活动都是必需的,缺乏任何一个方面,都不能保证创造活动的成功。现代科技的迅速发展,更需要手脑并用的创造主体。这种创造主体既要有较高发展水平的认识能力,也要有较高发展水平的动手能力,二者不可偏废。

需要指出的是,动手能力绝不只是"手动"的能力。动手理所当然地要建立在"手动"的基础上,但切不可把"动手"孤立起来,仅仅看成是单纯的手的机械运动。其实,动脑不见得动手,但动手一定得动脑,动手能力实际上是手

---

① 中央教育科学研究所《创新教育研究实验》课题组:《创新教育——面向 21 世纪我国教育改革与发展的抉择》,教育科学出版社 1999 年版,第 174 页。

脑协同的工作。许多形式的创造需要动手能力。科学实验需要动手,技术发明需要动手,绘画、雕塑等艺术创作也需要动手。我们都知道我国的学生动手能力差的问题,但导致这一问题出现的原因何在呢？人们会说这是因为我们的学生缺少动手机会。那人们不禁要问,长期以来我们的教育不都是强调"双基"(基础知识、基本技能)的吗？应当说,这里固然有"双基"教学并没有切实落到实处的问题。但问题不仅仅是如此,更重要的在于,我们没能把握"动手"的真谛,而仅仅将动手满足于通过"多次练习而获得自动性质的动作"①,事实上,这种照方抓药式的机械操作是难以实现培养动手能力的目的的。

动手能力的掌握,不仅表现在手能灵活地进行操作活动,而且表现在思维的敏捷方面。任何手工劳作活动都要在人脑视觉分析器和运动分析器的活动下,才能把设计意图和表象通过手的操作有效地表达出来。脑生理学研究认为,人脑各区域的发育成熟,才能使整个脑部智力系统发挥全面的作用。但大脑皮层额叶、小脑和小肌群(如手指肌、腕肌等)的发育较晚,一般要到七岁以后才逐步完善。如果从小有目的地培养儿童进行有意识的手工造型活动,不仅能使他们大脑额叶、小脑在生理机制方面的及早完善,使他们较早地产生思考、意识和创造活动,而且有利于他们骨骼、关节小肌肉群的发育,促进手的动作精确性、灵活性和持久性的提高,使人脑视觉分析器和运动分析器协调发展。因此,动手操作对发展儿童的形象思维能力,手工技能和手、脑的相互联系,促进儿童分析能力和创造能力的提高都有着积极的作用。

"动手"不能离开"动脑",而是要在"动脑"的基础上"动手",并非是盲目的"动手",或是为"动手"而"动手"。人们在动手劳动时,头脑中先有一个目标,即要生产制作的产品的目标。这个目标或来自图纸样品,或是头脑中想象的产物。这个目标以表象的形式存在操作者的头脑中。通过动手操作,一步步地接近目标。每一步操作,在头脑中产生一个新的表象,它与目标进行比较后获得反馈信息,接着按照反馈信息进行下一个操作,直到达到目标的要求。这时,头脑中的表象,在知觉中起到一种整合性的作用,它不仅有助于人们识别客体(无论是静止的,还是运动的),也使人们能预测事件的结果。表象的整合、类比就是思维的加工,使我们能抓住事物的特征和它的本质,达

---

① 凯洛夫:《教育学》,人民教育出版社1957年版,第164页。

到识别客体或预测目标的目的,是一种形象思维活动。

　　动手过程中不仅有视觉的刺激,也有触觉、肢体感觉的参与。人们在动手过程中,在视觉、触觉两种表象积累基础上,触觉就能完成原来由视、触两种表象完成的动作。这就是为什么动手操作达到一定熟练之后,人们可以不用视觉只凭触觉或肢体感觉来完成动作所要达到的目标。就像体育运动技术的形成。运动员的技术训练开始依据示范动作来进行,这时主要用视觉。经过多次练习,当运动员找到正确动作的肢体感觉以后,他便可根据这种感觉纠正练习中多余的或错误的动作,使技术达到完善的地步。这就说明在技能形成过程中,思维起着重要的作用,其中有视觉表象的参与,也有动觉表象的参与。

　　"动手"不能离开"动脑",但不能只"动脑"不"动手"。对此,曾经担任我国中学生化学奥林匹克代表队领队的北京大学化学院段连运教授就有着切身的体会。我们已经知道,我国中小学生和外国中小学生相比,其学习的基础知识、基本技能比较扎实,应试能力较强,但"动手能力"却相对较差。历届国际中学生奥林匹克知识竞赛,我国参赛学生的理论知识试题答题得分率高,而动手实验的试题得分率较低。这反映出我国参赛学生运用知识的能力和"动手能力"普遍较差。因此,近年来,加强对学生"动手能力"的培养,已成为我国中小学素质教育中的一项重要内容。

　　但如何培养学生的动手能力呢? 段连运教授以亲身的经历说明了这个问题。当时,一些专家认为这是因为我国中学生"动手"能力较差而造成的,于是加强了对他们实验技能的训练。后来,专家们经过详细调查研究才发现,导致实验部分成绩较弱的原因,并非主要是实验技能较差,而是因为面对要通过实验解决的问题,我国中学生往往不知从何下手——实质是创造性地解决问题的能力较弱。[1]

　　动手与动脑是相互促进的。动作的精细,促进思维向细致发展;思维的细致发展,又促进手的精巧。由于形象思维是没有语言的,动手过程中的思维活动有时是无意识的。因此,人们容易忽视思维的作用,只注意动手训练,而忽视动脑的训练,不善于把动手训练与思维训练结合起来。实践中常常有这种情况,工人在工厂生产,农民在地里种地、栽培果木,医生为病人做手

---

[1] 教育部科学技术司等:《青少年创造力国际比较》,科学出版社2003年版,第93页。

术……他们在做着同样的工作,日复一日,年复一年,他们中有的成了"生产能手""种田状元""专家",有的依然如故。这是为什么?两者的区别关键在思维。他们在各自的岗位上,同样动手操作,那些善于积极思考、工作精益求精的人,则成为佼佼者。这就说明,思维对于动手是何等的重要。传统教育理论由于忽视了形象思维,把技能分为智力技能和动作技能,把劳动技能、动手技能一般地视为与智力没有直接联系,认为动作技能主要是借助于骨骼肌肉和相应的神经机构实现的。这种认为动手技能是非智力的,与思维没有直接联系的观点是不确切的。它使人们不能正确地掌握各种动作技能的实质,这是我们教育上重理论轻实践、重知识轻技能的一个重要原因。

"动手能力"是人类认识世界和创造世界不可缺少的本领。脑科学研究和人类教育的实践经验告诉我们,儿童青少年时期是人的手、脑与身体各器官协调发育,其大脑神经复杂网络结构及脑的基本功能(感觉、知觉、观察力、注意力、记忆力、协调操作力和反应敏捷性等)与脑的高级功能形成和发展的关键时期。因此,"动手能力"的培养不应错过儿童青少年时期。中小学教育阶段重视"动手能力"的培养,有助于开发学生的脑功能。伟大的教育家苏霍姆林斯基曾从他终生的教育实践中总结出:"通过思维和体力劳动的结合,双手的精确动作在实现着同样精确的设想,就使少年们变成聪明的思考者,他们是在研究和发现真理,而不是单纯地消费现成的知识"[1];"儿童的智慧在他的手指尖上"[2]。这些精辟的论述恰如其分地说明了"动手能力"是手脑协调工作的创造性实践能力,从小培养儿童的"动手能力",有助于开发他们的智慧和创造力。[3]

动手能力的加强,实际上大脑直觉思维能力也在逐步地提高。实践证明,直觉思维和逻辑思维的有机结合就会产生低级或者说是初期萌发的创造力。随着大脑认知能力和形象思维的迅速提高,必然促进理性思维的发展。打破原有的思维定势,建构新观念,开发少儿的大脑功能,这正是少年儿童时期促进创造力的永不枯竭的源泉。日本刈谷青少年发明俱乐部会长铃木福一曾这样总结其创造性教育的实践:"要想提高创造性,从外界给予

---

[1] 苏霍姆林斯基:《给教师的建议》,杜殿坤编译,教育科学出版社1984年版,第111页。
[2] 苏霍姆林斯基:《给教师的建议》,杜殿坤编译,教育科学出版社1984年版,第79页。
[3] 于慧颖:《劳技教育教学应引导学生从"动手做"到"动脑做"》,《中国教育学刊》2004年第12期。

刺激是非常重要的。但我想,与其大人们用成人的智慧、知识去对孩子们指手画脚,不如让孩子们亲自动手,让他们自己去考虑该怎么办,这才是最重要的。"①

　　动手能力是所有技能人才共有的特征。那些高技能人才常被戴上技艺超群的桂冠,而技艺超群这也是高技能人才最显著的职业形象特征。现代高技能人才高超的动手能力不再只是传统的"手艺"和某些"绝活",而是通过技能教育和培训获得更多的现代化理论知识,成为"手脑联盟"的技能劳动者,这种"手脑联盟"将是知识经济社会高技能人才的时代特征。

　　人的动手能力,实际上是一种工作的、生产的或技术的智慧。这种智慧的品质表现为在解决具体的物质生产任务的时候,完全明白必须做什么,有哪些技术可能和现成的手段,以及怎样用最佳方式、花费最少的力气和时间完成这项工作。因此,人们常说"智慧的手"。这种智慧可以称作实际的智慧。应该指出,从人类智慧的进化和发展来说,各种智慧都是从它分化和发展而来的。②

　　强调在动脑的基础上动手,在今天具有尤为重要的现实意义。随着现代科技的发展,越来越多的电子玩具、电子游戏机和其他电子娱乐设施进入家庭、社区和文化场所,许多青少年乐此不疲,并认为可以锻炼自己的动手能力——特别是反应能力,但每天长时间沉迷于此,只是机械式地动作,甚至连最简单的电子原理也懒得思考,岂不是把自己变成了不会思考的人?而且,现代人也应具备基本的生活能力即自我服务能力。现代社会需要的公民,是善于动手、善于将动脑与动手结合起来的人。因为正是在人们手指小肌肉群巧妙配合的过程中,在人的手眼配合能动创造的过程中,人类的智力才最终得到飞跃性的发展。现代社会不但是人类智力高度发达的社会,也是人类智力与劳动及多种实践技能高度结合的社会。劳动创造人,不仅是历史事实,也会在人类每个个体的成长过程中得到一定程度的再现。因此,通过有益的现代技术教育活动,鼓励青少年在动脑的基础上动手,培养其创新精神和实践能力,是摆在学校、家庭和社会面前的一项重要课题。③

　　著名美籍华裔物理学家杨振宁教授曾通过对中美传统教育思想和方法

---

① 教育部科学技术司等:《青少年创造力国际比较》,科学出版社 2003 年版,第 15 页。
② 周昌忠:《创造心理学》,中国青年出版社 1983 年版,第 163 页。
③ 教育部科学技术司等:《青少年创造力国际比较》,科学出版社 2003 年版,第 94 页。

的比较中认识到,中国教育着重理论和抽象思维,美国教育强调实验动手能力的培养。杨振宁教授认为,中美双方教育的传统是互补的,若能将两者和谐结合起来,在教育上将是一个有意义的突破。而今,我国学生动手能力不强的问题已是一个不争的事实。这种学生不够和谐发展的现实在客观上已成为影响和制约着学生的创新精神和实践能力发展的瓶颈。杨振宁教授曾经指出,"对人类来说,毕竟百分之九十的科学活动是实验,而且科学中最重要的基础是实验,对那些特别擅长动手的学生来说,应认为擅长动手是一件非常荣幸的事,因为有这种能力,他们就很有可能在适当的学科中从事很有意义又很重要的事业,取得扎扎实实的进展"[1]。杨振宁教授同时还指出,"中国的小孩在动手的兴趣和能力方面明显不如欧洲和美国的小孩,主要是没有动手机会"[2]。我国著名的手外科专家、对手脑关系素有研究的顾玉东院士对动手能力的培养亦有独到的见解:

正是从这一意义上讲,创新应该从娃娃抓起,即从小要培养动手习惯,因为只有动手才能使人脑皮层得到更健全的发育,越动手大脑皮层发育得越好,左右脑协调也更好;而大脑发育充分了,就为创新思维奠定了物质基础。现在不少家长对学前孩童比较注重的是背唐诗,这是远远不够的,培养动手的习惯是最关键的。

到了小学、中学、大学,则要强调动手能力的培养。学校应加强动手的教育,开设相应的课程。因为只有动手才能发现、了解事物的本质,只有动手才会引发好奇心,也只有动手才会发现事物的正常和反常。创新实际上很多是反常思维的结果。现在的问题是,在应试教育的体制下,学校强调的是分数,学生基本上没有什么动手实践的课程和机会。这是与创新时代的要求格格不入的。

到了成年仍要强调动手实践,因为创新只能出于社会实践。时下对人才的评定不太看重解决问题的实践能力,而更多的是看学位、看论文,这样就很难有创新的活动。我国南宋大诗人陆游在对子女论述写诗之道时说:"纸上得来终觉浅,绝知此事要躬行。"可见,即使是文学创作也离不开实践,离不开动手。

---

[1] 彭前程:《加强实验教学提高教学质量》,《课程·教材·教法》1998年第8期。
[2] 朱水新:《创新教育论纲》,《教育研究》1999年第8期。

作为一个长期从事手外科研究的学者,我想借此机会呼吁全社会重视动手实践,自主创新离不开思维活跃的大脑,而思维健全的大脑则有赖于手的功能的充分开发和应用。如果我们能从小孩抓起,从每个人做起,勤动手,多动手,那么无疑,蕴藏在每个大脑中的创新潜能就会更充分地释放出来。[①]

[①] 顾玉东:《手脑并用积聚创新潜能》,《世界科学》2006年第2期。

第六章 手脑结合与脑功能开发

美国著名科普作家阿西莫夫曾经指出:"人类之所以成为地球上的统治者,仅仅因为受惠于一种重要的器官——人的大脑。"[①]而"任何一个大脑健康的人与一个伟大科学家之间,并没有不可跨越的鸿沟,他们的差别只是用脑的程度与方式的不同,而这个鸿沟不但可以填平,甚至可以超越,因为从理论上讲,人脑的潜能几乎是无穷无尽的……"[②]也正是由于人类大脑所蕴藏着的巨大潜能,因而"世界上最不寻常的未开垦疆域是我们两耳之间的空间"[③]。

第一节 大脑有巨大潜能

现代脑科学研究认为,人的大脑蕴藏着近乎无限的潜能,当然,这无疑又是基于人脑的超剩余性及可塑性的。

一、人的未特定化

教育人类学认为,"人较动物而言,在本质上是非决定的。此即人的生命并没有遵循事先决定的路线,事实上自然只是使人走完了一半,另外的一半尚待人自身去完成"[④]。而且,作为人类种系进化的一个中心事件是脑容量的增加,主要体现在新皮质的增加上。脑容量的增加要求母亲具有更大的骨盆结构,但骨盆开口的增大是有限度的,因为直立行走直接制约了人类的骨盆结构,有效的两足行走的工程学的需要设定了这个限度。当新生儿的脑容量为现在的数值——385mL时,便达到了这个限度。这也就意味着人类大脑在不完全成熟时便要娩出,否则就无法通过产道。只有缩短孕期在脑量仅占成体25%~30%时便分娩才是一种可行的策略。这种普遍存在的"人的早产"现象,使初生的婴儿处于一种未完成的状态。

---

① 朱长超:《挖掘大脑中的财富》,上海科学普及出版社2000年版,第119页。
② 董奇:《脑与行为》,北京师范大学出版社2000年版,第190页。
③ 珍妮特·沃斯等:《学习的革命》,上海三联书店1998年版,第112页。
④ 武天林:《实践生成论人学》,中国社会科学出版社2005年版,第167页。

人类进化的研究表明,人的未完成状态,主要不是表现在解剖学或生物学的次要特征上,而是表现在脑的潜在的未完成上。黑猩猩幼崽的脑子已经占了它成年体积的70%,而对人类来说,相对于成人大脑容量1 400 mL而言,新生儿的脑容量实际为成人的27.5%。因而,新生儿大脑的发育,就需要母体分娩后,在子宫外完成。因此,人类与其他高级哺乳动物相比,在母体子宫内度过的时间过短。由于新生儿是在母体内实际经历的时间还不到10个月的情况下,提前来到了世上。生物学上有一个规律,就是哺乳动物个体的脑容量和在子宫里的孕育时间成正比,按照人的脑容量,大概需要21个月怀胎才行,这样刚出生的婴儿的脑容量将会达到675 mL,亦即是成人脑容量的一半。倘若如此,初生的婴儿也就会跟其他动物一样,会跑,会找东西吃,会咿呀讲话。但非常遗憾的是,人类的直立行走状态限制了女性骨盆的宽度,如果骨盆太宽了就不能走路。所以,骨盆通常只能容许胎儿有300 mL的脑容量。为此,人类的婴儿必须提前出生,而如果不早产,那人类早就灭绝了。①

因而,人生作为一个未完成的人,还需要一个人类学所称的"子宫外年"。这个"子宫外年",就是个体发展的幼年期。"幼年时期的延长允许大脑在外部世界的刺激和文化的影响下持续其组织上的发展;换言之,个体发育进展的缓慢性有利于学习技能,有利于发展智力,有利于文化的熏陶亦即传输。"②新生儿大脑的完善需要一段较长的幼年期、童年期。具体地说,八九个月的乳儿的平均脑容量约为成人的一半,两三岁的婴儿约为成人的70%,六七岁的幼儿约为成人的90%,九岁的小学儿童约为成人的96%。而要经过十二三年其脑容量才能基本达到成人的水平,这是包括猿在内的动物所没有的。对动物来说,几乎都是从婴儿期直接进入成年期的。新生儿无力自助,首先需要母亲的照料,较大的儿童需要成人的教育。因此,儿童期的存在是教育发生的生物前提,也是教育存在的本体论秘密。③

事物都是辩证的,未特定化之于人也是这样。动物由于生命的特定化,也就失去了可塑性,只能顺从"命运"的随意摆布。人的未特定化,使人无法依靠特定化的图式生存,因此,人的生命需要和环境之间保持一个完全开放的空间,从而构成人向世界的开放性。同时,人的未特定化,赋予人以可塑

---

① 吴国盛:《技术哲学讲演录》,中国人民大学出版社2009年版,第43页。
② 埃德加·莫兰:《迷失的范式:人性研究》,陈一壮译,北京大学出版社1999年版,第69页。
③ 冯建军:《生命与教育》,教育科学出版社2004年版,第34页。

性,使人能够根据环境的要求,自我确定同化的信息、作用外部世界的主体机制。因此,人具有巨大的自我塑造的潜力。正是人的这种未特定化,赋予了人巨大的潜能和广阔的发展空间,使人的学习和发展的需要更为现实和迫切。但人的未特定化也使人适应环境的能力达到了最低点,使人失去了固定的、唯一的、被特定化的生存家园。由于人出生时非常羸弱,没有天然毛发层对付恶劣气候,没有锐利攻击器官来对付天敌、获取食物,等等,从而使人无法仅仅凭借天生能力生存,导致了人的生命功能的欠缺——在本能上有巨大的缺陷和匮乏。当然,这只是消极的一面。

联合国教科文组织提交的《学会生存》的报告指出:"人在生理上的尚未完成,这一点对于我们认识人,是有独特贡献的。我们可以说,人永远不会变成一个成人,他的生存是一个永无止境的完善过程和学习过程。人和其他生物的不同点主要就是由于他的未完成性。事实上,他必须从他的环境中不断地学习那些自然和本能所没有赋予他的生存技术。为了求生存和发展,他不得不继续学习。"[1]而正是由于"人类生下来就是'早熟的'。他带着一堆潜能来到这个世界。这些潜能可能半途流产,也可能在一些有利的或不利的生存条件下成熟起来,而个人不得不在这些环境中发展。所以从本质上讲,他是能够受教育的。事实上,他总是不停地'进入生活',不停地变成一个人"[2]。

其实,正如叶澜教授所指出的:"人有动物所不具备的思想器官、言语器官与劳动器官,这是自然赋予人的最宝贵的财富。就是别的器官在构造与功能上,也与动物有一种根本的区别,那就是初生时结构与功能的未成熟性与潜在性,这就在总体上为人的发展的多种可能提供了人自身的物质方面的保证,为人类的学习提供了极大的可能。"[3]兰德曼亦认为,未特定化带给人类的不完善性,恰恰也使人类获得了双重自由,"即一方面从本能的统治下获得自由;另一方面又在趋向创造性的自我决定中走向自由"[4]。美国学者埃·弗洛姆在《为自己的人》一书中也指出,"人是所有动物中最无能的,但这种生物学意义上的软弱性正是人之力量的基础,也是人所独有的特性之发展的基本

---

[1] 联合国教科文组织国际教育发展委员会:《学会生存——教育世界的今天和明天》,教育科学出版社 1996 年版,第 196 页。

[2] 联合国教科文组织国际教育发展委员会:《学会生存——教育世界的今天和明天》,教育科学出版社 1996 年版,第 197 页。

[3] 叶澜:《教育概论》,人民出版社 1991 年版,第 189 页。

[4] 冯增俊:《教育人类学教程》,人民出版社 2005 年版,第 129 页。

原因"①。

人的未特定化就像成语"塞翁失马,焉知非福"所说的那样,这似乎真的是应验了那句老话,即"上帝为你关上一扇门,就定会为你打开一扇窗"。而且,这一扇窗的价值则是原本的那扇门的价值所不可同日而语的。因为人的身体器官的结构与功能的未成熟性同时也意味着发展的潜在性,它为人类的学习提供了极大的可能性。也就是说,本能的缺陷却从无限的发展潜能中得到了加倍的补偿。其实,恰恰人的未特定化使人具有巨大的可塑性,有机会和有可能使动物的专门化的本能性技能变成更加高级的技术。当动物利用本能给定的精确活动图式和生活轨道生活和走向死亡时,人类利用未特定性赋予的可塑性发展了许多比动物本能还要专门的技术,实现更大的发展。因此,未特定化赋予人之成为人的可能性,决定了人具有无限发展的空间,使人获得自我创造的潜力和机会,在不断的创造性活动中塑造自己、超越自己、寻找更完美的自己。正如哲学人类学家兰德曼所指出,"人的创造性源于人的未完成性(未特性化、不确定性)"。"人必须靠自己完成自己,必须决定自己要成为某种特定的东西,必须力求解决他要靠自己的努力对自己解决的问题。他不仅可能,而且必须是创造性的。创造性完全不限于少数人的少数活动,它作为一种必然性,根植于人本身存在的结构之中。"②

二、大脑的超剩余性

古人类学的研究表明,由古人到现代人并没有显著的生物进化,但人类却从"追逐野兽同时自己又被野兽追逐的洞穴人"发展到"用机械武装起来的计算机时代的人"。从人脑的角度说,这种发展进步就是"大脑的超剩余性"所发挥的作用。人类社会的发展史和认识史也都证明了这一点。

"'超剩余性'是一个功能范畴,它不是解剖学范畴。尽管人脑的结构保持不变,可是'超剩余性'却能够随着知识的积累和内涵更广、概括力更强的概念的产生而增长。"③

神经生理学家的研究亦证明了人脑具有"超剩余性"。高等动物凭借着自己的神经系统,往往能够完成一些必需的生活功能以外的事情,例如:神经系统高度发达的狗熊,能够掌握十分复杂而又非常准确的动作。驯兽者正是

---

① 埃·弗洛姆:《为自己的人》,孙依依译,生活·读书·新知三联书店1988年版,第55页。
② 冯建军:《生命与教育》,教育科学出版社2004年版,前言第3页。
③ 周昌忠:《创造心理学》,中国青年出版社1983年版,第90页。

利用狗熊这个特点,训练它学会各种令人捧腹的把戏。马戏演出中,狗熊驾驶摩托车是最受欢迎的节目。很明显,这种技巧不是狗熊生活中所必需的。狗熊能够捕鱼和采蜜,而且从复杂程度来说,这些实际上一点也不比驾驶摩托车简单。这种具备并非在自然条件下生存所必需的能力,可以称作大脑的"功能剩余性"。同具有这种"剩余性"的高等动物不同,人脑比动物脑要复杂得多,其功能也超出很多,人的大脑则具有"超剩余性"。①

人脑的发达是进化的产物。决定这个进化的,是由于人类结成社会而产生和发展的劳动和语言。从类人猿向猿人的进化,从猿人向新人的进化,都是由于社会性的共同劳动促使语言的产生,并且从单调声音的语言发展到音节分明的语言。作为社会交际工具而产生的语言,同时也就成为思维的工具。劳动、语言和思维的发展促进了人脑的发达。人类学研究表明,现代类人猿的脑容量只有325mL~650mL,而就人类而言,当700万年前人猿揖别时的脑容量约为500mL。在250万年之前的"能人"(意指有能力的人,即能制造工具)的脑容量大概是700mL。到50万年出现的"智人"(意指聪明的人)的脑容量大概是1 350mL。② 到古人阶段以后,人脑不再增大,而继续朝着脑结构复杂化的方向发展。

从现代脑科学的角度看,人类的大脑具有巨大潜力的一个重要原因,就是人的大脑中有着超量的神经元。就是说,大脑中所具有的大约140亿个神经元,它们对于人的生存功能来说,是大大过剩的。这就如同每一个育龄妇女都储备着数量可观的潜在卵子一样,尽管其中的绝大部分是用不着的,但这客观上也表明了其有着很大的生育潜力。同样,人脑中所具有的远远过剩的神经元,意味着人脑具有巨大的开发潜力。其实,造物主从来都不是吝啬鬼,它总是赋予每一种生物以大量的潜在的能力。就像一株蒲公英,如果它的种子都能成活,它只要结几颗种子就能"传宗接代",但是,一株普通的蒲公英却能结出几万颗种子。许多小草结下的果实,都是成千上万,有的可达几十万。一条鱼生下的卵,有数十万甚至数百万之多。就是说,每一种生物,都有着极大的生存潜力。

大脑是智能的中枢,也是生命的中枢。大脑的生命中枢发生障碍,常常

---

① 周昌忠:《创造心理学》,中国青年出版社1983年版,第88页。
② 吴国盛:《技术哲学讲演录》,中国人民大学出版社2009年版,第42页。

会危及生命。但是,从维持生命的要求讲,生命对神经元数目的要求是不高的。一些没有大脑的生物,照样兴旺发达。昆虫是没有大脑的,它们或者只依靠神经节来统率全身,或者只依靠脑泡来完成生命的基本功能,但是,它们仍然取得了成功。蜜蜂、蚂蚁,都是很成功的社会性生物。生命进化的阶梯上比较低级的鱼类,它们是最低等的脊椎动物,它们的大脑最原始,既没有大脑皮层,脑容量也很小。但是,它们在水中的运动、感觉却已经相当完美,小小的鱼脑对洄游、觅食、繁殖等功能来说,已经绰绰有余了。一些鱼类,如大马哈鱼,在乌苏里江里孵化后,随江水进入大海。在大海里达到性成熟后,会溯江而上,经过万里洄游,正确地找到祖辈出生的地方,在那里产卵孵化,繁殖后代。大马哈鱼"少小离家老大回",必须详尽地记忆出生之地的水温、水质等各种复杂的信息,万里洄游,寻踪觅迹,要处理的信息就更多。但是,小小的鱼脑足以应付生命需要的各种基本功能,也能顺利地完成万里洄游的任务。对人类而言,除了维持生命之外,大量的神经元似乎是"多余的"。并且人脑中这种神经元不是一般的多余,而是"超剩余"。就是说,神经元的后备军非常庞大。它们没有维持生命功能的任务,但可以成为智力发展强大的后备力量。

  从进化的角度看人脑,也可以看到超剩余神经组织的存在。大脑三个明显的历史层次中,最里边的一层相当于爬行动物的脑,它主管的是生命所必需的功能,如呼吸、觅食、交配等。中间一层是旧大脑皮层,相当于哺乳动物的大脑,它对动物的情感有较大的贡献。再外面的一层是新大脑皮层,它是人类特有的大脑组织,它是理性的源头,是最富有智慧的组织。切除部分大脑皮层,病人仍然能生活,医学上曾有医生切除脑部患病的组织,如切除额叶的部分组织,病人还是能维持基本的生命活动,也能维持一般的认知活动和思维活动,只是智力退化,创造性消失。这表明,新大脑皮层的存在,使人登上了万物之灵的宝座。而它对于维持生命来说,已经是属于"多余"的了。

  在人的大脑的功能定位中,也可以看到超剩余神经元的存在以及它们对智能潜力的贡献。人的大脑皮层的某些部位,是有明确的定位的。但是,大脑中有明确分工的脑区只有 1/4,还有 3/4 的脑区是不定位的,它们没有明确的分工。它们为什么存在,大自然为什么要进化出大量没有具体功能的脑细胞呢?它们有些什么功能呢?理论上,如果它们不存在,动物也能生存,也能繁殖。它们的存在,似乎完全是多余的。但实际上大自然总是很经济的,它不会浪费,不会无缘无故地进化出大量多余的神经元来。它们的存在,正是为了给人类提供智慧,提供发展的潜力,好在自然选择的激烈斗争中取得立足之地。

美国脑科学家拉胥利曾教猴子开锁的动作,教了几遍之后,猴子学会了。然后,他切除猴子大脑的1/5,猴子痊愈后,仍然会开锁,只是开锁的动作稍稍慢了一些。用同样的办法,教会猴子别的动作,然后切除猴子更多的大脑皮层。猴子仍然记着学会的技能,但是,动作不如原先灵活。切除的面积越大,动作的灵敏度越差。但是,只要猴子活着,就记着教给它的本领。这说明,大脑的工作是全息的,就是说,一旦大脑学会了某种技能,它就把学会的技能拷贝在每一个神经元上。这个实验说明,神经元越多,智力的潜力就越大。

对于智能来说,它们完全不是多余的。超剩余神经元是人类智力的巨大后备力量,它们的存在,将使人类更加富有智慧,提高了后天的学习能力,也提高了生存能力,在生存斗争中就能获得更大的主动权。因为生存不仅依靠身强力壮,而且依靠机智灵巧。达尔文所说的适者生存、优胜劣汰,这里的优,不仅是指机体的功能,不仅是跑得快,牙尖爪利,而且是指有智慧,会动脑筋。大脑中有多余的神经元存在,有不定位的神经元部位和神经元集团存在,就可以用来发展智慧作为生存斗争的武器。这些多余的神经元是智力发展的有利条件。

脑科学家研究了猴类、猿类、人类的超剩余神经元,发现物种在进化中位置越高,其超剩余神经元就越多,智力的潜力就越大,在大自然的生存斗争中发展的余地就越大。人类的超剩余神经元的数量是首屈一指的。如果说,生物也有潜力、也有智力开发的可能性的话,那么,潜力最大、开发余地最大的是人类。

神经组织的超剩余性,保证了大脑具有巨大的学习潜力。大脑有着坚实的后备力量,它们平时并不负有具体的使命,但是,当学习的时候,它们就可能派上了用场;当需要解决难题的时候,它们就有了用武之地。这些超剩余的神经元,正是智力开发的生理基础。

三、大脑的可塑性

人的大脑具有巨大的潜能,这是与大脑的超剩余性与可塑性相关联的。现代脑科学的研究表明,脑和神经系统结构和功能均具有高度的可塑性。"所谓脑的可塑性,即脑可以被环境或经验所修饰,具有在外界环境和经验的作用下不断塑造其结构和功能的能力。"①在脑的发育过程中,个体的基因遗传性与后天的环境和经验不断地相互作用,进而不断地改变、塑造着脑。即使在脑发育成熟之后,脑的结构和功能也并非一成不变,仍然保持着高度的可塑性学习实际上就是脑的可塑性的一种重要表现,可以说,要是脑不存在可塑性,也就没有学习的可能。人在一生中大脑均有可塑能力,这也就是为什么我们在一生中的任何阶段都能学习,都能记忆。

人脑有如此巨大的潜能,固然与构成大脑的亿万个神经细胞及其突触有关,但更重要的基础则在于人脑的可塑性,而人脑可塑性的基础则在于大脑神经网络的复杂性和可变性。人脑结构及其功能的可塑性,既是大脑无限潜能和惊人信息贮存量的基础,又是人的创造或创新能力的基础。所谓可塑性是指大脑的结构受环境的影响而产生变异的自然属性,特别是在婴幼儿和青少年时期,当大脑的结构及其功能还未达到成熟或相对稳定时期,在一定条件影响或教育训练下,其可塑性最大。神经网络的可塑性与年龄相关,婴幼儿的可塑性极强,而随着年纪的增长则有所减退。这就是创新能力要从幼儿教育抓起的原因。

我们知道,组成人脑的主要功能细胞是神经细胞,神经细胞与其他细胞有一个极大的差别,就是它们是靠相互联结,形成复杂的网络来工作的。人脑的神经细胞大约有140亿个,每个细胞都可以和其他细胞建立很多的联结,这些联结是神经网络的基础。可以想见,人脑中可以形成的神经网络是无数的,从简单到复杂,什么样的都可能存在。正是这样四通八达、纵横交错的神经网络才使得我们能够应付各种变化的环境,人脑的可塑性正是由神经网络决定的。大脑之所以可塑说到底就是因为神经网络是可以改变的,而且它的变数极多,也就是说可塑性极强。

在关于大脑研究方面,处于领先地位的美国研究员玛莉安·黛尔蒙德教授认为,"事实上,人脑可以在从出生到生命终了的任何年龄段发生改变。在富有激励因素的环境,人脑会变得更好;如果接收不到刺激,人脑就会向相反方向发展"②。这就是说,人脑和神经系统结构和功能均具有高度的可塑性。所谓脑的可塑性,即脑可以被环境或经验所修饰,具有在外界环境和经验的

---

① 杨雄里:《脑科学和素质教育刍议》,《教育理论与实践》2002年第2期。
② 珍妮特·沃斯等:《学习的革命》,上海三联书店1998年版,第103页。

作用下不断塑造其结构和功能的能力。人类具有无限的创造潜能,这首先是因为发育中的大脑结构方面具有极大的可塑性。人脑的可塑性及其变化,将导致学习、记忆、行为以及精神等神经系统功能的变化,标志着人的神经系统的形态与功能蕴藏着巨大的发展潜力。人脑的可塑性是人的创造力的源泉,也表明了人存在着可能开发的潜能。

人脑是从一个不定型的结构逐渐产生的,人脑的发育变化,一方面在很大程度上由遗传信息决定,另一方面又受到后天环境和教育的极大影响。如在脑发育的某一关键时刻,干扰其功能活动,将引起脑的形态、结构、功能的明显改变,这就是脑的可塑性。可塑性是神经系统的一个重要特征,早就为生物学家和医学家所重视。可塑性不仅存在于外周神经系统,也存在于中枢;不仅存在于发育期,也存在于成年后甚至老年期。传统观点认为,从出生到成年后,脑要经过一个成熟、发展的过程,到达一个顶点之后,便开始下滑。但现在,我们更多地认为,只要条件允许,便可以在相当大的程度上对脑进行不同程度的重塑,适时适度、有的放矢地促进人脑朝着积极有利的方面变化。

关于脑的可塑性的研究最初是从动物实验开始的。20世纪60年代,美国加利福尼亚大学伯克利分校的生物学家、心理学家与神经解剖学家用老鼠做过一系列著名的实验。他们将实验室一大批繁殖的老鼠分成三组,分别放到三个不同的笼子里。第一组老鼠被关在铁丝网笼子里;第二组老鼠被单独关在三面都不透明的笼子里,其中光线昏暗,且几乎听不见外面的声音;第三组老鼠则生活在一个大而宽敞、光线充足、设施齐全的笼子里,里面有秋千、滑梯、木梯以及各种各样的玩具。几个月以后,科学家对不同组老鼠的脑进行解剖,发现第三组老鼠大脑皮层的重量远远高于其他两组老鼠大脑皮层的重量。不仅如此,他们还发现:这些老鼠大脑皮层中"灰质"的厚度增加了;皮层在整个大脑中的比重增加了;皮层中每个神经细胞增大了15%。此外,越来越多的研究提供了相同的证据。科学家们用沙鼠、松鼠、猴子等动物都获得了同样的结果。不仅如此,一些研究还证明,只要环境条件合适,动物的脑在接受刺激后的几秒钟内就会发生明显的改变。

另一项颇有意思的研究是对猴子进行的触觉训练。科学家们让成年猴只用一个或两个手指触摸一个旋转的、表面粗糙的圆碟。几个月以后,科学家们发现这些指头在大脑皮层中所对应的部位变大了几倍。科学家们在对人脑的变化的研究中也发现,盲人用来阅读盲文的手指、音乐家用来演奏弦乐器的手指在皮层中的相应代表部位也发生了显著的变化。

应当说,以上关于动物脑的可塑性的研究,对人同样也适用。最初发现人的大脑具有可塑性是来源于脑损伤的研究。一些研究者发现,在经过学习和训练之后,大脑发生病变的脑区所代表的功能可以部分得到恢复,其原因或者是由于发生病变的脑区部分得到恢复,或者是由于邻近的脑区具有了病变脑区的功能。科学家在对长期经受虐待的孩子进行的研究则发现,由于孩子从一开始就失去了与家人的积极交流与情感互动,他们的脑发育也和正常儿童有非常明显的差别,受虐待孩子的脑发育,明显不如正常儿童。尤其是在与情绪有关的颞叶部位,他们几乎没有什么发展。

大脑的可塑性还表现在社会经验对人脑发育的影响方面。经验观察表明,以人的遗传因素为基础的人的直立行走、语言和思维等功能对社会环境的依赖非常突出。一些相关的发现及研究,也验证了此观点,如狼孩等的发现。一个人类的婴幼儿,被狼叼走,并由狼喂养长大,这种人被称为狼人。历史上已知的为猛兽所抚养的人类婴儿有 30 多个,有熊抚养的,有豹抚养的,有狼抚养的,等等。他(她)们具有人的全部先天的自然属性,但不会直立行走,不懂人的语言,不能用语言进行思维,没有自我意识。他(她)们模仿并接受了抚养他(她)们的动物的习惯。从语言与思维来看,语言是人类社会特有的一种信号系统,对于人脑的意识功能及其发展,起着重要作用。人的语言和思维功能有着人脑生理的遗传基础,但刚出生的婴儿生来并不会说话,这是在一定的社会环境中,依赖于人的社会体验而逐步成熟并获得语言和思维的。而狼孩等人的脑尽管有以人类遗传为基础的语言和思维潜能,但由于脱离了人类社会环境,没有人所特有的社会体验,人脑的发展就不可能有语言功能和逐步发展起来的思维能力。这样,狼孩等就不可能有人的意识,在精神上仅保持婴幼儿的低水平。如印度狼孩卡玛拉,她被发现时已有 7、8 岁了,但智力低得惊人,只懂得一般 6 个月的婴儿所懂的事。在她回到人类社会生活的 9 年时间里,通过教育,在她 17 岁时,也仅学会了日常生活所接触的不完整的 45 个单词,最终其智力也只达到 3、4 岁儿童的程度。

这就是说,至少就某些功能而言,人的早期的脑同样具有可塑性,同样存在某种感觉体验影响脑发育的具体机制。适宜的环境可以促进脑的发展,不良的环境则会损伤我们的脑,在刺激过度、刺激不足或在消极的情绪刺激环境中,脑的结构与功能的正常发育将受到严重阻碍。就人类而言,丰富的刺激和富有积极意义的情感体验,对于全面地锻炼脑的不同部位是极其重要的。这也是通过教育实施早期智力开发的基本理论依据之一。

需要指出的是,脑的可塑性是一个终身的过程,即使在脑发育成熟之后,脑的结构和功能也并非一成不变,仍然保持着高度的可塑性。① 研究者把一批年老的老鼠(相当于75岁的人类年龄)放在刺激丰富的笼子里,经过一段时间的训练后,它们的大脑皮层同样明显地增厚了。还有研究发现,健康老年人和健康年轻人的脑同样活跃、有效率。脑损伤后机能代偿方面的研究也表明,经过适当的学习和训练,大脑的某些损伤能够被修复,而且越进行学习和训练效果越好。总之,经验无时无刻不在雕塑着我们的大脑,使我们由懵懵懂懂的小儿成长为今天的自己。② 长期致力于认知科学研究的韦钰院士曾经指出:"我们的思维与肉体不是分离的,而是要和我们的大脑中神经元组织、树突结构、突触的树突棘形态等有关,它们不仅取决于基因,也取决于经历,特别是学习的经历,并从良好的经历中受益。"③这就是说,我们的学习以及我们的经历都在不断地塑造和改变着我们的大脑。

四、大脑的潜能

人脑的"超剩余性"为人类认识世界提供了无穷无尽的可能性,它决定了人类有能力完成远比生存需要更加复杂的功能,这正是它同动物大脑的一般剩余性存在原则区别的地方。人脑的"超剩余性"同时也意味着人脑有着极其巨大的发展潜能。所谓潜能,系指一般健康人只在运用着他的能力的一小部分,大部分能力则处于潜在的闲置状态。20世纪初,美国著名心理学家詹姆斯曾做出判断,认为一个健康正常的人只运用了其能力的10%,④后来一些学者的估计甚至比这更少。

这就是说,"人的潜能犹如一座待开发的金矿,蕴藏无穷,价值无比,而我们每个人都有一座潜能金矿"⑤。"大脑为人的发展提供的可能,远远没有被充分开发,其中被开发的比例只占10%~15%,大部分的区域尚未被'唤醒'。"⑥人脑的能力资源的大部分还处于"库存"和"封冻"状态,而这些"库

---

① 杨雄里:《脑科学和素质教育刍议》,《教育理论与实践》2002年第2期。
② 张建伟等:《建构性学习——学习科学的整合性探索》,上海教育出版社2005年版,第30页。
③ 张光鉴等:《科学教育与相似论》,江苏科学技术出版社2000年版,序言第7页。
④ 付秋芳等:《大脑潜能与开发》,山东人民出版社2001年版,第31页。
⑤ 安东尼·罗宾:《潜能成功学》,田缘等译,经济日报出版社1997年版,第99页。
⑥ 叶澜:《教育概论》,人民教育出版社1991年版,第211页。

存"和"封冻"部分便是人的"潜能"。人的潜能是人体内蕴藏有亿万年生命演化形成的极为丰富的肉体和精神力量,也是人类千万年的社会实践和文化成果在人的身心结构的历史积淀和晶化。它既是自然进步的结晶,又是社会文化的积淀。

美国著名心理学专家安东尼·罗宾曾经在《唤醒心中的巨人》一书中非常诚恳地说过:"每个人身上都蕴藏着一份特殊的才能。那份才能犹如一位熟睡的巨人,等待着我们去唤醒他……上天不会亏待任何一个人,他给我们每个人以无穷的机会去充分发挥自己……"①应当说,这种被马克思称为"人自身自然中沉睡的潜能",不仅得益于人的大脑,同样也得益于人的另一重要器官——双手。其实,马克思同时也认为:"人作为一种自然力与自然物质相对立。为了在对自身有用的形式上占有自然物质,人就使他身上的自然力——臂和腿,头和手运动起来。当人通过运动作用于身外的自然并改变自然时,也就同时改变他自身的自然。他使自身中的沉睡着的潜力发挥出来,并使这种力的活动受他自己限制。"②所以,人的潜能即附着在人本身的自然上的可能性存在的属性,人经过某种专门的学习或训练之后可以达到一定的、从事某种操作或运动的熟练程度。这同时也表明,人的潜能既在人的大脑中"沉睡"着,也在人的身体内充盈着。而作为人类相对于大脑的另一重要器官的双手更是功不可没。

我们知道,海豚可以算得上是自然界最聪明的动物。它的体重同人相近,但平均脑重甚至超过人类,大脑皮层的脑回也比人类多一倍。因此,海豚有很高的智能。有关专家曾经测试了人类和某些动物的智力:第一名的人类大约是 250 分,第二名的海豚大约是 190 分,然后是大象和猴。海豚经过训练能够学会很复杂的行为,比如向嘴上戴规定数目的圈环。③可是很明显,海豚远不能把它很高的智能付诸实现。这是因为,高度发达的神经系统(足够大而又足够复杂)仅仅是智能发展的必要条件,但不是充分条件。人类的智能之所以跟动物有质的不同,无限地超过动物,是因为人类以社会性的劳动(得益于人类的双手)能动地作用于周围环境。正是在这种能动的作用过程中,人脑产生了它所独有的高级心理反映形式——意识。意识这种人脑所独有

---

① 钟志贤:《深呼吸:素质教育进行时》,教育科学出版社 2003 年版,第 272 页。
② 张晖:《儿童潜能开发试论》,《江苏教育学院学报》(社会科学版)2002 年第 1 期。
③ 周昌忠:《创造心理学》,中国青年出版社 1983 年版,第 92 页。

的机能,是自然的产物,也是社会的产物。这也表明,人之所以能成为人,双手可谓功不可没。

其实,人之所以作为人,除了有双手和大脑外,还有五脏六腑等各种器官。而人体的五脏六腑只要在人生命过程中不是被故意的或意外的损坏,就会本能地为人的生命默默地工作。但与这些"本能"器官不同的是,人类的双手与大脑(以及眼、耳、鼻等感官与运动器官)等器官不仅拥有各自的本能,同时还蕴藏着有待开发的潜能。应当说,人的本能器官基本上不用教育和开发,只要好好地保护就可为人服务。人与人之间一生最大的区别就是那些可开发器官的开发差异。大凡正常的大脑都能够思维,大凡健全的双手就能够做事,但不同的大脑的思维能力,以及不同的双手的动手能力往往可能是大相径庭的。而这些可以通过教育和训练改变其功能、调动其潜能、激发其能量的可开发器官的开发与否以及开发的程度客观上也就决定了牛顿、爱因斯坦和普通的学者,瓦特、爱迪生和一般的工匠之间的天壤之别。在人类所有可开发的器官中,大脑是世界公认的第一位最有价值开发的器官,也是人和动物的分水岭,大脑的开发和利用是世界上任何一项开发都无法比拟的,因而,人们把"脑矿开发"列为世界上最有价值和投资回报最佳的开发。与这相辅相成的是人类双手(动手能力)——第二脑矿的开发。人类动作的开发和利用,双手潜能的开发既是社会和谐、科学发展的必然,也是完整的脑矿开发的内在要求。

众所周知,人在行动能力方面比动物进化出高级的行动能力——使用工具的能力。人手是第一个工具,自然进化使人的前肢具有变为手的潜能,而手的构造又具有制造和使用工具的潜能,但如果没有后天的开发利用,人只能表现出灵长类动物本能的行为能力——爬行、攀缘或偶然的直立行走等。因此,使用工具的能力对人类来说同样也是一种潜能,这种潜能意味着人拥有行动能力的自由,拥有巨大的利用工具改造自然的能力。因为手可以进行各种各样的活动,制造和使用各式工具,因而人的行动的能力是所有动物所难以比拟的。

当然,人的巨大潜能往往是人的双手和大脑共同具有的。人在反应能力方面比动物进化出了高级的认知能力——理性思维的能力,但理性思维能力对人的后天而言仅仅是一种潜能或天赋。如果后天不开发、不挖掘这种潜能,人只能表现出动物本能的认识能力——感性知觉能力。因此理性思维能力仅仅是人的潜能,这种潜能意味着人拥有意志自由,因为理性思维能力使人具有了主观世界,并凭借这种主观世界来支配自己的行动,使人成为受自己意志支配的能动之物,而不是受本能支配和环境左右的受动之物。同样,人的双手在大脑的配合下可以征服和改造自然,可以发明和创造。而创造性是人的最有价值的天赋。作为天赋仅仅表明人具有创造性的潜能,这种潜能来自于人的意志自由和行动自由,来自于人拥有理性思维和灵活性的手(即心灵手巧),理性思维(意志自由)可以使人拥有创造观念世界的能力,灵活的手可以使人拥有创造现实世界的能力。人拥有了手和脑,就可以创造世界,当然创造的只能是属人的世界。一双手和一颗脑袋就是人所拥有的最大财富,它成为创造之源。人脑的潜能据爱因斯坦说仅仅开发了 5%,还有 95% 未被开发利用,而人手已创造的工具也非常有限,还有无限的工具有待人继续开发创造。因而,双手和大脑既是人类潜能的"栖居"地,也是撬动人类潜能这座巨大冰山的有力杠杆,是打开人类潜能宝库的金钥匙。动手和动脑就成为实现人的创造性潜能的两条基本途径。开发创造性的潜能,只能靠后天的动脑和动手活动。如果既不动手,也不动脑,人便只能靠本能来生存,创造性的潜能就会像海面下的冰山那样永远被埋没。一个社会如果不创造动手和动脑的环境,就会扼杀个人的创造性的潜能(专制社会不允许人动脑和动手,因而就缺少创造发明)。①

苏联教育家阿莫纳什维利通过长期的实验研究得出结论:儿童的潜力实际上是无限的。因此,他主张教师应该努力扩大学生的知识面,激起他们对获取各种知识的渴望,而不仅仅是教给他们教学大纲范围内的知识;通过有目的地改变和优化教学条件的办法来促进儿童的发展,开发儿童的无限潜力、天赋和才能。每个人都拥有巨大的潜能,这是深藏在每个人身上的一笔只限于本人使用的巨大的财富。而这笔潜在的巨大财富的积极开发和使用,则是一个人自我价值实现的必由之路。其实,人生的过程就是一个自我潜能不断释放的过程,就是让人的巨大潜能现实化、显现化的过程。我们也常把这一过程称作自我现实及自我创造。自我创造的实质是实现人的潜能,它一方面表明人的自我创造不能离开自然进化提供的生物学基础——人的潜能。另一方面表明人的自我创造是离开自然进化过程的相对独立的社会运动,是

---

① 武天林:《实践生成论人学》,中国社会科学出版社 2005 年版,第 170 页。

人自我塑造的能动过程。动物是自然生成的，人则是自我创造的。把人手变为具有实现自由行动能力的器官，把人脑变为现实的具有意志自由的大脑；把理性思维和使用工具所具有的创造性实现出来，创造出观念的世界和属人的现实世界。人生价值的实现，人的潜能的显现，也正是具有发达大脑和灵巧双手的人类自我创造的结果。其实，那些沉睡在我们大脑中的巨大潜能需要通过包括我们的双手在内的各种感觉与运动器官去"唤醒"。正如集盲、聋、哑于一身的美国著名女作家海伦·凯勒在她的《我的生活故事》中所指出的："我认为，我们每一个人都有一种内在的了解能力，以了解最初人类所经验到的种种印象与感情。每一个人对于碧绿的大地与窃窃细语的流水，都有一种下意识的记忆，这种前代的遗赠，是盲与聋所无法剥夺的。这种继承能力就是一种第六感——视觉、听觉与触觉结合为一的心灵感应。"[1]其实，这种所谓的"第六感——视觉、听觉与触觉结合为一的心灵感应"正是由手脑结合所激发的创造性之所在。可以预料，借助于手脑结合能够使脑的功能得以最大限度地得以发挥，那么，不仅人自身，而且人类社会和自然界也将随之改观。其实，纵观人类历史，就是一部不断发挥潜能的历史，进一步发挥人类潜能，也就踏上了通向未来的道路。

目前，脑科学得到各个国家和各个学科前所未有的重视。正如著名的脑科学家彼德·罗塞尔所言，"数百万年进化的顶点是发展了人脑。人脑不仅意识到它自己的存在，也开始认识人类本身。我们的脑已成为进化的前锋，我们进展的程度取决于我们使用这最惊人的自然界产物的程度——我们充分应用我们的智慧和意识的程度"[2]。珍妮特·沃斯等在《学习的革命》一书中也认为："头脑不是一个要被填满的容器，而是一把需被点燃的火把。"[3]

第二节　左右脑活动的协同性

大脑两半球功能的不对称性，又称大脑两半球功能的专门化或单侧化。人们曾对大脑两半球的功能不对称性方面的研究倾注了很大的热情，甚至有人希望它能作为打开大脑"黑箱"的钥匙。随着研究的不断深入，人们逐渐认

---

[1] 钟志贤：《深呼吸：素质教育进行时》，教育科学出版社2003年版，第93页。
[2] 彼德·罗塞尔：《大脑的功能与潜力》，付庆功等编译，中国人民大学出版社1988年版，第4页。
[3] 珍妮特·沃斯等：《学习的革命》，上海三联书店1998年版，第284页。

识到,大脑左右半球的分工并不是那么泾渭分明,功能的单侧化只具有相对意义,左右半球既有相对的分工,又有密切的协作,人的许多重要的心理功能都需要左右半球的密切协作才能完成。

一、大脑分工的相对性

大自然对于人类的慷慨赋予,就在于人类具有一个发达的大脑。但人的大脑是怎么工作的?这个问题长期以来一直是一个谜。这是因为,大脑被包围在坚硬的头颅里,它像一只黑箱,人们无法看到它的工作机理。更主要的是,人脑的结构太复杂,它是地球上最复杂的物质;它的功能也太复杂,它承担着智能、情感这样高级的精神功能。人脑的复杂性增加了人们认识它的难度。

人们对事物的认识,通常是一个由表及里、由浅入深的过程。这表现在对大脑的认识上,人们首先发现大脑是由左右两半球组成的,而且,外表看似对称的左右两半球在其内部结构上并不是对称的。不对称性原本是人体中一个常见的现象,人体的许多器官都是不完全对称的。有的很明显,如心、肺、肝、脾等。有的仔细检查才可发现两边的不对称性,如眼的大小、嘴唇的边缘以及面肌的运动等都有细微的不对称性。

长期以来,"人有一个心脏,却有两个大脑"的问题一直让人迷惑不解。人们一直想知道人的大脑的两个半球有着怎样的不同。人们在致力于探索左右半球功能差别的同时,也在力图寻找左右脑形态方面的差异,并试图使其与功能方面的差异联系起来。

19世纪中叶,法国医生布洛卡通过对特殊失语症的研究,首次发现了语言障碍与大脑病变的关系,从而把语言中枢定位在左半球。由于语言总是和逻辑思维、推理分析、概念形成等高级智力活动相联系,传统上也就将左半球视为具有全面优势和绝对优势的所谓优势半球,而将右半球视为进化上落后的从属的劣势的半球。经过了大约一个世纪,斯佩里等人通过"裂脑人"实验揭示了大脑两半球功能的不对称性。应当说,这一研究在一定程度上打开了大脑这个"黑箱"中所隐藏着的一些秘密,让人们认识到大脑左右两半球所具有的不同功能。

长期以来,包括斯佩里在内的脑科学及心理学家对左右脑的分工进行了大量的研究,虽然目前仍然存在许多未解之谜,但许多研究者都同意,人的左脑和右脑在功能上存在一定的分化,工作方式上也有一定的区别。左脑主要负责抽象、逻辑方面的内容，右脑主要负责形象、具体的内容；左脑偏重分析式的加工方式，右脑偏重整体式的加工方式。

当然，对大脑两半球功能专门化质疑的呼声也不绝于耳。其中，一个很有说服力的理由是，斯佩里关于"裂脑人"实验结果并不一定适用于正常人。因为对正常人来说，他们的左右脑并不是处于断裂状态的，而是由两亿根神经所构成的胼胝体联系着的。

其实，大脑两半球功能专门化也只是斯佩里早期的一种比较朴素而不够系统的理论。斯佩里的贡献在于他发现人的左脑有语言、意识以及高级的认知功能，改变了传统上左半球和右半球在信息加工时只是互相对抗的观点。斯佩里以及致力于诠释左右脑分工的、并著有《右脑与创造》一书的布莱克斯利都一再强调人的左右脑在功能上是相互支持并互补的。斯佩里曾明确提出：左右两半球在功能上是互补的，它们既各司其职又相互配合，构成了一个统一的控制系统。若以音乐为例，左半球负责旋律（或和声），右半球则负责节奏；又如语言，左半球分管词意和连续的方面，右半球则分管声调。这就是说，两个半球好像是两种不同类型的信息加工系统，它们相辅相成、相互补充、相互制约、相互协作，以实现人的高度完整和准确的行为。① 布莱克斯利一再强调"左脑与右脑之间的这种协同关系，乃是创造力的真正基础"。② 这就是说，单单凭借大脑的某一部分是难以奏效的。只用左脑不行，只用右脑也不行。实际上，左右脑的功能不是截然分开的，它们既相互联系又相互制约。有人这样描述大脑的协同工作：首先左脑写出由右脑完成的任务，尔后，左脑便不时地向右脑提供能量和愉快心情，提供没有根据的、但在最终取得效果所必需的信心。当任务完成后，左脑便开动自己全部的逻辑机关，分析右脑的初步看法；同时右脑用其悲观、怀疑的态度和固有的担心告诉左脑不要高兴得忘乎所以、想入非非，不要慌里慌张地把玻璃片当钻石，而应用最细致的方法推敲问题，做出关于此问题的最终结论。事实上，"人类曾经在数十万年里尝试过完全只用右脑的方法，但却未能带来真正的进步。而只是在几千年前，当人们开始使用书写的语言而使他的直觉得到增强时，人类才真正地开始脱颖而出。人类的最高成就，都是由于共同使用了人脑两个半球的完

---

① 王金道等：《大脑协同活动与智能的开发》，《焦作大学学报》2000年第2期。
② 托马斯·R.布莱克斯利：《右脑与创造》，傅世侠等译，北京大学出版社1992年版，第42页。

备的能力"①。

随着对人脑左右半球不对称性研究的逐渐深入,人们认识到人脑功能的单侧化只具有相对意义。在斯佩里的左右脑分工说理论的基础上,作为左右脑分工说理论的创始人之一的美国生理学家加查尼加提出了脑认知功能的"模块说",试图取代左右半球分工说。他认为:"脑是由在神经系统的各个水平上进行活动的子系统以模块的形式组织在一起的。"②按照该理论,人的大脑在工作的时候是通过不同层次的分工来进行的。一般来说,左半球专门处理言词和符号信息,而右半球在视觉性空间功能和情绪功能方面能力更强。不仅大脑的左右两个半球有着明确的分工,就是各个脑叶、各个脑区,也都有着明确的分工。近年的研究还表明,脑功能定位是相对的,任何时候都不存在一个脑区自身活动的现象。人的许多高级功能的完成需要两不同脑区的共同参与。以人类特有的语言功能为例,参与活动的包括大脑左右两半球的许多脑区。可见,大脑各个部位是作为一个整体发挥其功能的。这就是说,大量脑功能系统不是唯一按左右分工原则组装,更多是皮层与皮层下,后头部与前头部,乃至背侧与腹侧系统等多种形式组装模块。近些年来,"模块说"已被大量用无创伤脑功能成像技术所获的科学事实所证明。

近几十年来,研究者对脑损伤病人做了进一步临床研究,并发展了多项实验技术对正常人进行研究,积累的大量资料除进一步确证大脑两半球的机能优势分工以外,还发现这种两脑半球机能分工的相对性和优势互补性,说明人脑在完成各种复杂心理活动时需要两半球在水平向上的密切协同活动。尽管左右脑的分工十分重要,但是其协同作用更为重要。人类各种复杂的认知活动和智能操作都是大脑左右半球协同配合的结果。思维水平上,左脑半球是抽象思维、逻辑思维,右脑半球是具体形象思维和直觉思维。加工方式上,左脑将各种问题排成连续的系列,然后对问题做出反应,右脑将各种信息组合成有空间关系的组织,然后对这个空间组织做出整体性的反应。认知特性上,左脑认知的准确度高于右脑,右脑的认知速度快于左脑,部分说明了左脑有细致分析加工的特点,右脑有整体性加工的特点。

客观地说,"模块说"作为现代脑科学的研究成果,它并非是对"左右脑分

---

① 托马斯·R. 布莱克斯利:《右脑与创造》,傅世侠等译,北京大学出版社1992年版,第60页。
② 奈德·赫曼:《全脑革命》,宋伟航译,经济管理出版社1998年版,第10页。

工说"的否定,而是对其所做的一种补充和拓展。"模块说"使人们获得了对大脑两半球各自功能及其相互关系的新认识,它让人们认识到,所谓大脑两半球功能的不对称,不是不同类型的信息或不同心理机能的专门化,而是每个半球所使用的中枢过程的策略和模式不同。左半球是以一种分析的、逻辑的加工方式来对刺激信息进行加工的,而右半球则是用一种整体的、综合的方式来加工刺激信息的。因此,每个半球是按照自己独特的加工模式对相同信息进行加工的。不仅如此,两个半球还是以各种不同的信息处理水平进行协同活动,在各种活动中共同发挥作用的。

现代脑科学领域由"分工说"发展到"模块说",这并不意味着大脑两半球功能特异化理论是错误的或当年的诺贝尔奖发错了,正如不能因为有了相对论,就说牛顿经典力学是错误的一样。而且,由于"模块说"在很大程度上包容了"分工说",如果在正常的不走极端的情况下,亦即在不过于简单化和绝对化的情况下,科学并审慎地运用"定位说"理论也并不什么不妥。因为,无论是"模块说"还是"定位说",所强调的都是协同的、整体的大脑开发观。抑或说,二者所强调的本来都是一种协同的、整体的全脑教育观。当然,问题就在于我们以往对大脑机能特化理论做了过多简单化、绝对化的理解。尽管这其中可能出于矫枉过正的考虑,但须知,真理向前迈出半步就会变成谬误。况且,在对脑机能特异化的宣传中,这种"迈出半步"的情况并不鲜见。诸如简单地将创造归为右脑的功能,甚至企图通过所谓的"动动左手"来达到开发右脑、实现创造的目的。正如何克抗教授所批评的那样,"把左右脑思维分工绝对化、简单化的观点——认为左脑纯粹主管言语类信息的加工,右脑则纯粹主管所有非言语类信息的加工,泾渭分明,何等简单、干脆。这正是'特异化'论者梦寐以求的。可惜这只是他们自己的主观臆想,实际的两半球机能分工,仅就思维而言,也远比他们所设想的要复杂得多。往往是不同信息的加工优势相互交错,绝不可能按照'言语类'与'非言语类'这一简单原则,就将左右脑的信息加工特点与优势划分开来"①。

应当说,大脑的左右两半球原来就是处于一个"共生"的整体之中的,在正常状态下,它们"是紧密地结合得如同一个单位而进行工作的,而不是一个

---

① 何克抗:《创造性思维理论 DC 模型的建构与论证》,北京师范大学出版社 2000 年版,第 77 页。

开动着另一个闲置着"。因而，斯佩里也认为，那种"左—右两分法"的"认识模式""只是一种很易放肆无羁的观念"，要求人们要"谨慎"的对待。应当说，斯佩里的认识是客观的，因为左右两半球确实是"共生"的，不是"分离"的。正常人的左右脑是通过胼胝体等"桥梁"相联系的，而并非是像裂脑人那样被人为地切断的。胼胝体是由两亿条神经组成的巨大的"束"，大脑皮层的每一部位都有神经纤维进入胼胝体，胼胝体以每秒40亿个神经冲动的速度在两半球之间传递信息，这就使得两半球总是息息相通、高度统一协调，它们互为补充，既各司其职，又密切配合。左右脑功能专门化是左右脑结构差异基础上左右脑分工的结果，胼胝体将左右大脑半球连接起来，使左右脑在分工的基础上协同配合，大大提高了大脑的工作效率。

二、左右脑需要协同活动

斯佩里等人关于大脑两半球机能不对称的研究结果表明，人脑的机能是高度专门化的，左半球机能具有分析的、抽象的、继时的、理性的和主题的特征；右半球机能具有全息的、具体的、同时的、直观的和风格的特征。左半球在语音和与语言有关的概念、抽象、逻辑分析能力上占优势；右半球则在空间知觉、音乐、绘画等整体形象、具体思维能力上占优势。

应当说，人的大脑作为一个超级复杂化的系统，左右脑之间的功能关系并非是非此即彼似的那样简单，如果我们机械地用"左右二分法"做简单绝对地理解，势必会导致许多谬误。因为大脑两半球功能专门化和所谓的优势概念都只具有相对的意义。任何一种心理活动都是双脑协调活动的结果。而且，对左右脑协调活动的概念与功能的专门化也不能绝对对立。在不同的条件下，大脑左右半球既相对分工，又密切合作，并且其分工与合作的情况与刺激的性质、场合因素、人的心理特点等都有一定关系。

左右脑是如何协同活动的？一些研究结果为我们提供了这方面的线索。例如，右脑全摘除的半脑人的研究对于我们理解此问题就具有一定的启发意义。研究表明，在通过右视野呈现的汉字认知、几何图形认知等方面，右脑全摘除患者由于只依靠左脑认知汉字，错误率大大升高，这表明即使汉字认知主要是左脑的功能，但右脑的参与辅助也是有一定作用的；而在音乐节奏辨认等方面，右脑全摘除的患者甚至比拥有两个大脑半球的对照组被试者成绩还要好，这是因为大脑右半球对左半球还可能起到抑制作用。由于右脑全摘除患者不存在这种抑制，所以其左脑的功能得以更好地实现，这就表现为右脑全摘除患者认知错误率比双脑健全的对照组被试者低。

左右脑的协同方式至少有两种：互补性的协同和相互抑制性的协同。前者指的是一侧半球对另一侧半球的功能活动起促进作用，后者指的是一侧半球对另一侧半球的功能起消极作用。除了半脑人之外，对胼胝体切断病人的研究也提示了大脑两半球协调活动的重要意义。斯佩里等人通过切断病人的胼胝体的裂脑人实验认为，胼胝体后部主要与传递视觉信息有关。其他的一些研究也表明胼胝体体部的后三分之一具有信息整合功能，可使两半球协同活动。大量研究发现，与接受手术前相比，裂脑人的脑功能在许多方面均受到一定的消极影响。这也提示了双脑协调的重要性。[①]

左右脑需要协同作用，在很大程度上是与左右脑功能的互补性相联系的。但是大脑两半球的机能分工是按互补原则配置的。左半球在言语的读、写、拼、说、命名以及语法、句法和语言的时间节奏的理解方面有优势；右半球则在言语韵律、曲调和情绪特征的理解和表达上有优势。因此，临床上左半球损伤病人往往出现失语症，而右半球损伤尽管不出现失语症，但病人讲话声调平缓，在判别他人带有情绪色彩的言语时有困难。可见，正常的言语机能仍需大脑两半球的互补协调活动。同样，音乐活动也不仅是右半球的机能，右半球主要负责音调记忆、旋律识别、音色与音强辨认，而左半球则对音乐的程序、节奏和时间延迟的加工有优势。就连一般常认为是右半球优势机能活动的情绪，近期的研究也表明，右半球偏重于消极情绪活动，而左半球则偏重于积极的情绪活动。可见，互补性在大脑两半球功能活动中是极其重要的。

在大脑两半球机能分工互补的深层，还存在着两半球在信息加工方式上的互补。具体地说，左半球擅长分析，右半球擅长综合。左半球在言语活动方面的相对专门化是建立在其特化的顺序——分析能力基础上的，而右半球在视觉空间方面的相对专门化则依赖于它对信息的整体——综合的加工能力。现有的研究一般认为，两半球的差异反映了认知加工方式的两重性，即左半球的加工是分析的、继时的、理性的和命题的，而右半球则是综合的、同时的、直觉的和同位的。

应当说，就像社会的分工是人类社会发展到一定阶段的产物一样，人类

[①] 沈德立：《脑功能开发的理论与实践》，教育科学出版社2001年版，第62页。

左右脑功能的专门化也是大脑进化到一定阶段的必然结果。它客观上也是人类大脑高度发展的一个重要标志。左右脑功能特化是左右脑结构差异基础上左右脑分工的结果,胼胝体将左右大脑半球连接起来使左右脑在分工的基础上协同配合,因为大脑两半球的分工是按互补原则配置,大大提高了大脑的工作效率。其实,人的大脑就犹如一台结构极为复杂的超级机器,它是建立在大脑的各组成部分尤其是左右脑功能高度专门化的基础上的。大脑的分工使大脑两半球的各个脑叶和脑区实现了专业化。有关的大脑组织各司其职,这有利于提高大脑的工作效率。如果大脑不分工,遇到问题整个大脑一起工作,那就会造成紊乱和低效率。各个脑区、脑叶、脑半球都没有专长,就会造成无能,就会不司其职,就会形成大脑工作的"大锅饭"。如果大脑工作起来像我们的一些官僚机构那样,分工不明,专业不专,遇到问题相互推诿,谁也不肯负责,谁也无力负责,人类就无法成为万物之灵,甚至无法在地球上生存。按照经济学的协同原则,有分工必然有合作与协同,也只能进行有效的协同,分工才有意义,才能实现分工的价值,达到一加一大于二的效果。

布莱克斯利在《右脑与创造》一书中曾以做几何题为例说明左右脑协调工作的必要性。我们在解决几何问题时,通常都需要大脑左右半球的良好合作。他指出,"大脑两半球之间的交流,在几何问题解决中起着关键作用"[①]。斯佩里等人的实验表明,裂脑人在手术之前,能很顺利地,有时候是很有创造性地解答一些几何问题。但是,进行胼胝体切除术以后,他们却很难解决以前能够解决的几何问题了,更不要说创造性地解决了。

原因何在呢？原因就在于左右半球在裂脑人那里再也无法进行密切的合作了。解决几何问题的时候,需要将问题转换成图像语言,这个转换成图像的过程主要是使用右脑进行形象思维的过程。同时,还需要应用几何的公理和定理进行逻辑推演、计算,以获得某个结论,这个过程,主要是左脑使用逻辑思维进行分析推理的过程。在这两个过程的运转中,需要交流、转换和合作。而裂脑人由于联接左右脑半球的信息通道——胼胝体被切割,左右脑之间不能进行信息共享,也不能进行信息传输,它们无法沟通,无法合作。这样,左右半球只能独立地解决问题。然而,它们各自的能力都有局限性,都不足以单独解决问题。左右脑的分裂使它们的能力大大下降。这种现象,正如

---

① 托马斯·R.布莱克斯利：《右脑与创造》,傅世侠等译,北京大学出版社1992年版,第52页。

人们常说的,合则两利,离则俱伤。要一个裂脑人一边弹手指,一边说话,他做不到,而正常人则轻而易举。这表明,左右脑的不协调使人的能力受到了极大损害。这也从反面说明了左右脑协同合作的重要。

大脑两半球的功能是统一的。虽然在特殊的环境之下,表明两个半球不同的功能是可能的。但是,在一个正常的整体大脑中,硬把那些功能区分,乃是不可能的。而人的心理活动和所谓的各种能力并不单纯地依赖于脑的任何一部分,而是依赖脑的整体活动。在脑作为一个整体活动的时候,各个部分都有其特殊的贡献。像有一些右脑损伤的病人由于视——空间机能方面的障碍,出现了特殊的失算症。即在做竖式的演算时无法进行,因为不会进位了。所以数学机能也不是单靠左脑来完成的。其他的功能也是一样。偏侧化只是就程度而言,是一个趋势,进化的趋势,但并不是绝对的。

应当说,大脑两半球功能存在着差异,这种差异反映了两半球有不同的分工。但是,这种差异又是相对的。而且对正常人而言,它们的工作也是统一的。两半球的功能互相补充,协同工作。尽管左右脑的机能的性质看起来可能在逻辑上是不相容的,如右半球综合空间、左半球分析时间;右半球知觉形状,左半球知觉细节;右半球将感觉输入译成表象,左半球则译成言语描述;右半球缺乏语音分析器,左半球则缺乏完形的综合器。但应当看到,这种客观存在的不相容性,同时也意味着互补性。所以在谈及大脑机能不对称性问题时,应该更多地看到两半球相互补充、相互制约、相互代偿的一面。各种心理机能完整反应都是两半球活动的结果也必然是两半球协调活动的结果。虽然右半球主管非语言性功能,但右半球的参与却有助于对言语的理解。作为大脑的每个半球的投射皮层接受来自对侧半身的感觉信息,并发出运动命令到对侧半身。但正常人并不单独使用某一侧半球,而是恒定地同时使用两个半球,这样两半球的协调才使人们能实现高度完整而准确的行为。因此,不能将两半球的活动截然分开,大脑两半球的功能也不可能分开,它们靠着这种信息传递,神经系统的连续才能构成一个完整的统一体。

其实,在正常情况下,两半球是协同活动的。许多认知任务的完成,都是依靠大脑两半球的共同参与。例如对汉字的认知,对字形的掌握主要是右半球的功能,对字音和字义的理解主要是左半球的功能,一个完整的汉字乃是音、形、义三者的统一体,掌握汉字必须有两半球的功能互补。最近有关科学家利用区域脑血流图技术,对思维活动进行了研究,结果也证实右半球是参与语言分析活动的。在音乐活动中，旋律与和声主要是左半球负责的，而节奏主要是右半球负责的。在言语活动中，左半球分管词义和连续，右半球分管声调。在数学活动中，数字运算主要靠左脑，而空间想象主要靠右脑等。大脑两半球好比两套不同类型的信息加工系统，它们分工合作，相辅相成，构成了一个统一的控制系统。人的行为正是在这样一个统一的控制系统的基础上，而不仅仅是在半球活动的基础上实现的。而在病理条件下，两半球功能可以互相代偿。研究表明，幼儿在两岁之前，优势半球并未形成，只是后来由于环境的影响，才使某种功能在一侧固定下来，同时另一侧的这种功能逐渐弱化。因此，一个孩子在12岁之前发生了一侧半球损伤，其功能可以被另一侧半球取代，即使到12岁之后，这种可能也仍然存在。这说明，某种功能（例如言语）并不是仅为某一侧半球（例如左脑）所仅有的，另一侧半球也有这种功能，不过由于某种原因被压抑和被掩盖罢了。

人的左右脑在工作的时候，既有着明确、仔细的分工，又有着密切、广泛的合作。分工提高着工作的效率，合作则扩大着能量，使大脑能解决复杂和艰深的问题。小蚁群能完成单个个体无法完成的工作，依靠的就是合作。而大脑要完成任何一种工作，几乎都不是某个专门化的神经元集团单枪匹马所能完成的。它们总是要联合许多相关的脑区和神经元集团一起完成。近年来科学家们运用正电子层析摄影术和电子计算机技术拍摄到大脑工作时的大脑图像，使大脑工作图像化。电子层析图像表明，就是像动一下某个手指，松动脸部的某块肌肉也都由分布于各个脑区的大量的神经元集团共同参与，都不是单独完成的。我们说话的时候，大脑中许多部位也在合作工作。比如说，大脑左半球的布洛卡区是主管发音的，要发音它必须工作。但是，发音也是一种复杂的信息控制和调节过程。发音要能够清晰地完成，不仅需要运动嘴唇，而且需要运动舌头、牙齿，鼻子也要介入。这样，与舌头、嘴唇、牙齿等有关的脑区都参与了发出语音的工作。

大脑的合作不仅表现在各个不同脑区之间的联合与协调，而且表现在同一脑区不同层次的参与上。同一个功能区，也有着不同的结构，信息在这些不同结构中传输，进行不同级别的加工。因此，不同层次的组织损伤，会引起不同的信息处理的障碍。比如说，主管听觉的三级皮质区，它们分别与接收信息、加工信息、保存信息有关。对正常人来说，它们是和谐的，而对病人来说，就变得不和谐了。大脑工作的时候，左右两个半球也密切地合作着。比如说唱歌的时候,左脑理解着歌的意义,演唱着歌词,右脑主管着音调。一支歌之所以唱得声情并茂是因为左右脑都在发挥着各自的功能。我们说话的时候,右脑半球虽然没有语言区,但是,它参与了语言的情感。有时候,我们会挥舞着手臂,摇动着身体。就是说,我们在运用口头语言的同时,还运用着身体语言。这时候,与手、身体有关的脑区也参与进来了。而那些右脑的情感功能受到损伤的病人,即使演讲时口若悬河、滔滔不绝,但是,他说话呆板乏味,没有动人的情感力量。

总之,大脑不仅有很细致的分工,更有密切的合作。左右脑的分工是十分重要的,但更为重要的则是两个大脑半球的协同配合。事实上,人的各种复杂的认知活动和智能操作都是以大脑左右半球的相互配合作为基础的。另外左右脑的分工也不是完完全全一刀切的,人的很多高级机能不是仅由一侧半球来完成的。正是这种既分工又合作的工作方式,使大脑有很高的效率,有很大的能量,能处理各种复杂的问题。

左右脑如同两种不同类型的信息加工系统,它们相互补偿、相互代偿、相互制约、相互协作,以共同完成人类高级的心理活动。而大脑两半球偏侧化和所谓功能优势都是在相对意义上说的。随着科学的发展,大脑两半球的协同活动已成定论。[①] 因此,要提高智慧,就要使左右脑均衡地发展,使左右脑协调地工作。

其实,我们人类在现实中进行的各种机能活动,都不是单靠一个半球来完成的。就学习而言,不管什么科目,既与左脑有关,也与右脑有关,只用左脑或只用右脑就能学习的科目是根本没有的。就拿几何课来说,首先必须看懂题目的文字,这可能与左脑关系较大,但当描画图形和进行空间思维时,这就又需要右脑了,而当书写解答过程和结果时,又需要左脑的帮助,左脑和右脑相互作用、协同活动,才能顺利完成一个科目的学习任务。所以开发大脑不要单讲两个半球的差别,更要注重怎样在实际操作中运用左右脑的配合和协同。人的大脑两半球的机能是一个对立统一的关系。两者互不相同,又谁也离不开谁。正是由于两个半球的特化和分工,才更需要它们配合。因而,"正常人左、右脑信息通过强大的神经联结随时处于交流之中。而所谓开发,也是指在人的一生中,不要因片面发展左脑功能而压抑了右脑的功能,从而

---

① 李蕴等:《提倡研究左脑和右脑的协同活动》,《教育研究》1994 年第 11 期。

使之能与左脑功能协调地得到正常发展"①。这旨在强调,人类只有将所积累的知识经验与个人所获得的知识经验相结合,才能最大限度地实现其人生价值。②

应当说,在整个自然界,人之所以成为最具智慧的动物,最根本的原因就在于联系上。从微观上看,智慧的高低在于神经元之间的联系的程度不同。神经元工作不是单枪匹马地进行的,而是形成一定的神经元网络、组成一定的神经元回路后进行的。神经元之间通过突触互相联系着。突触越多,组成神经元回路的可能性越大,智力就越发达。在进化史上,从低级物种到高级物种,神经元与神经元之间联络的突触数是不断增加的。突触越丰富,人就越聪明。

从宏观上看,左右大脑半球之间的联系和协调,也是聪明的一个重要原因。人的左右两个脑半球既有分工又有合作。合作使左右脑的功能得到充分的发挥。俗话讲,三个臭皮匠,顶个诸葛亮,就是说,合作出智慧,协调出聪明。大脑两个半球也是这样,它们各有所长,如果彼此能密切合作,共同解决问题,就能取长补短,发挥更大的能量;如果不合作或合作不协调,就会影响大脑功能的发挥。

一些取得杰出成就的人,是因为他们的左脑半球和右脑半球的功能发挥得都比较好,左脑和右脑发展比较均衡,协调得比较好。比如说,爱因斯坦是相对论的创立者,他的左脑很发达,数学成绩很优秀;同时,他的右脑也很发达,他的小提琴拉得很出色,音乐欣赏能力很强,有很高的音乐造诣,左右脑共同的优势使他做出了伟大的创造。另一位20世纪的大科学家普朗克也是这样。总之,大量的事实表明,协调出智慧。正如《右脑与创造》一书的作者所指出的,"正如同人脑左、右半球的协同作用,曾把人类从石器时代提升到具有惊人速度的现代世界一样,这种新型的协同作用则已经极大地增长了人类智能的威力"③。

因此,要提高智慧,就要使左右脑均衡地发展,使左右脑协调地工作。左右脑的协调训练对发展大脑的整体能力有着很大的意义。这也正如布莱克

---

① 托马斯·R.布莱克斯利:《右脑与创造》,傅世侠等译,北京大学出版社1992年版,译者重印说明,第5页。
② 侯书森等:《青年必知科学用脑手册》,中国国际广播出版社2000年版,第16页。
③ 托马斯·R.布莱克斯利:《右脑与创造》,傅世侠等译,北京大学出版社1992年版,第92页。

斯利在《右脑与创造》一书中所指出的,"左脑革命扩展了我们人类的范围,并不是依靠用左脑思维取代右脑思维,而是依靠左脑思维与右脑思维共同参与的协同作用"①。同样,而今我们强调右脑思维,但不应该用右脑思维取代左脑思维,"而是依靠左脑思维与右脑思维共同参与的协同作用"。

需要指出的是,我们强调左右脑的协同开发,也并非是要人为地抹平大脑两半球的差异,而是要在顺应大脑两半球功能偏侧化的前提下,从整体统一的角度全方位地开发大脑的功能。也就是说,要保持脑开发与脑演化方向的一致性。从现在人们研究的结果来看,脑功能的偏侧化完全是一种进化的表现,如果我们把人类与其他动物的大脑功能进行比较,我们就会清楚地发现只有我们人类才有这种脑功能的明显的偏侧化。而且自从100多万年前人类出现以来,人类大脑的演化趋向也是越来越偏侧化。这是一种自然规律,有它的自然法则上的道理。我们开发大脑要顺应大脑的这种自然发展过程,而不要逆演化潮流而动。我们应该做的是考虑如何促进大脑的发育和发展,在脑的自然演化的大方向上进行推动,只有这样才能起到开发大脑的作用,反之可能会适得其反。如果训练和教育的方向与脑的演化方向不一样,自然会受到来自生物进化方面的强大的阻力,到头来,只会使脑子非但没有开发还有可能更差了。因为我们人类这一代人的努力未必能抵抗得住来自近百万年来形成的进化的自然历史潮流,科学的重要前提就是要尊重自然规律而不是违背其自然法则。

第三节　手与脑需要协调发展

威尔逊在《手的奥秘》一书中曾经指出:"身体运动和脑活动从功能上讲是互相依赖、互相依存的,而且其协同作用具有很强的系统性……手的动作是如此广泛地体现在脑的活动上……"②苏霍姆林斯基也认为:"在手和脑之间有着千丝万缕的联系,这些联系起着两方面的作用:手使脑得到发展,使它更加明智;脑使手得到发展,使它变成创造的聪明工具,就成思维的工具和镜子。"③因而,人类的双手与大脑是不可分离的,正是二者在反复的交互作用中造就了人类,以及人类文明进步的历史。

---

① 托马斯·R.布莱克斯利:《右脑与创造》,傅世侠等译,北京大学出版社1992年版,第90页。
② 弗兰克·R.威尔逊:《手的奥秘》,邢锡范等译,辽宁教育出版社2008年版,序言第5页。
③ 苏霍姆林斯基:《给教师的建议》,杜殿坤编译,教育科学出版社1984年版,第110页。

一、经验塑造着脑

我们知道，人脑大约有 140 亿个神经细胞，这对于天才圣贤也好，凡夫俗子也罢，并没有什么不同。如牛顿、爱因斯坦也和芸芸众生一样，生来就具有相同数目的神经细胞，这表明造物主是公平的。但这不禁让我们又想到，既然我们与天才的大脑神经细胞数目相同，那么，我们怎样做才能像天才那样才华横溢呢？

对此，生物学上有关海鞘的生长经历或许会给我们以有益的启示。当海鞘还是一个未成熟的个体时，它的时间花在四处漫游上，它不仅可以做协调的运动，而且还有原始的振动感受器（大致相当于耳）和原始的光感受器（类似于简陋的眼）。事实上，可以说海鞘有一种雏形的脑。但是，当海鞘成熟后，它改变了生活方式，开始贴在岩石上，靠过滤海水为生，再也不去四处漫游。这个阶段的海鞘耗竭了自身的大脑。这则故事告诉我们，脑只是在运动中才会得到成长，脑的功能也和逆水行舟相似，不进则退。凡人的失败是否也是这个原因造成的呢？

科学家的研究亦为解决我们的疑惑带来了一线曙光。他们发现，原来我们的大脑遵循着"用进废退"的原则，主体活动的经验在改变、塑造着其大脑。科学家的非凡成就是他们持之以恒、不断用脑的结果，普通人的平凡是他们懒于用脑而造成的。这有点像我们平时所说的脑子越用越灵，就像刀越用越快，不用就会生锈的道理一样。

前面我们曾讨论过，科学家通过大量动物实验考察了经验对动物大脑发育的影响，以及通过考察不良环境下成长的儿童（如长期受虐待的儿童、由动物哺育长大的儿童等）的脑发育情况的研究，都表明了"经验可以改变我们的脑。适宜的环境刺激可以促进脑的发展，不良的环境则会损伤我们的脑。就人类而言，丰富的刺激和富有积极意义的情感体验，对于全面锻炼脑的不同部位是极其重要的"[1]。

与一般的生活经验相比，学习和训练所带来的经验更具特异性，不同的学习或训练任务将带来不同的经验。我们知道，聋人是通过手语、借助视觉系统与他人进行交流的，而不是像正常人那样用听觉系统交流。对手语的感知依赖于手的形状、运动、空间位置等视觉信息的加工，与口头语言的听觉感

---

[1] 董奇：《脑与行为》，北京师范大学出版社 2000 年版，第 193 页。

知是完全不同的过程。那么学习、使用这种特殊的经验将对聋人的大脑造成显著的影响。研究者发现，在所有聋人的大脑中，都有某些通常情况下用来加工听觉信息的皮层区域被用来加工视觉信息了，无论这个人是否使用手语；使用手语和不使用手语的聋人因其言语经验不同而使脑区呈现出明显的差异；使用手语的听力正常者与聋人因为有共同的经验而使脑区呈现出相似性。这这一研究表明，手语的学习和使用使大脑发生了相应的改变。

从脑生理学的角度看，之所以环境、学习与训练会对大脑产生重要的影响，是因为神经元的结构和功能是可变的。我们知道，婴儿出生时，脑重约为350克，是成人的25%，此后婴儿的脑重迅速增长，1岁时接近成人的60%，3岁时已接近成人的脑重范围。婴儿大脑中的神经元基本与成人相当，这一数量从出生至65岁基本保持不变。与成人不同的是，新生儿脑中的神经元尚未很好地分化，而且神经元的突触远少于成人，这意味着有大量神经元之间尚未建立起联系，这就如同一个交通不发达的城市中各个地点之间尚未实现道路连接似的。因而婴儿会经历一个异常忙碌的建设阶段，他们要在神经元之间建立联系。这时，他们的突触数量会迅速增多，出生第一个月，突触数量就可以增加20倍，到2~3岁时达到高峰，此时已经超过了成人的突触数量水平。

突触的数量并不能一直增加下去，而是到一定程度后会逐渐精减，这意味着某些神经元之间的联系将被切断。为什么要切断辛辛苦苦建立起来的联系呢？原因很简单，并不是所有的联系都是必须的，正如没有人使用的道路会被废弃一样，只有那些承载大量信息的突触会被保留并得以加强，不成熟的、非特异性的突触将被削弱。而生杀予夺的权利就掌握在"经验"手中，每个人独特的生活、学习经验将决定哪些突触联系将被加强、巩固，哪些突触联系将被削弱。削减不必要的突触联系，保留有用的联系可以使成人的大脑更具特异性，从而更好地适应每个人各自的生存环境，这也正是大脑灵活性和可塑性的体现。

值得一提的是，近些年来，运用与脑的关系开始受到人们的注意。包括临床神经心理学在内的科学研究证明，运用机能作为一个很少被单独提到的脑机能，事实上很少有人把它与脑特定的功能联系在一起，然而它却是人类特有的一个十分重要的机能。所谓运用，通常指的是有目的的系列化的行动，运用时对躯体和空间的操作，是在时间的维度上展开的程序化了的技能性活动,运用最基本的层次是单纯的躯体性或是肢体性的运用。运用机能在人类进化上有着重大的意义。我们人类能够区别其他物种的一个最为重要的特性就是我们人类可以使用工具,而使用工具正是一个最为基本的运用机能。运用机能的主要表现方式是模仿能力和精细动作。运用机能的掌握离不开人类的模仿机能。我们学习各种运用技能的一个重要前提是我们能够重复他人的动作,这种重复他人动作的机能是大脑的一种十分重要的学习活动。幼儿面对的生存环境不是仅靠本能就可以适应的,他需要在长辈的哺育下对很多生活技能进行学习才能够适应变化的环境,在这个过程中,模仿长辈或是同龄人的活动就是学习和掌握各种运用技能的重要基础。

精细动作是人类运用机能的重要组成部分,运用机能的完成往往需要多种精细动作,特别是人手的动作的配合。人的精细动作的发展是随着人类的进化特别是人类社会与人类的文明和技术的进步而愈渐复杂的,尤其是两手的动作。人手所能操作的复杂动作是任何其他动物都无法完成的,就是与和人类相近的猿类相比较这种区别也是非常大的。从动作的个体演化顺序来看,精细动作的发育成熟较粗大动作的发育成熟为晚,精细动作是在粗大动作的基础上发展起来的。

应当说,经验塑造着我们的大脑。正如韦珏院士所指出的,人的"发展不仅是一个受生物规律驱动的进化过程,也是因学习而促进的主动过程。也就是说,学习改变了大脑的组织结构,这些结构的变化,改变了大脑的功能。换句话说,学习能组织和改组大脑"[①]。

脑科学研究证实,大脑的生理变化是经验的结果,而大脑功能的水平在很大程度上取决于其工作时所处的环境状态。服从"用进废退"的规则,不能缺乏足够的刺激。根据现代脑科学理论,人类的学习涉及整个生理系统,学习需要整个生理系统的参与,充分运用人的各种感官,对于学习者进行学习和记忆具有重要意义。近年的研究表明,人的大脑受到外界的刺激越多,就越具有灵活性。每个人都有五种天赋的感觉能力,即视觉、听觉、嗅觉、味觉、触觉,给予均衡合理的刺激和综合利用,每个人都会学习得更好。在电视和个人电脑日益普及的情况下,现代人过于依赖视觉,导致听觉、味觉、嗅觉、触觉等原始感觉得不到充分利用。脑科学研究发现,调动多种感觉会使人学习

---

① 张光鉴等:《科学教育与相似论》,江苏科学技术出版社 2000 年版,序言第 7 页。

和发展得更好、更协调。同时,每个人的感觉偏爱是不同的。因此,通过调动起人的多种感觉器官,也是为了适应每个学生的学习风格的需要。因此,教学应该是多面的,以允许所有学生表达视觉的、触觉的、情感的和听觉的偏好。而且,在形式教育论者看来,教育的任务就在于训练心灵的官能。身体上的各种器官,只有用操练使它们发展起来;心智的能力,也只有用练习使它们发展起来。教育的主要任务,就是要发现那些能够最有效地训练学生各官能的心智能力。

从认识论的角度来讲,认识是从感性认识上升到理性认识的过程。也就是说,人的认识最初是从对事物和现象的感性知觉开始的。而正是因为有了人的感觉器官才可能有感性,直觉。人们才能与外部世界建立联系。捷克著名教育家夸美纽斯认为,"教导应尽可能通过感官去进行,使它能费较少的劳力被记住"[1]。他还认为,"在可能的范围内一切事物都应该尽量地放到感官跟前,一切看得见的东西都应该放到视官的跟前,一切听得见的东西都应该放到听官的跟前,气味应当放到嗅官的跟前,尝得出和触得着的东西应当分别放到味官和触官的跟前,假如有一件东西能够同时在几个感官上面留下印象,它便当和几种感官去接触"[2]。而我们以往的教学却更多地强调学生的"视",而忽视了其他感官的参与。

1969年,美国南加州大学心理学家艾瑞斯博士最早提出"感觉统合"观点。所谓"感觉统合",是指人的大脑将从各种感觉器官传来的感觉信息,视觉、听觉、味觉、嗅觉、触觉、前庭觉和本体觉等,进行多次分析、综合处理,并做出正确的应答,使个体在外界环境的刺激中和谐有效地运作。艾瑞斯在研究中发现在 3～13 岁的儿童中,有 10%～30% 的儿童出现学习障碍,容易出现学习困难。但这些儿童并不是智能发育有问题,也不是教育上的问题,而是儿童大脑功能发育不协调,与大脑整合功能不完善不健全有关。在正常状态下,人的大脑皮层会对所接受的信息,既往的记忆、经验、情感进行汇总分析,然后才做出恰当的反应,这个过程就是整合作用。整合功能的健全有赖于整个大脑皮层功能的协调。正常人在清醒时整合功能是正常的,但在某些儿童,因大脑皮层各部分区域兴奋程度不一样,部分区域或细胞核团功能相

---

[1] 夸美纽斯:《大教学论》,傅任敢译,教育科学出版社 1999 年版,第 101 页。
[2] 夸美纽斯:《大教学论》,傅任敢译,教育科学出版社 1999 年版,第 141 页。

对活跃,这就造成了大脑皮层的协调性变差,整合功能就紊乱,从而导致一些症状的出现,如视觉统合失调、听觉统合失调、触觉统合失调、平衡统觉失调、本体统合失调。

从一定意义上讲,与感觉统合理论相应的教学措施是多重感觉呈现,就是教学内容的呈现要调动起多种感觉的参与。由于个人兴趣和感觉偏爱的不同,所以,强调激发所有的感觉。而且,我们所有的感觉是可以同时工作的。现代教学技术的发展也满足了这种要求,在教学中一般运用现代化的教学设备,如投影、电视、电脑、实验室等。这不仅为教师的教学提供了方便,也遵循了学生学习和记忆的特点,为学生的学习打开了各种有效途径。

二、大脑越用越灵

古人云:"心,灵物也;不用则常存,小用之则小成,大用之则大成,变用之则至神。"①可见古人深知脑子越用越灵之妙。应当说,普通人和天才人物之间并不存在不可逾越的鸿沟,他们最大的差别通常就在于大脑使用程度的差异方面。拉马克曾用"用进废退"的规律解释长颈鹿那优美、修长脖颈的形成过程:长颈鹿的祖先经常伸长了脖子去吃树高处的叶子,脖子受到了锻炼,变长了,而这一点可以遗传,因此其后代就要比父母的脖子长一些,一代又一代,脖子就越来越长。应当说,这一规律同样适用于人脑。正如珍妮特·沃斯等在《学习的革命》一书中所指出的那样,"要使大脑最有效地发展,就要经常使用它。古语说得好,'你不用它,就会失去它。'这句话与其说适用于你的肌肉,还不如说更适用于你的大脑"②。

事实上,人的肌肉的各部分都是越用越健壮的,脑子也一样。每个人的大脑皮层都有140亿个神经细胞,也叫神经元,这么多数量的脑神经细胞,对一个人终身来说是绰绰有余的了。有人计算过,如果一个人活到100岁的话,经常运用的脑神经细胞只不过十几亿个,还有80%~90%的脑神经细胞则处于闲置状态。而且,"生命在于运动"这是生物界的一个普遍规律。人的机体,用则灵,不用则衰;脑子用得勤的人,肯定愈益聪明。因为这些勤于用脑的人,脑血管经常处于舒展的状态,脑神经细胞会得到很好的保养,从而使大脑更加发达。相反,那些懒于用脑思考的人,由于大脑受到的信息刺激比较

---

① 王梓坤:《科学发现纵横谈新编》,北京师范大学出版社1993年版,第203页。
② 珍妮特·沃斯等:《学习的革命》,上海三联书店1998年版,第115页。

少，甚至没有，大脑就很可能出现早衰。这就跟一架机器一样，搁在那里不用就要生锈，经常运转就很润滑。国外就有过这样的研究，科学家观察了不同年龄段的人群发现，那些长期从事脑力劳动的人，到了花甲之年以后仍然能保持敏捷的思维能力，而那些无所事事、得过且过的慵懒人中，大脑早衰者的比例明显高于前者。这种情况亦可以从古往今来的许多政治家、军事家、作家的身上得到应验。这些人中有许多到了老年以后，仍然保持着灵敏、快捷的头脑。即使他们身体的其他部位（如心脏等器官）可能衰老了，但其大脑仍然显示出相当的生命力。甚至还有人设想，现代医学最好能达到这样的地步：即使那些出类拔萃的杰出人才因其他疾病去世了，但仍能保持住其卓越的脑袋，以便把它移植到一些大脑因意外而受到伤害的、但身体机能各部分还很健康的人身上。而且，由于大脑是人体的司令部，如果大脑迟钝了下来，身体各器官的生理功能当然也不会旺盛起来。所以，保持大脑的活力，就能促进其他机体、器官保持活力。

现代脑科学研究发现，人的大脑细胞有这样一个特性：人越使用大脑，脑细胞的新陈代谢速度越快，大脑细胞衰亡的速度也就越慢。经常用脑可改善脑的血液循环，促进神经突触的生长。科学家用超声波测定不同生活方式的人的脑，发现勤于思考的人脑血管经常处于舒展状态，脑神经细胞得到了良好的营养，使脑不至于过早衰老。不经常用脑的人，从40岁以后，脑体积逐渐缩小，空洞部分增大；而经常用脑的人，60岁时的脑体积和30岁时的脑体积几乎没有差别。

长期缺乏脑力活动，脑会发生"废弃性萎缩"现象：思维迟钝、记忆力减退、精神萎靡不振，脑就会走向衰老。而经常从事脑力活动，可以给脑充分的刺激，可能会保持或增加脑中的突触，产生复杂的神经回路，使脑的代谢旺盛，思维敏捷，记忆力增强，精神振奋，从而延缓脑的衰老。而适度的脑力活动开始得越早，持续的时间越长，脑细胞的老化过程就越慢。有人曾对16世纪以后在欧美出现的数百名杰出人物进行研究，发现其中寿命最长的恰恰是那些大量用脑的发明家和科学家。例如，著名物理学家牛顿活了84岁，发明大王爱迪生也是84岁，对蒸汽机发明有卓越贡献的瓦特83岁，科学巨匠爱因斯坦76岁，等等。如此看来，尽管生命的终点一定会到来，然而，延缓脑的衰老却是可能且可行的。而学习动脑无疑是永葆大脑青春和活力的一个有效措施。其实，人的大脑就如同肌肉，锻炼得越多收获也越多。当我们的大脑充满活力的思考以及运作的时候，我们就不会想不开心的事情，我们会变得更开心和满足。所以，如果你的生活中遇到了不幸，学习或许是最好的维他命。由此而言，获得幸福与快乐的一个重要的策略就是不要把学习的习惯丢掉。

　　前面所介绍的关于生物学上海鞘的生长经历以及科学家所进行的包括老鼠在内的有关动物实验都向我们表明，脑只有在运动中才会得到成长，脑的功能也和逆水行舟相似，不进则退。或许有人会说，这些实验似乎与人类没有什么关系。那我们不妨再来看一个意大利男孩的悲剧，它或许能给我们以相同的启示。这名意大利男孩一眼失明，其原因在科学上开始是一个谜，因为在眼科大夫看来，他的眼睛是完全正常的。最后这个谜终于被揭开了，真相大白：原来在他还是婴儿时，为了治疗轻微感染，眼睛被绷带缠了两星期，由于绷带的原因，与眼相联系的那些神经元不再工作，而婴儿期正是眼睛至脑的神经元建立联系形成回路的关键期，这样的治疗使得那些神经元的相互联系丧失。在这种情况下，脑就会忘记这些神经元的功能，使它们与其他神经元建立起别的联系。当绷带解开后，因为眼到脑的神经元回路被破坏，所以造成了上述悲剧。然而，如果是成年人接受这样的治疗，由于他们脑内神经元的基本联系已建构完好，这样的治疗就不会对成人造成过大的影响。

　　有科学家认为，在16岁之前，脑内神经元之间一直进行着一场你死我活的战争，即为建立神经元基本连接而进行的战争。如果一个新的神经元未能与其他神经元建立联系，或者缺乏足够的刺激，那么它就会死去。所以，俗话说"少小不努力，老大徒伤悲"，这句话是十分正确的。青少年正值青春年少，恰是学习各种各样的知识、技能的黄金时期，如果这时我们能努力开发自己的潜力来从事各种学习，就会事半功倍；而到了真正需要时再去学习，就会事倍功半，正所谓"书到用时方恨少"；而且有一些能力如音乐等，如果早期得不到开发，将会失去再次开发的可能。

　　虽然在16岁之前，随着我们对环境的逐渐适应，我们有了较为成熟的大脑，但16岁之后这种适应能力并未中止，只是有所减缓而已。实际上，一个人生活的环境的变化，以及他的活动内容、活动方式的变化都会造成脑的长期变化。有研究表明，一种丰富多彩的环境会促进人脑的发展，但环境不会自动地提高人的智力水平，智力的提高需要脑的积极活动；在这里，丰富的环境并不是指更多的物质财富，脑的活动也不是指增加体力劳动。因为人们在成年鼠的研究中发现,引起脑内巨大变化的是由学习与记忆参与的活动,而不只是丰富的物质环境和单纯的体力劳动。所以,生活中不必刻意去找寻多姿多彩的物质世界来培养智力,课余愉快的交谈,有意义的课外活动,各种智力游戏,勤奋的阅读,有目的的参观、游览,参加体育锻炼都有利于大脑的发育,促进大脑功能的发挥。

如美国进行的一项研究表明,如果儿童每天都参加体育活动,包括旋转,跳绳,做操,翻筋斗,打滚,走平衡木,在操场上一些低矮的运动器材间攀爬、滑行、翻滚、跳跃,在教室里参加集体游戏等,都会有助于他们学习成绩的提高。科学家们认为,因为这些游戏有利于儿童视觉、听觉、嗅觉、触觉等的发育,将感觉统合起来,从而促进了脑功能的增长。

科学家通过对爱因斯坦大脑的解剖后也发现,爱因斯坦的大脑与常人之间并无什么特殊的地方,也可以说其大脑非常正常,要说爱因斯坦大脑与常人有什么异常之处,就是他的大脑比同年龄人更为健康,退化的迹象较少。这或许也表明,正是缘于爱因斯坦大脑的高效与创造性的运转,使之更为健康,更加充满创造力。而现实生活中,我们一些长辈往往过度地疼爱甚至溺爱自己的孩子,不愿意让孩子受到一丝委屈,在体力和脑力活动上都尽量替孩子分忧。他们的初衷是为了孩子好,殊不知,这样反而是害了孩子。比如,他们认为孩子过多用脑,会对孩子的成长不利,在孩子学习时经常说"宝贝,歇歇吧,别累坏了脑子",岂不知这种说法对孩子智力的发展极为不利,它给孩子的智力套上了一个无形的枷锁,影响和限制了孩子智力的发展,形成他们懒于动脑的习惯。

其实,决定一个人智力和创造力的因素,主要不只是他先天具有的素质,而在于他后天在学习、生活中所积极参与活动的程度。那些伟大的科学家,他们从小有自己的兴趣、爱好,在以后的生活中向这一领域投入大量的时间、精力,终于在自己喜欢的园地里有所建树。所以,人们常言道"天才出于勤奋","天才是百分之一的灵感加上百分之九十九的汗水","天才是劳动的积累","天才只能属于那些辛辛苦苦、踏踏实实的劳动者"。因此,我们只有一生不停地学习新知识,不断地向生活挑战,让我们自己的大脑永远处于一种有意义的活跃状态,我们才能够表现更多的才能,在生活中取得成功。

三、手巧激励心灵

著名的盲人科学家弗尔迈伊在《无与伦比的手》中曾经有这样的描述:手

真的是无与伦比、无比奇妙的身体器官：人类所有的文明成就，都建立在手的解放的基础上。未来人类的进步和社会的发展，仍然指望于动手能力的不断提高。尼泊尔有句谚语，叫作"自己的手就是大自然的统治者"。其实，无论怎样估价手的作用都不过分。

人类的双手在人类的产生和发展过程的作用是无可比拟的。科学家用海豚与人相比。海豚是最聪明的海洋哺乳动物，它的体重同人相近，但平均脑重(1.7千克)甚至超过人类(1.4千克)，大脑皮层的脑回也比人类多一倍。因此，海豚有很高的智能。有关专家经过测试发现，海豚的智力水平仅次于人类。[①] 尽管海豚也经历过与人类进化相似的发展过程，同样具备了较大的脑袋，并且也是如此的机灵，但由于它生活在水中，上肢没有演化成手。当人类在用他们的双手改造世界的时候，海豚只能够接受环境提供给它们的条件，这样脑髓就不能进一步发展，当然，也就难以发展到像人类那样的智力水平。这在很大程度上是因为其缺少人类所拥有的一双让大脑更聪慧的手。其实，海豚远不能把它很高的智能付诸实现。这是因为，高度发达的神经系统(足够大而又足够复杂)仅仅是智能发展的必要条件，但不是充分条件。人类的智能可以跟动物有质的不同，无限地超过动物，是因为人类以社会性的劳动(得益于人类的双手)能动地作用于周围环境。正是在这种能动的作用过程中，人脑产生了它所独有的高级心理反映形式——意识。意识这种人脑所独有的机能，是自然的产物，也是社会的产物。这也表明，人之所以能成为人，双手可谓功不可没。基于此，亚里士多德就把手描述为"工具中的工具"；富兰克林将手视为人的一个具有决定性的特征，他把手形容为"创造人本身的工具"。

人不能满足于对外部世界的观念掌握，还必须用实践的方式掌握世界。这就必须把自己作为物质力量运动起来，发挥自己效应器官的功能。只有通过效应器官，人才能对外部物质世界发生实际的相互作用，实践地掌握和占有外界物。在效应器官中，手占有特别重要的地位。恩格斯在《自然辩证法》中说，人和猿的最大区别在于人手的专门化，而"手的专门化意味着工具的出现，而工具意味着人所特有的活动，意味着人对自然界进行改造的反作用，意味着生产"。"由于手……不仅在每个人身上，而且在社会中共同作用，人才

[①] 周昌忠：《创造心理学》，中国青年出版社1983年版，第92页。

有能力进行愈来愈复杂的活动,提出和达到愈来愈高的目的。""随着手的发展,头脑也一步一步地发展起来,首先产生了对个别实际效益的条件的意识,而后来在处境较好的民族中间,则由此产生了对制约着这些效益的自然规律的理解。随着对自然规律的知识的迅速增加,人对自然界施加反作用的手段也增加了;如果人的脑不随着手、不和手一起、不部分地借助于手相应地发展起来的话,那么单靠手是永远造不出蒸汽机来的。"恩格斯的这一系列科学论述告诉我们:"人的手是劳动的工具,是人改造世界、改造自己的对象世界的最重要的器官。正是通过人手,人才能制造工具,并运用工具作用于外界物,改造外界物,在对自己有用的形式上实际地掌握和占有外界物,从而实现人对外部世界的实践掌握。"①

  人运用自己的双手对外部世界实践掌握的过程,当然是在大脑的调控下进行的。人脑这种复杂的物质结构及其最基本的工作原理表明,人的动手操作与动脑思维密切相联、不可分离。人脑是人的思维和控制器官,而双手则是人的感觉与运动器官,也可以说是"脑的外在部分"。动脑思考是动手实践的主导。大脑的思维与控制活动决定着人进行动手操作等实践性活动。动手是动脑的发端,大脑需要借助动手过程所提供的丰富的信息材料才能进行积极的思维。手的活动与脑的思维的密不可分。通过头脑中创造性思维所形成的思路、设计或计划等,都要由大脑皮层神经网络控制下的双手等脑的外在器官协调地配合工作,才能形成双手的精确操作,进而才能将脑内不可见的思路、图像、设想、计划等,创造外化为可见的图表、设计方案或实物。创造外化的这些事物在双手的操作过程中,还要经过手与脑之间的多次"信息反馈"。其间,双手的操作可以修正脑的思维,脑的思维更要纠正手的操作,最后还要由脑的思维来判断手的操作结果。

  当然,在这一过程中,手也并非是机械地、消极地执行大脑的指令,而是发挥着积极的作用。如前所述,大脑的作用不仅表现在动手之前通常需要大脑为其设计出具体的动手操作的程序方面,同时也表现在动手过程中对大脑所设计的程序进行检验、修改、完善以及对动手过程所出现的一些始料未及的一些新情况、新问题进行分析、解决方面。而这从根本上是由动手所带来的,或者说是动手的检验功能的重要的体现。而且,动手实践的后果总是不

---

① 刘典平等:《人的发展与学习》,新华出版社 1995 年版,第 17 页。

全同于作为实践主观前提所包含的理论预测和主观期待，其间既包括对盲目追求的过滤，也包括对保守追求的超越。换言之，动手实践的客观后效中总是包含着大脑所未曾预料到的新的内容。通过这样反复的手脑互动与协调工作的过程，最终实现由脑思维主导的、由双手灵活和准确操作而表现的、显示出一定成果的手脑结合的活动。

　　生理学与神经科学的研究告诉我们：人在动手操作的过程中，各种不同的主动肌腱和关节都是以一种最直接的方式参与运动的，而那种监视这些区域活动的感觉神经系统，则能够使我们得以判断这些运动对时间的选择、力量的选择、运动空间和范围的选择，并使我们得以按照目的的要求去对其做出必要的调整。这是大脑中的有关功能皮质、丘脑、基础神经节以及小脑协调参与，并向脊髓输出了信息，再转为行为而产生的结果。其实，人的一些比较精细而复杂的操作，都需要调动数不胜数的不同神经成分与肌肉成分以一种高度整合、协调的方式参与。都需要大脑参与行为发动时的决策，并且要综合由神经系统传入的、动态的反馈信息，以及根据自己已有知识和经验对这些信息进行分析、判断、推理……再通过神经系统指挥肌肉和关节进行不断地校正，从而使人的行为方式越来越合乎规范，越来越准确、精细。比如，小学生用小刀削铅笔，这其中便包含着手、眼及脑之间极为复杂的交互作用。诸如对下刀的位置、用力的方向以及用力的大小等方面的情况做出分析、判断，并依据切削过程中所发生的情况进行及时校正等。

　　现代脑科学的研究也认为，而一个人要变得聪明，一个非常重要的生理条件是神经系统的灵敏性与选择性，而这种神经系统的建构则必须在动手操作过程中，通过手和脑的巧妙配合才能完成。所以，人的判断能力和思考能力，也是随着双手活动经验的积累而发展起来的。大量的试验已经证明：人类大脑皮层发展到一定程度，就能够摆脱与感觉器官的直接联系，进行综合的抽象思维。因此，从表面上看，人们的综合的抽象思维能力与动手并没有什么直接的关系，但这种能力的形成，同样离不开长期动手经验的积累。由于人在动手操作的过程中，知觉系统与运动系统之间有着非常微妙的交互作用。有很多活动，它们发生的速度是非常快捷的。尤其是在那种熟练了的、自动的、无意识的活动中，其整个运动序列是以一种完整的单位而展开的。所以我们说，只有这种高度程序化了的序列才能使科学实验、能工巧匠熟练的技术操作、钢琴家、打字员或运动员的快速反应成为可能。因为他们各自都依赖于那种以极快速度而展开的、很长的运动序列。

另外,脑科学的研究业已表明:在复杂的运动中,人的大脑是需要调动数不胜数的、不同的神经成分与肌肉成分以一种高度整合和协调的方式参与的。所以,从某种意义上说,手巧才能心灵。因此,你要有一个灵敏而富有智慧的大脑,就要努力锻炼你的双手。大量的研究表明,动手能促进动脑,动手能力强的人,通常比较聪明。应当说,人类的双手与大脑各以对方的存在和发展为自身存在和发展的前提和条件。而人的大脑能发展到现在的样子,同原始人的直立行走,手足分工密切相关。由于手的解放,用于取物、使用和制造工具,才促进了人脑的发达,使人类进化为地球生物圈中最高等的生物。脑的发达又更加促使人手的灵巧。这就是说,手的高度灵活是和脑联系在一起的,是人类所特有的高度进化的结果。

动手过程为什么能促进人脑的智力开发呢?现代科学研究成果已经逐步揭开人手、脑与智力的关系这个饶有兴趣的秘密。现代科学已经证明,"在人类的肢体里面,手是最灵活的,能够随意做出各种各样的动作。科学研究表明,这些动作,加上手抓东西的方式,以及手的触觉,影响了我们的思维"[①]。人手、脑与智力之间有着密切的联系,人手不仅是劳动操作器官,而且具有认识功能。而且,"与眼睛看到的图像比起来,手摸到的触感输送给大脑的信息更为可靠——前者往往产生一些虚假的、错误的表象"[②]。手在接触物体时,不但发生了劳动操作的过程,同时也发生了认识物体属性的过程。人手在劳动操作的影响下,通过捏握触摸的感觉,形成了一种机能复杂的运动分析能力。人类正是在对事物的捏握触摸中,"对所握事物的本质思考随之开始。日常生活中会用到'把握'这个词,比如我们会说'对某件事情有把握'。这反映了手和脑之间相互促进的对话"[③]。人手的这一认识功能与脑和智力活动密切相关。人类内部的心理活动,原本是在外部动手活动中学会的,动手活动是人类实现智力活动内化的重要手段。

从人类发生的意义上说,人的智慧是随着手的解放和脑的发展而发生发展的;从个体智力发生发展看,也是借助外部对象动作和内部智慧动作获得的。其实,包括学习在内的各种活动过程,往往是既包括对实物的操作活动

[①] 理查德·桑内特:《匠人》,李继宏译,上海译文出版社2015年版,第181页。
[②] 理查德·桑内特:《匠人》,李继宏译,上海译文出版社2015年版,第182页。
[③] 理查德·桑内特:《匠人》,李继宏译,上海译文出版社2015年版,第184页。

(即外部活动),又包括对观念的操作活动(即内部活动),这二者之间通常表现出互动的关系,即"心灵"(内部智力动作)激励着"手巧"(外部对象动作),"手巧"更促进着"心灵"。因而,包括皮亚杰在内的许多心理学家都认为,人的智慧就是其动作内化的结果,儿童的智慧就在他的手指尖上。通过锻炼手指可以锻炼大脑,借助于动手实践能够为我们开辟出一条积极有效的动脑思考的道路。

　　动手的过程同时也是动脑的过程。在动手过程中,手的动作以及手作用于客观物体所进行的劳作、实验、加工和制作物品等活动,总是与大脑的积极思维相联系的。就像我们欲进行一个把掉在地上的橡皮擦捡起来的简单动作,倘若这个动作没有大脑的参与也是不可能完成的。事实上,当我们想把掉在地上的橡皮擦捡起来的时候,这时,在大脑运动皮层中会产生一个兴奋,兴奋沿着脊髓神经传递到运动神经元,最终传递到手臂的肌肉细胞中。突触间有一条狭长的裂缝,化学物质可以通过这条裂缝进行扩散,即让离子流穿过裂缝,从而产生了细胞膜电势的变化,亦即传递了"伸手捡起橡皮擦"的指令。而在我们"将手伸向橡皮擦"的时候,则来自橡皮擦(当然也可能是地面)的外部刺激便作用于手指,这时,触觉感受器就会把这种刺激转换为神经兴奋,神经兴奋经传入神经到达运动中枢,运动中枢经过分析综合,如果认为我们手指的动作准确,便会发出"捡起橡皮擦"的指令(神经兴奋),并经传出神经到达手指,随着手指反应活动的出现,也就完成了预期的动作目的;如果运动中枢发现我们手指所接触的是地面而非橡皮擦时,大脑根据返回信息就可发现偏离所给予的行动计划的情况,并立即发出信息校正这种行动的信号,进而调节、校正手指的行动。而经过如此这般的多次反复,直至实现动作的精确无误。这一过程也表明:"在每一瞬间,信号多次地由手传导到脑,又由脑传导到手;脑教了手,手也发展和教了脑。这时候,构思不仅在实现,而且在不断地发展、深入和变化着。这时候,思想的线索不会中断。"[①]

　　动手过程会产生迫使大脑思考的新问题。苏霍姆林斯基认为,"凡是在劳动过程中能使构思得以实现和发展的那种手工劳动,都能促使智力品质中这样一些品质的发展,如思维的批判性、灵活性、广度和活跃性,以及对判断和结论做出批判性检验的能力。那些两手自幼就能紧密结合思维工作的人

---

① 苏霍姆林斯基:《给教师的建议》,杜殿坤编译,教育科学出版社1984年版,第82页。

都有一个特点：善于通过劳动去检验假设的正确性"①。动手活动与思维的密切关系，不仅表现在动手之前通常需要大脑为其设计出具体的动手操作的程序方面，同时也表现在动手过程中对大脑所设计的程序进行修改、完善以及对动手过程所出现的一些始料未及的新问题进行分析、解决方面。而从这个意义上说，动手过程作为将大脑的思维成果付诸实践的过程，也是检验和完善大脑思维成果的过程，同时还是发现和解决动手过程中所出现的新情况、新问题的过程。

手的动作与脑的思维密不可分。人类的思维过程，首先是从"手的思维"即动作思维开始的。实际上只有一边操作物体、一边画图，经过思考阶段，才能逐渐在头脑中展开智力活动。在动作思维中，动作是思维的外化，思维是动作的内化。思维只有外化为动作才能对外部物质世界发生作用，同样，动作只有内化为思维才能使动作的内容上升为理论。劳动是人类智力发展的决定因素，是人类形成的决定性因素，是作用于自然物，在改造自然的过程中，人类也获得强化和发展，因此人的能力在这种劳动中也获得了发展。

应当说，有一个发达的大脑和一双灵巧的手，这是人类区别于动物的重要标志。从人类历史发展看，我们的双手是促进大脑发展的一个强大的动力。由于拥有了手，人类能够更好地制造和使用工具，从事各种精细的工作，从而又促使控制这些精细加工的中枢——"人脑"的功能得以进一步分化和完善。临床儿科专家指出，对于大脑的发育和提高智能来说，最重要的是手指的运动。认知心理学也告诉我们，人的智慧是动作内化的结果，思维产生于动作，一旦切断动作与思维间的联系，那么其发端是不可能的。

从教育的角度来看，世界范围内，教育心理学主要有两大学派。一是认知、信息加工学派，另一是行为主义学派。认知学派特别强调认知的重要性，而行为主义学派则认为操作和行为对人的成长关系重大。其实，这两个学派都有各自的科学道理，但都存在着一定程度的偏颇和不足。我们只有把这两个学派主张中的合理成分加以综合与贯通，找到它们深层次的、在脑科学中的相似性，才更为符合客观实际。事实上，人进行各种科学试验、学会说话、学会讲演、写好文章、学会弹钢琴、拉小提琴、打乒乓球……都是这个道理。从表面上看，掌握这些本领与学游泳有着本质的不同，但"万变不离其宗"的

---

① 苏霍姆林斯基：《帕夫雷什中学》，赵玮等译，教育科学出版社1983年版，第422页。

"宗","千变万化其理一也"之"理"就在于：要学会一项本领，不但要掌握其中的道理，而且要进行大量的、相似的动手练习，才能真正领会操作的要领，才能真正把知识转化为能力，才能真正做到心灵手巧，才能真正培养出高素质的人才。但应当说，"现代教育害怕重复性学习，认为那是头脑愚笨的表现。开明的教师害怕孩子会感到无聊，又热衷于采用各种不同的教学方法，所以会尽量避免重复性练习——但这种做法会让孩子无法将某些技能练到熟极而流的程度"①，而"割裂人们的理解和重复性的、操作性的学习过程。当这种情况发生时，人们的思维能力会受到损害"②。

四、手脑需要结合

人的本质问题是一个向来备受争议的问题，其争议的焦点则可归结为人的手脑的进化孰先孰后问题。人的手和脑的进化何者先、何者后的问题早在古希腊哲学家阿那克萨戈拉那里就已经存在了，阿那克萨戈拉认为手的进化先于脑的进化，而柏拉图、亚里士多德则强调大脑的进化先于手的进化，而到了 19 世纪末 20 世纪初，随着人类学和考古学的兴起，手和脑的问题再次成为争论的焦点，其中在恩斯特·海克尔认为"人的直立行走解放了人的双手，而双手通过制造工具、使用工具等活动促进了脑容量的增加"③之后，恩格斯进一步发展了此观点，并在《劳动在从猿到人转变过程中的作用》一文中明确指出，"首先是劳动，然后是语言和劳动一起，成了两个最主要的推动力，在它们的影响下，猿的脑髓就逐渐地变成人的脑髓"④。

人之作为人，最重要的标志就在于人有一个聪慧的大脑和一双灵巧的手，这二者实际上也是人不可多得的"两件宝"。但是，这两件宝不同于其他任何有价值的东西的一个显著特点是：二者是相互依存、不可分割的，它们各以对方的存在作为自己存在的前提和条件。正如弗兰克·威尔逊在《手的奥秘》一书中所指出的："身体运动和脑活动从功能上讲是互相依赖，互相依存的，而且其协同作用具有很强的系统性。"⑤同样，它们也各以对方价值的实现作为自身价值实现的基础。此就是说，它们只有在一起，只有基于彼此的协

---

① 理查德·桑内特：《匠人》，李继宏译，上海译文出版社 2015 年版，第 29 页。
② 理查德·桑内特：《匠人》，李继宏译，上海译文出版社 2015 年版，第 30 页。
③ 晁鸿雁：《人的本质问题综述——以人与技术的关系为切入点》，《湖南工业职业技术学院学报》2014 年第 6 期。
④ 恩格斯：《自然辩证法》，人民出版社 1971 年版，第 153 页。
⑤ 弗兰克·R.威尔逊：《手的奥秘》，邢锡范等译，辽宁教育出版社 2008 年版，序言第 5 页。

调配合才有价值,才能充分地实现其应有的价值。

其实,"人类一开始,就是靠手脑相互作用,才成长起来的"①。人的手如果不与人的大脑一起进化,也不可能出现这样神奇的力量。猿的大脑皮层的运动区,管上肢和管下肢的面积是相等的;而人类的大脑皮层的运动区,管手的要比管足的面积大得多。人脑控制着人手的活动;反过来,人手的活动又影响人脑的活动和发展。一个人变得聪明起来的生理条件,是脑髓的髓鞘化和脑细胞间回路的发达。而促使这种发达,开始是与手指的运动分不开的。人们的判断能力和思考能力,是随着手的活动经验的积累,共同发展起来的。从手与脑的这种密切关系上,也可以看出劳动在人类历史上的重要意义。如打算盘,就是一种手脑并用的活动,经常练习,智力就可以不断提高。同样,手的活动也离不了大脑的指挥。人类大脑皮层发展到一定程度,能摆脱它与感觉器官的直接联系,进行综合的抽象思维活动。就是原始人打制一块石器,必须事先判断不同石料的性质,设想使刃部或锥部打成什么角度;还要懂得怎样用力,用在何处,才能使石器成形,这也需要相当高的智慧和技巧。

而自从有了人类,人类有了大脑和双手,它们就是紧密结合的。也正是基于这种紧密结合,才使人类战胜了一个又一个艰难险阻,创造了一个又一个人间奇迹;也正是基于这种紧密结合,才使人类从弱小走向强大,从愚昧走向文明。其实,更进一步地说,也正是基于这种紧密结合,才有了人类的产生,才有了人类的发展。这也就是说,手脑结合对人类的产生和发展都有着极为重要的作用。

应当说,手与脑的关系问题是与人的本质及人的发展问题相联系着的。手脑结合客观上也是人的本质力量的显现,是人区别于动物的一个根本标志。关于什么是人的问题,有名的斯芬克斯之谜做了最早的也是最肤浅的回答:幼年爬行、成年直立行走、老年拄杖而行的动物。帕斯卡曾对人发出这样的感叹,"人是多么离奇的怪物! 多么新奇、多么丑恶、多么混乱。怎样的一个矛盾的东西,又是怎样的一个奇才! 是一切事物的审判者,又是低能的蚯蚓!"②。人的本质作为人之所以为人而区别于其他动物的最根本的特征,按照马克思主义的观点,是"有意识的生命活动把人同动物的生命活动直接区别

---

① 黎先耀:《神奇的手》,引自黎先耀《大自然的召唤》,科学普及出版社 1999 年版,第 161 页。
② 武天林:《实践生成论人学》,中国社会科学出版社 2005 年版,第 156 页。

开来,正是由于这一点,人才是类存在物。有意识的生命活动,就是劳动或实践"①。"即人在一定社会关系中具有使用人类自己制造的工具改造自然的活动,亦即生产劳动。更广泛一点讲,即人的实践活动。在这个意义上,我们可以把人的本质简称为社会实践。"②而人的实践活动是建立在人的理性和实践能力的基础上的,因而,在人的本质观上,亚里士多德提出了"人是理性的动物"这个重要命题。在这一点上,亚里士多德与他之前的古希腊唯物主义者阿那克萨戈拉产生了分歧。阿那克萨戈拉声称,正是人类有手才使自己成为最有智慧的动物。在阿那克萨戈拉看来,人的智慧并不是与生俱来的,也不是上帝恩赐的,而是人自己通过手的劳动所积淀所创生的。正是人长期的经验积累所形成的获得性遗传和大脑及神经系统长期进化所逐渐发生的结构性遗传,在实践基础上的有机结合,类人猿的猿脑才逐渐发展成人的具有理性、智慧的大脑。

由阿那克萨戈拉的观点我们不禁想到被马克思主义所赞成的、由富兰克林所提出来的"人是制造工具的动物"这个界说。马克思认为,劳动资料的使用和创造,虽然就其萌芽状态来说已为某几种动物所固有,但是这毕竟是人类劳动过程独有的特征,所以富兰克林才会认为人是会"制造工具的动物"。当然,恩格斯在《劳动在从猿到人转化中的作用》一文中所充分发挥和详尽论证的"劳动创造了人本身"同样也强调了基于手的劳动在人类产生过程中的重要作用。而人之所以能成为人,一个重要的原因就在于人能够从事制造和使用工具的创造性劳动。而人之所以能够从事制造和使用工具的创造性劳动,这在很大程度上是得益于其有着其他动物所不具备的智能器官——高度发展的大脑和灵巧绝伦的双手。其实,人类文明的链条是在人类双手与大脑的互动中被驱动的。双手和大脑在不断的循环中相互促进、进化,从而造就了人类文明不断进步的历史。人类动手与动脑相结合的活动与创造过程密切相连,这是因为人类的一切创造活动无不是建立在双手与大脑结合的基础上的。

其实,纵观亚里士多德与阿那克萨戈拉所提供的各执一端的看法,似乎更有助于我们理解和把握人的本质的精神实质,亦即马克思主义的"人的

---

① 黄楠森:《简评西方哲学的人本质思想》,《军队政工理论研究》2001年第1期。
② 王善超:《论亚里士多德关于人的本质的三个论断》,《北京大学学报》(哲学社会科学版)2000年第1期。

本质是人的社会实践"的基本观点。这是因为人的实践的过程,原本就是动脑(理性)与动手(实践能力)相结合的过程,而人区别于动物一个重要标志也就在于人有着发达的大脑和灵巧的双手。因而,人的本质也就在于人所具有的理性和实践能力,抑或说,是人类所独具的手脑结合的能力。而亚里士多德以及阿那克萨戈拉的人的本质观都"没有充分和发挥手脑结合的劳动实践,而这恰恰是理性和社会性得以产生和统一的基础,是人的真正本质"[1]。

事实上,人作为生物演化的最高成果,它的出现使生命展现出了最壮丽的一幕幕,成为物质演化的最大奇迹。"从主体因素上看,人之所以能够获得一切必要的智能,是由于已经具备了必要的物质基础——即肉体器官。这主要是指无与伦比的人脑、神经系统以及灵巧的双手和言语器官。人的一切智能都是在客观事物的作用下,人的智能的肉体器官表现出特有活动的结果。"[2]应当说,人类起源于自然界的过程,是同人类劳动的形成和发展过程分不开的。恩格斯在谈到从猿转变到人的过程时指出:"劳动创造了人本身。"人与动物的根本区别是人能够进行制造和使用工具的劳动,而这种制造和使用工具的劳动正是作为人的手与脑相结合的本质力量的显现。而只有这种劳动的过程才使人具备了根本有别于动物的特征。劳动作为人的本质力量也就是人的手脑结合能力的显现,它包括由人的体力、感觉能力、思维能力以及实验与创造能力等构成的一系列人类主体认识和改造世界的能力。

手不仅是劳动的器官,它还是劳动的产物。只是由于劳动,由于和日新月异的动作相适应,由于这样所引起的肌肉、韧带以及在更长时间内引起的骨骼的特别发展遗传下来,而且由于这些遗传下来的灵巧性以愈来愈新的方式运用于新的愈来愈复杂的动作,人的手才达到这样高度的完善,在这个基础上它才能仿佛凭着魔力似地从打制出第一把粗笨石刀的手,发展到产生拉斐尔的绘画、托尔瓦德森的雕刻以及帕格尼尼的音乐的手。因而,手的意义是把其中的双肢解放出来,不单单只为觅食和生产,还可以进行改造世界的活动。手的解放意味着人不再只是顺从环境和自然,而是拥有了改造自然为人所利用的能力和条件。

---

[1] 王善超:《论亚里士多德关于人的本质的本个论断》,《北京大学学报》(哲学社会科学版) 2000 年第 1 期。

[2] 方德珠:《创造智能学》,新疆大学出版社 1995 年版,第 3 页。

早在 20 世纪上半叶,陶行知先生就意识到,中国教育的通病,是教用脑的人不用手,不教用手的人用脑,所以一无所能。革新这一弊端的唯一对策就是使"手脑联盟",陶行知先生所大力倡导的"教学做合一"理论实质就是"手脑联盟","教学做合一"的目的就培养"手脑联盟"的人。而"手脑联盟"的过程,实际上也就是"做"的过程,而"真正的做,只是在劳力上劳心,用心以制力"。①

陶行知主张,真正的教育确实应该帮助造就手脑都会用的人。我们需要的一种教育,是造就脑子指挥双手、双手锻炼脑子的手脑健全的人。这是因为教育的根本宗旨就在于培养具有创造精神和创造能力的人,而"文明是人类用头脑和双手造成的。只会劳心而不会劳力和只会劳力而不会劳心的人都是没有希望的",儿童创造力的解放首先是建立在头脑和双手解放的基础上的,"解放儿童的头脑,使之能思;解放儿童的双手,使之能干"。这样,也就可以撕掉束缚儿童创造的迷信、成见、曲解、幻想的层层裹头布,儿童就可以大胆地想象,积极地思考;同时也可以摒弃"述而不作,坐而论道"的旧观念,破除不让儿童动手,摧残儿童创造力的旧传统。让儿童充分地动手,尽情地去做,这样"手脑都会用,才算是开天辟地的大好佬"。陶行知认为,只有"在用脑的时候,同时用手去实验;用手的时候,同时用脑去想",才有可能进行创造。"我们需要的教育,要能造就会用脑指挥手,手开动脑的人"。其实,那些沉睡在我们大脑中的巨大潜能需要通过包括我们的双手在内的各种感觉与运动器官去"唤醒"。正如集盲、聋、哑于一身的美国著名女作家海伦·凯勒在她的《我的生活故事》中所指出的:"我认为,我们每一个人都有一种内在的了解能力,以了解最初人类所经验到的种种印象与感情。每一个人对于碧绿的大地与窃窃细语的流水,都有一种下意识的记忆,这种前代的遗赠,是盲与聋所无法剥夺的。这种继承能力就是一种第六感——视觉、听觉与触觉结合为一的心灵感应。"②其实,这种所谓的"第六感——视觉、听觉与触觉结合为一的心灵感应"正是由手脑结合所激发的创造性之所在。

苏霍姆林斯基认为创造性劳动的重要特点就是手脑结合,手脑并用,在劳动中动手又动脑。苏霍姆林斯基极为重视人的双手在创造性劳动中的作

---

① 胡国枢:《生活教育理论》,浙江教育出版社 1981 年版,第 135 页。
② 钟志贤:《深呼吸:素质教育进行时》,教育科学出版社 2003 年版,第 93 页。

用。苏霍姆林斯基确信：劳动的双手是"智慧的创造者"，"儿童的智慧出在他的手指上"，"人的手可以做出几十亿种动作，它是意识的伟大的培育者，是智慧的创造者"。① 他主张，"要帮助学生动手去做某一件事，并且使双手成为他的智慧的老师"②。这是因为"在人的脑海里，有一些特殊的、最积极的、最富创造性的区域，依靠把抽象思维跟双手的精细的、灵巧的动作结合起来，就能激发起这些区域积极活跃起来。如果没有这种结合，那么大脑的这些区域就处于沉睡状态。在童年和少年时期，如果没有把这些区域的活动激发出起来，那末它们就永远也不会觉醒了"③。而且，"在手和脑之间有着千丝万缕的联系，这些联系起着两方面的作用：手使脑得到发展，使它更加明智；脑使手得到发展，使它变成创造的聪明工具，就成思维的工具和镜子"④。赞可夫也认为，现代社会需要"手脑并用"的人，脑力劳动者也需要实际操作，"劳动操作的特点就是脑力活动与手的活动相结合"⑤。因此，实际操作能力是学生发展的重要因素。学校培养的人既要善于动脑，也要善于动手。他强调学校不能培养那种"只会说，不会做"的人。为此，他把操作能力与观察能力、思维能力一起作为"使学生获得比现在更高的智力发展水平"的重要途径。苏联时代的另一位教育家阿莫什维利亦曾指出，"儿童单靠动脑，只能理解和掌握知识，如果加上动手，他就会明白知识的实际意义，如果再加上心灵的力量——认识的所有大门都将在他的面前敞开，知识将成为他能动地改造和创造的工具"⑥。这就是说，在人类的创造活动中，无论是理性思维，还是非理性思维的培养，都不能仅归功于大脑，从根本上源自具有无限创造潜力和无限的演变与延异功能的身体。而"当双手和大脑分离时，受到伤害的是大脑"⑦。如果青少年缺乏与身体相关的实践，他们就难以有效发展认知和思维能力。思想与手的紧密结合，体现了真正丰富的智力生活，而这恰恰是动手过程之于智育的独特价值所在。

但是，正如燕国材教授所指出的："遗憾的是，陶行知手脑结合的创造教

---

① 苏霍姆林斯基：《给教师的建议》，杜殿坤编译，教育科学出版社1984年版，第111页。
② 苏霍姆林斯基：《给教师的建议》，杜殿坤编译，教育科学出版社1984年版，第248页。
③ 苏霍姆林斯基：《给教师的建议》，杜殿坤编译，教育科学出版社1984年版，第112页。
④ 苏霍姆林斯基：《给教师的建议》，杜殿坤编译，教育科学出版社1984年版，第110页。
⑤ 赞可夫：《和教师的谈话》，杜殿坤译，教育科学出版社1980年版，第94页。
⑥ 陈建翔：《有一种美，叫教育——教育美学思录》，四川教育出版社2006年版，第87页。
⑦ 理查德·桑内特：《匠人》，李继宏译，上海译文出版社2015年版，第38页。

育思想,长期来并未获得实现,直到现在,我国教学中还依然严重地存在着手脑脱节的现象。""长时期的脑力劳动与体力劳动的分家和对立,反映到教学上,就造成了动脑与动手的脱节。在某种意义上,手脑脱节同理论与实际分离是互为因果的。传统教学中手脑分离现象相当严重,现代教学思想特别强调手脑结合。"[①]

[①] 燕国材:《教育心理十题》,中国建材工业出版社2001年版,第21页。

第七章 手脑结合与创新能力培养

斯佩里关于"裂脑人"的研究成果及其对右脑功能的揭示,让人们进一步认识到逻辑思维方式并非是大脑思维的唯一方式。对于这一点还可以通过德国著名数学家哥德尔的学说得到同样的诠释。哥德尔的不完备性定理,犹如闪烁在人类思想史上的一颗璀璨的明珠,它告诫人们,任何一个理论不管它多么重要、多么严格,到头来都不可能达到真正的十全十美。同样,在亚里士多德形式逻辑上演进的逻辑思维体系,也不是自我封闭的,更不是供人们掌握世界的唯一方式。① 事实上,人类的任何创造活动,都不是单纯依靠逻辑(抽象)思维,也不是只求助于形象思维,而是"两种思维(抽象思维、形象思维)新颖的、灵活的、有机的结合"②,彼此应当保持"必要的张力"。这就是说,需要执两用中,因为真理往往是在两个极端之间。而且,这一过程也不可能只是一个单纯动脑的、智力作用的过程,它必然渗透着主体的实践及情感因素,亦即一个手脑结合、情知交融的过程。

第一节 形象与抽象并重

杨名声等在其《创新与思维》一书中指出,"人的心理、思维、智慧、知识是共振的","思维方式也具有互补性"。③ 思维的共振性不仅具有互补的特点,而且还能互促、互激。"水本无华,相荡乃成涟漪;石本无火,相击而发灵光"说的就是这个道理。这就要求我们,要"敢于正视矛盾的两极,善于在对立的两极保持必要的张力"④。其实,抽象思维与形象思维,就如同鸟之两翼、船之双桨一样,是相辅相成的。诚如恩格斯所说的那样,我们"不应当牺牲一个而把另一个捧到天上去,应当把每一个都用到该用的地方去,而要做到这一点,

---

① 刘奎林等:《思维科学导论》,工人出版社1989年版,第211页。
② 温寒江等:《让青少年智力得到最佳发展》,北京科学技术出版社2006年版,第142页。
③ 杨名声等:《创新与思维》,教育科学出版社1999年版,第80页。
④ 李醒民:《善于在对立的两极保持必要的张力》,《中国社会科学》1986年第4期。

就只有注意它们的相互联系、它们的相互补充"①。而任何创造,都是源于二者相互作用的结果。通过物理学我们知道,当一个音叉的频率和另一个音叉的频率相同时,如果一个音叉发出声音,声波传出,那个频率相同的音叉虽然没有被敲打,它也会铮铮发声。这就是我们所熟知的共振现象。人的大脑也是这样。当左右脑半球协调地思考,当各个脑叶之间同步思考的时候,当形象思维与抽象思维相互作用的时候,大脑就会进入良好的意识状态,它的工作效率就会大大地提高,就会产生思维的共振,创造思维就会光临。

一、形象思维至关重要

柏斯卡曾经说过:"人只不过是一根芦苇,是自然界最脆弱的东西,但他是一根有思想的芦苇。"思维如芦苇,需要植根大地,需要有养料、水分的滋养,只有这样,思维这根芦苇才能傲然挺立,蓬勃向上。这就是说,就像植物的生长需要养料、水分一样,思维同样也是不能凭空运行的,它必须有载体。心理学上根据思维时的凭借物的不同,通常将思维分成动作思维、形象思维和抽象思维三种。温寒江教授等在其所著的《让青少年智力得到最佳发展——两种思维的智力基本理论》一书中认为,"动作思维实际上是与形象思维相联系的技能在形成过程中表象与动作(知觉)的整合,这个整合是形象思维的过程"②,从而把动作思维归并入形象思维的范畴。应当说,这是有道理的。由于表象的多样性导致了形象思维的多样性,诸如视觉思维、听觉思维及触觉、动觉思维等。这就意味着,动作思维可以看作以动作为表象的形象思维,即爱因斯坦所说的"动觉型"的形象思维。这样,思维也就"只有两种,即以语言(概念、符号)作为思维材料进行思维加工的,称为抽象思维(逻辑思维);而以表象作为思维材料进行思维加工的,称为形象思维"③。

抽象思维与形象思维作为人的两种不同的思维方式,抽象思维强调理性、同一性,主张推理的严密、条理清晰的一元化的聚合思维。而形象思维则主张浮想联翩,多义的、多元化的非理性的发散的思维,论述和结论则是想象的,非实证的,也可能是模糊的,可以突发奇想,也可以冲破常规。很显然,逻辑思维是十分重要的,是一个人起码应具备的思维,没有逻辑和归一的思维,则思维就可能是混乱的,漏洞百出的。所以,逻辑思维的能力是近似于人的

---

① 李淮春等:《现时代与现代思维方式》,河北人民出版社1987年版,第180页。
② 温寒江等:《让青少年智力得到最佳发展》,北京科学技术出版社2006年版,第30页。
③ 温寒江等:《让青少年智力得到最佳发展》,北京科学技术出版社2006年版,第31页。

一种本能思维,科学知识可以使它更趋严谨和缜密。形象思维则是正确思维创新的源泉,没有形象思维,就很难突破思维程式,而只有运用形象思维,才能在发散思维中超越现有模式,在异想天开中突破程式。因为,只有产生新奇的想法,才能有所创新。应当说,科学创造从来不是以循规蹈矩的刻板方式进行的,而解开科学之谜"并没有逻辑的道路"可走,只能凭借形象思维帮助连接中断的逻辑链条,在思维的关节点上实现突破,因而其在孕育创新思想方面的作用是无法替代的。所以,形象思维是创造思维的前提和关键,只有强化形象思维能力,才能提高创新思维能力。

我们知道,人类的始祖,为了自身的生存和发展而进行的生产劳动,给人类智慧的形成和思维的发展,提供了动力和目的。是劳动,是基于手脑结合的劳动使古猿的智慧上升为人类的思维。人类的思维是基于形象思维发展起来的。

众所周知,人类从攀缘、爬行到渐渐学会直立行走,从而"完成了从猿到人的具有决定意义的一步"。由于人抬起头来,直立行走和经常使用"天然工具",对加速大脑的发展、变化,提供了前提条件。在长期对大自然给予不同刺激的试探中,尤其在和凶猛的野兽的搏斗中,这些人科成员逐步感知到"天然工具"的巨大威力,开始认识到它既是谋食的重要手段,又是抵御野兽的重要武器,因而,终于在头脑中形成了最初的联想:手和棍棒、石块的关系;棍棒、石块和对象的关系。就是说,懂得了棍棒和石块在手和对象之间起着手所起不到的重要作用,他们把手的功能延长了。

人类的远古祖先,从不会使用工具到学会使用"天然工具",确实是一个了不起的飞跃。这说明他们此时的活动,已经不再是纯粹动物式的本能活动,而是一种"被意识到了"的本能活动了。后来,在频繁地使用"天然工具"的活动中,慢慢又觉得"天然工具"不那么得心应手,或者不能按照人的目的、要求去发挥作用,于是改变木棒和石块形态的推断和设想,便在头脑中逐渐形成了。起初可能尝试用手来折断棍棒或去掉多余的枝杈,后来偶然发现利用石块来加工比用手锋利。可是,以大自然所赋予的石块去修整棍棒也还是不能称心如意。怎么办呢?这时,我们那些比较聪明的祖先,就试图从记忆积累起来的以往的经验中寻找办法:他们联想起过去用石块猛击野兽时,曾偶尔击中山岩使石块破碎而变得锋利。从这些偶然现象中,想象出改变石块形态的方法,于是,世界上第一件打制的石器问世了!就是运用这种自己打制的粗糙的石器加工制造出所需要的各种原始的"人造工具",从事集体性的渔猎活动,开始了人类独有的生产劳动。

单纯的体力劳动,是人类最早的实践活动,而肢体特别是手的动作则是早期劳动的基本形式。人类的手是从动物前肢转变来的。因此,猿类进化到直立行走、上肢解放是一切人类学研究的出发点。在一元化的自然世界里,是什么首先造成了主客体二元化进而是思维与存在二元化的分裂?这个中介物、接触点是什么?是手的动作。手的动作在人体和自然界之间制造了一个空隙、一个裂缝,最终产生了它们的鸿沟。手已经是最原始的劳动工具了,它又是应用其他天然工具的主体。手和作为手的功能之扩大与强化的劳动工具的运用,使客体对象发生机械位移和其他物理变化,主体不断从满足需要的结果中得到反馈和肯定,渐渐意识到自己是动作的发出者和客体变化的原因,是与客体有关系但又不一样的东西。于是,主体具有了一种在动作中、在外观上把自己与客体分开的自我本体意识。偶然使用的天然工具被推广和继承,成为经常的普遍的现象。工具首先在物质意义上,进而在精神意义上积累着超生物性的集体规范、经验和力量。①

人类的思维过程,首先是从"手的思维"即动作思维开始的。工具的制造和改进,是人类思维发展水平的重要标志。因为制造工具本身,需要比较复杂的思维活动。首先必须考虑使用上的需要,即所要制造的工具和劳动对象的关系,这样才能想象出制造什么样的工具。其次是如何进行打制?这又要认识到有关材料的性质和特点,如加工石器,就要认识两种石头形状大小的比较关系,还要了解两种石头的不同硬度(如若两种石头的质量及硬度都相同,那将什么也得不到)。最后是推断:这样进行砸击所产生的后果,能否得到合乎要求的工具?这就是人类初始的思维活动。

当猿人打造一块粗糙的石刀时,他脑中先有一个简单的想象(表象);当他用石块打击野兽时,头脑中对距离有一个粗略的预测。这样的活动一次一次地进行下去,一代一代地传下去。于是石刀一代比一代造得精巧,头脑中的表象也一点一点地变得精细起来;用石块打击野兽,一代比一代做得好,头脑中对距离的预测也慢慢地准确起来,就这样在上万年以至几十万年的制造和使用工具的过程中,思维发生了,并且慢慢地发展了。

---

① 陈建翔:《有一种美,叫教育》,四川教育出版社2006年版,第269页。

猿人过着群体生活。恶劣的生活环境、气候冬冷夏热的更换、冰川期的变化、野生食物的消长、野兽的凶猛等,这一切使要适应这种环境而生存下来的人,都意识到需要协作,野兽要共同对付,打死的野兽要一起抬回来,如此等等,从而产生交流的需要。用什么来交流,当人直立起来以后,双手得到了自由。猿人用双手劳动、制造工具时,也慢慢地学会用双手、身体动作、表情进行交流,于是产生了手势语言。当原始人用手势表示意思时,他首先要用思维(表象活动)产生一些想法。由于环境变化等原因,合作的需求愈来愈多,思维随之发展了。

在漫长的历史进程中,直立人所从事的劳动和制造的工具,变得多样化和精细化,对交流的需求也随之多样化,手势语言变得不够用了,于是出现了手势伴随着一些咿咿呀呀的、天然的、没有训练的语声。经过很长一段时期,也许几十万年,这种正在形成的人的口腔发声器官,缓慢地得到改造,使口腔能发出清晰的音节,音调也变得抑扬顿挫,随后的很长时间内,人们赋予各个音节或组合的音节以一定意义,而且,"这些形成中的人,已经到了彼此间有些什么非说不可的地步了",这时语言产生了。所以语言不是在一个特定时间产生,而是在人类发展的长期过程中,先是伴随着手势语言而后代替手势语言而形成的。

语言的产生,是人类交往的一次大变革,随着语言的产生,思维(形象思维)发展加快了。这就是说,人类在脱离了一般动物界又尚未创造出语言之前,这数十万年的历史中,人类还没有语言,因而是不可能运用概念进行抽象思维的,所以他们只能利用形象材料进行形象思维。人类有文字记载的历史也只有几千年,有音符语言的历史也只不过几万年。人的个体的发育和人类种系的发展有很大的相似性,只是个体从胚胎发育到两岁的短短时间中,完成了人类 100 多万年进行的进化。幼儿也是先有形象思维,然后才学会语言,继而出现抽象思维的。另外,再从每个人一天的思维活动情况来看,人们从睁眼开始便进入了形象思维;而抽象的语言(包括文字符号)只在交谈学习、听课中才开始占优势。此外一些负载形象的语言,它通过胼胝体不仅使左半脑抽象思维进行活动,而且能使右半脑也进行活动。因此右半脑的形象思维中枢,它的机体接受的信息量大,且信息对其刺激所持续的时间比左半脑长。

思维发展的历史表明,简单的形象思维在没有文字甚至没有语言以前就有了。形象思维是先于语言而存在的,而且,语言并非产生形象思维的必要条件(仅是抽象思维的必要条件),形象思维所依赖的是表象,当然,形象思维的发展是先于抽象思维的。钱学森教授曾明确指出:"人认识世界首先用形象思维而不是用抽象思维。就是说,人类思维的发展是从具体到抽象。比如,小孩子的思维也是从形象思维开始的,然后到抽象的。……从人的发展来看,一般讲,语言先于思维,是指抽象思维而言的。形象思维是语言以前就有的。"①皮亚杰也认为,儿童从出生开始,心理发展可分成几个阶段。首先是运动知觉阶段(婴儿期),这时只能区分自己和物体,逐渐知觉到动作和效果之间的关系;接着是表象思维阶段(儿童期),能够根据实物进行直观形象思维;最后发展到抽象思维阶段(少年期)。②

在古代,由于科学和艺术之间并无明显的界限,科学思维和艺术思维往往浑然一体,难以区分。古人习惯于用形象性语言叙述理论问题。以后,随着社会分工的愈益精细,科学与艺术的界限越来越明显,抽象思维与形象思维的"裂痕"也愈来愈深了。随着科学的发展,观察的视野越拓展越宽广,记载的事实越积累越众多,学者们便在更广阔的范围内和更精深的基础上进行抽取和概括,科学思维渐趋抽象。到了当代,一部分基础学科便在已有定理、定律、公式的基础上进行推导和演绎;高等数学已经成了自然科学以及一部分社会科学研究中的有力工具,乃至某些现象只能用数学的语言来描述,再也不能用形象来思考、作比拟,因而形象思维在科学研究中退居到了极次要的地位。这是科学发展的必然规律。但是,既然科学研究的对象是有形有色的物质世界,科学研究的使命是揭示物质世界背后隐藏着的规律,在研究中辅之以形象思维仍然是必要的。但现实的情况是,人们越来越把科学思维等同于抽象思维,把艺术思维等同于形象思维,并有"哲学家用三段论法,诗人则用形象和图画"之说。其实,把科学思维等同于抽象思维是片面的。一切科学认识都离不开形象思维,没有形象思维,科学的创造、发现与发明,几乎不可能。③

应当说,人类对逻辑思维的研究已经有很长的历史。它最早可以追溯到公元前四世纪的亚里士多德。当然对逻辑思维的研究相对来说要成熟和完善得多,起码这种思维还可以用符号来表达、用数字来计算,可以变抽象的思

---

① 钱学森:《关于思维科学》,上海人民出版社1986年版,第137页。
② 周昌忠:《创造心理学》,中国青年出版社1983年版,第24页。
③ 贺善侃:《形象思维·抽象思维·科学认识》,《复旦学报》(社会科学版)1998年第4期。

维为相对具体的演算。相比之下,对形象思维的研究就相形见绌了。比如,只是在18世纪中期,德国美学家费尔才首次把其作为与抽象思维并列的一种思维类型明确地提了出来。① 但是对以形象思维为主体的非逻辑思维却还停留在难以表达和重复的阶段,目前也还只是在经验和统计的水平上总结出一些规律性的资料和知识。而今,随着时代的发展,人们也越发认识到形象思维的重要性,尤其是人类创造性活动中的重要价值。科学发展的史实也表明,科学发展史中许多重大难题的解决,许多伟大的发明创造的诞生却并不是严格的逻辑思维的结果。如凯库勒梦见蛇舞让他想到苯分子的结构式也该如此,从而扫除了有机化学发展进程上的一大障碍;阿基米德洗澡的时候突然想到溢出浴缸的水与浸入水中的他的身体的关系,从而破解了"王冠之谜",发现了浮力定律;等等。这类佳话举不胜举。当一个新的念头突然出现在我们头脑中的时候,它通常快得让人分辨不清方向,不知这个让人兴奋的思想从何而来。这就是想象、灵感、直觉等非逻辑思维活动,是跳跃式、发散式的思维过程。逻辑思维是线式的,它可以依照一个方向深入而且专注地前行,可以很透彻很细致,但难有新意;而非逻辑思维是面式的、立体的,任大脑天马行空、出神入化。"创造"往往是在这个过程中产生的。② 正如美籍华人科学家沈致远先生在其所著的《科学是美丽的》一书中指出,"科学理论的发展不能只靠抽象的逻辑思维,单靠它无法真正创新!任何逻辑推理的结论其实都已隐含在其前提中了,逻辑推理只是将原来隐含的东西挖掘出来、挑明而已。要想真正创新,必须突破旧的前提及其逻辑体系,这就要靠创造性思维和实验"③。这就是说,人们凭借抽象思维只能在具有逻辑联系的事物间进行思考,当然也就只能发现与原有知识有内在逻辑联系的新事物。而要超越原有的知识,做出全新的重大发现,抽象思维往往也就显得无能为力了,也就要更多地有赖于形象思维。形象思维作为人类思维的基本形式,同时亦是创新思维的重要方式,在人类的创造活动中发挥着极为重要的作用。

在历史上不少哲学家都认为演绎的逻辑推理是通向真理之路。当代有影响的心理学家皮亚杰也坚持认为逻辑性是人类推理的天生方式,儿童就已有了一般的逻辑思维结构,通过具体运算和形式运算的不断建构,到了十三

---

① 周昌忠:《创造心理学》,中国青年出版社1983年版,第198页。
② 孙小礼等:《科学方法中的十大关系》,学林出版社2004年版,第326页。
③ 沈致远:《科学是美丽的》,上海教育出版社2002年版,第302页。

四岁就必然能开始抽象的逻辑推理。但是,大量的研究材料表明,单纯的演绎逻辑推理是构成不了创造性的思维活动的。如认知心理学家 D. 诺尔曼认为：人类更多地是通过范例来进行推理的。人们很少根据逻辑的准则来进行思维或做出决定。如医生在开药方时,他会先回想一下过去的哪些病人跟现在的病人有相同的症状,然后再想想先前的那些病人服的是什么药,疗效如何,等等。这说明人类似乎更倾向于通过类推和经验来进行推理,然后用实践来进行归纳论证,以便在不断的试探中逼近和命中目标。专家们似乎只有在向其他人解释自己的方法,或者为自己的方法进行论证时,才使用演绎逻辑。所以,在创造性思维中,人们在多数情况下是依据对事物的直观的洞察,通过比较和类推,在可靠性和或然性的基础上进行有效的推测,通过试探而逼近目标的。又如象棋大师们并不是能较一般棋手想出数目多得多的棋步,而在于他对棋盘上可能出现的成千上万的棋局有了记忆,并且做了适当的分析,因而胸有成竹,能迅速地辨明局势,并依据经验做出处理。亦即能灵活地将自己的知识和经验进行模式变换,即实现再组合的能力。这就是创造性思维的最重要的机制,也是人脑不同于计算机的地方。①

在抽象思维的几千年的统治之后,形象思维之所以引起人们极大的兴趣,是由现代实践与科学活动,以及现代交往活动的多样性、丰富性和创造性所决定的。抽象思维在长期内几乎成为人们思考问题的唯一形式有其社会历史根源。我们知道,在工业社会中,一切都机械化了,劳动、生产、操作等几乎都必须遵守严格的逻辑程序,甚至动物和人的活动也被看作是有生命的机械的运动。维纳曾经指出："牛顿物理学曾经从 17 世纪末统治到 19 世纪末而几乎听不到反对的声言,它所描述的宇宙是一个其中所有事物都是精确地依据规律而发生着的宇宙,是一个细致而严密地组织起来的、其中全部未来事都严格地取决于全部过去事件的宇宙。"②这样,在 200 多年中,就形成了比较固定的思维定势,在思考问题时,往往按着单一性、必然性、确定性、绝对决定性、重复性和不可逆性发散出去,而没有或很少考虑偶然性、机遇性、可能性、选择性和不确定性的地位,在这种社会历史背景下,当然也就突出了抽象思维的地位,形成抽象思维的框架,形象思维则得不到应有的重视,甚至把它

---

① 章士嵘：《科学发现的逻辑》,人民出版社 1986 年版,第 100 页。
② N. 维纳：《人有人的用处——控制论与社会》,陈步译,商务印书馆 1989 年版,第 1 页。

们视为非科学的东西。

但到了19世纪末20世纪初,情况发生了重大变化。随着实践的高层次化,科学发展的非经典化,仅仅依靠抽象思维而忽视或排斥其他的思维类型或形式,已经不能适应科学和实践发展的客观需要了。因为抽象思维让"人们总是在前人铺就的逻辑大道上行走。一旦逻辑的通道阻塞了,产生了已有知识难以解释的矛盾"①,而在这种"逻辑的中断中",抽象思维也就无能为力了。由于人们对思维创造性、综合性、灵活性的要求,使人们的目光投向了包括想象、直觉、灵感等在内的形象思维。形象思维与抽象思维有着不同的机制。抽象思维是人通过各种思维操作工具自觉进行的,它以某种规范性出现。而形象思维中的直觉、灵感等往往无明确的规范可寻,它是大脑中长期贮存的信息的自发运动,发挥的是人脑神经内部机制的作用,往往在抽象思维百思不得其解的情况下,在来自外界的某种刺激的触发下,人们突然间产生的某种直觉、灵感和顿悟。科学史上这类例子可以说是比比皆是,诸如"阿基米德与洗澡""牛顿与苹果""门捷列夫与扑克牌""凯库勒与梦"等,其实质都是在长期的辛勤思维之后,由外界某种因素引发大脑思维的自组织过程进而产生的直觉和灵感。

形象思维是在掌握或渗透逻辑思维的基础上借助动作、图式、表象、形象来进行的思维;其中的直觉是逻辑思维的概括、简约,表现为直接的感知判断,它是逻辑过程的中断,是带有猜测性质的思维跳跃。"直觉并不是一种神秘的、非理性的认识能力,而是建立在逻辑思维和实践经验基础上的一种思维认识形式。它以智慧的长期准备为前提,以直接把握事物的本质为目标,是一种最富有创造性的思维活动。"②灵感的特点在于经过了发生在潜意识层的不自觉、不可控的心理过程。我们可以把它看作一种"思维惯性",即在紧张的自觉思维暂时停止时,皮层中枢的神经仍能保持一定的兴奋性,一遇某种原型刺激便激活起来,并沿着原型提供的方向自由传导;正因为它是不加控制的,所以能排除人为障碍,容易形成最好的暂时联系,使大脑出现一个突发性顿悟。

苏联心理学家乌赫托姆斯通过研究认为,当一个人高度专注于某一问题

---

① 刘大椿:《科学技术哲学导论》,中国人民大学出版社2005年版,第217页。
② 章士嵘:《科学发现的逻辑》,人民出版社1986年版,第125页。

时，人的大脑中的相应部位会产生一个"优势灶"。这种优势灶有两个基本特征：一是神经细胞对刺激的敏感性大大提高，并且把来自各种激励源的刺激累加起来；二是在激励源消失之后，刺激的作用仍能保持下去。在这种情况下，由于主体有着较强的注意集中能力，不易受外界干扰而表现出来一些非寻常行为。人的大脑中优势灶的形成客观上为直觉、灵感的产生提供了条件。法国生物学家法布尔认为，"要把精力集中到一个焦点上，这样，力量就好比炸药，立即可以把障碍炸得干干净净"①。周昌忠教授也认为，就浮力定律的发现而言，"如果阿基米德不是在这个问题上'为伊消得人憔悴'，那他就是十次、百次见到过浴缸溢水现象，恐怕也会视而不见"②。

　　阿诺·理德也认为，灵感、直觉实际上是全部宇宙历史的产物。人的大脑本身是自然界、社会以及文明发展的产物，它通过个体、种族、社会积淀的方式，已经贮存有大量的信息量，它本身又包含着个人的瞬间记忆、短时记忆、长时记忆三个系统，是比任何"电脑"都要高明千万倍的东西。它能够创造某种所谓的"奇迹"是毫不奇怪的。这些"奇迹"的产生是人脑内部信息通路的接通，并以"想象""直觉"及"灵感"的形式表现出来。

　　对形象的关注，原是人类远古时代学习方式的必然要素。形象先于语言。在语言产生之前，先辈就是"用形象来思维"的。由形象引发的直觉、联想以及综合、概括的才能，曾经为人类塑造了诸多英才。它虽一度被冷落，然而当人类重新来到了综合能力显得日益重要的时代，当人类来到了需要直觉地、快速地做出卓越的反应的当代，形象要素的重要性终于又一次登上了理性的舞台，成为人类创新性活动过程所宠爱的特质。这是又一次发展中的回归，是又一次回归式的跃升。

　　对形象的青睐也意味着对形象思维的首肯。形象思维是通过表象的操作实现其感悟，它与感知觉直接地反映现实不同，它通过表象间接地去认识世界。同时，表象又是抽象与概括的，形象思维通过表象的抽象而概括地反映世界。总之，形象思维与逻辑思维一样，它是人类对客观世界间接的与概括的反映，从而才使人拥有最高级的认识能力——人类的智能。

　　周昌忠教授在其编译的《创造心理学》一书中也把"形象思维的能力"列

---

① 顾志跃：《科学教育概论》，科学出版社1999年版，第86页。
② 周昌忠：《创造心理学》，中国青年出版社1983年版，第20页。

为一项基本的创造能力。人的感觉器官接触到某个外界事物,感官上的神经细胞就兴奋起来,把冲动传到脑子里而产生感觉。不同类型的感觉(视觉、听觉、嗅觉等)相互联系,经过综合以后形成知觉,通过知觉就在头脑里形成所感知的外界事物的感性形象,就是映象。用哲学术语来说,这就是通过感性认识而获得了表象,也就是保留在大脑皮层上的外界事物的映象。用表象进行的思维活动即形象思维。形象思维属于感性认识活动。比较高级的理性认识活动是逻辑思维,逻辑思维是用概念、判断和推理的形式进行的。概念的形成是从个别表象到一般表象,再经过抽象而形成的。例如,一个孩子先通过感觉和知觉在头脑里形成自己家里那张桌子的表象,后来桌子见多了就产生了一般表象,最后抽象出桌子的共同特征,就是桌子是由四条腿和一个桌面构成的这样一种概念。形象思维的特点是大脑完整地知觉现实,不把现实分割成部分。日常的形象思维是被动地复现表象。创造性的形象思维却是把表象重新组织安排,进行加工,创造出新的形象。

科学史表明,以自然哲学形态出现的古代科学曾借助形象思维做出了天才的猜想和预见。这些预见与当今科学认识的符合,令人惊服。然而,以直觉和幻想为特征的不成熟科学,由于包含虚构的成分而往往离开真理,并在某些方面与宗教和唯心论相接近。近代科学在自己的发展进程里逐渐摒弃了古代自然哲学中无根据的想象,从而使建立在实验和分析基础上的科学想象发展起来。现代科学(如现代宇宙学、粒子物理学、量子化学和分子生物学等)的研究对象是直接的感觉经验所不能达到的客体,并且大量运用抽象的数学手段,以求对客体做整体的多方面的概括。然而,对象及手段愈抽象,就愈要求助于形象思维,其中包括建立某种模型和运动图景,以便在逻辑中断处,用这些经过改造的或重新组合的表象和情节作为数学公式同客体及其变化过程之间相对照的工具,从而发现逻辑推演的新起点,找到解决问题的新途径。

由于在20世纪50年代末首先提出弱力和电磁力统一理论而获得了1979年诺贝尔物理学奖的美国物理学家格拉肖,曾经生动地谈到形象思维对于科学创造的重要意义:"涉猎多方面的学问可以开阔思路,像抽时间读读小说,逛逛动物园都有好处,可以帮助提高想象力,这同理解力和记忆力一样重要。假如你从来没有见过大象,你能凭空想象出这种奇形怪状的东西吗?我这样讲,有的人听起来可能会感到奇怪。但是在我们研究物理问题的时候,往往会用到现实世界的各种形式。对世界或人类社会的事物形象掌握得越多,越有助于抽象思维。"①

《右脑与创造》一书的作者布莱克斯利也认为:"在这个以话语定向的世界上,很容易忽视这样一个事实,即我们除了有言语的思维之外,还有其他许多种类型的思维。"②这就是说,我们往往不但忽视了形象思维先于抽象思维产生的历史事实,甚至干脆置形象思维的存在于不顾了。其实,思维毕竟是由记忆表象来操作和重组才得以构成的。而在思维中加以利用的记忆表象的根本来源,则在于我们的感觉,其中最主要的是视觉。因而由视觉及其他感觉所产生的记忆表象,也就成为我们思维的基础。

二、抽象思维不可或缺

人类的思维是随着人类的进化而不断发展的。在种系发展阶段中,发展到灵长类的动物,开始出现了思维的萌芽。猴子打破坚果取食果肉,这是具体思维的萌芽;猩猩重叠木箱取得香蕉,连接竹竿取得香蕉,这是更发达的具体思维;猩猩学会了手势语言,利用手势语言进行思维和相互交际,这是抽象思维的萌芽。人类在其发展的早期阶段,思维是比较简单的,只是在制造工具时产生了实物动作思维。随着社会实践的发展,人类逐渐运用生活中的亲身感受、实践的直接体验以及传统的习惯观念展开思维活动,形成经验思维,从而为抽象思维打下了基础。抽象思维是在经验思维的基础上发展起来的,抽象思维系统的公理思维就是对经验知识的系统整理。由于亿万次的重复,由经验所形成的公理便具有了不证自明性。公理思维的进一步发展便形成形式思维。形式思维已摆脱了经验的直观性,通过运用符号进行高度的抽象思维活动。

在人们的头脑中,通过分析、综合、抽象和概括,形成概念或掌握概括,并运用概念,组成判断,进行推理,由于这一过程总是在"超脱于"具体事物的抽象领域中进行,所以被称为抽象思维。同时,由于它是按照严格的逻辑规则进行的,也叫作逻辑思维。一般来讲,思维过程是从综合开始,先是对复杂纷繁的事物,一个一个地进行分析,分离出包含在每个事物中的各种特征或属性;而后是进行比较,事物中的哪些特征或属性是相同的、本质的,哪些特征

---

① 周昌忠:《创造心理学》,中国青年出版社1983年版,第26页。
② 托马斯·R.布莱克斯利:《右脑与创造》,傅世侠等译,北京大学出版社1992年版,第43页。

或属性是不相同的,非本质的;再后是进行抽象,从每个事物中抽取出一般的、本质的特征或属性,舍弃其个别的、非本质的特征或属性;最后是进行概括,把从每个事物中抽象出来的共同具有的、本质的特征或属性,综合在一起,或联结在一起,即进行归类,并用一个词来固定和标志它,使之脱离具体的事物,而成为抽象的概念。

抽象思维是在人类社会实践基础上经过漫长的历史发展而逐渐形成的。它一经形成,便在相当长的历史时期内几乎成为学术界思考问题的唯一形式,占据了统治地位。造成这种状况,有思维本身的原因,也有实践方面的根源。从思维根源分析,形式逻辑的出现,是人类认识史上的一大飞跃。思维规律、规则的运用,大大减少了思维弯路并提高了思维效率。由于推理形式和证明形式的发明及应用,人们可以通过推理和逻辑证明的手段简捷地获取必要知识。形式逻辑、数理逻辑、辩证逻辑,即逻辑思维的重大发展,有力地推动了社会科学和自然科学的全面发展。可以说,近现代科学基本上是借助逻辑思维建立和发展起来的。

相比于形象思维主要用形象材料来比拟、概括事物本质来说,抽象思维是运用概念(语言、符号)进行判断和推理等认识形式来反映客观事物的运动规律,达到对事物本质特征和内在联系的认识活动,它是根据一定的系统知识、遵循特有的逻辑程序进行的思维活动,因而它具有严密的逻辑性,故又称为"逻辑思维"。抽象思维是人类独有的高级思维样式。"我们所说的思维,就是指逻辑思维,也叫理论思维。这是人和动物有本质区别的一种表现。"[1]"抽象逻辑思维是一切正常人的思维,是人类思维的核心形态。抽象逻辑思维尽管也依靠于实际动作和表象,但它主要是以概念、判断和推理的形式表现出来的。"[2]

人类在实践过程中形成的感性认识,必须通过抽象思维才能去粗取精、去伪存真、由此及彼、由表及里,达到对事物本质的认识,对事物的内在联系和规律的认识,即理性认识,才能真正推动人类的进步。英国生物学家达尔文通过对自然界大量生物现象的研究,发现只有适应环境变化的生物才能生存,生物适应环境的过程也是生物进化的过程,由此提出了著名的进化论。

---

[1] 朱智贤等:《思维发展心理学》,北京师范大学出版社1986年版,第14页。
[2] 朱智贤等:《思维发展心理学》,北京师范大学出版社1986年版,第22页。

在这一过程中,他没有停留在对各种生物生存的表面观察上,而是对观察到的各种现象进行抽象,这才达到了理性的高度,取得了举世瞩目的成就。

如果没有抽象思维的参与,感性认识是不可能完成向理性思维的飞跃的。在我们日常生活中,有一些人辛辛苦苦地工作,但是,他们的认识水平和工作能力却长期没有明显的提高。一个重要原因,就是他们不善于开动脑筋,即不善于运用分析、综合、比较、分类、概括、抽象等心智技巧进行思维,因此他们发现不了带有因果制约性的东西。

一般而言,在思维的各种样式中,抽象思维被视为最能代表个人思维发展水准的思维样式,以至于许多人认为思维指的就是抽象思维。尽管这种看法未必妥当,但至少说明,抽象思维特别重要。在历史上不少哲学家都认为演绎的逻辑推理是通向真理之路。当代有影响的心理学家皮亚杰也坚持认为逻辑性是人类推理的天生方式,儿童就已有了一般的逻辑思维结构,通过具体运算和形式运算的不断建构,到了十三四岁就必然能开始抽象的逻辑推理。① 由于抽象思维的运作必须借助于语词、概念,因此它也被称为语词概念思维;由于抽象思维的运作常常要遵循一定的逻辑顺序,因此它还被称为逻辑思维或抽象逻辑思维。陈述理由、理解原理、解答问题、评论作品、调查总结、创建学说等,都是抽象思维展示自己作用的舞台。但有一点应当补充指出:在完成某一思维任务的过程中,抽象思维与形象思维常常是相互联系、你中有我、我中有你的,只是主导的思维样式不同而已。②

应当说,形象思维在人类创新思维活动中是大有可为的,但这并不意味着对作为人类理性思维另一重要形式的抽象思维在创新思维过程中作用的漠视或否定。应当说,在人类的创造活动中,抽象思维同样也是发挥着重要作用的。抽象思维是人脑的一种理性活动,思维主体把感性认识阶段获得的对于事物认识的信息材料抽象成概念,运用概念进行判断,并按一定逻辑关系进行推理,从而产生新的认识。抽象思维具有规范、严密、确定和可重复的特点,它是人的认识的高级阶段,即理性认识阶段。只有经过抽象思维,人们才能达到对具体对象本质规定的把握,进而认识客观世界。我们所说的逻辑思维主要指遵循传统形式逻辑规则的思维方式,常称它为"抽象思维"或"闭

---

① 章士嵘:《科学发现的逻辑》,人民出版社1986年版,第100页。
② 郭亨杰:《思维的拓展》,江苏科学技术出版社2000年版,第41页。

上眼睛的思维"。其实,这种"闭上眼睛的思维"是使我们心灵的"眼睛"更亮,以至于我们闭着双眼也不会迷失方向,从而可以有效地防范思维的盲目性,避免我们的思维误入歧途。其实,在整个形象思维行程中,抽象思维总是在或明或暗处不断地起着指引、规范和制约的重要作用。因而,抽象思维在人类创造思维中的作用是不可或缺的。

创造性思维要解决前人所没有解决过的新问题,因而它必然具有开创性和新颖性,必然是没有现成答案可以遵循的探索性的活动过程。所以,创造性思维必然是一个全过程,而且具有强烈的个性色彩。这样在创造性思维的活动过程就会呈现出不同的阶段来。这些不同的阶段可能会因人而异,或因事而殊。而且,由于人类的创造活动也是一种探索性的活动,当然这种活动客观上也就不存在固定的模式、单一的途径。然而,尽管科学创造活动各具特色、个性特点鲜明,但同一切社会实践活动一样有规律可循。就其实现的内在机制说,还是存在着一定的法则。这就是说,科学创造活动的思维过程即创新思维的实现过程,必然同样经历着创新思维发展的四个阶段——准备期、酝酿期、明朗期和验证期,而在这四个阶段中,抽象思维都发挥着不可或缺的作用。

在创新思维四个阶段中,创新阶段处于以抽象思维形式为主要特征的准备期和验证期两阶段中间,是逻辑思维的中段。这也意味着,创新思维是在长期的抽象思维基础上对客观规律的深刻揭示而产生的。没有这种严格的抽象思维的作用,创新是难以想象的。科学创造若没有抽象思维的规范,必将脱离客观规律而陷入荒谬。此即说,作为创新思维关键阶段的"酝酿期"和"明朗期"同其他阶段的思维活动是紧密相连、不可分割的。没有问题的提出,没有对问题的反复酝酿,就不会有新思想的产生;没有对新思想的验证,新观点也就失去了牢固基础。抽象思维的作用主要在于收集资料、观察实验,以至数学推导、逻辑证明等,它主要表现为常规性思维活动,本身不具有创新性质。

一般地说,创新思维有两种形式:一种是未经过抽象思维的基本训练,以纯粹想象力为基础的零散的四处辐射。这种思维虽然有时也很丰富,很有弹性,也有智慧的闪光,但深度不够,形成的往往是无根或断线的风筝式的游思,甚至是纯粹的幻想。它除了表现出"孩童式"的美感外,对新观点的培养无多大用处。另一种是以较强的逻辑为铺垫,与深刻的逻辑思考相结合的丰富想象、灵活跨迁。这种思维既有开创性又有洞察力；既有发散性，又有系统性。这才是真正的创新思维。

创新思维离不开抽象思维，亦即创新思维必须以逻辑为基础，这是因为：首先，只有经过逻辑训练，熟知逻辑规则，才能超越逻辑，达到更高境界。好比打牌，创新思维就像不严格按牌理出牌。最劣等的和最高明的牌手都是不按牌理出牌的，然而前者往往乱出牌，因而经常一败涂地，即使偶尔取胜，也是巧合；后者却往往形成妙牌，出奇制胜。两者的区别就在于，后者经过严格的牌理基础方法训练，而前者没有。打牌如此，创新思维与逻辑思维的关系同样如此。其次，抽象思维倾向于人类共同的知识领域，创新思维倾向于人类个体的心理领域；个人创造力的激发，必须基于对人类普遍知识的掌握，离开生生不已的人类知识海洋，再良好的个体心理思维素质也激发不出创新性；另外，在科技史上，无数事例证明：创造想象力的强化往往归功于逻辑思维的训练。在哲学、数学上有开创性成果的英国大哲学家怀特海、罗素和德国大哲学家维特根斯坦，以及曾获诺贝尔物理学奖的物理学家卢瑟福、汤姆生等都受过良好的、严格的逻辑思维训练。怀特海和罗素合著的《数学原理》算得上是逻辑发展史上的金字塔。总之，严格的逻辑思维训练会使思维更有系统、更为严谨，也会使思维创造力得以强化。①

应当说，创造性思维过程的四个阶段实际上是不可能截然分开的，它经常是重叠和交叉的；思维过程的张与弛也是相互交织的；抽象思维方式与形象思维方式也是协作互补的。这种协作互补性在科学发现的第三个阶段——明朗期表现得非常明显。在此阶段，科学认识主体的思维方式由原来的以抽象思维为主，转变为以非逻辑思维为主，尤其是形象思维在此阶段的科学思维中占据了主导地位，发挥着重要而独特的作用。科学发现过程中抽象思维与形象思维的统一主要表现在：创造性思维"灵光"的闪现往往是形象的，而其思想的深化又往往是逻辑的；当思维中断以后，接通思维路径的思维形式往往是形象的，而沿着思路走向目标的进程，又往往是逻辑的；在创新思维酝酿过程中激发飞跃的思维往往是形象的，而对这种飞跃获得的认识成果的验证，又往往是逻辑的。② 也就是说，在通常的创造性思维的四个阶段中，

---

① 贺善侃：《创新思维概论》，东华大学出版社2006年版，第27页。
② 贺善侃：《创新思维概论》，东华大学出版社2006年版，第107页。

无不体现着一个抽象思维与形象思维结合、交织的过程。

三、两种思维相得益彰

按照智力开发的整合原理,创新思维产生于多种思维方式长期综合交融的过程。在科学研究中,各种研究内容、方法密切配合,水乳交融,才形成一个系统。创新思维往往是以各种常规思维方式作为要素而构成的整合思维。"独创性"正是这种整合思维的新质。创新思维的品格恰恰产生于多种思维方式和方法的有机结合。也就是说,创新思维并非游离于其他各种思维方式和方法而独立存在的思维方式,而是渗透于其他各种思维方式中,由多种思维方式和方法"总体综合"的结果。在创新思维过程中,既有抽象思维式的理智,又有形象思维式的勾画,还有灵感思维式的直觉;既有类比、分析、综合、归纳和演绎的逻辑方法,又有超越这些方法的发散、收敛、统摄等。

物理学家和哲学家戴维·博姆认为,天才之所以能够提出各种不同的见解,因为他们可以容纳相对立的观点或两种不相容的观点。美国学者 A. 卢森堡提倡雅努斯思维,并以达尔文所取得的科学成就来说明他的观点。"雅努斯"是罗马神话中的一尊"两面神",他的脑袋前后各有一副面孔,一副看着过去,一副注视着未来。雅努斯的形象启发人们:在认识任何事物时,都应该同时考虑到直接对立、相互排斥的两个方面。达尔文在看到马尔萨斯关于"某一物种在有限空间里无限增长,将因其种内竞争而最终灭亡"的观点时,马上在头脑中出现另外一种观点:种内的生存竞争,既能使生物机体灭亡,也能使生物机体趋向完善。其结果是不能适应的被自然淘汰,而能适应的则生存下去。从而提出"物竞天择,适者生存"的著名论断。卢森堡认为,这是达尔文运用雅努斯思维方法,把直接对立、相互排斥的两个方面结合起来考察所取得的积极成果,使达尔文比同时代的生物学家棋高一着。①

卢森堡在调查访问了许多有创造性成就的人后,认为在科学研究中,越是高级的创造,越显示出科学创造的"两面神"性质。卢森堡指出:"'两面神'思维所指的,是同时积极地构想出两个或更多并存的概念、思想或印象。在表面违反逻辑或者反自然法则情况下,具有创造力的人物制定了两个或更多并存和同时起作用的相反物或对立面,而这样的表述产生了完整的概念、

---

① 付秋芳等:《大脑的潜能开发》,山东人民出版社 2001 年版,第 152 页。

印象和创造。"①我们都知道,吉尔福特曾对发散性加工能力做了特别的研究,但他同时也指出:"发散性加工能力并不代表智力中所有创造性的方面","富有成效的发散性加工,实际上必须伴随着种种相应的或类似的能力"。②这就是说,在创造性解决问题的过程中,思维的发散和收敛必须有机地结合在一起,并且可以从整体上加以把握。而一般说来,发散性思维中想象力可以自由驰骋,而收敛性思维则能促使想象回到现实。没有发散,设想很难新颖、独特;没有收敛,任何独特的设想也难以具有现实性的品格。因此,德国心理学家海纳特说:"发散思维只有与辐合思维综合起来才有现实基础,对社会有益。富有创造力的人并不是那些占有最大限度业余时间的纨绔子弟或花花公子,而是那些人,他们的思维灵活地游弋艰难刻苦的思维和创造灵感需要的闲暇之间、创造平衡的思维规律和自由灵感间、专心制作和任意想象间、批判和反批判间、劳动态度和娱乐间、紧张劳动和深思反省间的和谐对立,标志着创造个性。"③事实是,对立面的相互依存客观存在,这就是相反相成;对立面的相互渗透、相互补充以及相互转化就是相辅相成。相反相成与相辅相成是"两面神"思维的理论基础。由于形象思维与抽象思维也构成了彼此之间的相互依存与相互补充,所以我们也可以把形象思维与抽象思维在创造过程中的方向互补所起的作用,看作是一种"两面神"思维的运用。

就科学创造过程而言,科学发现理论所揭示的是客观事物内在的本质,其思维过程及其思维成果本质上是各种思维诸要素在逻辑关系意义上有机结合的深刻过程和谐振,具有高度的抽象性。为了描述这种思维抽象的过程,以便更好地理解和掌握这种思维复杂的抽象活动及成果,借助于形象思维的运用,可以起到很重要的辅助作用。因为,"在构建科学发现理论的过程中,形象思维与抽象思维,两者常常结合运用,互为补充的"④。而"大多数创造性工作,却要求直觉思维和逻辑思维之间的有效协作。例如,在大量的凭理智行事的领域中,真正创造性的突破都是直觉的结果。然而,直觉本身,在

---

① 傅世侠等:《科学创造方法论——关于科学创造与创造力研究的方法论探讨》,中国经济出版社 2000 年版,第 367 页。
② 傅世侠等:《科学创造方法论——关于科学创造与创造力研究的方法论探讨》,中国经济出版社 2000 年版,第 382 页。
③ 傅世侠等:《科学创造方法论——关于科学创造与创造力研究的方法论探讨》,中国经济出版社 2000 年版,第 385 页。
④ 刘卫平:《创新思维》,浙江人民出版社 1999 年版,第 120 页。

没有能够得到言语的和逻辑的确证和描述之前,一般说是没有什么用处的"①。借助于形象思维活动,可以把逻辑思维抽象过程具体化、生动化,把抽象晦涩的概念或范畴具体化、直观化、感性化,便于生动直观地描述和理解。同时,在对抽象思维过程的具体化中,还可以起到对这种理性思维过程在某些细节理解上的补充和完善的作用。英国思维科学家德·波诺曾经打了一个找水的比喻。在干旱的地方找水,有两种找法。一种是找一个地方不停地向下挖,挖一口很深的井。这种方法,好比是线性的抽象思维,它注意了思维的深度,但是,如果方向错了,就不会找到水,不会有思维的成果。另一方法是拿起一把铁锹,东捣捣,西挖挖,看看什么地方有可能挖得到水。这很像是形象思维在起作用。只用这种办法,也找不到水。因为这种办法,或许能找到不少可能蕴藏着水的地方,但是,是否真的有水,还需要论证或验证,真的找到水,还需要挖到一定的深度。这就是说,无论是抽象思维,还是形象思维,都只是为找到水尽一份力,它们独自一方,都不能找到水。真正打到水,需要二者的合作与互补。不能不管三七二十一地挖井,得先寻找各种可能有水的地方,比如说,看看什么地方有杨柳,什么地方有蚂蚁做窝,什么地方有骆驼的踪迹,等等,然后从中选择一两个最可能有水的地方,挖井,挖到一定的深度,就能找到水。

美国研究创造过程的科学家阿尔伯特·罗森伯格博士指出,"创造力是运用不同的思维方法进行思考的能力"②。奔放活跃的想象与清醒理智的批判常常构成科学发现过程中两个既对立又统一的方面,两者互相渗透,构成创造性思维的突破要素。物理学的发展史表明,卢瑟福的原子结构模型仍有不完善的方面,它无法解释全部实验事实,仍然要接受理智的批判和实验的检验。正是科学想象和理智批判的结合,导致了玻尔原子模型的产生。③ 因而,我们不能把逻辑思维和形象思维绝对分立起来。单纯的逻辑思维,固然不容易突破思维程式,不易创新,而单纯的形象思维,可以异想天开,但极有可能流于幻想或无稽之谈。必须将二者结合起来,才有真正意义上的创新思维。简言之,创新必须敢想,想得到,但又要想得对,想得好,这样才能"做得到",达到创新的目的。而为了培养我们的创造力,就需要训练和培养自己的

---

① 托马斯·R. 布莱克斯利:《右脑与创造》,傅世侠等译,北京大学出版社1992年版,第31页。
② 朱长超:《挖掘大脑中的财富》,上海科学普及出版社2000年版,第180页。
③ 章士嵘:《科学发现的逻辑》,人民出版社1986年版,第156页。

思维相互协调、合作以及互补的能力,让二者间保持必要的张力。由于形象思维与抽象思维"这两种思维形式既然不可避免地处于矛盾之中,可知维持一种往往难以维持的张力的能力,正是从事这种最好的科学研究所必需的首要条件之一"①。

其实,思维的发展也遵循着辩证法的规律,它展现为一个逐渐分化和多样化以及多样化统一的生动过程。最初,人类的思维是比较简单的。那时,还没有以概念、范畴和方法为工具的抽象思维。抽象思维是在人类实践基础上,经过漫长的历史发展而逐渐形成的。但是,抽象思维一经形成以后,在相当长的历史时期内,又几乎成为人们思考问题的唯一形式,人们只是从抽象思维的角度去考察问题,而忽视和排斥其他思维类型或形式在认识论中的地位。现代认识论改变了这一局面,日益重视形象思维、直觉思维和灵感思维的研究,并在现代认识论、思维科学中占据了重要地位。现代实践和科学发展表明,形象思维在认识与思维过程中的作用是不可忽视的,在主客体相互作用、主体把握客体的过程中,我们应把抽象思维同形象思维统一起来、结合起来。

创造性思维既然要解决前人所没有解决过的问题,那么它就不是什么一蹴而就的事情。创造性的思维过程必然包含着直觉的洞察和灵感的迸发、想象的发挥与模型的构想、类比的跨接与思路的外推、归纳的概括与假设的试探、演绎的联接与溯因的沟通、分析的还原与综合的归约、反馈的利用与控制的运筹,最后通过不断的试错与逼近,形成新的概念框架和理论体系。因而,不应把发现的逻辑与证明的逻辑完全割裂和对立起来,科学发现是个综合的认识过程,它不仅包括多种逻辑思维方法和模式的运用,而且发现本身就包含着证明的要素。如果说在科学发现过程中,某些新观念、新概念的最初产生是依靠直觉的洞察或天才的顿悟的话,那么它的表述、修正与系统化却不能不依靠逻辑思维。当然,由于非逻辑思维的作用"具有两重性:既可以引导思想深入本质,也可以诱人误入歧途,使人想入非非,不能逼进逻辑目标而一步步填补逻辑缺环,结果一发而不可收拾"②。创造性思维与毫无根据的胡思乱想是截然相反的。创造性思维虽然需要想象力的自由发挥,甚至允许遐想

---

① 库恩:《必要的张力》,福建人民出版社1981年版,第223页。
② 朱小蔓:《情感教育论纲》,人民出版社2007年版,第56页。

的驰骋,但其前进的目标却是受实践的需要或理论与事实的矛盾所制约的。而"一个确定结论的论证,可能建立一种发现"。如果把找出尽可能多的方案的思维称作"发散式思维",那么在创造活动过程中当然还得运用"收敛式思维"。美国学者库恩认为,尽管在创造性思维活动中,收敛的和发散的两种思维形式不可避免地处于矛盾之中,但科学只能在这两种思维方式相互扯拉所形成的"张力"之下向前发展。① 而且,随着科学发现的逻辑研究的深入,人脑在下意识水平上所完成的某些判断的操作也可能是规范的、有一定模式的,只不过我们现在还没有认识到而已。②

在科学研究中,"科学家的语言和概念是与形象相通的"③。形象思维以表象为主要材料,始终带有形象性,它受到抽象思维和内部言语的指导、配合、制约和渗透,但它本身所起的作用又不能为其他意识活动所代替,它必须通过形象概括来反映客观事物的本质,所以是相对独立的思维活动。而且,只有想象渗入思维,才能有完整的创造性思维。④ 在创新思维整体过程中,单凭某一种思维是不够的。创造性思维是形象思维与抽象思维的统一,由于形象思维与抽象思维分别具有发散和收敛的特点,因此,创造性既需要发散思维,也需要收敛思维。比如在创造活动中,既没有现成的答案可供使用,也难以用传统、常规的方法去解决问题,它要求提出崭新的创造性的解决办法。因此,必须通过发散思维提出种种新设想,再通过收敛思维挑选出好的设想。可见,创造性首先表现在发散思维上,这是创造性思维的一个重要特点。但是,并不能因此而否定收敛思维的重要作用,发散思维与收敛思维实际上是一个辩证统一的过程,创造性思维的整个过程都是为了达到创造、创新的目的,发散思维在于能提出尽可能多的新设想,收敛思维在于能从中找出最好的解决方案。从这个意义上说,收敛思维是发散思维的出发点和归宿。正如周昌忠在《创造心理学》一书中所指出的,"如果我们把找出尽可能多的方案的思维称作'发散式思维',那么在创造过程中当然还得运用'收敛式思维'。美国学者库恩强调'收敛式思维'的作用。他还独特地指出,科学只能在这两

---

① 周昌忠:《创造心理学》,中国青年出版社1983年版,第201页。
② 章士嵘:《科学发现的逻辑》,人民出版社1986年版,第20页。
③ 刘卫平:《创新思维》,浙江人民出版社1999年版,第119页。
④ 朱智贤等:《思维发展心理学》,北京师范大学出版社1986年版,第328页。

种思维方式相互拉扯所形成的'张力'之下向前发展"①。由于"这两种思维形式既然不可避免地处于矛盾之中,那么,在它们之间保持一种必要的张力,正是成功地从事科学研究所必要的首要条件之一"②。

应当说,我们所强调的手脑结合,实质上也就是建立在动手基础上的形象思维与抽象思维的结合。创造性的形象思维有赖于双手所创造的新颖生动的形象。同时,作为形象思维的产物,其正确与否在经受实践检验之前,通常都存在着运用抽象思维对形象思维的结果的合理与否加以论证。其实,形象思维不是凭空出现的,人们的想象、猜测也不能毫无限制地自由驰骋。直觉的思维有更大的灵活性和创造性,也正因为它有广阔的活动天地,就更有可能飞到不着边际的地方,得出错误的假说。而有了逻辑思维这一可以用来验证形象思维结果的辅助手段,可以较早地同时也比较节约地发现进而抛弃那样不着边际的错误假说。

科学发现需要展开形象思维与抽象思维的两翼,努力实现两种思维的谐振。关于此,已故著名科学家高士其在给张光鉴先生的《相似论》所作的序言中指出,"科学来源于实践,科学也来源于思维。不是吗?科学本身就是动手与动脑的产物,科学的发展也存在于一系列的假设中,提出一个问题,证实一个问题,再解决一个问题,正是由于思想认识在不断发展,从而也促进了科学的不断发展。人类社会的所有成就,都是来自于对客观事物的准确判断与分析和内心思想的理性与智慧的凝结。人在自然界中,一方面以高度集中的精神,专治于外部世界的形态变化,一方面又以理智的思索在内心世界进行分析、综合。创造发明,不仅是人的外在辛勤劳动,而且也是人的内在的科学思维,科学就是在这样的内外合谐和主客观的统一中产生"③。

王梓坤院士认为,"一艺之学,手脑并用","学任何功课,都要手脑并用……所以古人说,'一艺之学,智行两尽',就是说,既要思考,又要实践"。④"科学研究需要多种才能:制造仪器之才,观察实验之才,抽象思维之才,推理计算之才,等等,但基本上是两种:一是实验,二是思维。既能动手,又能动

---

① 周昌忠:《创造心理学》,中国青年出版社 1983 年版,第 201 页。
② 刘大椿:《科学技术哲学导论》,中国人民大学出版社 2005 年版,第 210 页。
③ 张光鉴:《相似论》,江苏科学技术出版社 1992 年版,序言第 2 页。
④ 王梓坤:《科学发现纵横谈新编》,北京师范大学出版社 1993 年版,第 198 页。

脑"。① 有些人长于实验,有些人善于思维,兼备这两种才能,甚为重要,但却很不容易。历史上有些重大发现,是这两种人共同协作的产物。行星运动三大定律的发现,是这方面的范例。丹麦天文学家第谷用了 30 年的时间,长期观察行星的运动,积累了丰富的资料。他的观察才能非常出色,却不幸短于理论分析。幸运的是,他遇到了德国青年开普勒做其助手。后者恰好相反,观察技术并不高明,但理论研究却很有才华,而且酷爱数学。开普勒通过对第谷资料的分析,最终发现了天体运动的三大定律。王梓坤院士还列举了科学史上其他一些由于这两种才能而成对出现的人物,他们共同协作,导致重要发现,如伽利略与牛顿以及法拉第与麦克斯韦等。正如爱因斯坦所指出的,他们"每一对中的第一位都直觉地抓住了事物的联系,而第二位则严格地用公式把这些联系表述了出来,并且定量地应用了它们"②。王梓坤院士提醒我们,不要以为这两种才能不能兼备,切勿把才能神秘化,俗话说得好,"熟能生巧",苦干是巧干的母亲。许多人如李时珍、达尔文等就一身兼有这两种才能:既善于从自然界索取第一手资料,又能独具慧眼,从中找出规律来。因此,在科学史上不但有在科学家之间将两种思维相结合的一些典范,而且有一位科学家身上的两种思维的合作与谐振。上面王梓坤院士所提及的伽利略、牛顿以及爱因斯坦本人,他们无不是将两种思维创造性地结合的楷模。因此,两种思维在不同的大脑间都可以达到相辅相成、相得益彰的效果,在同一个大脑内部,或者说在一个大脑的两部分之间也可以配合得珠联璧合、天衣无缝,进而实现二者间的谐振。

爱因斯坦曾经说过,这个世界可以由音乐的音符组成,也可由数学公式组成。无怪乎他是如此地热爱音乐,几乎每天拉小提琴,又以数学演绎的方式,创立了说明宇宙运动的相对论。这表明世界是既可以用抽象思维去反映、掌握,又可以用形象思维去反映和掌握的。而且,一种思维方式的运用有益于另一种思维方式的开发,若两种思维方式同时运用,则能收到单一思维难以达到的更大智能效益。法国作家福楼拜曾经说过,科学和艺术在山脚下分手,在山顶上会合。这实际上是从一个侧面告诉我们,不能把形象思维和抽象思维有机地结合起来的人,只能在较低水平上发挥能力,做出较低水平

---

① 王梓坤:《科学发现纵横谈新编》,北京师范大学出版社 1993 年版,第 36 页。
② 王梓坤:《科学发现纵横谈新编》,北京师范大学出版社 1993 年版,第 36 页。

的成绩。而只有将两者完美地结合起来,才能把事业推到一个高峰。有鉴于此,联合国教科文组织特设国际教育发展委员会编写的《学会生存》一书中也强调指出,教育要培养"把科学精神与诗情意境两相结合的探索世界的能力"①。

历史地看,由于逻辑思维在近现代科学技术的形成和发展过程中曾起过主要作用,因而一度备受推崇,居于一统天下的地位。将逻辑思维方法奉为人们思考问题的唯一可靠的方法,置其他思维方法于不顾,这当然与科学发展中牛顿力学出现和工业社会生产操作工艺有关,这个时期几乎一切都逻辑化、机械化和程序化了。在这 200 多年中,客观上,逻辑思维已形成了人们固定化的思维定势。似乎解决问题的唯一通道只能是逻辑思维,这显然片面夸大了逻辑思维的作用。随着社会实践的发展变化和人类认识的不断深入,人们越来越注意到仅凭逻辑思维远远不能满足复杂多变的实践任务的需求,于是,开始将视角转向对形象思维的研究,寻求逻辑思维与形象思维的合作。应该说,这是思维理论与实践研究的重要进步。然而,在这一过程中,人们往往又会走向另一个极端,步入忽视、甚至否认逻辑思维价值的误区。当然,这也是有失偏颇的。其实,人类的创造性思维正是逻辑思维与形象思维高度融合的结晶。

当然,就现实的情况而言,既存在着过于迷信逻辑思维作用的情况,也存在着神化形象思维功能的情况。而这些情况的存在很大程度上与对创造过程是一个系统的过程的认识有关。尤其是对形象思维的神化,更是如此。这些人往往只看到了创造性思维活动中的突破与收获,专注于直觉与灵感等思维火花的突然迸发。而未曾意识到,那些创造性火花的瞬间绽放,却是以艰苦的思考为基础的。就像王梓坤院士所认为的:"数学家高斯说,有一条定理的证明折磨了他两年,忽然在一刹那像闪电般想出来了。这是怎么回事呢?某人长时期攻研某一问题,不舍昼夜,苦心地琢磨着,挥之不去,驱之不散,才下眉头,又上心头,他的思想白热化了,处于高度的受激状态。忽然心在某一刹那,或由于某一思线的接通,或由于外界的启发,他的思维,就像电子由低能态跃迁到高能态一样,也由常态飞跃到高级的受激态。"②其实,就像大家所

---

① 联合国教科文组织国际教育发展委员会:《学会生存——教育世界的今天和明天》,教育科学出版社 1996 年版,第 194 页。
② 王梓坤:《科学发现纵横谈新编》,北京师范大学出版社 1993 年版,第 116 页。

熟悉的许多事例,如阿基米德在澡盆里洗澡时领悟到水升高的部分体积与他浸在水里的身体的那部分体积相等,因而受到启示发现了浮力定律;牛顿受到苹果落地的启示而最终发现了万有引力定律。这些例子都旨在强调某种启示物对科学发现的强大的启示作用。"但是一种启示物所激发起来的联想、类比毕竟不是科学发现的全过程,而只是其中的一个环节。在科学发现史中确实有奇妙的遐想、成功的类比以及浮想联翩的情景。但只要我们从科学发现的认识的全过程来考虑,就会理解到这种启示物的触发作用只对一部分思想早就有准备的科学研究者来说才能发生的。因为如洗澡和看见苹果从树上落下这类事例在人们的生活中是司空见惯的,为什么只对一定的科学研究者才有触发作用呢? 所以,问题的答案还是要从科学研究者当时的思维的思路来考虑。因为启示物只是个外因,而科学研究者为了某个不解的问题而苦苦地思索才是产生新的联想、类比或想象力的内因和根据。如果不是这样亲理解问题,当然就会对科学发现产生神秘感。"①其实,虽然这些著名科学家们在创新的突破阶段往往只是短短的一瞬,但是,这却是长久思考的结果。正如王国维引用辛弃疾词里的话:"蓦然回首,那人却在灯火阑珊处。"然而,没有"众里寻他千百度"的功夫,就不会有蓦然回首的幸运。用爱因斯坦的话说就是:"机遇只偏爱有准备的头脑。"应当说,爱因斯坦也一语道出了人类创造的真谛。这也表明,"那种把创造性思维归结为某一种思维方法或逻辑模式的想法是不切实际的。辩证逻辑依据对人类认识成果的总结和辩证思维经验的概括,早就向人们表明在思维过程中,尤其是在创造性的认识过程中,必须处理好抽象与具体、分析与综合、归纳与演绎、历史的东西与逻辑的东西等等的关系。思维的这种特点在创造性思维过程中表现得更为突出。某些西方的哲学家和科学家也具有这种认识。例如,库恩就指出过收敛式思维可使研究者牢固地扎根于当代科学传统之中,而发散式思维又能使研究者思想开放、活跃、善于开辟新的方向。他认为两者都是科学进步、科学发现所必不可少的。他说:'这两种思想形式既然不可避免地处于矛盾之中,可知维持一种往往难以维持的张力的能力,正是从事这种最好的科学研究所必需的首要条件之一。'"②

---

① 章士嵘:《科学发现的逻辑》,人民出版社 1986 年版,第 10 页。
② 章士嵘:《科学发现的逻辑》,人民出版社 1986 年版,第 86 页。

第二节 情感与认知交融

世间事物最复杂、最难懂的莫过人,懂得人就会懂得你自己。希腊人把"懂得你自己"看作人生最高的智慧。人不像木石只有物质,人还有意识,有情感,有意志,总而言之,有心灵。西方有一句古谚:"人有一半是魔鬼,一半是仙子。"魔鬼固诡诈多端,而仙子也缥缈难测。

人不仅是理性的人,同时是情感、意志的主体。人在认识和改造世界时,不仅使世界符合科学,而且要求符合人的需要,其实,人类之所以要认识和改造世界,从根本上说旨在为了人的幸福。很久以来,在知(认知)与情(情感)的关系中,人们过于偏重于认知,而冷落了情感。甚至把情感排斥在教学的大门之外,从而也就给人的身心发展带来了一系列不良的影响。在当今人类社会面对诸多挑战的时代背景下,我们更加清醒地意识到,"只用专业知识教育是不够的",而应当将认知与情感并重,奋力荡起知与情的双桨。

一、不可冷落情感

"情感是主体与客体的相互关系在主体中的反映,是主体的需要是否得到满足而产生的对客体相互关系的态度的升华。"[1]情感总是主体具有的,它表现为爱与憎、恐惧与无畏、迷恋和失望等。情感是人类的心理现象,是客观事物与主观需要之间关系的反映;也是人对客观事物的态度的一种内心体验,是一个人内心活动的反映。情感与人的需要有直接的关系,具有客观实在性。需要是人的情感产生的内在基础,人的情感产生以需要作为中介,情感是对客观事物与人的需要之间的关系的反映。因而,情感也可以说是人的需要是否得到满足的内心体验。情感并不是一种低于理性的东西,它只是与理性不同的人的本质力量的体现。人们的任何一项活动都离不开情感的参与,不论你是有意还是无意,情感与我们总是如影相随,情感总是与人的一举一动相互联系、相互影响,并且,它还是一个影响和制约着每个人能否成功的重要因素。而"一个真正意义上的人,必须是一个有情感的人"[2]。

现代脑科学的研究表明,人脑是随着人类的进化而逐步发展起来的,这在人脑的结构上也有所体现。具体地说,就是人脑是由爬行动物脑——脑

---

[1] 李淮春等:《现时代与现代思维方式》,河北人民出版社1987年版,第133页。
[2] 雅斯贝尔斯:《什么是教育》,邹进译,生活·读书·新知三联书店1991年版,第2页。

干、哺乳动物脑——边缘系统,以及新脑——大脑新皮层所组成的三位一体的整体。其中,爬行脑控制你的许多本能,诸如呼吸和心跳;哺乳脑控制情感,并在记忆中起关键作用;而新脑则用来思考、交谈、推理和创造。① 但这并不意味着情感仅仅与人脑的边缘系统有关,实际上,在人的进化过程中,脑的三层结构(脑干、边缘系统、大脑皮层)间是依次超越的关系,后面的结构将前面结构的功能纳入自身之内并使之发生超越性的变化。而"新皮质是情绪的更高级的调控系统。它以神经纤维联系为中介,与下丘脑、杏仁核、边缘系统皮质部分等结构互相传递信息。新皮质把通过其各层次神经回路逐步加工处理而获得的认识,作为指令,作用于皮层下情绪中枢,调控着人的情绪活动。新皮层的高度发展使'情绪'与'理智'有可能摆脱情境的直接性影响,具有长期性和稳定性"②。所以,在大脑皮层之中,我们的本能、情感和思维是整合在一起的。从生理机制上来说,人的智慧是情感长期进化的产物,它与情感具有内在的一致性。但是,大脑皮层的进化又使原始的情感发生超越性的变化,使之日益精致复杂,微妙丰富。人的情感是对动物情感的超越:它吸纳了动物情感又使之具有理性的和伦理的意义。

人的情感是由动物的心理发展而来的。从动物到人,情绪的发展沿着趋于丰富性、深刻性、复杂性、可控性、差异性的道路前进。因而,不仅情绪演化与人的高级生命演化相一致,而且恰恰是情绪演化促进了人的生命演化,没有动物体的情绪机制,没有情绪作为种内沟通群居生活的工具,生命体绝不可能向高级复杂化程度演进。因此,心理学家汤姆金斯认为,情感是构成进化成果的一个关键部分,甚至比饥饿、性欲这些基本的内驱力更为重要。③

美国心理学家推孟曾进行过一项历时数十年的研究。他领导的研究小组遴选了1 500名智商值都在130以上的被认为是高智商的孩子。研究小组的科学家们一年又一年地研究着。孩子们小学毕业了,进了中学,他们继续调查、记录;孩子们又进了大学,有的读了硕士、博士,有的走上了工作岗位,他们还是信访着、跟踪着。他们最终得出了什么结论呢?他们发现,这些几乎是同样聪明的孩子后来的成就大相径庭。其中不乏科学家、艺术家及企业家、大学教授等成功人士,当然也有一些人平平庸庸,与智商普通的人并没有差别。

---

① 珍妮特·沃斯等:《学习的革命》,上海三联书店1998年版,第89页。
② 朱小蔓:《情感教育论纲》,人民出版社2007年版,第21页。
③ 朱小蔓:《情感教育论纲》,人民出版社2007年版,第21页。

那又是什么原因造成了这样的结果呢？经过比较,发现原因不是别的,是人格因素在发生作用。那些有成就的人,都有不怕困难、不怕失败的精神,对事业孜孜以求,不达目的不肯罢休,他们对权威不迷信、不盲从,他们有幽默感,有宽容心,他们很有自信。而那些没有做出较大成就的人,身上缺少的,正是这些良好的品质。他们比较懒惰,缺少勤奋精神,害怕失败,不肯冒风险,比较迷信权威,不敢有自己的独立见解。这些弱点影响了他们在人生路上取得成就。要知道,任何成就都不是轻而易举地获得的,在人生路上迈出的每一小步,都要付出极其艰辛的劳动。有些聪明人害怕做出这样的付出。由上可见,一个人的情感品质对于他的成功起着重要的作用。因而,正如韦珏院士所指出的,"我们不仅要关注儿童的智力发展,更要注意儿童的情感发展。不仅儿童的学习,他们的自尊和与社会的关系也深受情感的影响。在早期发展中,儿童情感的发展和智力一样都深受经历的影响"[1]。

其实,就像性能良好的汽车能远行,不仅依靠汽车本身,还需要依靠充足的汽油的驱动。尽管一个人的智力是其成功的一个重要因素,但是,单靠智力是不大可能成功的。美国学者阿瑞提在《创造的秘密》一书中提出,"尽管创造者要具有一定的智力,但高智商并不是高创造力的先决条件"。可见,创新过程并不仅仅是纯粹的智力活动过程,它还需要以创新情感为动力,以良好的个性品质作后盾。美国有的心理学家认为,智商在个人的成功中所起的作用仅占20%。[2] 而健康的情感在学业、事业中同样起着极为重要的作用。正像戈尔曼在其《情感智商》一书的日文版译本的序言中所指出的:"自我情感的认知和妥善处理人际关系的能力,也是智能的一部分,而且是最终左右人生方向的重要智能。"而这种"左右人生方向"的情感被研究者看作是一种"与智商同样重要的个人能力指示器",它是比学校传统测量的智力更为重要的智力。[3] 可以说,智商只是一种潜在的能力,它的实现,需要健康情感的激发和驱动。

日本教育心理学家泷泽武久指出,"不能无视情感的作用。情感交织在人的思维中,或者成为刺激,或者成为障碍"。我国古代思想家、教育家孔子提出的"乐学"思想,其实就是强调学习者的情感倾向和情感体验,孔子视之为治学的最高境界。我国情感心理学家孟昭兰教授认为,"人类的高级目的

---

[1] 张光鉴等:《科学教育与相似论》,江苏科学技术出版社2000年版,序言第7页。
[2] 萧静宁:《论人脑潜力的开发》,人民出版社2004年版,第115页。
[3] 萧静宁:《论人脑潜力的开发》,人民出版社2004年版,第114页。

行为和意志行为的驱动作用中,十分重要地包含着情感因素"。大量实验结果也证明,一旦没有了情感,思维、理解、记忆等一切认知机能全会受到压抑阻碍,无论何等抽象的思维,没有情感的引发、驱动,就无法进行创造。①

英国著名物理学家麦克斯韦曾结合自己的切身体会指出,卓有成效的未完需要做到"三用":用心、用脑和用手。他说,用心需要充满热情和愿望,用脑需要深入思考,用手需要巨大劳动去经常实践。苏联教育学家阿莫纳什维利也认为:"儿童单靠动脑,只能理解和领悟知识;如果加上动手,他就会明白知识的实际意;如果再加上心灵的力量,那么知识的所有大门都将在他面前敞开,知识将成为他改造事物和进行创造的工具。"②巴甫洛夫也深有触地告诉人们:"我毕生都热爱脑力劳动和体力劳动,也许甚至说,我更热爱体力劳动。当在体力劳动内加入任何优异的悟性,即手脑结合在一起的时候,就更特别感觉满意了。"③

至于情绪为什么会有这样大的作用,戈尔曼认为:"情感潜能可说是一种'中介能力',决定了我们怎样才能充分而又完美地发挥我们所拥有的各种能力,包括我们的天赋智力。"④这就是说,对于情感或情绪的感知、表达和调控的能力,在我们所拥有的各式各样的全部能力中起着一种至关重要的"中介"或"媒介"的作用,一切能力都要通过它这个"中介"而起作用,一种能力是不是要发挥、怎样发挥、发挥到什么程度才是恰当和完满的,凡此种种都为它这个"中介"所制约。由于这样一种根本性的"中介"功能对我们的影响无所不在,它涉及我们能力的方方面面,具有"统揽全局的"性质。可见,情感的确可以看作是个人能力的指示器,是助你成功的最突出的因素。

情感对智力活动的影响,是通过大脑进行的。脑科学的研究表明,情感的主管部位主要是脑干系统。脑干系统与大脑皮层之间通过上行系统和下行系统密切地联系着、相互影响着。大脑皮层是理性的藏府,脑干系统是情感的发源地,大脑皮层能通过下行系统对脑干系统产生调节作用,脑干系统则通过上行系统对大脑皮层的认知活动产生影响。健康的情感促进大脑皮层更有效地工作,而不良的情感会抑制和干扰大脑皮层的工作,还会影响大

---

① 蒋璟萍等:《情感:创新教育的重要因素》,《湘南行政学院学报》2001 年第 5 期。
② 戴仙红:《情感在数学创新教育中的作用》,《宁波教育学院学报》2008 年第 6 期。
③ 钟志贤:《深呼吸:素质教育进行时》,教育科学出版社 2003 年版,第 225 页。
④ 丹尼尔·戈尔曼:《情感智商》,耿文秀等译,上海科学技术出版社 1997 年版,第 40 页。

脑额叶在认知过程中做出计划的功能。额叶受损伤的人，认知没有主动性。当产生恐惧的情感时，脑干系统会大量分泌肾上腺素，使心跳加快、肌肉充血，造成大脑皮层暂时性缺氧，智力活动的效率自然就会下降。

苏霍姆林斯基认为，高尚的道德品质的培养，不仅要诉诸理智，而且要诉诸情感。"人的文明最精细地表现在情感的文明里。学校里学习的许多东西，会随着时间的流逝而被遗忘，但是人的思想接触过的文化财富，会在我们的心灵里——首先在我们的情感和内心感受里留下痕迹。"①而人的智力发展离不开细腻的感情和内心体验，离不开对周围事物和自身情绪的审美态度。他在总结自己的教育经验时这样说，"我这样来理解教育艺术：教育者同自己的教育对象的每一次接触都能激发起他们的心灵的热情。这项工作做得越细致，越有感情，从孩子心灵深处涌出的力量便越大，他们便在更大的范围内复现教师自身的形象"。教学的最佳效果并不完全决定于一整套娴熟的教学技能和技艺。教学艺术的真谛是爱，要让学生体会到周围人对他的温情和期望，让他相信自己是一个善良的人，一个有潜力的人，在他面前有着美好的前途。美国教育家吉尔伯特·海特在他的《教学的艺术》中也指出，"教学包括情感和人的价值，而感情是不能被系统地评价和运用的。人的价值也远远地超出科学的范畴"②。

现代脑科学的研究表明，左右半球对情感也起着不同的作用。脑科学家用麻醉剂麻醉一侧大脑半球，以观察另一侧大脑半球的情感反应，发现左半球被麻醉时，右半球处于过度兴奋状态，会手舞足蹈；而当右半球被麻醉时，左半球则处于消极、沉闷的状态。就是说，健康的心态只有在左右半球比较协调时才能产生。而此时，也正是思维状态比较协调、两种思维得到互补的时候。此时的思维能力比较强，思维效率比较高。③

情感是人类生命的本质力量，是人类创造力的源泉。马克思把激情看作是人强烈追求自己的对象的本质力量。苏霍姆林斯基也认为，"学生的脑力劳动，他在学习上的成功和失败，都涉及他的精神生活和内心世界，忽视这一点会造成严重后果，儿童不仅在认识事物和掌握教材，而且在内心体验自己

---

① 《湖南教育》编辑部：《苏霍姆林斯基教育思想概述》，湖南教育出版社1983年版，第182页。
② 雷洪等：《新课程理念下的创新教学设计——初中物理》，东北师范大学出版社2002年版，第9页。
③ 朱长超：《开发自我》，江苏教育出版社1998年版，第114页。

的劳动,他对自己的成功和失败会表现出极为关切的态度","如果教师不想方设法使学生产生情绪高昂和智力振奋的内心状态,就急于传授知识,那么,这种知识只能使人产生冷漠的态度,而不动情感的脑力劳动就会带来疲倦。没有欢欣鼓舞的心情,学习就会成为学生的沉重负担"。[1] 苏霍姆林斯基认为,"教育者不应是一个不动感情的,只按着某些具有抽象公正性的条条办事的审判官。教育者应该是一个活生生的人,一个和孩子们一样对周围事物有喜怒哀乐反应的人"[2]。人类的情感是寻求人类真理的强大动力。在人的发展过程中,一个人是否具备健康、良好的素质,理性、健全的人格往往都是通过人的情感具体表现出来、而最具有决定意义的情感是安全感、义务感、正义感和自尊感,它们在很大程度上影响和制约着人的发展。

陶行知以他"爱满天下""捧着一颗心来,不带半根草去"以及"教人求真""学做真人"等丰富而热烈的情感投身于教育事业,给我们树立了情感教育的典范。他主张在教学中解放学生的头脑与双手,创造健康的堡垒,创造艺术的环境,创造生活的园地,创造艺术的气候,创造真、善、美的人格。他指出要培养创造性的儿童,教师就要像园丁一样,要先认识儿童,发现他们的特点,给予适宜的肥料、水分、阳光等,这样他们才能欣欣向荣地成长,不会枯萎。他把学校比作"人园",像花园一样,花园里万紫千红,各种花卉分别栽种,呈现出一种和谐的气氛。学校培养人才也应如此,让教师因材施教,使学生各得其所,这样既表现出各人本来之美,又构成学校整体的美。

应当说,长期以来,人们过于迷恋智商的作用,而忽视了情感的价值。其实,无论从重视大脑的全面开发还是人的全面发展的角度看,无论是人的智商还是情商都需要协同开发,二者是不可偏废的。就像我们强调开发抽象思维能力时,不能忘记开发形象思维能力。同样地,在强调开发大脑的潜力、开发智商时,不要忘记开发情商。情商和智商如车的两轮、鸟的双翼,都为创造所必需。只有好的智商而没有好的情商,是行不远,也飞不高的。

情感是人类生存的重要表现形式。从进化角度看,情感是人类力求应付和控制生存环境的生理衍生物,是为增强人类生存能力而出现的心理现象。健康的情感可以提高个体的生存质量,而情感的压抑、畸变,会妨碍个体的和

---

[1] 裴庆先:《情感是教学产生最佳效果的保证》,《教育探索》1996 年第 5 期。
[2] 《湖南教育》编辑部:《苏霍姆林斯基教育思想概述》,湖南教育出版社 1983 年版,第 182 页。

谐生存。情感教育是一个与认知教育相对应的概念，它是指把情意作为人发展的重要领域之一，对其施以教育的力量，使人的情感得以发展和升华。现代教育要求我们既要重视学生未来工作、生活所必备的知识与技能，更要重视培养学生高尚的情操、稳定的情感和理想的人格。

爱因斯坦认为："每个人都有一定的理想，这种理想决定着他的努力和判断的方向。就在这个意义上，我从来不把安逸和享乐看作是生活目的的本身——这种伦理基础，我叫它猪栏理想。照亮我的道路，并且不断地给我新的勇气去愉快地正视生活的理想，是善、美和真。要是没有志同道合者之间的密切感情，要不是全神贯注于客观世界——那个在艺术和科学工作领域里永远达不到的对象，那么在我看来，生活就会是空虚的。"①爱因斯坦在总结其一生的成就时还说，他没有特别的天赋，只能强烈的好奇心。爱因斯坦在他的《培养独立思考的教育》一文中曾经一针见血地指出："用专业知识教育人是不够的。通过专业教育，他可以成为一种有用的机器，但是不能成为一个和谐发展的人。要使学生对价值有所理解并且产生热诚的感情，那是最基本的。他必须获得对美和道德上的善有鲜明的辨别力。否则，他——连同他的专业知识——就更像一只受过很好训练的狗，而不像一个和谐发展的人。"②让学生对人生价值有所了解，并且产生热烈的感情是最基本的教育目标，爱因斯坦的感触至今对我们现实的教育状况仍有指点迷津的作用，他警示我们，教育切不可冷落情感。

情感是人类生命的本质力量，是人类创造力的源泉。"人类不能简化为'制造工具的人'的技术性面孔，也不能简化为'智慧人'的理性面孔。……不应该把感情性、神经症、无序、随机变化作为'噪声'、残渣、废料抛弃。真正的人存在于智人——狂徒的辩证法中。"③列宁认为，如果没有人类的情感，那么过去、现在、将来都永远不能寻到人类的真理。人类的情感是寻求人类真理的强大动力。在人的全面发展过程中，一个人是否具备健康、良好的素质，理性、健全的人格往往都是通过人的情感具体表现出来，而最具有决定意义的情感是安全感、义务感、正义感和自尊感，它们在人的全面和谐发展过程中具有极为重要的作用。

---

① 李秀娟：《和谐教育之内涵》，《现代教育论丛》2007年第3期。
② 周昌忠：《创造心理学》，中国青年出版社1983年版，第137页。
③ 埃德加·莫兰：《迷失的范式：人性研究》，北京大学出版社1999年版，第180页。

二、情感需要体验

国内情感教育的研究专家朱小蔓教授在其《情感教育论纲》一书中指出:"教育不仅关心人是否有知识,而且关心人是否有体验,关心人体验到什么,追求什么样的体验,以及如何感觉自己的体验。教育把人的体验过程看作教育活动的基本形式之一,并且相信体验—活动的过程可以在一定程度上驾驭它、推动它、组织它、引导它。"①

情感的产生是一种复杂的心理、生理过程,是周围发生的事物通过人的感知作为一种信息传到人的人脑皮层后立即被综合分析形成认识并产生一定的心理态度。这一神经活动过程又迅速地扩展到控制人的内脏器官,调节人的自主神经系统的皮下中枢引起人的以某种生理感觉为其特征的体验。人们常常把外界事物和情境所引起的"我"内心感受、体味或亲身的经历,称之为"体验"。体验是"主体在认识过程中和心理过程中所积累的经验内容为对象的,是对经验带有感情色彩的回味、反刍、体味"。② 体验作为一种特殊的心理活动,是由感受、理解、联想、情感、领悟等诸多心理要素构成的。在体验中,主体以自己的全部"自我"(已有的经历和心理结构)去感受、理解事物,因发现事物与自我的关联而生成情感反应,并由此产生丰富的联想和深刻的领悟。人的情感,作为一种内心体验,是主体对于物质实践经验的一种回味,这种回味和体验或者发生在直接经验的当时,或者发生在经验之后,但不论是哪种情况,情感体验都是对经验的一种事后体验,即"验后"心理体验。③ 因此,从心理学上来讲,体验是在对事物的真切感受和深刻理解的基础上对事物产生情感并生成意义的活动。

人的生命不仅是一个自然的存在,而且是一个意义的存在,而意义是要诉诸体验的。人的精神生命的成长,就是人所具有的意义的不断丰富。人的意义的生长不是一个自我封闭的内在的自发的生长,它是借助于外部的资源,通过对外部资源的消费和利用而实现的。但这样一个消费和利用外部资源的过程,不是一个简单地摄取、搬移的过程,而要使外部的资源深达内心,必须通过体验、体悟和理解。所以,体验是生命意义的单位,生命是在不断的

---

① 朱小蔓:《情感教育论纲》,人民出版社2007年版,第153页。
② 孙俊三:《从经验的积累到生命的体验——论教学过程审美模式的构建》,《教育研究》2001年第2期。
③ 张绍宏:《心智学》,河北人民出版社2000年版,第162页。

体验中行进的。因此,可以说,人是生活在体验中的,且透过体验而生活。体验是生命追求意义的直接方式,因而也构成了人的存在的方式。这是人作为意义体与其他生物不同的生存方式。

动手的亲历加深了认知的体验。脑科学研究表明,在学习活动中如果大脑左右两个半球都能被激活,学习效果将大为增强。在科学学习过程中融入动手操作,有助于同时激活大脑的两个半球,从而使学生对操作过程中获得的认知体验更为深刻。小学生正处于由形象思维向抽象思维过渡阶段,只有通过亲自操作,获得直接经验,辅以比较、分析、抽象、概括等一系列思维活动,才能促使认识得以内化,促进学习效能提高,拓展学生参与学习的广度和深度,学生由此获得的体验无疑是深刻的。苏联教育家苏霍姆林斯基说"儿童的智慧在他手指尖上"讲的就是这个道理。①

体验,是用自己的生命来验证事实,感悟生命,留下印象。体验到的东西使得我们感到真实,并在大脑记忆中留下深刻印象,使我们可以随时回想起曾经亲身感受过的生命历程,也因此对未来有所预感。体验是个体生命在生活世界中存在的前提,体验也是在主体的生命得以生成以及实现主体发展的依托。生命的本质在于通过对事物的体验而持久不断地成长和不断地建构,在生命的进展中,无论是知识的内化、经验的升华还是个性得以张扬无不是建立在主体亲身体验的基础上。生命的意义及价值也正是在体验的历程中得以显现和成就的。

体验是个体以自己的全部身心(自己的知识、情感、心理)投入对客体的感受、理解、建构的过程。在体验中,由于客体同人的需要、生命产生关联,因此,体验中的客体不是同主体的意识、生命无关的客体,而是主体生命意识中的客体;体验中的客体是生命化的,甚至成为主体生命的一部分。在深刻的、积极性的体验中,主体有一种强烈趋近客体、与客体同一的心理倾向。体验强调人通过亲身经历而形成对事物独特的、具有个体意义的感受、情感和领悟,因此,从心理学上来讲,体验是在对事物的真切感受和深刻理解的基础上对事物产生情感并生成意义的活动。体验不仅是对客体的认识,而且是因为客体与主体发生关联而产生的认识,所以体验不仅把握客体,同时还生成关系和意义。这样客体就不是和主体无关的客观实在,而是主体生命意识之中

---

① 顾长明:《做中学:在"动手"与"动脑"间追寻》,《中小学教师培训》2013 年第 8 期。

的客体,是主体以自己的全部身心去经历、感受、建构的客体。此时的认识,已不是一个主客体分离的一般认识,而是呈现出客体主体化和主体客体化的主客融合的状态。体验者与其对象不可分割地融合在一起,主体全身心地进入客体之中,客体也以全新的意义与主体构成新的关系,此时,无客体也无所谓主体,主客体的这种活生生的关系成为体验的关键。

体验与主体的亲身的活动相联系。"人的动作还是人的情感和人格发展的重要内容。一个没有受过良好的动作教育,不知道怎么'动'的人,他的情感无以表现,人格很难健全,他的外部举止往往与他内心的所思所欲不符合,久而久之,容易造成分裂的双重或多重人格。"①因而,一切手脑结合的活动,包括杜威的"从做中学",以及陶行知的"教学做合一",如果就其强调动作操作与人的思维、情感、人格取得协调一致的发展这一点而言,意义无疑是很大的。特别是对于我们许多性格过于压抑、过于内向的学生来说,提倡动手动脚的学习有助于增强他们的生命活力,提高他们的实践能力,造成其内心世界的统一。

体验,既有认识论的意义,即以体验的方式达到认知理解,或者促进并加深理解,所谓顿悟、内化,其实都是深刻体验的结果同时,体验又有本体论和价值论的意义,即体验是人的生存方式,也是人追求生命意义的方式教育不仅关心人是否学到知识,而且更应关心人是否获得了体验、体验到了什么、追求什么样的体验,以及如何感觉自己的体验教育应当把学习主体的体验过程看作是教育活动的基本形式之一,强调学习中的体验,体验后的领悟这样,才能使原来静态的知识经验在个体的心灵中被激活、被催化,产生广泛的联系,获得新的意义,才能产生创造。②

体验必然地伴随着情感,体验的过程也就是情感孕育和产生的过程。对某事物有体验,必伴随对之产生某种情感。情感是体验的核心。"体验的出发点是情感,主体总是从自己的命运与遭遇,从内心的全部情感积累和先在感受出发去体验和揭示生命的意蕴;而体验的最后归结点也是情感,体验的结果常常是一种新的更深刻的把握了生命活动的情感的生成。"③情感一般是从对事物的感受中产生的。为什么亲身感受容易产生情感? 这主要是因为,

---

① 陈建翔:《有一种美,叫教育——教育美学思想录》,四川教育出版社2006年版,第165页。
② 宋振韶等:《情感体验:教育价值及其促进途径》,《教育科学研究》2009年第1期。
③ 陈佑清:《体验及其生成》,《教育研究与实验》2002年第2期。

首先，情感形成取决于人的感受的积累和感受性的发展。"如果没有感受现象，就不存在情感发展的机制，就不会有任何情感经验作为印记留存在记忆系统中。"①而且，人的情感体验总是与具体的对象、客体和活动相关联。这首先是因为情感体验是与人的需要相联系的，特定的需要引起特定的情感体验；其次还因为情感体验的产生具有情境性（所谓触景生情）。人的情感体验的对象、情境总是具体的，没有抽象的，不与一定的对象、需要、情境相对应的普遍的情感体验。

在信息加工的工具上，体验主要不是运用逻辑或科学语言，而是运用情感语言和诗意想象语言；当人们习惯于以概念、逻辑思维等去间接地了解事物时，事物的很多真实、鲜活、具体的东西就会被过滤掉，"语言文字常常限制了一个人在具体情景下的实际体验"。因此，"情感教育的过程从某种意义上来说，就是丰富人的感知觉，使人生活在自然的而不是概念的世界中"，"情感教育的过程应珍视、保留人生命早期敏锐的感受力、强烈的感受欲望及其细致性和独特性"。② 在亲身感受中，由于主体会受到更直接、更亲切、更鲜明以及更强烈的刺激，同时，主体往往是运用多种感官（眼、耳、鼻、舌、身体等）去接触事物，因此会受到多感官的刺激更强烈，多感官的刺激让人对事物形成更加鲜活、具体、深刻、丰富的印象和感受，从而使人更易兴奋、激动，即更易产生情感。有研究认为，儿童对于各种事物的认识，一定要眼睛看到，耳朵听到，手接触到，才能了解事物的真相和性质。实验证明：人对知识的吸收，如果仅是听和看的话，只能吸收 50%，加上动手的话则能吸收 90%。儿童自己求得的知识，才是真知识；儿童自己发现的世界，才是他的真世界。儿童亲手触摸过的东西，感知特别鲜明，体验特别深刻，记忆特别牢固。尤其 14 岁之前动手做过的东西或玩过的玩具将会终生难忘。而间接了解事物（如听别人说或看书）一般是用文字符号作为工具去接触事物，而文字符号只能表达事物中能够符号化的东西（如事物的客观性特性），不能表达事物中不能符号化的东西（如人对事物的印象、感受、体验等）。因此，通过文字符号只能了解到事物的间接、抽象、表面的方面，而难以引起人对事物的真切感受和体验。③

体验是建立于主体在亲心经历或亲身经历的基础上的一种心理活动过

---

① 朱小蔓：《情感教育论纲》，南京出版社 1993 年版，第 142 页。
② 朱小蔓：《情感教育论纲》，南京出版社 1993 年版，第 147 页。
③ 陈佑清：《体验及其生成》，《教育研究与实验》2002 年第 2 期。

程。体验是人的精神生活的重要内容之一,是人的生活的组成部分,与人的生命具有共生性,人活着也就在体验着,人的体验是对生命的体验。体验具有如下一些主要特性:一是情感性。情感是体验的核心,体验的出发点与归宿皆为情感,情感伴随体验过程,没有情感也就没有体验,情感的性质影响着体验的性质,通过体验可获得情感经验。由于体验的情感性,所以主体在积极的体验中会形成对事物积极的态度、全身心的投入,甚至在内心与所体验之物融合在一起(即所谓主、客融合)。相反,消极的体验会使主体产生对被体验之物的厌弃、排斥、远离等态度,并与体验之物保持明确的界限。二是亲历性。体验总是体验者自己的事,不亲身经历体验的过程,主体是不可能形成某种体验的。无论是亲身经历,如角色体验、活动体验、探究体验等,还是亲心经历,如触景生情、睹物思人、移情体验等,都是个体对活动的亲历,没有亲历也就不会产生体验。三是自主性。体验是个体自主的对生命的感悟,是个体能动的感受的结果,体验活动的具体开展、组织与实施,都是个体自己去完成。四是生成性。我们对某物有深刻的体验,必会对之产生个性化涵义,即理解到它在我们的心目中的独特意义,或者形成的某种联想、领悟。总之,体验是一种能生发与主体独特的"自我"密切相关的独特领悟或意义的情感反应。也就是说,体验是一种伴有情感反应的意义生成活动;或者说,是一种产生意义的情感反应。体验的结果是产生情感(有内心反应,内心有感动)且生成意义(产生联想、领悟),两者缺一不可。光有情感没有产生新的意义就只是一般的情感,而不能算作体验;光有意义而没有情感,就同单纯的认知性的理解没有区别。体验是一种产生情感且生成意义的活动。体验的上述特性也就是体验的规定性,也就是体验的实质。

体验是学习的基础,以体验的规定性为基础的学习就是体验学习。体验学习是人最基本的学习形式,是指人在实践活动过程中,通过反复观察、实践、练习,对情感、行为、事物的内省体察,最终认识到某些可以言说或未必能够言说的知识,掌握某些技能,养成某些行为习惯,乃至形成某些情感、态度、观念的过程。

体验是一种重要的学习方式,体验学习来自于杜威的"经验学习"。杜威认为,"经验包含一个主动的因素和一个被动的因素,这两个因素以其特有的形式结合着"。这两个因素就是体验和承受。体验是为求得某种结果而进行的尝试,承受是接受感觉或承受体验的结果。也就是说,只有当主动的尝试和被动的承受结合在一起的时候,才构成了经验。他认为,要保障人类经验的传承和改造,学校教育就必须为学生学习知识提供一定的材料,而他们要真正获得真知,则必须通过运用、尝试、改造等实践活动来获取,这就是著名的"做中学"。按照杜威的思想,只有通过具体的"做",才能达到改造个体行为的目的。

"体验"的含义是"以身体之,以心验之"。这也意味着,体验是"做"与"思"的结合,或者说是动手与动脑的结合。苏霍姆林斯基认为,"如果不能使双手成为智慧的高明的老师,那么学生就会失去对知识的兴趣,教学过程这会缺少一种强有力的刺激"①。当然,仅仅有学习者的身体力行("体")是不够的,更重要的是学习者对学习经验的领悟、体察和反思("验"),体验是以亲身经历、实践活动为基础,通过对经历、实践的感受、反思而实现的人格升华。只有通过主体反思内省,才能将活动与生活联结起来,找出其中所蕴藏的生命价值。因此,反思内省才是体验学习的关键,透过反思内省,许多思考的碎片才得以拼装,体验所形成的意义才可能与其他经验整合,从而形成一些新观点、新认识和新发现。

体验使学习进入生命领域,因为有了体验,知识的学习不再是仅仅属于认知、理性范畴,它已扩展到情感、生理和人格等领域,从而使学习过程不仅是知识增长的过程,同时也是身心和人格健全与发展的过程。体验性是现代学习方式的突出特征,在实际的学习活动中,它表现为:第一,强调身体性参与。学习不仅要用自己的脑子思考,而且要用自己的眼睛看,用自己的耳朵听,用自己的嘴说话,用自己的手操作,即用自己的身体去亲自经历,用自己的心灵去亲自感悟。这不仅是理解知识的需要,更是激发学生生命活力,促进学生生命成长的需要。体验强调学生参与,强调"活动",强调"操作",强调"实践",强调"考察",强调"调查",强调"探究",强调"经历"。第二,重视直接经验。重视直接经验,从课程上讲,就是要把学生的个人知识、直接经验、生活世界看成重要的课程资源;尊重"儿童文化",发掘"童心""童趣"的课程价值。从教学角度讲,就是要鼓励学生对教科书的自我解读、自我理解,尊重学生的个人感受和独特见解,使学习过程成为一个富有个性的过程。从学习角度来说,就是要把直接经验的改造、发展作为学习的重要目的,间接经验要

---

① 苏霍姆林斯基:《给教师的建议》,杜殿坤编译,教育科学出版社1984年版,第247页。

整合、转化为儿童的直接经验,成为儿童素质的有机组成部分,否则,就会失去其教育意义和发展人的价值。

体验作为与实践和内省相关的活动,或者说是依托"手脑结合"的活动,体验强调的是身体性活动及与直接经验相关的情感与意识,不仅与情感或态度学习有关,而且是人类技能形成以及缄默知识掌握的重要方法。平时人们所谓的"模仿学习""做中学",以及在游戏中学习等,无一不要通过实践活动,无一不要主体有一个内省体味的过程,其实,这就是一种体验学习的过程。

体验学习在人的生命化发展中有着重要的价值。体验连接着一切与实践和内省相关的活动,不仅与情感或态度学习有关,而且是技能技巧学习的基本方法。其实,在技能技巧的学习方面,人与动物有相似之处。或许像小猫学捉老鼠,狮子学捉斑马,也有一个反复实践、反复内省的过程。当然,由于动物没有语言符号系统,它们内省的过程当然无法借助语言来完成,我们也无从知晓动物们究竟经历了怎样的内省过程。然而,非但动物们体验学习中的内省过程不曾借助语言,即使是人类,也并不能真正用语言表达自己的运动感觉,也并不都能确切描述内省体验的运行过程。体验学习,作为人与动物共有的学习方式,内省过程与内省所得,可能包含大量无法言说或很难言说的知识,而主体恰正是凭借此类非语言信息知识,实现了情感体验,学会了操作技能。古人说"大匠给人以规矩,不能给人以巧",又说"得之于心,用之以手",说的都是这种情况。

某些体验学习可能是一次性的,特别是强烈的精神刺激,常会给主体留下终生难忘的记忆,所以有"一朝遭蛇咬,十年怕井绳"一说。人们常说的"眼过千遭不如手摸一遍",以及"不浸于肌肤,不浃于骨髓"与体验学习也都是异曲同工。多数体验学习,需要反复经历、反复内省,通过反复实现学习目标。但是,不论是一次还是多次,体验学习必须学习者亲力亲为,无法由别人代替,它是一种建立在直接经验上的学习。

主体获得亲身经历和感受的途径主要有直接感知、参与活动和生活积累。主体与某种事、物或情境直接接触,亲眼所见、亲耳所闻容易引发体验;感知所接触的直观、美、富含情感的实际事物最容易引发人的体验。比如,我们可以通过看电视或画册,或者听别人给我们介绍黄山美景而间接地欣赏美景,并产生相应的审美体验,但这样获得的体验总不如亲自爬黄山、看黄山所获得的体验真切、鲜活、丰富。如果说亲身见闻是对某物、某事或某种情境产生体验的途径,那么,亲身参与活动是形成对活动过程的体验的途径。在活动尤其是主体性的活动中,主体会对活动形成丰富的体验。所谓主体性活动,即人以主体的身份参与的活动。主体性的活动之所以易形成体验,乃是因为,首先,主体活动是以活动者自身需要为动力而展开的,因此主体会能动积极地全身心地投入活动中;并且,由于活动是与主体的需要密切相关的,因此活动的成功或失败很容易引起主体相应的情感体验(情感体验的产生是以人的需要为尺度的)。其次,在主体性的活动中,存在着主客双向对象化和彼此融合的机制。在主体性的活动中,既存在主体将自身现有的身心素质对象化到客体之中的过程(主体客体化),同时也存在客体的形态、属性及活动过程以形象、符号、感受等心理形式进入主体的内心世界的过程,此即客体的主体化。无论是客体的主体化还是主体的客体化,均是主、客融合的具体形式,而主、客融合的过程本身即是体验的形成过程。再次,相比于听别人说或静止地观察,亲身参与活动是形成对活动的体验的最重要的途径。在华盛顿儿童博物馆的墙上写着这样的格言:"听到的,过眼烟云;看见的,铭记在心;做过的,沦肌浃髓。"①

长期以来,我们的教育在科学主义思维方式的影响下,把人与人之间的心灵交流活动简化为学生对知识的认识活动。如此的教育,重视的是客观、中立的知识,重视的是知识的传授、机械的记诵、灌输排斥了心灵的幻想和创造,冷漠的说教代替了情感的交流和心灵的感应。教育就会蜕变成客观知识的授受,就会演变为学生对"死"知识的记忆、占有、"出售"。这些无法入"心"的知识,一旦遗忘,个体的生命依然荒凉。

生命的意义在于体验,体验意味着主体的觉醒,心灵的唤醒。体验是人的一种基本生活方式,人的经验、智慧不是直接获取的,而是通过自身的体验获取的。教育作为人的生活,同样离不开体验。由于人的生命化发展需要以体验为载体,这就要求教育必须从知性的世界转变到生活的世界,教学不是符号的传递,而是生活的体验,通过在教育生活世界中适当创设有意义的情境,诱发学生的生命直觉,唤醒他们的生命体验,使他人、它物融入我"心",浸染生命,感动人生。体验是一种强烈的情感,是对人心灵的撼动,它不是教学中的"作秀","作秀"只能是情感的虚饰和欺骗,而不是真正的体验。唯有如

---

① 陈佑清:《体验及其生成》,《教育研究与实验》2002 年第 2 期。

此,学习者才能真正通过体验理解事物的意义,建立与周围世界的关系,确认生命的价值,提升生命的质量。

三、情感关乎创造

对于世间的芸芸众生来说,无不羡慕爱因斯坦所做出的那些彪炳史册的伟大发现,无不仰慕爱迪生那光照千秋的发明伟绩,无不钦佩微软掌门人比尔·盖茨的聪明才智,无不崇拜苹果缔造者史蒂夫·乔布斯的创造才能。因为,他们都是成功的。

成功,是人们追求的一个重要人生目标。世界上谁不希望自己能事业有成呢?成功的含义是多种多样的,爱因斯坦、爱迪生,以及比尔·盖茨、乔布斯,他们都在自己所从事的领域内获得了巨大的成功。尽管成功的光环是光彩夺目的,但是,一切成功者的道路有一个共同的特点,那就是充满着艰难曲折。世界上没有一种成功是轻松取得的,没有一条成功的道路是涅瓦大街,没有一个成功者不经历过一次又一次的失败。一切成功都浸透着汗水。

爱因斯坦在对悼念居里夫人时曾说过,她之所以能取得最伟大的科学成就,"不仅是靠着大胆的直觉,而且也靠着她难以想象的在极端困难的情况下工作的热忱和顽强"[①]。居里夫人也正凭借着其杰出的智力和非凡的意志,才一次又一次的攀登上科学的巅峰。其实,对于成功者,不少人有一种片面的认识,认为成功的人的最大武器是他们超人的智力。聪明使人容易取得成功,智慧是成功的重要条件,这当然是对的。但是,大量深入的研究表明,智慧并不必然导致成功。最聪明的人往往并不是最有成就的人;最有成就的人,也往往并不是最聪明的人。那为什么只有智慧是不够的呢?

这是因为,成功往往具有开创性、独创性,就是在没有路的地方开辟出道路,在没有人走过的地方走出一条路来。在别人开辟的路上行走,在别人开垦的地上播种,这当然是可贵的,但不能算是一种大的成功,不是开创性的成就,它的意义就相对比较小。要从没有路的地方开辟出一条道路,你要冒很大的风险,你就得把握正确的方向,就要有不怕艰难险阻的勇气。在这里,只靠智慧是远远不够的,还需要坚强的精神品质,需要坚忍不拔的毅力。没有这样的品格,再大的智慧也是不能成功的。即使你的智慧正确地判断出这条路是可行的,知道开辟这条路会带来巨大的价值,但如果你怕冒风险,如果你

---

① 爱因斯坦:《爱因斯坦文集》(第1卷),许良英等译,商务印书馆1976年版,第339页。

是一个谨小慎微的人,你便不会去闯,因为你害怕失败。正如美国学者乔治·吉尔德所说的:"在统计资料证实他的选择之前决不采取行动的投资商,在为时过迟之前从不采取行动的运动员或政治家,在市场得到确实信息之前死死等候的商人——他们全都是平庸之才。因为他们信奉虚假的合理性并缺少信心。"著名的美国聋哑女作家海伦说:"人生不是日日冒险,就是无所作为。"美国大企业家、发明家特德·特纳在创建美国有线新闻电视网时就曾冒着极大的风险,但他有一个信念,认为"无所作为是最大的风险"①。

开创性的工作,困难比一般的工作要多得多,它没有前人的经验,没有现成的知识,一切要从头摸索,失败的可能性要大得多,要胜利地到达彼岸,需要付出更大的艰辛。居里夫人当时研究的放射性,是一项前所未有的工作,对于放射性,人们的知识几乎等于零。居里夫人走过的每一步中都充满着艰难。经过几年的艰苦研究,居里夫人从好几吨铀矿石中才得到了 0.1 克的放射性物质镭。

其实,情感与创造力的关系早被人们所关注。列宁曾经深刻地指出:"没有人的感情,就从来没有也不可能有人对于真理的追求。"②英国心理学家高尔顿说过,"我认为不存在没有热情的智力,也不存在没有智力的热情"。美国心理学家罗杰斯甚至认为,所谓创造性,本质上乃是一种情绪、情感过程。他指出,"心理自由"和"心理安全"是有利于创造力发展的两个心理条件,而积极情感恰恰可以提供这种心理环境上的保证。我国情感教育专家朱小蔓也认为,情感具有驱动和诱导作用。驱动作用可以激发起主体的热情、好奇心、惊异感、美感、偏好等推动人趋向所期求的目标。而"情感的诱导作用是在与想象的联结中实现的。情感可以激发想象力,使思维创造性得到很好发挥。主体只有在高涨激情的推动下,才能借助想象思维的力量,冲破既定程序的樊篱,克服感性材料的局限,描绘出复杂现象间的内在联系。因此,当一个人对某些知识现象产生强烈的欲望与感情时,容易产生与此相关的想象,其激情越丰富,想象就越活跃,思维创造性也越能得以充分发挥"③。因此,情感深刻地影响着人类的思维和创造活动,并且是人类思维方式中的内在要素。

由于创造的过程的突破阶段与想象等形象思维过程有着紧密的关联性,

---

① 朱长超:《开发自我》,江苏教育出版社 1998 年版,第 107 页。
② 冯建军:《生命与教育》,教育科学出版社 2004 年版,前言第 9 页。
③ 朱小蔓:《情感教育论纲》,人民出版社 2007 年版,第 56 页。

而人的情感又可以有效地激发想象力,这就使情感与创造性思维之间有着密切的联系。人类是理性的动物。要认识事物的内在本质必须做理性的思考。但是,理性的思考要能坚持不懈,又必须有情感因素的渗入。只有对研究对象产生了情感,才会有不断逼近目标的原动力。从发生学的角度来看,情感最初总是在感知过程中产生的,并伴随着感知所得的表象保存在人们的记忆里。这样,在情感和表象之间就自然地形成了一种固定的联系,使一切表象或多或少地都感染上了某种情感色彩。我们承认情感确是不同于一般的认识。因为认识是人对于客观事物本身某种属性的直接反映;而情感则是客观对象是否满足人们的主观需要所生的一种内心体验;或者表现为在获得某种认识后而生成的一种强烈的追求欲望。但一切情感分析到最后,都有一个认识问题。尽管情感的产生往往是突发的,是直接和感性事物联系在一起的,其间看不出抽象思考和形象思维的痕迹,但其中无不渗透人们平时在实践中所积累的认识成果。

从情感和智力对创造力发展与影响上看,很多情况下,情感的力量远比智力强大。就智力与创造力的关系而言,二者并非是完全同步相关。虽然创造都需要一定水平的智力,但特别高的智商不是创造力的先决条件。然而现实中,智力教育的作用往往被夸大。正如罗杰斯所一针见血地指出的那样,"多少年来,我们所受的教育只强调知识和智力,严重忽视与学习活动以及创造潜能发展相联系的情感。我们否认了自身最重要的组成部分"[①]。虽然,创造过程是激烈的智力活动过程,但也是强烈的情感活动过程。那些具有杰出创造才能的人,他们的伟大发明和发现始终伴随着崇高的情感、高尚的情操。从创造动机的产生到创造过程的持续,再到创造结果的验证,各环节无不蕴含着创造者的人格魅力,蕴含着创造者的情感因素。"创造涵容着为推进人类文明进化而选择的崇高性、独特性兼备的创新目标,涵容着为提高人类美学价值而投入创新过程的高尚情操,涵容着为增进利他精神而尽情发挥的开拓风貌,涵容着为优化个体的创造性社会功能而认真掌握创新技巧的热情,涵容着为追求永恒的价值目标而把自我短暂的人生化为人类文明序列的磊

---

① 田慧生等:《在自主活动中培养学生的创新精神和实践能力》,选自中央教育科学研究所《创新教育研究实验》课题组:《创新教育——面向21世纪我国教育改革与发展的抉择》,教育科学出版社1999年版,第97页。

落胸怀"。① 创造过程绝不是冷冰冰的智力活动,没有火热的崇高的情感动力,创造活动就无法展开。可以这样说,杰出的创造才能需要伟大的胸怀和高尚的情操来孕育。我们知道,情感是关于世界上所发生的对人具有意义的事物的信号系统。情感的信号和调节机能在一定程度上决定着人的行为,成为人活动的动机,从而产生追求某种目标的意向和欲望。没有伟大的情怀,就没有巨大的动力来推动创造能力的发展和创造目标的实现。然而,传统教育抽走了教育中最生动、最丰富和最有活力的情感因素,只剩下了机械的应试教育。这种缺乏情感的"批量加工"式的教育对培养具有创造性的人才是极为不利的。

人类认识的深化,既是认知的深化,又是认识活动中情感因素的演化。随着实践的发展,主体对客体的认识,属于知识性的事实反映更加深化了,属于情感性的价值反映也更加突出了。主体认识客体的过程,是真善美相统一的过程,其中不可避免地会有情感意志因素的参与。形象思维的过程更是如此。从某种意义上说,形象思维就是情感思维。

形象思维的一个重要特征是富有情感色彩。情感渗透在人的一切活动之中,是和人的思维活动交织在一起的。复杂而丰富的情感往往难以用语言来表达,却可以通过表情、动作来表露,如戏剧、舞蹈等。这就说明,人的丰富的情感,是和他的形象思维联系着的。从思维科学的角度看,在形象思维过程中,情感是表象与表象之间的黏合剂,更是形象思维过程的"发动机"。正因为有了情感,人的思维才能从这个表象跨越到另外一个表象,从这个联想过渡到另外一个联想。情感促成着一个表象、联想向另外一个表象、联想的运动。情感是形象思维的"发动机"。

在科学家的形象思维过程中,则渗透着渴望创造、渴望解决问题的强烈愿望;或者说,渗透着对某一问题的浓厚兴趣和高度热情。诸如,没有解决"王冠之谜"的强烈渴求,阿基米德不可能在洗澡时产生灵感,发现浮力定律;没有解决伐木方法问题的强烈渴求,鲁班不可能进行类比性的形象思维,从而发明了锯子。作为一个有创造性的科学工作者,要有意识地以情感作为自己形象思维的"发动机"。在创造"新形象"的过程中,要自觉地往自己的创造物中倾注情感,以情感作为黏合剂,把一个个表象黏合起来,以期成为新的

---

① 金马:《创新智慧论》,中国青年出版社1991年版,第4页。

表象。

情感就犹如流淌在形象思维运动中的"血液"似的。形象思维与情感紧紧相连,形象思维以情感作为思维运动的推动力,又以情感作为不可或缺的因素贯穿其中。由于形象思维与联想、想象等活动密切相连,而情感能够促进联想和想象。情感是由于客体与人的需要发生关联而引起的人的心理的一种起伏、波动状态。积极的情感本身具有动力功能,它会驱动主体全身心地投入到客体中,对客体进行深入的理解和体认,探究事物的结构、功能及其与自身的关系和对自身的意义。同时,在情感状态下,人的心理被激活而处于兴奋、激动状态,此时,人的心理活动往往非常活跃,从而使人从一事一物联想到他事他物,或将人脑中诸多相关的观念和表象串联起来,形成新的观念、表象和感受,此即产生想象和联想。人在兴奋、激动的情感状态下出现浮想联翩就是这种心理状态。体验中存在丰富的想象和联想被很多人所强调,如有人认为,"体验根植于人的精神世界,以精神世界的特性——想象为基础";还有人认为,"当一个人对某些知识现象产生强烈的欲望与感情时,容易产生与此相关的想象,其激情越丰富,想象就越活跃,思维创造性也越能得以充分发挥"。

由于形象思维中必然地渗透着情感因素,因而,形象思维在创造性思维过程中所起的作用无不与情感因素有关。尽管在创造性思维过程的前(准备期)、后(验证期)两个阶段中,情感伴随着形象思维选择研究方向,形成理论假设,以及参与并支持理论假说的检验等。但情感主要作用还是体现在创造性思维的突破阶段(酝酿期与明朗期)协助形象思维开辟新思路、连接中断了的逻辑链条。科学发现的过程常常充满艰辛和困境,如果没有"情感"这个发动机的激励和推动,很难想象科学工作者能够将创造活动一直热情地进行到底。正是有了情感的支撑,科学家才能在科学发现中充分地展开想象的翅膀,并不断地发现新的事实,修正研究思路,做出新的努力,将捕捉到的模糊想法转化为具体的命题和假说;正是有了情感的参与,科学家的直觉才变得敏锐、强烈而准确,从而能够克服思维的障碍,穿越逻辑和空间的阻隔,连接中断了的思维链条,走出一时的困境,实现理论创新的突破。新的理论观点和新的重要的以经验为根据的结果就产生在这个阶段。

情感是创新教育的基础,也是创新教育的源泉。纵观那些激动人心的创造过程不难发现,创造性思维来临的时候,往往是心理上比较放松的时候。

德国化学家凯库勒是在回家的马车声的催眠中突然萌发苯的结构的；英国发明家瓦特是在草地上散步时顿悟改进蒸汽机的方法的；古希腊科学家阿基米德发现浮力定律是在浴缸中洗澡时。这时候,心理上没有负担,不焦虑,这种心理状态,非常有利于直觉的发生,有利于潜意识的作用。

四、情知需要交融

美国心理学家戈尔曼在论述"我们的两个头脑"时指出："每个人不但有一个情感的大脑,还有一个理智的大脑,我们每个观念,一个思维,一个感受,都是两者共同运作的结果。"[①]戈尔曼还对情绪活动、情感爆发、理性与情感调谐等一系列情绪智力问题做了令人信服的发挥。戈尔曼批评20世纪60年代末的"认知革命"只关注大脑冷冰冰的信息加工,而将情感被排斥在外的情况,"好像智慧中容不了情感"[②]。戈尔曼认为,"自我情感的认知和妥善处理人际关系的能力,也是智能的一部分,而且是最终左右人生方向的重要智能"。因而,情感实际上一种比学校传统测量的智力更为重要的智力,即所谓的情感智力。"在我们扩展的智力或智慧概念中,情感乃生存能力之关键。"[③]情感在人类学习中起着不可低估的作用,情感与认知并不是对立的两个过程,而应当理解为两个并行的过程,它们以特殊的方式联系在一起,对有机体有不同的意义或价值,都是脑神经整体功能的体现,反映出神经活动的效率。戈尔曼认为,传统意义上的智力在成功中只起20%的作用,更大的作用是由情感因素发挥的,因此,情感也是一种智力。人生的成功,不仅取决于智力,还有情感智力与之并驾齐驱地发展。正确地认识情感智力,科学地培养情感智力,是人的全面和谐的一个重要内容。

现代脑科学的研究认为,人的大脑是一个并行处理器。它总是同时做很多事情,它根本区分不开什么是思维、情感、想象和认知等。往往在进行思维的时候也包含有想象的参与,同时可能还指挥着运动和言语。在日常生活中我们也能见到大脑同时处理多项任务的例子。例如,当我们讲话时,我们一边思索着,一边讲话,同时伴随有面部表情的变化和体态的变化。大脑不能把情感和认知分开,这实际上也挑战着这样一种观点,即教学能够被分为认知的、情感的和心理动机领域,这种人为的分类可能对研究有利。但实际上,

---

① 丹尼尔·戈尔曼：《情感智商》,耿文秀等译,上海科学技术出版社1997年版,第14页。
② 丹尼尔·戈尔曼：《情感智商》,耿文秀等译,上海科学技术出版社1997年版,第45页。
③ 萧静宁：《论人脑潜力的开发》,人民出版社2004年版,第114页。

它扭曲了我们对学习的真正理解。脑研究越来越多的证据表明,情感在人类学习中起着不可低估的作用,情感与认知并不是对立的两个过程,而应当理解为两个并行的过程,它们以特殊的方式联系在一起,对有机体有不同的意义或价值,都是脑神经整体功能的体现,反映出神经活动的效率。

人的认知与情感,始终不可分割地交互作用而形成了一种整体的动态的情知活动。情感的激活往往孕育着认知的产生,而认知活动又在深层次上激发情感活动,当情、知活动处于最和谐状态时,人自身蕴藏的内上潜力就将随机迸发,这种迸发的结果,必然是人在情、知上同时获得一次质的飞跃,如此循环往复,螺旋上升,从而形成了人的个性发展轨迹。就认知活动本义而言,它的目的并非停留在对事物的认识上,而是需要将获得的认识融入主体自身的情感系统中,只有内化为具有主体自身价值的知识,才可谓主体的真实知识,同时相应满足美化自身情感,完善个体智能的愿望。教学的功能就在于如何使情感认知化,认知情感化,促使情知互动、和谐统一。

现代教育科学研究表明,"教学过程不仅是认知信息传递、加工的过程,也是情感信息交流、感染的过程,是师生双方在认知和情感两方面同时进行交互作用的过程"①。联合国教科文组织曾明确指出,"教育内容应培养学习兴趣、求知的欲望与乐趣以及不久以后接受终身教育的愿望与能力"②。我国正在推进的基础教育课程改革也将课程的目标定位为"知识与技能,过程与方法,情感态度与价值观",这标志着情感教育将从教育的边缘开始走向教育的舞台,从而更好地体现了现代教育的根本宗旨——为了学生的全面和谐发展。

自20世纪中叶以来,世界性的教育反思已经认识到,"现代人的教育不能是忘掉另一半、牺牲另一半的教育",即不能偏重认知、忽略情感强调科学、忽略道德。国际21世纪教育委员会于1996年向联合国教科文组织提交的一份重要报告《教育——财富蕴藏其中》中,也将"学会学习、学会生存、学会做人、学会共同生活"作为教育的"四大支柱"。从"四大支柱"的内容来看,它更多地强调未来的学生,不是以认知内容的获得为主,而是认知以外的情感知识的获取与情感能力的培养。其实,情感能力的培养原本就应当是教育的题

---

① 卢家楣:《教学的基本矛盾新论》,《教育研究》2004年第5期。
② 联合国教科文组织总部编:《教育——财富蕴藏其中:国际21世纪教育委员会报告》,教育科学出版社1996年版,第11页。

中之义。教育过程应当是一个认知与情感相统一的过程。因而,我们强调情感教育,也并不意味着要削弱认知,而是要让认知与情感共同发展。即在充分考虑认知因素的同时,充分发挥情感因素的积极作用,激发学生的学习动机和培养学生的学习兴趣,增强学生学习的自信心与成功体验,进而实现学生认知与情感的互补,促进学生的全面和谐发展。

教育的过程离不开知识,阿莫纳什维利也认为,以发展为目标的战略并不意味着忽视知识、技能和技巧的作用。"问题不在于用损害掌握知识的办法来保证儿童的发展,而在于要有意识地使掌握知识的方法以发展为目标。儿童的发展是目的,知识、技能、技巧是达到目的的手段。"教育的过程不仅是一个认知过程,同时也是一个情感意志过程。认知是人的智能的认识活动,情感是对客观事物是否满足自己需要的心理体验。前者指向事物的本质和规律,达到对"真"的把握;后者指向人的内心世界,是人主观愿望的反映,体现着对"善"与"美"的追求。认知与情感虽是不同的心理活动,但二者紧密相连。所以,情感是认知发展的动力。但我们对情感作用的认识,不能仅仅停留在工具价值的层面,必须认识到情感在人的发展中独立的价值。现代脑科学研究表明,情感在大脑的机能定位是皮层下结构,认知的定位是大脑皮层中的新皮质。认知与情感是相互影响,相互制约,协调发展的。关于二者的关系,美国心理学家布卢姆曾形象地将其比喻为两个格距较大的梯子,而为了发挥其爬墙的功能,需要将这两个梯子重叠放置,并将横档呈交错状,即一个梯子的每一级正好在另一个梯子相应的一级的中间。一个人只有通过交替地攀登这两个梯子才不致出现断档跌落的情况,才有"可能达到某些复杂的目的"。[①]

但是,一个毋庸置疑的现实是,在近代科学主义的侵袭下,人对理性的坚信和追求,把情意作为非理性排除在外。教育成为唯理性的教育,以知识教育为主导,造成教育的畸形,从而扭曲人的全面和谐发展。这就迫切需要寻找失落已久的教育的"另一半",即情感的教育。当然,情感教育不能脱离知识的教学而单独训练,只有在知识教学中,不断地感悟,不断地体验,才能使情感油然而生。只有融入知识、智慧之中的情感教育,才会激扬理性的生命,

---

[①] 克拉斯沃尔等:《教育目标分类学·情感领域》,施良方等译,华东师范大学出版社1989年版,第64页。

真正提升生命的质量。

情感是人类生存的重要表现形式。从进化角度看,情感是人类力求应付和控制生存环境的生理衍生物,是为增强人类生存能力而出现的心理现象。健康的情感可以提高个体的生存质量,而情感的压抑、畸变,会妨碍个体的和谐生存。情感教育是一个与认知教育相对应的概念,它是指把情意作为人发展的重要领域之一,对其施以教育的力量,使人的情感得以发展和升华。现代教育要求我们既要重视学生未来工作、生活所必备的知识与技能,更要重视培养学生高尚的情操、稳定的情感和理想的人格。

一个不容回避的现实是,人们长期以来对情感缺乏应有的重视,甚至还存在着诸多的误解。例如,传统哲学认为,人是理智的动物,情感是理智的干扰、骚乱因素,理智和情感无疑存在着某种不可调和之处。理智可以被看作是对自发冲动的抑制,或者是被视为思想的苍白无力的外壳,把所有热情和人性冷藏起来。近代的哲学家斯宾诺莎反对把情感和认知对立起来,他认为理智活动是由情感支撑的。尼采也看到了情感的这种支撑力量。马克思也认为,没有情感就没有对真理的追求。情感不再是理智的敌人,理智的进行需要情感的发动和支持,情感也影响着理智的加工。这些论述,无疑给情感赢得了一定的地位,但这种地位是有限的,是服务于理智的,是为了更好地发挥理智的作用或者促进理智的发展,而把情感作为手段而已。哈佛大学心理学家加德纳的"多元智能理论"大大拓展了智能的内涵,将触觉伸向人的情感层面。今天人们已经把情感纳入理智的结构之中,把它与认知相并列。长期致力于情感教育研究的朱小蔓教授也指出,"人类的智能并不主要是,更不唯一是逻辑—理智能力。由情感或主要由情感在其中表现突出价值的智能不仅客观存在,而且有着重要的社会文化价值"[1]。换言之,在智能结构中,情感不仅存在,而且具有促进、调节认知的价值。"智能的结构包括情感思维活动形式与情感方面的能力;智能不仅用于科学的目的,更用于人生的把握;从潜能到现实的智能必须有情感的参与和支持。"[2]认知不只是停留在知道客观事物"是什么",更重要的是将知识内化到自身的生命、个性之中,只有成为主体自身的价值、态度、信念、思维的知识,才是主体的真知识。

---

[1] 朱小蔓:《情感教育论纲》,人民出版社2007年版,第50页。
[2] 朱小蔓:《情感教育论纲》,人民出版社2007年版,第52页。

情感与认知的关系几乎经过了 180 度的大转弯,从理智排斥情感到情感作为手段服务于认知,最后到把情感看作理智的重要组成部分,而且对认知来说似乎更具有根本性。面对如此的转换,我们也必须在新的智育观中,将培育情感作为智育的一项根本任务。"我们确信一个人对某种价值的认同、遵循,乃至于形成人格,虽然需要以一定的认知为条件,但根本上是一个人的情感变化、发展,包括内在情感品质与外在情感能力提升和增长的过程",因此,"关注人的情感发展是教育中一个本源性、根基性的问题"。

情感纳入智能结构,情感与认知不是并行的,而是交叉融合的。认知有情感的参与,不仅使认知充满了灵性和激情,而且只有如此,才能使知识转化为生命中的组织部分,成为内在于生命的真知识,而不是贴在身上的标签。只有如此,才能够真正理解爱因斯坦曾经引用过的劳厄的观点,即"当一个人所学的知识都忘完后,剩下的东西才是教育"的真正内涵。当然,情感因为理智的引导,也克服了原始的情绪冲动,变得更富有理智,从而也由低级的情绪提升为高级的理智的社会化情感。情感在教育中由"丑小鸭"变成了"白天鹅"。①

长期以来,在我们的教学理论中存在一个很大的缺陷,就是在研究教学规律时,常常将认知从情、意中生硬地抽取出来,将真同善与美相割裂,使教育实践走上了一条"唯理性主义教育"的偏狭之路,追求高智商成了唯理性教育的产品。这种教育倾向的具体表现就是:没有把情感发展列入教育目标系列之中,知识获得或智力训练的目标占据教育目标系列的中心位置;在教育过程中漠视、扭曲和阻碍学生的情感发展,师生之间缺乏正常的情感交流;为了达到纯粹的理智训练的目的,而无视学生是一个有感情的人。这种唯理智教育倾向造成的后果就是严重地伤害了学生的灵性,造成了学生内在精神世界的残缺不全。与此相应的一个毋庸置疑的事实是,我们的社会、学校以及家庭往往对孩子的智商给予了过多的关注,而对情感却少有问津。其实,智商并不是决定孩子学业和事业成功的唯一因素。

在我国,就曾经有过 10 岁时以最高成绩考进了中国科技大学少年班的"神童"。他 2 岁半时已经能够背诵 30 多首毛泽东诗词,5 岁上学,6 岁开始学习《中医学概论》和使用中草药,8 岁能下围棋并熟读《水浒传》。可能就是

---

① 冯建军:《生命与教育》,教育科学出版社 2004 年版,第 229 页。

"神童"的盛名让他不堪重负,使他担心自己的能力,害怕失败。由此而失去了"神童"身上最神奇的一个东西——自信,甚至对自己渴望得到的东西,也畏首畏尾,不敢伸手去拿。因而也就逃避现实,甚至在大学毕业之后,三次报考研究生都未曾有一次有勇气涉足考场的大门。最终,他皈依佛门。

无独有偶,国外也有一个叫威廉·詹姆士·宾德的少年天才,他的父亲从他一出世就采用各种手段开发他的智力。他在3岁时就能用本国语言自由阅读和书写,6岁时就写出一篇有关解剖学的论文;他上小学时,上午9点入学被编入一年级学习,到中午12点他母亲去接他时,已经是3年级的学生了。他8岁上中学,11岁进哈佛大学。可见宾德的脑子聪明的程度,智商不能说不高。但是后来他不堪忍受没有色彩的知识性学习而离家出走。①

透过上述事例,我们可以看到,一个在学校教育中培养出来的高智商的学生,最终并未在其一生的道路中获得成功,其原因在于智商只是智力水平的一个客观标准,认知领域以外的动机、兴趣、情感、意志、性格等方面的内容均不在智商的视野之内,而后者是人生成功不可缺少的要素。

其实,情感能力的培养原本就应当是教育的题中之义。教育过程应当是一个认知与情感相统一的过程。因而,我们强调情感教育,也并不意味着要削弱认知,而是要让认知与情感共同发展。即在充分考虑认知因素的同时,充分发挥情感因素的积极作用,激发学生的学习动机和培养学生的学习兴趣,增强学生学习的自信心与成功体验,进而实现学生认知与情感的互补,促进学生的全面和谐发展。

心理学的研究表明,情感过程和人的认识过程尽管是两种截然不同的心理过程,但二者之间又存在着密切的联系。这表现在:一方面,人的认识活动是情感的基础,人在认识活动中总会伴有情感过程的产生,人的情感过程始终离不开人的认识活动;另一方面,情感虽然随人的认识活动而产生,反过来又能调节人的认识活动,推动人的认识活动积极进行。既然人的智力是对客观事物的认识能力,这种能力只能在人对客观世界的认识活动中才能形成和发展,而人的认识活动在某种意义上来说也就是人的智力活动。因此,人在智力活动中的积极性和主动性,必然直接影响智力的发展水平和状况。由于人的情感可分为积极肯定的情感和消极否定的情感,因此,人的情感对人的

---

① 鱼霞:《情感教育》,教育科学出版社1999年版,第3页。

智力活动也就有两种不同的调节作用：积极肯定的情感能调动人的智力活动的积极性和主动性，从而有利于人的智力发展，消极否定的情感会压抑人的智力活动的积极性和主动性，从而阻碍人的智力发展。这一点，也已被人类长期的教学实践经验所证明。

人本主义心理学的代表人物罗杰斯基于人总是现实中的人，具体的人，整体的人的基本观点，强调人的情感的作用，并提出了情感与认知的整体观。他认为，情感与认知是人类精神世界中两个不可分割的有机组成部分，彼此是融为一体的创造性的思想和观点"常常于淋漓尽致地表现我们的感情之际显现的，而且源于这种淋漓尽致的表现"。① 罗杰斯还认为，个性的形成过程就是"自我"的形成过程。"自我"的形成不是靠外部的灌输或者行为的塑造能够完成的。"自我"源于并且植根于个体的先天"潜能"之中，一个人必须依靠自己的体验或经验来发现"自我"。"自我的发展就是一个人独立性的形成，是由依赖他人到自立的过程。"②教育必须正视学生的自我及其发展，把它作为全部教育活动的核心。不难看出，罗杰斯的人本主义心理观，强调知、情合一，强调人的"自我"意识，强调直觉能力和创造能力，从而把人的认识能力带向一个崭新的领域。

罗杰斯反对那种压抑学生、无视学生的心理特点而单纯传授知识、发展智力的教育。他认为教育的目的在于激发学生学习的动机，发展学生的潜能，形成积极向上的自我概念和价值观体系，最终使学生自己能够教育自己。为了达到这样的教育目的，让教育过程充满活力，他突出了情感在教育中的作用。首先，他认为教师应用情感进行教育。教师不是"传递者"而是"促进者"。教师的情感对学生的学习有直接的、很大的影响，教师用不同的情感进行教学，学生就会相应地做出不同的反应，因此教师应以自己对学习内容和活动的热诚使学生勤奋学习。其次，学生的认知过程与情感过程是有机的统一体。罗杰斯认为，无论是在学习活动的哪一阶段，是学习的准备阶段，还是进行阶段、结束阶段，学生的认知过程与情感过程都是相互交织在一起的统一的整体过程。"无论是蹒跚学步的孩子，还是玩积木的儿童，都是兼有了自身的思考与情感的方式发现对自身有某种意义的东西。"再次，要创造师生情

---

① 高峡：《活动课程的理论与实践》，上海科技教育出版社 1997 年版，第 65 页。
② 高峡：《活动课程的理论与实践》，上海科技教育出版社 1997 年版，第 65 页。

感交流的教育环境。罗杰斯抨击传统的教育是一种僵化的教育模式,教育完全没有给学生提供发展揭示事物、学习知识的意义而产生正确情感的机会,因此师生之间应有一种真诚的积极的情感交流,以创造一种良好的教育气氛。

情感构成了教学行为模式的动力状态。情感作为一种内在的激发力量,是激活、支撑认知活动必不可少的条件。在认知活动中,情感和情绪像一位得力的"助手",帮助人们选择和加工信息;像一种侦察机构,监视着信息的流动,又像一种"调控器",加强和抑制着思维的强度和效率一个人只有在热情的鼓舞下,才能充分发挥其思维活动的积极性和创造性。只有在心情良好的状态下工作时,思路才会开阔,思维才会敏捷,解决问题才会迅速,而心境低沉或郁闷时,则思路阻塞,操作迟缓,无创造性可言;突然出现的强烈情绪会骤然中断正在进行着的思维加工,持久而炽热的情绪则能激发无限的能量去完成学习任务。

情感教育的真正目的却在于使情感理智化,让情感与认知内在地统一起来。情感的发展本身要求认知的参与。正是基于知情的这种内在统一性,教育界的领袖们才"呼吁要有感情地学习",[1]当代世界范围内情感教育的兴起就是对过往的知情对立的唯理性主义教育的抗争。当我们用这种超越观来对待知情关系时,情感教育就必然不是反理性的。实质上,情感教育与认知教育是内在相通的,教育无非就是情感的认知化或认知的情感化。在国内外兴起的情感教育思潮则把情感提到了与认知并列的地位,认为情感不只是为认知服务,它自身就是个相对独立的发展序列。认知的目的不是停留在知道客体是什么,更根本的是要将这种知识内化到主体自身的情感体系和个性之中,只有成为主体自身的价值、态度、信念的知识,才能达到安顿自身情感的目的,也才是主体的真正知识。一切停留在情感、个性之外的知识,对主体来说只是假知识。人的精神世界的发展也就被理解为人对待各种现象的真实而深刻的态度的发展,所以,它必然与人的情感范围的发展相联系。情感作为人对现实的态度,表现着人的个性的倾向、要求、评价、信念。所以,"情感的发展、变化与个性的心理同时发展、变化"[2]。从这个意义上来说,情感的培养就成了教育的更根本的目的。

---

[1] 卢格:《人生发展心理学》,陈德民等译,学林出版社1996年版,第468页。
[2] 雅科布松:《情感心理学》,王玉琴等译,黑龙江人民出版社1997年版,第330页。

认知需要情、源于情、超于情、导引情、又归于情。它是情感为了更好实现自己的目的的一种保证。认知可以对众多的情感加以系统的协调,从而使它们以一种相互照应的方式做出反应。由于它超越于个别的情感,故能引导个别的情感,但是它又只有将自己融入人的情感领域,才能成为人的个性力量,发挥作用。认知在作用于情感的时候,既使情感认知化,也使认知个性化。

实际上,情感教育并非是与认知教育截然对立的,恰恰相反,它是对认知教育忽视人的情感、不能满足人的情感需要的一种补救;它不是一种独立的特殊教育方式,而是教育过程的一部分。情感教育是一个与认知教育相对的概念,它是把情感体验作为人的发展的重要特点之一,对其施以情感教育的力量,把认知领域与情感体验两个层面有机地结合起来,促使学生全面和谐地发展。当然,认知也并不意味着要从根本上去悖逆、消灭情感,而是摆脱"近视"性和自发性,即以超越的形式实现情感的目的。认知在超越情感的同时也实现了对自身的超越。这就意味着,情感教育绝非是反理性的。情感教育是不能把认知置于己外的。情感教育的真正目的却在于使情感理智化,让情感与认知内在地统一起来。情感的发展本身要求认知的参与。因而,知与情的统一既不表现为知对情的顺从,也不表现为知对情的克服,而是表现在知对情的超越上。知与情的统一并非是要用消灭对方来实现,也不是外在地使知情同时发生,而应该是内在的,即体现在各自内在的需要上。实质上,情感教育与认知教育是内在相通的,教育无非就是情感的认知化或认知的情感化。①

长期以来,应试教育的影响,我们仅仅将情感教育作为促进学生认识(理性的)发展手段与工具,并没有把它作为实现理想教育目标的一个有机组成部分,从而陶冶学生的情操、塑造学生的品格、培养良好的心理素质等几乎都没有被教育目标所容纳,这就使得儿童的情感不仅没有得到全面的发展,而且在一定程度上受到忽视与损害。我国现存程序化的认知教育模式的弊端表现为:偏重知识、忽视情感,这不利于塑造健全人格和高尚情操,不利于个体的健康发展。李吉林说:"近一个世纪以来,中国的教育只注重认识,忽略情感,学校成为单一传授知识的场所,导致了教育的狭隘性、封闭性,影响了

---

① 刘次林:《知情统一的教育》,《中国教育学刊》1999年第1期。

人的素养的全面提高,尤其是情感意志及创造性的培养和发展。"① 由于在现实的学校教育中,片面强调了教育目标的工具价值,具体而言即一切以"高考升学"做准备为教育目标,而忽视了教育促进学生自身发展的人文价值,从而将学生的认知兴趣与情感引向了功利主义的需要,致使学生的认知兴趣与情感受到扭曲。因此情感教育的提出与实施能促使学生对学习本身产生兴趣与需要,有助于学生积极情感的培养,有利于防止与克服教育目标中教育价值取向的失重现象,使情感教育在教育目标中找寻到自己应有的位置。

现代教育科学研究表明,教学过程不仅是认知信息传递、加工的过程,也是情感信息交流、感染的过程,是师生双方在认知和情感两方面同时进行交互作用的过程。教学活动中存在的"教"与"学"的基本矛盾,主要体现在认知和情感两个方面,前者表现为教学要求与学生已有认知水平之间的差距,涉及可接受性问题;后者表现为教学要求与学生当时的具体需要之间的差距,涉及乐接受性问题。② 在教学活动中,情感活动承担着对认知活动的启动、催化、调节、维持和定向的任务,认知活动是通过个体的观察、记忆、想象、思维等对知识做出一定的反映,承担着对知识的接收、贮存和转化的任务。教学过程是认知过程和情感过程相互交织、协同作用、同步运行的过程,既要激发学生的积极思维,又要让其能倾注感情,进而产生知情结合的美的体验、升华和创造,实现情景交融、知情统一的最佳效应。③

实现认知与情感的互补,其实也就是我们常说的情知交融。按照燕国材教授的理解,情知交融就是智力与非智力因素结合的问题。智力属于知(认识)的范畴,广义的情(情意)则与非智力因素基本相当。众所周知,智力由观察力、记忆力、想象力、思维力与注意力五种基本心理因素组成;非智力包括很多因素,但就其狭义来说,也由五种基本心理因素组成,即动机、兴趣、情感、意志、性格。教学必须建立在学生全部心理活动亦即智力因素与非智力因素的基础之上,也就是说,学生的智力与非智力都要积极投入教学活动之中。这样,从智力因素角度看,在教学中,让学生掌握知识技能的同时,还要有目的有计划地帮助学生学会观察、学会记忆、学会想象、学会思维、学会注

---

① 程媛:《试论情感教育中的情感体验》,《教育探索》2007年第5期。
② 卢家楣:《教学的基本矛盾新论》,《教育研究》2004年第5期。
③ 吴安春:《论情感教学的多维功能和优化策略》,《徐州师范学院学报》(哲学社会科学版)1994年第3期。

意,这可简称为"五学会"。从非智力因素角度看,在教学中,应当培养学会五个"学",即愿学,它以学习动机为基础;好学,它以学习兴趣为基础;乐学,它以学习情感(主要是快乐感)为基础;勤学,它以学习意志为基础;独立学习,它以学习性格(主要是独立性)为基础。而智力因素与非智力因素的结合,实际上也就是动手(智力操作)与动脑(实际操作)的结合,而手脑结合正是一条通向认知与情感、智力因素与非智力因素和谐发展的创造教育之路。①

第三节 动手与动脑相济

人之所以称为人,就在于人能够从事制造和使用工具的创造性劳动。而人之所以能够从事制造和使用工具的创造性劳动,则主要有赖于其有着其他动物所不具备的智能器官——高度发展的大脑和灵巧绝伦的双手。其实,人类文明的链条是在人类双手与大脑的互动中被驱动的。人类动手与动脑相结合的活动与创造过程密切相连。这是因为人类的一切创造活动无不是建立在双手与大脑结合的基础上的。那我们不禁要问,为何手与脑的结合会成为通向创造殿堂的阶梯,或者说,手脑结合的创造机理到底是怎样的呢?

一、观察获得表象

人们对事物的认识通常是建立在感性认识的基础上的。"人脑总是充满着由五个成熟的感官所提供的信息……不仅如此,人脑的每一根神经都与其他几千根神经相连,能够同时对很多信息进行加工,创造性地从一个题目跳到另一个题目上。"②当人的感觉器官接触到某个外界事物,感官上的神经细胞就兴奋起来,把冲动传到脑子里而产生感觉。不同类的感觉(视觉、听觉、嗅觉等)相互联系,经过综合以后形成知觉,通过知觉就在头脑里形成所感知的外界事物的感性形象,就是映象。用哲学术语来说,这就是通过感性认识而获得了表象,也就是保留在大脑皮层上的外界事物的映象。用表象进行的思维活动叫作形象思维。日常的形象思维是被动地复现表象,创造性的形象思维却是把表象重新组织安排,进行加工,创造出新的形象。

人类的思维是在感性认识不够用,甚至无能为力的时候开始的;是在问题情境中,人们用已有的知识和方法进行无能为力,需要想出新的解决办法

---

① 燕国材:《教育心理十题》,中国建材工业出版社 2001 年版,第 24 页。
② 章士嵘:《科学发现的逻辑》,人民出版社 1986 年版,第 92 页。

时产生的。人类的思维一种是循着"概念→判断→推理"路径进行的抽象思维,另一种是循着"表象→想象(包括联想)→构思"路径进行的抽象思维。应当说,当人们用表象材料进行形象思维时,已超出了感性认识的界限,认识到知觉中没有直接提供的各种事物,进而把握事物的本质特征。

由于形象思维具有形象性、直观性等特点,因此人们常把形象思维和感性认识混为一谈。其实,两者是认识过程的不同阶段。感性认识是由感官直接感受到的关于事物的现象、事物的外部联系以及事物的各个片面的认识,是人们认识的初级形式,感官的直接感受性是感性认识的特征。形象思维同抽象思维一样,是认识的高级形式——理性认识。形象思维用表象进行思维时,虽然形象是具体的,但已不是直接的感受,不是知觉直接提供的认识,而是间接的认识,它反映了现象、对象的一般的和本质的特征。

表象是形象思维的基本元素。正如没有概念就难以进行逻辑思维一样,没有丰富的表象就不能创造出新形象。一切科学研究都离不开形象的感受、形象的储存、形象的识别直到建立模型等形象思维活动的,科学研究不只用抽象思维。科学理论的抽象表述,并不是科学家头脑里先天固有的,科学研究总要以科学实验为基础。科学实验是具体的、形象的。在科学实验过程中,科学家们不仅有形象的感受和储存,而且还有形象的识别和描述,这是形成科学理论的基础与前提。爱因斯坦曾经说过:"我思考问题时,不是用语言进行思考,而是用活动的跳跃的形象进行思考。当这种思考完成之后,我要花很大力气把它们转换成语言。"这正是一个科学家的思维过程:首先是右脑的形象思维,然后才是左脑的逻辑分析。那么,没有丰富的表象作为第一步加工材料,又如何谈及完成第二步呢?这就是说,为了培养创造性思维能力,首要的是应先贮存丰富的表象。亚里士多德也意识到了表象对于思维的必要性。他在《论灵魂》中说"缺乏一种心理上的画面,思维甚至是不可能的。它在思维中的影响,如同在绘图中的影响一样"[1]。

表象是建立在观察的基础上的。依据感知渠道的不同,表象也就有视觉表象、听觉表象、触觉表象及味觉表象等形式。其中最主要的是视觉表象。这是因为大脑从外界获取信息主要是通过视觉。有关研究表明,人类大脑从外界获取的信息有83%来自视觉,11%来自听觉,来自所有其他感觉通道(包

---

[1] 托马斯·R.布莱克斯利:《右脑与创造》,傅世侠等译,北京大学出版社1992年版,第38页。

括触觉、嗅觉、味觉等)的信息不超过6%。① 同时,人脑中贮存的形象信息和语言信息的比例是1 000∶1。人类的视觉器官有着复杂而精巧的结构和卓越的感知功能。由于视觉器官具有色觉、暗适应和明适应、对比和成像等视觉功能,因而它能分辨发光物体和反光物的颜色、明暗亮度、位置,形状、大小、距离、轮廓、表面细节等。人们利用自己的眼睛直接观察外部世界,接受外部对象发出的信息,亦即获得了事物的视觉意象,从而也就能够分辨出事物诸方面的性质及其间的外部联系。观察在很大程度依赖于视觉,但它又不仅仅是单一的视觉活动,而往往是视觉、听觉、触觉、嗅觉等多种分析器共同活动的过程。

  观察在人类认识世界的过程中有着极为重要的作用。观察能力作为构成人的智力因素的诸方面能力的前提和基础,是人类智力发展的第一道门户,同时也是构成创造力的始发因素。由于视觉表象的整体性、直观性,因而在对事物本质属性和事物之间联系的整体把握方面有着其他类型的表象所难以比拟的优势,并且由于视觉意象的结构性、完整性亦使其有利于存储、调用和思维加工。因而,我们常说的聪明,其本意所指的就是"耳聪目明",亦即其耳朵、眼睛反应灵敏,实际上就是指观察力强的人。当然,这里的"目明"并不是说一个人的视力多么好,而是说他观察细致准确、思维判断敏捷。从这个角度上来看,观察力是一种感觉与思维高度协调的能力,是思维的起点,是聪明大脑的"眼睛"。观察能力作为构成人的智力因素的诸方面能力的前提和基础,是人类智力发展的第一道门户,同时也是构成创造力的始发因素。在人的观察能力中,最主要的是基于视觉的观察。

  人们通过观察,获得大量的感性材料,获得有关事物的鲜明而具体的印象,经思维活动的加工、提炼,上升到理性认识,从而促进智力的发展。离开了观察就不可能有丰富的想象、理论的概括和创造性思维。没有观察,外界的信息就无法通过视觉和听觉等感觉通道传入大脑,这样智力的发展也就成了无本之木,无源之水。达尔文曾对自己的工作做过这样的评价:"我没有突出的理解力,也没有过人的机智,只是在觉察那些稍纵即逝的事物并对其进行精细观察的能力上,我可能在众人之上。"②巴甫洛夫还在他实验室的墙壁

---

  ① 何克抗:《创造性思维理论 DC 模型的建构与论证》,北京师范大学出版社 2000 年版,第 25 页。

  ② 叶丹:《用眼睛思考》,中国建筑工业出版社 2011 年版,第 31 页。

上刻着:"观察、观察、再观察。"

苏霍姆林斯基曾经指出:"观察对于儿童之必不可少,正如阳光、空气、水分对于植物之必不可少一样。在这里,观察是智慧的最重要的能源。儿童需要理解和识记的东西越多,他在周围自然界和劳动中看到的各种关系和相互联系就应当越多。"[1]赞可夫也极为重视对学生观察能力的培养。他认为,观察能力作为人类智力发展的第一道门户,是构成人的创造力的始发因素,客观上也就成为实现学生发展的"基石"。赞可夫也尤为重视发挥观察在促进学生发展过程中的作用。他指出,"在对某一客体或现象的观察中,主要的、基本的因素是知觉——即与外界的直接联系:儿童所看到的东西反映到他的意识里。这就是说我们要设法使儿童在周围的客体和现象中觉察它们独有的特征"[2]。赞可夫通过对观察的研究后指出,观察"是个复杂的活动。作为观察的组成成分的知觉在这里是与思维有机地联系着,在观察成分中有特殊的思维形式,这些思维过程直接地依赖于对现实的感性认识"[3]。赞可夫认为,人有时候可能是视而不见的:虽然看了,却有许多东西没有觉察。对周围事物视而不见,就会使一个人的精神世界变得贫乏和片面。如果一个人的亲身观察很有限,就会流于夸夸其谈。这种人对许多事情都能谈论一通,但是他的认识缺乏观察的坚实基础。他们即使是对一些最平常的现象的"直观经验"也是非常肤浅的。赞可夫认为,"在教学过程中,在日常生活中引导儿童仔细地观察各种事物,启发他们从一件事物上看到更多的东西。培养学生的观察力,也就启发了儿童的求知欲。他们越是进行精细的观察,就越能提出更多的'为什么',就越想弄懂这些问题"。应当说,赞可夫所强调的观察并非是简单地"瞪大双眼"去看,而是"心眼"结合的"分析性观察",其标志是具有"在观察过程中区分出物体的各部分及其特征的能力"。

观察主要有赖于眼睛的看,但观察并非仅仅是简单地用眼看,观察过程总是伴随着积极的思维活动。人们常说,眼睛是心灵的窗户,这实际上是表明了眼睛与心灵(大脑)之间有着内在的联系。因此,有人称观察是"思维的知觉"。贝弗里奇指出:"所谓观察不仅止于看见事物,还包括思维过程在内。

---

[1] 苏霍姆林斯基:《给教师的建议》,杜殿坤编译,教育科学出版社1984年版,第48页。
[2] 赞可夫:《和教师的谈话》,杜殿坤译,教育科学出版社1980年版,第156页。
[3] 赞可夫:《教学与发展》,杜殿坤等译,文化教育出版社1980年版,第149页。

一切观察都包含有两个因素:感观知觉因素(通常是视觉)、思维要素。"①这是因为对于低级的思维活动而言,视觉起着决定性作用,基本是所见即所思,在这一点上人与其他动物相比没有多大区别。而在高级思维活动中,视觉的感官作用被大大降低,复杂的思维活动主要是由大脑独立完成,需要什么信息,从哪个角度观察现象,以何种模式处理都是由大脑决定的,视觉器官只起执行作用。由此可见,观察实际上是我们的眼与脑相结合的过程。

观察是在感知过程中以感知为基础形成的,脱离感知就无所谓观察。试想,一个五官失灵、七窍不通的人,还有什么观察力可言呢? 不仅如此,即使一个闭目塞听的人,也是不可能有什么观察力的。深入全面的观察要求主体必须积极创造条件,努力让自己的感官与客观现实世界进行接触,进而在获取广泛的关于客观世界的信息同时,促进观察力的提高。但作为迅速而敏锐发现事物的特征、性质、状态并进行正确描述的能力,它不仅要求主体用眼看,还要求主体利用多种感觉共同参与观察活动,并使多种感觉在观察活动中协调,这有助于提高大脑皮层的综合性功能,从各方面形成神经系统联系,从而加强观察力的全面性、准确性与敏感性。

由于在观察活动中,有多种心理因素参与,尤其是观察渗透着思维,为了提高观察力水平,就要加强观察的心理活动的协调性。其中思维活动与观察活动的协调、多种感觉协同对于提高观察力是至关重要的。

其实,观察是有目的、有组织的,感知、思维积极参与观察活动,观察力水平的高低,与思维参与的程度有关。观察力水平不高,往往都不是出于视觉及其他感官自身的能力方面,更多的是受制于其思维能力,或者说是眼睛(包括其他感官)与大脑相结合的能力。由于大自然的奥秘是不轻易显露的,有的表面看来没有明显的特征,有的显现的机会太少,有的隐藏很深。只有在主体全神贯注、细致入微的感知的基础上进行深刻的分析思考,才能揭示自然的奥秘。因而观察力的培养不单单是感知能力的培养,更重要的是,要培养思维能力。不仅要给主体提供生动、直观的关于客观世界的图景,不仅要使主体得到规范有素的观察训练,更重要的是要通过观察和思考的结合,实现由现象到本质,由感性到理性的认识阶段上的飞跃。而只有充分调动大脑在观察中积极性,让思维参与观察活动才能提高观察的理解性,提高观察的

---

① 贝弗里奇:《科学研究的艺术》,陈捷译,科学出版社 1979 年版,第 107 页。

迅速性、可靠性与系统性，才能卓有成效地提高主体的观察力。

应当说，人的双手和大脑是人区别于动物的根本标志，而人的双手与大脑的结合，通常都是在人类的另一重要器官——眼睛的参与下进行的。在人的创造性活动，尤其是形象思维活动中，人类智慧的窗口——眼睛同样也发挥着桥梁和纽带的作用。这是因为，作为眼睛基本功能的视觉是人类最重要的感觉器官，作为形象思维基本元素——表象的生成主要也应当归功于眼睛这个人类心灵的窗户。当然，包括耳朵在内的其他感官的作用也不容忽视。日本脑神经外科专家研究表明，在收听广播时，大脑中主管创造性的"脑前叶"部分会非常活跃。这是因为广播只有听觉信息，为捕捉这个信息，整个大脑会积极运动起来。在收听广播的时候，由于没有影像，大脑中必须想象各种各样的场景。这种"场景想象"的活动会增强大脑活跃性。相反，若每天只盯着电视、手机，大脑机能就会下降。

观察作为人们认识世界的重要方法，人类通过观察，大量的感性经验材料是通过观察而源源不断地获得，在此基础上，经过理论思维加工，使之上升到理性认识。观察力表现为善于观察出客观事物典型的不显著的特征的能力。从本质上说，观察是属于知觉的范畴，但它又不只是单纯知觉问题，而且包含着理解、思考的成分，是有目的、有计划的知觉，因此人们又把观察力称为"思维的知觉"。观察能力同时与其他方面的能力有着密切的联系，相互间彼此渗透、交织，共同影响和决定着人的智力水平的发展。观察获得了表象，观察联系着操作，观察影响着记忆，观察渗透着思维，观察激发着想象，观察孕育着创造。

二、动作创造表象

观察是获得表象的前提。但是，由于自然界的事物是纷繁复杂的，"有些现象，可以从自然界直接观察到，如日月蚀、地震。有些则不然，或因自然界无此种现象，如生物品种杂交；或因自然界虽有，但难于观察，如放射性现象。此时人们便安排实验，创造便于观察的环境，以收集所需的资料。例如通过加速器以研究基本粒子，又如斐索安排实验以测定光速。由此可见，实验也是为了观察和检验"[①]。这就是说，通常的"依着自然赋予的现象"所进行观察是有条件的，也是有局限的。因为那些在自然状态下难以出现的现象难以

---

① 王梓坤：《科学发现纵横谈新编》，北京师范大学出版社1993年版，第72页。

进入人们观察的视野,这时就需要通过以动手为主要标志的操作(实验)来"变更自然现象,使自然本来并不显露的条件下或情况下的现象显示出来",进而创造自然观察条件下所难以获得的新的表象。

表象作为形象思维的基本元素,是知觉和思维之间的中间环节,对人类认识客观世界的过程有着极为重要的作用。表象的形成有赖于主体的行为与动作。人类的劳动不仅创造了人的大脑、双手及语言,而且也创造了大量的新颖的表象。因而,我们可以说,劳动创造表象,表象反过来又优化劳动。其实,离开了表象,人类也就无法进行任何劳动。因此,表象的出现构成了动物界与人类的一条难以跨越的分水岭。马克思曾经做过这样的论述:"最蹩脚的建筑师从一开始就比最灵巧的蜜蜂高明的地方,是在他在用蜂蜡建筑蜂房以前,已经在自己的头脑中把它建成了。劳动过程结束时得到的结果,在这个过程开始时就已经在劳动者的表象中存在着,即已观念地存在着。"

应当说,马克思在这里讲的劳动,并不局限于建筑或工农业生产,也包括科学的设计及学生的学习解题与艺术创作。这就是说,人类的表象发生于劳动,人在劳动的过程中,按照生存规律和社会发展的需要,必须有赖于表象进行认识世界和改造世界的劳动。因而,劳动孕育出表象,表象则优化劳动。

中国古代学者把视觉表象称为"心眼",把听觉表象称为"心耳"。那"心眼"与"心耳"是怎么产生的呢?皮亚杰根据儿童心理学的实验指出,表象也来源于实际动作,物理模仿动作的内化就形成主体的心理表象。也就是说,一般说来,儿童最初的表象是"做"出来的——由人的动作"内化"而产生。人类最初表象是被他称为"延缓模仿"(延迟模仿)的动作表象。后来,在外部刺激物反复作用下才形成记忆表象。在解决问题的情境与知识等的推动下,人的记忆表象构成创新表象(事物的新形象),通过人手的操作,由观念性的创新表象转化为静态的"物化表象"——设计图纸或种种艺术作品。人根据"物化表象"进行劳动。例如,根据乐谱进行演奏、根据图纸进行建筑设计或机器制造,根据剧本进行排演,这就使人类劳动超出了动物的本能行为之上,展现出人类心理的自觉能动性及创造性。人类按照不同的劳动操作又进一步孕育出更加丰富而概括的表象。因此,在劳动中人类表象得以发生发展,而全新的"物化表象"又成了人类优化生产劳动的先决条件。

动作孕育表象,动作不但孕育着表象的"量",更重要的是提升着表象的"质"。表象的"质"的差别主要体现在表象的新颖性方面。因为客观世界是复杂的,它所展示的现象往往都是由多种因素造成的,而反映本质特征的现象往往并不一定占主导地位。这样,如果我们一味地依赖被动的感知,那我们也就难以认识事物的本质特征、做出科学的发现与创造。既然具有创新价值的新颖性表象的获得"是自然不能直接满足的。在这种情况之下,人就必须凭他自己的活动去满足他们的需要;他就必须把自然事物占领住,修改它,改变它,改变它的形状,用自己学习来的技能排除一切障碍,因此把外在事物变成他的手段,来实现他的目的"①。这就需要我们主动地通过自己的动作去变革自然,亦即要求我们进行积极主动的手脑结合的科学实验,让自然现象的本质特征充分地暴露在我们的面前。伽利略曾将自然界比作一部展示在我们眼前的最伟大的书,我们必须去翻阅它,而"翻阅"的一个有效的方法就是变革现实的实践活动。

为了保证表象的质量,仅仅满足于一般的感知是不行的,还应当将促进有效观察的因素联合起来,共同地发生作用。这种联合首先是观察中感知与思维的联合。这是由观察的基本性质所决定的。即单纯的感知只是一般的感知,而不会形成观察;当然,只有思维的独来独往,而没有感知的积极参与也不会形成观察。观察必须是感知与思维的结合,才会使其成为人们对客观事物自觉的、主动的认识过程,才能在丰富、感性的知识经验的基础上做出科学的判断与推理;其次是动脑与动手的联合,上述感知与思维的联合,就其主要倾向是属于动脑范畴。但要有效地进行观察,光动脑不行,还必须动手。当然这里所强调的动手是广义的概念,它涵盖所有的外部动作,如眼(视觉)、耳(听觉)、鼻(嗅觉)、舌(味觉)、身(肤觉、触觉)等外部感知器官的动作在内,如瞠目而视、侧耳倾听、用鼻子嗅嗅物体的气味、用舌头尝尝食物的味道、用手指触摸物体的软硬等都是。

为了获得新颖的表象,就要求我们不能守株待兔,而是积极主动地进行变革现实的活动。与此同时,还要求我们既要留心那些被我们所司空见惯的现象中所可能蕴含的一些不寻常之处,更要注重创造条件感知那些对我们来说可能是见所未见、闻所未闻的事物形象,而后者对科学发现与创造而言显得尤为重要。这是因为作为科学发现与创造重要标志的创新表象的产生与主体所感知到的形象的新颖性之间存在着高度的关联性。事实上,像奥斯特

---

① 黑格尔:《美学》(第一卷),商务印书馆1981年版,第327页。

发现电流的磁效应,法拉第发现电磁感应定律等科学发现过程本身就是直接源于其所感知到的事物形象的新颖性。当然,这些具有新颖性的表象通常都不是自然存在着的,而是有赖于主体通过其动作去创造的。

教育心理学认为,"动作—表象—符号"是学生认知发展的程序,也是学生科学学习过程的认知序列。由动作积累表象是小学生进行科学学习的重要一环。以认识事物的现象为例,学生形成科学概念的过程,实质上是一个事物表象不断积累、加工提炼的过程。如何不断积累事物表象,特别是积累大量事物变式的表象,一种非常重要的途径就是经历与该事物有关的各种操作活动。比如,在认识某种现象时,可以让学生用各种方法"做"出所要认识的事物的现象,也可以将有结构的材料提供给学生操作,操作过程中相互之间的交流又可以使学生能够观察到更多的这一事物的变式。这样的过程无疑可以帮助学生在头脑中积累大量的表象,从而为学生进一步提升对该事物的理性认识奠定坚实的基础。事实上,与科学现象相关的概念,在学生的头脑中也是以表象来支撑的,甚至与具体的客观事物也是高度相关的。

威尔逊在《手的奥秘》一书中指出:"一个人观察得越多,革命性的手脑结合就越显得有资格成为界定和统一古人类学、发育与认知心理学和行为神经学的主题之一。"[1]应当说,人类的观察尤其是现代社会的观察往往是和手脑结合的实践活动相联系的。甚至于我们可以说,那种游手好闲、袖手旁观式的"看"即使再多,也是没有太大的实际价值的。从本质上讲,实验也是为了观察,普通的观察与实验都可以给主体提供一定的表象。但是,科学实验以变革现实为本质特征,而普通的观察是在保持对象本来面目的状态下直观地反映对象的认识方式。如果说,观察主要取决于感官及其延长(如利用望远镜、显微镜等),那科学实验则主要取决于人手及其延长(如利用各种变革现实的工具)。但需要指出的是,尽管实验通常也离不开一定的观测仪器,就像在法拉第电磁感应实验中用以观测的电流计当然必要,但即使这种电流计做得再灵敏,也不能决定和保证实验做得成功,而起决定作用的则是用以引起线圈发生变革(产生感应)的实验装置。实验需要设计实验方案并且将方案付诸实施,需要人为地去干预、变革并尽可能地去控制所研究的自然现象,或者在实验室条件下再现事物最本质的方面,以便"纯化"所研究的对象,排

---

[1] 弗兰克·R.威尔逊:《手的奥秘》,邢锡范等译,辽宁教育出版社2008年版,第213页。

除偶然、次要、外在的种种非本质因素的干扰,充分发挥主体的主观能动性去揭示隐蔽的自然奥秘。因而,如果说,观察更多地依赖于眼睛的看的话,那实验则主要有赖于动手和动脑。在动手操作过程中,主体通过变革现实的活动及其借助于延伸人的感知器官(主要是视觉)的工具,可以创造出大量的自然状态下难以显现的视觉意象,这些更加鲜活的视觉意象势必引发主体更加广泛深刻的想象,而这种动手操作与用眼观察及用脑想象相结合的过程实质上就是一种充满创造性的视觉思维过程,它是人们认识事物本质特征、发现真理的有效途径。由于在动手操作基础上的实验观察过程实际上是主体主动创造更加鲜活的视觉意象的过程,它客观上就成为科学实验时代发现和发明的主要源泉。就像单摆的运动,基于自然观察,我们也许(至多)可以发现摆的等时性,但客观上是不可能发现周期与摆长间的内在规律的,而这就要有赖于实验观察了。因而,黑格尔曾经指出:"视觉器官和听觉器官是管认识活动的;我们对于所见到的和所听到的都让它保持本来的样子不动。"①在这个意义上说,眼睛和耳朵乃是观察与感知的器官,人们只用眼看耳听而不改变被考察的对象,是难以获得有创新价值的新颖性表象的。这也就意味着,观察所提供的往往只是"自然的"表象,而且,常常会是"表面的现象",而实验常常可以提供"创新的"表象,亦即"本质的现象"。

从人类的创新形态看,通常包括经验性创新和实验性创新两种基本形态。其中,经验性创新通常是在科学技术不够发达的条件下,人们在其实践中不自觉地、无意识地进行的,其创新活动的成果则是实践活动中偶然获得的副产品,在这个过程中机遇起着重要的作用。而实验性创新则是一种有明确目的的、有意识的,同时也是一种高效率的"设计"创新活动。一般说来,特定的创新总是通过不断的"试错和改错"得以实现的,而"一位发明家在实验室里一年的试错次数,或许可抵得上数以千计的农夫或工匠一辈子试错的次数"②。因而,随着培根及伽利略等努力提倡并推动实验方法的发展,经验性创新也就逐渐让位于实验性创新。如果说,14 世纪前后的中国曾经以其人口众多的优势创造了经验性创新辉煌的话,那么,从一定意义上讲,此后,随着世界科学技术的发展和欧洲工业革命的兴起,中国由昔日的兴盛转而逐渐落

---

① 陈昌曙:《自然科学的发展与认识论》,人民出版社 1983 年版,第 86 页。
② 李正风等:《中国创新系统研究——技术、制度与知识》,山东教育出版社 1999 年版,第 85 页。

后于西方工业化国家的事实,客观上不能不说与当时的中国人不习惯于、或者说不擅长于、或者说不重视新颖、高效的实验性创新方法的运用有关。事实上,爱迪生一生之所以能有 2 000 多项发明,客观上也得益于这种实验性创新方法的运用。在而今知识经济已"初见端倪"的新世纪伊始,创新已成为"一个国家兴旺发达的不竭动力",而实现中华民族的"伟大复兴",更有赖于实验性创新,这客观上就要求我们在我们的教学中,必须立足于实验这个重要的基础,通过不断的改进和优化实验教学,努力在实验中培养学生的实验性创新能力。

科学发展的历史告诉我们,实验原本就是伴随着人类创新活动的需要而产生的。在生产力发展水平较为低下的年代,人类的创新通常表现为无意识的经验性创新(像鲁班发明锯子那样),随着 17 世纪欧洲科学革命的到来,这种"目的性行为"之外偶然所获的、效率较为低下的创新形式开始让位于一种有意识的设计性创新——实验性创新,从而极大地促进了科学技术的发展和人类社会的进步。而今,在人类社会即将步入知识经济时代的新世纪伊始,科学技术的发展更加有赖于实验性创新这种有目的、高效率的创新活动。

众所周知,我们中华民族曾经以灿烂的科技文明著称于世,但到了近代,我们却落伍了。就此,我国著名的核物理学家张文裕先生曾道出个中缘由:"西方自伽利略和牛顿等人倡导科学实验以来,大力发展了科学实验,而我们却仍然未动。轻视科学实验是我们的不良传统之一,也是几千年的封建思想,特别是一千多年科举制度的遗毒,这是科学不发达的重要原因之一。"[①]如果说我们的古代科学技术能够取得遥遥领先于西方的辉煌成就是得益于中华民族的勤劳勇敢以及由于"人多势众"在经验性创新方面所占据着的优势的话,而随着经验性创新让位于实验性创新,"人多势众"也就不再成为优势了。这实际上也从另一个侧面提醒我们,现代社会更加需要以动手动脑的实验为基础的实验性创新。

应当说,经验性创新与实验性创新无论在提供表象的量与质方面都是不可同日而语的,但是,它们都可以给主体提供一定的表象,因而客观上也都具有一定的创新价值。如前所述,人类创新活动的突破通常都是通过形象思维得以实现的。由于形象思维通常是由积累表象和想象两个依次递进又相互

---

① 彭前程:《加强实验教学,提高教学质量》,《课程·教材·教法》1998 年第 8 期。

联系的环节构成。其中,前者为形象思维提供感性材料,后者则是对这些材料进行加工改造进而形成新形象。而形象思维的创新价值也就更多地依赖于主体动手与动脑相结合的实践活动了。这是因为基于手脑结合的实践过程作为一种主观见之于客观的活动,它具有随机性、变化性及非预期性等特点,因而在这个过程中必然地包含着许多理性所无法预期的内容,当然也就可能产生一些具有创新价值的表象,而这些新颖的、始料未及的表象又会驱使和逼迫着主体依据事物之间的相似联系,通过艰难困苦的想象,把那些不能由感觉器官感知的自然现象的形象,鲜明地展现在脑海中,进而也就有可能催化和孕育出能够揭示其本质规律的新形象。

三、表象触发想象

表象在人类创造活动中的重要作用,主要体现在表象能够触发主体的想象活动。为了说明这个问题,我们不妨来重温一下为我们所耳熟能详的"盲人摸象"的故事:

有几个盲人一块去看从印度来的大象,但他们全都是只摸了大象一个部位就走开了,然后聚在一起争论不休,他们根据各自所摸部位的不同想象着大象的样子。有的说大象像城墙,有的说大象是柱子,还有的认为大象是扫帚、蒲扇、水管。

透过这一不完全算是杜撰的故事,我们该想到什么了?或者说给我们以怎样的启示?

由此我们不禁会想起荣获诺贝尔物理学奖的美国物理学家格拉肖所说的:"假如你从来没有见过大象,你能凭空想象出这种奇形怪状的东西吗?"[1]这就是说,每个人在认识一个相对陌生的世界时,往往都像盲人似的进行着这样那样的猜测,当然这些猜测又往往是基于自己原有的知识、经验进行的,或者说是基于主体头脑中所储存的记忆表象进行的。因而,我们不应当笑话这群盲人的无知,因为在一个未知的世界面前,我们都是天生的"盲人"。只有通过触摸,我们才能感觉到大象,就像盲人头脑里的大象是被触摸出来的一样,真理也是被"触摸"出来的。当然,就像我们经常强调的"观察渗透理论"一样,人类在"触摸"外界事物的过程中,一方面需要借助主体的能动性而

---

[1] 周昌忠:《创造心理学》,中国青年出版社1983年版,第27页。

不是听凭事物所呈现的自然属性来被动的获得经验知识,另一方面,从这种"触摸"过程中所获得的认识并非完全依赖于"触摸"过程本身,而是深深地打上了主体主观的烙印。事实上,不同的主体甚至同一主体在不同条件下对同一事物的观察所得到的结论往往是不尽相同的,甚至是大相径庭的。同样,表象的形成也不是人们对事物的死板的、机械的复制或摹写,而是浸润、渗透着主体的需要、愿望、兴趣及已有知识经验等各种因素,从而使这些感性痕迹得到充实、改造和完善,并且呈现出主体的个性色彩。

现实中,当我们通过旅游以及逛动物园等途径经常接触了解大象,这样和大象接触多了,就会在大脑中形成关于大象的形象(表象)。当我们在外界有关大象的因素(如语言、图像等)的刺激下,我们的脑海中就会浮现出关于大象的形象,如是长长的鼻子、大大的耳朵、深灰色的毛皮、庞大的身躯等。可能这并不包含大象的某些个别特征及一些具体细节,而只是大象的那些带有特征性的、区别于其他动物的大概轮廓及主要的外部特征。但应当说,这些特征代表了"大象"的一般的、概括的形象。同样,当我们和所研究的对象打交道久了,也会产生直觉,直觉就是它的一幅写生画。这幅画已经把对象初步抽象化了,就是说,已经初步扬弃了一些表面的次要的东西,抓住了一些重要的特征、并把这些特征组成为一个整体。通过想象,人们可以把时间缩短、空间缩小,或者反之,把它们放长、放大。通过想象,可以让自己的思想在宇宙空间信马由缰般地自由驰骋,从而思接千载,视通万里。因而,正如王梓坤院士所认为的:"想象是星星之火,有的熄灭了,有的却会引起席卷山林的熊熊烈焰;想象是滔滔大海中的滚滚波涛,没有它,海洋就会变成一潭死水。"[①]

应当说,人们对事物的认识总是循着由现象到本质的路径进行的,一切事物都是现象和本质的统一。现象是事物的外部联系,可以为我们的感官所直接感知,本质是事物的内部联系,需要靠理性思维来把握;一般而言,现象是表现本质的,事物的本质总是通过这样那样的现象表现出来,也正因为如此,人们透过现象才有可能"看到"(想象)事物的本质。而由此可见,事物的本质并非是主体仅仅通过现象看出来的,而是在看的基础上想象出来的。事实上,依赖于我们的视觉,我们所能观察到的也就是关于事物的一些表面的、

---

① 王梓坤:《科学发现纵横谈新编》,北京师范大学出版社 1993 年版,第 88 页。

外在的形象。比如给你一瓶矿泉水,我们目力所及的可能也就是瓶子的大小、形状及水的多少等情况,至于这瓶矿泉水的微观结构、各种矿物质含量等则是我们的肉眼难以看见的,但它们又都是客观存在的,是可以凭借我们的大脑想象到的,或者说,这些眼睛所无法看到的情况是有赖于我们用大脑进行观察的。这种基于大脑的观察能够使人们在观察事物时"看到"那些肉眼看不见的、内在的、深层的、抽象的等方面的内容,进而扩大人们的思维视野,深入事物的本质。英国物理学家廷得尔认为,"有了精确的试验和观测作为研究的推举,想象力便成为自然科学理论的设计师"①。其实,牛顿是怎样发现万有引力的?道尔顿是怎样构思原子理论的?廷德尔同样一语中的:"牛顿从落下的苹果想到月亮的坠落问题,这是有准备的想象力的一种行动。根据化学的实际,道尔顿富于建设性的想象力形成了原子理论。"所以,"科学家必须具备想象力,这样才能想象出肉眼观察不到的事物如何发生、如何作用、并构思出假说"。自然科学家的力量和多产,离不开他的想象力。正是在这个意义上,科学家普利斯特利指出:"凡是能自由想象并把互不相干的各种观点结合起来的人,就是最勇敢、最有创造性的实验者。"②

爱因斯坦曾经说过:"你能不能观察到眼前的现象,取决于你运用什么样的理论。理论决定着你到底能够观察到什么。"③英国哲学家查尔默斯也认为,"观察者在观看物体或景色时看到的东西,他们体验的主观经验,不仅决定于他们视网膜上的映象,而且也依赖于观察者的经验、知识、期望和观察之一致的内心状态"④。美国科学史家托·库恩还曾举例说:"看一张气泡室照片,学生看到的是混乱而曲折的线条,物理学家看到的是熟悉的亚核事件的记录。只有有了许多次这样的视觉印象之后,学生才成为科学家世界的一个居民,见科学家之所见,行科学家之所行。"⑤其实,就上述矿泉水而言,也许有人会说,只要具备了有足够分辨力的观测仪器,就可以观察矿泉水的一切内在方面了。其实,尽管先进的观测仪器可以在一定程度上拓展人们的视野,但从根本上说,它是不可能让事物的所有面目都暴露无遗的。就像原子和分

---

① 章士嵘:《科学发现的逻辑》,人民出版社1986年版,第154页。
② 姚劲超:《试论想象在认识发展中的作用》,《文史哲》1987年第5期。
③ 周昌忠:《创造心理学》,中国青年出版社1983年版,第6页。
④ 张光鉴:《科学教育与相似论》,江苏科学技术出版社2000年版,第275页。
⑤ 周昌忠:《创造心理学》,中国青年出版社1983年版,第9页。

子,它们原本就是属于微观世界的,而从一定意义上说,它们是不可能像宏观物体那样被人们"看见"的,甚至是原则上不可以像对宏观物体那样直接被观察的。即使我们运用现今最先进的场离子显微镜或扫描隧道电镜,也仍然无法直接观测到原子的状态,至于原子中电子每一时刻的具体位置,则可能是永远也无法直接观察的,这也就决定了主体只能通过"想象"来把握它。就像在著名的卢瑟福散射实验里,所能观察到的也只是按照不同几率向不同方向偏转的 α 粒子,而无法看到原子的核式结构模型;同样,从氢原子的光谱线也不能直观地看出原子的波尔模型,而我们"只能用思维来把握"。关于此,巴甫洛夫说得好:"化学家在为了彻底了解分子的活动而进行分析和综合时,一定要想象到眼睛看不到的结构。"①贝弗里奇也认为,"科学家必须具备想象力,这样才能想象出肉眼观察不到的事物如何发生、如何作用、并构思出假说"②。

随着现代科学技术的飞速发展,科学研究从宏观领域进入了微观领域,而这些领域仅凭我们的感觉器官是观察不到的,必须借助精密的科学仪器和依靠主体的想象力。因而想象力在科学创造中的地位和作用日益被人们重视,这就改变了人们过去的思维定势:即严肃的科学研究只与严密的逻辑论证有关,而富有浪漫色彩的艺术创作才是想象的天地。科学创造和艺术创作是人类创造性思维在不同领域中的表现,想象力是创造性思维的内在机制。创造性的科学和艺术都离不开想象,想象对科学创造具有不可替代的作用。想象是科学创造和艺术创作生根、发芽、茁壮成长的共同沃土。

事实上,人类只有通过想象,才能拓展思维,增加知识,进一步了解世界。从而更好地改造世界。因此想象贯穿了创意的整个过程。这些"新事物""新形象"都是通过我们的想象得到的画面。这种想象是有物质基础的,没有记忆表象或旧有表象这些基础的储备,想象便失去了原材料。想象不是"无中生有",而是"有中生无",无论想象是多么的离奇和新颖,如果离开了想象的基础,任何想象都会变成无源之水,无本之木。

法国思维家狄德罗曾经说过:"精神的浩瀚、想象的活跃、心灵的勤奋——就是天才。"③美国学者 S. 阿瑞提在《创造的秘密》一书中是这样说的:

---

① 高岸起:《论想象在科学认识中的作用》,《北京理工大学学报》(社会科学版)2003 年第 6 期。
② 姚劲超:《试论想象在认识发展中的作用》,《文史哲》1987 年第 5 期。
③ 周昌忠:《创造心理学》,中国青年出版社 1983 年版,第 210 页。

"想象是心灵的一种能力,是心灵在有意识的和清醒的状态下产生或再现多种符号功能的能力,但又不是有意组织的功能。"[1]量子理论之父马克斯·普朗克,曾在他的自传中写到,富于创造性的科学家必须有"……一种对于新观念的鲜明的直觉想象力,它不是依靠推论,而是依靠艺术家的创造性的想象而产生出来的"[2]。由于想象重在创造新形象,因而也可以说想象是一种创造性的形象思维。想象的内容往往出现在现实生活之前,但是任何想象都不是凭空产生的,科学家提出的大胆的假设,总是从现实世界中的规律出发的。艺术家发挥丰富的想象,创作出各种形式的艺术形象,也是对现实生活的某种反映。

根据想象内容的新颖性、创造性的不同,想象可以分为再造想象和创造想象。再造想象是根据语言的描述,或文字图样等的示意,在头脑中形成某种形象的心理过程。这些未感知过的事物的形象,是以主体头脑中原有的表象为材料,根据别人的描述进行加工改造而形成的新形象。这也就意味着主体在表象的数量上和质量上的储备情况,是形成再造想象的决定性因素。表象是在知觉的基础上所形成的感性形象,是想象的基本材料,旧表象愈多,再造想象的内容就愈丰富。但是再造想象不仅依赖于表象的数量,而且也依赖于表象的性质,正确反映客观现实的直观材料愈确切,再造出来的想象内容也就愈正确。因此,为使再造想象力得到充分发挥,想象主体就需要注意扩大自己的感知觉,培养敏锐的观察力,不断扩大自己头脑中的记忆表象的储备。

四、想象孕育创造

如前所述,人类的思维有逻辑思维和形象思维两种基本形式。所谓逻辑思维能力,就是强调理性、同一性,主张推理的严密、条理清晰的一元化思维。而所谓形象思维,则主张浮想联翩,多义的、多元化的非理性的发散的思维,论述和结论则是想象的,非实证的,也可能是模糊的,可以突发奇想,也可以冲破常规。很显然,逻辑思维是十分重要的,是一个人起码应具备的思维,没有逻辑和归一的思维,则思维就可能是混乱的,漏洞百出的。所以,逻辑思维的能力是近似于人的一种本能思维,科学知识可以使它更趋严谨和缜密。形

---

[1] 刘卫平:《创新思维》,浙江人民出版社1999年版,第78页。
[2] 托马斯·R.布莱克斯利:《右脑与创造》,傅世侠等译,北京大学出版社1992年版,第39页。

象思维则是正确思维创新的源泉,没有形象思维,就很难突破思维程式,而只有运用形象思维,才能在异化思维中超越现有模式,在"异想天开"中突破程式。因为,只有产生新奇的想法,才能有所创新。应当说,科学创造从来不是以循规蹈矩的刻板方式进行的,而解开科学之谜"并没有逻辑的道路"可走,只能凭借形象思维帮助连接中断的逻辑链条,在思维的关节点上实现突破,因而其在孕育创新思想方面的作用是无法替代的。所以,形象思维是创造思维的前提和关键,只有强化形象思维能力,才能提高创新思维能力。

现代创造理论的研究表明,任何创造无不是形象思维与逻辑思维共同作用的结果。但一个毋庸置疑的现实是,在接通思维断路的关节点上,或是思维即将出现质变、飞跃的高潮时刻,往往都有赖于形象思维,亦即创造性思维"灵光"的显现往往是形象的,思维中断的链条需要通过形象思维来连接。这是因为,人们凭借逻辑思维只能在具有逻辑联系的事物间进行思考,当然也就只能发现与原有知识有内在逻辑联系的新事物。而要超越原有的知识,做出全新的重大发现,逻辑思维也就显得无能为力了,而在此情况下,形象思维往往可以大显身手。因而形象思维在人类的创造活动中起着关键作用。

形象思维在科学创造过程中的重要价值深刻地体现于主体的想象过程之中。想象是通过表象的改造,在已有表象基础上创造新形象的过程。它是最具创造性的一种思维方法,是科学技术、文学艺术、设计、体育及任何创造性活动的必要因素。人们的创新活动必须善于不断地把自己的想法、见解或设计用形象化方法(如绘图、动手制作)重新组合成不同的形式,从中产生新颖的组合。

创造性思维的形成主要是指通过想象,充分利用感知积累的各种心理表象并对这些表象做目的性的相关重组以形成思维上的创造。"想象是对记忆中的表象进行加工改造以后得到的一种形象思维","它可以说是一种创造性的形象思维"[1],"想象是形象思维发生过程中最实在的因素"[2]。"想象,作为人所特有的一种心理过程,是人们在已有经验基础上,通过联想的作用,对头脑中原有的记忆表象进行改造和重组,从而创造出新的经验形象,即形成并非直接反映现实中已有的客观对象的新的主观映象"。[3] 形象思维是科学家

---

[1] 周昌忠:《创造心理学》,中国青年出版社1983年版,第210页。
[2] 刘奎林等:《思维科学导论》,工人出版社1989年版,第230页。
[3] 吴献木:《论想象在创造性思维中的作用》,《湖北经济学院学报》(人文社科版)2009年第6期。

在形成新概念、塑造理想模型、设计思想实验和制定假设过程中不可缺少的思维形式。而在科学研究中，形象思维就是指科学研究中的创造性想象活动，它是科学家在创造激情推动下，为认识那些其他手段（包括观察、实验、可导致可靠结论的逻辑推导）无法达到的东西而采取的思维形式。在思维进程中，科学家通过一系列想象、联想和形象类比，把人的知觉和表象中能够反映自然对象的本质特征和规律性的那些感性材料加以选择、提炼、改造，重新组合成新的形象和形象体系，这些形象和形象体系在整体上从未被人实际感受过，而只存在于创造者的思维之中。在科学研究中，没有丰富的创造性想象就不能突破旧的思想体系和发现新的可能性，也不可能从新的角度看待人们司空见惯的老问题。这样，即使创造主体积累了大量的科学事实，也会因缺乏创造性想象而走不出事实的圈子，当然也谈不上创新。诚如王梓坤院士所言，"想象力对于科学，其重要性不下于它之对于文学，文章如无想象，就会成为一潭死水式的帮八股。同样，科学如无想象，就很可能停留在一些表皮的，抓不住本质的经验公式上"。① 没有创造性想象，纵然可以把别人传授的知识学到手，却不能摸索到尚未发现的规律。人的眼睛看不见电子、原子，最好的电子显微镜也看不见，而想象则可以把握它。1903年，物理学家汤姆生提出了"面包夹葡萄干"的原子模型。他认为正电荷散布在整个原子中，就像葡萄干散布在整个面包中一样。英国人卢瑟福用α粒子冲击原子，发现有些α粒子不是沿着直线前进，有的甚至被弹回来。他想一定是粒子碰到一团相当结实的物质而给弹回来了。后来人们把这团物质叫作原子核。由此卢瑟福不得不放弃汤姆生假说，于1912年提出了一个类似太阳系结构的原子模型。正是在此意义上，可以说，想象是发现能力以及发明创造的同义语，亦即想象孕育着创造。

亚里士多德早就指出，在理智的判断中蕴含着想象。这表明亚氏认识到在科学创造中离不开想象。黑格尔也认为，"人最杰出的本领就是想象"。美国创造学家A. F. 奥斯本在《创造性想象》的前言中也指出："人类社会文明史正是人们依靠创造力实现的辉煌成就构成的。想象力是人类能力的试金石。作为动物，人类之所以得以继续生存，毫无疑问是依靠想象力。作为人类，人们也正是依赖这种想象力才能征服世界。同时，想象力还能使人类征服整个

---

① 王梓坤：《科学发现纵横谈新编》，北京师范大学出版社1993年版，第108页。

宇宙。原子能的发现是想象力在几乎是不可能被征服的领域内取得的蔚为壮观的巨大胜利。由于现代社会在纯科学技术方面日益强调逐步综合,所以明显地将想象力视为命脉。聪明的思维意味着创造性的思维,这已经成为一个公认的原则。"①哲学家康德把想象力看作是无事物在场时的观察能力,他认为:"想象力作为一种创新的认识能力,是一种强大的创新力量,它从实际所提供的材料中,创造出第二自然。"②

想象是人类特有的一种心理活动,是人类心灵在某种状态下产生或再现多种"符号功能"的能力。有没有符号特征,实际上也是人与动物心理功能的主要区别。人一来到这个世界上,就已经具有了这种潜在的本能。从心理学上来看,想象是用过去感知的材料来创造新形象的活动,或者说在人脑中,改造记忆中旧有表象并创造新形象的过程。主体通过想象往往能使大脑"思接千载""视通万里",打破时间与空间的限制,使智力展翅高飞,自由翱翔,看到前所未见的新天地。古人看到飞翔之鸟并渴望能够像它一样在天空中飞翔;今天,人类发挥想象和创造力实现了这一愿望。阿根廷著名学者邦奇认为:"创造性想象富于形象。它能够创造概念和概念体系,这些概念在感觉上没有与之相应的东西,但在现实中是有某种东西与之对应的,因而它孕育新奇的思想。"③想象力的实质,是沉积在人脑深处的信息被激活、调动起来,重新进行编码组合,得到一种超越现实的结果。想象力能使现实中没有的事物和信息,通过想象构建出来,进而完成思维的跨越,所以说想象力是创新的源泉。爱因斯坦的头脑中充满了各种想象,他的许多伟大的科学发现,无不受益于这种想象的力量。爱因斯坦认为,"理论的真理在你的心智中,不在你的眼睛里"。他曾经深有感触地指出:"想象力比知识更重要,因为知识是有限的,想象力概括着世界上的一切,推动着进步,并且是知识进化的源泉。严格地说,想象力是科学研究中的实在因素。"④伏尔泰也指出:"积极的想象把思考、组合与记忆结合起来,它把彼此不相干的事物联系在一起,把混合在一起的事物分离开,将它们重新加以组合,加以修改。"⑤因此,想象力是在现实客

---

① 燕国材:《智力因素与学习》,教育科学出版社2002年版,第153页。
② 刘卫平:《创新思维》,浙江人民出版社1999年版,第81页。
③ 周昌忠:《创造心理学》,中国青年出版社1983年版,第211页。
④ 许良英等:《爱因斯坦文集》(第1卷),商务印书馆1976年版,第284页。
⑤ 顾志跃:《科学教育概论》,科学出版社1999年版,第87页。

观事物、资料和信息的基础上,进行想象、构息以解决前人未能解决过的问题的能力。但是,想象不是脱离客观实际的一系列空洞、随意、毫无意义的胡思乱想,它需要有客观实际和科学概念的支持。

奔放的想象力始终是科学发现中最活跃、最能动的因素。控制论的创始人 N. 维纳说过:"有了强烈的创造欲,你就可用自己手里拥有的材料进行创造。我发觉对我特别有用的好条件是广泛和持久的记忆守力,是一系列奔放流畅、万花筒似的想象力;这种想象力的本身,使我或多或少在遇到相当复杂而费脑子的情况下,能看出其中一系列的各种可能的组合关系。"①这说明科学想象的作用能够使我们在拥有科学实验材料的基础上,设想这些材料组合的各种可能性,从中进行合理的比较和挑选,以促进科学发现的实现。现代科学的高度发展,尤其是它的高度抽象性,要求科学家发挥无比的想象力,这样才能提出新的思想和假说,从做出重大的科学发现和创造。英国数学家布罗诺夫斯基也认为,"一切伟大的科学家都自由地运用他们的想象,并且听凭他们的想象引出一些狂妄的结论,而不叫喊'停止前进'"②。

人们通过想象可以有效地把握事物的隐蔽联系,填补知识链条上的空白,寻找解决问题的关键环节,构思新产品的形象。想象可使人们突破个别经验认识的框子,突破思维习惯的窠臼,进而推想过去,预测未来,超越时空限制,自由挥洒自己的思想。科学家创造性思维的经验也告诉我们,想象与直觉、灵感等创造性思维活动是密切联系的。其实,想象的过程,也就是直觉产生的过程,也可以说,直觉也就是一种想象。直觉犹如"理性的眼睛",对新事物、新现象、新问题进行的一种直接的、迅速的、敏锐的洞察和跳跃式的判断。直觉就是我们和所研究的对象打交道多了而形成的关于它的一幅写生画。而且,想象与直觉又是互相促进的。直觉能使想象活跃起来,想象反过来又能解放直觉的能力。可以说想象突破在前,直觉则把想象所察觉到的东西组合起来,形成一种直接的综合的认识。直觉在确定研究方向、选择研究课题、识别线索、预见事物的发展过程、提出假设、寻找解决问题的有效途径、领悟机遇的价值、决定行动方案等方面起着重要作用。这些功能的表现形式就是灵感。灵感是指人脑有意无意地突然出现某些新的形象、新的思想,使

---

① 章士嵘:《科学发现的逻辑》,人民出版社 1986 年版,第 156 页。
② 周昌忠:《科学研究的方法》,福建人民出版社 1983 年版,第 169 页。

一些长久未能解决的问题突然之间得以解决的现象。灵感是长期的创造性实践和思考活动的结果。经过反复探索,思维运动发展到一定关节点时,就产生一种质的飞跃,形成灵感。在灵感发生之前,创造主体总是被外界的事物所触动,外界的刺激像一块石子投进心潭,"投石冲开水底天"。"灵感同想象很有关系。为了使自己的思维富有灵感,科学家应当努力提高自己的形象思维能力和想象力。"①"如果说,灵感是指人的直觉洞察力、想象力、逻辑思维能力和记忆能力的高效率的综合运用的话,那么直觉是指那种对事物的直接的理解和认识"。② 此即说,直觉、灵感都与想象密切相关。众所周知的德国化学家凯库勒在1858年提出了碳原子在有机分子中相连成长链的碳链学说,开创了有机结构理论。但是,苯分子中六个碳原子的结构还是一个谜。他殚精竭虑,百思不得其解。有一天,他在书房里烤着火,一阵倦意袭来,不觉蒙眬睡去。睡梦中他看见长长的碳链像一条条长蛇蹁跹起舞,忽然有一条蛇咬住了自己的尾巴。于是,他悟出了苯分子中的碳链形成了一个闭合的环。应当说,这正是想象以及直觉与灵感的结晶。

想象作为主体创造机制系统中的一个不可缺少的要素,是科学创造活动顺利开展的关键。科学创造活动由于有了想象的参与,才能结合以往的经验,根据预定的目的和计划将概念和形象、具体和抽象、现实与未来有机地结合起来,形成创造性的新形象,构画出劳动的最终或中间产品的立体表象模型。没有想象,科学发明、科学研究等一切科学创造活动都无法顺利进行。法国物理学家德布罗意认为,"无论基础方面还是方法方面本质是都是理性的科学,只有当科学家表现出所谓想象和直觉的能力,也就是摆脱严格推理的桎梏的能力,从而取得冒险的突进时,它才会达致辉煌的成就"③。想象在人类创造活动中的重要作用主要体现在建立科学假说、形象模型,进行相似联想、想象实验以及科学幻想等方面。

需要指出的是,人的想象不是头脑自生的,也不是从天上掉下来的,而是来源于社会实践,来源于创新活动中。人的想象最初发生于劳动。人在劳动过程中,按照生存的规律和社会发展的需要,在有意识地创造出必需的物质财富。没有实践或不勤于思考,都不可能有想象的心理过程。想象超越了既

---

① 周昌忠:《科学研究的方法》,福建人民出版社1983年版,第185页。
② 章士嵘:《科学发现的逻辑》,人民出版社1986年版,第134页。
③ 周昌忠:《科学研究的方法》,福建人民出版社1983年版,第174页。

有经验,让思维插上翅膀,达到崭新境界,但又不是纯粹的自由想象,不是空想。科学的想象必须凭借事实的空气,以事物发展的可能性为基础。想象越符合事物的客观规律,其可靠性程度就越高。巴甫洛夫说:"无论鸟翼是多么完美,但如果不凭借空气,它是永远不会飞翔高空的。事实就是科学家的空气。你们如果不凭借空气,就永远也不能飞腾起来。"①这段形象的比喻正确地说明了科学想象的唯物主义前提。当然,在科学研究中,也并不是在经验材料十分完备以后,才能开始想象;一旦科学研究的问题明朗化,掌握的资料和线索积累到一定程度后,研究者就能开始构思新思路、新理论、新观念了。在整个研究过程中,人们不断提出一个个设想,又一次次充实、提高,开始可能是朦胧的构想,以后才变成愈来愈清晰的图景。想象又同思维者是否具有广阔的知识有着密切的关系,思维者知识的宝藏越丰富,产生重要想象的可能性就越大。

　　想象来源于实践,想象是以组织起来的形象系统对客观现实的超前反映,乍看起来似乎是"超现实"的,其实,任何想象都不是凭空产生的,构成新形象的材料都来自生活,取自过去的经验,不可能无中生有。这说明,想象无论新颖甚至离奇到什么程度,构成新表象的材料则永远来自对客观现实的感知。即使是梦境中所出现的形象有时显得离奇甚至荒唐,但组成梦境的"素材"仍然是感知过的事物。这就是说,想象虽然是新形象的创造,但它的内容和其他心理过程一样,来自客观现实,来自实践。想象是反映客观现实的各种成分的形象组合过程,也是人脑反映客观现实的一种形式。

　　一个人的想象力,在创造过程中是至关重要的。通过想象,对现实的事实进行变换或融合才能产生出全新的形象。一个没有想象力的大脑,是谈不上创造的。诚然,科学创造离不开科学事实,而为了研究科学事实,必须有科学指导思想和科学假设,没有一定科学思想指导的科学观察、科学实验,是盲目的。运用想象,进行创造性的思维,提出科学的假设,正是揭露科学事实发生的奥秘,揭露支配科学事实的规律的第一步。而想象正是在"产生"科学假设、科学思想中起着重要的作用。缺乏想象的科学工作者,可以积累一些科学事实,却走不出科学事实的圈子,发现不了自然界和社会生活中的新规律,不能成为科学中新东西的创造者。在这方面,第谷与开普勒的故事给我们提

---

① 巴甫洛夫:《巴甫洛夫选集》,科学出版社 1955 年版,第 32 页。

供了很好的例证。爱因斯坦对于开普勒的成功甚为赞赏。他认为,"这好像是说:在我们还未能在事物中发现形式之前,人的头脑应当先独立把形式构造出来。开普勒的惊人成就,是证实下面这条真理的一个特别美妙的例子,这条真理是:知识不能单从经验中得出,而只能从理智的发明同观察到的事实两者的比较中得出"①。

从想象的本质来看,它是人脑在实践活动中,在人们的感官所接受到的各种刺激的影响下,以记忆表象为材料,通过分析和综合的加工过程和改造作用,创造出未曾知觉过的或是未曾存在过的事物的形象的过程。形象思维以表象为主要材料,始终带有形象性,它受到抽象思维和内部言语的指导、配合、制约和渗透,但它本身所起的作用又不能为其他意识活动所代替,它必须通过形象概括来反映客观事物的本质,所以是相对独立的思维活动。而且,只有想象渗入思维,才能有完整的创造性思维。②

想象是一切创造活动的先导。想象作为人在头脑里对已储存的表象进行加工改造形成新形象的心理过程,它能突破时间和空间的束缚,因而具有创造性的特征。想象虽是超越现实的,但其内容起源于现实——即组成想象的材料来自客观现实,借助加工改造主体通过观察所储存的记忆表象创造出来。想象并非空穴来风,无论想象如何生动与新颖,它的内容依然是创造主体的大脑对客观现象的反映,是建立在大脑所储存的表象的基础上的。离开了观察所提供的丰富表象,想象也就成了无源之水,无本之木。表象在数量上和质量上的储备情况是想象的基础,它影响和制约着主体想象活动的展开。创造主体感知的事物越多,创造活动经验越丰富,表象储备就越多,想象也就越丰富。反之,创造主体感知的事物很少,创造活动经验很少,表象储备很少,想象也就贫乏。因此,创造主体深入创造活动的实践中去,充分发挥各种感知的功能,积累丰富的创造活动经验,就能获得丰富多彩的表象,为想象的驰骋提供有力的翅膀。关于丰富的表象之于想象的重要性,曾因提出弱力和电磁力统一理论而获得诺贝尔物理学奖的美国物理学家格拉肖深有体会地说:"涉猎多方面的学问可以开阔思路,像抽时间读读小说,逛逛动物园都有好处,可以帮助提高想象力,这同理解力和记忆力一样重要。假如你从来

---

① 章士嵘:《科学发现的逻辑》,人民出版社 1986 年版,第 252 页。
② 朱智贤等:《思维发展心理学》,北京师范大学出版社 1986 年版,第 328 页。

没有见过大象,你能凭空想象出这种奇形怪状的东西吗? 我这样讲,有的人听起来可能会感到奇怪。但是在我们研究物理问题的时候,往往会用到现实世界的各种形式。对世界或人类社会的事物形象掌握得越多,越有助于抽象思维。"① 试设想,倘若凯库勒压根儿就没有见过蛇,那他还能想到苯环似盘旋的蛇状的? 同样,假如威尔逊压根儿就没有见过雾,那又谈何产生威尔逊云室的创新想象?

想象是大脑的功能,但想象同时也有赖于我们的双手及眼睛。主体通过其动作以及观察所获得的关于外部世界的信息引发其联想,激发其想象,从而实现着创造。想象力之重要,在于能引导我们发现新的事实,激发我们做出新的努力。没有想象,就没有科学创造。客观实际是科学创造的空气,想象力则是科学创造的翅膀。正如英国物理学家廷德尔所指出的:"牛顿从落下的苹果想到月亮的坠落问题,这是有准备的想象力的一种行动;道尔顿富于建设性的想象力形成了原子理论;法拉第在全部实验之前和实验之中,想象力都不断作用和指导着他的全部实验,作为一个发明家,他的力量和多产,在很大程度上应归功于想象力给他的激励。"②

还需要指出的是,人类的想象往往是建立在联想的基础上的。联想是人们在观察的基础上,由当前某一事物回忆或想到另一有关事物的思维活动,而想象则是在原有的感性形象的基础上,创造新形象的心理过程。联想是"实"的,由此物想到彼物,想到的是客观实际的。想象是"虚"的,由在原有材料的基础上,创造出没有经历过的,甚至是现实中根本不存在的事物形象。燕国材教授认为,"想象是联想的联想","两个或两个以上的联想结合起来,即可构成一种想象"。③ 在联想中,最为重要的是相似联想,亦即依据事物的相似性所进行的联想。相似联想是由某一事物或现象想到与它相似的其他事物或现象,进而产生某种新设想。这是由于对一件事物的感受所引发和该事物在性质上或形象上相似的事物的一种联想。这种联想的思维方法和类比的方法都起源于客观事物或现象的相似性。要联想就必须找到与所思考的对象有着某种相似的东西,并且对于这种相似的东西人们已经有所认识,已经具有关于它的某种知识。联想就是把对相似物的认识扩展到所要思考

---

① 周昌忠:《创造心理学》,中国青年出版社1983年版,第27页。
② 贝弗里奇:《科学研究的艺术》,陈捷译,科学出版社1979年版,第61页。
③ 燕国材:《教育心理十题》,中国建材工业出版社2001年版,第79页。

的对象上去，从而获得对思考对象的认识。

联想的生理和心理机制就是暂时的神经联系，也就是神经元模型之间的暂时联系，它是事物之间联系和关系的反映。由于客观事物或现象之间的各种关系和联系的不同，反映在人脑中而产生的联想也就不同。具体地说，有反映事物外部联系的简单的、低级的联想，也有反映事物内部联系的复杂的、高级的联想。联想能够克服两个概念在意义上的差距，把它们联结起来。一般来说，在空间上和时间上同时出现或相继出现，在外部特征和意义上有内在联系的事物，反映在人脑中并建立联系，以后只要其中一个事物出现，就会在头脑中引起与之相联系的另一事物的出现，这便是联想。联想是我们认识事物本质特征的一种基本方法，我们要从事物的种种联系中，去寻找、发现那些本质的、规律性的联系，从而认识事物的本质。联想就是这样一种思维方法，它是事物普遍联系规律在人的头脑中的一种反映。

由于世界上的各种事物的性质与特点又都是同中有异，异中有同的统一，因而，相似也就成为事物之间的一种普遍的联系，相应地，相似联想也就成为人类进行联想活动的一种普遍的和基本的方式。通过对事物间相似处的类比，可以帮助我们认识周围世界。我们常说，自然界没有两片相同的树叶，其实，自然界同样也没有两片完全不同的树叶。相似作为"同"与"异"的对立统一，既是自然界的一个普遍规律，同时也是人们思维所遵循的一条基本原则。当我们在认识一个事物的时候，只要你想到了事物的相似性，也就意味着你就想到了某种不止于此的东西。这是因为无论是从看似不同的事物中发现共同性，还是从看似相同的事物中发现差异性都是一种创造性，因为两者都发现了某种前所未有的东西。因而，这种基于相似性的思维能力和创造性之间是有着内在联系的，就像思维中的联想、类比、归纳以及猜想等非逻辑思维方法都在不同程度上有赖于相似性，这些方法既是发现科学知识的主导方法，同时也是创造性思维的主要成分。

美国心理学家梅德尼克把"遥远联想"的能力作为创造才能的一个重要因素。① 因为从哲学的角度讲，创造性思维就是改变事物之间的原有联系，构建新的联系，以创造新的事物，其中最重要的因素是寻找或设立条件。因为改变原来的联系需要条件，把看来不可能联系的对象之间构建起新的联系也

---

① 周昌忠：《创造心理学》，中国青年出版社 1983 年版，第 29 页。

需要条件,条件越多联系的途径就越多,其创造的价值就越大。法拉第在1831年前历经十年的无数次实验之所以没能成功,就是没有找到磁对电反作用的必然联系条件——磁力线对线圈电场的垂直运动,因而不可能构建磁与电之间的新联系,而牛顿的可贵之处是,在没有思路的情况下,及时中断了关于苹果树逐渐高达月亮的逻辑思考,直觉跳跃到另一个"毫不相干"的问题上,在新设立的条件下,把这看来不可能联系的对象联系起来,重新组织观念,从而萌生了伟大科学定律的最初构想。

科学技术研究中经常使用相似联想,相似联想成为发明创造的一种十分重要的思维方法。英国哲学家培根说:"类似联想支配发明。"科学家贝弗里奇说:"独创常常在于发现两个或两个以上研究对象或设想之间的联系或相似之处。"康德认为,研究者的天才特征就在于"发现事物的线索并利用极微小的相似性特征来发现找到要找的东西"。因为发现是以猜测的形式产生的,而相似和类比提示了通往猜测之路。康德甚至认为,全部的发现都是通过类比(模仿)完成的。① 相传我国的巧匠鲁班造出锯子是从一种划破衣服和皮肤的带刺的茅草而产生的联想,同样,古希腊传说中的泰尔则是人们从鱼的脊骨和蛇的腭骨的形状受到启发而产生的联想,还有牛顿发现万有引力定律则要归功于苹果落地的联想,威尔逊发明能显示高能粒子踪迹的云室是基于伦敦云雾的联想。

联想能力作为"那种使概念相接近、并且从中引出正确的新结论来的能力"②,它是一种从其他离得很远的领域取得启示的思维方法,亦即一种相似性思维。就像大家所熟知的阿基米德从洗澡中发现浮力定律的例子,其实质就在于他洗澡时,从浴盆中水面上升的一幕使他领悟到了浸入水中的身体与王冠在排开液体方面的相似性。研究表明,人的大脑能够形成所谓神经元模型,就是人在知觉外界对象的时候能在大脑皮层的脑细胞(神经元)上形成映象。这些脑细胞能长时间地保持兴奋状态,这就决定了思维运动的方向。大脑的这种神经机能是人的天赋才能的一个组成部分。相似性思维之所以能够在创造活动中起重要作用,正是依靠了大脑的这种机能。③

---

① P.吉江:《发现与发明过程的创造方法学分析》,徐明泽等译,广东人民出版社1988年版,第334页。
② 周昌忠:《创造心理学》,中国青年出版社1983年版,第28页。
③ 周昌忠:《创造心理学》,中国青年出版社1983年版,第21页。

一代先哲亚里士多德曾经指出,"在哲学中正确的做法通常是考虑相似的东西,虽然这些东西彼此相距甚远"①。这是因为"我们的思维是从与正在寻求的事物相类似的事物……或者与它相接近的事物进行"②。现代心理学也告诉我们,"人的思维活动按相似性联系是一种必然"③。其实,人们为理解困难事物所做的一切本质上都是寻找它同已理解的事物的相似。汤川秀树也认为,当我们运用数学公式、画表或寻找相应的语言来描述未知事物时,都是把它比喻成某种别的东西,确认此一事物与其他知识形式的同一。而任何创造过程都基于"等同确认"这种智力功能。"等同确认"实质上就是发现新、旧事物在结构上的同一性或同构性的过程,而调用旧问题的解法并把它加之于新问题也无非就是在试图进一步扩展它们之间的同构关系。

人的基于相似性的联想能力是人与生俱来的天赋。此即是说,联想并不神秘,并不是某些天才人物的专利。联想作为一种创造能力,它有赖于我们在后天加以发展。这种能力越强,我们就越会进行联想,越会把在意义上差距很大的两个概念联结起来。当然,联想的大厦需要观察奠基,因为联想往往都是受原形启发而产生的,因而,由联想而生的创造是源于大自然对人类的恩赐。大自然是博大的,无私的,它充满着智慧,充满着启迪,只要我们虔诚地聆听着那来自大自然的箫声,善于观察,留心观察,用心观察,我们一定会听有所感,见有所获。

人类的创造同大自然的规律存在着多么密切的联系!创造要么自发地与大自然的客观规律不谋而合,要么是在了解自然规律后自觉地按照这些规律去努力,两者之间存在着惊人的相似性。正如相似论的创立者张光鉴所指出的:"自然界存在的一切,都是自然界本身按照相似运动、相似联系的规律进行建造的结果。""我们人现在所进行的创造,一方面是以认识自然界相似运动、相似联系中某些原理而去进行的创造;另一方面是在前人所取得的成果的基础上,进行某些相似的改进、相似的综合而进行的创造。"应当说,我们生活的自然界和人类社会之间有着"惊人的相似"。大自然是我们最好的老师。诚如古希腊哲学家德谟克利特所言:"在许多重要的事情上,我们是模仿禽兽,作禽兽的小学生的。从蜘蛛我们学会了织布和缝补;从燕子学会了造

---

① 亚里士多德:《形而上学》,商务印书馆1959年版,第170页。
② 张俊等:《论直觉思维及其在课堂教学中的培养》,《陕西教育学院学报》2000年第3期。
③ 杨作龙等:《相似诱导教学模式的科学效应机理分析》,《洛阳师专学报》1999年第6期。

房子；从天鹅和黄莺等歌唱的鸟学会了唱歌。"①

应当说，非理性的联想和基于联想的想象认识方式，是以类比作为不同事物的信息联系、过渡、转移的桥梁。康德认为："每当理智缺乏可靠论证的思路时，类比这个方法往往能指引我们前进。"②开普勒则深有感触地指出："我们珍视类比胜于任何别的东西，它是我最可信赖的老师，它能揭示自然的秘密。"③诺贝尔物理学奖获得者日本物理学家汤川秀树在回顾他40年研究工作中的经验时，特别提到基于联想的类比思维的重要性，他说："作为一种创造性思维的形式的类比的实质是可以简单叙述的。假设存在一种什么事物是一个人所不能理解的。他偶尔注意到了这一事物和他理解得很清楚的另一事物的相似性。他通过将两者比较就可以理解他在此刻之前尚不能理解的事物。如果他的理解是恰当的而且还不曾有别的人得到这样的理解，那么他就可以称他的思维确实是创造性的。"④莱布尼茨就曾经意味深长地说："只要您想到了相似性，您就想到了某种不止于此的东西，而普遍性无非就在于此。"⑤

人类的想象与自然界各种事物间所存在的相似联系是密切相关的，想象最为重要的就是要善于通过事物的一些蛛丝马迹发现事物间的内在联系。创造性的突破往往表现在能够敏锐地窥见不同事物之间的这种内在联系，进而发现事物间内在的隐蔽关系。天才人物具有一种把不同的事物放在一起进行比较的能力。他们善于在这种没有联系的事物间，看到他人看不到的东西。正如黑格尔在《小逻辑》中所指出的："假如一个人能看出当前即显而易见的差别，譬如，能区别一支笔和一头骆驼，我们不会说这个人有了不起的聪明。同样，另一方面，一个人能比较两个近似的东西，如橡树与槐树，或寺院与教堂，而知其相似，我们也不能说他有很高的比较能力。我们所要求的，是要能看出异中之同和同中之异。从表面上差异极大的事物之间看到本质上的共同点或从表面极为相似的事物之间看到本质上的不同，这才是观察的真正难点。"⑥创造性正体现于这种能看出"异中之同"与"同中之异"的能力之中，尤其是能看出似风马牛不相及的事物间的内在联系。就像达·芬奇在铃

---

① 伍蠡甫：《西方文论选》(上卷)，上海译文出版社1979年版，第5页。
② 康德：《宇宙发展史概论》，上海人民出版社1972年版，第147页。
③ 张光鉴：《相似论》，江苏科学技术出版社1992年版，第107页。
④ 汤川秀树：《创造力和直觉》，复旦大学出版社1987年版，第88页。
⑤ 莱布尼茨：《人类理智新论》，商务印书馆1982年版，第582页。
⑥ 肖显静：《科学经验方法》，科学出版社2002年版，第117页。

声和石头入水时发出的声音之间建立了联系,从而得出了声音以波的形式传播的结论。还有,从威尔逊在山上看到一种云雾奇观而得到启发,并成功地创造了记录粒子运动轨迹的威尔逊云室,到格尔塞一次喝酒时,从面前啤酒里不断冒出的气泡受到启发从而导致了液态氢气泡室的诞生,无不体现了这些科学家非凡的联想与想象能力。英国物理学家廷德尔认为,"有了精确的实验和观测作为研究的依据,想象力便成为自然科学理论的设计师"[1]。曾经发现氧气的英国化学家普利斯特列也认为,"每个实验都倾向于证实某个假说,而后者无非是关于某种自然现象的条件和原因的猜测。最有发明才干、最精明的实验家(就最广意义说)是这样的人,他们充分发挥自己奔放的想象,在风马牛不相及的概念之间寻找联系。即使这些对疏远的概念进行的比较是约略的、不现实的,它们也还是会给别人做出重大的发现提供幸运的机会,而审慎、且又胆怯的'智者'对这种发现甚至连想都不敢去想"[2]。

爱因斯坦说得好,人与高等动物"最显著的差别在于,人的活动中起着重要作用的是比较强的想象力和思维的能力,以及辅助这些能力的语言和其他符号工具"[3]。因而,想象力是人类创新的源泉。但同时也需要指出的是,人类基于想象的创造性思维与毫无根据的胡思乱想是截然相反的。创造性思维虽然需要想象力的自由发挥,甚至允许遐想的驰骋,但其前进的目标却是受实践的需要或理论与事实的矛盾所制约的。奔放活跃的想象与清醒理智的批判常常构成科学发现过程中两个既对立又统一的方面,两者互相渗透,构成创造性思维的突破要素。其实,想象力的发挥方向必然受到理智批判的制约以及实验新事实的裁决。这对科学想象来说并不是什么坏事,它可以保证想象力沿着正确的方向去自由地驰骋。正因为如此,逻辑的、理智的因素不可避免地会渗入科学想象的过程中来,从而赋予了想象以更强大的创造力量。

---

[1] 方德珠:《创造智能学》,新疆大学出版社1995年版,第94页。
[2] 周昌忠:《科学研究的方法》,福建人民出版社1983年版,第173页。
[3] 章士嵘:《科学发现的逻辑》,人民出版社1986年版,第158页。

参考书目

[1] 约翰·内皮尔：《手》，陈淳泽，上海科技教育出版社2001年版。

[2] 弗兰克·R.威尔逊：《手的奥秘》，邢锡范等译，辽宁教育出版社2008年版。

[3] 方德珠：《创造智能学》，新疆大学出版社1995年版。

[4] 周昌忠：《创造心理学》，中国青年出版社1983年版。

[5] 托马斯·R.布莱克斯利：《右脑与创造》，傅世侠等译，北京大学出版社1992年版。

[6] 周昌忠：《科学研究的方法》，福建人民出版社1983年版。

[7] 章士嵘：《科学发现的逻辑》，人民出版社1986年版。

[8] 理查德·桑内特：《匠人》，李继宏译，上海译文出版社2015年版。

[9] 孙大君，殷建连：《手脑结合的理论与实践》，吉林大学出版社2012年版。

[10] 孙大君，殷建连：《手脑结合与人的发展》，吉林大学出版社2015年版。

[11] 冯建军：《生命与教育》，教育科学出版社2004年版。

[12] 朱小蔓：《情感教育论纲》，南京出版社1993年版。

[13] 谢安邦：《全人教育与和谐社会建设》，华东师范大学出版社2009年版。

[14] 陈建翔：《有一种美，叫教育——教育美学思想录》，四川教育出版社2006年版。

[15] 陈建翔等：《新教育：为学习服务》，教育科学出版社2002年版。

[16] 肖川等：《造就自主发展的人》，四川教育出版社2006年版。

[17] 王梓坤：《科学发现纵横谈新编》，北京师范大学出版社1993年版。

[18] 金马：《创新智慧论》，中国青年出版社1991年版。

[19] 沈致远：《科学是美丽的》，上海教育出版社2002年版。

［20］贺善侃：《创新思维概论》，东华大学出版社 2006 年版。

［21］周洪宇：《陶行知生活教育学说》，湖北教育出版社 2011 年版。

［22］徐明聪：《陶行知创造教育思想》，合肥工业大学出版社 2009 年版。

［23］江苏省陶行知思想研究会等：《陶行知文集》，江苏教育出版社 1991 年版。

［24］何国华：《陶行知教育学》，广东教育出版社 1997 年版。

［25］胡国枢：《生活教育理论——陶行知教育思想研究》，浙江教育出版社 1991 年版。

［26］叶上雄：《生活教育十讲》，四川教育出版社 1989 年版。

［27］江苏省中等师范学校选修教材编写组：《陶行知教育思想研究》，江苏教育出版社 1991 年版。

［28］中国陶行知研究会：《陶行知教育思想的理论和实践》，安徽教育出版社 1991 年版。

［29］张凤琴：《世界著名教育思想家陈鹤琴》，北京师范大学出版社 2012 年版。

［30］孙培青：《中国教育思想史》（第 3 卷），华东师范大学出版社 1995 年版。

［31］单中惠：《现代教育的探索》，人民出版社 2002 年版。

［32］丁永为：《世界著名教育思想家——杜威》，北京师范大学出版社 2012 年版。

［33］苏霍姆林斯基：《给教师的建议》，杜殿坤编译，教育科学出版社 1984 年版。

［34］苏霍姆林斯基：《帕夫雷什中学》，赵玮等译，教学科学出版社 1983 年版。

［35］王天一：《苏霍姆林斯基教育理论体系》，人民教育出版社 1992 年版。

［36］《湖南教育》编辑部：《苏霍姆林斯基教育思想概述》，湖南教育出版社 1983 年版。

［37］黎先耀：《大自然的召唤》（人与自然卷二），科学普及出版社 1999 年版。

［38］珍妮特·沃斯等：《学习的革命》，上海三联书店 1998 年版。

［39］郑太年：《学习：为了人的发展》，上海教育出版社2008年版。

［40］程胜：《学习中的创造》，教育科学出版社2008年版。

［41］刘合群等：《现代教学论新稿》，武汉大学出版社2004年版。

［42］李长吉：《教学论思辨》，教育科学出版社2009年版。

［43］潘洪建等：《活动教育原理与方法》，甘肃教育出版社2008年版。

［44］冯增俊：《教育人类学教程》，人民教育出版社2008年版。

［45］方宗熙：《古猿怎样变成人》，中国青年出版社1990年版。

［46］吴汝康：《人类的诞生与进化》，清华大学出版社2002年版。

［47］教育部科学技术司等：《青少年创造力国际比较》，科学出版社2003年版。

［48］钱学森：《关于思维科学》，上海人民出版社1986年版。

［49］杨名声等：《创新与思维》，教育科学出版社1999年版。

［50］李淮春等：《现时代与现代思维方式》，河北人民出版社1987年版。

［51］钟志贤：《深呼吸——素质教育进行时》，教育科学出版社2003年版。

［52］张建伟等：《建构性学习——学习科学的整合性探索》，上海教育出版社2005年版。

［53］张光鉴：《科学教育与相似论》，江苏科学技术出版社2000年版。

［54］张光鉴：《相似论》，江苏科学技术出版社1992年版。

［55］顾志跃：《科学教育概论》，科学出版社1999年版。

［56］项红专：《科学教育新视野》，浙江大学出版社2006年版。

［57］燕国材：《素质教育论》，江苏教育出版社1990年版。

［58］燕国材：《教育心理十题》，中国建材工业出版社2001年版。

［59］燕良轼：《创新素质教育论》，广东教育出版社2002年版。

［60］靳玉乐：《探究教学论》，西南师范大学出版社2000年版。

［61］袁维新：《科学教学概论》，中国矿业大学出版社2007年版。

［62］袁维新：《科学教育通论》，人民出版社2013年版。

［63］陈昌曙：《自然科学的发展与认识论》，人民出版社1983年版。

［64］董奇等：《动作与心理发展》，北京师范大学出版社2004年版。

［65］董奇：《儿童创造力发展心理》，浙江教育出版社2001年版。

［66］李正凤等：《中国创新系统研究》，山东教育出版社1999年版。

[67] 赵卿敏：《创新能力的形成与培养》，华中科技大学出版社 2002 年版。

[68] 俞国良：《创造力心理学》，浙江人民出版社 1996 年版。

[69] 温寒江等：《开发右脑——发展形象思维的理论和实践》，浙江教育出版社 1997 年版。

[70] 温寒江等：《让青少年智力得到最佳发展》，北京科学技术出版社 2006 年版。

[71] 温寒江等：《构建中小学创新教育体系》，北京科学技术出版社 2002 年版。

[72] 何克抗：《创造性思维理论 DC 模型的建构与论证》，北京师范大学出版社 2000 年版。

[73] 燕国材：《智力因素与学习》，教育科学出版社 2002 年版。

[74] 陈佑清：《教育活动论》，江苏教育出版社 2000 年版。

[75] 成有信等：《教育与生产劳动相结合问题新探索》，湖南教育出版社 1998 年版。

[76] 高峡等：《活动课程的理论与实践》，上海科技教育出版社 1997 年版。

[77] 张传燧：《综合实践活动课程论》，广东教育出版社 2005 年版。

[78] 但武刚：《活动教育的理论与方法》，华中师范大学出版社 2005 年版。

[79] 田慧生等：《活动课程引论》，教学科学出版社 2000 年版。

[80] 沈德立：《脑功能开发的理论与实践》，教育科学出版社 2001 年版。

[81] 沈德立：《非智力因素的理论与实践》，教育科学出版社 2000 年版。

[82] 沈德立：《非智力因素与人才培养》，教育科学出版社 1992 年版。

[83] 李臣：《活动课程研究》，教育科学出版社 1998 年版。

[84] 董奇等：《脑与行为》，北京师范大学出版社 2000 年版。

[85] 蒋志峰：《脑科学与创新人才培养》，河南大学出版社 2000 年版。

[86] 董奇：《开发人生——心理发展学》，山东教育出版社 1991 年版。

[87] 白月桥等：《素质教育与脑功能开发》，河北教育出版社 2000 年版。

[88] 朱长超：《认识自我》，华东师范大学出版社 2003 年版。

[89] 朱长超：《挖掘大脑中的财富》，上海科学普及出版社 2000 年版。

[90] 朱长超:《开发自我》,江苏教育出版社1998年版。

[91] 沈德立:《脑功能开发的理论与实践》,教育科学出版社2001年版。

[92] 尹文刚:《大脑潜能——脑开发的原理与操作》,世界图书出版公司2005年版。

[93] 肖静宁:《脑科学概要》,武汉大学出版社1986年版。

[94] 萧静宁:《论人脑潜力的开发》,人民出版社2004年版。

[95] 吴馥梅:《脑活动的内幕》,江苏科学技术出版社2000年版。

[96] 付秋芳等:《大脑潜能与开发》,山东人民出版社2001年版。

[97] 霍华德·加德纳:《多元智能》,沈致隆译,新华出版社1999年版。

[98] 吴志宏:《多元智能:理论、方法与实践》,上海教育出版社2003年版。

[99] 孙小礼等:《科学方法中的十大关系》,学林出版社2004年版。

[100] 傅世侠等:《科学创造方法论——关于科学创造与创造力研究的方法论探讨》,中国经济出版社2000年版。